Mein Bio-Garten

Mein
Bio-Garten

Geoff Hamilton

DK

DORLING KINDERSLEY

DORLING KINDERSLEY
London, New York, Melbourne, München und Delhi

Programmleitung Jonathan Metcalf
Projektleitung Liz Wheeler
Cheflektorat Esther Ripley
Lektorat Helen Fewster
Bildredaktion Alison Donovan, Lucy Parissi
Art Director Peter Luff
Bildrecherche Lucy Claxton, Jenny Baskaya
Herstellung Joanna Byrne, Erika Pepe
Umschlaggestaltung Mark Cavanagh

DK Indien
Lektorat Rukmini Chawla Kumar
Redaktion Nidhilekha Mathur Editor
Bildredaktion Romi Chakraborty, Nitu Singh,
Mahua Mandal, Nishesh Bhatnagar
Cheflektorat Suchismita Banerjee
Bildrecherche Jyoti Sachdev
DTP-Design Sunil Sharma, Jagtar Singh
Manish Chandra Upreti

Erstausgabe 1987
Lektorat Jemima Dunne
Bildredaktion Neville Graham,
Derek Coombes
Projektbetreuung Sophie Mitchell,
Tim Hammond
Gestaltung Joanna Martin
Cheflektorat Daphne Razazan

Überarbeitete Ausgabe 2008
Zusätzliche Texte Ian Spence
Gestaltung Nicola Liddiard

Neuausgabe 2011
Überarbeitung und Aktualisierung
Nick Hamilton

Für die deutsche Ausgabe:
Programmleitung Monika Schlitzer
Projektbetreuung Manuela Stern
Herstellungsleitung Dorothee Whittaker
Herstellung Kim Weghorn

Titel der englischen Originalausgabe:
Organic Gardening

Übersetzung Viktoria-Luise Kannenberg
Redaktion der Neuausgabe Elisabeth Bobinger

ISBN 978-3-8310-2088-1

Colour reproduction by Colourscan, Singapore
Printed and bound in China by Toppan

Besuchen Sie uns im Internet
www.dorlingkindersley.de

Hinweis
Die Informationen und Ratschläge in diesem Buch sind vom
Autor und vom Verlag sorgfältig erwogen und geprüft, dennoch
kann eine Garantie nicht übernommen werden. Eine Haftung
des Autors bzw. des Verlags und seiner Beauftragten für Perso-
nen-, Sach- und Vermögensschäden ist ausgeschlossen.

INHALT

*Wenn die Pflanzenbezeichnungen von den
allgemein üblichen abweichen, wurde der
lateinische Name benutzt.*

EINFÜHRUNG

»Mein Vater schrieb dieses Buch vor über 20 Jahren. Als ich es für diese Neuausgabe wieder las, hat mir das bestätigt, was für ein großartiger Gärtner er war. Sein Wissen, seine besonderen Methoden, seine einfachen Erläuterungen machen das Buch für Gärtner von heute so wertvoll wie es das schon 1987 war.«

Nick Hamilton, September 2010

Biologisch orientierter Gartenbau ist ein Thema, bei dem Gefühle eine große Rolle spielen. Manche sehen in biologischen Bearbeitungsmethoden den einzig noch möglichen Weg, unseren Planeten zu retten, andere denken, biologischer Gartenbau sei die Zufluchtstätte einiger weltfremder Exzentriker. Ich glaube, biologischer Anbau ist keines von beiden. Glücklicherweise gibt es Millionen Gärtner überall in der Welt, die biologische Gartenbaumethoden kennen und sie vernünftig miteinbeziehen. Sogar skeptische Wissenschaftler fangen an, sich ernsthaft mit diesem Thema zu beschäftigen, denn die Forderungen der Öffentlichkeit nach einer chemiefreien Umwelt werden drängender.

Ich selbst war dreißig Jahre lang Berufsgärtner und muss gestehen, dass auch ich dem biologischen Gartenbau lange Zeit kritisch gegenüberstand. Natürlich hat die moderne Forschung große und oft positive Entwicklungen ermöglicht: Landwirtschaft und Gartenbau haben ihre Erträge deutlich und verlässlich erhöhen können, wodurch die Lebensmittelpreise lange stabil geblieben sind und den Wohlstand vieler verbessert haben. Wie perfekt die Methoden der Natur auch immer sein mögen, es war niemals vorgesehen, dass der Boden so produktiv sein sollte, wie wir es jetzt fordern. Während die Natur jeden Meter eine kleine, spindeldürre Wildkarotte hervorbringen mag, verlangen wir ein dickes, saftiges Exemplar alle paar Zentimeter.

Die Forschung hat viele Erkenntnisse geliefert, die auch der biologische Gärtner nicht verachten sollte: Zier- und Nutzpflanzenarten sind so reich blühend und stark tragend und dazu noch robust gegen Krankheiten und Wetterkapriolen gezüchtet, dass man sie gegenüber den ursprünglichen Wildarten kaum wiedererkennt. Durch Einsatz von Plastikabdeckungen wurde die Ernteperiode deutlich verlängert. Das Ergebnis: Die Vorratskammern der westlichen Welt sind bis zum Überlaufen gefüllt.

FEHLER DER MODERNEN TECHNOLOGIE

Während die moderne Technologie viele segensreiche Entwicklungen ermöglicht hat, so sind doch viele Fehler gemacht worden. Die Wende von Mangel zu Überfluss während des vergangenen Jahrhunderts ließ sich nur auf Kosten eines massiven Chemikalieneinsatzes erreichen.

Wo Getreide mehr Profit bringt als Rindviehhaltung, ist die Methode, geerntetes organisches Material im Boden wieder zu ersetzen, praktisch ausgestorben. Dadurch wird das Bodenleben zerstört, die Böden verlieren ihre Fruchtbarkeit. Größere Maschinen haben zu größeren Feldern geführt, damit sind Bäume und Hecken verschwunden, die

▲ **Teichleben** *Wie klein auch immer – ein Teich zieht alle möglichen Insekten und Kleintiere an.*

◀ **Gelungene Mischung** *Zierpflanzen und Gemüse in einem Beet zusammen können sehr attraktiv wirken.*

der Lebensraum für eine vielfältige Tierwelt sind. Pflanzen brauchen für ihr Wachstum eine bestimmte Nährstoffmenge. Um dieses Maß für die großen Mengen zu gewährleisten, werden chemische Dünger verwendet. Sie reichern die Pflanzen, die wir essen, mit fremden Substanzen an und verschmutzen unsere Gewässer.

Das Prinzip einer bodenschonenden Fruchtfolge wird oft außer Acht gelassen, an ihre Stelle ist kurzfristiger Profit getreten, mit dem Ergebnis, dass sich Schädlinge explosionsartig ausbreiten. Sie müssen mit Gift bekämpft werden, es entwickeln sich Resistenzen, daraufhin ist es notwendig, wiederum stärkere Chemikalien einzusetzen. Essen, das auf diese Weise produziert wird, macht uns Sorgen.

Jedes Jahr werden irgendwo auf der Welt Chemikalien verboten, die man bisher für ungefährlich hielt. Einer der frühen Fälle war das Insektizid DDT. Zweifellos hat es Tausenden von Menschen das Leben gerettet, indem es die Malaria übertragenden Mücken abtötete. Aber man fand heraus, dass es sich im Körper von Säugetieren und Vögeln anreichert und so zu unzähligen Verlusten in der Tierwelt führt. Es wurde in den meisten westlichen Ländern verboten. Darauf folgten das Bodeninsektizid Dieldrin, das Herbizid Ioxynil, welches möglicherweise Missbildungen bei Neugeborenen verursacht, sowie in den meisten westlichen Ländern das Herbizid Trichlorophenoxyazetylsäure, auch 2,4,5-T genannt, das mit Krebs in Verbindung gebracht wird. Alle diese Chemikalien haben nicht nur das Tierleben in freier Wildbahn in ungeahntem Ausmaß geschädigt, sondern sind inzwischen auch in alarmierenden Mengen in Nahrungsmitteln aufgetreten.

WAS GIBT ES FÜR EINE LÖSUNG?

Für alle diejenigen, die einen eigenen Garten besitzen, scheint die Lösung einfach: Sie bauen ihre Erzeugnisse selbst an. Aber die chemische Industrie ist ein riesiges Geschäft, und daher hat man im Lauf der Jahre versucht, die Kleingärtner davon zu überzeugen, dass auch sie aus den Methoden der

kommerziellen Anbauer und Landwirte Nutzen ziehen können. Denn, so will man glauben machen, was gut ist für den professionellen Erzeuger, muss auch gut sein für den Hobby-Gärtner. In Wahrheit ist dieser Schluss völlig unzutreffend. Sicher profitieren auch Hobby-Gärtner von der Forschung, aber denken Sie daran, dass der professionelle Betrieb wegen des Gewinns anbaut, während wir es aus Freude an der Sache tun. Trotzdem brauchen wir bei Ertrag oder Qualität keinesfalls Zugeständnisse machen. Lassen Sie mich ein Beispiel ausführen:

Ein Landwirt mit zehn Hektar Kohlanbau muss den Befall des Kohlweißlings befürchten, denn kein Schmetterling, der etwas auf sich hält, würde solch eine gute Gelegenheit versäumen. Um zu verhindern, dass die hungrigen Raupen die gesamte Frucht verschlingen, spritzt er. Der Hobby-Gärtner kultiviert vielleicht nur ein Dutzend Kohlpflanzen. Falls er biologisch arbeitet, wird er sie abwechselnd mit anderen Pflanzen setzen, sodass sie wirkungsvoll vor den Schmetterlingen getarnt sind, die sie durch Sicht oder Duft erkennen könnten. So bestehen gute Chancen, dass der Kohl überhaupt nicht befallen wird. Falls aber doch ein Schmetterling ihn erspäht und seine Eier dort ablegt, reicht ein gelegentlicher Spaziergang entlang der Reihen, bei dem die Missetäter in Gestalt der Raupen eingesammelt und in ein Glas Petroleum geworfen werden. So erzielen Sie eine hundertprozentige Schädlingskontrolle, die überhaupt nichts kostet. Darüber hinaus werden Ihre Kohlköpfe absolut sauber und gesund sein. Eine weitere, noch einfachere Möglichkeit wäre, auf den Zierrabatten und zwischen den Gemüsen Pflanzen anzubauen, in denen Käfer und Vögel leben. Die übernehmen gern das Absammeln der Raupen für Sie. Die gleiche Philosophie gilt für Dünger. Im gesunden Boden gibt es Millionen von Mikroorganismen, welche emsig für uns tätig sind, indem sie Nährstoffe verfügbar machen, die Pflanzen für das gesunde Wachstum brauchen. Pflegen Sie daher das Bodenleben durch die richtige Bodenernährung und Sie werden tausendfach belohnt.

▲ **Variationen** *Viele verschiedene Gemüsesorten zusammengepflanzt bringen nicht nur abwechslungsreiche Ernte, sondern verringern auch das Risiko eines Krankheits- oder Schädlingsbefalls.*

TORFFREI GÄRTNERN

Es gibt immer mehr kritische Stimmen zum Gebrauch von Torf im Garten. Torf ist eine schwindende Ressource und Torfblöcke für den Gartenbau zu entnehmen, stört nicht nur das unmittelbare Habitat, die Moorfauna und -flora, sondern auch die Umwelt im Ganzen. Es gibt etliche wirklich gute Alternativen zur Bodenverbesserung für die Gartenarbeit, etwa Rinde, Kokosfasern oder Holzschnitzel, auch Abfall aus dem Grünschnitt, der zu Wertstoffhöfen kommt, kann recycelt werden.

Vieles ist hervorragend geeignet, Torf zu ersetzen. Kokosfasern oder ganze Kokosmatten sind besonders für die Vermehrung und Aussaat geeignet, die anderen Materialien für Jungpflanzen. Viele Gärtner, Hobby-Gärtner wie auch die kommerziellen Anbauer, haben inzwischen die Notwendigkeit verstanden, Torf zu belassen, wo er ist, und handeln entsprechend.

MEINE EXPERIMENTE

Seitdem ich angefangen habe zu gärtnern, bin ich auf einige ungewöhnliche Anbaumethoden und vielleicht hin und wieder seltsam anmutende Möglichkeiten zur Bekämpfung von Pflanzenkrankheiten gestoßen. Der biologische Gartenbau hat darüber hinaus mehr als genug ausgefallene Besonderheiten, die Sie manchmal aus dem Konzept bringen können. Andererseits wurden Wissenschaftler der Antike lange Zeit für exzentrisch gehalten, wenn sie sagten, die Erde sei rund – bis es eben fundiert bewiesen wurde. Und die Absicht, Beweise zu liefern, habe auch ich.

Während der vergangenen zehn Jahre habe ich verschiedene Experimente durchgeführt und dabei versucht, meinen Blick für alles offen zu halten. Das war nicht immer einfach. Wie ausgefallen die Theorie auch erschien, ich habe mich bemüht, sie unter weitestmöglich wissenschaftlichen Bedingungen zu überprüfen. Es ist wichtig, exakte Versuche durchzuführen, denn in vielen Fällen, in denen biologische Gärtner über hundertprozentige Erfolge bei der Bekämpfung von Krankheiten und Schädlingen berichten, haben sie nicht gleichzeitig eine Kontrollparzelle angelegt.

Ich habe Versuche angelegt, um die verschiedenen Vorschläge zur biologischen Bekämpfung der Kohlfliege zu testen. Bei einer Reihe gab ich Rhabarberstangen an die Pflanzen, bei einer anderen einige Mottenkugeln. Die nächste erhielt auf der Bodenoberfläche eine Schicht Beinwell, und eine weitere wurde mit dem Extrakt von Brennnesselblättern gewässert. Um so umfassend wie möglich zu sein, gab es schließlich Reihen, die mit einem chemischen Insektenbekämpfungsmittel behandelt waren. Vielleicht am ungewöhnlichsten war die Reihe, in der ich jede Pflanze mit einem Stück Teppichunterlage als Kragen umgab. Und natürlich hatte ich eine Kontrollreihe ohne jegliche Behandlung.

Die Kohlfliege trat tatsächlich auf und die Reihen mit Rhabarber, Mottenkugeln, Beinwell und Brennnesseln wurden allesamt befallen, ebenso die Kontrollreihe. Die mit den Bodeninsektiziden behandelten Pflanzen waren zu etwa 80 % gesund, aber die Reihe mit dem Teppichkragen war völlig ungeschädigt. Ich benutze diese Methode nun jedes Jahr und sie kostet kein Geld.

Inzwischen habe ich jetzt ein Stück Land mit vier völlig gleichen Beeten, jedes ungefähr 5 × 6,5 m groß, auf denen identische Pflanzen wachsen, von Apfelbäumen und Beerensträuchern über Blumenkohl bis zu Weißkohl, Karotten und anderen Gemüsen. Ein Beet wird biologisch behandelt, das zweite nicht biologisch, das dritte herkömmlich mit einer Mischung aus beiden Methoden, und dann gibt es natürlich die erforderliche Kontrollvariante, die weder organisches Material dazu bekam noch irgendwelche Chemikalien erhält. Anfangs fürchtete ich, dass die Versuche durch die unmittelbare Nachbarschaft aller Flächen ungültig sein könnten: Würde das enge Beieinanderliegen nicht bedeuten, dass die Insekten von einem Beet zum nächsten huschten, dass Unkräuter sich unter den Zäunen hindurch breitmachten und Mikroben sich durch den Boden arbeiteten? Nun, das konnte natürlich passieren, aber ich erkannte schließlich, dass dies genau der richtige Weg war. Sollte das Experiment für den durchschnittlichen Gärtner von Nutzen sein, würde das biologische Beet mit Krankheiten fertig werden müssen, die aus der Nachbarschaft herüberkamen. Schließlich haben wenige von uns das Glück, von anderen Gärten ausreichend abgelegen oder gar isoliert zu sein. Und die gesamte Nachbarschaft zum biologischen Gartenbau zu bekehren, würde sehr viel mehr als nur gärtnerische Fähigkeiten erfordern.

Erstaunlicherweise entstanden jedoch nicht die geringsten Probleme. Mit Unkräutern, die versuchten, sich vom benachbarten Stück aus einzuschleichen, wurde ich fertig, indem ich ihnen durch eine Barriere aus Plastikfolie unter dem Zaun Halt gebot. Am meisten von allem beeindruckte mich aber, dass die Schwebfliegen, die durch Tagetes auf das biologische Teilstück gelockt worden waren, die Blattläuse auf der Nachbarfläche gleich mitvertilgten. Auch die Frösche hüpften hinüber und labten sich dort an den Schnecken.

DAS ZIEL DIESES BUCHS

Dieses Buch ist das Ergebnis von dreißig Jahren gärtnerischer Tätigkeit und zehnjähriger biologischer Versuchsarbeit. Ich behaupte nicht, dass Sie hier jedes biologische Rezept finden werden, von dem Sie jemals gehört haben, und Sie werden sicher keine magischen oder mysteriösen Volksweisheiten erfahren.

Was Sie entdecken werden, ist eine Mischung aus traditionellem Gartenbau auf biologischer Basis und modernen Methoden, über Jahre hinweg im eigenen Garten ausprobiert, getestet und für wirksam befunden. Mein Ziel ist es, einen produktiven, schönen, interessanten und Freude bringenden Garten zu gestalten, der allen möglichen Tieren Unterschlupf bietet und mir selbst frohe, gesunde und fesselnde Beschäftigung verschafft – einen Garten, der mich darüber hinaus mit Lebensmitteln versorgt, die so schmecken, wie sie von Natur aus schmecken sollen und von denen ich weiß, dass sie verhältnismäßig frei von Schadstoffen sind.

DIE BIOLOGISCHE ANBAUWEISE

Am biologischen Gartenbau gibt es nichts Mystisches oder Magisches. Es handelt sich einfach um eine Arbeitsweise, die zusammen mit der Natur arbeitet statt gegen sie, wobei natürliche Materialien wiederverwertet werden, um die Bodenfruchtbarkeit zu erhalten. Natürliche Methoden der Krankheits- und Schädlingsbekämpfung werden bevorzugt, man verlässt sich nicht auf Chemikalien. Diese Anbauweise ist viel weniger krankheitsanfällig als die Methoden der chemisch orientierten Anbauer.

Biologischer Gartenbau bedeutet aber viel mehr als einfach Pflanzenbau ohne chemische Mittel und mineralische Dünger. Der Bio-Gärtner hat erkannt, dass komplexe Vorgänge in der Natur das Leben über Millionen von Jahren erfolgreich erhalten haben, deshalb halten sich die grundlegenden biologischen Bearbeitungsprinzipien eng an jene, die in der natürlichen Umwelt vorkommen. Lassen Sie sich nicht verleiten zu glauben, diese Prinzipien minderten Ertrag oder Qualität. In Wirklichkeit werden Sie mit biologischen Methoden wahrscheinlich beides verbessern, und während Sie nebenbei einen attraktiven Lebensraum für frei lebende Tiere schaffen, ist das Obst und Gemüse aus Ihrem Garten gesund, wohlschmeckend und weitgehend schadstofffrei.

DER CHEMISCH ORIENTIERTE GÄRTNER

Der chemisch orientierte Gärtner benutzt seinen Boden nur als Medium zur Verankerung der Pflanzenwurzeln sowie zur Speicherung von Nährstoffen in Form von Mineraldünger. Dieses Verfahren führt zu hervorragenden Resultaten, allerdings nur kurzfristig. Langfristig gesehen hat es zwei katastrophale Auswirkungen: Da kein organisches Material nachgeliefert wird, sterben die Bodenorganismen ab. Ohne sie bricht die Bodenstruktur zusammen, der Boden verhärtet, verdichtet sich und wird unproduktiv. Versuche einer »Zwangsernährung« führen bei den Pflanzen zu weichem, übermäßigem Wuchs, sie können dann zahlreichen Krankheiten und Schädlingen nichts entgegensetzen. Um diese unter Kontrolle zu bekommen, werden chemische Pestizide eingesetzt, oft nur mit kurz andauerndem Erfolg. Indem sie den Schädling töten, vernichten solche Mittel nämlich auch dessen natürlichen Gegenspieler, sodass das Problem schließlich schlimmer wird. Man muss zu stärkeren und immer giftigeren Pestiziden greifen, und es entsteht ein Teufelskreis, der, einmal begonnen, nur schwer wieder zu durchbrechen ist.

DER BIOLOGISCHE GÄRTNER

Der biologische Gärtner geht einen konstruktiveren Weg, basierend auf der Einsicht, dass es in der Natur für gewöhnlich ein gesundes Gleichgewicht gibt. In einem solchen ausgeglichenen System leben verschiedene Arten nebeneinander, ohne dass eine die Oberhand gewinnt. Durch den Anbau verschiedenster Pflanzen schafft der biologische Gärtner ein Miniatur-Ökosystem mit Schädlingen und Nützlingen, in dem sich keine Art zu stark entwickelt.

Millionen Mikroorganismen im Boden setzen im Lauf ihres Lebens aus organischer Materie die Nährstoffe frei, die für gesundes Pflanzenwachstum so wichtig sind. Deshalb steht beim biologischen Anbau nicht die direkte Pflanzenernährung, sondern die Ernährung des Bodens im Vordergrund, und zwar mit natürlichen Materialien. Pflanzen nutzen dieses Reservoir von Nährstoffen, wie und wann sie wollen. Auf diese Art gezogene Pflanzen sind kräftiger und eher in der Lage, Schädlingen und Krankheiten Widerstand zu leisten.

Naturgemäßes Gärtnern

Die natürlichen Mechanismen des Pflanzenwachstums sind perfekt, aber sie sind nie für die Ansprüche geschaffen worden, die wir heutzutage an unsere Gärten und an die Schönheit und Effektivität unserer Pflanzen stellen. Um eine reichliche Ernte zu produzieren, müssen wir zum Beispiel intensivieren.

Die Wege, dies zu erreichen, sind ganz einfach: den Boden ernähren und sein Gefüge verbessern; Samen während des Keimens schützen; sicherstellen, dass die Pflanzen ausreichend Wasser haben; Krankheiten kontrollieren.

ERHALTUNG DES BODENS

In der Natur wird das gesamte anfallende organische Material wieder verwertet (*siehe umseitig*). Der Gärtner dagegen entfernt einen Großteil der Biomasse, in dem er Obst und Gemüse erntet, Unkraut jätet, schneidet, mäht oder Blüten abschneidet. Diese organische Substanz muss durch Kompost, Stallmist und Gründüngungspflanzen ersetzt werden. Und sogar dann noch können unsere intensiven Methoden weitere Gaben von organischen Düngern notwendig machen.

In der Natur werden Bodenstruktur, Durchlüftung und Dränage, d.h. Entwässerung, gefördert durch das Wühlen von Tieren wie Würmern oder Insekten. Der Gärtner kann eine ähnliche Wirkung durch regelmäßiges Umgraben erreichen.

AUSSAAT UND BEWÄSSERUNG

In der Natur kommen viele Samen aufgrund ungünstiger Wetterbedingungen oder räuberischer Tiere niemals zum Keimen. Im Garten dagegen brauchen wir die Entwicklung der Pflanzen nicht dem Zufall zu überlassen. Wir können sicherstellen, dass Samen und reife Pflanzen geschützt und bei trockenem Wetter mit der richtigen Wassermenge versorgt werden.

KONTROLLE VON SCHÄDLINGEN UND KRANKHEITEN

Die natürlichen Methoden der Krankheits- und Schädlingsbekämpfung lassen sich ebenfalls verbessern. Wir können in unserem Garten wohlüberlegt eine abwechslungsreiche Mischung von Pflanzen anbauen, sodass wir die Gegenspieler jener Schädlinge anlocken und fördern, die unsere Kulturpflanzen bedrohen.

DIE ERNTE

Unsere Pflanzenzüchter haben Sorten geschaffen, die bestimmten Krankheiten und Schädlingen gegenüber resistent sind und die uns größere Ernten und schönere Blüten bescheren. Jahrtausendelange Erfahrungen im Anbau haben uns Methoden gelehrt, die uns in die Lage versetzen, die Natur zu erweitern. Aber der Gärtner der Zukunft wird nur erfolgreich sein, wenn er sich an bestimmte Regeln hält. Zwar können wir die Natur kurzfristig durch Chemikalieneinsatz manipulieren, doch langfristig wird völlige Krankheits- und Schädlingskontrolle nie möglich sein.

NATURGEMÄSSES GÄRTNERN

BODENVERBESSERUNG

In der Natur liefert abgestorbene Vegetation Nahrung für den Boden. Der Mensch erntet ab und muss daher wieder Kompost zufügen.

BODENBEARBEITUNG

Trotz der Aktivität wühlender Tiere und vordringender Pflanzenwurzeln ist unbearbeiteter Boden relativ hart und verdichtet. Der Mensch kann die Bodenstruktur durch Umgraben verbessern.

AUSSAAT

In der Natur keimen verhältnismäßig wenige Samen, zum einen wegen der Konkurrenz anderer Pflanzen, zum anderen wegen der schlechteren Umweltbedingungen. Im Garten kommen aufgrund optimaler Verhältnisse und Abstände die meisten Samen zum Keimen.

BEWÄSSERUNG

Pflanzen brauchen Wasser zum Leben. Während in der Natur ausreichender Regen nicht garantiert ist, können die Pflanzen im Garten bei trockenem Wetter zusätzlich gewässert werden.

SCHÄDLINGSBEKÄMPFUNG

Die Natur schafft im Allgemeinen ein Gleichgewicht, indem sie dafür sorgt, dass Schädlinge und Nützlinge sich die Waage halten. Der Mensch kann diesen Prozess fördern, aber zusätzlich seine Pflanzen schützen.

ERNTE

Sich selbst überlassen würde die Natur keine üppige Ernte produzieren, weder mengenmäßig, noch was die Größe der Einzelfrüchte angeht. Kultivierter Boden bringt eine reichere und vielseitigere Ernte hervor.

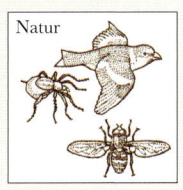
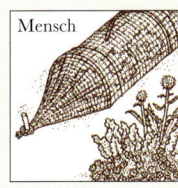
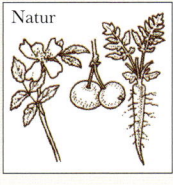

Regenwürmer schaffen die pflanzlichen Überreste in die oberen Bodenschichten. Ihre Ausscheidungen sind ein wertvoller Dünger.

Der Boden ernährt die Pflanzen.

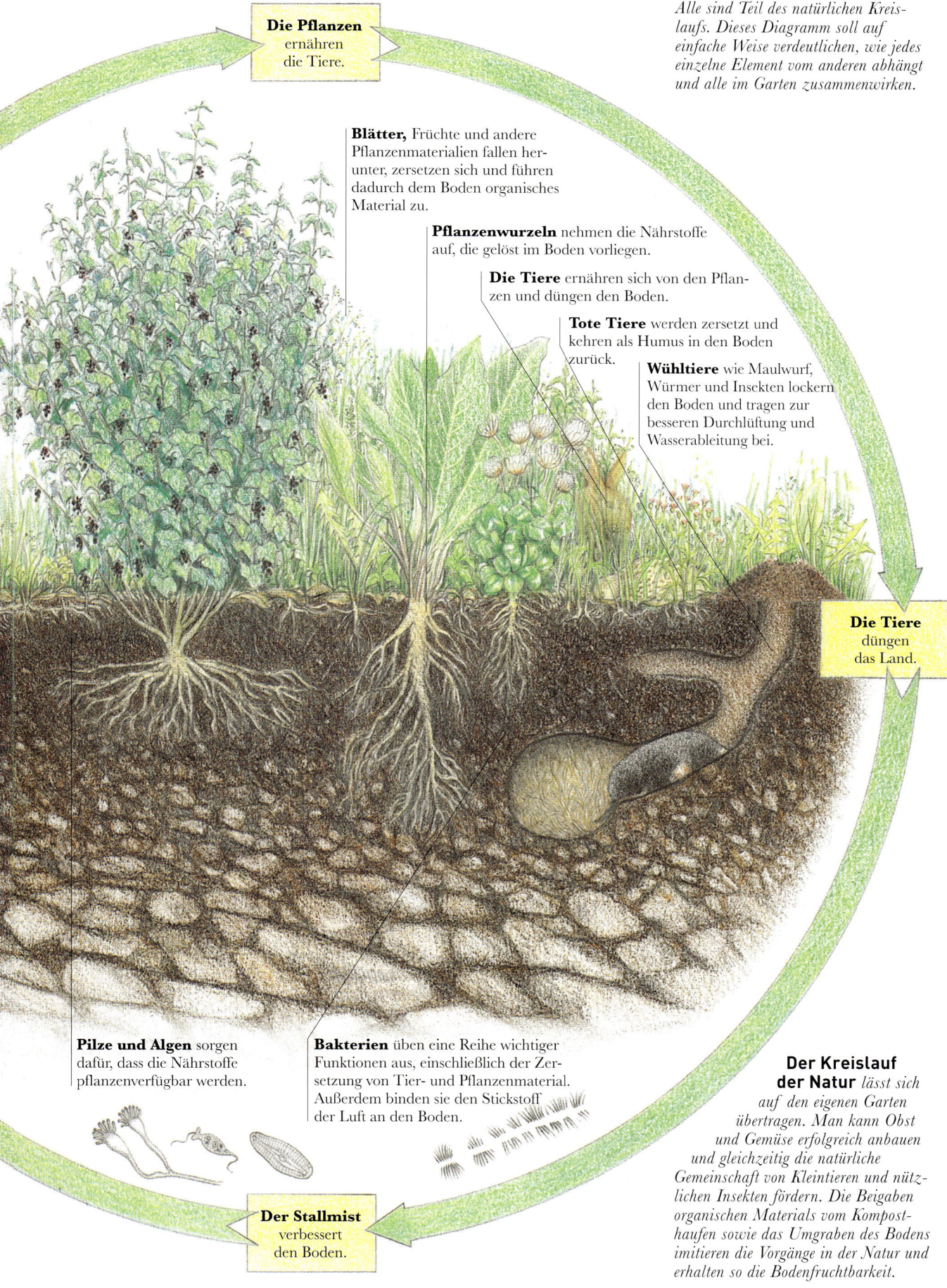

Tiere, Pflanzen und der Boden:
Alle sind Teil des natürlichen Kreis-laufs. Dieses Diagramm soll auf einfache Weise verdeutlichen, wie jedes einzelne Element vom anderen abhängt und alle im Garten zusammenwirken.

Die Pflanzen ernähren die Tiere.

Blätter, Früchte und andere Pflanzenmaterialien fallen her-unter, zersetzen sich und führen dadurch dem Boden organisches Material zu.

Pflanzenwurzeln nehmen die Nährstoffe auf, die gelöst im Boden vorliegen.

Die Tiere ernähren sich von den Pflan-zen und düngen den Boden.

Tote Tiere werden zersetzt und kehren als Humus in den Boden zurück.

Wühltiere wie Maulwurf, Würmer und Insekten lockern den Boden und tragen zur besseren Durchlüftung und Wasserableitung bei.

Die Tiere düngen das Land.

Pilze und Algen sorgen dafür, dass die Nährstoffe pflanzenverfügbar werden.

Bakterien üben eine Reihe wichtiger Funktionen aus, einschließlich der Zer-setzung von Tier- und Pflanzenmaterial. Außerdem binden sie den Stickstoff der Luft an den Boden.

Der Kreislauf der Natur *lässt sich auf den eigenen Garten übertragen. Man kann Obst und Gemüse erfolgreich anbauen und gleichzeitig die natürliche Gemeinschaft von Kleintieren und nütz-lichen Insekten fördern. Die Beigaben organischen Materials vom Kompost-haufen sowie das Umgraben des Bodens imitieren die Vorgänge in der Natur und erhalten so die Bodenfruchtbarkeit.*

Der Stallmist verbessert den Boden.

DER BODEN

DER BODEN IST DIE GRUNDLAGE für eine erfolgreiche Gartengestaltung. Niemals sollten Sie ihn nur als reine Ansammlung von Mineralpartikelchen betrachten, ausschließlich notwendig zur Verankerung der Pflanzenwurzeln, oder ihn als Schmutzverursacher abtun. Boden ist viel mehr und verdient unsere volle Aufmerksamkeit.

Die grundlegende Bodenstruktur besteht aus Gesteinsteilchen, die durch Frost, Tau, Wind und Wasser zersetzt wurden. Daraus sind die verschiedenen Korngrößen entstanden, die zu unterschiedlichen Bodentypen führen (s. S. 14). Ein weiterer großer Teil des Bodens besteht aus organischem Material, also den pflanzlichen und tierischen Rückständen in verschiedenen Zersetzungsstadien. Zusätzlich wichtig sind Luft und Wasser als Grundvoraussetzung für jegliches Tier- und Pflanzenleben. Alle diese Faktoren vereinen sich zu dem Medium Boden, das Millionen und Abermillionen lebendiger Organismen als Behausung dient. Da gibt es neben Bodenpilzen und Algen auch Bakterien, Insekten und Würmer, die allesamt durch ihr Wirken genau die richtigen Bedingungen für gesunden Pflanzenwuchs schaffen. Die Bodenlebewesen sorgen dafür, dass die Nährstoffe für die Pflanzen verfügbar werden. Sie verbessern außerdem die Struktur des Bodens, indem sie ihn lockern und so besser durchlüften.

Wahrscheinlich ist es die Bodenbehandlung mehr als alles andere, die den biologischen Gartenbau von konventionellen Methoden unterscheidet. So besteht auch die erste, wichtige Regel für den Bio-Gärtner darin, das unterirdische Bodenleben zu pflegen und zu fördern (*siehe* Bodenverbesserung und Düngung, *S. 18–42*).

DIE BODENBILDUNG

Der Boden bildet sich über Jahrmillionen hinweg durch die physikalische oder chemische Verwitterung des felsigen Ausgangsgesteins. Tonböden entstehen durch chemische Verwitterung. Dabei ändert sich gewöhnlich die mineralische Zusammensetzung des Urgesteins durch die Aktivität schwacher Säuren. Andere Bodentypen sind das Ergebnis physikalischer Verwitterung. Hierbei wird die chemische Zusammensetzung des Urgesteins nicht verändert, sondern es findet eine allmähliche, mechanische Auswaschung statt.

In heißen Klimazonen wie in Wüstengebieten hat die große Temperaturspanne zwischen Tag und Nacht die Folge, dass sich das Gestein regelmäßig dehnt und zusammenzieht. Nach gewisser Zeit führt diese ständige Belastung zu einer physikalischen Zerkleinerung. Unter kälteren Bedingungen, wie beispielsweise während der Eiszeiten, wurde das Gestein durch Wasser zersetzt, welches in Felsspalten eindrang und gefror. Da Eis ein größeres Volumen als Wasser einnimmt, wurde das Gestein mit gewaltiger Kraft regelrecht gesprengt. Die Bewegungen gigantischer Gletscher während der Eiszeiten haben die Bodenbildung weiter Landschaften entscheidend geprägt. So wurden beispielsweise Teile des unter Eis liegenden Gesteins abgetragen, zermahlen und über lange Strecken transportiert. Die Schmelzwasserströme am Ende der Eiszeiten schichteten die Gesteins- und Sandmassen zu den heutigen Bodenformationen.

Was ist Boden?

Der Boden in Ihrem Garten ist ein höchst komplexes, tief gehendes Gebilde, seine Kultivierung hängt von verschiedenen Faktoren ab. Was man vor sich sieht, ist nur die Oberfläche des Bodens. Ihrer Entstehung nach gibt es mehrere Bodentypen und alle haben ihre Vor- und Nachteile.

Böden können sauer oder alkalisch sein, sie können gute oder schlechte Entwässerungseigenschaften haben und bisweilen viele Steine enthalten.

BODENPROFILE

Abgesehen von der äußerlich sichtbaren Bodenoberfläche bestehen Böden gewöhnlich aus drei deutlich erkennbaren horizontalen Schichten (Horizonten): dem Ober- oder Mutterboden, dem Unterboden und dem Untergrund oder Ausgangsgestein (Urgestein).

Mutterboden formt sich im Lauf der Jahre durch die Vermehrung des organischen Materials als Folge der ständigen Zersetzungsprozesse von abgestorbenen Pflanzen und Tieren (s. S. 11). Diese Bodenschicht ist der Lebensraum von zahlreichen lebenden Organismen, in ihr befindet sich auch das Hauptwurzelwerk der Pflanzen. Die Mutterbodenschicht kann in Qualität und Stärke verbessert werden, wenn man ihr regelmäßig organische Substanz (verrotteten Stallmist, Kompost oder andere Materialien, s. S. 18–34) beigibt.

Die nächste Schicht ist der Unterboden. Er hat einen geringen Nährstoffgehalt, beherbergt nur wenige oder gar keine Mikroorganismen und erscheint für das Wurzelwachstum wenig einladend. Deshalb ist es bei tiefem Graben ratsam, stets nur geringe Mengen Unterboden an die

Oberfläche zu holen (s. S. 264). Mit organischem Material gemischt bildet sich daraus Mutterboden. Die Beschaffenheit des Unterbodens hat aber entscheidende Auswirkungen auf die Wasserhaltekapazität des gesamten Bodens. Bei leichten oder kalkhaltigen Unterböden, deren Wasser zu schnell abläuft, sollte man viel faserreiche, organische Masse zuführen (s. S. 16–17), um dadurch die Wasserhaltekapazität des Mutterbodens zu verbessern. Schwere Tonböden dagegen sind schlecht durchlässig und so ist unter Umständen ein Dränagesystems nötig (s. S. 262).

Die dritte Schicht, das Ausgangsgestein, besteht aus dem Ursprungsmineral, welches als Grundlage zur Bodenbildung dient. Diese Schicht ist normalerweise so tief gelegen, dass sie den Gärtner nicht zu kümmern braucht. In Gebirgslagen kann sie jedoch vereinzelt nahe an der Oberfläche liegen.

BODENARTEN

Es gibt fünf Hauptbodenarten: Ton-, Sand-, Lehm-, Kalk- und Moorböden. Sie werden gewöhnlich durch die Art des Ausgangsgesteins sowie die Größe der verwitterten Mineralteilchen bestimmt (s. S. 14). Für Sie als Gärtner ist es wichtig zu wissen, mit welchem Boden Sie es hauptsächlich in Ihrem Garten zu tun haben, denn davon hängt nicht nur die Bearbeitung ab, sondern auch, welche Pflanzen Sie zu welchem Zeitpunkt anbauen können.

Die meisten Böden bestehen aus einer Mischung von Mineralien. Wird ein Boden beispielsweise als »Ton« bezeichnet, dann ist dies der Hinweis auf seinen Hauptbestandteil. Gemischte Böden nennt man »Lehm«, eine Mischung aus 50 % Ton und 50 % Schluff wäre ein »lehmiger Ton«. Ähnlich beschreibt man Böden, die hohe Sandanteile aufweisen als »sandigen Lehm«, während ein höherer Tonanteil die Bezeichnung »toniger Lehm« bekommt.

EIGENSCHAFTEN IN DER PRAXIS

Böden können »leicht« oder »schwer« sein. Schwere Böden enthalten einen hohen Anteil feiner Tonteilchen. Es ist anfänglich oft schwierig, solche Böden zu bearbeiten, denn sie sind entweder nass und die Tonteilchen kleben, oder sie sind trocken und hart. Hier müssen Sie erst einmal für besseren Wasserablauf sorgen. Wurzelwachstum der Pflanzen und Beigaben von organischem Material helfen. Richtig behandelt entwickeln sich schwere Böden im Lauf der Zeit zu exzellenten Feuchtigkeits- und Nährstoffspeichern. Leichte Böden sind im Gegensatz zu schweren einfach zu bearbeiten. Sie erwärmen sich im Frühjahr zeitig, doch kann es aufgrund ihrer schlechten Wasserrückhaltung Probleme geben. Wasser und Nährstoffe versickern nämlich durch den Mutterboden und werden über den Unterboden in das Dränagesystem abgeleitet. Leichte Böden erfordern deshalb ständig Gaben von organischer Substanz, sodass ein Mutterboden entstehen kann, der in der Lage ist, Feuchtigkeit zu speichern. Außerdem brauchen diese Böden höhere Düngermengen.

SAURE UND ALKALISCHE BÖDEN

Böden können unterschiedlich viel Kalk enthalten und werden entsprechend der Kalkmenge als »sauer« oder »alkalisch« bezeichnet. Der Kalkgehalt ist entscheidend verantwortlich für die Fruchtbarkeit des Bodens. Er bestimmt die

Pflanzenarten, die Sie anbauen können, indem er gewisse Nährstoffe für Pflanzen in der Tat unverfügbar macht (s. S. 38–39). Eine einfache Testmethode zur Ermittlung des Kalkgehalts finden Sie auf Seite 36.

STEINE

Steine oder Kies im Boden haben zwar keinen Einfluss auf die Bodenart, können sich aber auf Fruchtbarkeit und Wasserdurchlässigkeit des Bodens auswirken. Steiniger Boden hat die Vor- und Nachteile eines leichten Bodens mit geringer Wasserspeicherung. Daher erscheint es günstig, ihn regelmäßig mit faserreichem organischen Material zu versorgen, um seine Wasserhaltefähigkeit zu verbessern. Wer einen schweren Mutterboden in Kombination mit einem sehr steinigen Unterboden hat, kann sich äußerst glücklich schätzen, denn hier vereinen sich zwei Vorteile: gute Feuchtigkeits- und Nährstoffspeicherung im oberen Bereich und gute Dränage des überflüssigen Wassers durch den Unterboden.

WIE MAN BODENSCHICHTEN ERKENNT

Wenn Sie im Garten ein tiefes Loch ausheben, können Sie an den zum Vorschein kommenden Farben und Strukturen ohne Schwierigkeiten die einzelnen Bodenschichten erkennen. Dies ist eine wertvolle Übung, denn es versetzt Sie in die Lage, Ihren Boden besser zu beurteilen und gibt Ihnen Anhaltspunkte, wie Sie ihn am vorteilhaftesten bearbeiten.

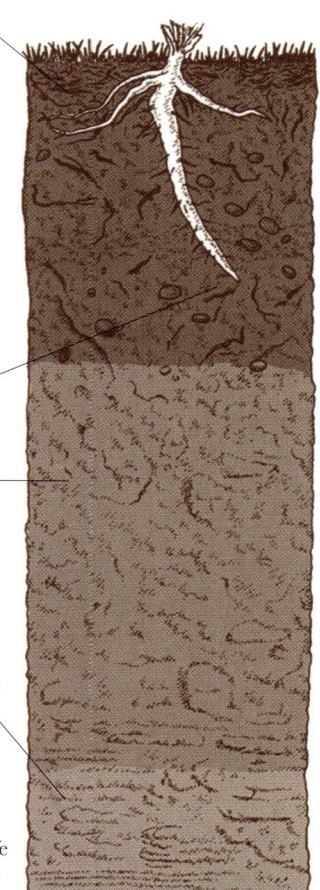

Mutterboden Diese Bodenschicht ist die dunkelste. Sie enthält organisches Material, Pilze, Bakterien, Insekten, Würmer. Die Stärke des Bodens kann zwischen 5 cm und 2 m schwanken, je stärker diese Schicht, desto besser, denn dann haben die Pflanzenwurzeln mehr Platz zum Wachsen und zur Nährstoffaufnahme.

Durchwurzelungstiefe

Unterboden Er hat eine hellere Farbe als der Mutterboden, weil er keinen Humus enthält. In dieser Schicht sind kaum Nährstoffe zu finden. Ihre Struktur beeinflusst die Wasserführung des Bodens.

Ausgangsgestein Es besteht vorwiegend aus unverändertem Felsgestein und wird durch die Bearbeitung des Mutterbodens nicht verändert. Seine Tiefe hängt vom darunterliegenden Gestein ab sowie von der jeweiligen Höhenlage.

Bodenarten

Vergleicht man die fünf Bodenarten – Ton, Sand, Lehm, Kalk und Moor –, so sehen sie alle sehr unterschiedlich aus. Die meisten unserer Böden sind jedoch keine Reinformen, sondern bestehen aus einer Mischung von verschiedenen Mineralteilchen. Hier dargestellt finden Sie, so weit wie möglich, die unvermischten Bodentypen. Jede Bodenart hat ihre Vor- und Nachteile, verlangt unterschiedliche Bearbeitungsmethoden und ist für unterschiedliche Pflanzen geeignet. Genauere Einzelheiten dazu liefern die Kapitel »Der Ziergarten« (*S. 74–125*) sowie »Der Gemüsegarten« (*S. 132–201*).

TONBODEN

Hierbei handelt es sich um schwere, kalte Böden, die bei Feuchtigkeit kleben und bei Trockenheit hart und verdichtet sind. Die Korngröße der feinen Partikelchen beträgt weniger als 0,002 mm. Dies hat zur Folge, dass Tonböden schlecht wasserdurchlässig und daher unter feuchten Bedingungen schwer zu bearbeiten sind. Bei richtiger Behandlung kam man sie jedoch in fruchtbare Böden verwandeln (*siehe Abschnitt Ton*), denn sie sind normalerweise gut mit Nährstoffen versorgt, und es lassen sich zahlreiche Pflanzenarten anbauen. Geeignete Pflanzen *s. S. 92*.

SANDBODEN

Hier haben wir es mit trockenen, leichten Böden zu tun, die sich körnig anfassen, wenn man etwas Erde zwischen den Fingern zerreibt. Sandpartikel variieren in der Größe von 0,2 mm bei sehr feinem Sand bis zu 2 mm bei grobem. Sandböden sind einfach zu bearbeiten. Zusätzlich vorteilhaft ist, dass sie sich im Frühjahr schnell erwärmen und somit zeitiger in Kultur zu nehmen sind als die meisten anderen Bodenarten. Weil sie das Wasser schlecht speichern, gehen jedoch leicht Nährstoffe verloren. Daher sind größere Beigaben sowohl von organischem Material als auch von Dünger unbedingt notwendig. Geeignete Pflanzen *s. S. 92*.

KALKBODEN

Hierbei handelt es sich um blasse, beinahe ausgehungerte Böden, die oft einen hohen Anteil an Steinen und Feuersteinen (Flint) aufweisen. Das Wasser läuft aufgrund der groben Kornpartikel leicht ab und geht zusammen mit den Nährstoffen schnell verloren. Oft ist der Mutterboden sehr dünn und daher zum Anbau tief wurzelnder Pflanzen ungeeignet. Noch negativer erscheint aber die Tatsache, dass Kalkböden je nach Höhe ihres Kalkgehalts sehr alkalisch reagieren können und somit für viele Pflanzenarten keine guten Wachstumsbedingungen bieten. Geeignete Pflanzen *s. S. 93*.

LEHMBODEN

Diese Böden sind weder körnig noch kleben sie. Die Korngrößen rangieren zwischen 0,002 mm und 0,02 mm. Wenn man etwas Lehm zwischen den Fingern reibt, ist er glatt und glänzend. Bei Feuchtigkeit haben Lehmböden die Tendenz, sich zu verdichten. Dadurch sind sie, ebenso wie Ton, schlecht wasserdurchlässig und werden schwer. Die Bodenstruktur lässt sich verbessern, wenn man verrotteten Kompost oder Stallmist beigibt. Auf Lehm wachsen die gleichen Pflanzen wie auf Ton (s. S. 92).

MOORBODEN

Moorböden haben eine deutlich dunkelbraune oder graue Farbe und eine poröse, schwammähnliche Konsistenz. Sie enthalten reichlich zersetzte organische Substanz und brauchen daher wenig zusätzlichen Kompost. Die jüngeren braunen Moorböden lassen sich leichter bearbeiten und sind fruchtbarer als die schwereren schwarzen. Alle Moorböden neigen zur Staunässe und müssen daher entwässert werden. Sie reagieren sauer, und wenn man die Bandbreite der Pflanzenarten erweitern will, muss man Kalk zuführen. Geeignete Pflanzen s. S. 93.

Bearbeitung des Bodens

Der ideale Boden hat eine gute Krümelstruktur, ist reich an organischer Substanz und so wasserdurchlässig, dass es selbst bei starken Regenfällen nicht zu Staunässe kommt. Weiterhin liefert er alle Nährstoffe, die für gesundes Pflanzenwachstum notwendig sind.

Jede Bodenart hat ihre Vor- und Nachteile. Fast immer bestehen Böden aus einer Mischung von verschiedenen Mineralpartikeln, durch Beobachtungen und Untersuchungen müssen Sie herausfinden, welcher Mineralanteil in Ihrem Boden dominiert. Sie können dann eine der folgenden Bearbeitungsmethoden anwenden, um das Bestmögliche aus Ihrem speziellen Boden zu machen.

Zur Bestimmung der Bodenart *nehmen Sie aus Ihrem Garten eine Handvoll Erde und zerreiben die Probe zwischen Daumen und Zeigefinger. Ton klebt und lässt sich rollen. Wenn er geknetet wird, ändert er seine Form, ohne zu zerreißen. Sand ist grob und körnig, Lehm glänzend und glatt. Kalk hat eine grauweiße Farbe und ist trocken und bröckelig, Moor ist schwarz und feucht.*

Tonböden

Während die Bearbeitung von Tonböden anfangs Schwierigkeiten bereiten mag, kann man mit etwas Mühe, Geduld und der richtigen Bearbeitung doch gute Ergebnisse erzielen. Richtig ist, dass sich Ton in den ersten Stadien der Kultivierung nicht so bequem bearbeiten lässt wie leichte Böden, z. B. Sand. Nasser Ton verwandelt sich schnell in feuchten Schlamm und bei Austrocknung wird er hart wie Beton.

Tonböden sind schlecht durchlässige, kalte und schwere Böden, weil die Abstände zwischen den Partikeln klein sind und dadurch der freie Transport von Luft und Wasser verhindert wird. So besteht ständig die Gefahr, dass sich der Boden zu einer undurchlässigen Masse verdichtet. Es kann einige Jahre dauern, die Bodenstruktur zu verbessern, aber ein gut behandelter Tonboden bringt bedeutend bessere Erträge, als ein Sandboden je erreichen kann.

UMGRABEN

Wenn möglich, ist es am besten, Tonböden im Herbst umzugraben (s. S. 263), entweder wenn der harte Boden durch Regen etwas aufgeweicht ist oder wenn er nach Regenfällen abtrocknet, jedoch bevor er sich wieder verhärtet. In unseren gemäßigten Breiten kommen solche Gelegenheiten verhältnismäßig häufig vor. In trockeneren Klimazonen sind dagegen gute Organisation und schnelles Handeln nötig, sobald das Wetter umschlägt.

Wenn schwerer Boden nass wird und dann austrocknet, dehnt er sich zuerst und zieht sich anschließend wieder zusammen. Dadurch zerbricht er in unzählige kleine Klümpchen. Im Winter gefriert das eindringende Wasser, sprengt die Risse und vergrößert sie dadurch noch. So entsteht eine feine, zur Aussaat bereite Bodengare. Deshalb ist unbedingt anzuraten, Tonböden im Herbst zu bearbeiten und dabei zur Lockerung auch gleich organisches Material in die oberen Schichten einzubringen. Dann lässt man die Oberfläche grobschollig und uneben liegen, um der Witterung möglichst viel Angriffsfläche zu bieten.

DRÄNAGE

Da Tonböden ursprünglich durch chemische Verwitterung entstanden sind, besteht die Möglichkeit, die Bodenpartikel auch wieder chemisch zu binden, und zwar durch die sogenannte Flockung. Bei ausreichender Kalkzugabe verbinden sich die winzigen Partikelchen zu einem Krümelgefüge, welches für Wasser, Luft und Pflanzenwurzeln leicht zu durchdringen ist. Kontrollieren Sie die Ansprüche der Pflanzen, die Sie anbauen möchten, und verwenden Sie nur so viel Kalk, wie ohne Schaden für die Pflanzen möglich ist (s. S. 35). Sehr schweren Böden sollten Sie zusätzlich etwa 1–2 Eimer/m² groben Kies beifügen (s. S. 75).

Ein Erhöhen der Erdoberfläche gegenüber der unmittelbaren Umgebung verbessert die Dränage beträchtlich und trägt dazu bei, den Boden trocken und warm zu machen. Erhöhen Sie Ihre Zierpflanzenbeete etwas (s. S. 75) und bauen Sie Ihr Gemüse im Tiefbeetsystem an (s. S. 135). Tonböden sollten bei Nässe niemals betreten werden, um eine Bodenverdichtung zu vermeiden. Anderenfalls kann die mühevolle Arbeit der letzten Jahre zunichtegemacht sein. Müssen Sie den feuchten Boden unbedingt betreten, so legen Sie vorher zur Druckverteilung Bretter aus.

ORGANISCHE SUBSTANZ

Die reichliche Beigabe groben organischen Materials schafft bei Tonböden genügend Hohlraum für Pflanzenwurzeln und Wasser. Wenn nach einigen Jahren ausreichend organische Substanz angereichert und der Boden von den angebauten Pflanzen gut durchwurzelt ist, lassen sich die Böden bedeutend leichter bearbeiten. So wird mit jeder weiteren Bepflanzung und Bearbeitung die Substanz eines Tonbodens verbessert.

Lehmböden

Lehmböden haben das gleiche Hauptproblem wie Tonböden, nämlich die unzureichende Wasserdurchlässigkeit. Von allen durch physikalische Zersetzung entstandenen Bodenarten hat Lehm die kleinsten Partikel. Nur Tonteilchen sind noch kleiner, sie werden aber durch chemische Prozesse gebildet.

Die Winzigkeit der einzelnen Lehmpartikel führt bei Feuchtigkeit zu Verdichtungen. Die zu geringen Hohlräume zwischen den Teilchen verhindern die Durchlässigkeit für Wasser und Luft. Deswegen ist die Dränung schlecht und es besteht ständig die Gefahr der Bodenverdichtung. Wenn man jedoch das Betreten des Bodens bei Nässe vermeidet oder Bretter auslegt und ihn ansonsten so behandelt wie hier angegeben, macht ein Lehmboden kaum Schwierigkeiten und liefert recht zufriedenstellende Ergebnisse.

UMGRABEN

Lehmböden sollten nur dann bearbeitet werden, wenn sie so abgetrocknet sind, dass keine Erde mehr an den Stiefeln kleben bleibt. Durch ein Umgraben im Herbst können Sie die Witterungseinflüsse nutzen, um eine aussaatbereite Bodengare zu schaffen. Denn ebenso wie Ton dehnt sich Lehm bei Nässe aus und zieht sich bei Trockenheit wieder zusammen, wobei der Boden in kleine Klümpchen zerbricht. Wenn während des Winters Wasser in diese Risse gelangt und gefriert, sprengt es sie auseinander und vergrößert sie. So bietet man der Witterung bei Herbstbearbeitung ein Maximum an Angriffsfläche. Dabei sollte gleichzeitig organische Substanz in den Boden eingebracht werden.

DRÄNAGE

Damit sich die Wasserführung Ihres Bodens verbessert, müssen die Bodenpartikel physikalisch getrennt werden, sodass Luft, Wasser und Pflanzenwurzeln freien Durchgang haben. Zu diesem Zweck sollten Sie 1 bis 2 Eimer/m² groben Kies in den Boden einarbeiten (s. S. 75), wenn Sie die organische Substanz untergraben. Leichtes Hochlegen der Zierpflanzenbeete sowie Gemüseanbau im Tiefbeetsystem wirken sich zusätzlich günstig auf die Dränung aus und tragen dazu bei, den Boden zu trocknen und zu erwärmen.

ORGANISCHE SUBSTANZ

Die Struktur von Lehmböden lässt sich durch großzügige Gaben von gut verrottetem Kompost oder Stallmist entscheidend verbessern. Dem Boden reichlich beigemischte organische Substanz lockert die zusammenklebenden Lehmpartikel, sodass Wurzeln und Wasser genügend Hohlräume finden. Wenn möglich, halten Sie den Boden mit Gründüngungspflanzen bedeckt. Dadurch sorgen Sie zum einen für zusätzliche organische Substanz und zum anderen für den Ablauf des Oberflächenwassers (s. S. 32).

Sandböden

Die sehr leichten Sandböden leiten das Wasser schnell ab. Sie können bereits bearbeitet werden, wenn andere Böden noch durchweicht und unkultivierbar sind. Da sie sich schnell erwärmen, sind sie ideal für den Anbau im zeitigen Frühjahr. Andererseits sind sie mager und deshalb sehr anspruchsvoll bezüglich Düngergaben. So hat die bequeme Bearbeitung ihren Preis, denn Sie müssen zusätzlich organisches Material und Dünger einbringen (s. S. 35–42), da ein Teil des Wassers mit den gelösten Nährstoffen abläuft.

UMGRABEN

Bei sandigen Böden ist das Umgraben weniger wichtig und es ist auch nicht unbedingt notwendig, den grobscholligen

Boden im Winter der Witterung auszusetzen. Die relativ großen Bodenteilchen machen es leicht, eine gute Bodengare zu erreichen. Daher ist es am günstigsten, erst im Frühjahr mit der Bodenbearbeitung zu beginnen, kurz vor dem Säen oder Pflanzen. Sie sollten sich niemals an einen zu nassen Boden wagen, der beim Betreten noch an den Schuhen festklebt.

DRÄNAGE

Während des gesamten Jahres zeigen sandige Böden die Tendenz, Wasser zu verlieren. Das geschieht zum einen durch Oberflächenverdunstung und zum anderen durch das Absickern in tiefere Bodenschichten. Beides kann für die angebauten Pflanzen negativ sein. Um die Feuchtigkeitsverluste zu reduzieren, sollten Sie so oft wie möglich organisches Material oder Mulch zwischen den Pflanzen ausbringen (*s. S. 20*). Durch eine solche Abdeckung wird die Verdunstung verringert und gleichzeitig die Bodenstruktur verbessert.

ORGANISCHE SUBSTANZ

Es ist außerordentlich wichtig, einem Sandboden jedes Jahr reichlich organisches Material beizugeben. Infolge der geringen Wasserhaltekraft des Bodens wird die organische Substanz zusammen mit dem Wasser recht schnell in tiefere Bodenschichten abtransportiert. Für Nachschub in den durchwurzelten Bereichen sorgen Sie mit wenig Arbeitsaufwand, wenn Sie das organische Material nur in die oberen Bodenschichten einarbeiten oder auf der Bodenoberfläche verteilen.

Versuchen Sie, zu möglichst jeder Jahreszeit eine Pflanzendecke auf dem Boden zu erhalten. Dies gilt vor allem für die Wintermonate, wenn die Nährstoffauslaugung am höchsten ist. Im Gemüsegarten ist es während dieser Zeit ratsam, Gründüngungspflanzen auf den nicht genutzten Beeten anzubauen und sie im nachfolgenden Frühjahr unterzugraben (*s. S. 32*). Auf diese Weise werden nicht nur viele Nährstoffe in den oberen Bodenschichten festgehalten, sondern der Boden erhält außerdem einen Zusatz an organischem Material und das Unkrautwachstum wird gebremst.

Kalkböden

Reine, ursprüngliche Kalkböden haben zwei große Nachteile. Erstens sind sie leicht, trocken und mager, was auf große Bodenpartikel ähnlich denen der Sandböden zurückzuführen ist. Deshalb sickert Wasser sehr schnell durch und nimmt dabei Pflanzennährstoffe mit, die als organischer Dünger wieder zugeführt werden müssen. Zweitens, und ebenso ungünstig, sind Kalkböden alkalisch und daher für viele Pflanzen ungeeignet (*s. S. 35*).

UMGRABEN

Im Allgemeinen braucht man sich bei Kalkböden keine allzu großen Gedanken über den Zeitpunkt der Bodenbearbeitung zu machen. Ähnlich den Sandböden sind sie immer, sogar im Winter, trocken genug, um bearbeitet zu werden. Es ist also nicht nötig, den Boden während der Wintermonate grobschollig Frost und Regen auszusetzen, um eine gute Gare zu erreichen. Graben Sie ihn stattdes-

sen im Frühjahr einige Wochen vor der Aussaat um. Da der Mutterboden recht dünn ist, sollten Sie ihn nur flach bearbeiten. Bei verhältnismäßig kleinen Flächen empfiehlt es sich daher, eine zusätzliche Schicht Mutterboden aufzubringen.

DRÄNAGE

Im Allgemeinen funktioniert die Entwässerung bei Kalkböden gut und man muss eher dafür sorgen, Wasser und Nährstoffe zurückzuhalten. Dies kann durch Einbringen von umfangreichen Mengen organischen Materials geschehen, was gleichzeitig noch zu einer erwünschten Ansäuerung des Bodens führt.

ORGANISCHE SUBSTANZ

Mehr als bei jeder anderen Bodenart sollte bei Kalkböden die Oberfläche bedeckt gehalten werden. Säen Sie im Herbst eine winterfeste Gründüngung ein, die im Frühjahr untergegraben wird (*s. S. 32*). Auch während der Wachstumszeit lohnt es sich, schnell wachsende Gründüngungspflanzen zwischen den Gemüsereihen auszusäen, damit der Boden bedeckt bleibt.

Ein Mulchen mit organischer Substanz zwischen den Pflanzen ist während der Wachstumszeit ebenfalls sinnvoll. Sie sollten sauer reagierendes Material wie Grasschnitt, Kompost oder Stallmist verwenden, um der Alkalität des Bodens entgegenzuwirken.

Moorböden

Wenn Sie das Glück haben, einen Moorboden zu besitzen, dann nutzen Sie die Gelegenheit und bepflanzen Sie ihn so intensiv wie möglich. Moorböden sind von Natur aus sehr fruchtbar und gewöhnlich einfach zu bearbeiten. Sie werden keine Schwierigkeiten haben, Rekordernten zu produzieren und können herrliche Blumen heranziehen. Allerdings werden die Pflanzen leicht zu sauer und benötigen daher bisweilen größere Mengen Kalk, damit für Früchte und Gemüse der jeweils richtige pH-Wert erreicht wird (*s. S. 36*).

Weiterhin neigen Moorböden, die dräniert werden, dazu, bei warmem Wetter schnell auszutrocknen. Daher bei trockenem Wetter regelmäßig gießen.

UMGRABEN

Der Zeitpunkt der Bodenbearbeitung ist bei Moorböden nicht so entscheidend. Es besteht auch keine Notwendigkeit, den Boden grobschollig liegen zu lassen.

DRÄNAGE

Moorböden in Moor- und Marschlandschaften haben oft eine schlechte Dränage und müssen deshalb mit einem Entwässerungssystem versehen werden (*siehe S. 262*).

ORGANISCHE SUBSTANZ

Bei Moorböden muss man normalerweise kein Humus produzierendes Material mehr zuführen. Sie bestehen hauptsächlich aus zersetzten pflanzlichen und tierischen Organismen. Sie sind aber arm an Mineralstoffen.

BODEN-VERBESSERUNG

Es gibt verschiedene Methoden, die Sie anwenden können, um Ihren Boden zu verbessern, wie im vorhergehenden Kapitel besprochen. Für alle Bodenarten gilt zusammengefasst, dass sich eine reichliche Zugabe organischer Substanz in Form von Kompost, verrottetem Stallmist oder sonstigen Bodenverbesserern äußerst nützlich auswirkt. Hier haben Sie den Schlüssel zur Bodenfruchtbarkeit, denn wichtigste Grundlage des biologischen Gartenbaus ist ein gesunder, fruchtbarer Boden. Hier noch ein paar weitere Tipps geeignetes Substrat für Ihren Boden betreffend:

Organisches Material verbessert je nach Bodenart die Wasserhaltekapazität des Bodens (*siehe S. 17–19*). Reichliche Zugabe kann im Lauf der Zeit auch die Zunahme der Mutterbodenschicht fördern.

Ich kann ein gutes Beispiel für den Wert von organischem Material aus meinem eigenen Garten anführen. Mein Boden ist tiefgründig und dunkelbraun, faserreich und voller Würmer, alles ein Hinweis auf das Vorhandensein eines regen, verborgenen Bodenlebens. Alles, was ich pflanze, scheint zu gedeihen und die Bearbeitung eines solchen Bodens macht Freude. Die gute Bodenstruktur führe ich darauf zurück, dass mein Boden jedes Jahr größere Mengen gut verrotteten Stallmist und Kompost erhält.

Doch brauche ich nur ein paar Schritte weiter bis zum nächsten Getreidefeld eines modernen Landwirts zu gehen, welches jahraus, jahrein keinerlei organisches Material bekommt. Es ist schwer, eine Gabel durch die oberen Bodenschichten zu stechen, und wenn man es schafft, ist dort kein Wurm zu sehen. Da in solchen spezialisierten Betrieben keine Rinder mehr sind, wäre es auch schwierig, Mist zu besorgen. Aus Gründen der Bequemlichkeit und Wirtschaftlichkeit wird jedoch sogar das Stroh nach der Ernte auf dem Feld verbrannt. Dieser ganze »Fortschritt« wird mit einem hohen Einsatz von Chemikalien erkauft und führt langfristig zu einer Verschlechterung des Bodens.

MATERIALIEN ZUR BODENVERBESSERUNG

Es gibt keinen Zweifel, dass Ihr Boden fruchtbar bleibt und Ihre Pflanzen gut gedeihen, wenn Sie alljährlich gut verrotteten Stallmist ausreichend in die Erde einbringen. Aber woher soll der Mist kommen, besonders, wenn Sie in der Stadt wohnen? Die Zeiten sind lange vorbei, in denen Sie mit Eimer und Schaufel einem Pferdewagen folgen konnten. Und wenn Sie auf dem Land leben, vor allem in Getreidegegenden, ist es auch nicht viel besser. Teilweise wissen dort nicht einmal mehr die Landwirtskinder, wie eine Kuh aussieht. So bleibt dem Gärtner als Alternative nur der Kompost. Aber ist dieser Gedanke realistisch? Sicherlich sieht es im Frühsommer recht gut aus, wenn Sie mit den ersten Grasschnitten den Kompostbehälter füllen. Nach mehrmaligem Mähen haben Sie soviel Material, dass der Behälter überläuft und Sie einen weiteren anfangen müssen. Während der Verrottung schrumpft die Masse dann aber derart zusammen, dass Sie am Ende nur noch ein paar Eimer voll Kompost übrig haben.

ZUGEKAUFTES MATERIAL

Realität ist, dass ein normal großer Garten mit einer durchschnittlichen Gemüsefläche einfach nicht genügend Kompost produziert. Sie müssen organisches Material in irgendeiner Form hinzu besorgen und ständig nach brauchbaren Kompostzutaten Ausschau halten. Je mehr Sie natürlich selbst zusammenbekommen, desto besser. Geeignetes Material zu finden, sollte jedoch keine allzu großen Probleme bereiten, selbst wenn Sie in der Stadt wohnen (*s. S. 26*).

Leider ist es unmöglich, absolut reinen biologischen Gartenbau zu betreiben, weil fast alles, was man benutzt, auf irgendeine Weise mit Chemikalien belastet ist. Stroh ist mit Unkrautvernichtungsmitteln behandelt, außerdem mit Pilz- und Insektenbekämpfungsmitteln, Rinder werden mit Wachstumshormonen gefüttert, und sogar die auf den Straßen zusammengefegten Blätter enthalten Bleirückstände. Falls Sie, wie ich, Wert legen auf weitgehende Schadstofflosigkeit, ist es in jedem Fall sicherer, das gesamte Fremdmaterial mindestens ein Jahr lang zu kompostieren, in der Hoffnung, dabei alle Giftstoffe auszulaugen.

DÜNGUNG DES BODENS

Pflanzen brauchen bestimmte wertvolle Nährstoffe, die in einem ganz speziellen Verhältnis im Boden vorhanden sein müssen (*s. S. 39*). Durch Beigabe von gut verrottetem Kompost oder Stallmist werden diese Nährstoffe zugeführt. Es kann aber sehr gut möglich sein, dass Sie außerdem noch organische Handelsdünger verwenden müssen, um das erforderliche Nährstoffgleichgewicht herzustellen. Die Methode sowie die benötigte Düngerart hängen ab von Bodentyp und Lage sowie von der Menge des verfügbaren organischen Materials. Außerdem beeinflusst der Säure- bzw. Alkaligehalt, d. h. der pH-Wert des Bodens, die Verfügbarkeit einiger Nährstoffe (*s. S. 35*). Reguliert man daher im Bedarfsfall den pH-Wert, so kann es vorkommen, dass mehr Nährstoffe freigesetzt werden und sich die Bodenfruchtbarkeit automatisch erhöht.

Die vier Phasen der Bodenbearbeitung

Ich unterteile die Bodenbearbeitung in vier Abschnitte. Der erste ist die Bodenanalyse, der zweite die allgemeine Bodenverbesserung sowie die Nährstoffanreicherung mit organischem Material. In Phase drei erfolgt die Handelsdüngerzugabe, in Phase vier wird Dünger für spezielle Ansprüche der Pflanzen zugeführt. Wer einen bereits bestehenden Garten mit offensichtlich gutem Pflanzenwuchs übernimmt, beginnt gleich mit der zweiten Phase. Dasselbe gilt, wenn Sie Ihren Garten auf biologische Methoden umstellen wollen und bisher keine Mangelerscheinungen erkennbar waren (s. S. 38–39). Falls Sie den Säuregehalt bzw. den pH-Wert Ihres Bodens nicht kennen, sollten Sie ihn in jedem Fall erst bestimmen, bevor Sie weitere Arbeiten durchführen(s. S. 36).

1. Bodenanalyse

Wenn Sie ganz neu anfangen, besonders auf bisher unbearbeitetem Boden, ist es ratsam, diesen zuerst untersuchen zu lassen, sodass Sie seine Ausgangsbeschaffenheit kennenlernen. Böden, die mehrere Jahre brachgelegen haben, sind oft unzulänglich mit wichtigen Pflanzennährstoffen versorgt (s. S. 38–39). Ein konventioneller Gärtner würde die Bodenanalyse mithilfe hoch entwickelter Apparaturen jedes Jahr wiederholen, um die exakten Ansprüche für die nächste Aussaat zu ermitteln.

Ich selbst halte nichts davon, dass Gärtner, mögen sie auch noch so passioniert sein, sich zu sehr von solchen Untersuchungen abhängig machen. Sie sind meiner Meinung nach überflüssig, sobald man erst einmal weiß, woran man ist. Eine jährliche einfache Bestimmung des pH-Werts reicht völlig aus (s. S. 36).

Für eine umfassende Analyse schicken Sie am besten eine Bodenprobe an ein Fachlabor. Mit der Ausrüstung für Hobby-Gärtner ist die Nährstoffbestimmung im Boden zu ungenau und lohnt sich nicht. Bei regelmäßiger Benutzung zeigt sie einen Trend an, jedoch nicht mehr. Es gibt viele Institutionen, die Bodenanalysen vornehmen (Adressen im Anhang). Von dort erfahren Sie die genaue chemische Zusammensetzung Ihres Bodens, und, falls ein Mangel besteht, die zum Ausgleich notwendigen Düngermengen. Beim Einschicken der Probe sollten Sie daran denken, sich auch gleich nach biologischen Düngern zu erkundigen.

2. Bodenverbesserung

Diese Phase beschäftigt sich mit der allgemeinen Bodenverbesserung und dem Ersatz der durch vorhergehenden Anbau verbrauchten Nährstoffe. Die Beigaben können unterschiedlich sein, je nachdem, wie viel und welche Art organisches Material Sie zur Verfügung haben.

Grundsätzlich sollte klargestellt sein, dass das gesamte organische Material des Gartens, außer dem in der Küche verwertbaren, dem Boden als Kompost wieder zugeführt wird. Gegebenenfalls muss man es durch Stallmist (s. S. 27) oder anderes zugekauftes Material (s. S. 29) ergänzen. Man sollte organische Substanz im Herbst in den Boden einarbeiten und während der Wachstumsperiode als Mulchschicht auf der Oberfläche verteilen. Dadurch lässt sich bei leichten Böden die Wasserhaltekapazität erhöhen, schwere Böden werden gelockert, und insgesamt wird für Nährstoffzufuhr gesorgt. Bei Ausbringen ausreichender Mengen organischen Materials kann sich unter Umständen die Zugabe von konzentriertem Handelsdünger erübrigen. Es ist jedoch schwierig, den Begriff »ausreichend« zu definieren, weil die richtige Menge von mehreren Faktoren abhängt. So spielen neben dem jeweiligen Boden auch Witterungseinflüsse und die Pflanzen, die man anbauen will, eine Rolle. In jedem Fall sollten größere Mengen Kompost und/oder Stallmist vorrätig sein, wenn man völlig auf Handelsdünger verzichten möchte (siehe umseitig).

3. Allgemeine Düngung

Nicht jeder Gärtner kann genügend Stallmist oder Kompost beschaffen. In solchen Fällen ist man auf konzentrierten Handelsdünger angewiesen. Reichen die Mistgaben nicht aus, so muss der Bedarf an Nährstoffen »aus der Tüte« ergänzt werden. Nehmen Sie organischen Dünger wie z. B. Knochenmehl oder gepressten Hühnermist. Die Aufwandmenge richtet sich nach dem Boden und der geplanten Pflanzenart. Empfehlungen hierzu finden Sie in den entsprechenden Kapiteln.

Tatsächlich können einige Pflanzen wie Erbsen gewöhnlich recht gut auch ohne Düngerzusatz gedeihen, sodass keine Beigaben nötig sind. Dagegen brauchen andere Arten wie beispielsweise Kartoffeln Extragaben. Obstbäume und -sträucher benötigen im Frühjahr eine Düngung, auch wenn sie mit Stallmist oder Kompost gemulcht werden, dasselbe gilt für den Ziergarten (s. S. 74–125). Wenn in der Vergangenheit ein Mangel an Spurenelementen aufgetreten ist, empfehle ich, zu Beginn jeder Wachstumsperiode vorbeugend gewisse Mengen eines entsprechenden Knochenmehls oder Algenpräparats beizugeben.

4. Spezielle Düngung

Einige Pflanzenarten brauchen eine besondere Behandlung, selbst wenn die Düngermengen zu Beginn stimmen. So profitieren z. B. im Gewächshaus gezogene Tomaten von Zusatznährstoffen und durch die Beigabe eines kaliumhaltigen Düngers wird ihr Blüten- und Fruchtansatz verbessert. Blattgemüse wie Kohl, die für einen längeren Zeitraum in der Erde bleiben, benötigen gegen Ende des Winters möglicherweise zusätzlichen Stickstoff. Pflanzen wie Himbeeren sind anfällig für Eisenmangel.

Derartiges lässt sich durch Besprühen mit Algen-präparaten und Zugabe eines flüssigen Algendüngers beheben. Vor Baumanpflanzungen oder Aussaaten ist es empfehlenswert, zusätzlich Phosphor oder Phosphat aus-zubringen, denn dadurch ist das Wurzelwachstum günstig zu beeinflussen.

Alle diese Empfehlungen werden in den entsprechen-den Kapiteln dieses Buchs noch ausführlicher behandelt (»Der Ziergarten« *S. 44*, »Der Gemüsegarten« *S. 132*, »Der Obstgarten« *S. 202*).

ZUSAMMENFASSUNG

So sollte ein Bodenbearbeitungsplan aussehen:
- Testen Sie den pH-Wert des Bodens. Wenn Sie einen neuen Garten anfangen, lassen Sie eine umfassende Bodenanalyse durchführen. Beheben Sie Mangelzustände.
- Sorgen Sie, wo immer möglich, für reichliche Beigaben von verrottetem Stallmist oder Kompost (*siehe unten*).
- Wenn organisches Material nicht ausreichend zur Verfügung steht, verwenden Sie einen biologischen Handelsdünger (*s. S. 35–42*).

Beigabe von Bodenverbesserern

Die besten Materialien zur Bodenverbesserung sind ver-rotteter Stallmist und Kompost. Beide liefern Nährstoffe und wirken sich auf den Wasserablauf bzw. die Wasser-haltefähigkeit des Bodens positiv aus. Zur Erhaltung der Bodenfruchtbarkeit braucht man davon jedoch größere Mengen. Wenn Stallmist schwer zu besorgen ist, kann er durch gut verrotteten Kompost ersetzt werden. Ganz besonders gut und auch nährstoffreich ist der sogenannte Regenwurmkompost, wenn sie wollen, können Sie ihn mit der Anleitung auf Seite 31 leicht selbst herstellen. Außer-dem enthält er Stoffe wie Kieselsäure, Fermente und Aminosäuren, die die Pflanze kräftigt und zur Vorbeugung gegen Krankheiten und Schädlinge dienen.

Arbeiten Sie Kompost oder Stallmist gründlich im Herbst in die oberen Bodenschichten ein. Während der Wachstumsperiode verteilen Sie ihn als dicke Mulch-schicht zwischen den Pflanzen. Dort unterdrückt er das Unkrautwuchs (*s. S. 58*) und kann später untergegraben werden. Alternative Materialien wie Champignonkompost,

Grasschnitt oder Treber sind zwar zur Bodenverbesserung ausgezeichnet, liefern aber so gut wie keine Nährstoffe (*s. S. 29–31*).

Je nach Bodentyp, Jahreszeit und Pflanzenart benötigt man unterschiedlich viel organisches Material. Im Idealfall hat man für den Gemüsegarten pro m² mindestens zwei 10-Liter-Eimer Kompost oder Stallmist zur Verfügung. Ein Eimer pro m² genügt zum Mulchen für Bäume und Sträucher sowie für Zierbeete. Auch für Obstbäume und -sträucher sollte diese Menge ausreichen. Diese Angaben dienen natürlich nur als Anhaltspunkt. Sie können nie zu viel organische Substanz einbringen und daher nehmen Sie ruhig mehr, wenn sie größere Mengen haben.

Falls die Beete eine Zeit lang unbepflanzt sind, können zusätzlich auch noch Gründüngungspflanzen angebaut werden (*s. S. 32*). Wer kein organisches Material in aus-reichender Menge besitzt, muss auf organische Handels-dünger zurückgreifen. Diese werden im nächsten Kapitel besprochen (*s. S. 35–42*).

Beim Mulchen *verteilt man eine Schicht organischen Materials ohne Einarbeitung auf der Erdoberfläche. So wird die Pflanzenent-wicklung nicht gestört. Gemulcht wird normalerweise im Frühjahr. Die Erde muss dazu feucht sein, denn die Mulchschicht nimmt das Oberflächenwasser auf.*

Am besten arbeitet *man Stallmist im Herbst in den Boden ein. Dazu machen Sie an einer Beetseite einen Graben und bringen die Erde zum anderen Beetrand. Der Boden des Grabens wird mit einer Schicht Mist bedeckt, darauf kommt zur Hälfte Erde aus dem nächsten Gra-ben, dann wieder Mist, und zum Schluss wird mit Erde aufgefüllt.*

Rund um den Kompost

Jeder Garten sollte einen Komposthaufen haben, denn dadurch wird dem Boden ein Höchstmaß an organischer Substanz zurückgeführt. Kompost bietet Millionen Bodenorganismen eine Lebensgrundlage. Er lockert den Boden und verbessert Dränage und Durchwurzelbarkeit. Bei sehr wasserdurchlässigen Böden trägt er dazu bei, das Wasser und damit die Nährstoffe zu speichern (s. S. 16).

Die Pflanzenrückstände, die Sie in Form von Blättern, Gemüseresten, Grasschnitt und einjährigen Blumen zum Ende der Wachstumsperiode im Garten gesammelt haben, sind sehr nährstoffreich und sollten nicht verschwendet werden. Unmittelbar untergegraben kann solches Material jedoch mehr schaden als nützen, denn die Bakterien, die sich darauf stürzen, um die Verrottung durchzuführen, brauchen für ihre Arbeit Stickstoff (s. S. 38). Da es keine anderen Bezugsquellen gibt, entziehen sie diesen wichtigen Pflanzennährstoff dem Boden, was zu Mangelerscheinungen bei den Pflanzen führen kann. Bei der Kompostierung werden die Pflanzenrückstände dagegen erst mit Stickstoff angereichert, denn die sogenannten Azotobacter-Bakterien, die während der Verrottung günstige Lebensbedingungen vorfinden, können den Stickstoff der Luft binden und für die übrigen Mikroorganismen verfügbar machen. So wird guter Kompost, auch wenn er nicht übermäßig viel Stickstoff liefert, dem Boden doch wenigstens nie Stickstoff entziehen.

Da die Verrottung Zeit braucht, sollte ein erfolgreicher, gut geplanter biologischer Garten stets zwei Kompostmieten haben. So kann das Material der einen ungestört verrotten, während die andere aufgefüllt wird.

Wie man guten Kompost produziert

Um guten Kompost zu produzieren, brauchen Sie zuallererst entsprechendes Material. Darüber hinaus spielen eine Reihe von Faktoren für ein zufriedenstellendes Ergebnis eine wichtige Rolle: Luft, Stickstoff, Kalk, Wasser, Wärme und Bakterien. Aus alten und neuen Gartenratgebern und

Kräuterbüchern gibt es unzählige Empfehlungen, was man für den Kompost verwenden darf und was nicht, doch die Regel ist in der Tat recht einfach: Lassen Sie nichts ungenutzt, was verrotten kann. Fast alle Materialien organischen Ursprungs sind zu kompostieren; die Ausnahme bilden Dinge, deren Gebrauch der gesunde Menschenverstand verbietet, wie u. a. einige kranke Pflanzen oder gekochte Küchenreste (*siehe unten*).

LUFTZIRKULATION

Luft ist für die Kompostmiete von entscheidender Bedeutung. Bei Luftabschluss machen sich die unerwünschten anaeroben Bakterien ans Werk und verwandeln Grasschnitt oder anderes Material in eine stinkende Schleimmasse, die für den Garten absolut wertlos ist.

Deshalb ist eine gute Luftzirkulation im Behälter das A und O jeder Kompostbereitung (s. S. 22). Für die Luftzirkulation ist wichtig, dass Sie das Material nicht wahllos auf den Haufen werfen, sondern verschiedene Zutaten miteinander mischen. Beispielsweise ist Grasschnitt alleine in größerer Menge zu luftundurchlässig. Sie müssen daher gelegentlich Material neben der Miete aufbewahren, bis etwas Geeignetes zum Hinzufügen gefunden ist. Feine Bestandteile wie Gras oder kleine Unkräuter (vor der Samenbildung gejätet) werden mit gröberen, großen Unkräutern, Papierschnitzeln oder Stroh vermengt.

STICKSTOFF

Die Bakterien in der Kompostmiete brauchen Stickstoff als »Brennstoff«, und daher ist eine Zugabe von stickstoffreichem Stallmist ideal. Ich selbst verwende Hühnermist und halte meine Hühner in einem versetzbaren Haus mit Auslauf, welches immer dorthin verlegt wird, wo gerade ein Gemüsebeet frei ist. Die Rückstände aus dem Hühnerhaus werden gesammelt und bieten sich als zusätzliche Stickstoffquelle für den Kompost an. Sollte Stallmist nicht verfügbar sein, so gibt es bereits vorgefertigten Kompoststarter, der alle wichtigen Bestandteile enthält. Man kann ihn in den meisten Gartenfachgeschäften kaufen.

WAS NICHT AUF DIE KOMPOSTMIETE DARF

- Krankes oder von Insekten befallenes Material – sollte sicherheitshalber verbrannt werden.
- Kartoffelkraut – sollte nach der Ernte verbrannt werden, da es Sporen von Kraut- und Knollenfäule überträgt. Gesunde Bestände sind selten.
- Baum- und Strauchschnitt – braucht zum Verrotten sehr lange.
- Wurzeln von Schadunkräutern, wie Quecke (*Agropyron repens*), Giersch, (*Aegopodium podagraria*), Ackerwinde (*Convolvulus arvensis*) und Kriechendem Hahnenfuß (*Ranunculus repens*) – müssen verbrannt werden, da sie sich im Kompost noch vermehren (s. S. 60).

- Gekochte Küchenreste – verfaulen häufig und locken Schädlinge an.
- Jegliche Unkrautsamen – zwar macht die Wärme in der Kompostmiete viele Unkrautsamen keimunfähig. Das ist aber nur bei hohen Temperaturen der Fall, die jedoch nicht immer erreicht werden. Tatsächlich werden in einer guten Kompostmiete viele Krankheiten und Schädlinge durch die Wärme vernichtet. Die Samen aber überleben oft und verbleiben im Ruhezustand, bis der Kompost ausgebracht ist und keimen dann später im Beet. Zum Kompostieren eignet sich am besten daher nur Unkraut, das vor der Samenbildung oder besser noch vor der Blüte gejätet wurde.

Algenpräparate sind ebenso geeignet, das Leben im Kompost in Schwung zu bringen. Ein sehr guter Stickstofflieferant, allerdings etwas teuer, ist auch Blutmehl (*s. S. 40–41*). Doch was Sie auch immer verwenden, Sie brauchen stets nur kleine Mengen und in jedem Falle weniger, als die Hersteller gewöhnlich angeben. Es ist grundsätzlich ausreichend, wenn Sie die Miete alle 30 cm leicht bestäuben.

KALK

Durch Zusatz von Kalk wird der Kompost »süß«, d. h. sein Säuregehalt vermindert sich. Ausführliche Angaben über die Verwendung von Kalk und die Vorteile einer Kalkzufuhr *s. S. 36*.

Wer kalkhaltigen Boden hat, wird vielfach eine Kalkbeigabe zum Kompost für überflüssig halten, um lieber sauren Kompost zu produzieren, mit dem der Boden neutralisiert werden kann. Wenn Sie auf die Kalkbeigabe verzichten, sollten Sie aber bedenken, dass die für den Verrottungsprozess verantwortlichen Bakterien in Anwesenheit von Kalk besser arbeiten; ansonsten dauert der Verrottungsprozess länger. Deswegen ist es ratsam beim Aufbau einer Miete alle 30 cm eine dünne Kalkschicht – etwas dicker als Kompostaktivator – über die Fläche zu stäuben (*s. S. 25*). Kalk wird in verschiedenen Formen angeboten, z. B. als Branntkalk, Löschkalk, kohlensaurer Kalk, Algenkalk u. a. Welche Kalkarten für welche Situationen am besten geeignet sind, erfahren Sie auf S. 36.

WASSER

Wasser ist ein wesentlicher Bestandteil jeder Kompostmiete. Normalerweise enthält das dem Kompost beigefügte Grünmaterial genügend Feuchtigkeit, besonders wenn Grasschnitt darunter ist. In heißen Sommern kann es jedoch passieren, dass die Seiten der Kompostmiete austrocknen. Dann sollte

---

KOMPOSTIERUNG VON HOLZIGEM MATERIAL

Holziges Material, wie z. B. Schnitt von Bäumen und Sträuchern, sollte nicht auf der eigentlichen Miete kompostiert werden, da es für die Zersetzung eine längere Zeit braucht. Die Rinde enthält Lignin, welches für Bakterien schwer abbaubar ist. Daher fällt diese Aufgabe eher den langsamer arbeitenden Pilzen zu, die ebenfalls im Kompost vorhanden sind. Sie benötigen weniger Luft, aber mehr Licht als Bakterien.

Durch vorangehende Zerkleinerung der holzigen Abfälle können Sie den Verrottungsprozess etwas beschleunigen, die Pilze haben dann leichtere Arbeit. Es gibt praktische kleine Häckselmaschinen für den Haushalt. Ihre Anschaffung lohnt sich, wenn Sie die Kosten nicht scheuen. Man benötigt zwar einige Zeit, um das gesamte Material zu verarbeiten, erhält dann aber eine wertvolle Kompostzutat, da die sperrigen, langsam verrottenden Holzschnitzel die Durchlüftung des Komposts fördern.

Die Schnitzel können auch als Mulchschicht auf Zierpflanzenbeeten ausgebracht werden, wo sie dazu beitragen, Feuchtigkeit zu speichern und Unkrautwuchs zu unterdrücken (*siehe S. 59*).

---

man zusätzliches Gießen nicht vergessen. Ähnliches kann geschehen, wenn Sie Stroh verwendet haben. Stroh kompostiert zwar gut und ist bei Kompostierung von holzigem Material hervorragend zur Verbesserung der Luftzirkulation geeignet, besonders in Verbindung mit Grasschnitt, aber man muss es gut vorher anfeuchten. Ist kein Material zum Mischen vorhanden, lässt sich Stroh auch alleine kompostieren. Ich habe allerdings dabei herausgefunden, dass die Miete zur ausreichenden Durchfeuchtung etwa eine halbe Stunde mit dem Rasensprenger gewässert werden musste.

WÄRME

Der Verrottungsprozess wird durch Wärme zweifellos beschleunigt. Im Sommer können Sie bereits nach zwei bis drei Monaten einen brauchbaren Kompost »ernten«. Im Winter hat die beträchtliche Verlangsamung aller Umsetzungsprozesse zur Folge, dass der Kompost nicht vor dem Frühjahr reif wird.

Durch Abdecken der Miete mit dunkler Folie, die an den Rändern beschwert wird, speichert man die Wärme und verhindert ebenfalls übermäßiges Nasswerden, was besonders im Winter Probleme verursachen kann (*s. S. 25*). Anstelle der Folie sind auch andere Materialien zum Abdecken des Komposts verwendbar. Ich selbst benutze einen alten Teppich, der eine gewisse Luftdurchlässigkeit hat und nicht einmal mehr beschwert werden muss.

BAKTERIEN

Zu guter Letzt braucht man Bakterien und hier kommen wir zum simpelsten Teil unserer ganzen Arbeit. In einer Handvoll Erde sind Millionen Bakterien und wenn Unkräuter auf den Kompost kommen, liefern uns die an den Wurzeln haftenden Erdreste genügend dieser Kleinstlebewesen als Helfer. Man hört häufig Empfehlungen, noch zusätzlich Lagen von Erde in die Miete einzubringen, was aber meiner Ansicht nach unnötig ist.

KOMPOSTSTARTER

Im Handel gibt es eine Reihe von »Kompoststartern« oder »Kompostbeschleunigern«, die den Kompostierungsvorgang verbessern sollen. Diese Präparate enthalten im Wesentlichen Bakterien und Pilze, also lebende Bodenorganismen, und oft auch Stickstoff, Tonminerale und andere Zusätze. Diese Substanzen können für Anfänger hilfreich sein, sind aber nicht unbedingt notwendig. Haben Sie bereits erfolgreich Kompost hergestellt, ist weiterer Kompoststarter völlig überflüssig. Wer es ganz besonders gut machen will, gibt dann einfach ein paar Schaufeln fertige Komposterde oder die noch zu groben Teile, die nicht durch das Erdsieb durchgefallen sind, in den neuen Komposthaufen.

Kompostbehälter

Grundsätzlich kann man einen Komposthaufen in jeder Gartenecke aufbauen. Eine bessere Verrottung erzielt man jedoch durch einen Behälter. Bei einer offenen Miete trocknen die Seiten aus und die gesamte Miete muss zwei- bis dreimal umgesetzt werden, damit unverrottetes Außenmaterial nach innen kommt.

Die Größe Ihres Gartens sollte die Ausmaße Ihres Kompostbehälters bestimmen. In Gartengeschäften gibt es zahlreiche Varianten, viele davon speziell für den Kleingarten. Einige Anbieter preisen an, dass Sie das Material nur von oben einzufüllen brauchen und unten gut verrotteten Kompost entnehmen können. Derartigen Versprechungen sollten Sie aber keinen Glauben schenken. Sie benötigen zwei Behälter: Während in einem das Material verrottet, wird der andere aufgefüllt.

Am sinnvollsten ist ein Holzkasten aus Latten, den man seitlich durch Anbau erweitern kann. Der Selbstbau eines Kompostbehälters ist nicht sonderlich schwierig. Am besten eignet sich dafür Holz, denn solche Behälter sehen gut aus, sind billig und einfach herzustellen (*siehe umseitig*). Verwenden kann man aber auch Ziegelsteine, ausrangierte Plastikfässer oder Pfähle und Maschendraht. Es gibt sogar spezielle Kompostersäcke, die man kaufen kann und die nur wenig Platz beanspruchen.

UNTERSCHIEDLICHE KOMPOSTBEHÄLTER

Kompostbehälter sind praktisch, weil sie im gesamten Kompost für gleichmäßige Feuchtigkeit sorgen und ihn vor Verunreinigung schützen. Sowohl selbst gebaute als auch gekaufte Behälter sollten so konstruiert sein, dass Sie bei Bedarf jederzeit ohne Schwierigkeiten Kompost entnehmen können.

Handelsübliche Kompostbehälter

◀ **Kompostbehälter aus Holz** (*links*) *gibt es normalerweise als Bausatz, der zusammenmontiert wird. Die fertigen Behälter bestehen aus Latten mit Zwischenräumen, sodass für genügende Luftzirkulation gesorgt ist. Die Vorderbretter lassen sich zur Kompostentnahme herausheben.*

▶ **Für den Kleingarten** *ist ein Plastikbehälter (rechts) sinnvoll. Durch den Behälterboden findet ein Luftaustausch statt, der Deckel sorgt dafür, dass der Inhalt trocken und die Wärme erhalten bleibt.*

Selbst gebaute Kompostbehälter

▼ **Ein Behälter aus Pfosten** *und Draht ist nur dann empfehlenswert, wenn man den Komposthaufen an einem Platz außer Sichtweite unterbringen kann. Schlagen Sie 4 Pfähle auf einer 1 x 1 m großen Fläche in den Boden. Befestigen Sie 4 m Maschendraht von 1 m Breite außen an den Pfählen. Binden Sie große Pappstücke innen an den Draht.*

◀ **Große Fässer** *aus Plastik sind ideale Kompostbehälter. Man schneidet Ober- und Unterseite mit einem scharfen Messer ab und behält einen Teil als Deckel. Dann werden etwa alle 30 cm² 2,5 cm große Löcher in das Fass gebohrt.*

▼ **Ein Behälter aus Ziegelsteinen** *eignet sich dann, wenn man den Kompost nicht umsetzen will. Die Ziegel werden versetzt gemauert, sodass sie Luft durchlassen. Die Vorderseite sollte aus Holzlatten sein, ähnlich wie bei dem auf der nächsten Seite beschriebenen selbst gemachten Holzbehälter. Befestigen Sie Leisten vorne an den Seitenwänden, und schieben Sie die Vorderbretter hinein.*

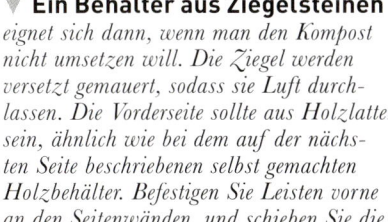

BAU EINES KOMPOSTBEHÄLTERS AUS HOLZ

Der Eigenbau eines Kompostbehälters aus Holz ist einfach. Das Wichtigste ist: Nehmen Sie sich Zeit, ihn präzise und schön zu bauen, sodass Sie ihn nicht verstecken müssen. Sie brauchen kein neues Holz zu kaufen. Schauen Sie nach Bauholz, das ruhig rau sein darf, es ist dann billiger und bestens geeignet. Ein Abbruchunternehmer hat immer verwendbares Material zu günstigem Preis. Alte Fußbodenbretter sind besonders brauchbar für die Seiten, und ca. 7,5 x 10 cm starke Fußbodenquerbalken dienen als Eckpfosten.

Sie brauchen:

• 4 dicke Eckpfähle, 1 m lang, 7,5 x 10 cm im Querschnitt
• 19 Bretter für die Seiten, 1 m lang
• 5 Bretter für die Vorderseite, 75 cm lang
Überprüfen Sie diese Maße, wenn Sie die Hauptteile des Behälters fertiggestellt haben.

• 4 Leisten, 75 cm lang
• 2 kleine Holzstücke
• 1 Holzstück, 1 cm breit, zum Abstand messen
• Starke Nägel, etwa 4 Stück pro Brett

1 Legen Sie 2 Eckpfosten im Abstand von 75 cm parallel auf den Boden. Dann platzieren Sie ein Seitenbrett 7,5 cm vom Ende der Pfosten entfernt und nageln es fest. Benutzen Sie ein 1 cm starkes Holzstück als Abstandsmesser, und nageln Sie weitere 5 Bretter zwischen die Eckpfosten. Achten Sie darauf, dass alle rechtwinklig zu den Seitenpfosten und parallel zueinander verlaufen.

2 Stellen Sie die Seitenteile parallel zueinander und im rechten Winkel zu einer Wand auf. Nageln Sie ein Stück Holz auf die Eckpfosten, um diese in Position zu halten.

3 Nageln Sie von unten beginnend 6 Bretter an der Rückseite fest, in gleicher Höhe zu den Seitenteilen. Entfernen Sie das Hilfsbrett. Drehen Sie die Kiste herum. Nageln Sie das erste Brett 7,5 cm über dem Boden fest.

4 Nageln Sie innen an die Eckpfosten je 2 Leisten soweit auseinander, dass Sie die Vorderbretter dazwischen schieben können. Befestigen Sie am unteren Ende der Leisten ein Holz, damit die Frontbretter beim Füllen nicht herausrutschen.

5 Schieben Sie alle Vorderbretter in den Behälter, um zu überprüfen, ob sie passen und kürzen Sie, wo nötig.

6 Streichen Sie den ganzen Behälter einschließlich der geschnittenen Enden und der Vorderbretter mit einem schadstoffarmen Holzschutzmittel. Trocknen lassen.

7 Schieben Sie die Vorderbretter ein. Befestigen Sie eine Schnur quer über der Containervorderseite, um Verbiegen beim Einfüllen zu vermeiden.

Behandlung der Kompostzutaten

Wirklich guter Kompost ist im Idealfall braun und krümelig und verbreitet den angenehmen Duft eines herbstlichen Waldbodens. In der Praxis erreicht man solchen Zustand eher selten. Gute Chancen bestehen im Frühjahr und Sommer, wenn Ihre Miete ausreichend groß ist und Sie nur das allerbeste organische Material verwenden. Eine kleine Miete, die mit allen möglichen organischen Abfällen beschickt wird, kann dagegen ein nicht annähernd so gutes Ergebnis bringen. Meist liefert sie uneinheitlichen Kompost mit unterschiedlichem Zersetzungsgrad, der sehr viel halb verrottetes Fasermaterial enthält. Das sollte Ihnen aber kein Kopfzerbrechen bereiten, denn auch solcher Kompost ist besser als gar keiner. Er verbessert den Boden und ist mit Sicherheit nicht schädlich, er braucht nur etwas länger, um zu Humus zu werden. Manche Gärtner schätzen diesen halb fertigen Kompost sehr als Mulchmaterial auf Baumscheiben oder zwischen Beerensträuchern. Die zersetzten Anteile wirken als Dünger, während die unzersetzten das Bodenleben besonders anregen.

Kompost guter Qualität entsteht nicht von alleine, es braucht Sorgfalt und Ausdauer und jede einzelne Zutat muss unterschiedlich behandelt werden. Grasschnitt sollte, bevor er auf den Kompost kommt, stets gründlich mit grobem Material gemischt werden, um eine Verschlammung zu verhindern. Dafür geeignet sind u. a. größere Unkräuter, geschnitzeltes Zeitungspapier oder Stroh (s. S. 22).

Stroh ist eine besonders gute Beigabe zu Grasschnitt, und Sie sollten bei genügend Platz eigens zu diesem Zweck einen Strohballen neben Ihrer Kompostmiete vorrätig haben. Allerdings hierzu noch eine Warnung: Stroh ist sehr trocken und muss, bevor es auf die Miete kommt, unbedingt etwa eine Stunde lang gründlich durchfeuchtet werden.

Zeitungspapier kann beim Verrotten Probleme bereiten, aber Ausdauer lohnt sich, besonders bei Mischung mit Grasschnitt. Nehmen Sie auf 4 Teile Grasschnitt 1 Teil Zeitungspapier. Legen Sie das Papier nie zusammengefaltet auf den Kompost, weil es dann mangels Luftzirkulation nicht verrottet. Ich selbst schneide es in 2,5 cm breite Streifen und verstaue es bis zum Gebrauch in einem Plastikbeutel. Vor der Verwendung lege ich es dann in einen Eimer mit verdünntem Algendünger (s. S. 41). Ich verbrauche jeweils nur eine kleine Menge und nehme nie Zeitschriften mit Hochglanzpapier, diese verrotten nicht gut. Gekochte Küchenabfälle sind tabu, weil sie Ungeziefer anlocken. Größeres Wurzelgemüse zerschneide ich in kleine Teile und decke die Schicht mit Grasschnitt oder Unkräutern ab, um Ratten und Mäuse fernzuhalten. Probleme gibt es auch mit Kartoffelschalen, deren Augen sich entweder bereits in der Miete oder nach der Kompostausbringung zu Kartoffelpflanzen entwickeln. Sie lassen sich jedoch leicht entfernen und liefern gleich Material für die nächste Kompostbereitung. Alte Kleider aus Naturfaser können ebenfalls verwendet werden. Zum schnelleren Verrotten schneidet man sie vorher ebenfalls in Streifen.

Die in einem Jahr herstellbare Kompostmenge hängt nur zum Teil von der Art des verwendeten Materials ab. Viel entscheidender ist das Wetter. In warmen Jahren können Sie von jedem Behälter zwei gute Füllungen bekommen.

WIE MAN EINE KOMPOSTMIETE AUFSETZT

Stellen Sie den Kompostbehälter auf eine ebene Fläche, vorzugsweise auf Erde. Beginnen Sie die Miete mit einer 15 cm dicken Schicht aus grobem Material wie Pferdemist, Stroh oder Kräutern. Dadurch wird eine ungehinderte Luftzirkulation am Boden gewährleistet. Fügen Sie dann Material zu einer weiteren 15 cm dicken Schicht hinzu. Verteilen Sie darauf etwas Kompoststarter oder Stickstoffdünger (s. S. 40), oder nehmen Sie noch eine Lage Pferdemist, dessen hoher Stickstoffgehalt die Kompostumsetzung ebenfalls beschleunigt. Dann folgt die nächste 15 cm dicke Schicht, die mit Kali bestreut wird. So verfahren Sie weiter, bis der Behälter gefüllt ist. Dann decken Sie ihn ab, um ihn trocken zu halten. So behandeltes Material verrottet sehr schnell und fällt dabei zusammen. Daher wird das, was wie eine fertige Miete aussieht bald zum Nachfüllen Platz bieten.

Kalk

Grasschnitt

Pferdemist oder Stroh, dann Kompoststarter

Kalk

Reste/Abfälle aus dem Gemüsegarten, gemischt mit Grasschnitt

Pferdemist oder Stroh, dann Kompoststarter

Grasschnitt

Pferdemist

ALTERNATIVE QUELLEN FÜR KOMPOSTMATERIAL

Nur wenige Gärten liefern genügend organische Abfälle für eine ausreichende Beschickung der Kompostmiete. Aber der biologische Gärtner kann eine bemerkenswert große Menge nützlichen Materials sammeln, das sonst weggeworfen wird. Der örtliche Gemüsehändler oder der Wochenmarkt sind eine mögliche Quelle für Grünmaterial. Gehen Sie zum Verkaufsende dorthin und fragen Sie nach Abfällen. Eine Anfrage beim Sportverein oder Golfclub lohnt sich ebenfalls, denn in den meisten Fällen wird der massenhaft anfallende Grasschnitt gern abgegeben.

Falls Sie in einer ländlichen Gegend wohnen, sollten Sie Kontakt zu Landwirten aufnehmen, die Getreide anbauen. Sie könnten, wenn der Landwirt sein Stroh nicht unterpflügt, um ein oder zwei Ballen bitten.

Die beste Quelle für kostenloses Bodenverbesserungsmaterial, die ich jemals fand, war bei einem Tomatenerzeuger, der seine Jungpflanzen in organischen Pflanzbeuteln wachsen ließ. Am Ende jeder Wachstumssaison gab es reichlich verbrauchte Beutel. Das Substrat darin war nur einmal benutzt und voller Tomatenwurzeln, aber immer noch ideal zur Bodenverbesserung geeignet, sogar ohne Kompostierung. Da die Gärtnerei kein biologischer Betrieb war, habe ich dieses Material noch ein ganzes Jahr gelagert, um etwaige Chemikalienreste zu beseitigen.

Laubkompost

Laub braucht lange zum Verrotten, weil die Blätter Lignin enthalten (s. S. 22). Um einen guten, krümeligen Kompost zu erhalten, muss man mindestens ein Jahr warten, eventuell sogar länger. Aber das Warten lohnt sich. Zum Mulchen oder Einarbeiten ist Laubkompost fast zu schade, gebrauchen Sie ihn zum Eintopfen oder für die Aussaat (s. S. 252).

Der Zersetzungsprozess ist recht unterschiedlich gegenüber der sonstigen Kompostierung. Während dabei sonst hauptsächlich Bakterien am Werk sind, wird Laub mithilfe von Pilzen abgebaut, die mehr Licht und weniger Luft benötigen als Bakterien (s. S. 22). Bringen Sie deshalb den Kompostbehälter in einer Gartenecke unter, wo das Laub ungestört bleibt.

Sie benötigen mindestens zwei Mieten, weil der Blattkompost erst nach zwei bis drei Jahren gebrauchsfertig ist. Der Behälter kann ganz einfach gebaut sein, beispielsweise aus Stangen und Maschendraht (siehe oben). In den Behälter gefüllte Blätter werden zusammengedrückt, bevor eine neue Schicht hinzukommt. In trockenen Sommern braucht das Laub möglicherweise etwas Wasser, ansonsten bleibt es vollkommen sich selbst überlassen.

Über die örtliche Gemeindeverwaltung können Sie oft reichlich Laub beziehen. Etwaige Verunreinigungen, wie leere Zigarettenschachteln, lassen sich beim Einfüllen der Blätter leicht aussortieren. Besorgniserregend ist der Gedanke, dass das Laub möglicherweise Schadstoffe aus den Auspuffgasen enthält. Sie können nur hoffen, dass dieses während des Kompostierens durch Auswaschung auf ein annehmbares Maß reduziert wird, es befindet sich dann aber im Erdreich.

Bau eines Behälters für Laubkompost *Sie brauchen 4 Holzpfähle, mindestens 1 m lang und etwa 4 m Maschendraht. Schlagen Sie die Pfähle auf einer 1 x 1 m großen Fläche in den Boden. Befestigen Sie den Draht außen.*

Mistkompost

Stallmist eignet sich sehr gut als Nährstofflieferant für jeden normalen Komposthaufen. Sollten Sie aber in der glücklichen Lage sein, sehr viel Mist zu haben, dann können Sie einen Mistkompost bereiten, der hervorragend als Dünger für stark zehrende, d. h. nährstoffliebende Pflanzen geeignet ist. Allgemein bewährt hat es sich, den Mist in Lagen von ca. 20 cm Dicke abwechselnd mit dünnen Schichten Gartenerde aufzusetzen. Der Haufen darf nicht zu locker sein – daher festtreten! Verwenden Sie keinen Kalk, denn er bewirkt, dass sich der Stickstoff aus dem Mist in flüchtige Substanzen (Ammoniak) verwandelt und zum Teil aus dem Kompost verloren geht. War im Stallmist viel Stroh, dann müssen Sie, natürlich je nach Wetter, kräftig wässern, um den Haufen gut feucht, aber nicht zu nass zu halten.

Im Normalfall wird der Mistkompost nach drei Monaten umgesetzt und ist ungefähr nach weiteren drei bis vier Monaten reif.

Flächenkompostierung

Die Kompostbereitung erfordert Zeit und Mühe – Zeit, die ein beschäftigter Gärtner oft nicht erübrigen kann. Um wertvolles organisches Material trotzdem zu verwerten, ist dann eine Flächenkompostierung sinnvoll. Dabei wird eine dünne Schicht des organischen Materials zum Verrotten zwischen den Gemüsereihen oder auf einer leeren Fläche verteilt. Besonders nützlich ist ein Ausbringen auch auf viel betretenen Wegen oder um Baumscheiben herum. Natürlich ist diese Methode nur im Nutzgarten brauchbar, wo es auf Schönheit nicht ankommt.

Unkräuter lässt man vor dem Ausbringen unbedingt genügend verwelken, andernfalls könnten sie auf dem Gemüsebeet erneut Wurzeln treiben. Sie dürfen, genau wie bei der Verwendung für die Kompostmiete, noch keine reifen Samen tragen. Grasschnitt ist zwar ideal für die Flächenkompostierung, doch enthält jeder Sommerschnitt wahrscheinlich Samen von einjährigen Gräsern. Achten Sie daher auf mögliches unerwünschtes Auskeimen.

Welches organische Material Sie auch immer gebrauchen, es vermischt sich bei dieser Methode viel langsamer mit dem Boden als gut verrotteter Gartenkompost. Zudem besteht die Gefahr, dass im Boden Stickstoffmangel entsteht (s. S. 21), deshalb kann eine kleine Stickstoffgabe vor dem Ausbringen des Grünmaterials notwendig sein.

Um den Zersetzungsprozess zu beschleunigen, kann man das Material in die oberen Bodenschichten einarbeiten. Mithilfe einer Fräse lässt es sich soweit zerkleinern, dass die Regenwürmer bei der weiteren Zersetzung leichte Arbeit haben. In diesem Falle ist eine zusätzliche Stickstoffgabe unbedingt notwendig. Streuen Sie deshalb vor dem Einarbeiten 1 Handvoll Blutmehl pro m² Boden.

Flächenkompostierung
Streuen Sie 1 Handvoll Blutmehl pro m², verteilen Sie dann eine Schicht Grünmaterial auf dem Boden und lassen Sie es verrotten.

Tierischer Dünger

Die beste organische Substanz, die man sich für den Boden wünschen kann, ist tierischer Dünger. Deshalb lohnt sich seine Anschaffung, auch wenn er schwerer zu besorgen ist als Kompost. Verrotteter Stallmist eignet sich für jeden Boden. Er verbessert die Struktur und führt zu einer Anreicherung mit Nährstoffen. Bei einigen Arten, wie z.B. Hühnermist, ist wegen des hohen Stickstoffgehalts jedoch Vorsicht geboten.

Leider sind viele gekaufte Tierdünger mit Hormonpräparaten, Herbiziden, Insektiziden und Fungiziden belastet. Nach mindestens einem Jahr Lagerung reduziert sich jedoch die Gefahr, dass die Chemikalien den Boden verseuchen oder ins Obst und Gemüse gelangen. Natürlich gehen bei diesem Abbau auch einige Nährstoffe verloren, was man aber auf andere Art und Weise wieder ausgleichen kann. Eines Tages wird die biologische Bewegung stark genug sein, um mehr Landwirte zu überzeugen, gesunde und unbelastete Lebensmittel zu produzieren. In der Zwischenzeit müssen wir mit dem vorliebnehmen, was wir bekommen. Es hat wenig Sinn, biologische Landwirte um Stallmist zu bitten, da sie ihn selbst verwerten.

Nicht ganz billig, dafür aber bequem, sauber und einfach zu handhaben ist getrockneter Mist, der bereits von vielen Gartencentern angeboten wird.

WIE MAN STALLMIST EINSETZT

Stallmist wird, wenn nicht anders angegeben, unverdünnt benutzt. Allerdings sollten Sie ihn nicht an junge Triebe geben, da er dort Verbrennungen hervorrufen kann. Mengenangaben finden Sie nachfolgend bei der Beschreibung der einzelnen Mistarten, spezielle Ansprüche der Pflanzen werden in den entsprechenden Kapiteln erläutert.

RINDERMIST

Viele Fleischrinder werden unter grausamsten Bedingungen in Mastställen gehalten, wo sie sich kaum bewegen noch je das Tageslicht sehen können. Ihr Kot wird durch den Spaltenboden weggewaschen und als Gülle verwendet.

Erfreulicherweise gibt es aber auch Landwirte, die ihre Rinder draußen weiden lassen und nur im Winter in den Stall holen. Dort können Sie manchmal noch Stallmist bekommen, sobald die Tiere im Frühjahr auf die Weide gehen. Im Vergleich zu anderem organischen Material ist solcher Dünger sehr preiswert und hervorragend als Bodenverbesserer und Nährstoffquelle geeignet. Um Verunreinigungen auszulaugen und ein Verbrennen der Wurzeln zu vermeiden, sollte dieser Mist jedoch vor Gebrauch 12 Monate lang gelagert werden. Oder Sie bereiten einen Mistkompost.

Verglichen mit mineralischem Dünger enthält Rindermist auf den ersten Blick nicht viele Nährstoffe (*siehe unten*). Da man Stallmist aber normalerweise in weitaus größerer Menge ausbringt als den kostspieligen Handelsdünger, spielt die Mineralstoffkonzentration eine viel geringere Rolle. Darüber hinaus speichert Stallmist eine Menge Wasser und schafft die erwünschte hohe Bodenfruchtbarkeit.

NÄHRSTOFFGEHALT		
Stickstoff	0,6%	Kalium	0,3–0,5%
Phosphor	0,2–0,3%	Spurenelemente *alle*
Ausbringungsmenge *9–15 kg/m²*		

PFERDEMIST

Als ausgezeichnetes organisches Material ist Pferdemist in städtischen Regionen meist leicht verfügbar. Große Ställe beliefern im Allgemeinen gewerbliche Champignonzüchter, aber es gibt zahlreiche kleine Reitschulen und Pferdezüchter, die gerne Stallmist verkaufen. Sie sollten jedoch nur von dort beziehen, wo Stroh oder keimfreier Torfersatz als Einstreu verwendet werden (*s. S. 30*). Holzschnitzel als Einstreu können Pflanzenkrankheiten begünstigen.

Frischer Pferdemist darf nicht zu dicht an die Pflanzen gestreut werden, da er Verbrennungen an Blättern und Stängeln verursachen kann. Gelangt er unverrottet auf den Boden, geht außerdem ein Teil der Nährstoffe verloren, und das im Mist enthaltene Stroh braucht lange Zeit für die Zersetzung. Es gibt zwei Alternativen: Kleine Mengen Mist geben Sie auf den Kompost, wo der hohe Stickstoffgehalt die Kompostierung unterstützt, größere Mengen werden alleine kompostiert und dazu möglichst auf einem Betonfundament gelagert. Da die lockere Strohmasse leicht austrocknet, sollte man sie beim Aufschichten ständig heruntertreten. Bedecken Sie den Stapel im Winter zum Schutz vor Feuchtigkeit mit einer Folie. Pferdemist ist nach einigen Monaten gebrauchsfertig. Sollten Sie sich wegen einer möglichen Verunreinigung des Strohs Sorgen machen, lassen Sie den Mist bis zum Gebrauch etwa ein Jahr liegen.

NÄHRSTOFFGEHALT			
Stickstoff	0,6 %	Kalium	0,4 %
Phosphor	0,6 %	Spurenelemente	alle
Ausbringungsmenge 9–15 kg/m²			

SCHWEINEMIST

Schweinemist ist zwar kälter und feuchter als Pferde- oder Rindermist, aufgrund seines hohen Nährstoffgehalts aber trotzdem nicht zu verachten.

Er wird wie Pferdemist behandelt, braucht aber, da er schwerer ist, beim Stapeln nicht festgetreten zu werden.

NÄHRSTOFFGEHALT			
Stickstoff	0,6 %	Kalium	0,4 %
Phosphor	0,6 %	Spurenelemente	alle
Ausbringungsmenge 9–15 kg/m²			

SCHAFMIST

Da Schafe normalerweise nicht im Stall stehen, liefern sie auch keine Mischung aus Stroh und Mist wie Rinder, Pferde oder Schweine. Schafmist hat jedoch einen so hohen Nährstoffgehalt, dass es sich lohnt, ihn auf dem Feld einzusammeln. Ein halber Sack voll ergibt genügend flüssigen Dünger, der für einen mittelgroßen Garten ein ganzes Jahr lang ausreicht (*s. S. 42*).

NÄHRSTOFFGEHALT			
Stickstoff	0,8 %	Kalium	0,4 %
Phosphor	0,5 %	Spurenelemente	alle
Als Flüssigdünger zu verwenden (*s. S. 42*)			

HÜHNERMIST

Konzentrierter Hühnerkot hat einen extrem hohen Stickstoffgehalt und sollte niemals unverdünnt benutzt werden. Finden Sie einen Betrieb, wo Hühner in biologischer Weise auf Stroh gehalten werden, empfiehlt es sich, gleich größere Mengen Mist zu kaufen und wie Pferdemist zu lagern. Bei eigener Hühnerhaltung nutzen Sie den Mist als Stickstoff-

HÜHNER ALS BODENVERBESSERER

Wenn Sie in einer ländlichen Region wohnen, kann es vorteilhaft sein, Kleintiere zu halten. Ein halbes Dutzend Hühner beispielsweise erfordert nur wenig Aufwand und Sie können mit Ihrer Familie frische Eier von glücklichen Hühnern genießen. Um die Hühnerhaltung in den Gemüseanbauplan einzugliedern, bringen Sie die Tiere in einem kleinen transportablen Haus mit versetzbarem Drahtzaun unter. Stellen Sie diese Anlage nach der Ernte auf die jeweils leeren Beete. Die Hühner fressen dort alle grünen Reste und picken ebenfalls Samen und Bodenschädlinge auf, die noch nahe der Bodenoberfläche verborgen sind. Gleichzeitig mit der gründlichen »Bodenreinigung« wird das Land auch mit dem stickstoffreichen Hühnerkot versorgt.

quelle für den Kompost. Hühnermist aus Batteriehaltung sollte der biologische Gärtner komplett vermeiden. Er würde ansonsten Tierhaltungsmethoden unterstützen, die den Hühnern große Qualen zufügen. Außerdem enthält dieser Mist Hormone aus dem Hühnerfutter, die Ihrem Boden nur schaden würden.

NÄHRSTOFFGEHALT			
Frischer, feuchter Hühnermist			
Stickstoff	1,5 %	Kalium	0,5 %
Phosphor	1,5 %	Spurenelemente	alle
Ausbringungsmenge 3,25–4,5 kg/m²			
Trockener Hühnermist			
Stickstoff	4 %	Kalium	1,5 %
Phosphor	4 %	Spurenelemente	alle
Ausbringungsmenge 20–30 g/m²			

ANDERE MISTARTEN

Taubenmist wird wie Hühnermist verwendet, enthält aber noch mehr Stickstoff. Es lohnt sich daher, mit ansässigen Taubenzüchtern Kontakt aufzunehmen. Kaninchenmist ist auch ideal, aber wahrscheinlich nur in kleinen Mengen erhältlich. Man gebraucht ihn wie Hühnermist.

Ziegenmist kann ebenso wie Pferdemist kompostiert und verwendet werden. Er ist sogar von noch besserer Qualität. Wenn Sie also an Ziegenmist kommen können oder noch besser selbst eine halten können: Das ist exzellenter Kompost.

Ehe wir das Thema »Mist« verlassen, hier noch ein Vorschlag, der gar nicht so verrückt ist, wie er klingt. Wenn ein Zirkus die Stadt verlässt, stellt sich oft die Frage nach dem »Wohin« mit dem Mist, und man sollte sich schon bei der Ankunft an den Zirkus wenden. Ich selbst habe auf diese Weise zwei Anhänger voll Elefantenmist völlig kostenlos vom Zirkus frei Haus geliefert bekommen.

Alternative Bodenverbesserer

Außer Kompost und Stallmist kann man noch andere organische Materialien in den Boden einarbeiten oder als Mulchschicht verwenden. Diese Substanzen sollten aber generell nur als Bodenverbesserer angesehen werden, denn die Nährstoffmengen sind überwiegend gering. Auf gar keinen Fall: kompostierter Klärschlamm. Bodenuntersuchungen von klärschlammgedüngten Böden haben gezeigt, dass Blei und Cadmium enthalten sein können.

CHAMPIGNONKOMPOST

Diese Mischung wird von kommerziellen Champignonzüchtern hergestellt. Sie ist ein sehr nützlicher, leicht alkalischer Bodenverbesserer, aber nicht für säureliebende Pflanzen geeignet.

NÄHRSTOFFGEHALT	
Stickstoff	0,71 %
Phosphor	0,3 %
Kalium	0,26 %
Spurenelemente	alle

REISSWOLLE (SHODDY)

Das sind Rückstände aus dem ersten und zweiten Reinigungsgang, den jedes Woll-Vlies während der Vorbereitung zum Spinnen und Färben durchläuft. Der Nährstoffgehalt schwankt stark.

NÄHRSTOFFGEHALT	
Stickstoff	3–15 %
Phosphor	0,5–10 %
Kalium	0,1–12 %
Spurenelemente	—

SEETANG

Seetang ist hervorragend, weil seine Algenbestandteile die Bodenpartikel binden und dadurch die Bodenstruktur bessern. Seetang enthält besonders reichlich Spurenelemente.

NÄHRSTOFFGEHALT	
Stickstoff	0,3 %
Phosphor	0,1 %
Kalium	1,0 %
Spurenelemente	alle

KOMPOSTIERTE KIEFERNRINDE

Sie wird gewöhnlich teilkompostiert verkauft und enthält so gut wie keine Nährstoffe. Sie ist am besten als Mulch geeignet, eingearbeitet kann sie zu großen Stickstoffverlusten im Boden führen.

NÄHRSTOFFGEHALT	
Stickstoff	—
Phosphor	—
Kalium	—
Spurenelemente	—

BRAURÜCKSTÄNDE (TREBER)

Wer eine Brauerei in der Nähe hat, sollte versuchen, sich Treber zu besorgen. Sie vermehren die organische Masse und führen außerdem geringe Mengen Nährstoff zu.

NÄHRSTOFFGEHALT	
Stickstoff	0,5 %
Phosphor	1–2 %
Kalium	0,5 %
Spurenelemente	alle

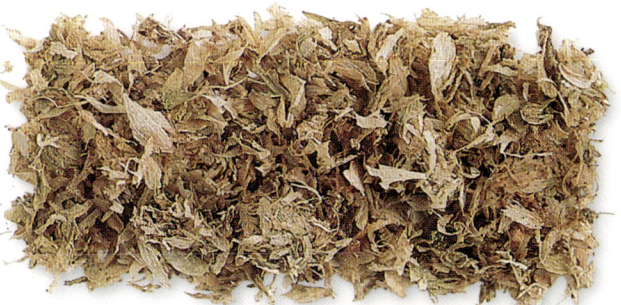

GRÜNER KOMPOST

Dieser Gartenabfall mit Gras- und Astschnitt ist nur nützlich, um die organische Substanz im Boden zu vermehren, er enthält so gut wie keine Nährstoffe.

NÄHRSTOFFGEHALT	
Stickstoff	—
Phosphor	—
Kalium	—
Spurenelemente	—

KOMPOST AUS RESTEN DER CHAMPIGNONZUCHT

Die Abfallprodukte der Champignonzüchter können anstelle von Stallmist verwendet werden, vorausgesetzt, man berücksichtigt ihre begrenzten Möglichkeiten. Die Grundlage von Champignonkompost ist frischer aufgeschichteter Pferdemist, der mit Pilzbrut beimpft und mit einer Mischung aus Torfersatz sowie mit Kalk abgedeckt wird.

Nach der Pilzernte wird der Kompost meist direkt ab Hof lose verkauft oder, in Ballen verpackt, von Gartencentern angeboten. Wenn eine Ernte auf dem Mist gewachsen ist, zeigt er bereits eine recht gute Verrottung. Trotzdem sollte man ihn vor Gebrauch mindestens 1 Jahr liegen lassen, zum einen, um die von Champignonzüchtern benutzten chemischen Insektenbekämpfungsmittel auszulaugen, zum anderen, um möglicherweise vorhandene Schädlinge loszuwerden. Nach dem Jahr sollte die gewünschte Beschaffenheit erreicht sein.

Champignonkompost wird direkt um die Pflanzen herum ausgebracht, kann aber junge Wurzeln durch Verbrennungen schlimm schädigen. Deshalb bitte immer sparsam aufbringen. Aufgrund seines Kalkgehalts ist der Kompost außerdem sehr alkalisch (s. S. 35) und nicht geeignet für säureliebende Pflanzen wie Rhododendren, Azaleen, Heide und einige Baumarten (s. S. 82).

Die Champignonzüchter fügen dem Kompost vor Gebrauch normalerweise Gips zu, der Tonpartikelchen im Boden bindet. Diese Eigenschaft sowie der natürliche Lockerungseffekt des organischen Materials machen Champignonkompost ideal für schwere Tonböden.
Ausbringungsmenge: 1–1,5 kg/m²

SEETANG

Die glücklichen Bio-Gärtner in Küstennähe können den am Strand angeschwemmten Seetang als wertvolle Quelle organischen Materials für den Boden nutzen. Seetang enthält viele wichtige Spurenelemente sowie kleinere Mengen an Mineralstoffen, besonders Kalium (s. S. 38–39). Neueren Forschungsergebnissen zufolge liefert der Seetang auch wachstumsfördernde Hormone, die über die Blätter aufgenommen werden und sowohl Gesundheit als auch Wuchs der Pflanzen verbessern.

Im Boden kann Seetang bestimmte Nährstoffe pflanzenverfügbar machen. Außerdem bindet er die Bodenpartikel und verbessert somit die Bodenstruktur (s. S. 16). Kompostierter Seetang wirkt am besten, obwohl er aufgrund seiner schnellen Verrottung von einigen Gärtnern lieber frisch eingearbeitet wird. Die im Seetang enthaltene Algensäure fördert die nützlichen Kompostbakterien. Daher ist der Tang, abgesehen von seinem Wert für die Bodenverbesserung, auch zur Förderung der Kompostreife geeignet.

Ist kein Seetang verfügbar, kann man auch ein handelsübliches Algenpräparat verwenden.
Ausbringungsmenge: 1–1,5 kg/m²

HOPFENHALTIGE BRAURÜCKSTÄNDE (TREBER)

Die Rückstände aus der Bierbrauerei, die Treber, sind exzellent zur Bodenverbesserung und besonders zum Mul-

chen geeignet. Ihr charakteristisch starker Geruch ist im Freien schnell verschwunden. Leider sind sie nur schwer zu bekommen, da die Brauereien sie meist auf Kontraktbasis an Landwirte verkaufen. Trotzdem sollten Sie sich an die nächste Brauerei wenden und nach Treber fragen.

Die Treber direkt von der Brauerei sind noch nass und werden entweder frisch untergegraben oder auf der Bodenoberfläche verteilt. Bringen Sie das Material nicht zu nahe an junge Pflanzen, um Verbrennungen an Stängeln und Blättern zu vermeiden. Kompostieren von Treber ist möglich, aber nicht unbedingt erforderlich. Getrocknete Treber gibt es zu kaufen. In dieser Form stellen sie jedoch eher einen Dünger mit einem hohen Stickstoffgehalt von 2,5–3,5 % dar.
Ausbringungsmenge: 1–1,5 kg/m²

REISSWOLLE (SHODDY)

Bestehend aus flusigen Wollteilen ist Reißwolle ein Abfallprodukt der Textilindustrie und als solches manchmal erhältlich in wolleverarbeitenden Gebieten. Reißwolle zeigt als Bodenverbesserungsmaterial gute Eigenschaften. Sie wird am besten ohne Zusätze verwendet und im Herbst nass untergegraben.
Ausbringungsmenge 0,25–0,5 kg/m²

KOMPOSTIERTE KIEFERNRINDE

Holz- und holzverarbeitende Industrie entfernen von Kiefernstämmen jährlich Tausende Tonnen Rinde. Sie gelangt geschnitzelt und auch teilkompostiert zum Verkauf.

Geschnitzelte Rinde hat sich bei der biologischen Unkrautbekämpfung hervorragend als Mulchmaterial bewährt (s. S. 59). Sie weist jedoch keinen nennenswerten Nährstoffgehalt auf und hat als Bodenverbesserer zwei große Nachteile: Sie ist teuer und schwer abbaubar. Das Lignin ihrer Rinde wird nur langsam zersetzt, sodass die Bakterien während des Verrottungsprozesses noch zusätzlich Stickstoff verbrauchen (s. S. 22). Wenn Sie daher Rinde zur Bodenverbesserung nehmen, müssen Sie zusätzlich düngen. Andernfalls ist Rinde nur als Mulchschicht zu verwenden.
Ausbringungsmenge: 5–7 cm dicke Schicht zum Mulchen, um Unkrautwuchs auf Zierbeeten zu unterdrücken.

GRÜNER KOMPOST

Dieser Kompost aus dem Gartenkompostbehälter entwickelt sich aus Grassoden, einjährigem Unkraut, kleinen Zweigen und Astschnitt und ist ein hervorragender Bodenstrukturverbesserer. Bei eigenem Kompost können Sie sicher sein, dass kein krankes Pflanzenmaterial dabei ist.
Ausbringungsmenge: 1–1,5 kg/m²

TORFERSATZ

Seit einigen Jahren gibt es zunehmend ein kritisches Nachdenken der Gärtner zum Thema Torfabbau. Torf wird aus Blöcken gewonnen, die sich über Tausende, wenn nicht Millionen Jahre gebildet haben. Das sollte man nicht einfach in den Boden einarbeiten, wo es doch viele schneller nachwachsende Materialien für den Garten gibt. Wenn wir Torf benützen, zerstören wir außerdem selten gewordene Flora und Fauna. Da Torf nur durch die Trockenlegung von Mooren gewonnen werden kann, bedeutet sein Abbau die Zerstörung der letzten natürlichen Feuchtgebiete mit ihrer vielfältigen Pflanzen- und Tierwelt. Wenn Sie weitgehend auf Torf verzichten, können Sie einen wichtigen Beitrag zum Natur- und Umweltschutz leisten. Es gibt Torfersatz, wie die schon erwähnte Kokosfaser, die sich zur Anzucht eignet, oder kompostierte Rinde, die man mit anderen Materialien, wie zum Beispiel Grasschnitt, zusammen verwenden kann. Natürlich muss man sich auf ihre unterschiedlichen Eigenschaften erst einstellen, Torf war nicht ohne Grund jahrelang sehr beliebt. Aber es lohnt sich. Sie tun sowohl Ihren Pflanzen als auch der gesamten Umwelt etwas Gutes, wenn Sie nachhaltige Materialien für Ihre Gartenarbeit benützen. Auch die alternativen Materialien aus nachhaltigen Naturstoffen werden bei richtigem Gebrauch und in der richtigen Mischung die Struktur des Bodens verbessern, die Feuchtigkeit speichern und Unkräuter klein halten. Mit diesen natürlichen Produkten verursachen Sie außerdem keinen Müll, der dann unter Freisetzung von Treibhausgasen verbrannt werden muss oder die Umwelt verschandelt und gefährdet, wenn er auf einer Müllhalde lagert.

Regenwurm-Kompost

Seit einigen Jahren beschäftigen sich Fachleute mit der Rolle von Regenwürmern beim Abbau von Abfallmaterial. Dabei hat sich gezeigt, dass Würmer in Boden, Kompost oder Stallmist gute Arbeit für den biologischen Gärtner leisten. Man hat herausgefunden, dass sich in einem gesunden Boden etwa 100–400 Regenwürmer pro m^2 befinden. Sie erzeugen jedes Jahr etwa 40–100 t Wurmhumus pro Hektar. Und dieser Regenwurmkot ist ausgesprochen fruchtbar, er enthält etwa 5-mal mehr pflanzenverfügbaren Stickstoff, 7-mal mehr lösliches Phosphat und 11-mal mehr Kali als die umgebende Erde.

NUTZEN DER REGENWÜRMER

Regenwürmer ernähren sich hauptsächlich von organischem Material. Während der Verdauung schließen sie Abfallprodukte zu einfacheren Verbindungen auf, die dann in Form kleiner Kügelchen, sogenannter Pellets, ausgeschieden werden. Diese Pellets sind mit einem Gelmantel umgeben, der sie zusammenhält. Dadurch verbessert sich die Krümelstruktur des Bodens, es entstehen ideale Voraussetzungen für die Wurzelentwicklung der Pflanzen. In den Pellets liegen die Nährstoffe pflanzenverfügbar vor, sie werden langsam, den Ansprüchen der Pflanzen entsprechend, freigesetzt. So wird jegliche Unverträglichkeit vermieden, die durch ein plötzliches Überangebot von Mineralstoffen entstehen könnte. Die Regenwürmer tapezieren sogar ihre Gänge mit dem eigenen Kot aus, sodass die Pflanzenwurzeln, die besonders gerne in Wurmgängen wachsen, nicht nur gut vorankommen, sondern auch gleich alle Nährstoffe fix und fertig vorfinden. Auch die Wasserhaltekapazität des Bodens steigert sich beträchtlich bis etwa zum Niveau von Torf. Weiterhin zerlegen Regenwürmer das organische Material zu kleineren Partikelchen und leisten so Vorschub für die Arbeit der Bodenorganismen. Sie produzieren außerdem eine Reihe von Enzymen, welche das Wirken der Kleinstlebewesen fördern. Kurz gesagt: Regenwürmer im organischen Material, Stallmist oder Komposthaufen beschleunigen den Zersetzungsprozess und der Gärtner erhält ein Endprodukt, das zur Bodenverbesserung und Pflanzenernährung bestens geeignet ist. Außerdem wirken Regenwürmer kräftig dabei mit, die Pflanzen gegen Schädlinge und Krankheiten zu schützen. Die Erreger des Apfelschorfs, einer gefürchteten Pilzkrankheit im Obstgarten, überwintern z. B. an heruntergefallenen Apfelblättern. Regenwürmer, die dieses Laub über Winter fressen, verdauen die Pilzsporen natürlich gleich mit und dämmen so die Neuinfektion im kommenden Jahr stark ein. Wurmhumus enthält neben Enzymen und Aminosäuren (Substanzen, die das Pflanzenwachstum fördern) auch Kieselsäure. Zahlreichen Untersuchungen zufolge soll Kieselsäure das Gewebe der Pflanzen so kräftigen, dass sich Pilzsporen und Blattläuse viel schwerer tun, die Außenhaut ihrer Wirtspflanze zu durchbohren, und lieber zu schwächeren, weicheren Pflanzen abwandern.

ZUGABE VON REGENWÜRMERN ZUM BODEN

Um Regenwürmer selber zu ziehen, ist ein kleiner Aufwand vonnöten. Mit dem Bau eines Regenwurmkastens können Sie für geeignete Umweltbedingungen sorgen, aber Sie müssen auch die richtige Wurmart verwenden. Sie brauchen den sogenannten Mistwurm (*Eisenia foetida*), der häufig als Köder zum Fischen benutzt wird. Diese Würmer leben nicht lange, sind aber gewöhnlich im Stallmist oder Kompost zu finden, wo sie sich sehr schnell vermehren. Sollten in Ihrer Miete keine vorhanden sein, so besorgen Sie sich einige Exemplare in einem Sportgeschäft für Jagd- und Fischereibedarf oder bei einem Spezialhändler (*s. S. 283*).

Regenwürmer haben die für uns vorteilhafte Angewohnheit, sich stets nach oben durchzuarbeiten. Ist eine Schicht des organischen Materials verdaut, so klettern sie zur nächsten. Aus dieser Eigenschaft lässt sich Nutzen ziehen, wenn Sie Ihre Regenwurmkiste so anlegen, dass Sie durchgearbeitetes Material unten herausnehmen können. Dadurch bleiben die Würmer stets innen und setzen ihre Arbeit in den oberen Schichten fort (*siehe umseitig*).

Regenwürmer wirken bei der Zersetzung der organischen Abfälle fast Wunder. Sie arbeiten sich von Grasschnitt bis zu Küchenabfällen durch nahezu alles und machen sogar vor nassem Zeitungspapier nicht halt, vorausgesetzt, die Menge hält sich in Grenzen. Wie für die Kompostmiete gilt auch hier: Nicht zu viel von einem einzigen Material, nur Stallmist verwendet man pur. Ansonsten mischen Sie unterschiedliche Reste durcheinander und füllen davon jede Woche eine dünne Lage ein (*siehe umseitig*).

BAU EINER REGENWURMKISTE

Bauen Sie zuerst eine 60 cm hohe Holzkiste mit einer ca. 60 cm x 90 cm Grundfläche. Sie muss etwas größer sein als Ihre Schubkarre. Dann setzen Sie die Kiste auf Stelzen, sodass die Schubkarre darunter passt. Spannen Sie ein Stück Gitterdraht mit etwa 5 cm großen Maschen über den Kistenboden. Machen Sie schließlich 2 Löcher in eine Kistenseite und schieben Sie durch diese Öffnungen 2 Holzstangen, an deren Enden Sie ein Stück Metall oder Holz befestigen. Damit haben Sie die notwendigen Schaber. Auf den Drahtboden der fertigen Kiste legen Sie ein Stück Zeitung, das mit Wasser durchnässt wird. Darauf kommt eine Lage Kompost oder Stallmist und eine Handvoll Mistwürmer. Dann geben Sie das unkompostierte Material bei und decken alles mit einem alten Teppich oder einer Folie ab. Bauen Sie Ihre Wurmzucht langsam auf und füllen Sie nie mehr als 7 cm Material pro Woche in die Kiste. Nachschub sollten Sie neben dem Behälter aufbewahren, bis die vorherige Schicht durchgearbeitet ist. Bei Frost gehen die Würmer ein. Optimal sind Temperaturen zwischen 20–24 °C. Bei Hitze leicht wässern, im Zweifelsfall sollten Sie Ihre Regenwürmer eher zu feucht als zu trocken halten.

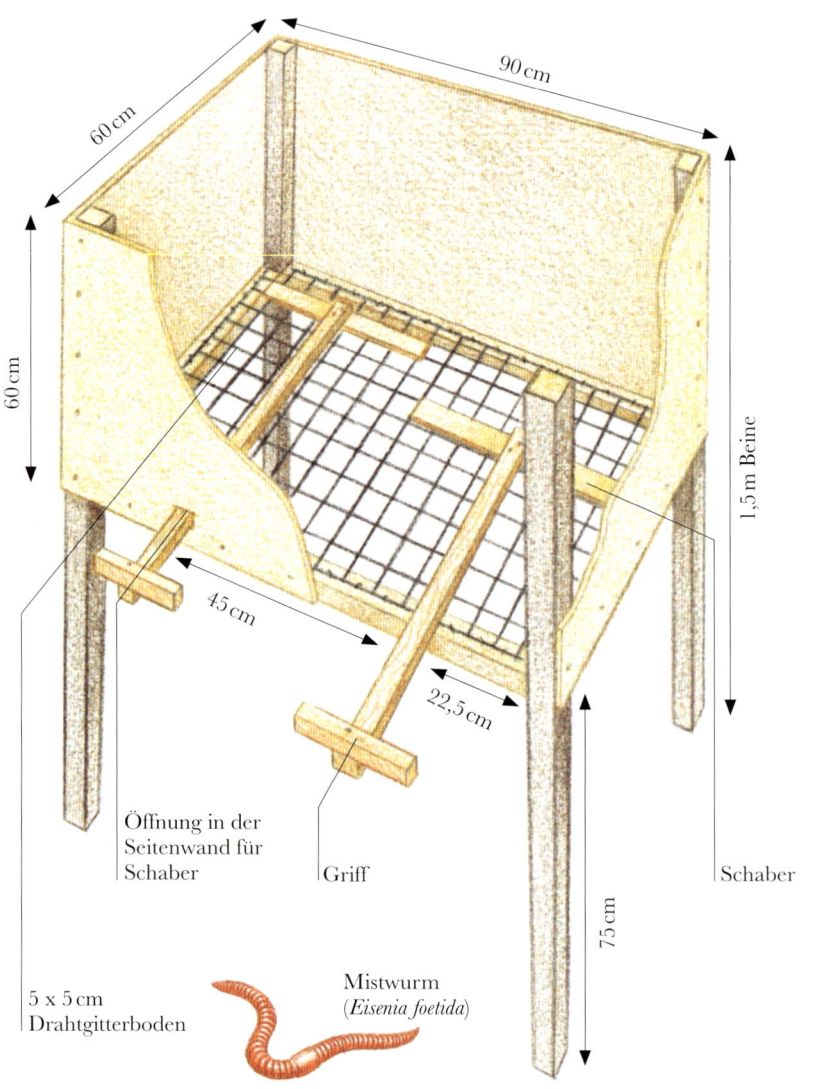

90 cm

60 cm

60 cm

1,5 m Beine

45 cm

22,5 cm

Öffnung in der Seitenwand für Schaber

Griff

Schaber

75 cm

Mistwurm (*Eisenia foetida*)

5 x 5 cm Drahtgitterboden

Die Regenwurmkiste sollte einen sonnigen, geschützten Platz im Garten bekommen, denn ihre Bewohner arbeiten nicht, wenn die Temperaturen unter 7 °C sinken.

VERWENDUNG VON WURMKOMPOST

Wurmkompost hat einen hohen Nährstoffgehalt und beherbergt viele Mikroorganismen, man sollte ihn sparsam verwenden. Er ist wunderbar zum Mulchen bei Zierpflanzen,

Obstbäumen und Sträuchern oder zwischen Gemüsereihen geeignet. Streuen Sie ihn besonders bei trockenen Böden vor der Aussaat in die Saatrillen oder harken Sie ihn in die oberste Schicht eines Saatbeets ein. So erzielen Sie eine gute krümelige Oberflächenstruktur und führen dem Boden wichtige Nährstoffe zu. Sie können selbst Aussaaterde herstellen, wenn sie 1 Teil Wurmkompost mit 2 Teilen Torf mischen. Zum Eintopfen im Verhältnis 1:1 vermengen.

Gründüngung

Gründüngungspflanzen werden auf leerstehenden Beeten speziell mit der Absicht ausgesät, die spätere Pflanzenmasse unterzugraben, um so den Boden mit organischer Substanz und Pflanzennährstoffen anzureichern. Allgemein ist diese Methode für den Landwirt wertvoller als für den Gärtner, aber unter gewissen Umständen ist Gründüngung auch im Kleingarten sinnvoll.

Das größte Problem besteht darin, dass Gründüngung Platz braucht. Da die meisten Gärtner ihre Beete aber nicht längere Zeit ungenutzt liegen lassen wollen, muss die Gründüngungssaat in das übrige Bepflanzungsschema hineinpassen. Auf leichten Böden (Sand und Kalk), die sowieso nie längere Zeit unbebaut bleiben sollten, kann man im Spätsommer oder Frühherbst eine Winterfrucht einsäen und sie im folgenden Frühjahr vor der Gemüseaussaat untergraben. Einige Gründüngungspflanzen wachsen so schnell, dass sie sogar während der Wachstumszeit zwischen zwei Ernten Platz haben (*siehe unten*), und falls Sie erst im Herbst eine Blumenrabatte anlegen wollen, können Sie die leeren Beete für eine Sommergründüngung nutzen.

Der offensichtliche Wert der Gründüngung liegt in ihrer Vermehrung der organischen Masse, allerdings verrottet das weiche Grünmaterial schnell und hinterlässt nur eine geringe Menge haltbarer organischer Substanz im Boden. Aber jede noch so geringe organische Substanz erhöht die biologische Aktivität im Boden und verbessert die Durchwurzelbarkeit und Dränage.

Besonders wertvoll ist Gründüngung dadurch, dass sie Nährstoffe verfügbar macht, denn tief wurzelnde Pflanzenarten nehmen Mineralstoffe aus den unteren Bodenschichten auf. Rotklee und Lupinen wurzeln über 2 m tief. Eingearbeitet reichern diese Pflanzen die oberen Bodenschichten mit ihren Nährstoffen an, sodass sie für die folgenden Früchte nutzbar sind.

Zusätzlich können Leguminosen wie Bohnen oder Lupinen mithilfe kleiner Knöllchenbakterien an den Wurzeln den Luftstickstoff binden und so den Boden mit diesem wichtigen Nährstoff versorgen.

Auf leichten Böden verhindert eine Gründüngung im Winter größere Nährstoffverluste, die durch Auslaugen bzw. Auswaschung des Bodens bei den starken Niederschlägen entstehen könnten (*s. S. 16–17*).

Gründüngung unterdrückt zusätzlich Unkrautwuchs. Sie bedeckt den Boden, spendet Schatten und konkurriert um Wasser und Nährstoffe, sodass nur wenige Unkräuter überleben (*s. S. 58*). Gründüngungspflanzen müssen so ausgesucht werden, dass sie nach dem Untergraben keine Probleme durch erneuten Auswuchs verursachen.

AUSSAAT VON GRÜNDÜNGERPFLANZEN

Die Pflanzenauswahl richtet sich nach der Zeit, die Sie zur Verfügung haben (*siehe umseitig*) und der Fruchtrotation. Weder mit der vorher angebauten Pflanze noch mit der, die Sie danach an dieser Stelle einplanen, sollte eine Verwandtschaft bestehen. Beispielsweise wäre bei der Folge Senf nach Kohl das Risiko der Übertragung von Krankheiten oder Schädlingen groß (*s. S. 134*), da beide zur Brassica-, also Kohlfamilie, gehören.

Für erfolgreichen Anbau sollte der Boden ebenso gründlich vorbereitet werden wie für andere Früchte.

Bei niedrigem Nährstoffgehalt ist eine Düngung vor der Aussaat angebracht. Das Saatbeet bitte vor dem Säen festtreten. Kleine Samen können in Reihen mit etwa 15 cm Abstand gesät oder von Hand gestreut und dann einige Zentimeter tief eingeharkt werden. Große Samen bringt man in Reihen von ca. 30 cm aus.

AUSSAAT UND EINARBEITUNG VON SENF

Senf ist eine schnell und niedrig wachsende Pflanzenart, ideal für ein Stück Land, das während der Wachstumsperiode einige Wochen unbebaut bleibt. Wie für andere Gründüngungspflanzen gilt auch hier, dass die Pflanzen nicht zu holzig werden dürfen und vor der Blüte geschnitten und eingearbeitet werden müssen.

1 *Bereiten Sie den Boden zur Aussaat vor (siehe oben). Dann streuen Sie die Samen auf das Beet oder säen dünn in 1 cm tiefe Saatrillen mit einem Abstand von 15 cm. Die meisten Samen werden keimen.*

2 *Wenn die Pflänzchen etwa 15–20 cm hoch sind, werden sie vor der Blüte eingegraben. Dazu hackt man sie mit einem Spaten kurz über der Erdoberfläche ab und lässt sie eine Weile auf dem Boden welken.*

3 *Die Gründüngung zusammenharken, sodass an einem Beetende ein 50 cm breiter freier Streifen entsteht. Dort einen flachen Graben ausheben, mit etwas Gründüngung füllen und wieder zuschütten. Das restliche Material ebenso einarbeiten.*

WIE GRÜNDÜNGUNG RICHTIG FUNKTIONIERT

Gründüngung muss auf die richtige Art und Weise in den Boden eingebracht werden, damit sie auch tatsächlich effektiv ist.

Graben Sie daher die Pflanzen, wenn es möglich ist, stets vor dem Verholzen unter, sonst entziehen sie dem Boden bei der Verrottung Stickstoff. Größere Pflanzen werden vor dem Einbringung in den Boden mit einer Fräse zerkleinert. Bei kleinen Pflanzen, wie beispielsweise Senf, reicht dafür ein Zylindermäher und niedrige Saaten werden einfach mit einem Spaten abgehackt. Lassen Sie das Material vor dem Einarbeiten aber in jedem Fall eine gewisse Zeit welken.

Graben Sie Gründüngung grundsätzlich nie mehr als 15 cm tief ein. Dabei bringt man größere Pflanzen mit einer Fräse erst oberflächlich und nach einigen Tagen etwas tiefer in den Boden. Sind Sie jedoch gezwungen, gleichfalls verholztes Material zu verarbeiten, ist zu einer besseren Verrottung die Beigabe von einem Flüssigdünger ratsam. Besonders wirkungsvoll ist beispielsweise das Besprühen mit einem Algenpräparat oder einem flüssigen tierischen Kompost.

GRÜNDÜNGUNGSPFLANZEN

Die Auswahl der Gründüngungspflanzen richtet sich nach Boden, Aussaattermin sowie dem Zeitraum, in dem das Land unbebaut bleiben kann. Nachfolgend werden Stickstoff bindende Pflanzenarten, also solche, die dem Boden auch Nährstoffe zuführen, von denen unterschieden, die »nur« die Bodenstruktur verbessern.

Gründüngungspflanzen, die Stickstoff binden

Alfalfa-Luzerne *Medicago sativa*
Die tief wurzelnde, mehrjährige Luzerne ist im Garten äußerst nützlich, wenn sie eine längere Zeit wachsen kann. Sie liefert dann viel Grünmasse und reichert als Leguminose im Boden Stickstoff an. Bei Aussaat im Frühjahr erfolgt die Einarbeitung im Herbst, bei Aussaat im Spätsommer im folgenden Frühjahr.

Acker- oder Dicke Bohne
Vicia faba
Eine ausgezeichnete, weitgehend winterharte Gründüngungspflanze, die viel Grünmasse produziert. Die Aussaat erfolgt im Herbst oder Frühsommer. Wenn Sie die Bohnen zum Verzehr nutzen wollen, beträgt der Saatabstand 10 cm in der Reihe bei 30 cm Reihenab-

stand. Einige Bohnen sollten Sie in jedem Falle ernten, sodass Sie Samen für spätere Aussaaten haben.

Rotklee *Trifolium pratense*
Die niedrig wachsende Pflanze mit weitläufigem Wurzelwerk liefert reichlich organische Masse. Man sät sie am besten im Frühjahr oder Spätsommer, in jedem Falle vor Herbstbeginn. Streuen Sie 30 g Samen pro m² mit 15 cm Reihenabstand, und arbeiten Sie die Pflanzen ein, wenn der Platz gebraucht wird.

Lupine *Lupinus angustifolius*
Diese tief wurzelnde Leguminose reichert Stickstoff und Phosphat im Boden an. Die Aussaat erfolgt im Frühjahr mit einem Abstand von 7 cm in der Reihe und 15 cm zwischen den Reihen. 30 g

Saatgut reichen für etwa 70 m Saatreihe. Im Sommer schneiden und einarbeiten. Eine zweite Aussaat wird acht Wochen später untergegraben.

Zottel-Wicke *Vicia villosa*
Eine der nützlichsten hohen, winterharten Pflanzen mit weitläufigem Wurzelwerk, die viel Grünmasse liefert. Aussaat in Reihen wie bei Lupinen während des Spätsommers, Einarbeitung im zeitigen Frühjahr. Alternativ ist eine Aussaat auch im Frühjahr oder Sommer möglich. 80 g Saatgut reichen etwa für 100 m Saatreihe.

Gründüngungspflanzen, die keinen Stickstoff binden

Buchweizen *Fagopyrum esculentum*
Ist nur dort sinnvoll, wo den ganzen Sommer über Platz ist. Aussaat bei warmem Wetter, im Frühjahr oder Sommer, einarbeiten im Winter. Säen Sie gut 4 g Samen pro m² oder in Reihen mit etwa 15 cm Abstand. Buchweizen wird hoch und bildet ein weitverzweigtes Wurzelsystem. Er produziert viel organische Masse und lockt Schwebfliegen an, deren Larven viele Blattläuse vertilgen (*s. S. 46*).

Roggen *Secale cereale*
Ein Getreide mit weitläufigem Wurzelsystem, das viel Grünmaterial produziert. Die Aussaat erfolgt im Spätsommer oder Herbst, die Einarbeitung im Frühjahr. Säen Sie 30 g Samen pro m² oder in Reihen mit 23 cm Abstand. Lassen Sie einige Pflanzen bis zum Sommer reifen und ernten Sie die Samen für die nächste Aussaat.

Rainfarn-Phacelie
Phacelia tanacetifolia
Eine der besten Gründüngungspflanzen mit mittlerem Wurzelwerk. Sie wächst schnell und entzieht dem Boden jedoch keinen Stickstoff, wenn sie frühzeitig und dabei noch unverholzt eingegraben wird. Sie darf erst ausgesät werden, wenn die Frostgefahr vorbei ist. Das Einarbeiten erfolgt acht Wochen später. Verteilen Sie 7,5 g Saatgut pro m².

Senf *Sinapsis alba*
Eine schnell wachsende, kleine und flach wurzelnde Frucht für kurzfristigen Anbau, die viel organisches Material zum Einarbeiten liefert und Unkraut effektiv unterdrückt. Aussaat im Frühjahr und Sommer, vor der Blüte einarbeiten. Nachteilig ist, dass Senf zur Brassica-Familie gehört und daher Kohlhernie überträgt. Säen Sie 7,5 g Samen pro m² (*s. S. 33*).

Welsches Weidelgras
Lolium multiflorum
Das schnellwüchsige, rohfaserreiche Welsche Weidelgras eignet sich gut zur Aussaat im zeitigen Frühjahr. Sogar auf kalten Böden keimt es rasch und kann untergegraben werden, bevor der Boden warm genug für Gemüseaussaaten ist. Verwenden Sie nur einjährige Arten, die Sie vor der Samenreife einarbeiten. Mehrjährige verursachen endlose Probleme durch Neuaustrieb. Verteilen Sie etwa 7,5 g Saatgut pro m².

DÜNGER

DER GEBRAUCH VON DÜNGER gehört wahrscheinlich zu den umstrittensten Fragen im biologischen Gartenbau überhaupt. Die Meinungen sind geteilt: Die einen halten Zusatzdüngung für völlig überflüssig, die anderen erachten sie als notwendig. Alle Bio-Gärtner verwenden jedoch ausschließlich Produkte organischen Ursprungs.

Pflanzen brauchen für das normale, gesunde Wachstum eine ganze Reihe von Nährstoffen, die dem Boden automatisch zugeführt werden, wenn Sie sich an die Bearbeitungshinweise der vorhergehenden Kapitel halten.

Chemisch orientierte Gärtner bestimmen jährlich die Nährstoffbedürfnisse ihrer Pflanzen und versorgen sie daraufhin mit einem sofort pflanzenverfügbaren Mineraldünger. Der Boden ist bei dieser Anbaumethode nur dazu da, die Nährstoffe zu halten. Dadurch wird er inaktiv und leblos, und verbrauchter Dünger muss Jahr für Jahr ersetzt werden.

Im Gegensatz dazu besteht das Prinzip des biologischen Gärtners darin, den Boden zu aktivieren und das Bodenleben zu fördern. Ist eine gute Bodenfruchtbarkeit durch regelmäßige Beigaben organischen Materials gewährleistet (s. S. 16–20), können die Pflanzen ihrem Bedarf entsprechend Nährstoffe aus dem Boden entnehmen. Die Gefahr einer Überdosierung wird vermieden, und eine kontinuierliche Versorgung ist durch die Tätigkeit der vielfältigen Bodenorganismen stets gegeben.

ORGANISCHE VOLLDÜNGER – WOZU?

Vielfach kann man annehmbare Erträge kurzfristig auch ganz ohne Düngung erzielen. Auf längere Sicht betrachtet ist aber auf normalen Böden eine Volldüngung mit biologischem Dünger aus mehreren Gründen äußerst vorteilhaft.

Zum einen stehen meist nicht ausreichend große Mengen Mist oder Kompost zur Nährstoffversorgung zur Verfügung, zum anderen fehlen dem Boden möglicherweise einige essenzielle, d. h. lebenswichtige Nährstoffe. Solchen Mangel durch Zufuhr von organischem Material zu korrigieren, kann mehrere Jahre dauern, und es ist in diesem Fall sinnvoller, zusätzlich organischen Dünger zu geben. Schließlich stellen viele Gärtner so hohe Ansprüche an die Ertragsfähigkeit ihres Bodens, dass selbst Arbeitskolonnen von Bakterien und Pilzen eine Unterstützung durch Handelsdünger brauchen.

Wichtig dabei ist, dass die eingesetzten Dünger nicht nur den Ansprüchen der Pflanzen genügen, sondern auch für die Bodenorganismen verträglich sind. Außerdem spielt auch der Zeitpunkt der Düngung eine bedeutende Rolle. Viele Dünger wirken sehr langsam, z. B. grobe Hornspäne, die man schon ausbringen muss, bevor die Pflanzen die Nährstoffe tatsächlich brauchen. Wenn Sie das beachten und der Natur das richtige Handwerkszeug liefern, wird der Rest von selbst in Ihrem Sinne erledigt. Darin besteht die Schönheit des biologischen Gartenbaus.

Der pH-Wert des Bodens

Bevor Sie eine Düngung vornehmen, müssen Sie herausfinden, ob Ihr Boden sauer oder basisch, auch alkalisch genannt, reagiert. Dies ist nicht nur entscheidend für Ihre Bearbeitungsmethoden, sondern auch für die Pflanzenauswahl.

Der Säuregrad oder die Alkalität des Bodens werden durch den Kalkgehalt festgelegt. Die Kalkmenge wird mithilfe einer pH-Wert-Bestimmung anhand einer Skala mit Einheiten von 1–14 ermittelt. Neutraler Boden hat einen pH-Wert von 7. Alles Darüberliegende ist alkalisch, alles Darunterliegende sauer. Den Kalkgehalt Ihres Bodens können Sie sehr einfach selber messen (siehe S. 36). Jeder Boden hat, eben abhängig von seinem natürlichen Mineraliengehalt, einen ganz speziellen pH-Wert. Im Zierpflanzengarten ist es im Allgemeinen besser, entsprechend angepasste Blumen zu kultivieren als zu versuchen,

den pH-Wert zu ändern. Es gibt eine große Auswahl kalk- oder säureliebender Pflanzen und sehr viele Gewächse, die keine speziellen Ansprüche stellen (s. S. 92–93). Im Gemüsegarten bevorzugen die meisten Arten einen pH-Wert von etwa 6,5. Kohlgewächse sollten allerdings einen alkalischen Boden bekommen, da sie dort eher von Kohlhernie verschont bleiben, während Kartoffeln leicht saure Bodenbedingungen schätzen.

Es ist einfacher, einen sauren Boden durch Zusatz von Kalk alkalisch zu machen als umgekehrt. Kalk hat außerdem den Vorteil, dass er bei schweren Tonböden dazu beiträgt, die Partikelchen zusammenzuhalten (s. S. 16). Aber Umsicht ist angebracht: Zu viel Kalk kann andererseits einige Pflanzennährstoffe, besonders Spurenelemente, binden, sodass sie für Pflanzenwurzeln nicht mehr verfügbar sind. Dadurch entsteht Nährstoffmangel.

PH-WERT-BESTIMMUNG

Es gibt verschiedene, einfach zu bedienende Sets, mit denen Sie den pH-Wert des Bodens genau genug für den Hausgebrauch bestimmen können. Bei Bearbeitung eines neuen Gartens sollte diese Messung stets am Anfang stehen und jährlich wiederholt werden, besonders wenn Sie den pH-Wert ändern wollen oder müssen.

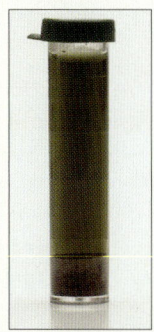

Den pH-Wert Ihres Bodens *können Sie mit Teströhrchen bestimmen. Sie enthalten eine chemische Substanz, die mit der Erdprobe reagiert. Gelbe Farben zeigen saure Böden an, dunkelgrüne Farben alkalische. Hellgrün bedeutet neutraler Boden.*

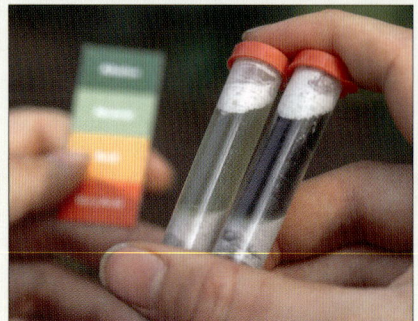

Wenige Böden *haben extreme Werte. Die meisten befinden sich in der Skala irgendwo zwischen zwei Farben. Wenn Sie das Röhrchen an die pH-Farbtabelle halten, können Sie die Mischung definieren.*

Wie man den pH-Wert erhöht

Eine Erhöhung des pH-Werts ist nicht schwierig, Sie fügen dem sauren Boden einfach etwas Kalk zu. Die Wirkung zeigt sich erst langsam, da man nur kleine Mengen verabreichen sollte, um die Pflanzenwurzeln nicht zu verbrennen. Denken Sie auch daran, dass Kalk allmählich aus dem Boden ausgewaschen wird und in das Dränagesystem übergeht. Zu berücksichtigen sind außerdem die Beigaben von Stallmist und Kompost, die den Boden zusätzlich säuern.

WELCHE KALKARTEN GIBT ES?

Kalkdünger sind als Kalziumoxid (CaO) oder Kalziumkarbonat ($CaCO_3$) verfügbar. Kostspieligere Produkte, wie Kalksteinmehl oder nachhaltiger, biologisch erlaubter (s. u.) Meeresalgenkalk, wirken langsamer und sind länger im Boden vorrätig.

Branntkalk (CaO): aus gebranntem Kalkstein; schnell wirksam; Ausbringung ca. 14 Tage vor der Saat; besonders für schwere Böden geeignet.
Löschkalk (CaO): ähnlich wie Branntkalk, muss mindestens jährlich neu zugefügt werden.

Kohlensaurer Kalk ($CaCO_3$): für leichte und mittelschwere Böden; langsam wirkend.

Kalksteinmehl: ein kohlensaurer Kalk, der zusätzlich Magnesium enthält; auch Dolomitkalk genannt; bleibt mehrere Jahre im Boden vorrätig.

Nachhaltiger Meeresalgenkalk: Mittlerweile darf natürlich gewachsener Meeresalgenkalk nicht mehr abgebaut werden. Er wurde durch ein aus Meeresalgen hergestelltes Produkt ersetzt, das durch Zugabe von Kalzium angereichert wurde. Es enthält gute Nährstoffe sowie Kalk, bleibt drei Jahre im Boden und ist bezahlbar.

KALK STREUEN — WANN?

Verwenden Sie den Kalk mehrere Wochen vor der Aussaat oder dem Pflanzen. Ideal wäre es, Stallmist im Herbst in den Boden einzuarbeiten und Kalk im Frühjahr zu streuen. Geben Sie Kalk nie auf frisch mit Mist gedüngten Boden, dadurch entsteht Ammoniakgas.

WELCHE KALKMENGE BRAUCHT MAN?

Die erforderliche Kalkmenge hängt weitgehend von der Bodenart ab. Auf schweren Tonböden benötigen Sie mehr als auf leichten Sandböden. Um den pH-Wert um eine Einheit zu erhöhen, gelten folgende Werte als Anhaltspunkt: bei Sandböden 1 kg Kalk pro 100 m², bei sandigem Lehm 2 kg pro 100 m², bei Lehm 3 kg pro 100 m² und bei schwerem Ton ungefähr 4 kg pro 100 m². Aber keine Sorge: Die meisten Pflanzen tolerieren innerhalb einer gewissen Bandbreite auch für sie ungünstigere pH-Werte, solange die übrigen Wachstumsbedingungen stimmen. Deswegen dienen die pH-Wert Angaben für bestimmte Pflanzen in späteren Kapiteln immer nur als Richtlinie.

Wie man den pH-Wert verringert

Selten sind Gartenerden so kalkhaltig, dass kein Gemüseanbau möglich ist. Meist reicht eine großzügige Gabe Kompost oder Stallmist, um den pH-Wert genügend zu senken.

Ein kalkhaltiger Boden kann jedoch Probleme verursachen, wenn dadurch Nährstoffe gebunden werden und somit nicht mehr pflanzenverfügbar sind (s. S. 38–39). In diesem Fall sollten Sie Ihr Gemüse im Hochbeetsystem anbauen. Durch diese Methode wird die Pflanzebene leicht angehoben. Das verhindert, dass alkalisches Bodenwasser in den Durchwurzelungsbereich gelangt. Jährliches Einarbeiten von Kompost und regelmäßiges Mulchen (s. S. 20) erhöhen langsam die Bio-Masse und machen den Boden sauer. Dasselbe gilt für den Zierpflanzengarten: Legen Sie Rabatten an, die gegenüber dem Rasen oder den Wegen erhöht sind, und bevorzugen Sie organisches Material (s. S. 75).

ANLAGE EINES ERHÖHTEN BEETS FÜR SÄURELIEBENDE PFLANZEN

Wenn Sie bei kalkhaltigem, also alkalischem Boden säureliebende Gewächse wie Rhododendren, Azaleen oder Lavendelheide pflanzen möchten, ist es empfehlenswert, an einem geeigneten Platz ein erhöhtes Beet anzulegen. Für größere Gärten bieten sich unbehandelte Eichen- und Buchenschwellen als Umrandung an. Gefüllt wird mit einer Mischung aus kalkfreiem Kompost und grobem Sand (*geeignete Pflanzen s. S. 93*).

Erhöhtes Beet aus unbehandelten Holzschwellen *Diese Methode ist nur für große Beete geeignet, denn Eichen- und Buchenschwellen sind schwer zu zerschneiden. Markieren Sie die Lage des Beets und legen Sie die Holzschwellen als Umrandung aus. Schlagen Sie an den Enden Pfähle in den Boden, die Sie an die Schwellen nageln. Die Umrandung kann eine oder mehrere Schwellen hoch sein. Füllen Sie das Beet mit einer Mischung entweder aus saurer Erde und Torfersatz zu gleichen Teilen oder aus 3 Teilen Torfersatz und 1 Teil grobem Sand. Einpflanzen wie bei Stauden (s. S. 112) beschrieben. Zur Verschönerung und um die Auflagekanten der Eichen- oder Buchenschwellen zu verdecken, können Sie zerkleinerte Kiefernrinde streuen (Bild rechts).*

Pflanzen für sauren Boden

Acer palmatum
Dieser hübsche kleine Baum hat wunderschön eingeschnittene Blätter, die sich im Herbst gelb und rot verfärben. An einen geschützten Platz stellen, um die zarten Blätter vor Wind zu schützen.

Camellia reticulata
Kamelie in voller Blüte – ein Anblick, den man nicht vergisst. Diese hat reizendes, dunkelgrünes Blattwerk, im Frühling zeigen sich rosarote Blüten. Stellen Sie die Kamelie nicht in die pralle Morgensonne.

Vaccinium corymbosum
Die Heidelbeere zeigt im Frühling schöne weiße Blüten, manchmal rosa angehaucht, im Herbst folgen blau glänzende Früchte, die gut schmecken. Später verfärben sich die Blätter zu einem warmen Gelb.

Pflanzennährstoffe

Alle Pflanzen brauchen Sauerstoff, Kohlenstoff und Wasserstoff – Lebenselixiere, die sie aus Luft und Wasser beziehen und mithilfe des Sonnenlichts verarbeiten. Wichtig sind ebenfalls eine Reihe chemischer Elemente im Boden. Sie werden unterteilt in Hauptnährstoffe (Stickstoff, Phosphor, Kalium, Magnesium, Kalzium und Schwefel) und Spurenelemente (z. B. Eisen, Kupfer, Zink, Bor und Mangan). Sauerstoff, Wasserstoff und Kohlendioxyd müssen in großen Mengen vorhanden sein (s. S. 39), während die anderen Nährstoffe in viel kleineren Konzentrationen nötig sind. Wichtig ist, dass die Spurenelemente in einem ausgewogenen Verhältnis zueinander stehen, denn es nutzt wenig, wenn etwa Stickstoff und Phosphor im Überfluss da sind, Kalium aber fehlt. Auch kann zu viel von einem die Wirkung eines anderen einschränken, so verdrängt z. B. zu viel Kalium das Magnesium.

HAUPTNÄHRSTOFFE

Stickstoff (N), Phosphor (P) und Kalium (K) als Hauptnährstoffe sind in allen Volldüngern enthalten, gelegentlich findet man darin zusätzlich noch Magnesium (Mg). Kalzium und Schwefel sind in den meisten Böden ausreichend vorhanden und werden durch regelmäßige Gaben organischen Materials erhalten. Phosphor ist in den meisten Böden durch langjährige Volldüngung eher zu viel als zu wenig vorhanden.

STICKSTOFF
Als wichtigster Pflanzennährstoff ist Stickstoff Bestandteil des Chlorophylls, des Pigments, das den Pflanzen die grüne Farbe verleiht. Er hat entscheidenden Anteil an der Zusammensetzung des pflanzlichen Proteins und ist für das Wachstum von Sprossen und Blättern verantwortlich. Mangelerscheinungen sind nicht selten, denn Stickstoff geht durch Auswaschung leicht verloren (s. S. 13), oder er wird verbraucht, wenn unverrottetes Material in den Boden kommt (s. S. 21). Bei zu wenig Stickstoff werden vor allem die älteren Blätter gelb und die Pflanzen verkümmern. Zu viel Stickstoff führt andererseits zu übermäßigem Wuchs mit einer Vielzahl weicher, oft dunkelgrüner Blätter, die besonders krankheitsanfällig und frostempfindlich sind.
Zur Behebung eines Stickstoffmangels *verwenden Sie einen stickstoffhaltigen Dünger wie z. B. Blutmehl (s. S. 40).*

PHOSPHOR
Als zweitwichtigster Nährstoff nach dem Stickstoff wird Phosphor in sehr viel kleineren Mengen benötigt (nur etwa ein Zehntel des Stickstoffanteils). Phosphor oder Phosphat ist hauptsächlich für das Wurzelwachstum verantwortlich, ein Mangel hemmt die normale Entwicklung des Wurzelsystems. Er äußert sich zuerst durch bläuliche Verfärbung der älteren Blätter, gelegentlich auch durch blaugrüne Färbung.
Zur Behebung eines Phosphormangels *verwenden Sie z. B. Knochenmehl (s. S. 41).*

KALIUM
Kalium, auch als Pottasche bekannt, wird in den gleichen Mengen benötigt wie Stickstoff. Es beeinträchtigt die Größe und Qualität der Blüten und Früchte und ist unbedingt erforderlich für die Synthese von Eiweiß und Kohlenhydraten. Kalimangel führt zu kleinen Blüten und geringwertigen Früchten. Der gesamte Pflanzenwuchs ist gehemmt. Sichtbar wird der Mangel bei älteren Blättern, wo er sich besonders durch das Gelbwerden des Blattrands, gefolgt von braunen Verbrennungen, äußert. Die Blätter können auch bläulich und dann bronzefarben werden. Ein Kaliüberschuss beeinträchtigt die Magnesiumaufnahme (*siehe unten*) und führt zum Ungleichgewicht mit anderen Nährstoffen.
Zur Behebung eines Kaliummangels *verwenden Sie unter anderem Holzasche oder Kalimagnesia (s. S. 41).*

MAGNESIUM
Magnesium ist ein Nährstoff, der in viel größeren Mengen benötigt wird, als manche Gärtner annehmen, nämlich anteilmäßig etwa wie Phosphor (*siehe links*). Er ist ebenfalls ein Bestandteil des Chlorophylls und ein Mangel verursacht eine Gelbfärbung, die gewöhnlich zwischen den Blattadern der älteren Blätter beginnt. Manchmal entsteht ein Magnesiummangel, wenn die Pflanzen durch zu viel Kali nicht in der Lage sind, Magnesium aus dem Boden aufzunehmen, wenn die Bodenstruktur schlecht ist oder wenn nicht genügend organische Substanz im Boden vorhanden ist (s. S. 18–34).
Zur Behebung eines Magnesiummangels *verwenden Sie Algenpräparate oder flüssigen Mist (s. S. 41).*

KALZIUM
Kalzium wird in relativ hohen Mengen benötigt. Es neutralisiert bestimmte von Pflanzen gebildete Säuren und ist am Eiweißaufbau beteiligt. Mangelerscheinungen treten in einem gut bearbeiteten biologischen Garten selten auf, aber bisweilen können Pflanzen Kalzium nicht ausreichend verwerten. Klassisches Beispiel ist die Blütenendfäule bei Tomaten, wobei der Fruchtansatz schwarz wird und fault. Weiterhin typisch sind Schäden an Salat, Sellerie und Rosenkohl. Mangelerscheinungen sind bei jungem Pflanzengewebe am ausgeprägtesten.
Zur Behebung eines Kalziummangels *gibt es kein spezielles Mittel. Die einzige Behandlung liegt in den richtigen Anbaumethoden, mit reichlicher Zufuhr von Stallmist und Kompost, um im Boden ein ausgeglichenes Nährstoffverhältnis zu schaffen (s. S. 18–34).*

SCHWEFEL
Manchmal als Spurenelement klassifiziert, wird Schwefel in Wirklichkeit in ziemlich großen Mengen benötigt. Er ist Bestandteil vieler Pflanzenproteine und an der Chlorophyllbildung beteiligt. Schwefelmangel führt zu gehemmtem Wuchs und Gelbwerden der Pflanzen. Schwere Schäden treten jedoch selten auf, da es in biologischen Böden aufgrund der regelmäßigen Kompost- und Mistzufuhr gewöhnlich ausreichend Schwefel gibt.
Zur Behebung eines Schwefelmangels *stäuben Sie etwas Kalziumsulfat (Gips) auf die Bodenoberfläche.*

DAS RICHTIGE NÄHRSTOFFVERHÄLTNIS FÜR GESUNDES PFLANZENWACHSTUM

Von den Nährstoffen, die Pflanzen für gesundes Wachstum benötigen, nehmen Sauerstoff, Wasserstoff und Kohlenstoff 96 % ein: 45 % Sauerstoff, 45 % Kohlenstoff und 6 % Wasserstoff. Die bereits beschriebenen sowie die unten angeführten Nährstoffe und einige weitere Spurenelemente machen den Rest aus.

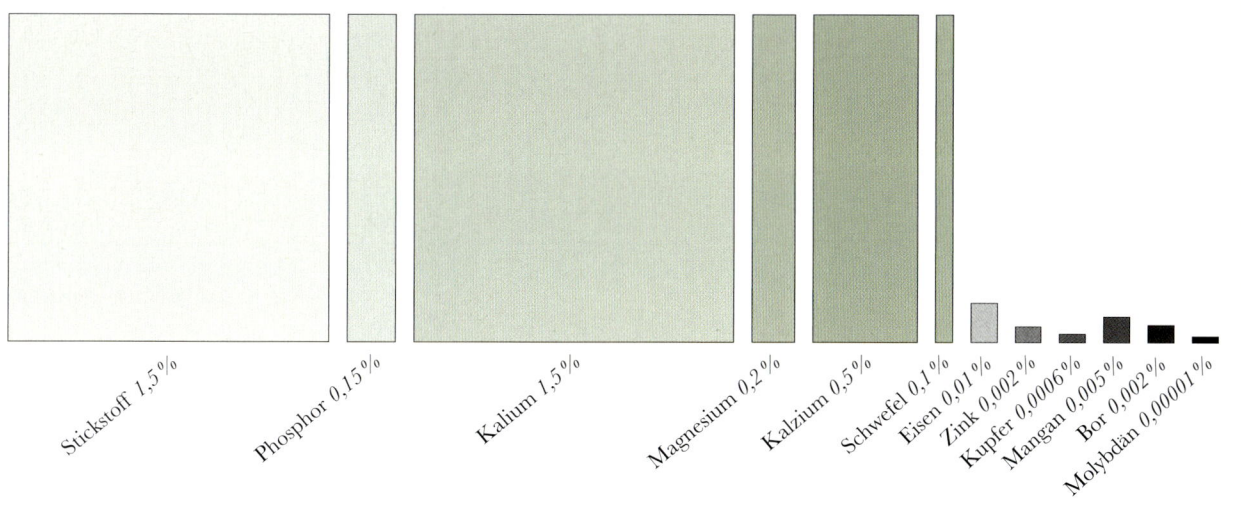

Stickstoff 1,5 % · Phosphor 0,15 % · Kalium 1,5 % · Magnesium 0,2 % · Kalzium 0,5 % · Schwefel 0,1 % · Eisen 0,01 % · Zink 0,002 % · Kupfer 0,0006 % · Mangan 0,005 % · Bor 0,002 % · Molybdän 0,00001 %

SPURENELEMENTE

Diese Elemente werden so genannt, weil sie nur in sehr kleinen Mengen notwendig, aber trotzdem für die Pflanzen unentbehrlich sind. Gewöhnlich haben sechs von ihnen größere Bedeutung: Eisen, Zink, Kupfer, Mangan, Bor und Molybdän.

In einem richtig bewirtschafteten, biologischen Garten sind Mangelzustände äußerst selten, weil alle Spurenelemente im Stallmist, Kompost und dem übrigen faserreichen organischen Material enthalten sind, welches der biologische Gärtner verwendet. Es können jedoch Probleme entstehen, wenn die Wirksamkeit der Spurenelemente wie Eisen, Mangan und Bor durch alkalischen, d. h. kalkhaltigen, Boden eingeschränkt wird. Bei Rhododendren und anderen säureliebenden Zierpflanzen äußert sich dies durch eine Gelbfärbung der Blätter (s. S. 92). Gleichermaßen reagieren Himbeeren besonders empfindlich auf Eisenmangel (s. S. 228).

Am besten ist es, einem Spurenelementmangel von vornherein vorzubeugen. Im biologischen Garten funktioniert dies normalerweise durch ständige Beigabe von faserreicher organischer Masse recht einfach. Sind in Ihrem Garten bereits einmal Mangelerscheinungen aufgetreten, sollten Sie den Boden jedes Jahr vorsorglich mit einem Algenpräparat behandeln.

EISEN
Kleine Mengen Eisen werden bei der Bildung von Chlorophyll benötigt. Mangelerscheinungen, die sich dann durch Gelbfärbung zwischen den Blattadern äußern, werden manchmal mit Magnesiummangel verwechselt. Sie treten bei alkalischen Böden auf.
Zur Behebung eines Eisenmangels *verwenden Sie als Sofortmaßnahme ein flüssiges Algenpräparat und geben dann Algenmehl und / oder Stallmist.*

ZINK UND KUPFER
Sowohl Zink als auch Kupfer dienen zur Aktivierung der Enzyme und ein Mangel an einem von beiden äußert sich in ähnlichen Symptomen. Besonders jüngere Blätter sind gelb marmoriert und Zitrusbäume entwickeln unnormal kleine Blätter.
Zur Behebung eines Zink- und Kupfermangels *geben Sie Algenmehl, gut verrotteten Stallmist oder Kompost dazu.*

MANGAN
Mangan ist notwendig zur Bildung von Chlorophyll und beim Aufbau der Proteine. Mangelerscheinungen treten am ehesten bei alkalischen Böden auf. Sie äußern sich in kümmerndem Wuchs sowie einer Gelbfärbung, besonders zwischen den Blattadern.
Zur Behebung eines Manganmangels *empfiehlt sich als Sofortmaßnahme das Einsprühen mit einem flüssigen Algenpräparat, danach geben Sie Algenmehl, Stallmist oder Kompost.*

BOR
Dieses Element ist für das wachsende Gewebe in allen Pflanzenteilen wichtig. Mangel tritt eher bei alkalischen Böden auf und führt zu einer Zerstörung des Gewebes. Dies zieht das innere Verkorken besonders bei Äpfeln und vielen Wurzelgemüsen nach sich sowie Herzbräune bei Sellerie und Kohlarten (s. S. 198–201).

Bormangel muss vorbeugend verhindert werden, *denn wenn erst Schäden an der Frucht sichtbar werden, kommt jede Rettung zu spät. Verwenden Sie Algenmehl, Stallmist oder Kompost, um sicherzugehen, dass die nächste Ernte nicht dem gleichen Problem zum Opfer fällt.*

MOLYBDÄN
Ein Mangel tritt vorwiegend auf sauren Böden auf und äußert sich in verkrüppeltem Wuchs. Besonders anfällig sind Kohlgewächse, deren Blätter dünn werden (siehe S. 195).
Zur Behebung eines Molybdänmangels *streuen Sie bei saurem Boden Kalk, um den pH-Wert anzuheben (s. S. 36). Besprühen Sie die Pflanzen mit einem flüssigen Algenpräparat und geben längerfristig Algenmehl und Kompost in den Boden.*

Organische Dünger

Es gibt vermutlich keinen wissenschaftlich abgesicherten Geschmackstest, aber ich bin sicher, dass jeder Kritiker den Unterschied zwischen meinen biologisch gedüngten Frühkartoffeln und den anorganisch gezogenen aus den meisten Geschäften schmecken könnte.

Alle Pflanzen, egal ob biologisch oder herkömmlich angebaut, nehmen dieselben Nährstoffe auf. Organische Dünger schädigen aber im Gegensatz zu anorganischen nicht das Bodenleben, im Gegenteil, sowohl Mikroorganismen als auch Pflanzen profitieren vom Bio-Dünger. Allerdings muss man achtgeben, dass die Kali-Versorgung stimmt. Wie man unten sieht, ist Kali in vielen organischen Düngern, z. B. in Blut-Fisch-Knochenmehl oder Horn-, Blut- und Knochenmehl, nicht oder nur kaum vorhanden. Verwenden Sie daher gegebenenfalls auch ausreichend Algendünger oder Pottasche.

Verschiedene Mischdünger werden als »teilweise organisch« oder »auf organischer Grundlage« bezeichnet. Sie sind zwar besser als die vollständig anorganischen, enthalten auch viel Kalium, meist in mineralischer Form, aber sie sind trotzdem nicht das Wahre.

Ein hundertprozentig organischer Naturdünger ist dagegen die Fertigmischung aus Horn-, Blut- und Knochenmehl. Er kann alternativ zum nachfolgend beschriebenen Blut-Fisch-Knochenmehl verwendet werden, das man selber mischen muss.

Bei vielen Bio-Gärtnern hochgeschätzt ist Gesteinsmehl, das aus feinst vermahlenem Basalt oder Granit besteht und viele Spurenelemente enthält. Es erhöht die Wuchsfreudigkeit und Widerstandsfähigkeit der Pflanzen.

BLUT-FISCH-KNOCHENMEHL

Dieser Volldünger oder alternativ Horn-Blut-Knochenmehl ist die Grundlage meiner Düngungsempfehlungen. Regelmäßige Gaben sorgen bei allen Böden für ein ausgeglichenes Nährstoffverhältnis. Da der enthaltene Stickstoff sehr schnell freigesetzt wird, sollte der Dünger erst 2 Wochen vor der Saat oder Pflanzung ausgebracht werden.

NÄHRSTOFFGEHALT	
Stickstoff	3,5 %
Phosphor	8 %
Kalium	0,5 %
Spurenelemente —	

ALGENMEHL

Eine Alternative zu Blut-Fisch-Knochenmehl bzw. Horn-Blut-Knochenmehl. Das Nährstoffverhältnis ist noch ausgeglichener, die Nährstoffe liegen in langsam löslicher Form vor. Algenmehl enthält 60–70 verschiedene Elemente, einschließlich aller Spurenelemente. Es kann vor der Saat eingeharkt werden, doch aufgrund seines recht hohen Preises nimmt man es gewöhnlich als Kompoststarter, um die Spurenelemente zu liefern (s. S. 39). Algenmehl ist jederzeit zu verwenden, bei warmem Boden können die Bakterien es besser aufschließen, sodass es schneller pflanzenverfügbar wird.

NÄHRSTOFFGEHALT	
Stickstoff	2,8 %
Phosphor	0,2 %
Kalium	2,3 %
Spurenelemente	alle

HORNSPÄNE

Ein guter, langsam wirkender Stickstoffdünger, der längere Zeit im Boden bleibt. Hornspäne werden vor dem Verpacken auf 60 °C erhitzt, sodass sie ohne Bedenken zu verwenden sind. Um pflanzenverfügbar zu sein, müssen sie von Bakterien zersetzt werden. Die Wirkung zeigt sich erst nach ca. 2 Wochen, daher sollten Sie sie rechtzeitig ausbringen. Hornspäne eignen sich als Starthilfe für überwinternde Pflanzen wie Kohl, für Frühjahrspflanzen oder für kümmernde Exemplare. Die Wirkung ist jedoch langsamer als beim Blutmehl.

NÄHRSTOFFGEHALT	
Stickstoff	13 %
Phosphor	—
Kalium	—
Spurenelemente —	

BLUTMEHL

Ein sehr schnell wirkender Stickstoffdünger, besonders für akute Stickstoffunterversorgung geeignet. Spätestens bis Sommerende auszubringen, da er sonst ausgewaschen wird. In Gegenden mit frühem Frost nicht später als Mitte des Sommers streuen, um die Entwicklung weicher, frostempfindlicher Triebe zu vermeiden.

NÄHRSTOFFGEHALT	
Stickstoff	12–14 %
Phosphor	etwas
Kalium	—
Spurenelemente —	

FISCHMEHL

Ein nützlicher Dünger, der Stickstoff und Phosphor enthält. Einige Hersteller setzen anorganisches Kalium hinzu und verkaufen das Gemisch als »teilweise organisch«.

NÄHRSTOFFGEHALT	
Stickstoff	9 %
Phosphor	2,5 %
Kalium	—
Spurenelemente	—

KNOCHENMEHL

Dieser beliebte Phosphordünger dient zur nachhaltigen Förderung des Wurzelwachstums. Unbearbeitet könnte er Milzbrand übertragen und darf deshalb nur hitzebehandelt verwendet werden. Bei der Ausbringung tragen viele Gärtner zur Vorsicht trotzdem Handschuhe.

NÄHRSTOFFGEHALT	
Stickstoff	3,5 %
Phosphor	22 %
Kalium	—
Spurenelemente	—

POTTASCHE

Eine wertvolle Quelle für Kali, das Element, das vielen organischen Düngern fehlt. Pottasche ist unlöslich und lange im Boden beständig, sodass die Pflanzen sich nach Bedarf versorgen können.

NÄHRSTOFFGEHALT	
Stickstoff	—
Phosphor	—
Kalium	10,5 %
Spurenelemente	—

HOLZASCHE

Nützliche Kaliquelle und geringe Mengen Phosphor. Zweige und Baumschnitt, die brauchbare Mineralstoffe enthalten, werden zerkleinert als Mulch verwendet (s. S. 59). Verbrannt und als Asche dem Kompost beigegeben.

NÄHRSTOFFGEHALT	
Stickstoff	Variiert je nach Material
Phosphor	
Kalium	
Spurenelemente	

GETROCKNETER STALLMIST

Enthält nur wenig Hauptnährstoffe, aber reichlich Spurenelemente. Wenn er faserarm ist, mit Kokosfaser, Rinde oder Champignonkompost mischen.

NÄHRSTOFFGEHALT	
Stickstoff	1 %
Phosphor	1 %
Kalium	1,5 %
Spurenelemente	alle

GEPRESSTER HÜHNERMIST

Dieser Volldünger wurde kompostiert und dann gepresst und ist daher sehr angenehm in der Nutzung. Er enthält außerdem einige Spurenelemente. Normalerweise genügt eine Düngergabe pro Ernte, da er langsam freigesetzt wird. Bei langen Ernteperioden eventuell nachdüngen.

NÄHRSTOFFGEHALT	
Stickstoff	4 %
Phosphor	2,5 %.
Kalium	2,5 %
Spurenelemente	—

FLÜSSIGER ALGENDÜNGER

Es gibt eine Reihe flüssiger Algenpräparate. Sie enthalten Stickstoff, Kali und Phosphor, alle Spurenelemente, sowie weiterhin sogenannte Cytokinine, Wachstumshormone, die die Fotosynthese und Eiweißproduktion der Pflanzen fördern. Sie sind äußerst wertvoll, um Mangelerscheinungen schnell auszugleichen. Flüssige Algenpräparate stärken die Pflanze und schützen daher bis zu einem gewissen Grad vor Pilzkrankheiten und Frostschäden.

NÄHRSTOFFGEHALT	
Stickstoff	1,5 %
Phosphor	1 %
Kalium	2,5 %
Spurenelemente	alle

FLÜSSIGER STALLMIST

Enthält Hauptnährstoffe nur in geringen Mengen, dafür aber reichlich Spurenelemente. Deswegen sehr wertvoll bei Spurenelementmangel.

NÄHRSTOFFGEHALT	
Stickstoff	1 %
Phosphor	1 %
Kalium	1,5 %
Spurenelemente	alle

Flüssiger Algendünger

Flüssiger Stallmist

FLÜSSIGDÜNGER SELBST GEMACHT

Flüssigdünger lässt sich leicht selbst herstellen und ist ebenso nährstoffreich wie gekaufter. Sie brauchen dazu nur eine Metall- oder Plastiktonne mit Wasser, einen Stoff- oder Jutesack und Stallmist.

Schafmist ist aufgrund seines hohen Nährstoffgehalts am besten geeignet (s. S. 28), aber auch Rinder-, Schweine-, Pferde- und Ziegenmist können benutzt werden. Diese Methode kann den Stickstoff-Anteil deutlich erhöhen, wenn man Brennnesseln zufügt, und den Kalium-Anteil erhöhen, wenn man Beinwell-Blätter zufügt.

Sie können selbst gemachten Flüssigdünger unverdünnt benutzen, wenn der Boden vorher gewässert wurde.

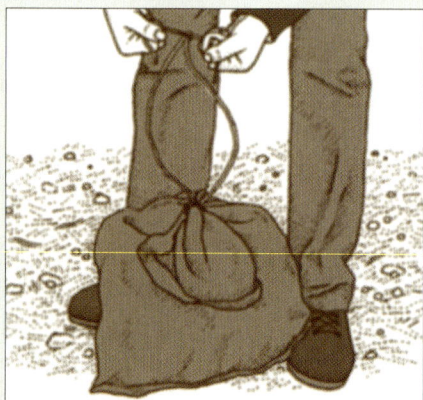

1 *Füllen Sie nun die Tonne mit Wasser. Sammeln Sie einen halben Sack voll Stallmist. Binden Sie den Sack mit einer doppelten Seilschlinge fest zu.*

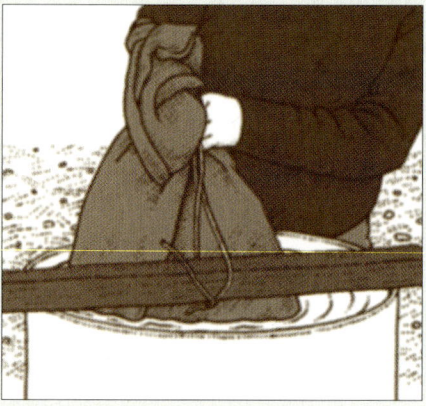

2 *Legen Sie ein stabiles Brett quer über die Tonne und schieben Sie die Seilschlinge so darüber, dass der Sack ins Wasser hängt. Nach etwa 14 Tagen hat das Wasser eine dunkelbraune Farbe. Entfernen Sie den Sack wieder und decken Sie die Tonne zu.*

Dünger streuen

Beim Ausbringen organischen Düngers braucht man nicht so genau zu sein wie bei mineralischen Düngern. Die meisten setzen ihre Nährstoffe langsam frei, somit besteht kaum Gefahr, dass junge Pflanzen geschädigt werden. Granulate sollten allerdings nicht auf die Blätter gelangen.

Genaue Mengenangaben für einzelne Dünger sind pauschal unmöglich, denn Boden, Witterung und Pflanzenarten sind für die Menge mitbestimmend. Deshalb sind angegebene Werte stets nur eine Richtlinie. Sie müssen Ihre speziellen Ansprüche selbst herausfinden. Geben Sie Volldünger, wenn der Pflanzenwuchs unzureichend ist und Spezialdünger bei Mangelerscheinungen. Zusätzlich düngen Sie den Zier- und Gemüsegarten jährlich nach den Hinweisen in den entsprechenden Kapiteln (s. S. 74–125 und S. 132–201).

GRANULATE

Granulate dienen als Zusatznährstoffe zu Kompost und tierischem Mist. Sie werden gewöhnlich im Frühjahr vor dem Auspflanzen gegeben. Streuen Sie den Dünger auf den Boden, ohne die Blätter zu berühren, und harken Sie ihn ein.

Die Granulatmenge wird im Allgemeinen in »Handvoll pro m²« angegeben. Wird eine reihenweise Düngung empfohlen, so müssen Sie m² auf Länge umrechnen, was aber nicht allzu schwierig ist. Bei 30 cm Reihenabstand streuen Sie die für 1 m² angegebene Düngermenge auf 3 m Länge, bei 15 cm Abstand auf 6 m Länge, usw. Auf diese Weise bleibt die richtige Relation erhalten.

FLÜSSIGDÜNGER

Das Ausbringen von Flüssigdüngern ist problemlos. Sie verdünnen die Flüssigkeit nach Anweisung des Herstellers und gießen sie auf den Boden. Allerdings darf Flüssigdünger niemals auf trockenem Boden eingesetzt werden, denn das könnte zu Wurzelschädigungen führen. Gießen sie dann zuerst mit klarem Wasser, und fügen Sie danach den Flüssigdünger bei.

Bei der Düngung von Topfpflanzen gießen Sie den Topf bis zum Rand voll, bei Freilandpflanzen großzügig weit um die Pflanzen herum, bis die Bodenoberfläche durchnässt ist.

Bei Pflanzen, die regelmäßig auf diese Weise gedüngt werden, wie z. B. Gewächshaustomaten, kann man einen Blumentopf neben den Pflanzen im Boden eingraben und füllen. Mit dieser Methode dringt der Dünger tiefer in den Boden ein und Sie wissen genau, wie viel die Pflanze jeweils erhält.

Da Pflanzen den Dünger nur in flüssiger Form aufnehmen können, besteht der Vorteil der Flüssigdüngung darin, dass die Nährstoffe sofort verfügbar sind. Granulate müssen dagegen erst gelöst werden, sind dann allerdings länger vorrätig, da sie nicht so schnell ausgewaschen werden. Flüssigdünger sind keine echte Alternative zur normalen Düngung. Sie dienen lediglich zur kurzfristigen Nährstoffversorgung für hungrige Pflanzen sowie zur schnellen Behebung von Mangelerscheinungen.

BLATTDÜNGUNG

Bei einer Blattdüngung werden die Pflanzenblätter direkt besprüht. Diese Methode wirkt deshalb unmittelbar und schneller als andere, hält aber weniger lange vor und ist für den normalen Gartenalltag nicht geeignet. Nur für akute Notfälle bei Mangelerscheinungen ist diese Düngungsart wertvoll. Flüssiger Algendünger, bei Spurenelementmangel auf die Blätter gesprüht, gleicht einer Wunderkur. Diese Maßnahme sollte jedoch stets von einer Algenmehldüngung des Bodens begleitet werden.

BIOLOGISCHER PFLANZENSCHUTZ

Im Lauf des vergangenen Jahrhunderts haben sich die Kleingärtner eng an die Anbaumethoden der kommerziellen Gärtner und sogar Landwirte angelehnt. Dort hat man mit sehr viel Forschungsarbeit neue, ertragsverbessernde Anbauweisen entwickelt und so Verluste durch Krankheiten und Schädlinge verringert. Es besteht kein Zweifel, dass ein Großteil solcher Entwicklungen auch dem Kleingärtner zugutekommt, aber es wäre ein Fehler, nun den Erwerbsgärtner bedingungslos nachzuahmen. Besonders häufig geschieht dies offensichtlich im Bereich des Pflanzenschutzes. Sobald ein neues, chemisches Mittel für den kommerziellen Gebrauch produziert ist, taucht davon eine leicht verdünnte Variante in Gartengeschäften auf, begleitet von verführerischen Versprechungen, dass dieses Mittel nun alle seine Konkurrenten in den Schatten stelle.

Sie dürfen aber die unterschiedlichen Ansprüche von Kleingärtnern und Großerzeugern nicht übersehen. Während der Großerzeuger ständig auf der Jagd nach ertragreicheren, größeren und deshalb gewinnbringenderen Pflanzenformen ist, möchten Sie chemiefreies Obst und Gemüse mit gutem Geschmack anbauen. Hat der Großerzeuger darüber hinaus vielleicht mehrere Hektar von beispielsweise Kohl, der mit Raupen befallen ist, so bleibt ihm keine Alternative als zu spritzen. Wenn Sie nur eine oder zwei Reihen haben, brauchen Sie keine Chemikalien. Spazieren Sie stattdessen zwei- bis dreimal die Woche die Reihen entlang, sammeln Sie die Missetäter ab und werfen Sie sie in ein Glas Petroleum. Ebenso wird ein wohlgezielter Strahl Seifenwasser blitzartig die Blattläuse von Ihren Rosensträuchern abspülen.

Unbestritten ist, dass in einem natürlich belassenen und biologisch bewirtschafteten Garten die Probleme mit Krankheiten und Schädlingen gar nicht erst auftreten, mit denen der Anbauer von Monokulturen konfrontiert wird. Wo große Flächen Jahr für Jahr mit ein und derselben Fruchtart bestellt werden, kann es leicht zur explosionsartigen Ausbreitung von Krankheiten und Schädlingen kommen, die hier einen reich gedeckten Tisch finden und praktisch keine Konkurrenz haben. Im biologischen Garten mit seiner Vielzahl an Pflanzen werden dagegen zahlreiche frei lebende Tiere wie Insekten, Vögel und kleine Säuger angelockt, und so schafft man ein natürliches Gleichgewicht. Dabei verspeisen Larven der Schwebfliegen und Marienkäfer die Blattläuse, Vögel vertilgen die Raupen und so weiter. Es gibt keine Insekten, Pilzkrankheiten oder Bakterien ohne entsprechende Gegenspieler, und daher kann nie eine unnatürliche Massenentwicklung nur einer einzigen Art stattfinden. Ziehen Sie daraus aber nicht den Schluss, dass Ihnen alle Insekten wohlgesonnen sind und Pilze keinen Schaden mehr anrichten. Krankheiten und Schädlinge werden stets versuchen, auch in Ihrem Garten Fuß zu fassen. Das beste Mittel dagegen ist Vorbeugung und dazu gibt es viele Möglichkeiten. Doch auch unter günstigen Bedingungen entstehen Notfälle. Greifen Sie aber nur dann auf Spritzmittel, und zwar auf biologische, zurück, wenn jeder andere Bekämpfungsversuch fehlgeschlagen ist.

OBERSTES GEBOT: KRANKHEITEN UND SCHÄDLINGE VERMEIDEN

Verwenden Sie nur kräftige, gesunde Pflanzen, da diese dem Krankheits- bzw. Schädlingsbefall eher widerstehen. Pflanzen Sie stets in fruchtbare Erde und versorgen Sie die Pflanzen ausreichend mit Wasser und Nährstoffen. Viele Bio-Gärtner schwören z. B. auf Gesteinsmehle. Das sind meist feinst vermahlene Basalte, die viele Spurenelemente, mehr oder weniger Kalk und viel Kieselsäure enthalten. Auf Pflanzen und Boden gestäubt, sollen Gesteinsmehle eine gute vorbeugende Wirkung gegen Pilzinfektionen und Blattläuse haben, weil die Gewebe und auch die Außenhaut der Pflanzen gekräftigt und verstärkt werden und so den Parasiten das Eindringen in die Pflanzenzellen erschweren.

Bevorzugen Sie zur Vorbeugung und Kontrolle von Krankheiten und Schädlingen mechanische Methoden. Seien Sie ständig auf der Hut, um rechtzeitig eingreifen zu können. So wird der Chemikalieneinsatz verringert und die Natur erledigt einen Großteil der Arbeit für Sie. Die Natur hat nämlich für gewöhnlich ein perfektes, hoch kompliziertes Gleichgewicht der Kräfte entwickelt. Stellen Sie die Pflanzen in Ihrem Garten vielfältig zusammen, bevorzugen Sie dabei einheimische Blumen, Bäume und Sträucher, möglichst aus Ihrer näheren Umgebung. Schaffen Sie eine kleine Wasserfläche. Durch diese Maßnahmen baut sich eine vielseitige Kolonie von Nutzinsekten und Vögeln auf und Ihre Probleme mit dem Pflanzenschutz verringern sich im wünschenswerten Fall auf ein Minimum.

Auf den folgenden Seiten finden Sie Hinweise, wie man Krankheiten und Schädlinge im Garten generell verhindert oder bekämpft. Spezielle Schäden wie Blattläuse bei Rosen, Kraut- und Knollenfäule bei Kartoffeln oder Schorf bei Obstbäumen werden in entsprechenden Kapiteln an späterer Stelle behandelt.

So bleibt Ihr Garten gesund

Zur Erhaltung eines gesunden Gartens sind gute Anbaumethoden die wichtigste Voraussetzung. Der biologische Weg, nämlich den Boden anstelle der Pflanzen zu ernähren, führt zu kräftigerem Wuchs, sodass die Triebe nicht so anfällig für Krankheiten und Schädlinge sind wie die künstlich hoch getriebenen Pflanzen. Sollte trotzdem ein Befall auftreten, werden biologisch angebaute Pflanzen aufgrund ihrer größeren Widerstandsfähigkeit viel besser damit fertig.

Halten Sie Ihren Garten möglichst sauber und ordentlich. Lassen Sie niemals Abfälle herumliegen, gejätetes Unkraut sowie ausgedünnte überflüssige Sämlinge kommen sofort auf den Kompost. Anderenfalls werden oft Schadinsekten durch den Geruch verletzter Pflanzenteile angelockt.

Werfen Sie nur gesunde Pflanzenreste auf den Kompost. Pflanzen mit Anzeichen einer Krankheit müssen verbrannt werden. So kompostiere ich selbst nach der Kartoffelernte nur selten das Kartoffelkraut, weil die Gefahr besteht, dass die Miete mit Kraut- und Knollenfäule infiziert wird. Völlig gesunde Bestände sind selten (*siehe S. 200*). Neuere Untersuchungen haben ergeben, dass allerdings etliche Pilz-Sporen und Krankheitserreger durch eine ordentliche Komposthitze abgetötet werden.

Nehmen Sie nur solche Töpfe und Saatschalen, die gründlich gesäubert oder in kochendem Wasser oder im Dampf sterilisiert worden sind. Halten Sie Ihr Gewächshaus sauber, greifen Sie beim ersten Anzeichen eines Pilz- oder Schädlingsbefalls ein. Schädlinge werden unverzüglich entfernt, kranke Pflanzenteile vorzugsweise verbrannt.

STETE AUFMERKSAMKEIT

Machen Sie besonders im Sommer, wenn die Wahrscheinlichkeit für Schädlings- und Krankheitsbefall wächst, mindestens einmal am Tag einen Rundgang durch Ihren Garten. Nehmen Sie eine Hacke und eine Plastiktüte mit. Rücken Sie störenden Unkräutern zu Leibe, sobald sie an der Oberfläche erscheinen, aber halten Sie vor allem die Augen nach Krankheiten oder Schädlingen offen. Blätter mit Anzeichen von Mehltau oder Raupen werden sofort entfernt und kommen in die Plastiktüte, später in den Mülleimer. Der erste Blattlausansturm lässt sich oft in Schach halten, wenn man den Stängel der befallenen Pflanzen einfach mit den Fingern abreibt und die Blattläuse zerdrückt.

KAUF GESUNDER PFLANZEN

Von vitalem Interesse sollte sein, gesunde Pflanzen zu kaufen. Nur zu leicht kann man sich eine Menge Ärger mit Virus- oder Pilzkrankheiten einhandeln oder sogar Schädlinge bzw. deren Eier einschleppen. Bevorzugen Sie deshalb Pflanzen mit einem Gesundheitszertifikat. In vielen Ländern garantiert eine Zertifizierungsnummer dafür, dass die erworbenen Pflanzen wirklich frei von Krankheiten sind. Zahlreiche Sorten von Obstbäumen und Saatkartoffeln fallen unter diese Kategorie. Überprüfen Sie Zierbäume, Sträucher, Stauden sowie auch einjährige Gewächse vor dem Kauf sorgfältig. Weisen Sie alle Pflanzen zurück, die auch nur kleinste Anzeichen von Krankheits- oder Schädlingsbefall erkennen lassen. Achten Sie ebenfalls auf sonstige Schäden, da schwächliche Pflanzen in ihrer Entwicklung von vornherein beeinträchtigt sind.

Untersuchen Sie Zwiebeln und Knollen gründlich. Sie sollten fest sein und eine relativ unverletzte Außenschale haben. Eine lose Schale bedeutet oft, dass die Zwiebel ausgetrocknet ist (*s. S. 117*).

Hin und wieder sollten Sie in Betracht ziehen, Ihren Pflanzenbestand zu erneuern. Erdbeeren verlieren z. B. nach gewisser Zeit ihre Wuchskraft, oft das Anzeichen einer Viruskrankheit, und die Ableger solcher Pflanzen sind ebenfalls infiziert. Auch Kartoffeln können von einem Virus befallen sein, der von Blattläusen verbreitet wird. Saatkartoffeln im Handel stammen normalerweise aus Gebieten, in denen Befall selten ist, sie sind aller Wahrscheinlichkeit nach virusfrei. Es ist daher sicherer, sich jedes Jahr neue Saatkartoffeln zu besorgen.

Verschiedene Formen der gleichen Pflanzenart können unterschiedliche Abwehrkräfte gegenüber bestimmten Schädlingen und Krankheiten besitzen. Man bezeichnet sie als resistente Sorten. Einige Kartoffelzüchtungen sind z. B. weniger anfällig für eine Schädigung durch Nacktschnecken, andere sind unempfindlich gegenüber Nematoden. Einen deutlichen Unterschied in der Resistenz gibt es bei Pilzkrankheiten. Für einen biologischen Garten würde ich beispielsweise nie den allgemein so beliebten Apfel 'Cox's Orange' oder etwa die Rosensorte 'Frensham' empfehlen, denn beide sind sehr anfällig für Mehltau. Dieser Pilz kann Ihnen viel Ärger bereiten, da er sich schnell ausbreitet und bald auch andere Pflanzen in Ihrem Garten befällt. Ein mehltauresistenter Apfel ist z. B. die Variante 'Prima'.

Pflanzenzüchter bemühen sich ständig, neue schädlings- und krankheitsresistente Formen hervorzubringen, deshalb sollten Sie sich über den gegenwärtigen Stand neuer Sorten informieren, bevor Sie möglicherweise eine notorisch krankheitsanfällige kaufen. Es gibt z. B. verschiedene Sorten Löwenmäulchen (*Antirrhinum sp.*), die speziell auf Resistenz gegen Rostkrankheiten gezüchtet sind, es gibt Phlox mit Resistenz gegen Nematoden und viele virusresistente Sorten von u. a. Kartoffeln, Erdbeeren und Tomaten.

Wo resistente Pflanzen schwer zu züchten sind, kann man manchmal zwei vorteilhafte Eigenschaften miteinander kombinieren, indem man die gewünschte Sorte auf eine resistente Unterlage pfropft (*s. S. 277*).

AUFZUCHT GESUNDER PFLANZEN

Natürlich sollten Sie auch bei Ihren selbst gezogenen Pflanzen die vorher beschriebenen Sicherheitsmaßnahmen beachten, doch oft fällt es hier schwerer, schwache Exemplare wegzuwerfen. Aber denken Sie daran, dass eine junge Pflanze selbst bei schwachem Krankheits- oder Schädlingsbefall schon von Anfang an im Nachteil ist. Deshalb werfen Sie solche Pflanzen sofort weg, um eine Ansteckung der gesunden zu vermeiden. Halten Sie auch in jedem Fall Ihr Gewächshaus gewissenhaft sauber. Benutzen Sie hierzu die

BEKÄMPFUNG VON KOHLHERNIE

Kohlhernie ist eine Pilzkrankheit, die bei Kohlgewächsen sowie einigen Zierpflanzen Knoten an den Wurzeln verursacht. Durch die Schädigung welken die oberirdischen Pflanzenteile vorzeitig. Gegen Kohlhernie gibt es kein speziell wirkendes Mittel.

Abhilfe ist nur zu schaffen, wenn man auf befallenen Flächen mindestens 7 Jahre lang Kohlgewächse meidet. Eine alkalische Bodenreaktion hemmt die Sporenkeimung: Daher ist ein pH-Wert von mindestens 7 anzustreben.

Auf einer befallenen Fläche können aber recht gute Ernten von Kohl, Grünkohl oder Rosenkohl (Blumenkohl meiden) erzielt werden, wenn Sie bei der Jungpflanzenanzucht einige Regeln beachten (*siehe unten*). Obwohl die Jungpflanzen beim Aussetzen dann befallen werden, sind sie widerstandsfähig genug, um mit der Krankheit fertig zu werden. Kalkzugaben scheinen ebenfalls zu helfen.

1 *Säen Sie die Samen in Aussaatschalen (s. S. 271), und setzen Sie die Sämlinge bei etwa 4 cm Größe einzeln in 10 cm große Töpfchen.*

2 *Lassen Sie die Pflänzchen wachsen, bis der Topf nach ca. 6 Wochen völlig durchwurzelt ist; dann pflanzen Sie aus. Anschließend gut wässern.*

einfach zu sterilisierenden Saat- und Pflanzgefäße aus Plastik. Schalen aus Holz und Tontöpfe sind porös und können Schädlinge beherbergen (*siehe S. 271*).

Planen Sie die Frühjahrsaussaat rechtzeitig und sorgfältig, sodass die Pflanzen nicht zu lange im Gewächshaus bleiben müssen, weil es draußen zu kalt ist. Das fördert nur die Bildung schwacher Triebe. Das eigentliche Geheimnis einer guten Entwicklung besteht nämlich darin, die jungen Pflanzen zum Wachsen anzuregen und dann kontinuierlich zu fördern. In einigen Fällen bekommt man dadurch selbst die gefährlichsten Krankheiten in den Griff (*siehe oben*).

Bei Saatgut werden Sie schon oft auf die sogenannten F1-Hybriden gestoßen sein. Für die Samen- bzw. Pflanzenauswahl ist es wichtig zu wissen, dass diese Sorten besonders kräftig und wuchsfreudig sind, und daher widerstandsfähiger gegenüber Krankheiten und Schädlingen als andere Pflanzen. Sie entstehen durch die Kreuzungen zweier ausgesuchter reinrassiger Eltern und liefern hohe Erträge und gute Qualität. Zu beachten ist, dass man Hybridsorten nicht weitervermehren kann, jedenfalls haben die Nachkommen nicht mehr die gleichen guten Eigenschaften, und man muss daher für jede Aussaat neues Saatgut besorgen.

Pflanzen-gemeinschaften

Dem Anbau von Pflanzengemeinschaften liegt der Gedanke zugrunde, dass Pflanzen spezielle Vorlieben und Abneigungen haben und dass sie demzufolge besser wachsen, wenn sie mit dem richtigen Nachbarn zusammengesetzt werden. Diese Zu- und Abneigungen verschiedener Pflanzen kann man oft ganz einfach erklären. So stehen Tiefwurzler wie Möhren gerne neben Flachwurzlern wie Lauch oder Zwiebeln. Die Wurzeln beider Pflanzen wachsen in verschiedenen Bodenschichten und kommen sich nicht gegenseitig im Kampf um die Nährstoffe ins Gehege. Auch über der Erde harmoniert das schlank und hochwachsende Porreelaub sehr gut mit dem buschigen Karottenlaub. Ähnlich kann der Anbau gewisser Arten den Unkrautwuchs reduzieren oder bestimmte Nützlinge zur Schädlingsbekämpfung anlocken.

Viele Empfehlungen für Pflanzengemeinschaften sind allerdings Legende. So heißt es etwa, dass die Möhrenfliege von Duftstoffen angezogen wird und daher abgewehrt werden kann, wenn man Möhren zwischen Zwiebelreihen pflanzt, sodass der Möhrengeruch überdeckt ist. Ich habe das selbst ausprobiert – ohne Erfolg. Und tatsächlich hat eine unabhängige wissenschaftliche Studie ergeben, dass man mindestens zehn Reihen Zwiebeln pro Möhrenreihe pflanzen müsste, um einen Effekt zu erzielen.

Tagetes als Rand- oder Zwischenbepflanzung *sind eine ausgezeichnete Schädlingskontrolle, da sie die Läuse vertilgenden Schwebfliegen anlocken.*

Ich habe zu dieser Theorie jahrelang sorgfältige Experimente durchgeführt, jedoch ohne den geringsten Erfolg. Allerdings wird der Kohlweißling durch den Duft des Kohls angelockt und man kann ihn täuschen, wenn man die hoch aromatischen Tagetes zwischen die Kohlreihen pflanzt. Es ist bewiesen, dass dadurch tatsächlich eine Befallsminderung stattfindet. Ähnliche Ergebnisse mit Tagetes haben Gärtner in Bezug auf Nematoden beobachtet, das sind Bodenschädlinge, die besonders Kartoffeln befallen. Wissenschaftliche Untersuchungen konnten dieses Phänomen auf Ausscheidungen der Tageteswurzel zurückführen. Tagetes sollen außerdem zur Unkrautunterdrückung, insbesondere der Quecke beitragen, aber ich konnte diese Theorie in meinem Garten nicht testen.

Man hat außerdem festgestellt, dass einige Schädlinge durch Sicht auf die Wirtspflanzen gelockt werden. Setzt man daher Zier- und Gemüsepflanzen gemischt, kann man die Wirtspflanzen tarnen und so den Schädling irreführen. Gelegentlich wird berichtet, dass der Schädlingsbefall auf Gemüsebeeten mit Unkrautwuchs geringer ist als auf gejäteten. Allerdings sind dort auch die Erträge niedriger, denn die Unkräuter konkurrieren mit den Nutzpflanzen um Licht, Nährstoffe und Wasser.

PFLANZENGEMEINSCHAFTEN CONTRA LÄUSEINVASION

Zweifelsohne kann man den Befall mit Läusen erheblich reduzieren, wenn man zwischen anfällige Pflanzen Tagetes, Ringelblumen (*Calendula sp.*), Mohn (*Papaver sp.*), Kapuzinerkresse (*Tropaeolum sp.*) oder Trichterwinde (*Convolvulus tricolor*) setzt. Tagetes oder Ringelblumen zu beispielsweise Tomaten oder Rosen gepflanzt, locken Schwebfliegen an,

mit die wertvollsten Nützlinge im Garten. Ihre Larven verspeisen Blattläuse zu Tausenden. Vor der Eiablage braucht das Weibchen Protein, welches es aus Pollen bezieht. Dann legt es die Eier einzeln auf den Läusekolonien ab, sodass die Larven beim Ausschlüpfen sofort eine Futterquelle vorfinden. Schwebfliegen haben einen kurzen Saugrüssel und können sich deshalb nur von Blüten ernähren, deren Pollen leicht zugänglich sind.

Mit anderen Pflanzengemeinschaften hatte ich bisher weniger Erfolg. So blieb Knoblauch unter Rosenbüschen ebenso ergebnislos wie Bohnenkraut neben Bohnen. Auch weitere Kombinationen konnten bei mir kaum Blattläuse vertreiben.

WIE LOCKT MAN NÜTZLINGE AN ODER: SO VERFÜHRT MAN MARIENKÄFER

Schwieriger als bei Schwebfliegen ist das Anlocken bei anderen Nützlingen, die sich nicht unbedingt von Blütenpflanzen ernähren. Marienkäfer, Florfliegen sowie verschiedene Wespenarten leben hauptsächlich von Läusen, Raupen und anderen weichhäutigen Schädlingen und legen auch ihre Eier darin ab. Diese Nützlinge kommen nur, wenn man ihnen eine möglichst vielgestaltige Pflanzenwelt anbietet.

Einige gute Ergebnisse sind mit Sicherheit auf funktionierende Pflanzengemeinschaften zurückzuführen. Eine abwechslungsreiche Pflanzenvielfalt im Garten lockt nützliche Insekten und sogar Vögel an, die den Schädlingsbefall auf ein erträgliches Maß reduzieren. Durch sorgfältige Pflanzenzusammenstellung und Berücksichtigung der jeweiligen Freundschaften können Sie gesunden Wuchs fördern und sich gleichzeitig eine völlig natürliche Methode der Schädlingsbekämpfung zunutze machen.

Vögel und Säugetiere

Nicht zu unterschätzende Schädlinge im Garten sind größere Tiere wie Vögel, Rehe, Kaninchen, Maulwürfe, Wühlmäuse und andere. Zweifellos besteht die beste Kontrolle darin, sie durch mechanische Vorrichtungen von den Pflanzen fernzuhalten.

Vögel

Es gibt keine wirkungsvolle Methode zur Abschreckung von Vögeln. Vogelscheuchen sind für kurze Zeit brauchbar, aber nach einer Weile nehmen die Tiere sie kaum noch zur Kenntnis. Das gilt auch für elektrische Vogelscheuchen, die ihre Arme bewegen und optische oder akustische Signale aussenden. Bei regelmäßigem Versetzen sind sie zwar bis zu einem gewissem Grade effektiv, erschrecken aber meist Ihre Nachbarn mehr als die Vögel. Eine Vogelscheuche kombiniert mit regelmäßigen Schüssen mag wirksam sein. Doch ich habe herausgefunden, dass CD-Rohlinge, von einem Stock hängend und sich im Winde drehend, recht effektiv sind und dazu billig.

SCHUTZ DES NUTZGARTENS

Der einzig wirklich wirksame Schutz vor Vögeln ist das Abdecken mit Netzen, und das ist preiswerter als Sie denken. Im Gartenfachhandel erhältliche Plastiknetze sind nicht teuer und halten bei vorsichtiger Handhabung recht lange.

Am idealsten ist die Anfertigung eines »Fruchtkäfigs«, der den gesamten Nutzgarten überdeckt. Stützen Sie das Netzwerk mit starken Pfosten und Drähten, und sichern Sie es an den Ecken mit kurzen Drahtklammern. Ist Ihnen eine solche Konstruktion zu aufwendig, so bedecken Sie nur die anfälligen Früchte. Dazu können Sie über niedrigen Pflanzen reihenweise kleine Drahtbügel aufstellen und das Netz darüberspannen (*s. S. 47*). Bei Früchten wie Erdbeeren oder Beerensträuchern kann man das Netz einfach auf dem Laub ausbreiten. Besteht wie bei Erbsen die Gefahr, dass die Ranken durch das Netz wachsen, sollte es auf Pfählen oberhalb der Pflanzen befestigt werden. So geht man sicher, dass die Pflanzen nicht beschädigt werden, wenn man das Netz entfernt.

Im Gegensatz zu den meisten Insekten verursachen Vögel den größten Schaden im Winter, wenn es nur wenig Futter gibt. Sie stürzen sich auf die heranwachsenden Knospen, besonders bei schwarzen Johannisbeeren, auch die Kohlgewächse, bei Schnee oft die einzig essbaren Pflanzen in Sicht, ziehen die Vögel der gesamten Gegend an. Gönnen Sie den Vögeln einen Anteil, den Rest schützen Sie so: Schlagen Sie einige kurze Pfähle entlang der Kohlreihen in den Boden, decken die Pfahlenden mit Marmeladengläsern ab, und legen ein Netz über der Fläche aus. Es muss in Bodenhöhe gut befestigt sein, damit sich keine Vögel darunter verfangen. Ein solcher Aufbau kann hinderlich sein, wenn Sie aus der Beetmitte ernten wollen, aber wenigstens bleibt Ihnen so etwas zum Ernten übrig.

SCHUTZ DES ZIERGARTENS

Im Ziergarten haben wir es schwerer als im Gemüsegarten, denn Plastiknetze tragen nicht unbedingt zur Schönheit der Blumenbeete bei, und welcher Hobby-Gärtner möchte schon gerne in einem eingenetzten Blütenparadies sitzen. Leider haben einige Vögel eine geradezu ausgesprochene Vorliebe für die Knospen vieler Blumen, besonders im Frühjahr geht das Wettpicken um die ersten Frühlingsboten los. Ganz beliebt sind die sprießenden Krokusse und alles, was fliegen kann, stürzt sich vor allem auf die gelben Exemplare. Zum Schutz der übrigen Pflanzen kann man schwarze Baumwollfäden spannen (*siehe unten*). Die Vögel können diese Fäden nicht sehen, werden aber irritiert, wenn sie sie berühren und fliegen weg.

Frisch ausgesäter Grassamen ist ein beliebtes Angriffsziel für Vögel. Da es unmöglich ist, den gesamten Samen einzuharken, sind die Vögel sofort angelockt. Auch hier können Sie durch schwarze Baumwollfäden abgeschreckt werden, allerdings ist diese Methode auf größeren Flächen nicht praktikabel. Wirkungsvoller ist dann, die eingesäte Fläche mit perforierter Folie abzudecken. Der Vorteil: Nicht nur werden die Keime geschützt, sondern durch die Erwärmung des Bodens keimt alles schneller (*s. S. 140*).

SCHUTZ VOR VOGELFRASS

Verschiedene Vogelarten im Garten sind nicht nur als Schädlingsvertilger eine enorme Bereicherung, sondern auch für die Schaffung eines intakten Lebensraums nicht wegzudenken. Einige von ihnen jedoch verursachen bisweilen große Schäden, deshalb müssen gefährdete Pflanzen geschützt werden. Obst und Gemüse werden besonders bei knappem Futterangebot überfallen. Ebenso sind einige Zierpflanzen ein beliebtes Angriffsziel. Wirksamer Schutz dieser Pflanzen ist nur durch mechanische Mittel zu erreichen.

◄ Schutz des Gemüses
Platzieren Sie entlang der Gemüsereihen Pfähle, die Sie zum Schutz des Netzes mit Marmeladengläsern abdecken. Spannen Sie das Netz so über die Pfähle, dass es an den Seiten bis zum Boden hängt.

► Schutz der Obststräucher
Zum Schutz niedriger Sträucher legen Sie ein Netz darüber aus. Dazu beschweren Sie es an einer Seite mit Ziegelsteinen, ziehen es über den Strauch und verankern es an den übrigen Seiten.

◄ Schutz der Jungpflanzen
Gemüsesämlinge sind besonders durch Vögel gefährdet und werden am besten mit einem durch Drahtbügel gestützten Netz abgedeckt. Sie können die Bügel aus 12 mm starkem Draht selber biegen, oder die im Handel erhältlichen verwenden. Gewöhnlich entfernt man das Netz, sobald die Sämlinge angewachsen sind.

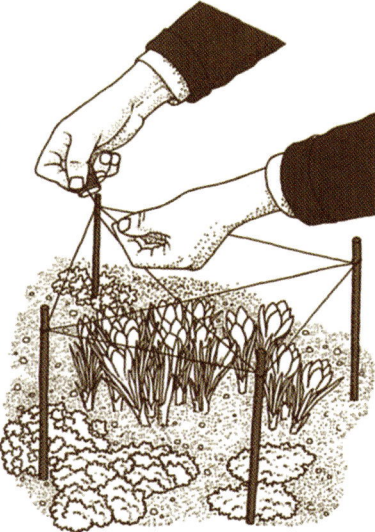

Schutz der Krokusknospen

Natürlich will man den Ziergarten nicht mit Netzen abdecken, doch brauchen einige besonders gefährdete Pflanzen Schutz. Krokusse sind im zeitigen Frühjahr oft die einzigen Farbtupfer im Garten und die Vögel stürzen sich gerne auf die frische Nahrung. Um eine unsichtbare Abdeckung zu schaffen, können Sie um die Blumen herum Stöckchen in den Boden stecken und einen schwarzen Baumwollfaden von Stock zu Stock, sowie quer durch die Mitte spannen. Vögel, die sich an die Knospen heranmachen wollen, sehen die Fäden nicht und fliegen weg, sobald sie sie berühren.

Säugetiere

Manche Tiere wie Igel, Frösche und Kröten sollten in jedem Garten gefördert werden, da sie sich von Gartenschädlingen ernähren. Andere jedoch, wie Rehe, Hirsche, Kaninchen und Wühlmäuse, sollten ferngehalten werden, weil sie entweder die Pflanzen auffressen oder Wurzeln unterwühlen. Eine gute Einzäunung schützt vor Wildverbiss und Kaninchen. Die einzige Abwehr gegen Mäuse und Wühlmäuse, wenn man keine Katze besitzt, sind Fallen. Wenn Sie Lebendfallen benutzen, denken Sie daran, die Mäuse weit entfernt von Ihrem Zuhause freizusetzen.

REHE UND HIRSCHE

In der Nähe waldreicher Gebiete können Rehe und Rotwild ziemliche Probleme verursachen, weil sie einen Großteil der Vegetation fressen und im Winter die Rinde von den Bäumen schälen.

Rotwild kann unter Umständen einen bis zu 3 m hohen Zaun überwinden und die Errichtung einer entsprechend hohen Einzäunung ist recht teuer. Eine Alternative wäre ein elektrischer Zaun, der entweder von einer Batterie oder einem Netzgerät betrieben wird. Eine derartige Einzäunung ist stets von einem Experten zu installieren. Ein Händler für Land- und Gartentechnik kann Sie beraten.

KANINCHEN

Kaninchen sind in vielen ländlichen Gärten ein Problem, denn als Abwechslung vom täglichen Einerlei lieben sie die Delikatessen des Hausgartens und verspeisen fast alles, was zarte, schmackhafte Triebe hat. Da nach dem ersten Wurf im zeitigen Frühjahr fast alle 5 Wochen eine neue Kaninchengeneration mit fünf bis zehn Jungen heranwächst, kommt im Lauf eines Sommers eine beträchtliche Mitesserschar zusammen.

Der einzig wirksame Schutz besteht darin, die Plagegeister mit Maschendraht regelrecht auszusperren. Wichtig für den Erfolg ist, dass Sie Draht mit nur 2,5 cm weiten Maschen verwenden und ihn mindestens 15 cm tief in den Boden eingraben; über der Erde soll er etwa 75 cm hoch sein (*siehe unten*).

MÄUSE

Mäuse sind gewöhnlich kein ernstes Problem. Sollten jedoch größere Samen wie Erbsen oder Bohnen plötzlich reihenweise aus Ihrem Gemüsegarten verschwinden, dann kommen Mäuse als Übeltäter infrage. Sie graben Samen mit Vorliebe aus und tragen sie weg, ohne viele Spuren zu hinterlassen. Zur Lösung des Mäuseproblems gibt es zwei Möglichkeiten: Entweder stellen Sie eine Mausefalle auf, oder Sie besorgen sich eine jagdfreudige Katze.

MAULWÜRFE

Diese Tiere können Probleme bereiten, weil sie beim Graben Pflanzenwurzeln schädigen. Sie löchern Rasen und Beete und hinterlassen Erdhügel. Es ist schwierig, Maulwürfe aus dem Garten herauszuhalten. Der Bio-Gärtner freundet sich am besten mit ihnen an und freut sich über die gute, lockere Erde, die der Maulwurf hervorbringt.

In Deutschland steht der Maulwurf unter Naturschutz, man darf ihn nicht töten oder verfolgen. Auch in Österreich und der Schweiz ist er geschützt.

Zur Errichtung eines Kaninchenzauns
hämmern Sie um den Nutzgarten herum Pfähle in die Erde und befestigen daran 2 Drähte, den ersten etwa ein Drittel über dem Boden, den zweiten am oberen Pfostenende. Daran befestigen Sie Maschendraht, den Sie im Boden in einer 15–20 cm tiefen Rinne vergraben.

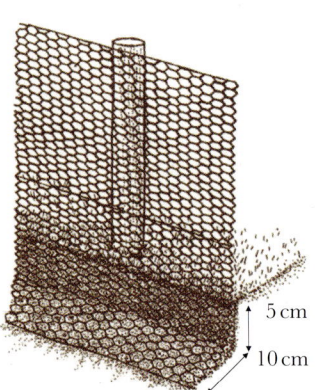

5 cm

10 cm

Wühlmausfallen
Es gibt unterschiedliche Modelle zum Fangen von Wühlmäusen. Setzen Sie die Falle in den Gang. Decken Sie die Falle gut mit Erde zu und kontrollieren Sie sie jeden Tag.

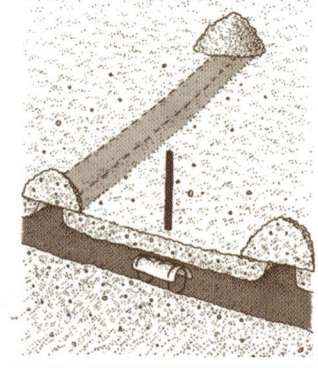

Was tun gegen Schädlinge?

Insekten und andere Schädlinge, besonders Bodenschädlinge, können dem biologischen Gärtner Kopfzerbrechen bereiten, da sie schwierig biologisch zu bekämpfen sind. Es gibt drei Bodenschädlinge, die besonders auf frisch in Kultur genommenem Land große Probleme verursachen: Drahtwürmer, Erdraupen und Schnakenlarven. Sie sind eine echte Plage, denn sie fressen die Wurzeln von fast jeglichem Bewuchs. Durch regelmäßiges Hacken (*s. S. 57*) bringt man sie an die Bodenoberfläche, wo die Vögel sich über diese Mahlzeit freuen. Weiter kann man versuchen, noch mehr Nützlinge im Garten anzusiedeln.

Außer den Bodenschädlingen lassen sich auch Schadinsekten ohne Giftspritze unter Kontrolle bringen. Viele von ihnen befallen nur ganz bestimmte Pflanzen und ihre Bekämpfung wird in den entsprechenden Abschnitten beschrieben. Die nachfolgend aufgeführten Schädlinge können bei allen Pflanzen vorkommen. Sie sollten auf der Hut sein und schon bei ersten Befallsanzeichen eingreifen.

BEKÄMPFUNG VON SCHÄDLINGEN

RAUPEN

Die Raupen von Motten und einigen Schmetterlingen sind unbeliebte Mitesser. Einige ernähren sich von Pflanzenwurzeln, andere sitzen auf den Blättern. Als Übeltäter kommen allerdings nur wenige Raupenarten infrage. Die meisten ernähren sich von Wildpflanzen, und bietet man würzige Brennnesseln oder delikate Disteln, wird manche Kulturpflanze geschont.

WAS KANN MAN TUN?
Überlassen Sie ein kleines Stückchen Ihres Gartens der Natur, sodass die wilden Futterpflanzen der Raupen gedeihen. Vermeiden Sie Monokulturen und sammeln Sie die Raupen regelmäßig ab.

SCHNAKENLARVEN

Diese Larven der Erdschnake sind weiß und dicklich und dadurch gut von anderen zu unterscheiden. Man kann sie direkt unter der Erdoberfläche finden, wo sie fast alle Wurzeln abknabbern. In warmen Nächten kommen sie manchmal an die Oberfläche und fressen ganze Pflanzenstängel durch.

WAS KANN MAN TUN?
Aufgrund ihrer Farbe sind Larven leicht erkennbar. Wenn man sie beim Graben oder Harken findet, werden sie zerdrückt und damit ist normalerweise eine ausreichende Kontrolle gewährleistet. Da sie auch auf dem Speiseplan von Laufkäfern stehen, sollte man diese durch Bodenbedecker im Garten fördern.

DRAHTWÜRMER

Diese dünnen, gelbbräunlichen Larven des Schnellkäfers bohren in Kartoffeln und Möhren charakteristische kleine Löcher, die fälschlicherweise oft für Schneckenfraß gehalten werden. Drahtwürmer können alle Pflanzenarten befallen, bevorzugen jedoch solche mit fleischigen Wurzeln. Begünstigt wird der Befall durch falsche Bodenpflege. Daher

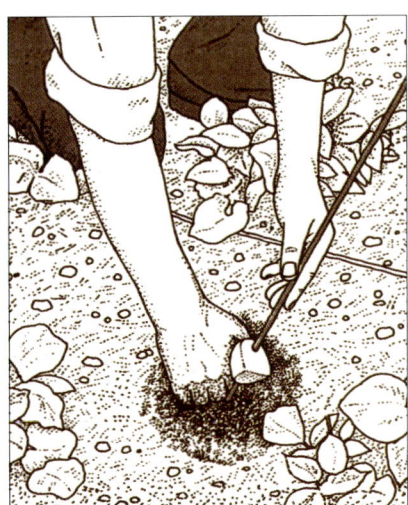

sollte man sich langfristig um einen belebten Humusboden bemühen.

WAS KANN MAN TUN?
Auf frisch in Kultur genommenem Boden bauen Sie während der ersten beiden Jahre etwas Weizen, zwischen den anderen Pflanzen verteilt, an. Die Drahtwürmer werden zum Weizen gelockt, der dann ausgegraben und verbrannt wird.

Alte Kartoffeln oder Möhren als Lockmittel auf einen Stock spießen, vergraben und öfter kontrollieren. Alternativ kann man einen Kohlstrunk neben geschädigten Pflanzen etwa 5–7 cm tief in die Erde drücken. Haben die Fallen funktioniert, werden sie schleunigst entfernt.

ERDRAUPEN

Diese Raupen verschiedener Nachtfalter sind grau bis bräunlich gefärbt und leben direkt unter der Bodenoberfläche. Sie ernähren sich tagsüber an der Stängelbasis der Pflanzen und schneiden diese gleichsam auf Bodenhöhe ab.

WAS KANN MAN TUN?
Wenn Sie umgekippte Pflanzen finden, untersuchen Sie den Boden, hacken Sie ihn etwa 1 m um die befallenen Pflanzen herum auf. Die freigelegten Raupen werden zerdrückt, verbrannt oder in Paraffinöl ertränkt. Locken Sie auch hier Laufkäfer an.

AMEISEN

Ameisen verursachen an wachsenden Pflanzen selten direkten Schaden. Sie verschleppen jedoch Läuse von einer Pflanze zur anderen und schützen sie vor Marienkäfern und Schwebfliegenlarven. Die Ameisen ernähren sich vom ausgeschiedenen klebrigen Honigtau der Läuse.

WAS KANN MAN TUN?
Oft genügt eine Kontrolle der Läuse (*siehe S. 50*). Arten die Ameisen jedoch zur Plage aus, können sie mit einer Mischung aus gleichen Teilen Puderzucker und Abflussreiniger bekämpft werden. Streuen Sie etwas davon auf ein vor Regen geschütztes Stück Holz oder einen Stein nahe der Ameisenstraße. Die Tiere mögen Süßes. So gelangt das Gift in die Ameisenhöhlen und da Ameisen ihre eigenen Ausscheidungen fressen, dauert es nicht lange, bis die gesamte Kolonie vernichtet ist.

BEKÄMPFUNG VON SCHÄDLINGEN

NACKTSCHNECKEN

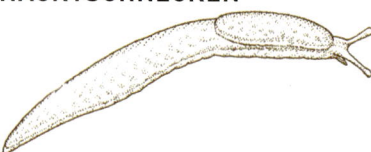

Die größeren Schneckenarten leben von Pilzen und totem organischen Material und behelligen die Pflanzen nicht. Zur Besorgnis Anlass geben die etwas kleineren braunen oder schwarzen Arten, von denen einige unterirdisch leben und schwer zu fangen sind. Sie kommen nur im Sommer vorwiegend nachts an die Oberfläche, und das ist der Zeitpunkt, an dem sie bekämpft werden müssen.

WAS KANN MAN TUN?
Die herkömmlichen Methoden gehören immer noch zu den wirkungsvollsten. Bei einem abendlichen oder einem nächtlichen Gang mit Taschenlampe durch den Garten kann man die gefräßigen Tiere einsammeln und entsorgen, zum Beispiel in Paraffinöl. So lässt sich ihre Anzahl bedeutend reduzieren. Ein anderer Trick besteht darin, die am meisten gefährdeten Pflanzen mit Kalk, Ruß oder Holzasche zu umstreuen. Schnecken meiden eine solche Schicht und lassen so gewöhnlich die Pflanzen in Ruhe. Die dünne Kalkschicht erhöht den pH-Wert

des Bodens nicht wesentlich, ist aber bei säureliebenden Pflanzen nicht angebracht und wirkt nicht bei Regen. Da leistet eine Mulchschicht aus Kiefernrinde den besseren Dienst. Als weitere Abschreckungsmethode kann man Plastikflaschen mit ausgeschnittenem Boden oder auch Einweckgläser über Sämlinge und Triebe von Jungpflanzen stülpen (siehe oben). Für größere Pflanzen wählt man entsprechend größere Behälter ohne Boden und Deckel, doch gewöhnlich braucht man nur die Jungpflanzen zu schützen, da die weiter entwickelten gewissen Schneckenbefall vertragen. Locken Sie auch Igel, Vögel, Frösche in den Garten, denn für sie alle sind Schnecken ein Leckerbissen.

OHRWÜRMER

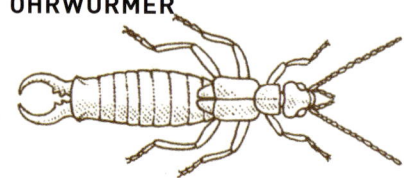

Ohrwürmer sind vor allem im Obstgarten willkommene und gern gesehene Läusevertilger. Doch können sie im Ziergarten große Probleme machen, denn sie knabbern mit Vorliebe junge Knospen an. Der eigentliche Schaden ist zwar oft nur gering, beeinträchtigt jedoch die Schönheit der Blütenpracht. Chrysanthemen und Dahlien sind besonders gefährdete Leckerbissen.

WAS KANN MAN TUN?
Stülpen Sie in Nähe der Blüten einen Blumentopf auf einen Stock und füllen Sie ihn mit Gras oder Blättern. Die lichtscheuen Ohrwürmer suchen ihn tagsüber als Versteck auf. Einmal die Woche nehmen Sie den Topf ab und verbrennen den Inhalt. Oder: Fetten Sie die Stängel direkt unterhalb der Blüten ein.

LÄUSE

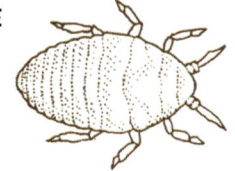

Es gibt zahlreiche Arten. Sie befallen junge Triebspitzen und saugen Pflanzensaft aus, was zu Missbildungen führt. Läuse übertragen Viruskrankheiten. Auf ihren zuckerhaltigen Ausscheidungen (Honigtau) siedeln sich schwarze Rußtaupilze an.

WAS KANN MAN TUN?
Durch Tagetes-Anpflanzungen kann man Nützlinge wie Marienkäfer, Flor- und Schwebfliegen anlocken, die Läuse zu Tausenden vertilgen (s. S. 45). Man kann die Schädlinge auch mit den Fingern abreiben oder mit einem kräftigen Wasserstrahl abspritzen. Besprühen Sie befallene Pflanzen mit Spiritus-Seifen-Brühe (s. S. 53). Bewährt hat sich auch eine Brühe aus Brennnesseln, ebenfalls brauchbar Wermut, Adlerfarn und Schachtelhalm.

ERDFLÖHE

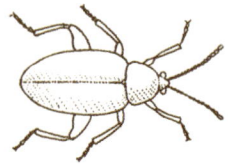

Meine bevorzugte Bekämpfungsmethode ist die gegen Erdflöhe. Diese winzigen Tiere fressen Hunderte von Löchern in die Blätter von Jungpflanzen, besonders bei Kohlgewächsen. Bei guten Witterungsbedingungen werden die Sämlinge dadurch weniger geschädigt, doch bei ständig kaltem und feuchtem Wetter kann die Schädigung das Wachstum um Wochen verzögern oder die Jungpflanzen sogar absterben lassen.

WAS KANN MAN TUN?
Erdflöhe haben ihren Namen bekommen, weil sie wie Flöhe in die Luft springen, wenn man sich ihnen nähert. Das kann man ausnutzen und sie beseitigen.

1 *Nehmen Sie ein Holzbrettchen von ungefähr 30 × 15 cm Größe. Bestreichen Sie eine Seite mit altem Maschinenöl.*

2 *Mit der ölbestrichenen Holzseite nach unten, streichen Sie etwa 2,5–5 cm oberhalb der Jungpflanzen die Reihen entlang. Die Flöhe springen hoch und kleben am Öl fest.*

WEISSE FLIEGE

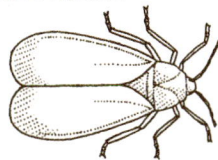

Die Insekten saugen den Saft vieler Gewächshaus- und Freilandpflanzen. Besonders hartnäckig und widerstandsfähig sind jene, die Kohlgewächse befallen.

WAS KANN MAN TUN?

Die Schädlinge werden von gelber Farbe magisch angezogen, und man lockt sie, indem man eine gelbe Karte oder ein Stück Plastik, dünn mit Fett bestrichen, aufhängt. Sie kleben dort fest wie Fliegen auf dem guten alten Fliegenfänger.

Die Weiße Fliege kann den Winter im Freien überstehen. Lassen Sie deshalb keine Gartenabfälle herumliegen, von denen sie sich ernähren kann.

ANDERE SCHÄDLINGE

Kellerasseln können bei Sämlingen und Jungpflanzen viel Schaden anrichten. Sie kommen nachts hervor und knabbern an Wurzeln, Stängeln und Blättern.

Tausendfüßler sind kleine, schwarze Insekten mit kurzen Beinen. Sie bleiben gewöhnlich unter der Bodenoberfläche und ernähren sich von Wurzeln. Dadurch verschlimmern sie Fraßschäden, die andere Tiere verursachen, z. B. Schnecken.

Gehäuseschnecken verursachen ähnliche Probleme wie Nacktschnecken *(siehe S. 50)*. Sie fressen Sämlinge und alle Teile erwachsener Pflanzen.

WAS KANN MAN TUN?

Alle oben genannten Schädlinge verstecken sich tagsüber unter Steinen oder Gartenabfällen und kommen nur nachts hervor. Die einfachste Lösung ist daher, den Garten so ordentlich wie möglich zu halten. Regelmäßige Bodenbearbeitung bringt Tausendfüßler, Schnecken und Kellerasseln zum Verspeisen für Vögel, Igel und Laufkäfer an die Oberfläche.

NÜTZLINGE FÖRDERN

Der biologische Garten bietet frei lebenden Tieren sehr viel günstigere Lebensbedingungen als ein Garten, in dem Chemikalien eingesetzt werden. Das natürliche Gleichgewicht sorgt für ausreichend Nützlinge, die den Schädlingen zu Leibe rücken. Indem wir versuchen, die Nützlinge anzulocken und zu fördern, verringert sich vielfach die Notwendigkeit für andere Bekämpfungsmethoden. Oft reichen auch mechanische Vorrichtungen aus, Schädlinge von unseren Gemüsebeeten fernzuhalten. Eine Regel, nach der man Freund und Feind im Garten unterscheiden kann, besagt, dass sich Schädlinge zumeist langsamer bewegen als ihre Jäger, und unter sorgfältiger Beachtung dieses Phänomens können wir der Natur freien Lauf lassen.

VÖGEL

Obwohl im Nutzgarten gewöhnlich als Schädlinge angesehen, sind Vögel in der Praxis mehr nützlich als schädlich. Sie picken unzählige Maden, Raupen, Schnecken und Läuse und können durch entsprechende Futterplätze, Badestellen und Nistkästen in den Garten gelockt werden. Die Nistbedürfnisse der einzelnen Arten sind unterschiedlich. Nähere Informationen erhalten sie zum Beispiel beim »Landesbund für Vogelschutz« oder bei den örtlichen Verbänden.

LAUFKÄFER

Laufkäfer ernähren sich von Nematoden, Erdraupen, Schnakenlarven sowie anderen Larven und Insekteneiern. Sie sind hellbraun und haben lange Beine. Man kann sie im Ziergarten ansiedeln, wenn man ihnen viel Bodenbedeckung bietet, wo sie sich tagsüber verstecken können. Nachts kommen sie heraus und vertilgen die Schädlinge. Legen Sie im Gemüsegarten dicht bepflanzte Tiefbeete an, um den Boden bedeckt zu halten *(s. S. 136)*, und setzen Sie Gründüngungspflanzen zwischen die Gemüse *(s. S. 32)*.

HUNDERTFÜSSLER

Hundertfüßler sind flinke Räuber vieler kleiner Insekten und Nacktschnecken. Sie sind hellbraun und haben längere Beinen als Tausendfüßler. Ähnlich wie Laufkäfer suchen sie tagsüber Verstecke in der Bodenbedeckung. Nachts gehen sie auf Beutefang und erklimmen dafür sogar die Pflanzenspitzen.

FRÖSCHE UND KRÖTEN

Frösche und Kröten eignen sich hervorragend zur Bekämpfung von Nacktschnecken. Sie verspeisen auch Asseln und andere kleine Insekten. Ein Teich ist ein idealer Lebensraum, obwohl sie das Wasser nur für die Vermehrung brauchen.

IGEL

Eine Igelfamilie ist eine große Bereicherung für jeden Garten, da sie Nacktschnecken, Erdraupen, Drahtwürmer und andere Schädlinge fressen. Es kann schwierig sein, sie im Garten anzusiedeln, aber man kann ihr Bleiben fördern, wenn man ihnen ungestörte Verstecke und Hecken anbietet, wo Laub und Äste liegen bleiben. Auf keinen Fall sollte das früher empfohlene Schälchen Milch gereicht werden. Die Tiere können davon erkranken.

SCHWEBFLIEGEN

Mit ihrer schwarzgelben Musterung ähneln die erwachsenen Schwebfliegen dünnen Wespen, sind aber reine Vegetarier. Ihre Larven dagegen vertilgen Blattläuse zu Tausenden. Die erwachsene Fliege legt ihre Eier direkt in den Läusekolonien ab. Man kann diese Nützlinge durch bestimmte Blumenarten wie Tagetes, Ringelblume und Kapuzinerkresse anlocken *(s. S. 45)*.

FLORFLIEGEN

Sie werden auch Blattlauslöwen genannt, ernähren sich aber nur von Honigtau und Wasser. Große Räuber sind dagegen ihre Larven, die einen unstillbaren Appetit haben. Eine einzige Larve frisst bis zur Verpuppung 200–500 Blattläuse und andere Schädlinge. Erwachsene Florfliegen legen ihre Eier auf die Unterseiten der Blätter. Sie werden durch abwechslungsreiche Pflanzungen angelockt *(s. S. 46)*.

MARIENKÄFER

Sowohl die erwachsenen Marienkäfer als auch die schiefergrauen Larven verspeisen riesige Mengen Läuse. Sie lassen sich nicht durch bestimmte Pflanzen anlocken, werden aber durch ein vielfältiges Artengemisch im Garten gefördert.

Marienkäfer *sind im biologischen Garten tatsächlich Glücksbringer.*

Pilzkrankheiten

Viele Pilzkrankheiten befallen nur bestimmte Pflanzenarten. Sie werden in den entsprechenden Abschnitten dieses Buchs zusammen mit den zugehörigen Pflanzen vorgestellt. Andere Probleme sind allgemeiner und treten bei vielen Gartenpflanzen auf. Die am meisten verbreiteten Plagen sind hier zusammengestellt.

VERBREITETE PILZKRANKHEITEN

BOTRYTIS (Grauschimmel) Grauschimmel, eine der häufigsten Pilzkrankheiten, äußert sich durch braune Flecken, gefolgt von pelzig grauem Schimmelbelag. Er gedeiht besonders gut unter feuchten Bedingungen.

Bekämpfung *Sorgfältige Handhabung der Sämlinge und gute Luftzirkulation sind zur Vorbeugung entscheidend. Düngen und wässern Sie sparsam, und vermeiden Sie feuchten Mulch sowie Pflanzung an niedrig gelegenen, schattigen Stellen. Infizierte Triebe unverzüglich abschneiden und verbrennen.*

ECHTER UND FALSCHER MEHLTAU Diese Pilze bilden einen mehligen, grauen Belag auf Blättern, Knospen, Blüten und jungen Trieben, was die Pflanzen allgemein schwächt. Falscher Mehltau tritt bei vielen Gemüsen auf. Er dringt meist von der Blattunterseite in die Pflanzen ein und bringt sie zum Absterben. Echter Mehltau bleibt an der Oberfläche. Er befällt besonders häufig Obst, Rosen und Zierpflanzen und ist bei Wurzeltrockenheit am schlimmsten.

Bekämpfung *Falscher Mehltau entwickelt sich meist bei Nässe und ist wie Botrytis zu behandeln. Mulchen und Wässern von Hand und mit Kupferpräparaten bekämpfen. Echter Mehltau kommt auch bei Trockenheit vor. Befallene Blätter bei den ersten Anzeichen entfernen und verbrennen. Eine Spritzung mit Kupferfungiziden kann helfen (siehe nächste Seite).*

RUSSTAU Dieser an der Blattoberfläche erscheinende schwarze Pilz entwickelt sich auf den klebrigen Ausscheidungen von Schädlingen wie Läusen (s. S. 50). Er stellt kein schwerwiegendes Problem dar, mindert aber die Erträge.

Bekämpfung *Mit Bekämpfung der Läuse verschwindet auch der Pilz.*

BLATTFLECKENKRANKHEIT Dieser Pilz kann das Laub der meisten Pflanzenarten befallen, besonders bei Nässe und hoher Luftfeuchte. Die Blätter welken und sterben ab.

Bekämpfung *Geeignete Fruchtfolge (s. S. 134) und ausreichende Luftzirkulation sind wichtige Vorbeugungsmaßnahmen. Infizierte Pflanzen oder Pflanzenteile müssen unverzüglich entfernt werden. Sammeln Sie gründlich alle infizierten Blätter und werfen Sie sie auf den Kompost. Brennfleckenkrankheit kann auch sehr gut mit einer 1:1-Lösung aus Milch und Wasser behandelt werden (siehe nächste Seite)*

ROST Es gibt viele Arten von Rostpilzen, die eine große Anzahl von Pflanzen befallen. Blätter und junge Stängel zeigen gelbe, rote, braune oder schwarze Flecken und auf der Blattunterseite sind gelbbraune Sporenlager. Die Blätter verwelken und fallen ab, in schweren Fällen verkümmern die Pflanzen gänzlich.

Bekämpfung *Blätter mit Rostflecken müssen entfernt und verbrannt werden. Spritzen Sie die Pflanzen mit Kaliumcarbonat oder Kupferfungizid. (s. nächste. S.). Im Gewächshaus die Luftfeuchtigkeit senken und möglichst feuchtes Laub vermeiden (s. S. 252–254).*

Biologische Schädlingsbekämpfung

Forschungen im Bereich des Pflanzenschutzes nutzen natürlich existierende Mechanismen der Natur, bei denen ein Lebewesen das andere verdrängt. Man verwendet parasitische Insekten oder Pilze, die von einem bestimmten anderen Organismus, dem sogenannten Wirt, leben. Obwohl diese biologische Bekämpfung bisher noch nicht komplett ausgereift ist, wird sie wohl die nachhaltige und umweltschonende Schädlingsbekämpfungsmethode der Zukunft werden.

Der erste Schritt in diese Richtung war die Entdeckung der parasitischen Wespe *Encarsia formosa*, die von Züchtern und Großerzeugern schon seit Langem zur Bekämpfung der Weißen Fliege in Gewächshäusern eingesetzt wird. Dazu hängt man einfach mehrere Wespenpuppen im Gewächshaus auf und nach dem Schlüpfen legen die erwachsenen Tiere ihre Eier in den Larven der Weißen Fliege ab. Die Kontrolle ist unter Umständen nicht garantiert hundert Prozent erfolgreich, aber der Befall mit der Weißen Fliege wird in jedem Fall auf ein annehmbares Maß reduziert.

Die Rote Spinne, eine Milbenart, kann im Gewächshaus beträchtlichen Schaden anrichten und ist schwer zu bekämpfen. Durch den Einsatz einer Raubmilbenart, *Phytoseiulus persimilis*, ist die Rote Spinne recht wirksam zu kontrollieren. Man kann dieses Insekt entweder auf Blättern oder in kleinen Flaschen kaufen.

Es gibt auch Parasiten zum Einsatz im Freiland. Vielleicht am nutzbringendsten ist *Phasmarabditis nermaphrodia*, eine Nematode, welche das Verdauungssystem etwa von Schnecken schädigt. Diese Nematoden werden mit dem Wasser auf die Erde ausgebracht. Von diesen Nematoden befallene Schnecken fressen nicht mehr und sterben ab. Eine andere sehr nützliche Nematodenart ist *Steinernema carpocapsae*. Die befallenen Raupen werden von innen aufgefressen. Das Mittel wird möglichst direkt auf die Raupen gesprüht. Wenn das nicht möglich ist: auf die Blätter sprühen oder ins Erdreich gießen. Die Forschung über biologische Schädlingsbekämpfung Methoden ist leider noch nicht so weit wie sie sein könnte, aber Fortschritte gibt es und sind erkennbar.

Silberglanz, auch Bleiglanz genannt, befällt gewöhnlich Pflaumen, kann aber manchmal auch auf anderen Obstbäumen vorkommen. Diese Krankheit verursacht bei den Blättern zunächst einen silbrigen Glanz und führt anschließend zum Absterben des gesamten Asts, wenn man nichts dagegen unternimmt. Hervorgerufen wird diese Krankheit durch den Pilz *Stereum purpureum* (auch *Chondrostereum purpureum*) und ist unter Kontrolle zu bringen durch den parasitischen Pilz *Trichoderma viride*.

Man kann *Trichoderma viride* in Form kleiner Kügelchen kaufen, die man in Löcher rund um den Stamm verteilt, in etwa 7 cm Entfernung voneinander. Hat sich der pflanzenpathogene Pilz noch nicht vollkommen ausgebreitet, kann man ihn damit relativ gut unter Kontrolle bringen.

Biologische Spritzmittel

Manchmal sind mechanische und biologische Schädlingsbekämpfungsmethoden nicht wirksam oder nicht angebracht, und man muss auf Pflanzenschutzmittel zurückgreifen. Das ist z. B. der Fall, wenn eine Pilzkrankheit nicht rechtzeitig erkannt und die befallenen Stellen nicht im Anfangsstadium entfernt wurden. Es gibt verschiedene biologische Pflanzenschutzmittel, die bei richtiger Handhabung weder Ihnen noch Ihren Helfern im Garten schaden. Allerdings wirken diese Insektenbekämpfungsmittel (Insektizide) nur kurzzeitig, meist nicht länger als einen Tag. Fast alle sind pflanzlichen Ursprungs.

Die Mittel gegen Pilze (Fungizide) sind nicht biologischer Herkunft im klassischen Sinne, haben aber mit Sicherheit keine Langzeitwirkung. Auf diesem Gebiet ist dringend noch mehr Forschung vonnöten, aber in der Zwischenzeit können Sie die empfohlenen Fungizide einsetzen, ohne Schäden für sich selbst oder das biologische Miteinander in Ihrem Garten befürchten zu müssen. Die Mittel sind auch dann ungefährlich, wenn sie miteinander in Berührung kommen. Sie sind bei Windstille zu jeder Jahreszeit im Freien, aber ebenso im Gewächshaus einzusetzen. Maßvoller Umgang versteht sich von selbst.

ERLAUBTE INSEKTIZIDE UND FUNGIZIDE

SPIRITUS-SEIFEN-BRÜHE Lösen Sie 200–500 g Schmierseife in warmem Wasser und fügen Sie 300–500 ml Spiritus hinzu. Das Ganze wird mit 10 Liter Wasser verdünnt. Die Beigabe von 1 Esslöffel Kalk und 1 Esslöffel Salz verstärkt die Wirkung.

SEIFENLAUGE Diese herkömmliche Bekämpfung von Läusen und Roter Spinne wirkt lediglich bei einem unmittelbaren Kontakt und ist nur einen Tag lang beständig. Mit anderen Spritzbrühen gemischt, sorgt Seifenlauge für eine bessere Verteilung und Haftung.

EISENPHOSPHAT Dieses organische Schneckenkorn ist sehr gut gegen Schnecken wirksam und unschädlich für Haustiere und Kinder. Es kann daher um Zier- und um essbare Pflanzen gestreut werden. Es blockiert die Verdauungsorgane der Schnecke, sodass sie in die Erde kriechen und absterben.

MILCH-/WASSERGEMISCH Eine einfache, aber wirkungsvolle Methode gegen die Brennfleckenkrankheit der Rosen. Entrahmte Milch und Wasser zu gleichen Teilen in eine Sprühflasche füllen und die Blätter damit gründlich besprühen. Wenn die Milch abläuft, bleibt durch die Laktose-Säure ein niedrigerer Säuregehalt auf dem Blatt, unwohnlich für die Schädlinge. Wöchentlich oder 14-tägig anwenden.

PYRETHRUM Hilft gegen die meisten Insekten, besonders Blattläuse, vernichtet aber auch Nützlinge. Da das Mittel jedoch nicht beständig und schnell wirksam ist, ist es mit etwas Sorgfalt beim Ausbringen möglich, wirklich nur die Schädlinge zu treffen. Pyrethrum aus der Pyrethrumpflanze (*Chrysanthemum coccineum*) ist für Säugetiere unschädlich.

RAPSSAMENÖL Das Öl, das aus dem Samen von Raps gewonnen wird, ist nützlich gegen eine Reihe von Schädlingen. Nicht auf Fuchsien, Begonien oder Keimlinge sprühen, es könnte das Blattwerk schädigen.

KUPFERFUNGIZIDE Kupferfungizide kommen bei der Bekämpfung von Falschem Mehltau und anderen Blattkrankheiten zum Einsatz. Es gibt verschiedene Varianten, alle auf der Basis von Kupfersulfat hergestellt. Am bekanntesten ist die Bordeauxbrühe, eine Kupfer-Kalk-Mischung; Burgunderbrühe enthält dagegen Kupfersulfat und Waschsoda. Die gelösten Wirkstoffe ummanteln die Blätter und bleiben mehrere Wochen aktiv. Der unbenetzte Neuaustrieb ist ungeschützt und für Pilzsporen anfällig.

KALIUMBICARBONAT Das Fungizid ist sehr wirksam, wenn man es wöchentlich anwendet. Es hilft gegen Echten und Falschen Mehltau bei einer Reihe von sehr verschiedenen Pflanzen wie Rosen, Zucchini, Gurken und Obst.

DAS MÜSSEN SIE BEACHTEN:

Auch diese erlaubten Mittel sind vorsichtig zu handhaben.
- Lagern Sie die Konzentrate außer Reichweite von Kindern/Haustieren.
- Lassen Sie alles stets in der Originalpackung.
- Verdünnen Sie genau nach Gebrauchsanweisung.
- Vermeiden Sie das Benetzen von Nützlingen, da nicht alle diese Mittel selektiv wirken.

- Benutzen Sie eine gute Pflanzenschutzspritze, die nach Gebrauch gründlich gereinigt wird. Setzen Sie nur die Menge an, die Sie brauchen, sodass keine Reste übrig bleiben. Reste sind Sondermüll.
- Spritzen Sie nur bei Windstille und am kühlen Abend, wenn sich die nützlichen Helfer schon zur Nachtruhe begeben haben.
- Spritzen Sie nie in offene Blüten, besonders von Obstbäumen, um Bienen nicht zu gefährden.

BIOLOGISCHE UNKRAUT- BEKÄMPFUNG

Es gibt kein wirklich biologisches Unkrautbekämpfungsmittel. Was auch immer über die Sicherheit von solchen Herbiziden verbreitet wird: Wenn man sie anwendet, besteht immer Gefahr für die Umwelt. Man versucht, uns von den Herstellern her einzureden, es sei harmlos, unsere Pflanzen und den Boden mit Chemikalien zu überschütten. Dabei bringt solche Anwendung wenig Vorteile und birgt viele Gefahren: Längerer Gebrauch hat zweifellos sehr schädliche Auswirkungen auf das Bodenleben.

Es kann verlockend erscheinen, in einem neuen Garten mit einem chemischen Mittel jeden unerwünschten Wuchs auszuräumen, um ganz sauber und ohne Unkraut anzufangen. Dieser scheinbar einfachere Weg ist jedoch riskant und ungesund. Auf einer gartenbaulichen Versuchsstadion in England wurde vor Jahren zufällig festgestellt, dass ein regelmäßig mit einem Kontaktherbizid behandelter Boden keine Regenwürmer enthielt. Weiterführende Untersuchungen ergaben, dass auch die meisten anderen nützlichen Bodenorganismen entweder nur in kleinerer Anzahl vorhanden waren oder völlig fehlten. Falsch angewandt ist es zudem giftig für Menschen.

Nachdem ich chemische Unkrautvernichtungsmittel selbst jahrelang im Garten getestet habe, bin ich überdies der Meinung, dass sie kaum Arbeitsersparnis bringen. Sie zwischen den Kulturpflanzen auszubringen, dauert oft länger als herkömmliche biologische Methoden. Natürlich gibt es einige äußerst hartnäckige Unkräuter wie die Gemeine Quecke (*Agropyron repens*) oder den Giersch (*Aegopodium podagraria*). Doch mit etwas Geduld ist es möglich, auch solche Arten ohne Chemikalieneinsatz zu beseitigen. Unkräuter mit

Pfahlwurzeln sind gelegentlich problematisch. Als Experiment habe ich einmal eine große alte Sauerampferwurzel an die Schuppentür genagelt, wo sie brennender Sonne, austrocknendem Wind und Frost ausgesetzt war. Als ich sie zwei Jahre später wieder auspflanzte, fing sie kräftig an zu wachsen, als ob die Ruhezeit ihr gut getan hätte. Gegen diese mehrjährigen Pflanzen gibt es nur eine Möglichkeit: Ausgraben und in die Restmülltonne werfen, nicht in die Biotonne.

UNKRAUTBEKÄMPFUNG

Egal, ob Sie nun einen neuen Garten unkrautfrei bekommen wollen oder sich in einem schon bewirtschafteten gegen die lästige Anwesenheit der Unkräuter zur Wehr setzen müssen, es gibt viele Wege zur Unkrautbekämpfung.

Die grundlegenden Prinzipien sind folgende:
• Grüne Pflanzen, auch Unkraut, brauchen Licht zum Überleben. Maßnahmen zum Lichtentzug (Folie, Mulchen) helfen bei der Unkrautbekämpfung.
• Kontinuierliche Wachsamkeit ist wichtig. Unkräuter bitte sofort beim Auftauchen entfernen. Regelmäßiges Hacken hindert ausdauernde Arten daran, langfristig Fuß zu fassen.
• Unkräuter dürfen nicht zum Blühen oder Aussamen kommen. Sie abzuschneiden oder auszugraben dauert nur einen Moment, während Hunderte ausgestreuter Samen zum zeitraubenden Alptraum werden können.

Wie man Neuland urbar macht

Ob Sie einen völlig neuen Garten anlegen, einen verunkrauteten übernehmen oder ein zusätzliches Stück Land in Kultur nehmen, Ihre Arbeit sollte stets damit beginnen, den Boden soweit wie möglich unkrautfrei zu machen.

Zu diesem Zweck graben Sie Ihr Land vollständig um und entfernen sorgfältig jedes noch so winzige Unkraut,

das Ihren Weg kreuzt. Achten Sie darauf, dass Sie nicht nur einzelne Teile abhacken, denn dann sprießen die verbleibenden, meist unterirdischen Wurzeln und Sprosse erneut aus. Nach dem Säubern den Boden sofort bedecken, da sich sonst erneut Unkrautsamen einnisten. Säen Sie deshalb unverzüglich Ihre Rasenflächen ein oder mulchen Sie gründlich.

▲ **Kies** *Verteilen einer groben Kiesschicht von mindestens 5 cm Stärke auf den Zierpflanzenbeeten ist eine wirksame und gut aussehende Maßnahme gegen Unkrautwuchs.*

▲ **Folie** *Für den Ziergarten ist Folie zwar nicht geeignet, aber im Gemüsegarten ist die Abdeckung mit schwarzer Folie ein preiswertes, wirksames Hilfsmittel, um Unkraut zu unterdrücken.*

◄ **Mulch** *unterdrückt Unkrautwuchs durch mangelnden Lichteinfall. Diese Methode mit Schnitzeln von Kiefernrinde sieht gut aus und hält mehrere Jahre.*

UMGRABEN DER GESAMTFLÄCHE

Beginnen Sie mit dem Umgraben der ganzen Fläche und entfernen Sie dabei die Unkräuter. Sind viele ausdauernde Arten wie Quecke oder Giersch vorhanden, sollten Sie nicht gleich beim ersten Mal hundertprozentigen Erfolg erwarten, da jedes im Boden verbleibende noch so kleine Wurzelende wieder zu einem massiven Wurzelstock heranwachsen kann.

Einjährige Unkräuter, die noch keine Samen angesetzt haben, kommen auf den Kompost (*s. S. 21*). Die Wurzeln ausdauernder Unkräuter wie Löwenzahn (*Taraxacum officinale*) und Ampfer (*Rumex sp.*) sollten in jedem Fall weggeworfen oder verbrannt werden. Geben Sie diese Mehrjährigen niemals auf den Kompost, weil sie beim Ausbringen dann nur erneut verschleppt werden.

EINSÄEN DES RASENS

Eine Rasenfläche kann direkt nach dem Umgraben eingesät werden (*s. S. 79*). Erneutem Unkrautaustrieb rückt man zu Leibe, indem man die Fläche regelmäßig mäht, sodass schließlich nur noch die rosettenbildenden, dicht über dem Boden wachsenden Arten wie Löwenzahn und Gänseblümchen übrig bleiben. Sie lassen sich später einfach mit einem Taschenmesser ausstechen, wenn man sie nicht mag. Wer aber einmal im Mai die gelben Löwenzahnblumen oder die lange blühenden hübschen Gänseblümchen erlebt hat, wird sie vielleicht künftig als Gartengäste schätzen.

ANPFLANZUNG EINER »SÄUBERUNGSFRUCHT«

Alle Beete für Zierpflanzen, Gemüse oder Obst sollten, wie überhaupt jeder unbebaute Boden, im ersten Jahr mit einer »Säuberungsfrucht« vorbehandelt werden. Am besten eignen sich dafür Kartoffeln, die gleich mehrere Vorteile miteinander vereinen. Sie bedecken den Boden und helfen so, ihn von Unkräutern zu reinigen. Obendrein liefern sie noch eine brauchbare Ernte und für Kartoffelliebhaber sind die frischen Knollen bestimmt eine Delikatesse. Dadurch kommt der Bio-Gärtner gleich zu Beginn seines Schaffens in den Genuss seiner ersten eigenen Früchte, was sicherlich auch als Ansporn für weitere Mühen dienen kann. Außerdem bewirkt der Kartoffelanbau, dass der Boden dreimal im Jahr durchgearbeitet wird, zuerst beim Pflanzen, dann beim Anhäufeln und schließlich beim Ernten. Weiterhin entwickeln Kartoffeln ein dichtes Laubdach, welches den Lichteinfall am Boden stark reduziert und so die meisten Unkräuter am Weiterwachsen hindert. Einige wenige überleben. Windende Arten, die an den Wirtspflanzen emporklettern, wie die Ackerwinde (*Convolvulus arvensis*), sind nicht so leicht zu verdrängen. Ihr Aufwärtsstreben bringt sie sogar durch dichtes Blattwerk hindurch ans Sonnenlicht, sodass die Windenpflanzen stets genügend Nährstoffe produzieren können, die sie in ihrem labyrinthähnlichen Wurzelsystem speichern. So bleiben auch im zweiten Jahr noch einige Unkräuter übrig, die bei weiterer Pflege jedoch deutlich abnehmen.

WIE MAN UNKRÄUTER AM AUSBREITEN HINDERT

Es gibt zwei Ursachen für ständiges Ärgernis: Unkrautsamen, die über den Zaun hereinfliegen und sich im eigenen Garten festsetzen, sowie Wurzelunkräuter, die unter den Zäunen durchwachsen. Das erste Problem lässt sich lösen, indem man die Nachbarn bittet, ihre Unkräuter vor der Samenreife abschneiden zu dürfen.

Bieten Sie ihnen dabei einen selbst gezogenen frischen Salatkopf an und sie werden vielleicht sogar bereit sein, das Abschneiden selbst zu übernehmen. Gegen die unter dem Zaun durchwachsenden Eindringlinge müssen Sie eine tief in den Boden reichende Barriere errichten. Das garantiert Ihnen Ruhe auf Lebenszeit.

1 Schließen Sie die Lücke zwischen Zaunende und Boden, indem Sie etwas Erde entfernen und eine 15 × 2,5 cm lange Latte unten an die Zaunbretter nageln.

2 Graben Sie eine Rinne am Zaun entlang. Dabei sollten Sie bis zu 15 cm Unterboden entfernen.

3 Dann befestigen Sie eine »Wand« aus wurzelfester, strapazierfähiger Folie. Nageln Sie eine Seite an den Rand der Holzlatte und lassen Sie die Folie bis zum Boden der Rinne herunterhängen.

Hacken

Die Hacke ist meiner Meinung nach das wichtigste Werkzeug Ihrer gärtnerischen Ausrüstung. Es ist ein Utensil, das Sie, vorzugsweise bei trockenem Wetter, regelmäßig benutzen sollten. Ein leichtes Ziehen durch die oberste Bodenschicht entwurzelt auftauchende Unkräuter frühzeitig.

Wenn Sie gegen ausdauernde Unkräuter wie Ackerwinde (*Convolvulus arvensis*), Ackerschachtelhalm (*Equisetum arvense*) oder Quecke (*Agropyron repens*) ankämpfen, lassen Sie diese niemals austreiben. Hier sind Vorsicht und stete Wachsamkeit die Grundlage für den Erfolg. Sie müssen schon hacken, bevor überhaupt Unkräuter an der Oberfläche erscheinen. So schneiden Sie die wachsenden Spitzen ab, noch bevor sie sich im Sonnenlicht entwickeln können.

Unkräuter im Gemüsebeet sind recht einfach zu bekämpfen, da man sie dort leicht sieht. Auf den Zierflächen verstecken sie sich jedoch oft unter dem Laub. Deshalb sollten Sie bei jedem Abendspaziergang durch den Garten im Frühjahr und Sommer eine Hacke bei sich haben und den Boden gleich immer ein Stückchen durcharbeiten. Auftauchende Unkräuter werden sofort entfernt. Ein Bücken zur rechten Zeit erspart später viel Ärger.

Ausdauernde mehrjährige Unkräuter lassen sich durch Hacken nur dann beseitigen, wenn man sie daran hindert, an die Bodenoberfläche zu gelangen. Sind sie erst soweit vorgedrungen und werden dann gehackt oder mit einer Fräse abgeschnitten, so vermehren sie sich zusätzlich und die Plage wird noch größer.

STOSSHACKE (SCHUFFEL)

Zum Unkrautjäten ist eine Stoßhacke mit am besten geeignet (*s. S. 259*). Um ein erneutes Festtreten der entwurzelten Unkräuter zu vermeiden, sollten Sie beim Hacken stets rückwärts gehen. Beim Vorwärtsgehen würden die Unkräuter in den Boden zurückgedrückt und wirksam verpflanzt, während sie beim Rückwärtsgehen auf der Bodenoberfläche liegen bleiben und dem austrocknenden Wind sowie der Sonnenhitze zum Opfer fallen. Für diese Methode können Sie auch einen Grubber verwenden.

RÄDERHACKE

Wer einmal wie ich die Vorzüge einer Räderhacke, besonders im Gemüsegarten, schätzen gelernt hat, möchte dieses nützliche Hilfsmittel sicher nie wieder missen. Das ganz simpel konstruierte, von Hand geschobene Gerät mit einem Vorderrad und einer dahinter liegenden Schneideklinge mag auf den ersten Blick gegenüber der Stoßhacke kaum Vorteile haben, aber in der Praxis arbeitet man damit sehr viel schneller. Die Handhabung ist ausgesprochen einfach und wenn Sie erst einige Male zwischen den Reihen gehackt und eine gut durchgearbeitete Bodendecke geschaffen haben, können Sie die Hacke im gemütlichen Spazierschritt vor sich herschieben.

Zur Arbeitserleichterung setzen Sie Ihre Pflanzenreihen in einem Abstand, der Ihrer Hackenbreite entspricht. Liegen die Reihen dann so dicht beieinander, dass die Pflanzen sich behindern, wählen Sie einen größeren Abstand innerhalb

der Reihen. Sind die Reihen sehr weit auseinander, sodass viel Platz verloren geht, kann der Abstand innerhalb der Reihen verringert werden. Wenn Sie z. B. normalerweise Zwiebeln mit einem Abstand von 23 cm zwischen den Reihen und 15 cm in der Reihe pflanzen, halten Sie bei einem 30-cm-Reihenabstand als Arbeitsbreite für die Hacke nur noch 7 cm Abstand zwischen Pflanzen innerhalb der Reihe. Diese Maßnahme erspart Ihnen eine Menge Zeit und Mühe.

◀ **Da die meisten** *Pflanzen ein flaches Wurzelwerk haben, bearbeiten Sie den Boden mit der Stoßhacke nicht tiefer als 1,5 cm.*

▶ **Drücken Sie** *die Hackenklinge der Räderhacke zwischen die Gemüsereihen in den Boden. Achten Sie auch hier auf flache Bearbeitung.*

Mulchen

Eine wirksame Methode, Lichteinfall auszuschließen und so Unkrautwuchs zu verhindern, ist das Mulchen, d.h. das Abdecken der Bodenoberfläche. Einige Materialien zum Mulchen wirken nicht besonders dekorativ und werden besser wohl nur im Obst- und Gemüsegarten, nicht aber auf den Zierbeeten, verwendet werden. Hier besteht eine wirksame und zugleich ansehnliche Methode der Unkrautbekämpfung darin, den Boden mit Pflanzen, die ein dichtes Laubwerk bilden, zu bedecken. Dafür gibt es viele attraktive Bodendecker (s. S. 90).

SCHWARZE FOLIE

Eine der wirksamsten Mulchmethoden zur Bekämpfung mehrjähriger Unkräuter ist schwarze Folie. Auf dem Boden ausgelegt, lässt sie kein Licht durch und die Unkräuter sterben ab. Falls sie versuchen, sich seitwärts auszubreiten und an den Folienrändern erscheinen, halten Sie Ihre Hacke bereit. Die Abdeckung muss fest verankert sein, anderenfalls kann der Wind sie zerreißen oder wegblasen (*siehe unten*). Schwarze Folie ist ideal im Gemüsegarten oder zwischen Obstreihen. Bearbeiten Sie den Boden vor dem Auslegen der Folie zwischen den Reihen und häufeln Sie ihn in der Reihenmitte leicht an, sodass der Regen von der Folie zu den Pflanzen hin abläuft.

Eine andere Methode wäre, eine größere Folie auf dem ganzen Beet auszulegen und zum Pflanzen kleine, kreuzförmige Schlitze hineinzuschneiden. Diese Ausbringung ist z. B. geeignet für Erdbeeren, bei Kartoffeln erspart man sich dadurch gleich das Anhäufeln (*siehe S. 185*). Es spricht auch nichts gegen einen ähnlichen Einsatz bei anderen länger wachsenden Arten wie Kohl, Blumenkohl oder Rosenkohl. Der Vorteil bei der Ausbringung eines breiten Folienstücks

besteht darin, dass man eine größere Fläche unkrautfrei hält, weil die Unkräuter keine Ränder zum Durchwachsen finden. Nachteilig wirkt sich aus, dass die Fläche schwer zu bewässern ist. Daher sollte man unter der Folie einen Sickerschlauch auslegen (*s. S. 260*), der während der Wachstumsperiode liegen bleibt. Wenn Sie Ihren Boden gut durchfeuchten wollen, brauchen Sie nur gelegentlich Ihren Gartenschlauch daran anzuschließen. Der Wasserverlust durch Oberflächenverdunstung ist bei dieser Methode gering, der Wasserverbrauch liegt daher niedriger als üblich. Sie können auch geschlitzte schwarze Folie verwenden oder selber kleine Schlitze in die Folie stechen, so sickert zwar Regenwasser ein, aber Licht kommt trotzdem kaum durch. Natürlich ist Folie auf den Blumenrabatten kein schöner Anblick. Man kann sie jedoch mit Kies oder einer Schicht Erde verdecken.

PAPIER UND BIOLOGISCH ABBAUBARE FOLIE

Von den biologisch abbaubaren Materialien ist grobes, braunes Mulchpapier der abbaubaren Folie vorzuziehen. Bei Folie soll man sich zwar nach der Ernte das Entfernen ersparen können, doch in der Praxis sieht es so aus, dass sie in Teile reißt, die überall im Garten herumfliegen. Genauso wie die Folie wird das braune Papier verwendet – man rollt es auf dem vorher geebneten Boden aus, verankert die Ränder in flachen Rinnen und pflanzt dann in vorgeschnittene Schlitze. Nach der Ernte wird es zum Verrotten entweder in den Boden eingegraben oder untergefräst. Ideal ist diese Methode bei Tiefbeeten (*s. S. 136*). Papier passt auch in den Zierpflanzengarten, da es das Gesamtbild weniger beeinträchtigt als Folie. Da Mulchpapier nicht überall in den Geschäften erhältlich ist, können Sie sich zwischenzeitlich mit grobem Packpapier behelfen.

Es ist wichtig, eine Folienabdeckung mit *Ziegelsteinen zu beschweren. Sonst kann sie vom Wind weggeblasen werden und dabei die Pflanzen beschädigen.*

Folien oder Papier *sind am besten abgesichert, wenn man die Ränder rund um die Beetkante im Boden verankert, indem man sie in flachen Rinnen eingräbt.*

Ein kleiner elektrischer Häcksler verarbeitet alle anfallenden Baum- und Strauchschnitte. Die Holzschnitzel können anfangs auf den Beeten recht aufdringlich wirken, verlieren jedoch bald ihre helle Farbe.

Gebrauch einer elektrischen Schnitzelmaschine *Stellen Sie zum Auffangen der Schnitzel einen Eimer unter die Maschine, geben Sie 2–3 Äste auf einmal hinein.*

Schieben Sie beim Mulchen *mit Rinde die Schnitzel auch direkt unter die Pflanzen, um jedes Stückchen Boden im Beet zu bedecken.*

ZEITUNGEN

Eine billigere, aber zeitraubendere Alternative zum Abdecken ist Zeitungspapier. Man legt etwa sechs Seiten übereinander und gräbt auch hier die Ränder ein. Das Papier kann leicht ziemlich hart werden und verrottet meist erst, wenn es nach der Ernte in den Boden eingearbeitet wird.

LAUB, KOMPOST UND STALLMIST

Ein deutlich effektiverer Mulch entsteht, wenn man eine etwa 7 cm dicke Schicht loses Material verwendet, zum Beispiel Laub oder Gartenkompost. Unkraut kann sich bei dieser Schicht schlecht durchsetzen. Und die wenigen Pflanzen, die es schaffen, kann man leichter herausziehen. Stallmist kann ebenfalls genutzt werden, er sollte aber gut verrottet sein und auch dick aufgetragen werden. Frischer Mist könnte junge Wurzeln verbrennen.

RINDENMULCH

Das wirkungsvollste Mulchmaterial auf Zierbeeten ist gehäckselte oder geschnitzelte Rinde. Es gibt davon verschiedene Feinheitsgrade und es spielt keine Rolle, welche Rinde man verwendet. Bei allen genügt eine etwa 7 cm dicke Schicht, um die einjährigen und auch viele der mehrjährigen Unkräuter zu unterdrücken. Ich selbst habe diesen Mulch auf einem vorher mit Ackerkratzdistel (*Cirsium arvense*) verunkrauteten Beet eingesetzt und brauchte danach zwei Jahre lang kein Unkraut mehr zu jäten.

Der Nachteil einer Mulchschicht aus Rinde ist ihr hoher Preis, allerdings hält sie mehrere Jahre lang. Eine preiswertere Alternative wäre die Anschaffung einer Häckselmaschine (*s. o.*), sodass Sie Ihre Rindenschnitzel selbst herstellen können, wenn auch eine größere Menge einige Zeit in Anspruch nimmt.

GRASSCHNITT

Frisch geschnitten und dick genug ausgebracht, ist Grasschnitt ein wirksames Mulchmaterial zur Unkrautkontrolle. Da die Schicht jedoch mindestens 15 cm betragen sollte, kann es zu Problemen kommen. Eine derart dicke Lage lässt kaum Luft in die unteren Bereiche und bei einer Zersetzung unter Luftabschluss (*s. S. 21*) entsteht dort eine stinkende Masse. Eine dünne Schicht Gras schon kann verhindern, dass der Erdboden bei starkem Regen zu sehr verschlämmt. Das Unkraut wächst zwar durch eine solch dünne Auflage hindurch, aber gerade im Frühling und Frühsommer, wenn noch viel nackte Erde zwischen den Jungpflanzen zu sehen ist, tun Sie mit einer solchen Abdeckung etwas sehr Gutes für die Bodenstruktur.

Bedenken Sie aber auch, dass Schnecken ganz wild auf halb verrottetes Gras sind. Einerseits haben Sie die Chance, die Übeltäter dort in großen Mengen abzusammeln, andererseits würde ich damit nicht zwischen sehr jungen Pflanzen mulchen, denn diese Leckerbissen dürften den Schnecken noch besser schmecken als Gras.

Lästige und nützliche Kräuter

Natürlich ist nicht jedes sogenannte Unkraut zu verachten, und der biologische Gärtner, der es ohne Ausnahme entfernt, verschwendet ein wertvolles Naturgut. Viele Kräuter locken nützliche Insekten an, einige dienen Vögeln und Schmetterlingen als Futterquelle und andere, wie Kleearten (*Trifolium sp.*), können im Boden Stickstoff anreichern (*s. S. 34*). Bevor Sie also einen wahllosen Angriff auf die angesiedelten Kräuter starten, denken Sie einen Moment nach. Ich empfehle sogar, im Garten wegen der Insekten solche Zierpflanzen zu bevorzugen, die eng mit der ursprünglichen Wildform verwandt sind.

Damit meine ich nicht, Sie sollten die Natur Oberhand gewinnen lassen und Ihre kultivierten »Fremdlinge« der Gnade einiger recht robuster »Einheimischer« ausliefern, die sich kaum auf eine »Entente cordiale« einlassen. Die meisten Wildkräuter müssen bekämpft werden, aber man sollte bedenken, dass es einige gibt, die bei entsprechend verfügbarem Platz stehen bleiben können.

Nachfolgend finden Sie einige Kräuter gruppenweise zusammengestellt. Dabei liegt die Entscheidung, ob Kraut oder Unkraut, letztlich im Ermessen jedes Einzelnen, denn die Geschmäcker sind verschieden, und auch jedes Unkraut hat irgendwo im großen Kreislauf der Natur seinen Nutzen.

LÄSTIGE KRÄUTER

Unkräuter mit unterirdischen Ausläufern (Wurzelunkräuter) verbreiten sich in Windeseile. Seien Sie vor allem auf der Hut vor Giersch (*Aegopodium podagraria*), Ackerwinde (*Convolvulus arvensis*), Gemeiner Quecke (*Agropyron repens*), Ackerkratzdistel (*Cirsium arvense*), Schmalblättrigem Weidenröschen (*Epilobium angustifolium*) und Knöterich (*Polygonum cuspidatum*). Auf der Oberfläche kriechende Arten wie Hahnenfuß (*Ranunculus repens*), Gundermann (*Glechoma hederacea*) und Fingerkraut (*Potentilla sp.*) sind etwas einfacher in Schach zu halten, aber auch hier heißt es, wachsam zu sein.

Unkräuter, die sich durch Samen vermehren (Samenunkräuter), sind nicht so schwierig zu bekämpfen, wenn man sie vor der Samenreife jätet oder abschneidet. Achten Sie besonders auf Lanzett-Kratzdistel (*Cirsium vulgare*) und Bergweidenröschen (*Epilobium montanum*).

Pflanzen mit fleischigen, tief in die Erde reichenden Pfahlwurzeln, wie Ampferarten (*Rumex sp.*) und Wiesenkerbel (*Anthriscus sylvestris*), sollten ausgegraben werden.

Speicherwurzeln (Knollen, Zwiebeln oder Rhizome) brechen beim Herausziehen oft im Boden ab und das kann zur Vermehrung beitragen. Am schlimmsten von allen ist Sauerklee, der bekämpft werden muss, sobald er nur ein erstes Blättchen zeigt. Kontinuierliches Hacken ist der einzige Ausweg, wenn man die Fläche nicht mindestens ein Jahr lang mit schwarzer Folie abdecken kann.

NÜTZLICHE KRÄUTER

Versuchen Sie in Ihrem Garten Platz für einige weniger störende Kräuter zu schaffen. Als Gärtner bauen wir Pflanzen aus Interesse, wegen ihrer Schönheit und zur Versorgung der Familie an. Inwieweit ein Stückchen Land der Natur überlassen bleibt, ist Ansichtssache und hängt weitgehend von der Größe des Gartens ab. Die Wildpflanzenarten, die gedeihen, sind je nach Standort unterschiedlich. In meinem Garten lasse ich die hübschen gelben Blüten des Gemeinen Leinkrauts (*Linaria vulgaris*) und die Traubenblüten der Weißen und Roten Lichtnelke (*Lychnis alba* bzw. *dioica*) stehen. Wo diese Kräuter in Beeten auf fruchtbaren Boden kommen, gedeihen sie wirklich fantastisch und bilden Blüten aus, die mit jeder kultivierten Hybridsorte konkurrieren können.

Es wurde einmal gesagt, dass wir, wenn Löwenzahn (*Taraxacum officinale*) ausschließlich in Tibet wüchse, Pflanzensammler dorthin schicken würden und dass Pflanzenzüchter riesige Geldsummen bekämen, um dieses Kraut zu vermehren. Es mag bei uns weitverbreitet sein, aber es hat unbestritten eine hübsche Blüte. Allerdings wächst es sehr üppig und kann unter Umständen andere Pflanzen verdrängen

Die Große Brennnessel (*Urtica dioica*) ist nicht gerade eine Gartenzierde, doch eine wichtige Futterquelle für einige unserer schönsten Schmetterlinge und deren Raupen.

Der schöne rot blühende Klatschmohn (*Papaver rhoeas*) war ein verbreiteter Anblick auf unseren Getreidefeldern, bis die Unkrautvernichtungsmittel ihn fast gänzlich ausgerottet haben. Seine Samen sind köstliche Leckerbissen für Finken.

Gemeines Kreuzkraut (*Senecio vulgaris*) und Stinkender Storchschnabel (*Geranium robertianum*) sind wertvolle Nektarlieferanten für Schmetterlinge und Bienen, können aber schon lästig werden, wenn sie sich versamen.

Lassen Sie Vogelmiere (*Stellaria media*) den Winter über wachsen, denn das hilft, den Boden vor Staunässe zu bewahren. Nach dem Untergraben verrottet das Kraut und liefert zusätzliche Düngung. Im Sommer darf es auf keinen Fall stehen bleiben, denn es kann sehr lästig werden.

Die Weberkarde (*Dipsacus fullonum*) ist eine hohe, stattliche Pflanze mit großen Samenköpfen, die Vögel von weither anlocken. Die Blüten wirken anziehend auf Schmetterlinge und andere Insekten.

Ein Lockmittel für Insekten ist auch der Weiße Gänsefuß (*Chenopodium album*), der im Mittelalter als beliebtes Gemüse galt.

Schließlich gibt es noch Leguminosen wie Luzerne (*Medicago sp.*) und Kleearten (*Trifolium sp.*), die Stickstoff sammeln und den Boden damit anreichern, wenn man sie untergräbt.

Zum Schluss: Ein schöner, wilder Platz für Unkräuter kann zum Beispiel mit einem alten Baumstumpf gestaltet werden. Lassen Sie ihn von rankendem Efeu (*Hedera helix*) bewachsen. Viele Vögel und Insekten werden ihn als Futterquelle und Unterschlupf benutzen, und schön sieht er auch noch aus.

UNKRÄUTER, DIE ENTFERNT WERDEN SOLLTEN

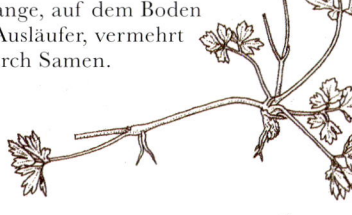

KRIECHENDER HAHNENFUSS ►
Ranunculus repens
Vorkommen auf feuchten Böden; produziert lange, auf dem Boden kriechende Ausläufer, vermehrt sich auch durch Samen.

GUNDERMANN ▲
Glechoma hederacea
Eine kräftige mehrjährige Pflanze, die schnell störend wird; die kleinen behaarten Blätter sind gekerbt und haben einen feinen Duft.

▲ FÜNFFINGERKRAUT
Potentilla reptans
Ausdauerndes mehrjähriges Kraut; kriechend bis aufsteigend; meist fünfzählig handförmig geteilt.

◄ BERGWEIDENRÖSCHEN
Epilobium montanum
Sehr häufig; hat zugespitzte ovale Blätter und kleine rote Blüten mit gelbem Zentrum; Pflanzen entfernen, sobald sie hervorkommen.

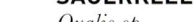

WIESENKERBEL ▲
Anthriscus sylvestris
Blätter von blassgrüner Farbe; die ausgeprägten Blütenköpfe sind aus vielen kleinen Einzelblüten zusammengesetzt.

▲ LANZETT-KRATZDISTEL
Cirsium vulgare
Blätter scharf zugespitzt und dornig; die roten Blüten produzieren zahlreiche Samen.

SAUERKLEE ▲
Oxalis sp.
Durch Hacken bekämpfen, möglichst bevor die Blätter an der Oberfläche erscheinen, oder durch Abdecken des Bodens mit schwarzer Lilie.

STUMPFBLÄTTRIGER AMPFER ▲
Rumex obtusifolius
Ampfer haben fleischige Pfahlwurzeln und lange, breite, dunkelgrüne Blätter.

◄ GIERSCH
Aegopodium podagraria
Breitet sich schnell aus und kann zur Plage werden. Die ovalen Blätter haben beim Zerreiben einen strengen Geruch.

▼ QUECKE
Agropyron repens
Lästiges Gras; unterirdische Ausläufer verbreiten sich rasch zu einem dichten Wurzelwerk; abgebrochene kleine Teile können neue Pflanzen produzieren.

▼ SCHMALBLÄTTRIGES WEIDENRÖSCHEN
Epilobium angustifolium
Die roten Blüten produzieren viele Samen; dadurch sehr lästiges Unkraut.

JAPANISCHER KNÖTERICH ▼
Polygonum cuspidatum
Ovale Blätter und kleine weiße Blüten; Wurzeln sind schwierig zu bekämpfen.

▼ ACKERWINDE
Convolvulus arvensis
Attraktive Blüten; schnell wachsend, unterdrückt daher leicht Zierpflanzen.

ACKERKRATZDISTEL ▼
Cirsium arvense
Gezackte stachelige Blätter; Blüten blass lila; Blütenstiele nicht wie bei den meisten anderen Distelarten bedornt.

Geschenke der Natur

Man sollte Unkräuter nicht generell verdammen und kein Gärtner sollte dieses wertvolle Geschenk der Natur verschwenden. Natürlich dürfen Kräuter nicht dort wachsen, wo sie zur Konkurrenz für Kulturpflanzen werden. Aber denken Sie in Zukunft doch erst einmal einen Moment nach, bevor Sie die hier aufgeführten nützlichen Arten entfernen.

▼ LÖWENZAHN
Taraxacum officinale
Sehr mineralstoffreich; junge Blätter passen gut in Salate; aus Wurzeln lässt sich ein koffeinfreier Kaffeeersatz herstellen; wirkt anziehend auf Schmetterlinge und Vögel.

STINKENDER STORCHSCHNABEL ▶
Geranium robertianum
Eine hübsche, einjährige Pflanze, die sich rasch versamt und vergesellschaftet; verbreitet sich auch auf magersten Böden, lockt Nützlinge an und liefert organisches Material zur Bodenverbesserung.

▲ GELBKLEE/ HOPFENLUZERNE
Medicago lupulina
Ein Stickstoff-Sammler; lockt Schmetterlinge, Bienen und Schwebfliegen an.

WEISSER GÄNSEFUSS ▶
Chenopodium album
Anziehend für Schwebfliegen, die Blattläuse verspeisen sowie für Bienen; hoher Gehalt an Vitamin B, Eisen, Eiweiß und Kalzium. Gänsefuß ist ein hervorragender Spinatersatz.

ROTE LICHTNELKE ▶
Lychnis dioica
Anziehend für Bienen, die Blüten bestäuben; nachts wird ein Duftstoff abgegeben, der Schmetterlinge und Motten anlockt, deshalb interessant für Vögel; in Kultur nimmt Größe der Blüten zu.

▼ VOGELMIERE

Stellaria media

Aufgrund schnellen Wuchses gute
Quelle für Gründüngung; Samen
sind Leckerbissen für Vögel.

**▲ GEMEINES LEINKRAUT,
FRAUENFLACHS**

Linaria vulgaris

Gute Nektarquelle; eine dekorative Pflanze mit hübschen
gelben Blüten.

▲ KLEE

Trifolium sp.

Entzieht der Luft Stickstoff und
bindet ihn so im Boden, dass
er später für andere Pflanzen
verfügbar wird.

KLATSCHMOHN ▶

Papaver rhoeas

Die roten Blütenblätter
wirken anziehend auf
Schmetterlinge und
Bienen; Vögel wer-
den durch die Samen
angelockt.

**◀ GROSSE
BRENNNESSEL**

Urtica dioica

Wichtige Futter-
pflanze für Schmet-
terlinge; die jungen
Blätter können
als Spinatersatz
gekocht werden.

**◀ GEMEINES
KREUZKRAUT**

Senecio vulgaris

Gute Nektarquelle für
Schmetterlinge und
Bienen; allerdings keine
sehr ansehnliche Pflanze.

▲ WEBERKARDE

Dipsacus fullonum

Eine herausragende zweijährige Pflanze; oft in Ziergärten
wegen ihrer auffallenden
Blütenköpfe kultiviert; Vögel
werden im Herbst durch die
Samen angelockt.

◀ EFEU

Hedera helix

Liefert Unterschlupf und
Nistgelegenheit für Vögel; lockt
Schmetterlinge und Bienen an.

DIE PLANUNG
IHRES GARTENS

Erfolgreicher biologischer Gartenbau wird begünstigt durch den Anbau zahlreicher verschiedener Pflanzen mit möglichst vielen einheimischen Arten, sodass frei lebende Tiere und nützliche Insekten angelockt werden. Das Ergebnis ist zweifellos ein etwas unkonventioneller Garten, der jedoch nicht wild und vernachlässigt auszusehen braucht.

Im Gegenteil, Ordnung ist auch hier ein wichtiges Gebot, denn Schädlinge und Krankheiten gehen mit einer schlampigen Gartenführung Hand in Hand. Ein sauberer, ordentlicher Garten, in dem regelmäßig unerwünschte Unkräuter in Schach gehalten und Abfälle entfernt werden, bevor sie sich anhäufen, ist zwangsläufig wirkungsvoller und produktiver.

Meine ureigenste Überzeugung ist, dass ein Garten ein zutiefst persönlicher Ort ist. Das bedeutet, wie er am Ende aussieht, muss zu Ihnen passen. Deshalb sollten Sie ihn stets selbst planen und in die Praxis umsetzen. Jeder von uns hat die kreative Fähigkeit in sich, ein schmuckloses Stückchen Erde oder Beton in ein belebtes grünes Paradies zu verwandeln, in dem man sich mit Freude aufhält. Auf dem Weg dorthin steht Ihnen die Natur zur Seite, wie wenig Erfahrung Sie auch immer haben mögen.

WO FÄNGT MAN AN?

Erwägen Sie die lage- und klimabedingten Merkmale Ihres Gartens (*siehe unten*), und stellen Sie dann eine Liste der Dinge auf, die Sie noch benötigen, wie z. B. Windschutzvorrichtungen, die Mülleimerverkleidung, usw. Ferner sollten Sie auch aufschreiben, wie Sie den Garten anlegen möchten, beispielsweise mit Gemüsegarten, Kompostbehältern, Gewächshaus oder einer Terrasse. Doch bevor Sie zum praktischen Teil übergehen, zeichnen Sie zuerst einen Plan Ihres Gartens und arbeiten Sie aus, wo die einzelnen Anlagen hin sollen.

Der Charakter Ihres Grundstücks

Bevor Sie mit der eigentlichen Planung Ihres Gartens beginnen, ist es wichtig, den besonderen Bedingungen Ihres Grundstücks zu folgen. Darunter fallen die Lage zur Sonne, das örtliche Klima und die Bodenart – Ton, Moor, Lehm, Sand oder Kalk (*s. S. 14–15*). Zu den Dingen, die Sie mit etwas Aufwand eigenständig verändern können, gehören Dränage und Qualität des Bodens sowie die Bodenkonturen. Die Methoden hängen von der jeweiligen Bodenart ab (*siehe unten und S. 18–34*).

Lage und Klima

An der Lage Ihres Gartens können Sie nichts ändern und selten Schatten abschaffen, der von Haus, Wänden oder Zäunen verursacht wird. Ebenso wenig haben Sie Einfluss auf das Wetter. Höhenlage, Niederschläge und Wind bestimmen zusammen die Schutzmaßnahmen, die Sie vorzunehmen haben. Bei regelmäßigem Frost oder wenn Sie in einer Frostsenke wohnen (ein tief liegendes Gebiet,

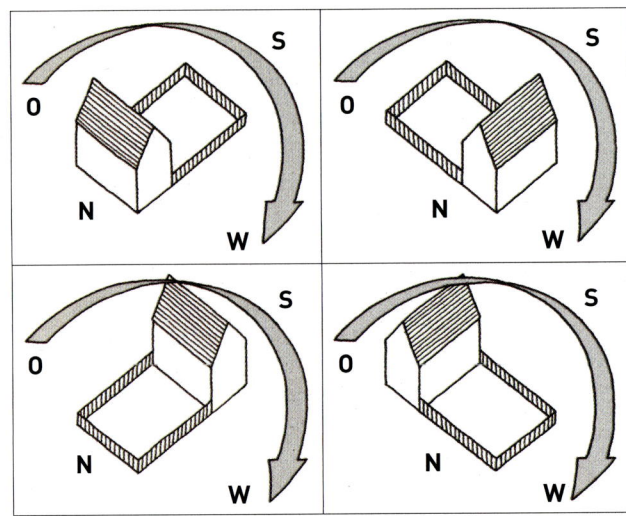

Die Lage Ihres Hauses *und Gartens zur Sonne bestimmt die Sonnenscheinstunden, die der Garten erhält. Die obige Abbildung zeigt den Unterschied zwischen Nord-, Süd-, Ost- und Westlage. Nordlagen sind meist kalt und haben wenig Sonne, Südlagen sind fast den ganzen Tag sonnig.*

Kalte Luft *fließt nach unten, daher sind Senken besonders frostgefährdet. Wenn Ihr Garten in einer solchen Frostsenke liegt, wählen Sie Kälte verträgliche Pflanzen und schützen Sie sie mit einer Hecke.*

in dem sich Frost ansammelt), sollten Sie zur Verringerung des Problems eine entsprechende Hecke oder Umzäunung errichten (*siehe oben*). Wichtig wäre in einem solchen Fall auch der Anbau spät blühender und besonders widerstandsfähiger Pflanzen, die nicht gleich jedes Mal Blüten und Früchte abwerfen, wenn es etwas kälter wird.

Bodenarten

Es gibt fünf Hauptbodenarten: Ton-, Lehm-, Sand-, Kalkoder Moorböden. Jede Art besteht aus einer Mischung verschiedener Mineralteilchen, die Zusammensetzung kann bereits innerhalb einer kleinen Region stark variieren. Eine wichtige Rolle bei der Bodenart spielt der Kalkgehalt (*s. S. 35*). Man kann viel zur Verbesserung der allgemeinen Bodenfruchtbarkeit oder der Entwässerungseigenschaften eines problematischen Bodens beitragen (*s. S. 262–265*) und kann auch spezielle Maßnahmen für ungeeignete Pflanzen treffen. Trotzdem ist es in den Zieranlagen einfacher, Pflanzen anzubauen, die mit den bestehenden Bodenverhältnissen zufrieden sind. Für die Gemüse- und Obstflächen kann es allerdings nötig werden, den pH-Wert des Bodens zu ändern (*s. S. 34–36*).

Steile Hänge

Ein Grundstück mit steilen Hängen ist schwierig in Kultur zu nehmen und zu bewirtschaften. Auch wenn es anfangs harte Arbeit bedeutet, ist es dann besser, den Garten zu terrassieren und eine Reihe von Plateaus anzulegen, die durch Pfade oder Stufen miteinander verbunden sind.

Einfach die Höhe des Oberbodens auszugleichen löst das Problem nicht. Dadurch erhält man vorne eine extra tiefe Oberbodenschicht, während im hinteren Bereich kaum etwas davon übrig bleibt. Die einzige zufriedenstellende Maßnahme ist eine Nivellierung des Unterbodens (*siehe rechts*).

Zäune

Die geeignetsten Abgrenzungen in Hanglagen sind Drahtzäune, Windschutz aus Plastik oder Querlattenzäune, die man alle der jeweiligen Neigung des Bodens anpassen kann. Man braucht dabei nicht jede kleine Erhebung zu berücksichtigen, sondern sollte lediglich versuchen, Unebenheiten so auszugleichen, dass eine regelmäßige Neigung entsteht.

BESEITIGUNG EINES ABHANGS

Wollen Sie einen Abhang beseitigen, sollten Sie nicht einfach nur den Mutterboden einebnen. Diese für das Pflanzenwachstum so wichtige Schicht muss erhalten bleiben. Deshalb ist es empfehlenswert, wenn Sie ihn zuerst abtragen. Anschließend wird der Unterboden nivelliert und der Oberboden wieder gleichmäßig verteilt. Die neue Bodenhöhe wird durch Stützwände abgesichert.

Verbinden Sie die unterschiedlichen Höhen durch Rampen oder Steinstufen. Sie können auch stabile Holzstufen einbauen, z. B. aus Eichen- oder Buchenschwellen, die von im Boden verankerten Pfählen gehalten werden. Füllen Sie die Fläche zwischen den Schwellen mit Erde, Kies oder Rindenschnitzeln. Diese ungewöhnlichen Stufen passen besonders gut in einen Bauerngarten.

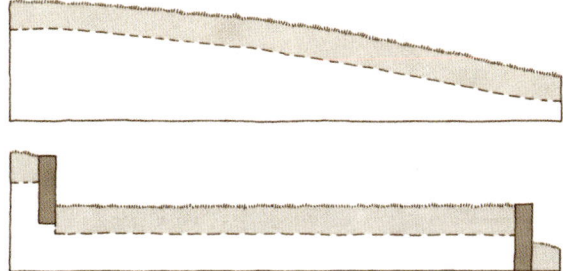

Wenn Sie Beete *terrassenförmig anlegen möchten, entfernen Sie den Oberboden, nivellieren den Unterboden und bringen anschließend den Oberboden wieder aus. Errichten Sie eine Stützwand, um ein Abrutschen der Erde zu verhindern.*

▲ **Holzstufen** *Eine preiswerte Möglichkeit, Abschnitte des Gartens miteinander zu verbinden, sind Stufen, z. B. aus Holzschwellen. Schlagen Sie dahinter Pfähle in den Boden, die Sie an die Schwellen nageln.*

▶ **Natur pur** *Hübsche Stufen sind Steinplatten. Verwenden Sie als Gegentritt Natursteine oder Ziegel.*

Die Errichtung eines Bretterzauns am Hang ist schwierig, weil man die Bretter nicht so befestigen kann, dass sie sich der Hangneigung anpassen. Dazu müsste man nämlich die Pfosten rechtwinklig zur Bodenoberfläche einschlagen.

Nur auf ganz allmählich abfallendem Untergrund kann man die Pfosten senkrecht in mehreren Stufen aufstellen. Sie brauchen dann im unteren Bereich etwas längere Pfosten und einige Bretter mehr als üblich. Für steiler abfallendes Gelände sind Bretterzäune total ungeeignet, weil am unteren Pfosten immer eine größere Lücke entsteht.

An Hängen kann ein Bretterzaun quer zur Hangneigung eine Barriere bilden, die verhindert, dass die abwärts

ABZÄUNUNG AN HÄNGEN

Wenn Ihr Garten Hangneigung aufweist, müssen Sie die Errichtung eines Zauns gut überlegen. Wählen Sie einen Typ, den man der Neigung anpassen kann, die Zaunpfosten müssen exakt senkrecht stehen.

Drahtzaun mit Pfosten

Querlattenzaun mit Pfosten

Beide obigen Zaunmöglichkeiten *sind gut für Hänge geeignet, weil man sie der Hanglage entsprechend errichten kann. Vor den Querlattenzaun kann man außerdem eine Hecke setzen und am Drahtzaun Kletterpflanzen wachsen lassen.*

Wenn Sie einen Zaun *quer zur Hangneigung errichten, lassen Sie mindestens 30 cm Platz zwischen Zaununterseite und Boden, sodass die kalte Luft aus Ihrem Garten herausströmen kann.*

fließende frostige Luft aus dem Garten herausströmt. So entsteht eine unangenehme Frostsenke. Zur Vermeidung dieses Problems heben Sie die Unterseite des Zauns etwas an, sodass die Luft unten hindurch kann.

Bessere Dränage

Schlecht wasserdurchlässige Standorte sind leicht zu erkennen, weil der Gartenboden ganz oder teilweise nass ist oder weil sich, besonders im Winter, Wasser auf der Oberfläche staut. Verdichteter Oberboden oder eine undurchlässige Schicht unter der Bodenoberfläche sind, besonders in einem neuen Garten, die üblichen Ursachen für mangelnden Wasserablauf. Mit entsprechenden Bodenbearbeitungsmaßnahmen kann man Abhilfe schaffen (*s. S. 262*). Ein schwerer Boden, wie z. B. Ton, lässt sich durch Einarbeiten von organischem Material und grobem Kies stark verbessern. Auf extrem schlecht durchlässigen Standorten ist jedoch als erstes die Installierung eines Dränagesystems erforderlich.

DRÄNAGESYSTEME

Zeigt Ihr Boden eine wirklich mangelhafte Dränung, so müssen Sie ein Dränagesystem einbauen. Es ist recht einfach, die Rohre zu installieren, jedoch bedeutend schwieriger, das Wasser loszuwerden. Keine größeren Probleme gibt es, wenn am Gartenende ein Graben vorhanden ist. Ansonsten müssen Sie den Abfluss der Regenwasserkanalisation zuführen, was der Erlaubnis des örtlichen Tiefbauamts bedarf. In manchen Regionen wird diese Methode jedoch nicht erlaubt. *Hinweise zum Bau eines Dränagesystems finden Sie auf S. 263.*

Gartenabgrenzung

Mit Sicherheit planen Sie, Ihren Garten in irgendeiner Form nach außen hin abzugrenzen. Als Möglichkeit bietet sich entweder eine Umzäunung oder eine Hecke. Es gibt viele verschiedene Zauntypen, suchen Sie einen, der Ihren Bedürfnissen entspricht und zu Ihrem Haus- und Gartenstil passt.

In ungeschützten Lagen können Zaun oder Hecke zusätzlich dazu beitragen, die Pflanzen vor starkem Wind zu bewahren. Wind kann große Schäden anrichten, besonders im Winter, wenn auf den Pflanzen eine schützende Schneedecke fehlt. Vom Wind abgeschirmt, liefern Obst und Gemüse höhere Erträge und die Zierpflanzen können besser gedeihen.

WINDSCHUTZBARRIEREN

Den wirksamsten Windschutz bieten in windgefährdeten Gegenden Vorrichtungen, die die Windgeschwindigkeit verringern. Infrage kommen beispielsweise Hecken, Holzlattenzäune oder Wände aus perforierter Plastikfolie. Massive Barrieren können als Windschutz gefährlich sein, wenn sie nicht extrem hoch sind, denn es kann passieren, dass der Wind über die Oberkante jagt, dabei Wirbel bildet und noch an Geschwindigkeit zunimmt. Achten Sie bei selbst gebauten Wänden unbedingt darauf, dass die Pfosten fest im Boden verankert sind. Plastikfolie befestigen Sie mit

Eine Ziegelmauer *wirkt charmanter, wenn man einzelne Steine entfernt, die Lücken mit Erde füllt und geeignete Pflanzen wie diese rosa Porzellanröschen hineinsetzt.*

Ein Holzgitter *dient als praktische Barriere und kann auch noch dekorativ wirken, wenn man Kletterpflanzen wie diese Duftrose daran emporwachsen lässt.*

Leisten an den Zaunpfählen, indem Sie die Folie gegen den Pfosten drücken und eine Leiste darüber nageln.

HECKEN

Hecken bilden sehr gute Gartenabgrenzungen, denn sie erscheinen viel weniger aufdringlich als leblose Zäune. Sie bieten zugleich den besten Windschutz. Zur Auswahl stehen neben den herkömmlichen Schnitthecken die Naturhecken, die sich dadurch auszeichnen, dass sie blühen dürfen (*s. S. 76*). Zu bedenken ist dabei jedoch, dass Hecken Platz zur Entwicklung beanspruchen und dass sie mit anderen Pflanzen um Wasser und Nährstoffe konkurrieren. Bei Pflanzung von Liguster (*Ligustrum ovalifolium*) und anderen Naturhecken müssen Sie einen 1–2 m breiten Streifen entlang jeder Heckenseite »opfern«. In kleinen Gärten ist daher eher eine Schnitthecke angebracht, die

durch Rückschnitt dicht gehalten wird. Wichtig ist die Formgebung, denn es muss sichergestellt sein, dass alle Bereiche ausreichend Licht und Luft bekommen, damit die unteren Heckenästchen nicht verkahlen. Bewährt hat sich die sogenannte Trapezform, bei der als Faustzahl pro 1 m Heckenhöhe 10 cm Neigung angesetzt werden. In der Regel erfolgt der Heckenschnitt zweimal jährlich, vor dem Hauptaustrieb im Juni und vor dem Johannistrieb im August. Bei jungen Hecken werden die Triebe nur etwas eingekürzt, um die Verzweigung und damit die Dichte der Hecke zu fördern.

Liegt Ihr Garten am Hang, dann achten Sie darauf, dass die Hecke nicht als Natur-Barriere frostige Luft am Weiterströmen hindert (*s. S. 66*). Halten Sie den Boden unter der Hecke sauber, um Luft drunter weg strömen zu lassen und auch, um es Schädlingen ungemütlich zu machen.

Einteilung Ihres Gartens

Während Sie die notwendigen Bodenbearbeitungsmaßnahmen durchführen, müssen Sie überlegen, wie Sie Ihren Garten gestalten und einteilen wollen. Diese Planung ist nicht einfach, denn es gibt viele verschiedene Möglichkeiten. Lassen Sie sich Zeit und halten Sie Ihre Gedanken auf Papier fest. Vielleicht erlaubt Ihr Haushaltsbudget nicht die sofortige Verwirklichung des gesamten Entwurfs, jedoch liefert ein Gesamtplan zumindest erst einmal eine Vorstellung der fertigen Anlage.

NOTWENDIGE BESTANDTEILE

Beginnen Sie mit einer Liste der Dinge, die auf keinen Fall in Ihrem Garten fehlen dürfen: Dazu gehören Wäscheleine, Platz zum Unterbringen von Heizmaterial, ein Holzhäuschen für Gartengeräte, ein abseits gelegener Platz für die Mülltonnen, evtl. ein Tor, das die Kinder am Hinauslaufen

auf die Straße hindert. Wenn Sie lediglich auf biologische Methoden umstellen, werden Sie diese Dinge vielleicht schon haben. Sie sollten trotzdem alles auflisten, denn vielleicht wollen Sie etwas verbessern oder etwas umstellen.

ERWÜNSCHTE BESTANDTEILE

Meiner Erfahrung nach möchte man immer mehr Dinge im Garten haben, als tatsächlich Platz vorhanden ist. Deshalb erstellen Sie eine Liste nach Ihren Prioritäten. Wenn Sie eine Familie haben, ist vielleicht ein großer Obst- und Gemüseteil am wichtigsten, aber auch ein Stück zum Spielen für die Kinder und ein anderes zur Muße für Sie selbst. Schließlich soll das Gärtnern nicht nur harte Arbeit sein! In jedem biologischen Garten braucht man eine Zierfläche, wo Sie einige Pflanzen anbauen, die Vögel und nützliche Insekten anlocken (*s. S. 45 und 51*).

Wenn Sie Platz für ein Gewächshaus oder Frühbeet haben, sollten Sie Derartiges auf alle Fälle anlegen. Vergessen Sie auch den Arbeitsbereich nicht – für die Kompostbehälter, die Miete (wenn Sie in der glücklichen Lage sind, eine aufsetzen zu können) und den Werkzeugschuppen.

Wasser

Ebenso wie für Mensch und Tier ist Wasser auch für das Pflanzenreich unentbehrlich. Ohne Wasser können Samen nicht keimen und Pflanzen nicht wachsen. Wasser ist ein Lebenselixier und transportiert gleichzeitig die so wichtigen Mineralstoffe in gelöster Form bis in die entfernteste Pflanzenzelle. Daher muss in Ihrem Garten eine ausreichende Wasserversorgung gewährleistet sein. Ideal wäre draußen ein Wasserhahn mit langem Schlauch, sodass man zum Bewässern jeden Teil des Gartens erreicht. In einem lang estreckten Garten könnte man am anderen Ende eventuell einen zweiten Wasseranschluss einrichten. Dazu müssen Sie bei der Gartenvorbereitung frühzeitig genug die notwendigen Rohre legen.

Denken Sie auch daran, dass die Anschlüsse praktisch zu erreichen und gut zu handhaben sind, denn die Notwendigkeit zum Wässern wird häufiger eintreten als Sie glauben.

Haben Sie Kübel- oder Hängepflanzen, ist regelmäßiges Gießen besonders wichtig. Die meist kleinen Behälter trocknen extrem schnell aus, an warmen Tagen sollte stets eine Gießkanne bereitstehen. Verwenden Sie möglichst weiches, abgestandenes Wasser, da kaltes Leitungswasser den Pflanzen einen Schock versetzen kann. Hierzu empfiehlt es sich, z. B. an der Regenabflussrinne eine Tonne zu installieren, in der Regenwasser gesammelt wird.

Topfinsel *Gepflasterte Flächen im Garten können zu einer gewissen Monotonie führen. Hier hat man das Problem durch Aufstellen von Töpfen mit vielen dekorativen Pflanzen beseitigt.*

Pflasterung

Es ist wichtig, die Lage der gepflasterten Flächen, wie Terrasse und Wege, vor allem anderen festzulegen, weil dadurch die Form des übrigen Gartens mitbestimmt wird. Denken Sie bei der Planung daran, dass Beton- und Kiesflächen vor dem Hintergrund eines blühenden Gartens starr wirken können und schaffen Sie zum Ausgleich eventuell erhöhte Beete oder Platz für Kübelpflanzen.

TERRASSEN

Ein gepflasterter Freisitz ist direkt am Haus zwar bequem, aber durchaus nicht immer günstig. Weist z. B. die Rückseite des Hauses nach Norden, so ist die Terrasse dort kühl und rau. Eine heiße Südlage bietet andererseits zu wenig Schatten.

Planen Sie die Terrasse in einer sinnvollen Größe. Ein schmaler, gepflasterter oder betonierter Streifen entlang der Hausrückseite bietet nicht genug Raum für Tisch und Stühle und ist fast nutzlos. Ein quadratischer oder dreieckiger Eckplatz erfordert dagegen nicht viel mehr Platz und ist praktischer.

Wenn Sie beschließen, die Pflasterung bis zur Hauswand zu legen, achten Sie auf die Dämmschicht Ihres Hauses bzw. die Luftziegel. Die Pflasterung muss zwei Ziegelsteinhöhen darunter aufhören. Andernfalls riskieren Sie das Eindringen von Feuchtigkeit in Ihre Räume.

Verwenden Sie Pflastermaterial, das zu Ihrer Gartenanlage und zum Haus passt. Lassen Sie zur Auflockerung der starren Linien etwas Platz zwischen einigen Platten und setzen Sie dort niedrige z. B. alpine Pflanzen ein (*s. S. 123–124*), die in gut wasserdurchlässigem Boden wachsen und Sonne brauchen.

Durch Umrandung gepflasterter Zonen mit erhöhten Blumenbeeten bringen Sie Farbe direkt bis ans Haus, eine Heckenumrandung bietet Schutz und Abgeschlossenheit. Bei Bedarf ist eine Grillstelle nicht schwierig in die Pflasterung einzufügen.

WEGE

Meiner Meinung nach sollten Pfade nur dort verlaufen, wo sie unbedingt nötig sind, denn sie trennen einen Garten leicht in Einzelteile. Besonders im Kleingarten wirken alle geradlinigen Wege katastrophal. Muss unbedingt ein Pfad sein, dann legen Sie ihn in Biegungen an, sodass er gelegentlich außer Sicht geht und so die Vorstellung verborgener Ecken und Winkel erweckt. In großen Gärten können Wege die einzelnen Teile miteinander verbinden. Als Belag besonders wirkungsvoll sind nach meinem Geschmack Kies oder Gras.

Gelegentlich sind Wege unentbehrlich, im großen wie im kleinen Garten. Wenn Sie z. B. Kinder haben, fällt viel Wäsche an, und Sie brauchen einen leichten, direkten Weg zur Wäscheleine.

Sehr attraktiv wirken, besonders in Kleingärten, Wege aus einzelnen Trittsteinen, die in Kies gebettet sind. Platzieren Sie die Steine so, dass man langsam gehen muss und die Schönheit des Gartens genießen kann. Setzen Sie alpine Pflanzen in die Zwischenräume (*s. S. 124*).

Ruhesitz *In einem strukturierten Garten ist ein Weg ein wichtiges Gestaltungselement. Hier führen in Größe und Form unterschiedliche Pflastersteine zu einer Bank.*

Verschlungene Pfade *Dieser Kiespfad bildet einen unauffälligen Hintergrund zu den leuchtend gefärbten Büschen und Beetpflanzen. Weiche Biegungen bestimmen die Form des Zierbeets.*

Die Rasenfläche

Eine Rasenfläche ist im Garten stets wünschenswert. Sie ist Nahrungsquelle für Vögel, Spielplatz für Kinder und ein hübscher Kontrast zu den Zierbeeten.

Mit der Planung des Rasens bestimmen Sie gleichzeitig auch die Form der Blumenbeete. Wenn Sie einen traditionellen Bauerngarten anlegen wollen, d. h. gemischte Beete mit hohen und niedrigen Ein- und Mehrjährigen und mit vielen einheimischen Pflanzen zum Anlocken der Tiere, dann vermeiden Sie alle regelmäßigen Formen. Die Ränder der Grasflächen sollten in weiten Bögen verlaufen, sodass Beete unterschiedlicher Breite entstehen. Lange, einfache Bögen lassen den Garten größer erscheinen und erleichtern das Rasenmähen. Bei genügend Platz planen Sie ein Eckchen für eine Wildblumenwiese ein. Dafür lassen Sie ein Stück Rasen hochwachsen und säen einige Wildblumen aus, oder, besser noch, Sie besorgen sich eine spezielle Aussaat-

mischung, in der robuste Kräuter, Wildpflanzen und Gräser im richtigen Verhältnis zusammengestellt sind. So werden nützliche Insekten angelockt (*s. S. 125*) und viele bunte Falter bekommen einen Lebensraum. Achten Sie darauf, dass die Wiese einen geschützten, sonnigen Standort erhält. Ein solches Wildblumenparadies ist pflegeleicht und bietet einen attraktiven Anblick, den man durch Einsetzen einiger Frühlingszwiebelblumen noch verstärken kann (*s. S. 118*).

Teiche

Eine Wasserfläche ist im biologischen Garten besonders empfehlenswert, denn sie bietet einer vielfältigen Tierwelt einen Lebensraum. Schon mit einem kleinen Teich locken Sie Vögel, Insekten, Frösche und viele andere Nützlinge an. Zur Teichanlage heben Sie entweder ein Loch aus, welches mit einer Teichfolie z. B. aus Butyl-Kautschuk ausgekleidet wird (*s. S. 122*), oder Sie graben Plastikbehälter ein, die Sie mit Wasser füllen.

Denken Sie aber daran, dass jede Wasserfläche Gefahr bedeutet, wenn Sie Kleinkinder haben. Sicherer wäre es dann, nur eine Vogeltränke einzurichten, bis die Kinder älter sind.

Planen Sie Ihren Teich mit gerundeten Bögen anstelle scharfer Winkel, sodass er besser in einen naturbelassenen Garten passt. Am Rand sollte das Wasser seicht sein, oder Sie machen an einer Teichseite eine Stufe, sodass ein sumpfiges Areal für Sumpf- und Uferpflanzen entsteht. Mit etwas Glück kommen auch Frösche und schaffen für Sie das Schneckenproblem aus der Welt. Wenn Sie fließendes Wasser in Form eines Wasserfalls oder Springbrunnens haben wollen, sorgen Sie für Stromversorgung unter der Bodenoberfläche, bevor Sie Pflasterung oder Rasenfläche anlegen.

Biotop *Ein Teich passt in den kleinsten Garten: Füllen Sie einen Bottich mit Wasser. Sie können dann Wasserpflanzen einsetzen und werden mit diesem Minibiotop Tiere anlocken.*

Gemüseanbau

Ohne frisches, im eigenen Garten gezogenes Gemüse ist ein Bio-Garten fast undenkbar. Lassen Sie deshalb reichlich Platz für Gemüseanbau. Die Meinung, Gemüsepflanzen wären unansehnlich, ist ein Irrtum. Ein gut angelegter, produktiver Gemüsegarten bietet immer einen erfreulichen Anblick (s. S. 132–201).

Planen Sie das Gemüsebeet in einem sonnigen Teil des Gartens und achten Sie darauf, dass keine Hecke die Sonne verstellt. Wenn nur begrenzt Platz zur Verfügung steht, kultivieren Sie das Gemüse im Tiefbeet eher block- als reihenweise. Der Boden wird dabei tief durchgearbeitet, um einen guten Durchwurzelungsbereich zu schaffen. Dadurch wachsen die Wurzeln weit nach unten und die Pflanzen können eng beieinanderstehen (s. S. 135).

Wichtig ist, dass die Beete in etwa 1,20 m breit sind, mit 30–45 cm Pfaden dazwischen. Reservieren Sie, wenn möglich, einen Extraplatz für Pflanzen wie Rosenkohl und Stangenbohnen, die für Tiefbeete nicht geeignet sind. Ihre Gemüseanlage kann ruhig auch unregelmäßige Formen haben, wenn sie sich dadurch besser in den restlichen Garten einfügt. Auch Hochbeete sind in kleinen Gärten ideal.

Sollte Ihr Garten selbst für das winzigste Gemüsebeet zu klein sein, bauen Sie etwas Salat und dekoratives Gemüse zwischen den Blumen auf den Zierrabatten an.

Obstanbau

Noch vor nicht allzu langer Zeit waren Obstbäume wegen ihrer Größe in einem sehr kleinen Garten undenkbar. Inzwischen gibt es jedoch von vielen Obstbaumarten Zwergformen, die durch speziellen Rückschnitt so gehalten werden können, dass sie auf kleinstem Raum gut gedeihen (s. S. 202–235).

Wer eine sonnige Mauer oder einen Zaun hat, kann dicht daran einen Pfirsichbaum in Fächerform hochziehen und verliert praktisch keinen Platz. Nutzen Sie eine Nordwand für eine fächerartig wachsende Schattenmorelle, die köstliche Sauerkirschen hervorbringt und außerdem noch wunderschön aussieht.

Sie können auch Äpfel und Birnen als Spalierobst an Wänden oder Zäunen emporziehen (s. S. 209). Am besten eignen sich dafür Ost- oder Westseiten. Alternativ kann man die Bäume als Kordon anbauen, wobei man sie mit 60–90 cm Abstand versetzt pflanzt und so zieht, dass sie in einem 45°-Winkel parallel zueinander wachsen. So erhält man gleichzeitig eine richtige Hecke.

Man kann auch Beerensträucher wie Stachelbeeren und Rote Johannisbeeren so ziehen, dass sie bei Platzmangel an der Wand entlang Spaliere bilden. Noch kompakter sind die einreihigen Niedrigspaliere, bei denen die Bäumchen nicht höher als 30 cm werden. Sie sind ideal als niedrige Hecken, z. B. als Einfassung um das Gemüsebeet herum. Vögel sind Ihr ärgster Konkurrent im Obstgarten. Wenn Sie ausreichend Platz haben, sollten Sie einen »Fruchtkäfig« einplanen. Auch die Errichtung eines »Käfigs« zum Schutz des Gemüses wäre mit Sicherheit lohnenswert.

Hingucker *Mit etwas Fantasie kann der Gemüsegarten zu einer dekorativen Anlage werden – ein wichtiger Gesichtspunkt im Kleingarten, wo man gewöhnlich alles im Blickfeld hat.*

Anbau unter Glas

Ein Gewächshaus ist eine Bereicherung für jeden Garten, und es lohnt sich, Platz dafür zu finden. Dieser sollte so sonnig wie möglich sein. Um die Installierung von Strom oder Gas zum Heizen preiswert zu gestalten, errichtet man das Gewächshaus am besten in Wohnungsnähe. Dann ist auch der Gang dorthin an eisigen Winterabenden weniger abschreckend.

Es gibt sehr viele Kontroversen über die Frage, in welcher Himmelsrichtung ein Gewächshaus am besten aufgestellt werden sollte. Meiner Meinung nach ist es egal, ob man eine Ost-West- oder Nord-Süd-Richtung bevorzugt.

Es stehen verschiedene Gewächshauskonstruktionen zur Auswahl. Rechteckige sind am häufigsten, aber für einen Kleingarten kann ein sechseckiges unter Umständen besser geeignet sein. Die Rahmen können aus Holz oder Aluminium bestehen (s. S. 247).

FRÜHBEETKASTEN

Wenn Sie Ihre Pflanzen selbst ziehen möchten, schaffen Sie möglichst in Gewächshausnähe Platz für einen Frühbeetkasten, einen Holz-, Metall- oder Ziegelsteinrahmen mit Glasabdeckung (s. S. 254).

Er ist wichtig, um die Pflanzen abzuhärten, d. h. vor dem Aussetzen ins Freiland an die Außentemperaturen zu gewöhnen.

FOLIENTUNNEL

Eine andere Möglichkeit, Pflanzen abzuhärten oder z. B. bei Salat, Spinat, Radieschen frühe Ernten zu erzielen, bietet sich mithilfe eines Folientunnels. Fertige Bausätze, d. h. Folie und halbrund gebogene Stahl- oder Kunststoff-Bügel können Sie in jedem guten Gartengeschäft kaufen. Etwas preisgünstiger ist es, sich als Bügel Federstahl, gebogene Metallstangen oder Isolationsrohre für elektrische Leitungen aus Kunststoff (auf 2 m Länge absägen) zu besorgen und diese im Abstand von 50–70 cm mit beiden Enden mindestens 25 cm tief in die Erde zu stecken.

Über diese Bögen legt man dann eine 1,5 m breite Folie und befestigt sie mit Schnüren, die kreuzweise über den Tunnel gelegt und jeweils an den Bügeln festgebunden werden.

Der Arbeitsbereich

Biologische Gärtner sind oft von Natur aus eher »Do-it-yourself«-Menschen und sie neigen dazu, Dinge zu sammeln, die andere Leute als Abfall bezeichnen. Ich beispielsweise finde es schwierig, ein Stück Holz wegzuwerfen oder mich von einem Nylonseil zu trennen, behalte alte Plastiktassen für den Gebrauch als Pflanztöpfchen und leere Komposttüten als Pflanzsäcke. So ist reichlich Platz vonnöten, um diese wertvollen Utensilien zu verstauen.

Haben Sie genügend Raum für eine Gartenlaube, gibt es keine Probleme. Sie braucht auch nicht versteckt zu werden, denn mit Kletterpflanzen lässt sich ihr Anblick schnell verschönern. Ist dafür jedoch kein Platz und ist auch in der Garage kein Eckchen frei, so besorgen Sie sich für Werkzeug und Geräte eine Abdeckung. Es gibt entsprechende Behälter oder Truhen und selbst ein ausrangierter Kleiderschrank kann als Mini-Laube umfunktioniert werden.

Sie brauchen ebenfalls Platz für mindestens zwei, besser drei Kompostmieten, wenn Sie mit Platz gesegnet sind, einen Behälter mit Laubkompost sowie eventuell einen Stapel Mist. Es gibt immer auch Lösungen für kleine Gärten! Erde und Düngesäcke müssen gelagert werden. Wenn Sie keine Laube haben, kaufen Sie Plastiksäcke, die draußen liegen können. Der Arbeitsbereich sollte, abgetrennt vom restlichen Garten, hinter hochwachsenden Sträuchern oder durch Anpflanzung einer Hecke verborgen werden. Bei begrenztem Platz ist die beste Abtrennung ein Gitter, an dem schnellwüchsige Kletterpflanzen emporranken.

Die Zierpflanzenwahl

Der biologische Ziergarten wird, abgesehen von ästhetischen Gesichtspunkten, mit dem Ziel bepflanzt, möglichst viele Nützlinge zur Bekämpfung der Schädlinge anzulocken. Die richtige Auswahl von Zierpflanzen trägt dazu bei, ein natürliches Gleichgewicht zu schaffen und die Freude am Garten zu vergrößern.

ANLAGE EINES BAUERNGARTENS

Für den Durchschnittsgärtner mit einem mäßig großen Garten bietet der Bauerngarten gegenüber anderen Anlagen deutliche Vorteile. Dieser unbegrenzt anpassungsfähige Stil passt zur modernen Architektur und ihren Baumaterialien genauso, wie damals zu den alten Bauernhäusern mit ihren rosenumrankten Türen und Fenstern.

Der erste Vorteil besteht darin, dass man eine Mischung von Zier- und Gemüsepflanzen auf demselben Beet anbaut und so den verfügbaren Platz optimal ausnutzt. Zweitens fördert der zwanglose Stil die Verwendung einheimischer Pflanzen, sodass nützliche Insekten und Schädlingsvertilger in den Garten gelockt werden. Ein Nebeneffekt der in diesen Gärten sehr dichten Pflanzungen besteht darin, dass Unkrautwuchs unterdrückt und damit viel mühsame Arbeit gespart wird. Typisch für einen Bauerngarten ist eine streng geometrische und oft symmetrische Beetanordnung, die in einem reizvollen Kontrast zu dem bunten Pflanzengewirr auf den Beeten steht. Die Beete selber sind häufig mit ganz niedrigen Hecken aus Buchsbaum, Eberraute oder anderen Gehölzen eingerahmt. In besonders reich ausgestatteten Bauerngärten bildet ein Brunnen, manchmal auch ein prächtiges Rosenhochstämmchen den Mittelpunkt der Anlage.

Es ist nicht notwendig, alle Beete von Anfang an bis ins Letzte zu planen. Wichtiger scheint es mir, langsam Pflanzen zu sammeln, zu beobachten und kennenzulernen, in Baumschulen, Parks oder anderen Gärten.

Bäume und Sträucher bilden den Rahmen eines Gartens. Vergessen Sie nicht, dass diese Pflanzen in zehn Jahren ganz anders aussehen und dass sie dann nicht gerne umgepflanzt werden. Berücksichtigen Sie deshalb vor dem Kauf die endgültige Ausbreitung und Höhe, um sicherzustellen, dass sie gleich an den richtigen Platz kommen. Stauden können meist nach Belieben verpflanzt werden.

Lebendiges Miteinander *Die rote Kapuzinerkresse und die geriffelten Blätter sowie hellen Stiele von Mangold ergeben eine perfekte Partnerschaft: Sie machen das Gemüse- zu einem Zierbeet.*

Dramatische Farben *In diesem naturnahen Garten sind durch Setzen von üppigen Pflanzeninseln in Violett, Pink und Rot größere Flächen mit konzentrierten Farbtupfern entstanden.*

Aufzeichnen eines Plans

Sind Ihre Listen fertig und gut durchdacht, sollten Sie sich nicht sofort an die praktische Umsetzung machen. Natürlich ist die Versuchung groß, unverzüglich mit dem Säen und Pflanzen zu beginnen, denn wer möchte nicht so schnell wie möglich einen bunten, abwechslungsreichen Garten sein Eigen nennen. Trotzdem ist es besser, die Ungeduld zu zügeln und zuallererst einen ausführlichen Plan zu machen, auf dem Sie festlegen, was Sie bereits haben. Dann überlegen Sie, was Sie möchten und wie Sie die Arbeiten ausführen wollen. Messen Sie als Erstes die Abgrenzungen Ihres Gartens, zeichnen Sie die Fläche auf Papier und übertragen Sie sie auf Millimeterpapier. Sind Haus und Garten rechteckig, ist es nicht schwer, die Maße zu bestimmen. Andernfalls müssen Sie auf ein Messsystem zurückgreifen, dass als Triangulation bekannt ist (sieht unten).

DIE ERSTEN SCHRITTE

Sobald Ihr Plan fertiggestellt ist, kann die Arbeit beginnen. Die Aufzeichnungen vom Papier in die Praxis zu übertragen, kann heikel werden, und ein gutes Hilfsmittel ist es daher, eine Mittellinie durch den Garten zu ziehen, von wo aus alle weiteren Messungen stattfinden. Es ist dann relativ leicht, die Biegungen aus der Zeichnung in den Garten selbst zu übertragen. Jeder einzelne Schritt wird mit Stöcken markiert.

Seien Sie flexibel, wenn Sie anfangen, den Garten umzugraben oder die Rasenkanten zu schneiden. Sieht der Bogen eines Beets nicht richtig aus, wenn Sie ihn vom Rasen abteilen wollen, dann halten Sie nicht stur am Plan fest. Nehmen Sie ruhig hier und dort Änderungen vor, um die endgültige Anlage so perfekt wie möglich zu gestalten. Bedenken Sie: Was richtig aussieht, ist richtig!

VERMESSEN DES GARTENS

Leider ist ein völlig rechteckiges Grundstück selten und die meisten Gärten liegen nicht exakt im rechten Winkel zum Haus. Für eine genaue Messung müssen Sie daher die Dreiecksmessung (Triangulation) anwenden.

Dafür brauchen Sie 2 feste Messpunkte, z. B. Hausecken. Beginnen Sie mit der Vermessung des Hauses, dann messen Sie die Entfernung zu jeder Ecke der Gartengrenze, zuerst von einer Hausecke, anschließend von der anderen. Notieren Sie die Maße auf Ihrem vorläufigen Plan. Dieselbe Methode wenden Sie an für sämtliche Punkte, die Sie bestimmen wollen, wie beispielsweise Bäume, die nicht verändert werden sollen.

Bevor Sie den Hauptplan ausarbeiten, legen Sie einen Maßstab fest. In Zehner-Einheiten lässt sich am besten arbeiten, d. h. beispielsweise 1 cm entspricht 1 m. Auf Millimeterpapier bekommt man leichter exakte Winkel und Längen. Bringen Sie zuerst die Maße des Hauses aufs Papier. Um einen Punkt festzulegen, schlagen Sie von den beiden Punkten, die die Hausecken markieren, mit dem Zirkel zwei Kreise in den gemessenen, nach Maßstab verkleinerten Abständen. Am Schnittpunkt der Kreise befindet sich der gewünschte Standort. Zeichnen Sie die Einzelheiten auf Ihrem Hauptplan mit Tinte ein. Dann befestigen Sie darauf ein Stück Durchschlagpapier. So können Sie verschiedene Gestaltungsentwürfe anfertigen – und Fehler machen –, ohne dass Ihr Hauptplan verdorben wird. Es wird zweifellos Fehler und Meinungsänderungen geben, bevor Sie mit der Anlage zufrieden sind. Die auf der folgenden Seite dargestellten Entwürfe sind Beispiele zur Platzeinteilung. Der größere hat als Grundlage die Maße der rechts aufgeführten Diagramme.

▶ **Markieren Sie** auf einem Stück Papier die Entfernung zwischen den Hausecken und der Gartenabgrenzung sowie den Abstand vom Haus zu bestehenden Punkten wie Bäumen (rechts).

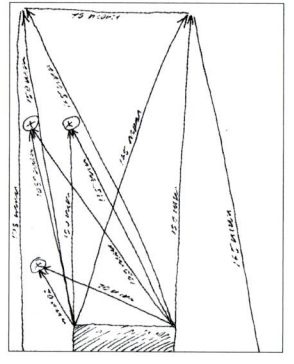

▼ **Legen Sie** einen Maßstab fest und zeichnen Sie die Umrisse des Gartens sowie bestehende Punkte mithilfe eines Zirkels auf Millimeterpapier (unten).

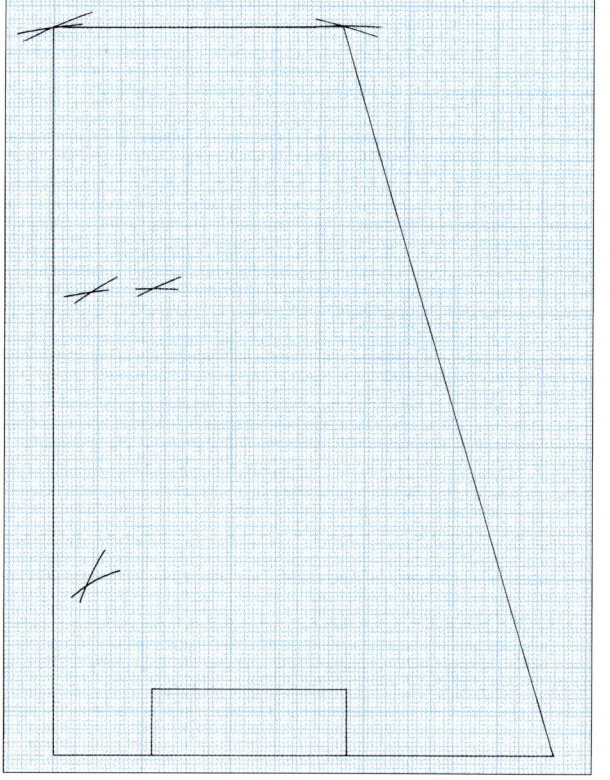

PFLEGE EINES NEU EINGESÄTEN RASENS

Bewässerung Durch sein begrenztes Wurzelwerk ist ein neuer Rasen sehr empfindlich gegenüber Trockenheit. Sie sollten ihn in regelmäßigen Abständen bewässern. Am besten verwenden Sie dazu einen Rasensprenger. Das einfache Abspritzen mit dem Schlauch ist unzureichend (s. S. 266).

Mähen Bei etwa 7 cm Länge sollte der Rasen gemäht werden. Beim ersten Mal walzen Sie den Rasen, um eventuell lose Steine festzudrücken. Dadurch werden auch die Grashalme gequetscht, was die Bestockung der Gräser von unten fördert und so zu einem dichteren Rasen führt. Danach stellen Sie die Klingen soweit wie möglich nach oben, um nur die Spitzen der neuen Gräser zu schneiden. Mit jedem weiteren Schnitt werden die Klingen niedriger eingestellt, bis sie etwa 1 cm über der Bodenoberfläche sind.

Mit dem neuen Gras wachsende Unkräuter werden durch das Mähen regelmäßig geköpft. Diese Prozedur lässt die Einjährigen rasch verschwinden und auch die Mehrjährigen, die Sie bei der Bodenvorbereitung vielleicht übersehen haben, geben bald auf. Nur rosettenbildende Unkräuter überleben wiederholtes Mähen. Sie werden später bekämpft (s. S. 80).

»Instant«-Rasen aus Grassoden

Ein Rasen aus Grassoden ist so etwas wie ein »Instant-Rasen«. Das glattflächige Auslegen des Soden bereitet wenig Mühe. Die schnell entstandene Rasenfläche lädt zum sofortigen Betreten ein, was jedoch erst geschehen darf, wenn die Soden miteinander verwurzelt sind. Bei Anlage im Frühjahr dauert dies etwa 6 Wochen. Die Grassoden sollten aus verlässlicher Quelle stammen, sodass Sie sich auf die Qualität des Rasens verlassen können.

PFLEGE EINES RASENS AUS SODEN

Bewässerung Sorgen Sie dafür, dass die Grassoden nie unter Wassermangel leiden. Schon ein leichtes Austrocknen lässt sie zusammenschrumpfen, es entstehen hässliche Lücken. Deshalb sprengen Sie vorsichtig, aber oft.

Mähen Dass das Gras Wurzeln geschlagen hat, erkennt man, wenn es eine kräftigere Farbe bekommt und sich aufrichtet. Dann wird es genauso geschnitten wie der eingesäte Rasen (*siehe links*).

ANLAGE EINES AUSSAATRASENS

Grassamen sollten im zeitigen Frühjahr oder Herbst ausgesät werden, wenn Aussicht auf feuchte Witterung besteht. Vermeiden Sie die trockenen Monate, da dann ständig bewässert werden müsste. Bei Aussaat entlang einer Pflasterung heben Sie das Niveau der Rasenfläche etwas an, um das Mähen zu erleichtern.

1 *Beginnen Sie mit einem vorgereinigten Saatbeet (s. S. 269). Harken Sie die Fläche grob durch und beseitigen Sie mögliche Unebenheiten mit der Rückseite der Harke, bevor Sie den Boden befestigen.*

2 *Ist Ihr Boden leicht oder enthält er zu wenig organische Substanz, geben Sie eine 5 cm dicke Kompostschicht zu, die Sie leicht in die Oberfläche einarbeiten. Bei schwerem Boden verwenden Sie groben Kies.*

3 *Harken Sie 2 Handvoll Horn-Blut-Knochenmehl pro m² Boden ein. Treten Sie den Boden mit dem Gewicht auf den Fersen fest oder verwenden Sie Trittbretter bzw. eine Walze. Dadurch wird ein Absinken des Bodens nach der Keimung verhindert.*

4 *Harken Sie die Fläche glatt. Unebenheiten lassen sich besser erkennen, wenn Sie von Zeit zu Zeit einen Schritt zurückgehen und die Oberfläche in der Hockstellung in Augenschein nehmen – ein völlig ebener Rasen ist jedoch selten notwendig.*

5 *Säen Sie 25–35 g pro m². Das entspricht etwa 2 Handvoll Samen. Wenn Sie Ihre Füße weit auseinanderstellen und sich so weit wie möglich nach vorne beugen, decken Sie in etwa eine Fläche von 1 m² ab.*

6 *Harken Sie den Samen ein, sodass etwa die Hälfte mit Boden bedeckt ist. Zur Beschleunigung der Keimung und zum Schutz gegen Vögel decken Sie die Saat mit perforierter Folie ab, die wieder entfernt wird, sobald die ersten Samen keimen.*

AUSLEGEN VON GRASSODEN

Bereiten Sie den Boden vor (s. S. 78) und harken Sie ihn glatt. Dann legen Sie die Grassoden wie unten gezeigt aus. Arbeiten Sie stets von Brettern aus, denn frisch ausgelegter Rasen sollte ebenso wie geebneter Boden niemals betreten werden. Gerüstbretter sind in diesem Fall ideal und lassen sich leicht verlegen.

1 *Legen Sie ein Brett entlang der in etwa längsten Rasenkante und bringen Sie die erste Reihe Grassoden aus. Fahren Sie so um den gesamten Rand der geplanten Rasenfläche fort. Drücken Sie die Soden mit der Harkenrückseite fest, damit sie engen Kontakt mit dem Boden bekommen.*

2 *Bringen Sie das Brett jetzt auf die erste ausgelegte Reihe. Von dort aus legen Sie die zweite Reihe parallel zur ersten und ziehen sie mit der Harkenrückseite dicht an die erste heran. Es ist nicht notwendig, die Soden, wie gelegentlich empfohlen, zusätzlich miteinander zu verbinden.*

3 *Am Ende einer Reihe passen Sie das letzte Stück dem Randstück an, indem Sie es darüberlegen und den Überstand mit einem Taschenmesser abschneiden. Wenn der gesamte Rasen ausgelegt ist, können Sie die Kanten mit einem Kantenschneider in die gewünschte Form bringen.*

4 *Ist der Rasen fertig, stellen Sie einen Rasensprenger auf. Halten Sie die Grassoden nach dem Auslegen gut feucht, um ein Zusammenschrumpfen zu verhindern. Sobald sich die Wurzeln gut entwickelt haben, kann seltener bewässert werden.*

Pflege eines bestehenden Rasens

Wenn bereits eine Rasenfläche im Garten besteht, lässt sich zwar kein organisches Material mehr einbringen, doch Sie können den Rasen so pflegen, dass er gut erhalten bleibt.

Dränage Für gutes Gedeihen ist eine entsprechende Wasserführung des Bodens nötig. Eine Verbesserung lässt sich durch Einarbeiten von Kies oder organischer Substanz erreichen. Eine schlechte Dränage fördert Staunässe und die Wurzeln bekommen zu wenig Luft. Bei zu schnellem Wasserablauf wird das Gras bald braun und unansehnlich.

Düngung Rasen ist auf zweierlei Art mit Nährstoffen zu versorgen. Man kann das langsam wirkende Horn-Blut-Knochenmehl ein- bis zweimal im Jahr ausbringen, zuerst im Frühjahr, eventuell nochmal im Frühsommer. Wer Wert auf sofortiges Ergrünen legt, wie es z. B. Kunstdünger bewirkt, verwendet flüssigen Stallmist, der viel Stickstoff enthält.

Unkraut jäten Wer Rasen gut pflegt und regelmäßig schneidet, wird mit Unkraut nicht viel Ärger haben. Unvermeidlich sind nur einige Kräuter wie Löwenzahn und Gänseblümchen, für den Bio-Gärtner oftmals erwünscht und kein Problem. Wer sie nicht möchte: Regelmäßig mit einem Messer ausstechen oder etwas gewöhnliches Kochsalz auf den Wachstumspunkt geben.

▲ **Zur Verbesserung des Wasserablaufs** *bzw. der Wasserspeicherung machen Sie im Rasen mit einem Grasdurchlüfter kleine Löcher. In diese füllen Sie bei schweren Böden Kies und bei leichten Böden Kompost.*

▶ **Rosettenbildende Unkräuter** *sticht man mit einem Messer aus. Man kann auch etwas Tafelsalz in das Zentrum der Blattrosette schütten, wodurch die Pflanzen über Nacht absterben.*

Ausbesserung grober Stellen Manchmal erscheinen Flecken mit grob erscheinendem Gras, was allerdings selten vorkommen sollte, wenn Sie gutes Saatgut verwendet haben. Treten solche Stellen trotzdem auf, werden sie mit einem Taschenmesser kreuz und quer eingekerbt, und man sät erneut eine Mischung ein, die zu gleichen Teilen aus Grassamen, Torfersatz und Erde besteht.

DAS MÄHEN

Rechen Sie vor dem Mähen alle Regenwurmausscheidungen vom Rasen herunter, andernfalls walzt der Mäher sie platt, und es entstehen ideale Saatbeete für Unkräuter.

Der Rasen sollte von einem Schnitt zum anderen in entgegengesetzter Richtung gemäht werden (*siehe unten*). Schneiden Sie ihn nicht kürzer als etwa 1 cm, sonst werden kahle Stellen gefördert, in die sich Moose und Unkräuter einnisten. Das geschnittene Gras wird abgeharkt, um auf dem Rasen eine Ansammlung von abgestorbenem Material zu verhindern. Der Grasschnitt kommt auf den Kompost (*s. S. 21*). Kämmen Sie den Rasen mindestens jedes Frühjahr einmal mit einem Rechen durch, sodass vor dem ersten Mähen abgestorbenes Gras entfernt wird.

Richtig mähen *Schneiden Sie einmal komplett entlang Ihrer Rasenkante. Dann diagonal die ganze Rasenfläche mähen. Markieren Sie Ihren Startpunkt, dann können Sie beim nächsten Mal in der anderen Wuchsrichtung mähen.*

Ordentliche Kante *Nach der großen Grünfläche schneiden Sie mit einem Rasenkanten-Schneider die Ränder ordentlich nach. Er besitzt extra lange Scheren, damit man ganz nah an die Kante kommt.*

Bäume

Zierbäume dienen vielfachen Zwecken. Erstens sorgen sie für Schatten und vergrößern damit die Auswahl der kultivierbaren Pflanzenarten. Zweitens bilden sie zusammen mit Hecken und Rasenflächen den Rahmen des Gartens, und sie können, besonders in größeren Gärten, als Windschutz eingeplant werden. Drittens bieten sie Nahrung und Schutz, und dadurch locken sie viele Tiere an.

Bäume dienen Vögeln als Sitzplatz, zum Nestbau und als Futterquelle, vor allem Beeren und Früchte tragende Arten wie Cotoneaster (*Cotoneaster waterii*), Eberesche (*Sorbus sp.*) und Zierapfel (*Malus sp.*). Bäume mit tief gefurchter oder abblätternder Rinde, wie beispielsweise einige Birken (*Betula sp.*), sind Unterschlupf für Insekten, die ihrerseits eine Nahrung für die Vögel darstellen.

Blühende Bäume locken Insekten zur Bestäubung an, was wichtig ist, wenn Sie Obst ernten wollen. Der schön blühende Zierapfel *Malus* 'Golden Hornet' befruchtet die meisten Apfelsorten, und da er auf maximalen Blütenansatz gezüchtet ist, steht immer reichlich Pollen zur Verfügung.

AUSWAHL DER BÄUME

Bei der Auswahl bestimmter Baumarten sollten Sie zuallererst deren endgültige Höhe und Ausbreitung in Betracht ziehen. Bäume konkurrieren mit den umliegenden Pflanzen um Wasser und Nährstoffe, und ein großer Baum kann den gesamten Garten beschatten. Viele Gärtner haben schon die Anpflanzung der wunderschönen Trauerweide (*Salix alba* 'Tristis') bedauert, die bis zu 12 m hoch werden kann. Es gibt viele niedrigere Arten, die besser geeignet sind. Eine Zierform der Trauerweide (*Salix caprea* 'Kilmarnock') wäre beispielsweise für einen kleinen Garten denkbar. Dieses attraktive Bäumchen wird nicht höher als 3 m. Erkundigen Sie sich nötigenfalls in einer Baumschule. Eine Auswahl von Laub- und Nadelgehölzen finden Sie auf Seite 84–87.

Pflanzen Sie hochwachsende Bäume mindestens 12 m vom Haus entfernt. Wurzeln von Bäumen wie Weiden (*Salix sp.*) und Pappeln (*Populus sp.*) wachsen leicht in defekte Rohrleitungen und blockieren sie. Noch schlimmer ist es, wenn die Wurzeln dem Boden Wasser entziehen und ihn so zum Schrumpfen bringen. Unter dem Fundament eines Hauses führt dies zu Rissen und einem Absinken. Besonders Tonböden sind deshalb gefährdet.

DER KAUF

Bäume kann man in Containern und mit oder ohne Ballen erwerben. Sie sollten aus einer guten Baumschule stammen, die möglichst in näherer Umgebung liegt, denn dann können Sie sicher sein, dass das Bäumchen auch wirklich an ihre Bodenbedingungen angepasst ist. Bei Bestellungen aus Katalogen kann man oft Enttäuschungen erleben, wenn die Pflanzen in anderem Klima und Boden angezogen wurden. Bäume in Containern sind kleiner und teurer als andere, aber ihr Vorteil ist, dass sie sich zu jeder Jahreszeit pflanzen lassen. Bäume ohne Ballen können nur während der Wachstumsruhe gepflanzt werden.

DAS PFLANZEN

Pflanzen Sie Ihre Bäume niemals in unbearbeiteten Boden. Wenn Sie einfach ein Loch in harten Untergrund graben, gibt es dort leicht einen Wasserstau, und wenn das Wasser während des Winters nicht versickern kann, werden die Baumwurzeln kalt und bekommen nicht mehr genügend Luft. Deshalb ist gründliche Bodenvorbereitung wichtig. Sogar bei der Pflanzung in einen Rasen sollte ein möglichst großes Pflanzloch – mindestens 90 cm² – ausgehoben werden. Lockern Sie den Unterboden, um den Wasserablauf zu verbessern, und arbeiten Sie reichlich organisches Material in Form von Kompost, Stallmist oder einer der Alternativen (s. S. 30) ein. Verwenden Sie nicht den leicht alkalischen Champignonkompost (s. S. 30), denn die meisten Bäume und Sträucher bevorzugen einen leicht sauren Boden. Das gilt besonders für kalkfeindliche Pflanzen wie z. B. die Felsenbirne (*Amelanchier lamarckii*). Verteilen Sie 2 Handvoll Horn-Blut-Knochenmehl auf dem Boden.

Alle jungen Bäume brauchen beim Auspflanzen eine Stütze, deren Konstruktion davon abhängt, ob man einen ballenlosen oder einen Container-Baum hat. Bei ballenlosen Bäumen genügt ein einfacher Pfahl, der möglichst nahe am Stamm platziert wird (s. S. 83). Containerbäume bekommen festeren Halt durch ein Querbalkengestell (*siehe unten*). Man hat festgestellt, dass die Bewegung des Stamms im Wind den Fuß und das Wurzelsystem des Baums stärkt. Daher sollte ein Pfahl den Fuß und die Wurzeln gut verankern, aber nur ein Drittel der Stammlänge stützen, sodass der Stamm Spielraum hat. Befestigen Sie den Baum mit einem speziellen Baumband oder mit Plastikstreifen am Pfahl. Verwenden Sie niemals Draht oder dünne Plastikschnüre, denn diese schneiden die Rinde ein, wenn der Baum größer wird.

PFLANZUNG VON CONTAINER-BÄUMEN

Bäume in Containern können zu jeder Jahreszeit ausgepflanzt werden. Ausreichend Wässern ist wichtig, denn Wassermangel verursacht schlechtes Anwachsen. Die Wurzeln breiten sich erst nach einigen Wochen in den umgebenden Boden aus, daher muss der Wurzelballen bei Trockenheit öfter von Hand gewässert werden.

1 *Graben Sie ein ausreichend großes Loch für den Wurzelballen. Wässern Sie den Baum noch im Container. Dadurch lässt sich der Wurzelballen einfacher aus dem Container lösen.*

2 *Setzen Sie den Baum in das Pflanzloch, ohne die Wurzeln zu beschädigen, außer wenn sie um den Topf gewachsen sind. Überprüfen Sie, ob das Loch tief genug ist, indem Sie einen Spaten quer darüberlegen.*

3 *Enthält Ihr Boden wenig organische Masse, mischen Sie die aus dem Pflanzloch ausgehobene Erde mit Kompost. Wenn er wenig Nährstoffe liefert, geben Sie 2 Handvoll Horn-Blut-Knochenmehl bei.*

4 *Mischen Sie Erde und Kompost mit einem Spaten und füllen Sie das Pflanzloch damit auf, bis der Wurzelballen bedeckt ist. Treten Sie die Erde vorsichtig fest.*

5 *Wasserrückhaltung um den Wurzelballen ist wichtig. Machen Sie aus einem Teil der ausgegrabenen Erde einen kleinen Rückhaltewall um den Baum herum, sodass der Boden später richtig durchfeuchtet wird.*

6 *Schlagen Sie zwei 5 × 5 cm Pfähle innerhalb des Erdwalls etwa 45 cm tief in den Boden, sodass sie etwa ein Drittel in Stammhöhe herausragen. Nageln Sie ein Querbrett zwischen die Pfähle.*

7 *Befestigen Sie den Stamm mit einem speziellen Baumband an dem Querbrett. Benutzen Sie eine Manschette, um ein Aufscheuern der Rinde zu vermeiden. Den Boden gründlich wässern und nie austrocknen lassen.*

8 *Vier bis sechs Wochen später sollte der Baum gut angewachsen sein. Ebnen Sie dann den Erdwall ein und bringen Sie eine dicke Mulchschicht aus gut verrottetem Stallmist oder Kompost um den Stamm herum aus.*

DIE PFLEGE

Düngung In Beeten stehende Bäume werden normalerweise jedes Jahr mit Nährstoffen versorgt, wenn man auch die übrigen Pflanzen düngt. Als zusätzliche Nährstoffgabe erhalten sie jedes Frühjahr 2 Handvoll Horn-Blut-Knochenmehl. Vergessen Sie zur Erhaltung der Bodenfruchtbarkeit aber nicht die Zugabe von organischer Substanz. Bringen Sie möglichst jeden Herbst eine Schicht gut verrotteten Stallmist, Kompost oder eine der Alternativen (s. S. 30) um die Wurzeln herum aus. Vermeiden Sie Champignonkompost (s. S. 35), der den Boden unnötig ansäuert. Bäume auf Grasflächen brauchen ebenfalls Nährstoffe und sollten auf dieselbe Weise gedüngt werden wie oben angegeben. Allerdings beginnt man hier etwas früher, sodass der Dünger in den Boden gewaschen wird, bevor das Gras anfängt auszutreiben und die Nährstoffe aufbraucht.

Schnitt Zierbäume brauchen die ersten Jahre nach dem Pflanzen so gut wie keinen Schnitt. Normalerweise entfernt man während der Wachstumsruhe nur die abgestorbenen, kranken oder überflüssigen Äste. Nach innen wachsende Zweige oder solche, die andere kreuzen, werden aber gleich herausgenommen. Mit dieser Vorgehensweise vermeiden Sie, dass später größere Äste entfernt werden müssen und durch die entstehenden Lücken die Form des Baums verdorben wird.

Baumbänder Man sollte Baumbänder mindestens einmal im Jahr im Herbst überprüfen. Es kann vorkommen, dass sie zu lose werden und dann den Baum in Winterstürmen nicht mehr genügend halten. Andererseits können sie für einen kräftig wachsenden jungen Baum schnell zu eng werden, sodass sie nicht ausreichend Spielraum lassen und weiteres Wachstum behindern.

PFLANZUNG VON BALLENLOSEN BÄUMEN

Dies kann nur während der Wachstumsperiode des Baums geschehen. Pflanzen Sie nie bei Frost oder Staunässe. Treffen die Bäume noch bei Kälte ein, sollten sie unausgepackt in einem frostfreien Raum bleiben oder vorübergehend im Freien in einem Graben eingeschlagen werden (s. S. 113), bis das Wetter frostfrei ist.

1 Halten Sie die Wurzeln mit einem Sack bedeckt, bis die Pflanzstelle vorbereitet ist. Dadurch wird bei sonnigem oder windigem Wetter ein Feuchtigkeitsverlust vermieden.

2 Richten Sie sich nach der Bodenmarkierung am Stamm. Setzen Sie den Baum in das Pflanzloch, legen Sie einen Spaten darüber; ist der Stiel auf der Höhe der Bodenmarkierung, hat der Baum die richtige Tiefe.

3 Nehmen Sie den Baum aus dem Pflanzloch und schlagen Sie einen Pfahl 45 cm tief ein. Er sollte mindestens zweimal so dick wie der Stamm sein und etwa ein Drittel der Stammlänge aus dem Boden ragen.

4 Mischen Sie unter die ausgegrabene Erde einen Eimer organisches Material. Auch Kompost kann man nehmen, aber wenn er wenig Nährstoffe enthält, müssen 2 Handvoll Knochenmehl beigegeben werden.

5 Setzen Sie den Baum in das Pflanzloch und schütten Sie etwas feine Erde über die Wurzeln. Dann bewegen Sie den Stamm einige Male hin und her, sodass sich der Boden um die Wurzeln setzt.

6 Füllen Sie das halbe Loch auf und treten Sie den Boden herunter. Er sollte im Wurzelbereich fest, aber nicht zusammengepresst sein. Die restliche Erde zugeben und erneut festtreten.

7 Binden Sie den Stamm am Pfähl an. Dazu wird ein handelsübliches Baumband oder ein dicker Plastikstreifen in Form einer Acht um Baum und Pfahl gewickelt. Band oder Plastikstreifen am Pfahl festnageln.

8 Verteilen Sie sofort nach dem Pflanzen rund um den Stamm eine Mulchschicht aus gut verrottetem Kompost oder Mist, um Feuchtigkeit zu speichern und Unkrautwuchs zu unterdrücken.

Laubbäume

Laubbäume werfen ihr Laub vor der kalten Jahreszeit ab, nachdem sich die Blätter orange, rot oder gelb verfärbt haben. Neue Blätter kommen im Frühjahr zum Vorschein. Die hier vorgestellten Baumarten sind nur eine kleine Auswahl: Wenn Sie einen Baum für Ihren Garten aussuchen, sollten Sie seine endgültige Höhe und Breite berücksichtigen. Denken Sie auch daran, dass die meisten Bäume Schatten werfen und so die Pflanzen mitbestimmen, die in ihrer Nachbarschaft gedeihen können (*Pflanzanleitung s. S. 82–83*).

WEIDENBLÄTTRIGE BIRNE
Pyrus salicifolia 'Pendula'
Wie der Name schon sagt, hat diese Zierform der Birne weidenähnliche Blätter von graugrüner Farbe, die mit feinen Flaumhärchen bedeckt sind. Wegen der geringen Höhe ist der Baum gut für kleinere Gärten geeignet. Höhe bis 4,5 m, Breite 2,4 m.

VOGELKIRSCHE
Prunus avium 'Plena'
Diese Wildkirsche wird wegen der Fülle ihrer weißen Blüten geliebt, die zur selben Zeit wie die Blätter erscheinen. Bis zum Herbst entwickeln sich kleine, leuchtend dunkelrote Früchte. Die Blätter färben sich dann rot. Höhe bis 12 m, Breite 10 m.

EBERESCHE SORBUS
Sorbus 'Joseph Rock'
Bei dem zierlichen Baum färben sich die glänzend grünen Blätter im Herbst in ein tiefes Feuerrot. Im Frühjahr erscheinen büschelweise cremefarbene Blüten, aus denen sich bis Frühherbst bernsteinfarbene Früchte entwickeln. Höhe bis 5,5 m, Breite 2,4 m.

BERGKIRSCHE
Prunus subhirtella 'Autumnalis'
Diese Zierkirsche bringt, abgesehen von gelegentlichen Pausen, vom Spätherbst bis zum Frühjahr hübsche weiße Blüten hervor. Sie trägt keine Früchte. Die Blätter färben sich im Herbst meist rot. Höhe 9 m, Breite 9 m.

GOLDREGEN
Laburnum vossii
Dieser Baum ist in seinen Ansprüchen bescheiden. Die dreilappigen Blätter sind dunkelgrün und von Mai bis Juni erfreuen Sie zahllose goldgelbe Blütentrauben. Alle Pflanzenteile sind giftig! Höhe bis 5,5 m, Breite 4 m.

MOSTGUMMI-EUKALYPTUS
Eucalyptus gunnii
Der immergrüne, nicht frost-
harte Baum wirft ständig Blätter
ab, die sofort durch neue ersetzt
werden. Wie alle Eukalyptus-
arten sollte er sehr geschützt
stehen. Außer in Weinbaugebieten ist es ratsam, Eukalyptus im
Kübel zu ziehen und kühl, aber
frostfrei zu überwintern. Höhe
bis 15 m, Breite 6 m.

KÄTZCHENWEIDE
Salix caprea
Weidenblätter haben eine dunkelgrüne Oberfläche und eine
graue Unterseite. Im Frühjahr
tragen männliche Bäume
gelbe Kätzchen und weibliche
silberne. Ideal für den Kleingarten ist wegen ihrer geringen
Größe die Trauerweide *Salix
caprea* 'Pendula', die höchstens
3 m hoch wird.

BIRKE
Betula platyphylla
Birken werden oft ihrer
wunderschönen Rinde
wegen angebaut, die sich
bei einigen Arten ständig
schält, um die darunterliegende, noch hellere Borke
hervorzubringen. Die Blätter werden im Herbst gelb
und im Frühjahr tragen die
Bäume Kätzchen. Höhe bis
10 m, Breite 4,5–6 m.

GLEDITSCHIE
(LEDERHÜLSENBAUM)
Gleditsia triacanthos
Die im Frühjahr leuchtend
gelben Fiederblättchen werden
im Sommer hellgrün und
färben sich im Herbst wieder
gelb. Die Äste sind mit Dornen
besetzt. Aus den im Mai/Juni
erscheinenden grünen Blüten
entwickeln sich bis zum Herbst
braune Hülsen. Höhe bis 9 m,
Breite 4,5 m.

SPITZ-AHORN
Acer platanoides
Diese Bäume zeigen eine
wunderschöne herbstliche
Laubfärbung, die von Gelb
bis Rot reicht. Es gibt mehrere attraktive Formen mit
unterschiedlichen Blattfar-
ben, so z. B. eine weiß-grüne
Variante. Höhe bis 10 m,
Breite 6 m.

AHORN
Acer griseum
Dieser aus Zentralchina stammende Baum hat eine wun-
derschöne Herbstfärbung. Die
Blätter leuchten orange und
rot, der Stamm zeigt sich nach
Abschälen der alten Borke
ebenfalls orangerot. Höhe bis
6 m, Breite 2,4 m.

Nadelbäume

Es gibt eine reiche Vielfalt an Farben, Formen und Größen – von Zwergpflanzen für Steingärten oder Kübel über niedrige Heckenformen bis hin zu riesigen Bäumen. Ihre Blätter sind klein und mit einer Wachsschicht überzogen: Sie haben die Form von Schuppen oder Nadeln und werden bei den meisten Arten nicht abgeworfen.

Am idealsten zum Einpflanzen sind Nadelbäume in Containern oder mit einem großen Wurzelballen, da sie so am besten anwachsen (s. S. 82/83).

HEMLOCKTANNE
Tsuga canadensis
Die Zweigspitzen dieses dekorativen Nadelbaums hängen bei entsprechender Länge zum Boden. Der Baum hat schmale dunkelgrüne Blätter und ovale Zapfen. Er wirkt am besten frei stehend. Höhe bis 20 m, Breite 8 m.

GINKGO
Ginkgo biloba
Eine ungewöhnliche Konifere mit einzigartig geformten Blättern, die eher an Laubbäume erinnern. Im Sommer dunkelgrün, färben sich die Blätter im Herbst wunderschön leuchtend gelb. Höhe bis 25 m, Breite 8 m.

VIRGINISCHER WACHOLDER
Juniperus virgineana 'Skyrocket'
Dieser schlanke Säulenwacholder ist zur Abwechslung bei niedrigen Pflanzungen sehr gut geeignet. Die grau- bis blaugrünen Nadeln sitzen locker an den Ästen. Höhe bis 4–6 m, Breite 30 cm.

BERGKIEFER
Pinus mugo
Die langen, schmalen Nadeln sind paarweise um die Äste geordnet, die braunen ovalen Zapfen sind etwa 5 cm lang. Durch die strauchartige Form und das langsame Wachstum ist diese Kiefernart ideal für den Steingarten. Höhe bis 8 m, Breite 5 m.

HIMALAJA-ZEDER
Cedrus deodara
Himalaja-Zedern wirken am besten als Einzelexemplare auf einer großen Rasenfläche. Bei jungen Bäumen sind die Nadeln hellgrün. Mit zunehmendem Alter werden sie dunkler und die Seitenäste hängen herab. Himalaja-Zedern sind nicht ganz winterhart. Höhe bis 12–15 m, Breite 5 m.

LAWSON SCHEINZYPRESSE

Chamaecyparis lawsoniana
Älter werdende Bäume bilden eine breite Basis und bekommen eine attraktive Kegelform. Sie eignen sich als Einzelbäume, werden aber auch viel als Hecken verwendet. Die Nadeln sind blaugrau. Höhe bis 5 m, Breite 5 m.

RIESEN-LEBENSBAUM

Thuja plicata
Diese schnell wachsende Thuja-Art bildet bald einen hohen, konisch geformten Baum. Die Nadeln sind flach und schuppenförmig, an der Oberseite meist glänzend grün. Die Form 'Atrovirens' ist ausgezeichnet für Hecken geeignet. Höhe bis 16,5 m, Breite 6 m.

SCHEINZYPRESSE

Chamaecyparis obtusa
'Nana Gracilis'
Dieser konische Busch wächst sehr langsam. Er hat leuchtend moosgrünes Laub und ist ein beliebtes Gewächs für den Steingarten. Typisch sind die muschelförmig gedrehten Zweige. Höhe bis 3 m, Breite 2 m.

BASTARDZYPRESSE

× *Cuprocyparis leylandii*
Diese Zypressenart kann sehr hoch werden und gehört zu den am schnellsten wachsenden Nadelgehölzen. Sie bildet eine exzellente, dichte Hecke und wächst in gutem Boden pro Jahr 60–90 cm Höhe bis 15 m, Breite 4,5 m.

EIBE

Taxus baccata
Eiben gedeihen unter fast allen Bedingungen und sind gut als Hecke geeignet. Die schmalen, wachsartigen Blätter sind dunkelgrün. Nur das rote Beerenfleisch ist ungiftig. Ansonsten sind alle Teile des Baums, auch die Kerne der Beeren giftig! Höhe je nach Sorten bis 10 m, Breite 7 m.

BLAUFICHTE

Picea pungens 'Koster'
Eine sehr populäre Blaufichte, häufig als Einzelbaum angepflanzt, besonders dekorativ auf Rasenflächen. Die Nadeln sind spiralenartig angeordnet, sodass jeder Zweig wie eine kleine Flaschenbürste aussieht. Die braunen Zapfen sind 10 cm lang. Höhe bis 7,5 m, Breite 3 m.

Die Anlage von Zierbeeten

Der Grundgedanke bei der Anlage eines biologischen Gartens besteht darin, eine möglichst große Pflanzenvielfalt zu schaffen. Der Stil des Bauerngartens ist ideal, denn auf jedem Beet wachsen viele verschiedenartige Pflanzen. Dazu gehören zum einen die ausdauernden Bäume, Sträucher und Stauden, zum anderen gibt es zu verschiedenen Jahreszeiten blühende Zwiebelpflanzen, ein- oder zweijährige Blumen und Bodendecker, die während der Wachstumszeit zusätzlich für Farbtupfer sorgen, und sogar Gemüse kann vertreten sein. Einjährige Pflanzen vollenden ihren Wachstumszyklus innerhalb eines Jahres, zweijährige werden im ersten Jahr gesät und kommen im darauffolgenden zur Blüte, Stauden halten Winterruhe und treiben jedes Frühjahr neu aus. Wichtig ist, dass Sie eine Reihe von einheimischen Sorten, am besten aus Baumschulen in Ihrer Nähe, verwenden. Wissen Sie nicht sicher, welche Pflanzen in Ihrer Region heimisch sind, so suchen Sie entsprechende Angaben in einem Pflanzenbuch.

Wenn Ihr Garten nicht übermäßig groß ist, sollten Sie nicht zu kunstvoll planen, etwa einfarbige Rabatten oder spektakuläre Anpflanzungen, die einmal zur Blüte kommen und für den Rest des Jahres nichts bieten.

Möchten Sie nach dem Beispiel der Natur ein Gleichgewicht schaffen und Insekten, Vögel und kleine Säugetiere anlocken und ernähren, brauchen Sie nektarreiche Blüten und leuchtende Früchte, die möglichst lange an Sträuchern, Stauden oder Sommerblumen vorhanden sind.

Bei der Pflanzenauswahl sollten Sie sich nach der Bodenart Ihres Gartens richten. Bei kalkhaltigem, d. h. alkalischem Boden sind z. B. säureliebende Pflanzen wie Azaleen zu meiden.

Berücksichtigen Sie ebenfalls die Lage des Gartens zur Himmelsrichtung und wo direkte Sonneneinstrahlung einwirkt. Auch davon hängen die Pflanzenarten ab, die für diesen Standort geeignet sind, denn Licht spielt für das Gedeihen aller eine wichtige Rolle.

▲ **Dekoration** *Einige Gemüsearten sehen attraktiv aus und sind gut zur Zwischenpflanzung in Zierbeeten geeignet. Diese Methode ist ideal in Kleingärten und hat den Vorteil, dass durch die Blumen Nützlinge, wie Schwebfliegen und Marienkäfer, zur Blattlausbekämpfung angelockt werden, während die dichte Bodenbedeckung einen idealen Lebensraum für Insekten wie Erdkäfer darstellt, die Raupen vertilgen.*

◄ **Staudengarten** *Dieses fertig bepflanzte Beet zeigt sehr gut das Prinzip der Mischpflanzung im Bauerngarten. Alle möglichen Pflanzenarten sind zusammengesetzt, einige größere Pflanzen werden in Nähe des Beetrands platziert, um eine hübsche wellenförmige Ansicht zu schaffen.*

ANLAGE EINES FARBENFROHEN BEETS

Mehrjährige Pflanzen wie Büsche und Stauden benötigen einige Zeit, um den ihnen zugeteilten Platz auszufüllen. Es ist jedoch nicht schwierig, sofort Beete voller Farbenpracht zu schaffen, wenn man zwischen die Stauden einjährige Arten pflanzt. Gelegentlich kann es nötig werden, die Einjährigen zurückzuschneiden, denn sie breiten sich teilweise so üppig aus, dass sie den Wuchs der ausdauernden Arten behindern.

1 *Zur Bodenvorbereitung alle mehrjährigen Unkräuter entfernen und reichlich gut verrotteten Stallmist oder Kompost auch in die tiefer liegenden Bodenschichten einarbeiten.*

2 *Eine dünne Schicht Horn-Blut-Knochenmehl vor dem Pflanzen über die Bodenoberfläche stäuben. Verwenden Sie 1 Handvoll pro m².*

3 *Die Einjährigen in unregelmäßigen Abständen zu mehreren zusammensetzen, um ein besonders ausdrucksvolles Bild zu erzielen. Eine Tomatenpflanze passt gut. Lassen Sie Raum für die Mehrjährigen.*

4 *Pflanzen mit offenen, flachen Blüten wie Tagetes (Tagetes patula) sind besonders zum Anlocken von Schwebfliegen geeignet, die sich von Pollen ernähren, bevor sie ihre Eier in die Läusekolonien legen.*

Das fertige Beet

Mit den Einjährigen bietet das Beet den ganzen Sommer über ein farbenprächtiges Bild. Die Mischung von Zier- mit Nutzpflanzen tarnt das Gemüse vor Insekten, die durch Sicht und Duft angelockt werden. Die Vielfalt der Pflanzung schafft ein natürliches Gleichgewicht zwischen Schädlingen und Nützlingen.

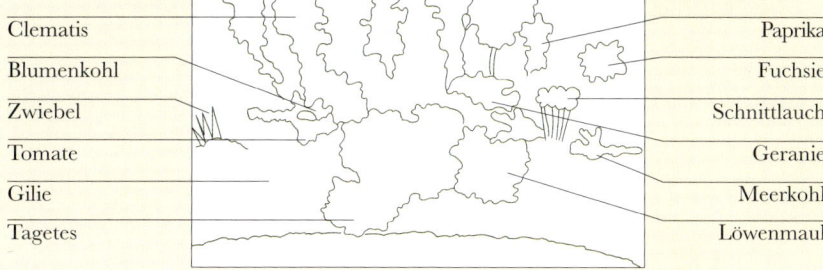

Clematis

Blumenkohl

Zwiebel

Tomate

Gilie

Tagetes

Paprika

Fuchsie

Schnittlauch

Geranie

Meerkohl

Löwenmaul

Um kostspielige Irrtümer zu vermeiden, sollten Sie Ihre Pläne skizzieren (s. S. 72). Auch wenn Sie sich später nicht mehr streng daran halten, ist so doch erst einmal ein Ausgangspunkt geschaffen. Übernehmen Sie einen schon bestehenden Garten, in dem Sie die Bepflanzung der Beete ändern wollen, lassen Sie für eine Wachstumsperiode alles beim Alten, um festzustellen, welche Pflanzen vorhanden sind. Beginnen Sie mit Ihrer Neuplanung im Winter oder im darauffolgenden Frühjahr.

WAS PFLANZT MAN ZUERST?

Bei der Neuanlage eines Beets beginnen Sie am besten mit den Sträuchern. Stauden lassen sich später einfügen. Die meisten kann man auch leicht wieder ausgraben und versetzen, eine Maßnahme, von der viele sogar durch nachfolgend kräftigeren Wuchs profitieren. Sträucher müssen sich dagegen fest etablieren. Durch jedes Umpflanzen wird ihre Entwicklung verzögert. Sträucher wie z. B. Rosen können auch als Rahmenbepflanzung eines Beets betrachtet und mit anderen Arten kombiniert werden. Auf diese Weise werden Schädlinge eher in Schach gehalten (s. S. 45).

UND ZWISCHEN DEN STRÄUCHERN?

Ist ein Gerüst aus Sträuchern aufgebaut, werden mehrjährige Pflanzen in die Zwischenräume gesetzt. Da diese sich recht schnell entwickeln, muss man aufpassen, dass die Sträucher nicht überwuchert und im Wachstum gehemmt werden.

Für Farbtupfer im Beet gleich während der ersten Jahre sorgen ein- und zweijährige Pflanzen. Sie sind ideal zum Füllen der Zwischenräume, dürfen aber nicht zu dicht an den Sträuchern stehen, da sie dann eine Konkurrenz für das Wachstum der Sträucher darstellen. Bei zu starker Entwicklung muss man sie zurückschneiden. Auch auf einem fertigen Beet mit ausgewachsenen Stauden sollte immer Platz für ein- und zweijährige Arten sein, denn sie bereichern den Garten nicht nur mit Farben, sondern auch oft mit aromatischen Düften.

Für ein Mischbeet ebenfalls gut geeignet sind alle Arten von Zwiebelpflanzen. Zwischen die übrigen Pflanzen gesetzte Frühlingsblüher bieten ein hübsches Bild, wenn alle anderen Arten noch Winterschlaf halten. Später verdecken dann Sträucher und Blumen mit ihren Blättern das unansehnlich gewordene Laub der frühen Farbtupfer. Durch sorgfältige Auswahl der richtigen Arten kann man das ganze Jahr über blühende Pflanzen im Garten haben. In einem neu angelegten Mischbeet setzen Sie die Zwiebeln nahe an die Sträucher. Da man dort wegen möglicher Wurzelbeschädigung der Sträucher sowieso nie graben sollte, werden die Zwiebeln auch nicht aus Versehen ans Tageslicht befördert, wenn das Beet mit weiteren Pflanzen vervollständigt wird.

DEM BEET EINE DIMENSION MEHR GEBEN

Kletterpflanzen können einer locker gestalteten Beetanlage eine zusätzliche Dimension verleihen, besonders, wenn sie über eine Mauer oder eine Hecke ranken. Auch Aufbauten wie Garagenwände oder Öltanks lassen sich mit attraktivem Kletterbewuchs verbergen. Einige nicht so kräftig wachsende Arten, wie z. B. Varianten der Clematis, wirken reizvoll, wenn sie sich über Sträucher oder in Bäumen winden. Wählen Sie eine Art, die dann blüht, wenn der Baum oder Strauch Ruhezeit hat. So können Sie die Blühsaison Ihres Beets verlängern.

PFLEGE DER ZIERBEETE

Düngung Sorgen Sie für eine regelmäßige Nährstoffzufuhr, indem Sie das Beet jährlich mit gut verrottetem Stallmist oder Kompost mulchen und jedes Frühjahr Horn-Blut-Knochenmehl beigeben. Alle drei Jahre verwenden Sie ein Algenpräparat, um eine ausreichende Versorgung mit Spurenelementen zu sichern.

Bewässerung Bei trockenem Wetter sind reichliche Wassergaben notwendig. Gleiches gilt nach dem Pflanzen. Besonders Sträucher aus Containern sind gegenüber Trockenheit empfindlich.

Pflanzenschutz Zierpflanzen sind anfällig für vielerlei Krankheiten und Schädlinge (s. S. 46–52). Ständige Kontrolle und Nachbarschaftspflanzungen reduzieren die Probleme auf ein Minimum.

Unkrautkontrolle Eine Abdeckung des Bodens mit Rindenschnitzeln oder Bodendeckern unterdrückt Unkrautwuchs und erspart eine Menge Arbeit. Rindenschnitzel wirken ansprechend, sind aber teuer und müssen nach einigen Jahren erneuert werden. Die niedrigen Bodenbedecker bilden schnell dichte Polster und geben dem Beet ein vollständigeres Aussehen. Dazu eignen sich zahlreiche Pflanzen. Besonders dekorativ wirken unterschiedliche Arten durcheinander gepflanzt, sodass zu Füßen der höheren Pflanzen ein Blumenteppich aus verschiedenen Farben und Formen entsteht. Mehrfarbige Blätter haben Kriech-Günsel (*Ajuga reptans*) oder Spindelbaum (*Euonymus sp.*). Geeignet sind auch Fingerkraut (*Potentilla sp.*), Heide (*Erica sp.*) und Immergrün (*Vinca sp.*). Alle bilden flache, dichte Bodenmatten.

Denken Sie daran, dass einige als Bodendecker verkaufte Gewächse wie Immergrün (*Vinca sp.*) und Knöterricharten (*Polygonum sp.*) zum lästigen Unkraut werden können, wenn man ihre Ausbreitung nicht einschränkt. Im frühen Stadium der Anpflanzung sind Bodendecker arbeitsaufwendig. Wenn noch keine geschlossene Decke vorhanden ist, muss ständig Unkraut gejätet werden, und zwar von Hand, um die Pflanzen nicht zu beschädigen. Ist der Boden mit einem dichten Teppich überwachsen, sodass kein Licht mehr an die Bodenoberfläche gelangt, sind die Sorgen vorbei, denn einjährige Unkräuter haben dann kaum mehr eine Chance. Die selteneren mehrjährigen Störenfriede lassen sich leicht herausziehen. Weitere Formen der biologischen Unkrautbekämpfung basieren ebenfalls darauf, den Kräutern das für die Entwicklung notwendige Licht zu entziehen (s. S. 55–59).

▲ **Frühlingsblüher** *wie Narzissen und Krokusse können ein Stück Garten in Kombination mit Gräsern in ein Blumenmeer verwandeln – und in ein Paradies für Insekten.*

► **Eine vielfältige** *Insektenpopulation ist für den Bio-Garten lebenswichtig. Schmetterlinge und Schwebfliegen werden durch die Fetthenne (*Sedum spectabile*) mit ihren leuchtenden, nektarreichen Blüten angelockt.*

▼ **Im kleinen Garten** *empfiehlt es sich, über eine Pergola schnell wachsende Arten wie Clematis ranken zu lassen, um der Pflanzung mehr Gestalt zu verleihen. Hier wurde C. orientalis verwendet, die den ganzen Sommer lang herrliche, gelbe Blüten hervorbringt.*

Die Pflanzenauswahl

Es ist wichtig, Pflanzen auszuwählen, die zu der Bodenart in Ihrem Garten passen. Nur dann werden Sie mit den Ergebnissen zufrieden sein.

Nachfolgend finden Sie eine Zusammenstellung geeigneter Pflanzenarten für die verschiedenen Böden. Die Aufstellungen sind unterteilt nach Pflanzentypen (Sträucher, Stauden, Kletterpflanzen) und nach Lichtansprüchen. Zwiebeln sowie ein- und zweijährige Arten sind nicht aufgeführt, weil sie sich den meisten Böden

und Lichtverhältnissen anpassen. Auf den nächsten Seiten (S. 94–111) finden Sie eine Reihe von Zierpflanzen, nach Jahreszeiten geordnet und mit Bild vorgestellt. Jede Pflanze ist mit Symbolen versehen, die sie näher beschreibt und ihre Licht- und Bodenansprüche sowie ihre Wuchsform erklärt. Die Symbole werden auf der folgenden Seite erläutert.

PFLANZEN FÜR LEHM- UND TONBÖDEN

Viele Pflanzen wachsen sehr gut in schweren Lehm- und Tonböden, vorausgesetzt, die Dränage ist zufriedenstellend und es erfolgt eine regelmäßige Zufuhr organischen Materials zur Bodenlockerung. Nachfolgend einige Pflanzenarten, die für Lehm- und Tonböden besonders geeignet sind.

STRÄUCHER
Sonne
Rose (*Rosa sp.*)
Zierjohannisbeere (*Ribes sp.*)
Schneebeere (*Symphoricarpos sp.*)
Schatten
Aukube (*Aucuba japonica*)
Skimmie (*Skimmia sp.*)
Mahonie (*Mahonia sp.*)
Tolerant
Zaubernuss (*Hamamelis sp.*)
Geißblatt (Jelängerjelieber, *Lonicera sp.*)

Haselnuss (*Corylus sp.*)
Zwergvogelbeere (*Aronia sp.*)

STAUDEN
Sonne
Akanthus (*Acanthus sp.*)
Tagetes (*Tagetes sp.*)
Günsel (*Ajuga sp.*)
Perlpfötchen (*Anaphalis sp.*)
Schatten
Salomonsiegel (*Polygonatum sp.*)
Beinwell (*Symphytum sp.*)
Kaukasusvergissmeinnicht (*Brunnera sp.*)
Elfenblume (*Epimedium sp.*)
Tolerant
Taglilie (*Hemerocallis sp.*)
Primel (*Primula sp.*)
Nieswurz (*Helleborus sp.*)
Leberblümchen (*Hepatica sp.*)

KLETTERPFLANZEN
Efeu (*Hedera sp.*)
Blauregen (*Wisteria sp.*)

Skimmie (*Skimmia sp.*)

Primel (*Primula sp.*)

PFLANZEN FÜR SANDBÖDEN

Die meisten Pflanzen können auf diesen leichten Böden gedeihen, wenn man reichlich organische Substanz beigibt, um die Wasserhaltefähigkeit zu verbessern (s. S. 17–19). Nachfolgend einige Pflanzenarten, die für Sandböden besonders geeignet sind.

STRÄUCHER
Sonne
Beifuß (*Artemisia sp.*)
Ginster (*Cytisus sp.*)
Fingerkraut (*Potentilla sp.*)
Zistrose (*Cistus sp.*)
Schatten
Gamander (*Teucrium fruticans*)
Brom- und Himbeere (*Rubus sp.*)
Berberitze (*Berberis sp.*)
Tolerant
Ölweide (*Elaeagnus sp.*)
Johanniskraut (*Hypericum sp.*)
Berberitze (*Berberis sp.*)
Zwergmispel (*Cotoneaster sp.*)

STAUDEN
Sonne
Akanthus (*Acanthus sp.*)
Schafgarbe (*Achillea sp.*)
Aubretie (*Aubrieta sp.*)
Lichtnelke (*Lychnis sp.*)
Schatten
Bergenie (*Bergenia cordifolia*)
Liriope (*Liriope muscari*)
Lebendblatt (*Tolmiea menziesii*)
Storchschnabel (*Geranium macrorhizum*)
Tolerant
Geranie (*Geranium sp.*)
Brandkraut (*Phlomis sp.*)
Wolfsmilch (*Euphorbia sp.*)
Kaffernlilie (*Phygelius sp.*)

KLETTERPFLANZEN
Geißblatt (*Lonicera sp.*)
Rose (*Rosa sp.*)

Beifuß (*Artemisia sp.*)

Lichtnelke (*Lychnis sp.*)

DIE PFLANZENSYMBOLE

Die Symbole für »Wuchsform« zeigen an, ob es sich um Baum, Strauch, Staude, ein- bzw. zweijährige Pflanze, Zwiebel oder Kletterpflanze handelt. Die Symbole für »Lichtansprüche« zeigen, ob eine Pflanze Sonne oder Schatten bevorzugt. Einige benötigen stets volle Sonne, andere vollen Schatten oder Halbschatten. Wieder andere wachsen im Halbschatten, solange sie zeitweise sonnig stehen. Sie haben die Symbole »Sonne« und »Halbschatten«. Alle, die keine speziellen Ansprüche stellen, sind mit dem Symbol »Tolerant«

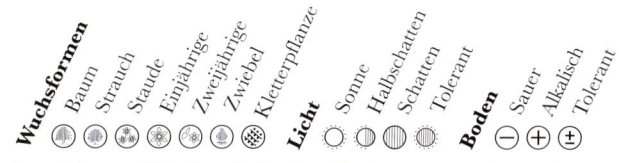

bezeichnet. Die Symbole für »Bodenansprüche« zeigen an, welchen Boden die Pflanze bevorzugt (s. S. 35 ff). Pflanzen, die keine speziellen Ansprüche an den pH-Wert stellen, werden als »Tolerant« bezeichnet.

PFLANZEN FÜR KALKBÖDEN

Ein kalkhaltiger, d. h. alkalischer Boden neigt zur Austrocknung, da das Wasser schnell abläuft. Er hat einen hohen pH-Wert und viele Pflanzen können den damit verbundenen Mangel an bestimmten Nährstoffen nicht tolerieren. Nachfolgend einige Pflanzenarten, die für Kalkböden besonders geeignet sind.

STRÄUCHER
Sonne
Winterblüte (*Chimonanthus sp.*)
Pfeifenstrauch (*Philadelphus sp.*)
Flieder (*Syringa sp.*)
Sommerflieder (*Buddleja davidii*)
Schatten
Immergrün (*Vinca sp.*)
Mahonie (*Mahonia sp.*)
Tolerant
Spierstrauch (*Spiraea sp.*)

Forsythie (*Forsythia sp.*)
Palmlilie (*Yucca filamentosa*)

STAUDEN
Sonne
Inkalilie (*Alstromeria sp.*)
Pfingstrose (*Paeonia sp.*)
Schwertlilie (*Iris sp.*)
Anemone (*Anemone sp.*)
Schatten
Tränendes Herz (*Dicentra sp.*)
Primel (*Primula sp.*)
Funkie (*Hosta sp.*)
Tolerant
Nieswurz (*Helleborus sp.*)
Akelei (*Aquilegia sp.*)
Fingerkraut (*Potentilla sp.*)

KLETTERPFLANZEN
Geißblatt (*Lonicera sp.*)
Clematis (*Clematis sp.*)

Yucca (*Yucca gloriosa* 'Variegata')

Fingerkraut (*Potentilla sp.*)

PFLANZEN FÜR SAURE BÖDEN

Die meisten Pflanzen bevorzugen eher einen leicht sauren Boden. Oft sind solche Böden sehr feuchtigkeitsspeichernd. Reichliche Beigabe organischen Materials verbessert dann die Dränage. Nachfolgend einige Pflanzenarten, die für saure Böden besonders geeignet sind.

STRÄUCHER
Sonne
Ginster (*Cytisus* sp.)
Bärentraube (*Arctostaphylos sp.*)
Sonnenröschen (*Helianthemum sp.*)
Stechginster (*Ulex sp.*)
Schatten
Magnolie (*Magnolia sp.*)
Rhododendron (*Rhododendron sp.*)
Azalee (*Rhododendron sp.*)
Felsenbirne (*Amelanchier sp.*)
Lavendelheide (*Pieris sp.*)

Tolerant
Zaubernuss (*Hamamelis sp.*)
Heidekraut (*Erica sp.*)
Hartriegel (*Cornus sp.*)
Kamelie (*Camellia sp.*)

STAUDEN
Sonne
Segge (*Carex sp.*)
Lilie (*Lilium sp.*)
Lupine (*Lupinus sp.*)
Lauch (*Allium sp.*)
Schatten
Salomonsiegel (*Polygonatum sp.*)
Enzian (*Gentiana sp.*)
Primel (*Primula sp.*)
Tolerant
Luzerne (*Luzula maxima*)
Lichtnelke (*Lychnis sp.*)

KLETTERPFLANZEN
Trompetenblume (*Campsis radicans*)
Blauregen (*Wisteria sp.*)

Heidekraut (*Erica sp.*)

Lilie (*Lilium sp.*)

Winterblüher

Auch im Winter braucht der Garten nicht langweilig auszusehen. Einige Pflanzen beginnen gerade dann zu blühen
und viele Sträucher haben interessante Blätter, Blüten oder
Kätzchen. Sogar ohne Laub sehen manche Sträucher mit
gefärbten oder gedrehten Zweigen attraktiv aus.

▼ STIEFMÜTTERCHEN
Viola wittrockiana

Eine Pflanze, die wegen ihrer
langen Blütezeit geschätzt wird.
Einige Hybriden blühen den ganzen
Sommer über, andere mit Pausen
während eines milden Winters.
Siehe Mehrjährige *S. 115.*

▼ ZAUBERNUSS
Hamamelis mollis
'Goldcrest'

Dieser Strauch trägt
duftende Blüten. Höhe
2,5–3 m. *Siehe* Sträucher
S. 112.

SKIMMIE ▶
Skimmia japonica 'Rubella'

Ein kleiner Strauch mit
immergrünen Blättern
und roten Blüten-
knospen. Höhe 1–1,5 m.
Siehe Sträucher *S. 112.*

▼ RHODODENDRON
Rhododendron 'Praecox'

Eine der vielen Hybriden,
die in zahlreichen Blütenfarben und Größen verfüg-
bar sind. Höhe 1–1,5 m.
Siehe Sträucher *S. 112.*

▼ IRIS
Iris reticulata

Bekannteste früh
blühende Irisart.
Auspflanzung
5–7 cm tief in
gut durchlässi-
gen Boden. *Siehe*
Zwiebeln *S. 117.*

▼ ALPENVEILCHEN
Cyclamen coum

Eine attraktive, robuste
Art, jedoch nicht für
exponierte Standorte
geeignet. *Siehe* Zwiebeln
S. 117.

◀ WEIDE
Salix sachalinensis 'Sekka'
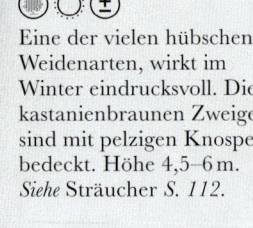

Eine der vielen hübschen
Weidenarten, wirkt im
Winter eindrucksvoll. Die
kastanienbraunen Zweige
sind mit pelzigen Knospen
bedeckt. Höhe 4,5–6 m.
Siehe Sträucher *S. 112.*

◄ **MAHONIE**
Mahonia 'Charity'
Ein Strauch mit sehr stark duftenden gelben Blüten. Höhe 1,8–3 m. *Siehe* Sträucher *S. 112.*

Wuchsformen Baum Strauch Staude Einjährige Zweijährige Zwiebel Kletterpflanze **Licht** Sonne Halbschatten Schatten Tolerant **Boden** Sauer Alkalisch Tolerant

◄ **SEIDELBAST**
Daphne mezereum
Kleiner Strauch mit duftenden rosa, purpur oder weißen Blüten. Vorsicht: giftig. Höhe 1,5 m. *Siehe* Sträucher *S. 112.*

NIESWURZ ▼
Helleborus corsicus
Eine wuchernde Staude, die unordentlich wirken kann, wenn man sie nicht hochbindet. Wie alle *Helleborus*-Arten bevorzugt sie tiefen, gut durchlässigen Boden. *Siehe* Stauden *S. 115.*

WINTERBLÜTE ▶
Chimonanthus praecox
Die Blüten verströmen einen herrlichen Duft. Der Strauch wächst am besten an einer Wand in Süd- oder Westlage. Höhe 2,5–3 m. *Siehe* Sträucher *S. 112.*

▼ **SCHNEEGLÖCKCHEN**
Galanthus nivalis
Einer der zeitigsten Winterblüher. *Siehe* Zwiebelpflanzen *S. 117.*

▼ **CHRISTROSE**
Helleborus niger
Die Entwicklung dieser hübschen Mehrjährigen dauert einige Zeit, aber das Warten lohnt sich. *Siehe* Stauden *S. 115.*

▼ **KORKEN-ZIEHER-HASEL**
Corylus avellana 'Contorta'
Eine interessant gedrehte Form des gewöhnlichen Haselstrauchs. Höhe 2,5–3 m. *Siehe* Sträucher *S. 112.*

▼ **LEBERBLÜMCHEN**
Hepatica nobilis
Es gibt verschiedene Formen dieser Staude mit Blütenschattierungen von Blau, Weiß, Rot oder Purpur. *Siehe* Stauden *S. 115.*

▼ **WINTERHEIDE**
Erica darleyensis
Eine von vielen Heidearten, die in verschiedenen Farben von Weiß über Rosa und Rot bis Dunkelrot angeboten werden. *Siehe* Sträucher *S. 112.*

Zeitige Frühjahrsblüher

Hier finden Sie eine Auswahl von Pflanzen, die im zeitigen Frühjahr blühen. Einige, wie Mandelbäumchen und Kamelie, wurden ausgesucht, weil sie zu dieser Jahreszeit auffallend schöne Blüten haben, andere, wie die Glanzmispel, weil der Neuaustrieb besonders wirkungsvoll aussieht. Zusammen in einem Beet ausgepflanzt, bieten diese Arten zu Beginn der Gartensaison ein eindrucksvolles Bild.

▼ **KAISERKRONE**
Fritillaria imperialis

Die majestätische Knollenpflanze blüht auf den meisten Böden. In Rot und Gelb erhältlich. *Siehe* Zwiebelpflanzen *S. 117*.

▶ **MANDEL-BÄUMCHEN**
Prunus triloba

Ein rosa blühender Strauch, der eine Höhe von 3–4,5 m erreicht. *Siehe* Sträucher *S. 112*

◀ **GEISSBLATT**
Lonicera japonica
'Aureoreticulata'

Eine verbreitete, immergrüne Kletterpflanze. Die hellgrünen Blätter haben auffallend goldene Blattadern. Höhe bis zu 10 m. *Siehe* Kletterpflanzen *S. 119*.

HYAZINTHE ▼
Hyacinthus-Hybride

Eine der in vielen Farben erhältlichen Hybriden mit intensivem Duft. Wächst auf den meisten Böden, bevorzugt aber sonnige Standorte. *Siehe* Zwiebelpflanzen *S. 117*.

▼ **AUBRIETA**
Aubrieta deltoidea

Einfach zu ziehende, polsterbildende mehrjährige Pflanze. Für Beetränder, Mauern oder Steingärten geeignet. Es gibt verschiedene Formen mit Schattierungen von Rosa bis Dunkelrot. *Siehe* Stauden *S. 115*.

Wuchsformen							**Licht**				**Boden**		
Baum	Strauch	Staude	Einjährige	Zweijährige	Zwiebel	Kletterpflanze		Sonne	Halbschatten	Schatten	Tolerant		Sauer	Alkalisch	Tolerant

GLANZMISPEL

...otinia fraseri

...eser immergrüne Strauch
... beliebt wegen seiner
...chtend roten jungen
...riebspitzen. Höhe 2–3 m,
...reite 1,5–2 m. *Siehe*
...räucher *S. 112.*

◀ KAMELIE

Camellia japonica

Ein exotisch aussehender, in
vielen Farben erhältlicher
Strauch. Meist nicht winterhart. Höhe bis 1,5 m, Breit bis
3,5 m. *Siehe* Sträucher *S. 112.*

CLEMATIS ▶

Clematis macropetala

Diese Pflanze wächst in voller
Sonne oder im Halbschatten
und sie windet sich an Gittern
empor oder schlingt sich
über Sträucher. Höhe
bis zu 3,5 m. *Siehe*
Kletterpflanzen *S. 119.*

◀ NARZISSE (OSTERGLOCKE)

Narcissus sp.

Diese Zwiebelgewächse
gedeihen in jedem
fruchtbaren Boden. *Siehe*
Zwiebelpflanzen *S. 117.*

◀ PRIMEL

Primula-Hybride

Eine Hybride der wilden
Primula vulgaris. Primeln
gibt es in vielen Farben.
Siehe Stauden *S. 115.*

Frühjahrsblüher

Mit zunehmender Wärme verändert sich das Bild der Zier-
pflanzen im Garten. Die Tulpen mit ihren verschiedenen
Farben und Formen entfalten ihre eindrucksvolle Pracht, die
Forsythienzweige sind von oben bis unten mit goldgelben Blüten
übersät, und frische, grüne Blättchen beginnen zu sprießen.
Auch das farbige Laub der Berberitze sorgt für Abwechslung.

ZIERJOHANNISBEERE ▶

Ribes sanguineum

Dieser mit der Schwarzen Johannisbeere
verwandte Strauch trägt kleine rosa bis
rote Blütentrauben. Die Beeren sind
nicht essbar. Höhe bis 2,40 m,
Breite 1,50 m. *Siehe* Sträucher
S. 112.

BERBERITZE ▶

Berberis thunbergii
'Atropurpurea Nana'

Dieser Strauch hat dunkel-
rotes Laub. Höhe bis 1 m,
Breite 60 cm. *Siehe* Sträucher *S. 112.*

▼ TULPE *Tulipa greigii* 'Good Luck'

Es gibt viele Tulpenarten und
-hybriden, wodurch sich die
Blütezeit über mehrere Wochen
erstreckt. Einige haben sehr dekorative Blätter. *Siehe* Zwiebeln *S. 117.*

▼ GÄNSEKRESSE

*Arabis
ferdinandi-coburgi*

Diese Pflanze bildet
Matten aus grünen
Blättern. Sie wächst
am besten auf gut
durchlässigen Böden.
Siehe Stauden *S. 115.*

LAVENDELHEIDE ▶

Pieris formosa
'Forest Flame'

Das Laub dieses
immergrünen Buschs
ist im Jugendstadium
rot, wird dann rosa,
gelblich und mit
zunehmendem Alter
tiefgrün. Höhe und
Breite bis zu 3 m. *Siehe*
Sträucher *S. 112.*

Wuchsformen							Licht				Boden		
Baum	Strauch	Staude	Einjährige	Zweijährige	Zwiebel	Kletterpflanze	Sonne	Halbschatten	Schatten	Tolerant	Sauer	Alkalisch	Tolerant

▼ FORSYTHIE

Forsythia intermedia
'Lynwood'

Einer der beliebtesten Frühlingssträucher mit hellgelben Blüten, die sich vor den ersten Blättern zeigen. Höhe bis etwa 2,5 m. *Siehe* Sträucher S. 112.

SPIERSTRAUCH ▶

Spiraea bumalda
'Goldflame'

Dieser kleine Strauch bringt im Frühjahr hübsches Laub hervor. Im Sommer erscheinen rote Blüten. Höhe bis 75 cm. *Siehe* Sträucher S. 112.

▼ IMMERGRÜN

Vinca minor

Ein sich schnell verbreitender Bodendecker, der leicht zu viel wachsen kann. Höhe bis 30 cm, Ausbreitung unbegrenzt. *Siehe* Stauden S. 115.

GOLDLACK ▶

Cheiranthus cheiri

Eine beliebte, polsterartig wachsende Pflanze, die sich aus Samen ziehen lässt. Vorsicht: giftig. *Siehe* Zweijährige S. 117.

▼ WINDRÖSCHEN

Anemone blanda

Die Blüten sind im Frühjahr ein hübscher Farbklecks für den Steingarten. *Siehe* Zwiebeln S. 117.

KUGELPRIMEL ▶

Primula denticulata

Die Blütenfarben reichen von Blau über Weiß bis Karminrot. *Siehe* Stauden S. 115.

Späte Frühjahrsblüher

Mit dem fortschreitenden Frühjahr beginnen die Tage länger
zu werden, es kommen weitere Pflanzen zur Blüte. Sträuße aus
Maiglöckchen und Vergissmeinnicht läuten vorsommerliche Tage
ein. Viele Bäume tragen jetzt ein attraktives Laubkleid, wie z.B.
der Berg-Ahorn mit seinen blass orangefarbenen Blättern. Die
nachfolgenden Pflanzen miteinander kombiniert, bilden
ein interessantes, abwechslungsreiches Zierbeet.

BERBERITZE ▶
Berberis stenophylla

Dieser immergrüne Strauch bringt
im Frühjahr zahlreiche kleine
gelbe Blüten hervor. In gut durchlässigen Boden pflanzen. *Siehe*
Sträucher *S. 112.*

▼ BERG-AHORN
Acer pseudoplatanus
'Brilliantissimum'

Nur an einen windgeschützten Platz setzen, da sonst das
Laubwerk leicht beschädigt
wird. *Siehe* Bäume *S. 81.*

KIRSCHPFLAUME ▶
Prunus cerasifera 'Nigra'

An diesem kleinen
Baum erscheinen
unzählige rosa
Blüten. *Siehe*
Bäume *S. 81.*

▲ SPIERSTRAUCH
Spiraea sp.

Ein geeigneter Strauch
für eine Naturhecke.
Siehe Sträucher *S. 112.*

SYMPHYANDRA ▼
Symphyandra wanneri

Diese außergewöhnliche Pflanze
ist mit den Glockenblumen
(*Campanula sp.*) verwandt.
Siehe Stauden *S. 115.*

AKELEI ▶
Aquilegia vulgaris

Die deutlich
gespornten Blüten
gibt es in einer
Reihe von Farben.
Siehe Stauden
S. 115.

▼ VERGISSMEINNICHT
Myosotis alpestris

Ein hübsches Gewächs
für Randbepflanzungen.
Siehe Zweijährige *S. 117.*

▼ STEINKRAUT
Lobularia
'Maritima'

Sehr beliebt für
Wände oder
Steingärten. *Siehe*
Einjährige *S.116.*

Wuchsformen Baum · Strauch · Staude · Einjährige · Zweijährige · Zwiebel · Kletterpflanze **Licht** Sonne · Halbschatten · Schatten · Tolerant **Boden** Sauer · Alkalisch · Tolerant

MAGNOLIE ▶
Magnolia soulangiana

Die im Frühjahr blühen-
den Magnolien brauchen
einen geschützten Platz,
da ihre Blüten frostemp-
findlich sind. Höhe bis
6 m, Breite 4,50 m. *Siehe*
Sträucher *S. 112.*

**▼ ECHTE
SCHLÜSSELBLUME**
Primula veris

Diese einheimische Wild-
blume kann problemlos im
Garten kultiviert werden.
Siehe Stauden *S. 115.*

▲ ZIERKIRSCHE
Prunus 'Kanzan'

Nicht zu tief pflanzen, da
die Bäume Flachwurzler
sind. Höhe bis 10 m, Breite
4,50 m. *Siehe* Bäume *S. 81.*

ZWERGMANDELBAUM ▶
Prunus tenella 'Fire Hill'

Ein kleiner Strauch, der
jedes Frühjahr reichlich
blüht. *Siehe* Sträucher *S. 112.*

◀ RHODODENDRON
Rhododendron 'Elizabeth'

Auf alkalischen Böden
in einem erhöhten Beet
mit saurem Substrat
anbauen. *Siehe* Sträucher
S. 112.

◀ TRAUBENHYAZINTHE
Muscari armeniacum

Ideal zur Randbepflanzung.
Sie brauchen einen gut
durchlässigen Boden. *Siehe*
Zwiebeln *S. 117.*

◀ GOLD-WOLFSMILCH
Euphorbia polychroma

Ein dekorativer halbkugeli-
ger Busch, leuchtend gelb.
Siehe Stauden *S. 115.*

Frühsommerpflanzen

Die reichlichste Blüte im Ziergarten liefert uns der Sommer. Die verschwenderische Vielfalt an Farben, Formen und Düften von Blüten und Blättern ist in dieser Jahreszeit immens. Kaum weiß man, wo man zuerst hinschauen soll, denn täglich entfalten sich neue Schönheiten. Auf den folgenden Seiten sind die Pflanzen nach ihrer Blütezeit geordnet, die allerdings je nach Region und Standort der Pflanzen im Garten variieren kann. Gewöhnlich beginnt die Blüte eher, je weiter man nach Süden kommt.

FLIEDER ▶

Syringa vulgaris

Einmal etablierte Flieder-büsche brauchen wenig Pflege. *Siehe* Sträucher *S. 112.*

STRAUCHVERONIKA ▲

Hebe pinguifolia 'Pagei'

Niederliegender Kleinstrauch, bis 40 cm hoch und 1 m breit. *Siehe* Sträucher *S. 112.*

◀ FINGERSTRAUCH

Potentilla fruticosa

Die dichten Sträucher eignen sich gut für niedrige Hecken oder Einfassungen. Höhe und Breite bis 1,50 m. *Siehe* Sträucher *S.112.*

FUCHSIE ▶

Fuchsia 'Peggy King'

Die vielfältigen Hybri-den liefern den ganzen Sommer lang hüb-sche Blüten. Bedingt winterhart. Höhe und Breite bis 34 cm. *Siehe* Sträucher *S. 112.*

◀ SALOMONSIEGEL

Polygonatum hybridum

Die Wurzeln der Pflanzen sollten stets in schattigem Boden wachsen. *Siehe* Stauden *S. 115.*

◀ BAUERNPFINGSTROSE

Paeonia officinalis 'Alba Plena'

Vor der Pflanzung den Boden gut vorbereiten, da die Wurzeln keine Störung vertragen. *Siehe* Stauden *S. 115.*

KATZENMINZE ▶

Nepeta × faassenii

Ein idealer Boden-decker. *Siehe* Stauden *S. 115.*

▼ BESENGINSTER
Cytisus praecox

Bogig überhängende Zweige sind mit cremefarbigen, duftenden Blüten übersät. Höhe und Breite bis 2 m. *Siehe* Sträucher *S. 112.*

Wuchsformen	Baum	Strauch	Staude	Einjährige	Zweijährige	Zwiebel	Kletterpflanze	**Licht**	Sonne	Halbschatten	Schatten	Tolerant	**Boden**	Sauer	Alkalisch	Tolerant

KNÖTERICH ▶
Polygonum
'Donald Lowndes'

Ein guter, schnell wachsender Bodendecker mit leuchtend rosaroten Blüten. *Siehe* Stauden *S. 115.*

◀ ROSMARIN
Rosmarinus officinalis

Ein attraktiver kleiner Strauch mit aromatischem Duft. Gern für die Küche oder als Heilpflanze verwendet. Höhe und Breite bis 1,25 m. *Siehe* Sträucher *S. 112.*

CLEMATIS ▶
Clematis montana 'Rubens'

Beliebte Kletterpflanze, braucht volles Sonnenlicht. Die Wurzeln sollten von einem niedrigen Strauch beschattet sein. Höhe bis 12 m, Breite 6 m. *Siehe* Kletterpflanzen *S. 119.*

◀ STERNDOLDE
Astrantia major
'Rubra'

Sterndoldenblüten haben eine hübsche Form. Sie verbreiten sich durch unterirdische Ausläufer. *Siehe* Stauden *S. 115.*

◀ GÜNSEL
Ajuga reptans
'Burgundy Glow'

Ein nützlicher Bodendecker, der einen etwas feuchten Untergrund braucht. *Siehe* Stauden *S. 115.*

◀ MAIGLÖCKCHEN
Convallaria majalis

Maiglöckchen haben stark duftende Blüten und sollten an einem kühlen Platz stehen. *Siehe* Stauden *S. 115.*

Pflanzen des Hochsommers

Im Hochsommer sind die Zierrabatten ein Farbenmeer. Die folgenden vier Seiten zeigen aus einer großen Vielfalt nur eine begrenzte Auswahl. Die meisten dieser Pflanzen wirken nicht nur dekorativ, sondern locken auch die Tiere an, die im Bio-Garten erwünscht und wichtig sind.

▼ **BITTERSÜSSER NACHTSCHATTEN**
Solanum dulcamara 'Variegata'

Nicht geeignet für Gärten, in denen Kinder spielen, da die Beeren sehr giftig sind. *Siehe* Kletterpflanzen S. 119.

ROTER FINGERHUT ▶
Digitalis purpurea

Normalerweise zweijährig, kann auf kalkarmen Böden aber auch mehrjährig wachsen. Vorsicht: giftig. *Siehe* Zweijährige S. 117.

▼ **FINGERSTRAUCH**
Potentilla fruticosa

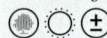

Ein kleiner dichter Stauch, der den ganzen Sommer über blüht. Höhe und Breite bis 1,50 m. *Siehe* Sträucher S. 112.

◀ **SCHAFGARBE**
Achillea filipendulina 'Cloth of Gold'

Schafgarben brauchen gut durchlässigen Boden. Sie wachsen besonders gut auf Kalk. *Siehe* Stauden S. 115.

▼ **FREESIE**
Freesia kewensis

Freesien gibt es in vielen verschiedenen Blütenfarben. *Siehe* Zwiebeln S. 117.

▼ **KNÄUEL-GLOCKENBLUME**
Campanula glomerata 'Superba'

Auf fruchtbarem, gut durchlässigem Boden breiten sich diese Blumen schnell aus und können leicht störend werden. *Siehe* Stauden S. 115.

▼ **DAHLIE**
Dahlia 'Coltness'

Zwergdahlien werden jährlich aus Samen gezogen. Die Blüten locken Schwebfliegen an. *Siehe* Einjährige S. 116.

Wuchsformen	Baum	Strauch	Staude	Einjährige	Zweijährige	Zwiebel	Kletterpflanze	**Licht**	Sonne	Halbschatten	Schatten	Tolerant	**Boden**	Sauer	Alkalisch	Tolerant

◄ **RITTERSPORN**

Delphinium
'Dreaming Spires'

Die hohen Blütenstände
sollten mit Stöcken abge-
stützt werden. *Siehe* Stauden
S. 115.

▼ **ROSEN**

Rosa 'King's Ransom'

Moderne, einfach zu
kultivierende Hybridro-
sen wachsen auf vielen
Böden. *Siehe* Rosen und
Sträucher *S. 114.*

ESCALLONIE ►

Escallonia
'Slieve Donard'

Die immergrünen,
dichten Sträucher
eignen sich gut für
naturnahe Hecken.
Bedingt winterhart.
Höhe bis 2,50 m.
Siehe Sträucher
S. 112–114.

◄ **SCHNEEFEDER-
FUNKIE**

Hosta 'Thomas Hogg'

Auf nährstoffreichem,
feuchtem Boden bildet das
Laub bald dichte Horste.
Siehe Stauden *S. 115.*

▼ **ELFENSPORN**

Diascia barberae

Regelmäßiges Entfernen der
verwelkten Blütenköpfchen
fördert neue Blütenbildung.
Siehe Einjährige *S. 116.*

▼ **KNOLLENBEGONIE**

Begonia tuberosa

Die Knollen werden den Winter über
gelagert. *Siehe* Zwiebeln *S. 117.*

LUPINE ▼
Lupinus 'New Generation'

Es gibt zahlreiche Lupinen-
sorten, einige mit zwei-
farbigen Blüten. Die tief
eingeschnittenen Blätter sind
dunkelgrün. Lupinen lassen
sich problemlos im Frühjahr
aus Samen ziehen. *Siehe*
Stauden *S. 115.*

WILDROSE ▼
Rosa rugosa 'Blanc Double de Coubert'

Wildrosen eignen sich als Einzelstrauch oder
als Heckenpflanzung. Sie bilden dichte, wind-
abweisende Barrieren. Höhe bis 2 m.
Siehe Sträucher *S. 112.*

PFEIFENSTRAUCH
(FALSCHER JASMIN) ▶
Philadelphus 'Virginal'

Besonders schöne Hybridvariante,
braucht einen gut durchlässigen
Boden. Sie hat halb gefüllte, weiße
Blüten, deren starker Duft an Oran-
genblüten erinnert. Höhe und Breite
bis 3 m. *Siehe* Sträucher *S. 112.*

NELKE ▼
Dianthus allwoodii

Diese Neuzüchtung unter den
Nelken hat eine lange Blütezeit. Um viele Blüten zu garantieren, sollte sie mindestens alle
drei Jahre erneuert werden.
Siehe Stauden *S. 115.*

ALPEN-MOHN ▼
Papaver alpinum

Mohn passt in
Steingärten,
zwischen Pflaster-
platten und überall
dorthin, wo die
Dränage gut ist.
Siehe Stauden
S. 115.

▼ SCHWERTLILIE
Iris-'Xiphium'-Hybride

Diese elegante Blume gibt
es in vielen verschiedenen
Formen und Farben. *Siehe*
Zwiebeln *S. 117.*

TAGETES ▼
Tagetes patula
'Royal Crested'

Die leuchtend farbi-
gen, offenen Blüten
sind ein bevorzug-
ter Futterplatz von
Schwebfliegen. *Siehe*
Einjährige *S. 116.*

Wuchsformen							**Licht**					**Boden**		
Baum	Strauch	Staude	Einjährige	Zweijährige	Zwiebel	Kletterpflanze		Sonne	Halbschatten	Schatten	Tolerant		Sauer	Alkalisch	Tolerant

NACHTVIOLE ▶
Hesperis matronalis
Obwohl eine Staude, ist es günstig, diese stark duftende Pflanze alle paar Jahre aus Samen neu zu ziehen. *Siehe* Stauden S. 115.

◀ KOLKWITZIE
Kolkwitzia amabilis
Hübscher Blütenstrauch mit überhängendem Wuchs. Vermehrung durch Steckhölzer oder Stecklinge. *Siehe* Sträucher S. 112.

LILIE ▼
Lilium 'Pandora'
Lilien sind einfach zu ziehen. Sie brauchen einen geschützten, gut durchlässigen Standort. *Siehe* Zwiebeln S. 117.

FRAUENMANTEL ▼
Alchemilla mollis
Die Blütenstände nach der Blüte entfernen. Die Pflanzen breiten sich sonst zu sehr aus. *Siehe* Stauden S. 115.

JUPITER-LICHTNELKE ▼
Lychnis flos-jovis
Sie sind einfach aus Samen zu ziehen und gedeihen auf jedem Boden. *Siehe* Stauden S. 115.

PETUNIEN ▼
Petunia hybrida
'Peppermint Daddy'
Petunien sind geeignet für Beete, Hängeampeln oder Kübel. *Siehe* Einjährige S. 116.

Spätsommerpflanzen

Auch wenn der Sommer sich bereits seinem Ende zuneigt, bieten die abwechslungsreich bepflanzten Beete des Bauerngartens den Insekten und Vögeln weiterhin Futter. Diese Zeit liefert zahlreiche Blüten und nahrhafte Früchte, und die Anzahl der Tiere in Ihrem Garten wird sich wahrscheinlich erhöhen.

PHLOX ▶
Phlox paniculata
'Eva Cullum'
✿ ☼ ▦ ⊕
Diese hochwachsende
Staude spricht gut auf
Mulchen mit organischem Material an.
Siehe Stauden *S. 115.*

KAFFERNLILIE ▼
Phygelius aequalis
✿ ☼ ⊕
Ist nicht sehr robust und
sollte zum Schutz vor einer
Wand gezogen werden.
Siehe Stauden *S. 112.*

SOMMERFLIEDER ▶
Buddleja davidii 'Royal Purple'
✿ ☼ ⊕
Auch Schmetterlingsstrauch
genannt, da er viele Falter
anlockt. *Siehe* Sträucher *S. 112.*

ENZIAN ▼
Gentiana septemfida
✿ ☼ ⊕
Eine der am leichtesten zu kultivierenden Enzianarten. Sie können aus Samen gezogen werden.
Siehe Stauden *S. 115.*

◀ **GLOCKEN-
BLUME**
*Campanula
rotundifolia*
✿ ☼ ▦ ⊕
Diese reizende
Staude wirkt am
besten in großen
Büscheln. *Siehe*
Stauden *S. 115.*

◀ **MÄDCHENAUGE**
Coreopsis verticillata
'Grandiflora'
✿ ☼ ⊕
Im Freiland einfach
aus Samen zu ziehen. *Siehe* Stauden
S. 115.

Wuchsformen	Baum	Strauch	Staude	Einjährige	Zweijährige	Zwiebel	Kletterpflanze	**Licht**	Sonne	Halbschatten	Schatten	Tolerant	**Boden**	Sauer	Alkalisch	Tolerant
⊛	⊕	⊕	⊕	⊕	⊕	⊕	⊛		○	◑	●	±		⊖	⊕	±

◀ **PASSIONSBLUME**
Passiflora caerulea
⊛ ○ ◑ ±

Eine kräftige, aber nicht sehr frostfeste Kletterpflanze, die an einem Spalier oder an Drähten vor einer Südwand oder im Kübel gezogen werden sollte. Siehe Kletterpflanzen S. 119.

SCHMUCKLILIE ▼
Agapanthus 'Bressingham Blue'
⊛ ○ ±

Im gemäßigten Klima sollte diese Blume einen sonnigen geschützten Platz bekommen.
Siehe Stauden *S. 115.*

◀ **GLADIOLE**
Gladiolus 'Peter Pears'
⊛ ○ ±

Hochwüchsige Knollenpflanze für warme sonnige Staudenbeete. Gegen Staunässe empfindlich. Es gibt viele Sorten, Formen und Farben.
Siehe Zwiebeln *S. 117.*

BLUT-WEIDERICH ▼
Lythrum salicaria 'Robert'
⊛ ○ ±

Eine ideale Pflanze für feuchte, halbschattige Stellen im Garten. Die langen schmalen Blütenrispen sind violettrosa bis rot. *Siehe* Stauden *S. 115.*

PERLPFÖTCHEN ▼
Anaphalis triplinervis
⊛ ○ ◑ ±

Horstbildend, aufrecht, ca. 25 cm hoch. Verträgt im Gegensatz zu anderen graublättrigen Pflanzen keine Trockenheit. *Siehe* Stauden *S. 115.*

Herbstpflanzen

Im Herbst bieten die Beete eine interessante Mischung aus Blüten und Blattfärbungen. In dieser Jahreszeit blühende Zwiebelpflanzen können im Steingarten und auf den Rabatten für Farbe sorgen. Viele Pflanzen, wie Wildrosen und Zwergmispeln (*Cotoneaster*), bieten mit Hagebutten und Beeren Abwechslung. Rosen und Astern sorgen mit ihrer Vielfalt nochmals für ein buntes Blütenmeer.

BARTBLUME ▶

Caryopteris clandonensis 'Heavenly Blue'

Dieser aufrechte, nicht sehr winterharte Strauch kommt aus Amerika. Er hat aromatisch duftende Blätter und tief dunkelblaue Blüten. *Siehe* Sträucher *S. 112.*

WIESENRAUTE ▼

Thalictrum dipterocarpum

Die Pflanzen werden bis zu 2 m hoch, daher in offenen Lagen stützen. Sie bevorzugen Schatten und vertragen auch saure Böden. *Siehe* Staude *S. 115.*

PERÜCKEN-STRAUCH ▶
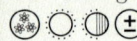

Cotinus coggygria 'Flame'

Das purpurrote Laub dieser Sträucher wird im Herbst leuchtend orangerot. Höhe bis 3 m, Breite 2 m. *Siehe* Sträucher *S. 112.*

◀ FUNKIE

Hosta fortunei 'Aureomarginata'

Gute Bodendecker, können jahrelang ohne Pflege wachsen. Die großen, leicht gewellten Blätter sind im Frühjahr bis auf den Rand goldgelb. *Siehe* Stauden S. *115.*

HORTENSIE ▼

Hydrangea 'Sybille'

Hortensien brauchen einen geschützten Platz und einen zusätzlichen Schutz vor Frost. *Siehe* Sträucher *S. 112.*

▼ HERBSTZEITLOSE

Colchicum byzantinum

Für Rasenflächen oder Beete. Vorsicht: giftig. *Siehe* Zwiebelpflanzen *S. 117.*

KROKUS ▶

Crocus scharojanii

Unter Bäume oder in die Nähe von Sträuchern pflanzen, wo nicht die Gefahr besteht, dass die Zwiebeln durch Umgraben beschädigt werden. *Siehe* Zwiebeln *S. 117.*

Wuchsformen							Licht				Boden		
Baum	Strauch	Staude	Einjährige	Zweijährige	Zwiebel	Kletterpflanze	Sonne	Halbschatten	Schatten	Tolerant	Sauer	Alkalisch	Tolerant

◄ ROSE
Rosa moyesii 'Geranium'

Diese Rosen haben im Sommer hellrote Blüten und im Herbst leuchtend orangefarbene Hagebutten. Bis 2 m hoch. *Siehe* Sträucher *S. 112.*

ZWERGMISPEL
Cotoneaster conspicuus 'Decorus'

Die einfach zu kultivierenden *Cotoneaster*-Arten sind eine gute Futterquelle für Vögel. Die abgebildete Art eignet sich als Bodendecker. Ausbreitung bis 1 m. *Siehe* Sträucher *S. 112.*

ROTBLÄTTRIGER WEIN ►
Vitis vinifera 'Purpurea'

Anfangs sind die Blätter leuchtend rot, später werden sie dunkler. Höhe bis 6 m. *Siehe* Kletterpflanzen *S. 119.*

FETTHENNE ▼
Sedum spectabile 'Brilliant'

Die flachen Köpfchen der kleinen rosa Blüten locken viele Schmetterlinge an. *Siehe* Stauden *S. 115.*

ASTER ▼
Aster sp.

Astern sind einfach zu kultivieren, wenn man den Boden während der Blütezeit feucht hält. Einige Arten sind anfällig für Mehltau. *Siehe* Stauden *S. 115.*

GLÜCKSKLEE ▼
Oxalis deppei

Niedrige Pflanzen, die dichte Matten bilden. Die Blätter und Blüten schließen sich zur Nacht. *Siehe* Zwiebeln *S. 117.*

◄ HERBSTGOLD-BECHER
Sternbergia lutea

Zierzwiebelgewächs, kann viele Jahre an einem Platz bleiben. Vorsicht: giftig. *Siehe* Zwiebeln *S. 117.*

Beetpflanzen

Auf den folgenden Seiten finden Sie Bearbeitungshinweise für die zahlreichen Pflanzen, die in Zierbeeten und Blumenrabatten verwendet werden. Sie erhalten Tipps bezüglich Auswahl, Kauf und Anpflanzung. Ein Abschnitt über Pflegemaßnahmen, über die sich Ihre Pflanzen freuen, wenn sie im Beet stehen, schließt sich an.

Sträucher

Sträucher geben jedem Beet den Rahmen und locken eine vielfältige Tierwelt an. Bereits im zeitigen Frühjahr, wenn die Natur gerade aus dem Winterschlaf erwacht, bereichern sie den Garten mit vielen bunten Farben. Als Erstes erscheinen die zarten Blütchen der *Hamamelis* oder Zaubernuss fast noch in Eis und Schnee. Darauf folgen Forsythie, Zierjohannisbeere, Flieder und viele andere. Einige Arten, wie der wunderschöne Sommerflieder (*Buddleja davidii*) sind unwiderstehlich für Schmetterlinge, und im Sommer ist dieser Strauch ein Tummelplatz für bunte Falter.

Vögel nutzen Sträucher als Schutz, zum Nisten und als Futterquelle. Sie lieben Beerensträucher wie z. B. die Schneebeere (*Symphoricarpus doorenbosii*), welche wegen ihrer Dichte und der weißen Früchte als ganz besonderer Geheimtipp gilt. Pflanzen Sie möglichst viele einheimische Arten, da diese von den Tieren bevorzugt werden.

AUSWAHL UND KAUF

Bei der Auswahl von Sträuchern sollten Sie zehn Jahre im Voraus denken, nämlich an den Zeitpunkt, wenn die Pflanzen ihre maximale Höhe und Breite erreichen. Berücksichtigen Sie außerdem den Blütezeitpunkt der Sträucher und den der umliegenden Pflanzen, und sorgen Sie durch entsprechende Kombination für ein harmonisches Farbenspiel. Besonders wichtig vor der endgültigen Auswahl ist auch die Kenntnis der Licht- und Bodenansprüche (*s. S. 92, 93*). Den freien Raum zwischen jungen Sträuchern können vorübergehend ein- oder zweijährige Blumen ausfüllen.

Wie für die Heckenpflanzung gibt es auch für das Beet Sträucher ohne Ballen oder Containerpflanzen. Letztere sind gewöhnlich kleiner und teurer, haben aber den Vorteil, dass sie zu jeder Jahreszeit eingesetzt werden können. Man muss nicht wie bei Pflanzen ohne Ballen auf die Wachstumsruhe warten.

Überprüfen Sie alle Sträucher auf mögliche Anzeichen von Schädlingen oder Krankheiten (*s. S. 44*). Nehmen Sie nur Exemplare mit gesundem, kräftigem Wurzelsystem.

PFLEGE

Düngung Eine jährliche Mulchschicht aus gut verrottetem Stallmist oder Kompost ist ausreichend. Steht solches

DAS PFLANZEN VON STRÄUCHERN

Obwohl Sträucher aus Containern das ganze Jahr über zu pflanzen sind, spricht meiner Ansicht nach vieles dafür, eine normal im Feld gewachsene Pflanze zu erwerben und sie im Herbst oder frühen Winter einzusetzen. Da bei Containerpflanzen der Wurzelballen sehr viel eher austrocknet, sollte man sie ebenfalls erst im Herbst ausbringen, weil sie dann weniger Wasser verlieren und der Boden eher feucht bleibt. Sträucher und Bäume, besonders Nadelgehölze und andere Immergrüne, verlieren beim Auspflanzen in ungeschützter

Lage sehr leicht Wasser. Das Wasser verdunstet durch starken Wind schneller von der Blattoberfläche, als die noch nicht fest etablierten Wurzeln aufnehmen können. Als Folge trocknen die Zellen aus und sterben ab. Frisch gepflanzte Sträucher müssen daher an windigen Standorten geschützt werden, bis sie ein ausreichendes Wurzelsystem gebildet haben. Empfindliche Sträucher können durch eine Mulchschicht um den Stamm herum vor größeren Schäden bewahrt werden. Empfehlenswert ist eine Lage Reisig auch im Winter.

1 *Heben Sie ein ausreichend großes Loch für den Wurzelballen aus. Die entnommene Erde mit einem Eimer organischen Materials mischen.*

2 *Die Pflanzen gut wässern und die Plastikumhüllung vorsichtig aufschneiden, die Wurzeln dürfen beim Auspacken nicht verletzt werden.*

3 *Pflanzen Sie in Höhe der alten Bodenmarkierung am Stamm. Streuen Sie etwas Erde über die Wurzeln. Dann auffüllen und die Erde festdrücken.*

4 *Bringen Sie eine Mulchschicht aus organischem Material um den Strauch herum aus. So wird Feuchtigkeit gespeichert und Unkrautwuchs unterdrückt.*

Material nicht zur Verfügung, verabreichen Sie dem gesamten Beet jedes Frühjahr eine Düngung mit Horn-Blut-Knochenmehl und alle drei Jahre verwenden Sie ein Algenpräparat.

Bewässerung Besonders beim Anwachsen im ersten Jahr ist auf ausreichende Wasserzufuhr zu achten. Das ist vor allem bei Containerpflanzen wichtig.

Schnitt Viele Sträucher müssen regelmäßig geschnitten werden. Man kann sie dadurch in die gewünschte Form bringen und im Wuchs begrenzen. Viele Arten schneidet man zur Förderung der Blütentriebe jährlich gleich nach der Blüte. Forsythie und Zierjohannisbeere werden dadurch z. B. veranlasst, neue und längere Zweige auszutreiben, die dann im folgenden Jahr noch mehr Blüten tragen. Bei anderen Arten wie der Winterheide (*Erica*) oder dem Lavendel (*Lavandula*) dient der Rückschnitt dazu, die Pflanzen kompakt zu halten und den Neuaustrieb von innen her zu verstärken. Beim Ginster soll der Samenansatz vermieden werden.

Einige Sträucher wie der im Spätsommer blühende Sommerflieder (*Buddleja davidii*) bilden Blüten nur am diesjährigen Holz. Um die Blühfreudigkeit zu steigern, sollten im zeitigen Frühjahr alle Zweige des Vorjahres bis auf wenige Knospen etwa 30 cm über dem Boden eingekürzt werden. Das Gleiche gilt z. B. für Beetrosen, Johanniskraut, Spierstrauch. Dagegen sind andere Gehölze wie Roseneibisch (*Hibiscus*) und Perückenstrauch (*Cotinus*) auch ohne starken Schnitt recht blühwillig. Am besten überhaupt nicht schneiden sollte man Gehölze, die sich nur schwer regenerieren, wie z. B. Zaubernuss (*Hamamelis*), Goldregen (*Laburnum*) und Zierkirschen (*Prunus*).

Entfernung verwelkter Blüten Diese Maßnahme fördert bei vielen Gewächsen die Blühfreudigkeit im darauffolgenden Jahr. Bei Heidearten kann man mit einer Schere ans Werk gehen, bei empfindlicheren Arten wie Rhododendron müssen die Blüten von Hand entfernt werden (*siehe unten links*).

Entfernen Sie abgeblühte Rhododendronblüten
sehr vorsichtig, da sich die Knospen des nächsten Jahres bereits unmittelbar darunter befinden und leicht beschädigt werden können. Diese Maßnahme fördert die kommende Blütenbildung.

Winterpflege Bei Herbstpflanzung kann es passieren, dass sich die Pflanzen durch Winterfröste wieder im Boden lockern. Sie müssen daher regelmäßig überprüft und gegebenenfalls festgetreten werden.

Pflanzenschutz Blattläuse und andere Schädlinge sowie Blattkrankheiten befallen eine ganze Reihe von Sträuchern. Deshalb ist ständige Kontrolle sehr wichtig. Eine Behandlung mit Pflanzenschutzmitteln sollte nur dann erfolgen, wenn es unbedingt notwendig wird (*s. S. 49–53*).

DAS EINSCHLAGEN

Treffen Ihre Pflanzen bei kaltem Wetter und gefrorenem oder zu nassem Boden ein, so müssen Sie mit der Auspflanzung warten. Dann ist es ratsam, die Pflanzen vorübergehend in einem Graben einzuschlagen. Die Sträucher können dort mehrere Wochen verbleiben, bei günstigen Witterungsbedingungen werden sie herausgenommen und gepflanzt.

1 *Einen flachen V-förmigen Graben ausstechen und die Erde an einer Seite aufwerfen. Die Wurzelballen der Sträucher kommen in einem Winkel von 45° nebeneinander hinein, das Laubwerk liegt schräg auf dem entstandenen Erdhügel. So kann kein Windschaden entstehen.*

2 *Die Wurzeln und unteren Stammteile mit Erde bedecken und festtreten. Nehmen Sie Erde aus einem zweiten Graben, wenn viele Sträucher einzulagern sind.*

Rosen

Bei der unglaublichen Vielfalt an Rosensorten kann die Einordnung schwierig sein. Aber alle modernen Kreuzungen gehen auf sortenreine Rosensträucher zurück, daher pflegt und zieht man sie im Grunde wie alle anderen Sträucher. Die neuen Züchtungen kann man z. B. als Beetrosen, Strauchrosen oder auch Hochstämmchen bekommen. Letztere sind einfach Rosen, die auf einem langen Stiel veredelt wurden. Außerdem gibt es natürlich viele interessante Kletter- oder Rambler-Rosen.

AUSWAHL UND KAUF

Die Auswahl der geeigneten Form und Sorte richtet sich vor allem nach dem vorhandenen Platz, der Witterung (einige sind empfindlicher als andere) und dem persönlichen Geschmack. Meiner Meinung nach sind z. B. Hochstämmchen für ein Mischbeet im Kleingarten zu formal, die herunterrankenden »Trauerformen« sehen allerdings sehr ansprechend aus. Das sind Rambler-Rosen auf einem Hochstamm, deren Triebe nicht aufrecht, sondern nach unten hängend wachsen.

PFLANZUNG

Die beste Pflanzzeit ist im Herbst oder zeitigen Frühjahr. Container-Rosen können das ganze Jahr über eingesetzt werden. Im Gegensatz zu anderen Sträuchern pflanzt man Rosen etwas tiefer als sie in der Baumschule standen, so wird der Neuaustrieb gefördert. Die Veredelungsstelle sollte auf alle Fälle mindestens 2,5 cm unter der Erde liegen. Bei Ausbringung im Herbst werden die Rosen gleich nach dem Pflanzen zurückgeschnitten (*siehe unten*).

PFLEGE

Düngung Rosen werden wie andere Sträucher gedüngt und jährlich mit gut verrottetem Mist oder Kompost gemulcht.

Bewässerung Im ersten Jahr nach dem Pflanzen ist ausreichendes Gießen wichtig. Aber auch in späteren Jahren dürfen die Wurzeln bei warmem Wetter nicht völlig austrocknen.

Schnitt Geschnitten wird die Rose jährlich im zeitigen Frühjahr, bevor sie austreibt. Dann lassen sich geschädigte Teile leicht entfernen. Allgemein gilt: Je stärker der Rückschnitt, desto kräftiger der Austrieb. Sie sollten daher schwache Triebe mehr einkürzen (auf 1–2 Augen) als kräftige (auf 3–4 Augen). So sorgen Sie für ein Gleichgewicht im Wuchs. Hochstämme werden wie normale Büsche behandelt, während man bei den Hängeformen nach der Blüte lediglich altes, dürres, krankes oder nach innen wachsendes Holz entfernt.

Schösslinge Normalerweise wird eine Rosensorte auf einer Wurzelunterlage veredelt. Gelegentlich treibt der Wurzelstock einen kräftigeren Schössling aus, der keinerlei Zierwert hat. Er ist gewöhnlich hellgrün und stärker bedornt als die übrige Pflanze. Schösslinge schwächen die Wuchskraft der Pflanze und müssen entfernt werden (*siehe unten*).

Das Entfernen verwelkter Blüten Diese Maßnahme sorgt bei lange blühenden Sorten dafür, dass den ganzen Sommer und Herbst hindurch ständig neue Blüten gebildet werden, oft bis zu den ersten Frösten.

Pflanzenschutz Kontrollieren Sie die Pflanzen regelmäßig auf Schädlings- bzw. Krankheitsbefall, besonders häufig sind Mehltau, Sternrußtau und Blattläuse (*s. S. 50 und S. 52*). Der beste Schutz ist ein guter Platz und gute Pflege.

Stauden

Stauden sind krautige Gewächse, deren oberirdische Teile gewöhnlich im Winter zurückfrieren und die jedes Frühjahr neu austreiben. Man bezeichnet sie auch als mehrjährige Pflanzen. Für jeden Boden und jede Vorliebe

Man schneidet alle Äste *bis auf ein nach unten oder außen gerichtetes Auge zurück, sodass der Austrieb nach außen, vom Zentrum des Buschs her, gefördert wird.*

Wo ein Wildschössling *austreibt, schiebt man die Erde zur Seite und entfernt ihn durch Herausreißen oder Abschneiden so nahe am Stamm wie möglich.*

Verwelkte Blütenköpfe *werden etwa 1 cm unterhalb der Blüte mit Daumen und Zeigefinger vorsichtig ausgebrochen.*

dürfte sich bei Hunderten von Arten etwas finden. Neben den absolut winterharten Stauden gibt es noch die bedingt winterharten, die Sie am besten an einem kühlen, hellen Platz durch die kalte Jahreszeit bringen. Aufgrund ihrer Vielfalt sind eine Reihe von Stauden für alle Boden- und Lichtverhältnisse vorhanden *(s. S. 92–93)*.

AUSWAHL UND KAUF

Bei der Auswahl von Stauden ist es wichtig, ihre Ansprüche an Boden, Licht und Wasser zu kennen. Es gibt sonnenliebende Arten, die trockene Standorte bevorzugen, und Schattengewächse, die eher an feuchten Stellen gedeihen. Auch ihre Größe ist zu beachten, sodass später niedrige Gewächse nicht hinter hohen verborgen sind. Setzen Sie die Pflanzen auf einem Beet so zusammen, dass die Blütezeit vom Frühjahr bis in den Herbst hineinreicht und dass harmonische Farbkombinationen entstehen.

Die meisten Stauden kann man aus Samen ziehen oder durch Teilung vermehren *(s. S. 274)*. Als Containerpflanzen sind sie das ganze Jahr über erhältlich, ansonsten im Frühjahr und Herbst.

PFLANZUNG

Im Gegensatz zu Sträuchern pflanze ich Stauden lieber im Frühjahr, wenn der Neuaustrieb beginnt. Im Herbst eingesetzte Exemplare werden durch Kälte, gefrorenen Boden oder Staunässe leicht geschädigt. Im Frühjahr geht das Wachstum ungehindert voran und die Wurzelentwicklung ist optimal. Auf größeren Flächen können die Pflanzen in Dreier- oder Vierergruppen zusammenstehen, sodass man verschiedene Farbtupfer erhält.

PFLEGE

Düngung Eine allgemeine Düngung des Beets sollte für Stauden ausreichend sein *(s. S. 90)*.

Bewässerung Reichliches Wässern ist besonders beim Pflanzen erforderlich. Die beste Methode ist das »Einschlämmen« *(siehe oben rechts)*. Später wird je nach Bedarf gegossen *(s. S. 266)*.

Stützen Viele Stauden brauchen eine Stütze, weil ihre Stängel nicht standfest sind. Manche, wie z.B. der Rittersporn, sind aufgrund ihrer Höhe windanfällig. Man sollte sie deshalb schon ziemlich zeitig mit einem Bambusstab stützen und die Stängel dann während der Entwicklung am Stab festbinden. Halbhohe Stauden, wie die Nieswurz, können mit kurzen, unauffälligen Stöcken aufrecht gehalten werden. Bei noch kleineren Gewächsen, wie dem Türken-Mohn *(Papaver orientale)*, verhindert ein spezielles Drahtgitter oder ein weitmaschiges Drahtnetz, welches man über den Jungpflanzen ausbringt, das Umfallen. Die Pflänzchen wachsen durch die Maschen hoch und so ist das Gitter bald unter den Blättern verborgen.

Vermehrung Man erhält Stauden gesund und wuchsfreudig, wenn man sie alle drei bis vier Jahre teilt und neu pflanzt. Anderenfalls entstehen zu große Büsche, die am Rande vereinzelt blühen, aber im Zentrum kahl sind, weil sie keine Wuchskraft mehr haben. Junge Triebe bilden sich an den Außenseiten und das Innere ist oft ohne Blüten oder stirbt völlig ab. Nur bedingt winterharte Stauden

DAS PFLANZEN VON STAUDEN

Bei der Pflanzung von Container-Stauden ist unbedingt darauf zu achten, dass der Wurzelballen nicht austrocknet. Dafür sorgt ein reichliches Einschlämmen der Erde mit Wasser.

1 *Die Pflanzen aus dem Topf herausnehmen und für den Wurzelballen ein ausreichend großes Loch graben. Verteilen Sie um den Rand herum eine Handvoll Universaldünger wie z. B. Horn-Blut-Knochenmehl.*

2 *Wenn die Pflanze eingesetzt ist, den Boden vorsichtig festdrücken. Geben Sie reichlich Wasser, sodass sich auf der Bodenoberfläche eine Wasserlache bildet.*

lassen sich durch Ableger vermehren, die man im Spätsommer oder zeitigen Frühjahr schneidet.

Pflanzenschutz Einige Stauden, z. B. Herbstastern *(Aster novi-belgii)*, Rittersporn *(Delphinium sp.)* und Mohn *(Papaver rhoeas)* sind bei trockenen Witterungsbedingungen anfällig für Mehltau. Entfernen Sie befallene Pflanzen sofort, und wässern Sie die übrigen besonders bei trockenem Wetter vermehrt *(s. S. 266)*. Kranke Pflanzen werden stets weggeworfen, sie gehören nicht auf den Kompost.

Aufrecht stehen *Hohe Pflanzen wie den Rittersporn bindet man mit einem weichen Band an einem ca. 2,50 m langen Stab fest. Der wachsende Trieb wird regelmäßig weiter angebunden.*

Einjährige Blumen

Einjährige Blumen müssen jedes Jahr neu gesät bzw. gepflanzt werden, denn nach der Aussaat entfalten sie ihre Pracht nur einen Sommer lang und sterben anschließend ab. Sie bieten jedoch ein vielfältiges Farbenspiel, bereichern den Garten mit Formen und Düften, dienen als Bodendecker und liefern stets Nachschub für die Blumenvase. Sie sind auch als Übergangslösung sehr nützlich, solange die Dauerbepflanzung noch nicht endgültig ausgebreitet ist. Außerdem locken sie viele Nutzinsekten an, u. a. Bienen zur Bestäubung und Schwebfliegen zur Bekämpfung der Blattläuse.

AUSWAHL UND KAUF

Es gibt so viele einjährige Arten, dass die Auswahl oft schwerfällt. Zu den vielerorts bewährten zählen u. a. Kosmee (*Cosmos bipinnatus*), Mädchenauge (*Coreopsis tinctoria*), Flockenblume (*Centaurea sp.*) und Jungfer im Grünen (*Nigella*).

Achten Sie darauf, dass die ausgewählten Arten sich grundsätzlich für Ihre Boden- und Lichtverhältnisse eignen. Berücksichtigen Sie weiterhin, dass Einjahrsblumen unterschiedlich empfindlich sind. Es gibt Arten, die direkt an Ort und Stelle ausgesät werden können und solche, die frostempfindlich sind und vorkultiviert werden müssen.

Viele Einjährige haben den Vorteil, dass sie sich nach einmaliger Aussaat alljährlich wieder selbst versamen, sodass der Gärtner, vielleicht zu seinem anfänglichen Erstaunen, im folgenden Jahr im Garten Blumen vorfindet, ohne auch nur den Finger gekrümmt zu haben. Zu diesen eifrigen Wiederkehrern zählen einige der hübschesten Gartenblumen überhaupt, wie beispielsweise der anspruchslose Goldmohn (*Eschscholzia californica*), der mit seinen 30–40 cm hohen creme-, gelb- und rotfarbenen Blüten leere Beetfleckchen bis in den Oktober hinein füllt. Ebensolche »Stehaufmännchen« sind Portulakröschen (*Portulaca grandiflora*), Ringelblume (*Calendula officinalis*), Schleifenblume (*Iberis amara* und *Iberis umbellata*), Steinkraut (*Lobularia maritima*) und bisweilen auch Löwenmäulchen (*Antirrhinum majus*).

Aufzucht *Frostunempfindliche Einjährige sät man im zeitigen Frühjahr dicht in eine Saatkiste. Bei etwa 2,5 cm Größe teilt man den Bestand in kleine Quadrate, die dann als Büschel ausgepflanzt werden.*

Eine weitere interessante Gruppe der Einjährigen sind die Rankpflanzen, mit denen man in wenigen Wochen Zäune und Wände verschönern kann. Geeignete Arten sind u. a. die zarten, duftigen Wicken (*Lathyrus odoratus*), die leuchtende Kapuzinerkresse (*Tropaeolum majus*) und die aparte Schwarzäugige Susanne (*Thunbergia alata*). Wer das Schöne mit dem Nützlichen verbinden will, lässt an höheren Zäunen oder Spalieren die blütenprächtigen, unempfindlichen Prunkbohnen klettern, die dann später noch ein herzhaftes Gemüse liefern. Zierkürbisse bilden vor Mauern und Wänden ein interessantes Rankengewirr.

Man kann Einjährige selber aus Samen ziehen oder vorgezogene Jungpflanzen erwerben. Meiden Sie Exemplare mit kranken oder beschädigten Blättern.

PFLANZUNG

Die meisten Einjährigen sind Kinder der Sonne und dankbar für ein warmes, geschütztes Plätzchen. Geben Sie ihnen ausreichend Raum, damit sie sich entwickeln können. Der Boden sollte für alle Einjahrsblumen nicht zu nährstoffreich sein, denn dann werden zu viele Blätter und weniger Blüten gebildet. In kleineren Mischbeeten ist es am günstigsten, nur die Sträucher und Stauden zu düngen und die Einjährigen sich selbst zu überlassen.

Frostunempfindliche Einjahrsblumen Diese Blumen sind einfach zu kultivieren, denn sie können direkt ins Freiland gesät werden, sobald der Boden trocken und leicht warm ist. Es empfiehlt sich, eine Bodentemperatur von mindestens 7 °C abzuwarten.

Säen Sie am gewünschten Standort in flache Saatrillen mit 15 cm Abstand. Die Jungpflanzen werden später je nach Pflanzenart auf 15–20 cm Zwischenraum ausgedünnt. Alternativ kann man auch in Kisten aussäen. Dann sollte man auf ein Ausdünnen verzichten und die Pflänzchen bei entsprechender Größe in Büscheln ins Freiland setzen (*siehe unten*). Diese Methode ist besonders bei schweren, feuchten Böden ratsam.

Frostempfindliche Einjahrsblumen Mit diesen Blumen hat man etwas mehr Mühe, doch der Aufwand lohnt sich. Sie benötigen eine Anzuchttemperatur von etwa 18 °C und müssen daher im warmen Frühbeet, im beheizten Gewächshaus oder auf einer Fensterbank vorgezogen werden. Nach der Keimung brauchen sie viel Licht.

Haben die Pflänzchen eine gewisse Größe erreicht, sodass sie sich gut handhaben lassen, werden sie mit mehr Abstand in eine größere Kiste umgesetzt. Erst wenn jegliche Frostgefahr vorbei ist, ziehen sie ins Freiland um. Vor dem endgültigen Auspflanzen müssen sie abgehärtet, d. h. auf das raue Freilandleben mit niedrigen Außentemperaturen vorbereitet werden. Dazu bringt man sie etwa eine Woche lang in einen Frühbeetkasten (*s. S. 254*), der anfangs geschlossen ist und langsam immer mehr belüftet wird.

Ausgepflanzt wird in ein Beet, das mit etwas verrottetem Stallmist oder Kompost sorgfältig vorbereitet ist. Bei Frostgefahr müssen die Pflanzen abgedeckt werden.

PFLEGE

Düngung Eine zusätzliche Düngung ist bei Einjährigen normalerweise überflüssig. Sie fördert nur die Laubentwicklung, die wiederum geht auf Kosten der späteren Blütenbildung.

Bewässerung Ausreichendes Wässern ist besonders beim Aussäen oder Pflanzen wichtig.

Pflanzenschutz Einige Einjährige sind bei kühlem, feuchtem Wetter für Pilzkrankheiten, wie z. B. Grauschimmel, besonders anfällig. Bei den ersten Anzeichen müssen die befallenen Blätter sofort entfernt werden, um eine Ausbreitung zu verhindern. Krankes Material auf keinen Fall auf den Kompost werfen!

Zweijährige Blumen

Zweijährige Blumen werden im Frühsommer des ersten Jahres ausgesät und kommen einmalig im zweiten Jahr zur Blüte. Einige, wie die Stiefmütterchen, können auch mehrjährig stehen bleiben, doch die erste Blüte ist gewöhnlich am reichhaltigsten. Maßliebchen säen sich zwar von selbst aus, doch ist die Nachfolgeblüte häufig nicht mehr so attraktiv. Der von Kaninchen hochgeschätzte Goldlack kann bei ungestörtem Wachstum mehrere Jahre alt werden.

AUSWAHL UND KAUF

Bei richtiger Auswahl mit Berücksichtigung ihrer Licht- und Bodenansprüche liefern Zweijährige einen Sommer lang eine herrliche Blütenpracht. Sie finden in dieser Gruppe viele Vertreter aus den alten Bauerngärten wie z. B. die Bartnelke (*Dianthus barbatus*), die Marienglockenblume (*Campanula medium*), die Stockrose (*Alcea rosea*) und die Nachtviole (*Hesperis matronalis*). Auch allgemein bekannte Wild- und Heilpflanzen wie der Rote Fingerhut (*Digitalis purpurea*) und die Königskerze (*Verbascum densiflorum*) zählen zu den Zweijährigen.

Sie können Zweijährige als Samen oder Jungpflanzen kaufen. Letztere auf Krankheiten und beschädigte Blätter überprüfen.

PFLANZUNG

Zweijährige haben ähnliche Ansprüche wie die Einjahrsblumen. Arbeiten Sie vor dem Auspflanzen gut verrotteten Mist oder Kompost in den Boden ein. Eine zusätzliche

Düngung ist dann unnötig und wirkt eher nachteilig für die Blume.

Sie brauchen etwas Platz für das Saatbeet und Raum für die anschließende Weiterentwicklung. Zweijährige werden ganz einfach im Frühsommer draußen ausgesät. Wenn die Sämlinge groß genug sind, sodass man sie ohne Schädigung verpflanzen kann, bringt man sie am besten mit etwa 10 cm Abstand in Reihen in einer freien Gartenecke unter. Von dort kommen sie im Frühherbst, nach der Blüte der Einjährigen, an ihren endgültigen Platz.

Die zeitigen Zweijährigen blühen vom Frühjahr bis in die ersten Sommertage hinein. Dann nimmt man sie heraus und löst sie durch blühende Einjährige ab. Entfernte Pflanzen kommen auf den Kompost.

Zwiebel- und Knollengewächse

Zu dieser Gruppe zählen alle Pflanzenarten mit unterirdischen Speicherorganen (Rhizome, Zwiebeln, Knollen). Nach der Blüte stirbt das Laub ab und die Reservestoffe werden während der Wachstumsruhe in der Zwiebel gespeichert. Im folgenden Jahr erfolgt dann der Neuaustrieb.

Zwiebelpflanzen sind ideal, um auf einem Beet Farbe zwischen die Sträucher zu zaubern. Frühlingsblüher zeigen sich zu Füßen der Laubsträucher in voller Pracht, wenn diese noch Winterschlaf halten, später wird das zunehmend unansehnliche Laub der Zwiebelpflanzen vom Neuaustrieb der Sträucher bedeckt.

AUSWAHL UND KAUF

Nicht alle Zwiebelpflanzen sind Frühjahrsblüher. Bei sorgfältiger Auswahl bieten sie das ganze Jahr über Farbenpracht für den Garten.

Beim Kauf sollte jede einzelne Zwiebel sorgfältig auf eine intakte Schale und Festigkeit hin geprüft werden. Nur gesundes Ausgangsmaterial bringt später den gewünschten Blüherfolg. Weiche Exemplare sind innen verfault oder vertrocknet.

Vergissmeinnicht *Zur Vermehrung braucht man keine Samen zu kaufen. Nehmen Sie einfach eine Pflanze mit Samenansatz aus dem Boden und schütteln Sie die Samen über dem Beet aus.*

Kiesbett *Um Zwiebeln in schweren Boden zu pflanzen, geben Sie in ein 30 cm tiefes Loch mit ca. 60 cm Durchmesser einen Eimer Kies, setzen die Zwiebel darauf und decken mit Erde ab.*

PFLANZUNG

Zwiebelpflanzen wachsen in jedem Boden mit guter Dränage. Bei schlechtem Wasserablauf fangen sie schnell an zu faulen. Schwere Böden müssen daher tief bearbeitet und eventuell gegenüber der umliegenden Fläche erhöht werden. Die Zwiebeln setzt man dann am besten in eine Kiesschicht. Die Pflanztiefe richtet sich natürlich nach der Zwiebelgröße. Als Faustregel gilt: Auf leichten und mittleren Böden pflanzt man doppelt so tief wie die Zwiebel dick ist, auf schweren Böden genauso tief wie der Zwiebelumfang ist, wobei die Stärke der Kiesschicht nicht vergessen werden darf. Die richtige Pflanztiefe ist wichtig, da einige Zwiebeln nicht blühwillig sind, wenn sie zu nahe an der Oberfläche eingesetzt werden. Die Zwiebeln müssen außerdem mit der Spitze, die bisweilen nicht ganz leicht erkennbar ist, nach oben gerichtet sein.

EINSCHLAGEN VON ZWIEBELN

Möchte man nach der Blüte Platz für einjährige Blumen schaffen, so sollte man die Zwiebelgewächse mit möglichst viel Wurzelwerk ausgraben und das Laub dabei nicht beschädigen. In einer geschützten Gartenecke lagert man die Zwiebeln in einem flachen Graben ein. Denken Sie daran, dass die Blätter ausreichend Licht brauchen, damit sie Energie speichern können. Bevor das Laub abstirbt sollten Sie noch etwas Flüssigdünger geben.

1 *Machen Sie einen V-förmigen Graben mit der ausgehobenen Erde als Stützwand. Legen Sie die Zwiebeln schräg hinein, je nach verfügbarem Platz dicht nebeneinander oder mit etwas Abstand.*

2 *Decken Sie die Zwiebeln mit Erde zu. In der nächsten Saison werden sie erneut gepflanzt. Zwiebeln verschiedener Pflanzenarten zur besseren Orientierung kennzeichnen.*

Einige Zwiebelblumen wie Lilien haben gerne ihre Köpfe in der Sonne und die Füße im Schatten. Daher ist eine Kombination mit niedrigen Sträuchern ideal. Die Pflanze kann dann über den Sträuchern ihre Blüten der Sonne entgegenrecken und die warmen Strahlen zum Wachsen ausnutzen, während die Wurzeln im Schatten der Sträucher kühl bleiben.

Frühlingszwiebeln werden im Spätsommer gepflanzt, Sommer- und Herbstblüher kommen im Frühjahr oder Frühsommer in den Boden.

Zwiebeln wirken auf Grasflächen besonders dekorativ und natürlich, vor allem, wenn Sie eine Naturwiese haben, wo das Gras nicht oft geschnitten wird. Wollen Sie Zwiebeln in einem regelmäßig gemähten Rasen haben, so sind nur sehr früh blühende Arten ratsam. Andernfalls müssen Sie das Rasenmähen um mehrere Wochen verschieben, bis das Laub der Blumen abgestorben ist. Am besten werden die Zwiebeln unregelmäßig über die Wiese verteilt. Zum Pflanzen verwendet man ein Handgerät, den »Pflanzer«, der ein kleines Pflanzloch aussticht. Man setzt die Zwiebel hinein und kann gleich anschließend die im Pflanzer verbliebene Erde und das Gras wieder einbringen.

PFLEGE

Düngung Es reicht nicht, die Zwiebeln nach der Pflanzung sich selbst zu überlassen. Die Blüte, die Sie im ersten Pflanzjahr erleben, resultiert aus den Bemühungen des Gärtners vor Ihnen. Um im nächsten Jahr ein ähnlich gutes Ergebnis zu erzielen, müssen Sie etwas tun. Eine reichliche Kaligabe nach der Blüte fördert z. B. die Blütenbildung im Folgejahr. Ansonsten düngt man die Zwiebeln im Mischbeet gleichzeitig mit den Sträuchern und den übrigen Pflanzen. Einzeln in Kübeln oder in Rabatten unter Bäumen gepflanzt, profitieren Zwiebeln von einigen Gaben Flüssigdünger nach der Blüte. Algenpräparate oder flüssiger Stallmist sind ideal (*s. S. 41–42*). Sobald das Laub abgestorben ist, sollte der Boden über den Zwiebeln mit gut verrottetem Mist oder Kompost gemulcht werden.

Bewässerung Der Boden soll ständig feucht, jedoch ohne Staunässe sein, andernfalls können die Zwiebeln verfaulen (*s. S. 117*).

Nach der Blüte Das Laub darf nach der Blüte nicht entfernt werden, denn es leitet die Blütenbildung für das folgende Jahr ein. Erst wenn die Blätter gelb werden, schneidet man sie ab und gibt sie auf den Kompost. Werden sie zu früh geschnitten oder, wie einige Gärtner es machen, zu ordentlichen kleinen Bündeln gebunden, kann die Pflanze das Sonnenlicht nicht ausnutzen, um Nährstoffe zu produzieren. Folglich werden die Zwiebeln immer kleiner und verschwinden schließlich. Ich finde das Laub auf den Beeten nicht weiter schlimm, wenn es ziemlich bald von anderem Laub überdeckt wird. Dazu pflanze ich Zwiebeln mit unansehnlich werdenden Blättern wie z. B. Narzissen, auch Osterglocken genannt, dicht an Pflanzen mit großen Blattrosetten wie Funkienarten (*Hosta sp.*).

Während der Blüte der Narzissen halten die Funkien noch Winterruhe, doch fast gleich im Anschluss an die Blüte entwickeln sich die Funkien und bringen große Blätter hervor, die das Narzissenlaub bedecken.

Überwintern Einige der empfindlicheren Sommerzwiebeln wie Gladiolen und Dahlien müssen zur Verhinderung von Frostschäden aus dem Boden genommen werden. Man gräbt sie unmittelbar vor den ersten Frösten aus. Sie werden getrocknet und gesäubert und bis zum nächsten Jahr an einem kühlen, frostfreien Platz aufbewahrt.

Kletterpflanzen

Ob sie eine Hauswand bedecken, einen weniger ansehnlichen Aufbau verbergen, sich über Büsche und Bäume schlängeln oder einen Holzzaun verschönern: Kletterpflanzen haben unschätzbaren Wert. Sie verleihen dem Garten im Handumdrehen mehr Dimension und verdecken unvermeidbare Gerüste und Behälter.

Echte Kletterpflanzen klettern mithilfe von Ranken, gebogenen Blattstielen bzw. Haftwurzeln oder sie schlingen sich vorwärts. Viele Sträucher und einige Rosen lassen sich aber ebenfalls zu Kletterern erziehen, wenn man ihre Triebe regelmäßig an stützenden Gittern hochbindet.

AUSWAHL UND KAUF

Standort und Zweck der Kletterpflanzen bestimmen die Auswahl der Art. Einige wie Clematis und Rosen können über Bäume und Sträucher gezogen werden, um entweder einen Farbkontrast während der Blüte zu erzielen oder um die Blütezeit zu verlängern, wenn die Baumblüte vorbei ist. Vermeiden Sie jedoch stark wüchsige Arten wie Clematis (*Clematis montana*) oder Schlingknöterich (*Polygonum*), weil sie den Baum bald überwuchern. Efeu (*Hedera sp.*) ist als Bodendecker zur Unkrautunterdrückung nützlich (*s. S. 90*). Rebengewächse (*Vitis sp.*) oder Wilder Wein (*Parthenocissus quinquefolia*) wirken durch ihr dichtes Blattwerk und die wunderschöne Laubfärbung im Herbst. Kletterpflanzen sind normalerweise zu jeder Jahreszeit in Containern erhältlich. Achten Sie beim Kauf auf reichlichen Austrieb an der Stängelbasis. Viele kurze, starke Triebe von unten her sind besser als ein langer Stängel, der sich erst oben verzweigt. Solche Pflanzen sind meist schwach und weniger blühfreudig. Sie finden auch nur schwer Halt.

PFLANZUNG

Eine gute Bodenvorbereitung ist wichtig, besonders bei der Pflanzung an einer Hauswand. Dieser Platz ist wahrscheinlich der trockenste im Garten, denn meist bekommen die Pflanzen durch eine überstehende Dachrinne keinen Regen ab. Doch gerade die starkwüchsigen Kletterer brauchen viel Feuchtigkeit und Nährstoffe. Gut gießen und die Pflanzstelle reichlich mit Mist, Kompost oder einem Alternativmaterial versehen. Arbeiten Sie für jede Pflanze eine Fläche von mindestens 1,20 m² auf. Lockern Sie dabei den Boden tief durch. Zusätzlich geben Sie gut 2 Handvoll Horn-Blut-Knochenmehl auf die Pflanzstelle.

Die meisten Kletterer pflanzt man am besten in Höhe der Erdmarkierung am Stamm. Eine Ausnahme bildet die Clematis. Sie ist anfällig für die Clematis-Welke, eine Pilzkrankheit, bei der die Pflanze plötzlich welkt und abstirbt. Handelt man gleich bei den ersten Anzeichen eines Befalls und schneidet die Stängel sofort zurück, ist noch einiges

Dezente Unterstützung *Die unauffälligste Kletterhilfe sind horizontale Drähte. Sie können mit Mauerhaken befestigt werden, die man in die Mauerfugen schlägt (s. S. 267). Diese* Clematis montana *'Rubens' hat Ranken, mit denen sie sich um die Drähte windet, die dadurch bald verdeckt sind.*

zu retten. Unterirdisch können sich dann neue Triebe entwickeln, vorausgesetzt, die Pflanze steht 10–15 cm tiefer als ursprünglich in der Baumschule, sodass es genügend Knospen »auf Vorrat« gibt.

Nach der Pflanzung wird der Boden mit grobem Material wie beispielsweise Kiefernrinde oder ähnlichem bedeckt. So bleibt die Wurzelscheibe schattig und kühl, und die Wasserverdunstung wird reduziert. Zwei angenehme Begleiterscheinungen werden gratis gleich mitgeliefert, man hält Schnecken in Schach und Unkraut.

ERZIEHUNG

Unter den Kletterpflanzen gibt es echte Kletterer und solche, die eine Kletterhilfe benötigen. Außerdem können einige Sträucher durch entsprechende Maßnahmen zum Klettern erzogen werden.

Wurzelkletterer Diese Pflanzen können mithilfe ihrer Haftwurzeln direkt auf der Unterlage haften und brauchen keine Kletterhilfe. Zu ihnen gehören Efeu (*Hedera sp.*), Trompetenblume (*Campsis sp.*), Kletterspindel (*Euonymus sp.*) sowie die Kletterhortensie (*Hydrangea sp.*). Man pflanzt sie an eine Mauer und weist ihnen die Kletterrichtung. Dann erledigen sie den Rest alleine und suchen sich ihren Weg. Wenn sie anfangs auch langsam vorankommen, sobald sie festen Halt gefunden haben, holen sie alles nach.

Rank- und Schlingpflanzen Sowohl Rank- als auch Schlingpflanzen brauchen eine Kletterhilfe. Arten wie das Geißblatt (*Lonicera*) oder der Blauregen (*Wisteria*) schlingen sich um jeden angebotenen Halt, während sich Clematis, Wilder Wein u. a. mithilfe von Ranken an einer Stütze emporwinden. Als Kletterhilfe dienen Stäbe, Spaliere, Drähte, Gitter oder Netze.

Geißblatt *Bei Kletterpflanzen, die eine Stütze brauchen, wie Jelängerjelieber (Geißblatt), sollten die Neutriebe regelmäßig vorsichtig um die Stütze gewunden werden.*

Rosen *Die Äste vorsichtig um den Pfosten legen und mit einem weichen Band befestigen. Versuchen Sie dabei, die Triebe zu einer flachen Spirale herunterzuziehen, dadurch erhöht sich die Blütenbildung.*

Mauersträucher Auch manche Sträucher lassen sich, obwohl von Natur aus keineswegs zum Klettern bestimmt, als Kletterpflanzen ziehen. So werden z. B. Rosen oft zur Dekoration von Pergolen oder Bogengängen verwendet. Dazu müssen die Triebe sofort nach dem Erscheinen an der Stütze festgebunden werden. Um den Blütenansatz zu erhöhen, legt man sie möglichst horizontal. Die Abdeckung der Kletterhilfe dauert dann zwar etwas länger, doch die Verminderung des Saftstroms fördert die Blütenbildung.

Außer Rosen sind als Mauersträucher Zwermispel (*Cotoneaster*) und Feuerdorn (*Pyracantha* 'Lalandeii') geeignet. Beide können durch entsprechende Erziehung Mauern und Zäune mit lebendigem Grün überdecken.

PFLEGE

Bewässerung Kletterpflanzen in gut vorbereitetem Boden brauchen nur bei sehr trockenem Wetter gegossen zu werden. Zusätzlich Wasser benötigen Pflanzen an Wänden, die durch überhängende Dachrinnen geschützt sind.

Düngung Bei gut vorbereitetem Boden ist die allgemeine Düngung des Beets ausreichend.

Rückschnitt Wurzelkletterer brauchen nur daran gehindert zu werden, unerwünschte Abwege einzuschlagen. Man sollte sie von Fenstern fernhalten, da sie schnell den Lichteinfall einschränken. Geschnitten wird am besten im Frühjahr mit einer entsprechenden Gartenschere.

Auslichten Zur Blütenförderung sollten Kletterpflanzen jährlich ausgelichtet werden. Früh blühende Arten schneidet man gleich unmittelbar nach der Blüte und entfernt alle verwelkten Blütenstände. Spät blühende Varianten werden erst im folgenden Frühjahr gestutzt (*siehe unten*).

DER RICHTIGE RÜCKSCHNITT-ZEITPUNKT

Früh blühende Kletterer	Spät blühende Kletterer
Clematis montana	*Clematis jackmannii*
Clematis macropetala	*Clematis* 'Ville de Lyon'
Clematis 'The President'	*Clematis* 'Hagley Hybrid'
Blauregen (*Wisteria*)	Trompetenblume
Sommerjasmin	Schlingknöterich
Jelängerjelieber	Winterjasmin
(*Lonicera sp.*)	Chilenische Glocken-
Akebie (*Akebia quinata*)	blume (*Lapageria rosea*)

Gefahr fürs Dach *Lassen Sie Kletterpflanzen nie auf dem Dach Fuß fassen. Die Ranken schieben sich unter die Dachpfannen und lockern sie. Daher die Stängel frühzeitig zurückschneiden.*

Teiche und Wasserpflanzen

Der biologische Garten zieht noch mehr Tiere an, wenn man einen Teich anlegt, der Vögel und kleine Säuger mit Wasser versorgt und vielen Wassertieren Unterschlupf bietet. Dazu gehören Frösche und Kröten, die in großen Mengen Schnecken und Nacktschnecken verspeisen. Durch einen Teich vergrößert sich auch die Pflanzenvielfalt im Garten.

WASSERPFLANZEN

Es gibt vier Gruppen von Wasserpflanzen: Tiefwasserpflanzen, Schwimmpflanzen, Unterwasserpflanzen und Randpflanzen. Von jeder Art sollten einige im Teich vertreten sein.

Tiefwasserpflanzen wurzeln im Teichgrund, haben aber ihre Blätter an der Oberfläche. Zu dieser Gruppe gehören die viel geliebten und dekorativen Seerosen (*Nymphaea sp.*), die gleichzeitig unerwünschten Algenwuchs reduzieren. Algen brauchen zur Vermehrung Mineralsalze und Sonnenlicht, und je mehr die Wasseroberfläche von Blättern bedeckt ist, desto schlechter gedeihen die Algen.

Besonders attraktiv wirken weiße Seerosen (*Nymphaea alba*), die auch in einigen unserer Gewässer vorkommen, aber unter Naturschutz stehen und nicht entfernt werden dürfen. Ähnlich verhält es sich mit der sehr hübschen gelben Teichrose oder Mummel (*Nuphar lutea*), die leuchtend sonnenfarbige Blüten besitzt.

Schwimmpflanzen reduzieren ebenfalls die Sonnenlichtmenge der Wasseroberfläche. Zu ihnen gehören Wasserhyazinthen (*Eichornia crassipes*) und Wassernuss (*Trapa natans*).

Unterwasserpflanzen sind zwar nicht dekorativ, spenden aber vielfach Sauerstoff und tragen dadurch zur Gesundheit des Teichs bei. Zu dieser Gruppe zählen Tausendblatt (*Myriophyllum spicatum*), Kanadische Wasserpest (*Elodea canadensis*) und Laichkraut (*Potamogeton crispus*).

Randpflanzen gedeihen in den seichten und sumpfigen Teichzonen. Ihre Ansprüche bezüglich der Wurzeltiefe im Wasser variieren stark und reichen von manchen, die direkt im Wasser stehen wollen, wie z. B. Kalmus (*Acorus calamus*), bis zu den Primeln, die Sumpfboden bevorzugen.

▲ **Schwimmpflanzen**
*Die Wassernuss (*Trapa natans*) schützt vor Lichteinfall und wirkt so gegen Algen.*

▶ **Tiefwasserpflanzen**
*Der Wasserhahnenfuß (*Ranunculus aquatilis*) gehört in den tiefen Teichbereich.*

▲ **Unterwasserpflanzen**
*Das Tausendblatt (*Myriophyllum spicatum*) versorgt das Wasser mit Sauerstoff.*

▶ **Randpflanzen**
Feuchtigkeitsliebende Pflanzen wie Iris wachsen am Teichrand.

ANLAGE UND BEPFLANZUNG EINES TEICHS

Es gibt verschiedene Möglichkeiten zur Anlage eines Teichs. Am einfachsten ist es, einen Fertigteich zu kaufen und ihn in eine Mulde einzupassen. Mehr Möglichkeiten bietet die Teichfolie, da man Größe und Form des Teichs nach eigenen Wünschen bestimmen kann. Sie ist teuer, aber dafür beständiger als andere Folien. Heben Sie eine Mulde aus, die nach einer Seite leicht abfällt. Im Uferbereich kann für Randpflanzen eine Stufe eingebaut werden. Die ganze Mulde wird mit einer dicken Schicht weichen Materials ausgekleidet, um die Folie vor scharfen Steinen in der Erde zu schützen. Zur Bestimmung der Folienmaße misst man die Länge und Breite des Teichs und rechnet zweifach die maximale Tiefe hinzu.

Randpflanzen werden am Teichrand oder in einem extra Sumpfgarten gepflanzt.

Der Sumpfgarten ist flach mit leichter Neigung, ideal für Pflanzen, die feuchte Standorte lieben.

Ein Überwinterungsquartier für Frösche schafft man mit Steinen im Sumpfgarten.

Schwimmpflanzen werden im Frühjahr einfach ins Wasser geworfen. Man braucht eine Pflanze pro m².

Zum Schutz der Teichfolie deckt man die Erde vor dem Auskleiden mit einer Spezialdecke, Sand oder Zeitungspapier ab.

Sauerstoffliefernde Unterwasserpflanzen werden bündelweise verkauft und sind mit kleinen Gewichten beschwert. Man wirft im Frühjahr 1 Bündel pro m² in den Teich.

Für Topfpflanzen nimmt man schwere Gartenerde oder verrottete Grassoden, jedoch nie Boden mit viel organischer Substanz, der beim Abbau verfaulen würde. Eine dünne Kiesschicht auf der Oberfläche des Bodens verhindert sein Abschwämmen und hält neugierige Fische fern.

Die Randbank ist für Pflanzen, die gerne in flachem Wasser wachsen. Sie sollte an einigen Stellen besonders seicht sein, um der Fischbrut Schutz zu bieten.

Steinplatten am Rand erleichtern die Bepflanzung und Pflege des Teichs. Sie tragen auch zur Befestigung der Folie bei.

Tiefwasserpflanzen werden im späten Frühjahr oder im Sommer in Behältern ausgepflanzt. Man entfernt alle alten Blätter und senkt den Behälter auf den Teichboden. Neue Blätter wachsen bald an die Oberfläche.

Plastikbehälter, mit Erde gefüllt, sind zum Pflanzen am besten geeignet.

Der Teich im Querschnitt

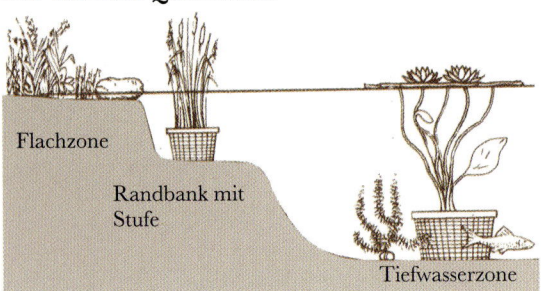

Flachzone

Randbank mit Stufe

Tiefwasserzone

Der Sumpfgarten sollte nur aus feuchter Erde bestehen. Eine 5 cm tiefe Flachzone ist für Pflanzen, die gerne im seichten Wasser wurzeln. Die 7–12 cm tiefe Randbank muss breit genug für Containerpflanzen sein. Die Tiefwasserzone sollte mindestens 5 cm Tiefe haben und damit für die meisten Seerosen geeignet sein.

PFLANZTIEFE FÜR WASSERPFLANZEN

Tiefwasserpflanzen	
Wasserähre (*Aponogeton distachyum*)	15–45 cm
Wasserprimel (*Hottonia palustris*)	30 cm
Seerosenarten (*Nymphaea sp.*)	
Nymphaea 'Alba'	30–90 cm
Nymphaea 'Sunrise'	15–45 cm
Nymphaea 'Firecrest'	15–45 cm
Nymphaea pygmae 'Alba'	10–20 cm
Randpflanzen	
Kalmus (*Aconus calamus*)	7–12 cm
Schwanenblume (*Butomus umbellatus*)	7–12 cm
Sumpf-Calla (*Calla palustris*)	5–10 cm
Sumpfdotterblume (*Caltha palustris*)	0–7 cm
Pfeilkraut (*Sagittaria japonica*)	7–12 cm
Sumpfvergissmeinnicht (*Myosotis palustris*)	0–7 cm
Primel (*Primula sp.*)	0–7 cm
Tiefen beziehen sich auf den Wasserstand oberhalb des Teichbodens.	

LAGE DES TEICHS

Der Teich sollte harmonisch in den Garten integriert und nicht außer Sicht in einer Ecke verborgen werden. Der Standort braucht ausreichend Sonnenlicht, denn die meisten Wasserpflanzen sind sonnenhungrig. Auch die Fische bevorzugen warmes Wasser, vertragen aber keine abrupten Temperaturschwankungen.

Planen Sie den Teich möglichst weit von Laubbäumen entfernt. Die ins Wasser fallenden Blätter verrotten unter Luftabschluss (anaerob) und machen das Wasser dadurch sauer. Die Bäume geben außerdem Schatten. Für Kleinkinder kann sogar ein Mini-Teich gefährlich sein, daher sollte er so angelegt werden, dass Kinder nicht ohne Aufsicht an ihn heran können. Eventuell empfiehlt es sich zu warten, bis die Kinder etwas älter sind.

PFLEGE DES TEICHS

Algenwuchs Bald nach dem Einfüllen des Wassers kann es passieren, dass sich Ihr Teich erbsengrün verfärbt. Das ist auf schnellen Algenwuchs zurückzuführen, denn Mineralstoffe im Wasser und reichliches Sonnenlicht bieten den Algen ideale Lebensbedingungen. Falsch wäre es, das Wasser herauszuholen und durch neues zu ersetzen, weil dann die Algen einen Nachschub an Mineralstoffen bekämen und wiederum gut gedeihen könnten. Lassen Sie daher das Wasser, wo es ist. Der Vorrat an Mineralien ist bald erschöpft und mit dem Wuchs der Wasserpflanzen wird auch die zweite Nahrungsquelle, das Sonnenlicht, bald verringert. Die Algen sterben ab und das Wasser wird klar.

Ausdünnen Zum gelegentlichen Ausdünnen der sauerstoffliefernden Pflanzen fischt man einfach einige mit der Hand heraus. Darauf befindliche Tiere kommen zurück in den Teich, die Pflanzen auf den Kompost. Es kann nach einiger Zeit manchmal nötig werden, den Teich gründlich zu reinigen, da er sich sonst zu sehr mit Schlick auffüllt und zu verlanden droht. Entfernen Sie vorsichtig (ohne z. B. die Folie zu beschädigen) Schlick und abgestorbene Pflanzenmasse – aber nur von höchstens einem Drittel des Teichs, sonst wird das ökologische Gleichgewicht zu stark gestört. Ein Jahr später erfolgt der zweite und übernächstes Jahr der dritte Teil.

Fadenalgenbefall Wenn Sie Pech haben, wird Ihr Teich von Fadenalgen befallen, die in dichten, watteartigen Verbänden auf der Oberfläche schwimmen und jede andere Vegetation bald ersticken. Um einer Ausbreitung vorzubeugen, müssen sie regelmäßig bei den ersten Anzeichen entfernt werden.

Blätter Achten Sie darauf, dass möglichst keine Blätter in den Teich gelangen. Sind Laubbäume in der Nähe, sollte die Wasseroberfläche im Herbst mit einem Netz abgedeckt werden.

Zierfische Wer Zierfische halten will, muss besondere Vorsorge für deren Nachwuchs treffen. Fische verspeisen nämlich ihre eigenen Eier, die frisch ausgeschlüpften Jungtiere sowie auch möglicherweise vorhandenen Froschlaich. Das verhindert man durch eine seichte, höchstens 5 cm tiefe Zone, die für größere Fische zu flach zum Schwimmen ist, für kleinere aber einen idealen Unterschlupf bietet. Froschlaich kann man selber dorthin dirigieren.

Alpenpflanzen

Kulturformen wilder Gebirgspflanzen gehören zu den schönsten Gartengewächsen überhaupt. Sie sind sozusagen die Außenseiter im Bio-Garten, denn die meisten von ihnen locken keine Tiere und damit auch keine Nützlinge an. Trotzdem, wer einmal angefangen hat, wird bald den Bestand vergrößern wollen. Alpenpflanzen nehmen sehr wenig Raum in Anspruch und es wirkt besonders ansprechend, wenn man diese Gewächse in Steingärten, Mauerspalten oder zwischen Steinplatten ansiedelt.

AUSWAHL

Die Auswahl an Blütenfarben, Wuchsformen und interessantem Laub ist enorm. Viele Alpenpflanzen brauchen alkalischen, d. h. kalkreichen Boden. Einige, wie manche Enzianarten, sind allerdings kalkscheu und bevorzugen saure Standorte.

PFLANZUNG

Alpenblumen benötigen zum Keimen eine Kältestimulierung (s. S. 270). Sie werden daher im Winter ausgesät und im Frühjahr oder Sommer gepflanzt. Ganz wichtig für das Gedeihen ist eine gute Dränage. Von Natur aus wachsen Alpenpflanzen in Felsspalten oder auf Geröllfeldern, diese Umgebung muss nachgeahmt werden.

Eine Methode, die Gebirgskinder erfolgreich einzubürgern, besteht in der Anlage eines kleinen Geröllgartens (*siehe unten*). Man kann aber auch Tröge, Steinbecken oder ähnliche Behälter verwenden. Dann ist eine Dränageschicht in den Behälterboden einzubringen, darauf kommt gut durchlässiger Kompost.

Auch im Steingarten kann man den Ansprüchen der Gartenexoten gerecht werden. Arrangieren Sie dort für Alpenpflanzen spezielle »Pflanztaschen«, indem Sie verschiedene Steine hufeisenförmig angeordnet zusammenlegen und die so entstandene Tasche mit einer geeigneten Bodenmischung füllen. So können Sie Pflanzen, die verschiedene Bodenansprüche haben, zusammen kultivieren.

Die sehr formale Gestaltung *dieses Steingartens wird durch die Pflanzung und die Trittsteine aufgelockert. Auf solch einem gut durchlässigen Standort können viele Alpengewächse gedeihen. Für die Anlage hebt man eine mindestens 50 cm tiefe Mulde aus, bringt eine 23 cm dicke Schicht aus grobem Steinmaterial ein und füllt mit einer Mischung aus Erde, Torfersatz und grobem Kies auf.*

PFLANZUNG VON ALPENGEWÄCHSEN

In ihrer ursprünglichen gebirgigen Felsenheimat besiedeln die Alpengewächse gut durchlässige Standorte. Ähnliche Bedingungen, wo für schnellen Wasserablauf gesorgt ist, lassen sich in einem Steingarten, in Lücken zwischen Tretsteinen oder in Mauerspalten nachahmen.

Ein Steingarten kann je nach Wunsch größer oder kleiner angelegt werden. Oft sind Steingärten die ideale Bepflanzung für einen Abhang. Werden spezielle Mauern errichtet, so lässt man am besten gleich Zwischenräume frei, die mit Erde gefüllt werden können.

Alpenpflanzen in einer Mauer

1 *Eine Grasnarbe schneiden, die groß genug ist, um den Wurzelballen der Pflanze zu umhüllen. Umgekehrt liegen lassen, bis das Gras verwelkt ist, dann in Wasser tauchen.*

2 *Ist die Grasnarbe gründlich durchfeuchtet, wird sie um den Wurzelballen der Pflanze gewickelt.*

3 *Der eingewickelte Wurzelballen wird anschließend fest in die vorgesehene Mauerlücke gedrückt.*

Pflanztaschen im Steingarten

Für Pflanztaschen legt man die Steine zu kleinen Hufeisen zusammen, die mit einer Mischung zu gleichen Teilen aus Erde, Torfersatz und grobem Kies gefüllt werden. Besonders reizvoll ist die Pflanzung vieler verschiedener Gewächse, sodass Farben und Formen ständig variieren. Die beiden Fotos rechts von ein und demselben Beet wurden im Abstand von zwei Monaten aufgenommen.

Spätes Frühjahr

Hochsommer

Alpengewächse gedeihen auch in Mauerspalten. Besonders geeignet dafür sind trockenheitsliebende Arten. Man schiebt sie im Herbst, in eine Grasnarbe gewickelt, in die Spalten (*siehe oben*).

Soll ein Weg angelegt werden, kann es sehr dekorativ wirken, wenn Sie einzelne Pflanzen zwischen den Steinplatten unterbringen. Lassen Sie Zwischenräume, die mit Erde gefüllt werden.

PFLEGE

Düngung Gedüngt wird nur, wenn die Pflanzen ihr Wachstum eingestellt haben, was höchstens alle fünf bis sechs Jahre vorkommen sollte. Sie werden dann leicht mit Horn-Blut-Knochenmehl eingestäubt.

Bewässerung Da die Alpenpflanzen gut mit dem Wasser haushalten können, ist ein Gießen nur bei sehr trockenem Wetter notwendig. Achten Sie jedoch auf eine gute Dränage.

Unkraut Das Unkrautjäten ist besonders bei Jungpflanzen zeitraubend. Sie können Unkraut weitgehend in Schach halten, wenn Sie den unbedeckten Boden mit Kies abstreuen.

Schutz In ihrer natürlichen Umgebung sind Alpenpflanzen im ganzen Winter durch Schnee geschützt. Daher fühlen sich viele etwa im feuchten Tieflandklima nicht wohl. Um die Blätter vor Nässe zu bewahren, sollte man in solchen Regionen über empfindlichen Pflanzen eine kleine Glasscheibe auf Drahtstützen anbringen.

Wildblumen im Garten

Wildblumen sind als Blumenwiese ebenso reizvoll wie auf dem Zierbeet. Überhaupt ist die Bezeichnung »Wildpflanze« sehr subjektiv, denn was in einigen Ländern als Wildblume oder sogar als Unkraut gilt, ist in andern eine beliebte Blütenpflanze. Im Übrigen entfalten sich viele Wildformen in fruchtbarer Gartenerde zu wahrer Pracht.

In meinem eigenen Garten lasse ich stets die herübergewehten Samen der roten und weißen Lichtnelke (*Lychnis dioica, L. alba*) gedeihen. In den gedüngten Beeten entwickeln sie sich mit vielen großen Blüten. Sie locken außerdem noch Insekten, bunte Schmetterlinge und Vögel an und tragen so zum natürlichen Pflanzenschutz bei.

AUSWAHL UND KAUF

Auf dem Markt gibt es mehrere Spezialhändler für Wildblumensamen und in den meisten Saatgutkatalogen wird ein größeres Sortiment angeboten. Auch fertige Mischungen liegen bereit, um beispielsweise Schmetterlinge, Bienen oder Vögel anzulocken. Andere Mixturen enthalten einstmals verbreitete Feldblumen wie Kornrade (*Agrostemma githago*) oder Kornblume (*Centaurea cyanus*).

Einige Händler haben bereits bewurzelte Pflänzchen vorrätig. Denken Sie vor dem Auspflanzen an die Boden- und Lichtansprüche der unterschiedlichen Arten. Übrigens: Pflanzen aus der Natur sollten Sie nicht mitnehmen. Wer wild wachsende Pflanzen stehen lässt, trägt zum Naturschutz bei und schützt seltene Arten vor dem Aussterben.

PFLANZUNG

Gewöhnlich zieht man Wildpflanzen aus Samen, die im Frühjahr entweder direkt in den Garten gesät oder im unbeheizten Gewächshaus in Saatkisten vorgezogen werden. Letztere Jungpflänzchen sind vor dem Auspflanzen ins Freiland unbedingt abzuhärten (*s. S. 254*). Bei Direktaussaat muss eine gute Dränage gewährleistet sein. Ideal für Wildpflanzen wäre ein Boden, der längere Zeit unbebaut war. Bei Neubauten bietet sich der aufgeworfene Unterboden an. Wildpflanzen gedeihen nur auf mageren, d. h. mineralstoffarmen Böden, bei Düngung setzen sich sofort die stärkeren Unkräuter durch.

▲ **Farbkontrast** *Glockenblumen als kontrastierende Unterpflanzung unterdrücken in dieser waldähnlichen Bepflanzung das Unkraut.*

▶ **Farbenrausch** *Rote Mohnblumen, blaue Kornblumen und weiße Margeriten locken Schmetterlinge und andere Insekten an. Die später entstehenden Samen sind Leckerbissen für Vögel.*

AUSSAAT EINER WILDBLUMENWIESE

Eine Wildblumenwiese eignet sich besonders für größere Gärten, da sie äußerst pflegeleicht ist. Die Blumenzusammensetzung ändert sich stets ein wenig, denn variierende Wachstumsbedingungen begünstigen mal die eine und mal die andere Art. Eine möglichst große Pflanzenvielfalt ist in jedem Fall wünschenswert, da dann viele verschiedene Insekten und Vögel angelockt werden, die mit zum Pflanzenschutz beitragen.

Wählen Sie eine Stelle mit magerem Boden. Vorbereitung und Aussaat erfolgen ebenso wie bei Rasen (*s. S. 79*). Verwenden Sie eine Saatmischung aus Gräsern und Blumen, die für Ihre Bodenart geeignet ist.

Die Wiese wird nur zweimal im Jahr geschnitten: im zeitigen Frühjahr bei Wachstumsbeginn und im Spätsommer nach dem Samenansatz. Die Samen zur Aussaat im nächsten Jahr aufbewahren.

TERRASSEN- UND BALKON- BEPFLANZUNG

WIE EINE PFLANZE auf dem Fensterbrett einen Raum sofort wohnlicher erscheinen lässt, können draußen Pflanzen in Behältern streng erscheinende Flächen, wie z. B. Steinplattenareale, beträchtlich auflockern. Damit werden diese Flächen harmonisch in den Garten eingegliedert und manches trostlose Fleckchen Grau wird zu einem bunten Farbtupfer. Ein öder Balkon lässt sich schon mit wenigen Kübelpflanzen in eine blühende Laube verwandeln und wer noch einige Duftpflanzen integriert, kann hier z. B. mit Rosmarin und Lavendel die große weite Welt erschnuppern.

Jeder Gärtner braucht gepflasterte oder betonierte Abschnitte als Stufen, Wege, Abstellflächen oder Auffahrt, doch in einem blühenden Bio-Garten fallen sie leicht unan-

genehm ins Auge. Ein bisschen Auflockerung bewirkt gleich einen großen Unterschied. Hängen Sie z. B. einen Korb mit Blumen an die Haustür oder stellen Sie einen Steintrog mit Alpengewächsen auf einen unansehnlichen Abflussdeckel. Lassen Sie am Balkonpfeiler eine Kletterpflanze emporklettern oder verzieren Sie die Seiten mit rankenden Ästen.

Sie können Container nur für einen Sommer bepflanzen oder mehrjährige Arten verwenden, bzw. beides miteinander kombinieren. Füllen Sie Kübel und Kästen beispielsweise mit ausdauernden Miniatur-Sträuchern und setzen Sie ein- und zweijährige Blumen als Anziehungspunkte und farbige Kleckse außen herum. Achten Sie darauf, dass die Pflanzen in etwa die gleiche Wuchskraft haben, damit nicht eine Art die anderen überwuchert.

Behältertypen

Gute Gartencenter bieten zahlreiche Behälter aus ganz unterschiedlichen Materialien in verschiedenen Stilrichtungen und mannigfaltigem Design. Dabei reicht die Auswahl vom einfachen Drahtkorb über Plastikgefäße bis zu klassisch geformten Vasen, Holzfässern und Stein- oder Betonbehältern. Alle sind für Pflanzen geeignet, wenn für entsprechenden Wasserablauf gesorgt ist, bzw. wenn man Löcher in den Boden bohren kann.

PLASTIK

Die billigen Plastikbehälter sind teilweise recht ansprechend. Da sie meistens keinen Wasserablauf haben, müssen vor dem Pflanzen Löcher in den Boden gebohrt werden, besser einige mehr als zu wenig. Als Richtlinie gilt: 1 cm große Löcher mit etwa 15 cm Abstand.

Verschiedene Plastikbehälter, auch Haushaltseimer und andere Gefäße, können nützliche Container abgeben. Der Behälter selbst wird bald zumindest teilweise von den Pflanzen überdeckt. Hat der Behälter keine erhöhte Kante am Boden, sollten Sie ihn mit Steinen leicht anheben, sodass die Abflussöffnungen freiliegen und nicht direkten Erdkontakt haben.

TON, STEINGUT, BETON

Rötlich braune Tontöpfe passen besonders gut zum Stil des Bauerngartens. Ihr Nachteil ist, dass sie überwiegend frostempfindlich sind und bei Kälte leicht platzen. Gute Dränage ist hier ebenfalls wichtig.

Die teureren Steingutbehälter vertragen auch stärkeren Frost, ihre Anschaffung lohnt sich. Außerdem gibt es eine Reihe von Kübeln, die aus Stein oder Beton gegossen sind. Mit Erde gefüllt sind solche Behälter sehr schwer und sollten deshalb bereits vor dem Pflanzen an ihrem endgültigen Platz stehen. Alte Steintröge oder Wasserbecken, die außen von Moosen und Algen überwachsen werden, sehen mit Pflanzen gefüllt ausgesprochen hübsch aus.

HOLZ

Es gibt sehr unterschiedliche Holzbehälter. Weichholz wird bei der Herstellung zur längeren Haltbarkeit druckimprägniert. Hartholz hält viele Jahre ohne Behandlung. Ideal sind halbe Fässer, doch sind sie selten. Die meisten sind aus Eiche und brauchen keine Behandlung, nur die Metallringe sollten ab und zu gestrichen werden. Verwenden Sie keine Fässer, die giftige Substanzen enthalten haben.

Kräuteranbau *in Kübeln und Töpfen, etwa mit Salbei, Thymian und Mutterkraut, ist bequem, nützlich und dekorativ.*

Holzkübel *mit ein- und zweijährigen Blumen beleben die Terrasse.*

▲ **Dieser klassische Behälter** *ist aus Stein und mit einer bunten Blumenmischung bepflanzt.*

BLUMENKÄSTEN

Blumenkästen gibt es aus Holz oder Plastik. Sie können aus Hartholz oder behandeltem Weichholz auch selbst einen bauen. Wichtig ist, dass die Kästen absolut sicher am Fenster oder an der Wand befestigt werden.

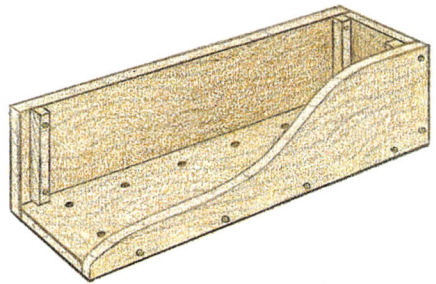

Verwenden Sie zum Bau *eines Blumenkastens 20 x 3,5 cm starke Holzbretter, auf gewünschte Länge geschnitten. Bringen Sie an den Ecken 2,5 cm² dicke Leisten mit Messing- oder galvanisierten Schrauben an. Ist der Kasten länger als 1 m, befestigen Sie in der Mitte eine zusätzliche Haltestütze. Bohren Sie alle 15 cm 1 cm große Löcher in den Boden.*

Kübel und Blumenkästen bepflanzen

Behälter können zwar ohne Weiteres mit ausdauernden Gehölzen bepflanzt werden, doch ihren wahren Reiz erhalten sie durch die Blütenpracht der einjährigen Blumen und der Blütenstauden. So bereichern sie Balkon und Garten den ganzen Sommer über mit ihren Farben und sorgen für Abwechslung, wenn auf den Beeten gerade einmal Blühpause herrscht. Normalerweise wird im Frühjahr für den Sommer gepflanzt und im Herbst für das kommende Frühjahr. Einen hübschen Blickfang für den Winter erhalten Sie durch die Kombination winterharter Pflanzen, wie beispielsweise blühender Winterheide (*Erica corvea*) mit

Stiefmütterchen (*Viola wittrockiana*) und dem widerstandsfähigen Spindelbaum (*Euonymus fortunei*).

Sie können alle vorgeschlagenen Pflanzen auch einzeln für Saisonpflanzungen verwenden (Anordnung nach Blütezeiten *s. S. 94–111*). Kübel voller Osterglocken, abgelöst von Fuchsien oder Geranien, geben einen wunderschönen Blickfang. Ich selbst bevorzuge die Geraniensorte 'Mini Cascade', die in Rosa oder Rot erhältlich ist.

Doch welchen Behälter und welches Pflanzschema Sie auch verwenden, die wichtigste Grundlage für gutes Gedeihen ist das richtige Pflanzsubstrat (*s. S. 128*).

SPÄTFRÜHLINGS- UND SOMMERFARBEN

Mit der Frühjahrspflanzung sollte gewartet werden, bis alle Frostgefahr gebannt ist. Dann beginnt man die Bepflanzung der Behälter von der Mitte aus mit höheren Gewächsen wie Geranien (*Pelargonium zonale*), Fuchsien (*Fuchsia blumeii*), Buntnesseln (*Coleus sp.*) oder hochwachsenden Begonien (*Begonia tuberosa*). Rundherum setzt man etwas kürzere Exemplare wie Petunien (*Petunia hybriden*), Salvien (*Salvia splendens*), Nemesien (*Nemesia strumosa*), Fleißige Lieschen (*Impatiens walleriana*) oder Pantoffelblumen (*Calceolaria integrifolia*). An den Rand kommen dichte, niedrige Arten wie *Ageratum* (*Ageratum houstonianum*), Lobelien (*Lobelia erinus*) oder Steinkraut (*Lobularia maritima*). Zur Auflockerung dienen einige Hängeformen, wie z. B. entsprechende Geranien, Fuchsien, Lobelien, Schwarze Susanne (*Thunbergia alata*) oder Katzenminze (*Nepeta hederacea*). Säen Sie beim Pflanzen etwas Kapuzinerkresse (*Tropaeolum majus*) mit ein, die später als die übrigen Pflanzen blüht und den Behälter auch dann noch verschönt, wenn bereits der erste Glanz verloren ist.

NEUPFLANZUNG FÜR DAS FRÜHJAHR

Im Frühherbst entfernen Sie die Sommerpflanzung und erneuern die Erdmischung (*siehe unten*), indem Sie die oberen 23 cm Erde herausnehmen, gut verrotteten Gartenkompost oder Mist untermischen und die Erde wieder auffüllen. Dann setzen Sie Ihre Frühjahrsblumen ein, wiederum eine größere Pflanze im Zentrum, umgeben von niedrigen und kriechenden oder hängenden Arten. Geeignet sind Stiefmütterchen, Primeln, Vergissmeinnicht, Gänseblümchen (*Bellis perennis*) und natürlich diverse Frühjahrszwiebeln.

Frühjahrszwiebeln

Fast alle Frühjahrs-Zwiebelpflanzen gedeihen in Behältern. In frei stehenden Lagen sollte man hohe Sorten jedoch meiden, denn die Pflanzen werden durch Wind und Regen leicht umgebrochen. Von Narzissen wählt man am besten die kurzstieligen Formen *Narcissus cyclamineus*, *N. triandrus* und die Wildhybriden *N. jonquilla*. Als Tulpen empfehle ich *Tulipa tarda*, *T. kaufmanniana*, *T. greigii* und *T. praestans*. Zu verwenden sind auch alle Hyazinthen, frühe Krokus- und Irisarten sowie Anemonen.

Mehrjährige Pflanzen

Behälter mit mehrjährigen Sträuchern oder Stauden machen weniger Arbeit als die ständigen Neupflanzungen, liefern aber langfristig gesehen natürlich auch nicht die gleiche Farbenpracht. Trotzdem sind sie bei Zeitmangel eine Überlegung wert.

NADELGEHÖLZE (KONIFEREN)

Kleine Koniferen sind gute Kübelpflanzen, wenn sie auch wirklich klein bleiben. Größere Arten gedeihen nur kurze Zeit, zeigen dann aber deutlich, dass es ihnen zu eng wird und müssen einen Platz im Garten bekommen.

Einer der besten »Zwerge« ist der säulenförmige Wacholder *Juniperus communis* 'Compressa'. Ebenfalls klein und mit niederliegenden Zweigen sind *Juniperus horizontalis*

'Alpina' und *J. h.* 'Plumosa'. Die Zuckerhutfichte *Picea glauca* 'Albertiana Conica' kann jahrelang im Kübel wachsen, wird aber leider leicht von der Roten Spinne befallen, was oft zum Abfallen der Nadeln führt (*s. S. 257*).

Die Scheinzypresse *Chamaecyparis lawsoniana* 'Minima Glauca' wächst langsam und bildet einen dunkelblaugrünen Kugelbusch, während ihre nahe Verwandte, die *C. l.* 'Minima Aurea' goldgelb gefärbt ist. Auch andere Formen der Lawson-Zypresse sind einige Jahre lang brauchbar: *C. l.* 'Ellwoodii' als blaugrüne Kegelform oder die ähnliche *C. l.* 'Ellwoods Gold', langsamer wachsend und goldgelb.

Es gibt eine Reihe von Wacholder-Bäumen, die klein oder horizontal wachsen, wie die bereits oben erwähnte *Juniperus horizontalis* 'Alpina', und einige Thujen in Zwergform wie *Thuja occidentalis* 'Rheingold'.

STRÄUCHER

Einige Sträucher halten in Behältern sehr lange, und die Einengung der Wurzeln fördert meist eine regelmäßige, reichliche Blüte. Einer meiner Favoriten ist die immergrüne Lavendelheide (*Pieris* 'Forest Flame'). Ihre Blatt-

---

ERDMISCHUNGEN FÜR PFLANZBEHÄLTER

Verwenden Sie für Behälter, die im Freien stehen sollen, keine Erdmischung auf Torfbasis. Sie ist nicht umweltschonend und trocknet allzu leicht aus. Regen reicht zum Nasshalten selten aus. Nehmen Sie stattdessen eine Mischung mit guter Erde aus einem Gartengeschäft oder mit faserreichem Lehm aus Grassoden (*Lehmherstellung s. S. 252*).

Substrat aus Erde
Mischen Sie 7 Teile Lehm mit 3 Teilen Kokosfaser und 2 Teilen grobem Kies. Geben Sie daran anschließend auf einen 10-Liter-Eimer 30 g Gartenkalk und 150 g Horn-Blut-Knochenmehl.

Die Kokosfasern können durch gut verrotteten Kompost oder Mist ersetzt werden, oder, besser noch durch Regenwurm- oder Laubkompost.

Substrat für säureliebende Pflanzen
Wenn auch säureliebende Pflanzen verwendet werden, mischen Sie das Substrat wie oben, nehmen aber saure Erde und keinen Kalk. Gibt es solche Erde nicht zu kaufen, dann mixen Sie 1/3 Kokosfaser, 1/3 Kiefernrinde und 1/3 groben Sand und geben Dünger bei wie oben angegeben.

Einfüllen des Substrats
Vor dem Füllen des Behälters legen Sie auf die Abzugslöcher Tonscherben mit der gewölbten Seite nach oben. Diese bedecken Sie mit Kies und etwas Grasnarbe oder einem Stück Sackleinen, um ein Verstopfen der Öffnungen mit Erde zu verhindern. Sind Kübel und Pflanze eher hoch, ist es nützlich, als Ballast eine Schicht groben Kies einzufüllen. Lassen Sie einen Gießrand von etwa 2,5 cm.

färbung wechselt vom zeitigen Frühjahr an von Rot über Rosa und Cremeweiß hin zu Grün. Außerdem trägt sie weiße Blüten, ähnlich denen der Maiglöckchen. Diese Pflanze braucht eine saure Bodenmischung (*siehe links*) ebenso wie Zwergrhododendron und Azaleen (*Rhododendron sp.*), Steinsame (*Lithosperum diffusum*), Torfmyrte (*Pernettya mucronata*), Heide (*Erica sp.*), Kamelien (*Camellia japonica*) und andere säureliebende Arten. Alle diese Pflanzen müssen mit Regenwasser gegossen werden, da Leitungswasser meist zu kalkhaltig ist. Demgegenüber liebt Zwergflieder (*Syringa velutina*) ebenso wie die verschiedenen Formen des Spindelstrauchs (*Euonymus fortunei*) kalkreichen Boden.

KLETTERPFLANZEN

Eine wunderbare Möglichkeit, sich vor den neugierigen Blicken der Nachbarn zu schützen oder hässliche Wände zu verschönern, besteht darin, Kübel und Kästen mit Kletterern zu bepflanzen.

Schön sind überwinternde Gehölze, wie der extrem schnell wachsende Knöterich (*Fallopia*), *Clematis*-Hybriden und -Wildarten mit ihren schönen Blüten, der langsam wachsende Efeu, der genau wie die Kletterspindel auch Schatten verträgt oder wie das Geißblatt, auch Jelänger-jelieber genannt, mit den zierlichen Blütenbüscheln und einigen herrlich duftenden Sorten. Wichtig bei den ausdauernden, teils stark wachsenden Klettergehölzen sind ausreichend große Pflanzgefäße und gute Erde, damit den Gewächsen genügend Nährstoffe zur Verfügung stehen. Achten Sie darauf, dass die Rankgerüste aus gespannten Drähten, gekauften oder selbst gebastelten Holzkonstruktionen stabil genug sind und auch dann noch halten, wenn ein stürmisches Gewitter niedergeht.

STAUDEN

Sträucher bekommen in Behältern etwas Abwechslung durch zwischengepflanzte kleine Stauden. Sehr gut passen beispielsweise die verschiedenen Efeuarten (*Hedera sp.*). Sie hängen an den Seiten über und sorgen so für Auflockerung. Auch viele andere niedrig wachsende Stauden sehen hübsch aus, sind aber im Kübel meist nicht winterhart.

Pflanzen Sie auf einem Balkon lieber keine hochwachsenden Stauden, denn dort herrscht meist so viel Wind, dass die Pflanzen schnell unansehnlich werden. Besser geeignet sind mittelgroße Stauden, z.B. Schafgarbe, Kissenaster, Gemswurz, Fetthenne, Glockenblume und viele andere.

BLATTPFLANZEN

Eine Abwechslung von den üblicherweise mit Blumen bepflanzten Behältern bietet die Kombination mit Farnen und Gräsern. Beispielsweise zusammen mit Taglilien sind sie als Kübelpflanzen ein wunderschöner Blickfang für schattige Standorte.

KRÄUTER

Bei wenig Platz im Garten sind Kräuter gut für Behälterpflanzungen geeignet. Sie wirken ansprechend und man hat frische Tee- und Gewürzzutaten direkt vor der Haustür. Verwenden Sie vorwiegend niedrige Arten wie Thymian, Salbei, Schnittlauch, Rosmarin und Petersilie.

ALPENGEWÄCHSE

Die niedrigen Alpengewächse sind in Behältern ein interessanter Blickfang und besonders gut in flachen Schalen verwendbar. Fast jede Alpenpflanze wächst im Behälter, wenn für guten Wasserablauf gesorgt ist. Deshalb muss auf viele Abflusslöcher im Behälterboden geachtet werden. Zum Pflanzen nimmt man eine Erdmischung aus gleichen Teilen Lehm (z.B. aus Grassoden, *s. S. 252*), Kokosfaser und grobem Kies. Außer Zugabe von 30 g Kalk pro 10-Liter-Eimer ist eine weitere Düngung nicht erforderlich. Die fertige Mischung mag Ihnen zu grob und durchlässig erscheinen, doch denken Sie daran, dass diese Pflanzen ursprünglich in den unwirtlichsten Gebirgsgegenden in Felsspalten oder auf Geröllfeldern wachsen. Deshalb brauchen sie keine weiteren Nährstoffe (*s. S. 124*).

EMPFINDLICHE PFLANZEN

In kälteren Regionen können im Kübel sogar exotische Pflanzen wie Yuccapalmen (*Yucca filamentosa*) und mehrere Zierflachsarten (*Phormium sp.*) sowie empfindliche Obstgehölze gedeihen. Besonders interessant: mediterrane Pflanzen, wie Bananen, Engelstrompeten, Agaven, Oleander. Sie verleihen Ihrem Garten ein wenig von der sommerlich-südlichen Atmosphäre des Mittelmeers.

Im Sommer stehen die Pflanzen draußen und kommen im Winter samt Kübel in ein nicht zu kaltes, helles Winterquartier. Ein Wintergarten, ein kühler, heller Flur oder ein frostfreies, beheizbares Gewächshaus sind für diesen Zweck ideal.

Obst und Gemüse

Bei begrenztem Platz können auch Obst und Gemüse ohne Weiteres im Behälter angebaut werden. Gelegentlich sieht man sie sogar schon in Balkonkästen.

Äpfel, Birnen und Pflaumen lassen sich gut auf diese Art ziehen, müssen dann aber auf eine Zwergunterlage gepfropft sein (*s. S. 203–204*). Stachelbeerbäumchen, Rote Johannisbeerbüsche und besonders Erdbeeren sind bestens verwendbar.

ERDBEERANZUCHT IM BEHÄLTER

Erdbeeren wachsen am besten in flachen Schalen. Man kann mit Einschränkungen auch die traditionellen Erdbeertöpfe, bauchige Töpfe mit Seitenöffnungen, nehmen.

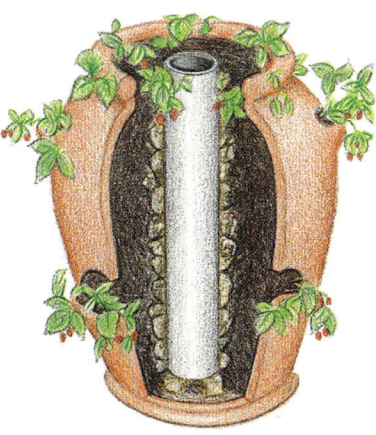

Beim Erdbeeranbau *in traditionellen Töpfen erreicht das Wasser oft nicht mehr die unteren Pflanzen. Legen Sie deshalb zwei Steine auf den Topfboden und stellen Sie ein Stück Abflussrohr darauf. Geben Sie um das Rohr kleine Steine oder ähnliches Dränagematerial, wenn Sie den Topf mit Erde auffüllen.*

Sie entwickeln sich dort aber nicht gleichmäßig. Während die oberen Pflanzen sehr gut gedeihen, entwickeln sich die unteren in den Öffnungen oft nicht zufriedenstellend, weil sie zu wenig Wasser bekommen. Um dem abzuhelfen, lege ich ein Dränagerohr in den Topf, bevor ich ihn mit Erde fülle. Durch Wässern der Oberfläche und des Rohrs erreicht das Wasser auch die unteren Pflanzen.

MISCHUNG VON GEMÜSE UND BLUMEN

Die meisten niedrigen Gemüse wachsen in Behältern zufriedenstellend. Mischen Sie einige Blumen darunter, um nützliche Insekten anzulocken. Ein Kübel mit z. B. Salat, Zwiebeln, Möhren und einigen Tagetes gedeiht gut und ist ein hübscher Anblick, während Buschtomaten es auch allein mit jeder Blumenpflanzung aufnehmen können.

Die Pflege von Kübelpflanzen

Düngung Diese Pflanzen brauchen regelmäßige Düngung, da ständig Nährstoffe ausgewaschen werden. Während der Wachstumszeit verabreicht man wöchentlich flüssigen Algendünger oder Flüssigmist. Im Winter ist keine Düngung erforderlich.

Bewässerung Nur ausgiebige Regenfälle liefern genügend Wasser für einen Behälter, deshalb ist regelmäßiges Gießen wichtig. Im Sommer kann es täglich nötig sein, im Winter nur bei sehr trockenem Wetter.

Entfernung verwelkter Blüten Das Entfernen aller verwelkten Blüten kann die Blütezeit verlängern.

Hängekörbe und Ampeln

Wände können im Sommer und Winter durch blumenbepflanzte Ampeln beträchtlich verschönert werden. Sie brauchen aber viel Pflege, denn der meist recht kleine Korb bietet nicht viel Vorrat für Nährstoffe und Wasser. Daher ist regelmäßiges Gießen und Düngen wichtig. Trocknet der Behälter besonders während der Blüte einmal aus, ist es meist mit der Blütenpracht vorbei, denn die Knospen haben fast unbegrenzten Durst. Das Geheimnis des Erfolgs bei Ampeln ist eine Pflanzung, die eine harmonische Blütenkugel bildet.

Dazu braucht man ein tiefes Gefäß, das sich von oben und von den Seiten bepflanzen lässt. Die weitverbreiteten flachen Plastiktöpfe bieten nicht genügend Raum und sind auch seitlich nicht offen. Am besten geeignet sind Körbe aus ummanteltem Draht oder Plastikmaschenwerk. Sie können ein geeignetes Gefäß aber auch ohne größeren Aufwand selbst bauen (*s. S. 131*).

Hängen Sie den Korb an einen speziellen ausreichend langen Wandhaken, sodass genügend Abstand zur Wand

Luftige Pracht *Der Sommerkorb* (links) *ist mit Geranien und anderen Hängegewächsen bepflanzt. Der Herbstkorb* (rechts) *zeigt Winterheide und Efeu auf einer Kokosunterlage.*

AUSKLEIDUNG UND BEPFLANZUNG VON DRAHTKÖRBEN

Alle Draht- und Maschenkörbe müssen vor dem Füllen ausgekleidet werden. Früher hat man das gerne mit Sphagnum-Moos getan, aber es ist in seinem Bestand gefährdet. Es gibt viele unbedenkliche Alternativen: Kokosmatten oder Abfallwolle zum Beispiel. Ohnehin werden Ihre Pflanzen die Unterlage bald bedecken.

1 *Stellen Sie den Korb auf eine Unterlage. Kleiden Sie die Seiten mit Kokos- oder Wollunterlage aus und legen Sie auf den Boden ein Stück Folie, die seitlich hochgelegt wird, um Feuchtigkeit im Topf zu behalten.*

2 *Füllen Sie den halben Korb mit torffreier Komposterde. Setzen Sie die Zentrumspflanze und einige kleinere Gewächse rundherum ein, dann geben Sie mehr Erde zu.*

3 *Bepflanzen Sie den Rand mit ganz niedrigen Arten und lassen Sie einige überhängen.*

4 *Drücken Sie schließlich einige Hängepflanzen mit dem Wurzelballen vorsichtig seitlich durch die Maschen in den Boden hinein. Füllen Sie den Korb mit Erde auf und lassen Sie einen Gießrand frei.*

vorhanden ist. Ebenso wie die Blumenkästen am Fenster muss der Korb absolut sicher befestigt sein, denn er hat mit den Pflanzen ein beträchtliches Gewicht.

PFLANZEN FÜR HÄNGEKÖRBE

Man kann Körbe für Frühling, Sommer oder Winter zusammenstellen. So lässt sich das ganze Jahr hindurch z. B. auf der Terrasse oder Veranda eine farben- und formenprächtige Blütenoase schaffen. Das Angebot an entsprechenden Pflanzen ist reichhaltig und es besteht die Möglichkeit, dass Sie je nach Geschmack Ihren persönlichen Vorlieben freien Lauf lassen. Ansonsten ist die Pflanzenauswahl die gleiche wie bei den Kübeln und sonstigen Behältern (s. S. 128–129). Vorschläge für weitere geeignete Pflanzenarten in verschiedenen Jahreszeiten finden Sie auf den Seiten 94–111.

Die Anlage eines Sommerkorbs beginnt man mit einer buschigen Pflanze als Zentrum. Geranien oder Fuchsien sind dafür ideal. Sie werden von kleineren Topfpflanzen wie Petunien umgeben. Tagetes (*Tagetes sp.*), Steinkraut (*Lobularia maritima*) oder Fleißiges Lieschen (*Impatiens sp.*) passen an die Ränder. Dazwischen oder seitlich pflanzt man hängende Arten wie beispielsweise Lobelien (*Lobelia erinus* 'Pendula'), Geranien (*Pelargonium sp.*) oder Gundermann (*Glechoma hederacea*). So entsteht eine regelrechte Blumenkugel.

Gemüse in Hängekörben ist nach meinen Erfahrungen nicht sonderlich empfehlenswert. Für Kräuter bieten sie dagegen bei Platzmangel ein Quartier, das allerdings nur eine vorübergehende Behelfsmöglichkeit darstellen sollte. Wählen Sie auch hier niedrige Arten wie Salbei (*Salvia officinalis*), Petersilie (*Petroselinum crispum*) und Thymian (*Thymus vulgaris*).

Wenn sich im Herbst die Blüte dem Ende zuneigt, werfen Sie den Inhalt Ihres Korbs auf den Kompost. Dann wird der Korb neu ausgekleidet, mit Erde gefüllt und für den Winter bepflanzt. Verwenden Sie winterharte Pflanzen wie die bunte Lavendelheide (*Pieris japonica* 'Variegata') oder die rosa blühende Lavendelheide 'Christmas Cheer'. Umgeben Sie diesen kleinen Strauch mit Winterheide (*Erica carnea*) und lassen Sie Efeu (*Hedera sp.*) oder immergrünes Geißblatt (*Lonicera japonica* 'Aureoreticulata') über die Ränder hängen. Auch der farbige Spindelstrauch (*Euonymus fortunei* 'Emerald 'n' Gold') ist gut zu verwenden. Alle diese Pflanzen lassen sich durch Stecklinge vermehren und so brauchen Sie keine neuen Exemplare zu kaufen, wenn die alten Pflanzen für den Korb zu groß geworden sind (Stecklingsvermehrung s. S. 274–275).

Je nach Geschmack können Sie in den Winterkorb zusätzlich einige Frühlingszwiebeln setzen oder einen reinen Frühjahrskorb pflanzen. Dafür eignen sich Krokus, Tulpen, Vergissmeinnicht und die verschiedenen Primelarten.

PFLEGE VON PFLANZEN IN HÄNGEKÖRBEN

Düngung Frühjahrs- und Sommerkörbe benötigen eine wöchentliche Düngung mit einem flüssigen Algenpräparat oder Flüssigmist. Pflanzen in Winterkörben wachsen meist nur sehr wenig und brauchen daher keine Nährstoffe.

Bewässerung Frühjahrs- und Sommerkörbe müssen regelmäßig gegossen werden, im Sommer mindestens einmal täglich, an heißen Tagen und in sonnigen Lagen eventuell sogar zweimal.

Da es im Winter viel feuchter ist, erübrigt sich das Gießen meist. Halten Sie trotzdem ein Auge darauf. Bei längerer Trockenheit sollte dann gegossen werden, wenn sich die Erde oben trocken anfühlt.

BAU EINES HÄNGEKORBS AUS HOLZ

Man kann Hängekörbe oder Ampeln aus Maschendraht oder Holzlatten ganz einfach selbst bauen. Ich persönlich habe sogar einige aus Kisten hergestellt, die ich kostenlos aus einer Fabrik bekam.

Sie brauchen:
- *18 Holzlatten, 3,5 × 2,5 cm dick und 40 cm lang: 16 davon mit je zwei 5 mm Ø Löchern, 3,5 cm vom Rand entfernt. Für einen tieferen Korb nehmen Sie entsprechend mehr Latten.*
- *4 Nylonseile, je 1 m lang mit einem Knoten an einem Ende. Das andere Ende erhitzen Sie mit einem Streichholz und rollen es zwischen den Fingern, damit es nicht ausfranst.*
- *4 kurze Nägel*

1 *Für den Boden 2 Latten parallel zueinander legen und die 2 Leisten ohne Loch im rechten Winkel daraufnageln. Man zieht dann durch jedes Loch ein Seil und reiht anschließend die übrigen Latten für die Seiten darüber.*

2 *Es wird abwechselnd an den Seiten gearbeitet, bis alle fertig sind. Dann bindet man die Seile oben zusammen. Dabei ist darauf zu achten, dass der Korb gerade hängt.*

3 *Den Korb rundherum mit schwarzer Folie auskleiden. Man kann dafür eine alte Komposttüte oder Ähnliches zurechtschneiden.*

4 *Den Korb mit Erde füllen und bepflanzen. Gießrand nicht vergessen. Hängen Sie ihn an einem sicher befestigten Wandhaken auf.*

DER GEMÜSEGARTEN

Der biologische Garten stellt eine in sich geschlossene Einheit dar. Obst- und Gemüsebeete liefern essbare Früchte und Material für den Kompost, während Zierpflanzen und Kräuter Insekten anlocken und so zu einem natürlichen, giftfreien Pflanzenschutz beitragen. Die Insekten sorgen gleichzeitig für die Bestäubung im Obstgarten.

Im Ziergarten wählt man gewöhnlich Pflanzenarten, die für die jeweiligen Bodenverhältnisse geeignet sind. Im Gemüsegarten dagegen möchte man meist verschiedene Arten mit unterschiedlichen Bodenansprüchen heranziehen. Deshalb müssen pH-Wert und Zufuhr organischen Materials den Ansprüchen der Gemüsearten angepasst werden (s. S. 18–37).

Im Gemüsegarten kommen die Vorteile des Verzichts auf Chemikalien am wirkungsvollsten zum Ausdruck, denn hier wirken sich die natürlichen Methoden unmittelbar auf Ihre eigene Gesundheit sowie auf das Wohl Ihrer Familie aus.

Gemüse aus dem eigenen Garten ist oft preiswerter als gekauftes, doch noch entscheidender sind Frische, besserer Geschmack und vor allem geringere Schadstoffbelastung.

Bei kleinen Gärten empfiehlt sich eine Anlage im Stil des alten Bauerngartens, wobei Blumen und Gemüse durcheinander auf Mischbeeten gedeihen (siehe S. 71–88). Auch das Tiefbeetsystem ist günstig, denn dabei wachsen die Wurzeln eher nach unten als seitwärts, sodass die Pflanzen dichter zusammenstehen können und höhere Erträge liefern.

Der eigene Gemüseanbau wäre ziemlich sinnlos, wenn Sie dieselben Sorten, Dünge- und Spritzmittel verwendeten wie der kommerzielle Erzeuger. Sie würden vielleicht etwas Geld sparen, doch letztendlich ähnlich geschmackloses Gemüse mit oft beträchtlichen Schadstoffrückständen produzieren. Erst durch die Kombination der modernen mit den traditionellen Anbaumethoden erzielen Sie höhere Erträge von besserer Qualität – und Lebensmittel, die einfach gut tun.

Fruchtwechsel

Jede Gemüseart hat bestimmte Ansprüche an Boden und Düngung. Indem man Sorten mit ähnlichen Ansprüchen zusammenfasst und jedes Jahr an einen anderen Platz sät bzw. pflanzt, wird der Boden besser genutzt und kann in der Ruhepause verbrauchte Nährstoffe ersetzen. Diese Methode bezeichnet man als Fruchtwechsel. Teilen Sie dazu Ihr Gemüsebeet in drei Stücke und geben Sie jährlich nur einem Drittel des Beets Mist bei. Auf diesem ziehen Sie das Gemüse, das die meisten Nährstoffe verbraucht. Im nächsten Jahr kommt eine weniger anspruchsvolle Art darauf, gefolgt im dritten Jahr von einer Sorte, die auch bei bescheidenen Bedingungen gute Erträge liefert. Auf diese Weise lassen sich Düngung und Kalkgaben optimal ausnutzen. Da Gemüse größtenteils einjährig ist, kann man es leicht jedes Jahr woanders ziehen. Nur die wenigen Pflanzenarten, die einen Wechsel nicht vertragen, bleiben ständig auf einem Platz.

Die Planung eines sinnvollen Fruchtwechsels ist dennoch nicht so einfach, wie es auf den ersten Blick scheinen mag. Erbsen und Bohnen, gefolgt von Kohl, sind theoretisch zwar eine gute Idee, doch in der Praxis braucht Kohl sehr viel mehr Platz. Bohnen an einem anderen Standort als am Beetrand können den übrigen Pflanzen erheblich

Licht wegnehmen, was unter Umständen größere Verluste verursacht als einige Blattläuse oder leichter Mehltaubefall. Nehmen Sie den Fruchtwechsel daher nicht zu genau. Sie dürfen gelegentlich ruhig vom Plan abweichen, ohne dass größere Probleme entstehen. Obwohl ich beim Fruchtwechsel oft nur einen Beetabschnitt mit Mist versorge, sollte man bei ausreichendem Vorrat doch dem gesamten Gemüsebeet Mist beigeben – dass Wurzelgemüse sich in mistgedüngten Böden aufgabelt oder spaltet, ist meiner Meinung nach ein Aberglaube. Bei Verwendung von gut verrottetem Stallmist liefern Böden, die auf diese Weise fruchtbar gemacht werden, die allerbesten Ergebnisse. Beim Tiefbeetsystem (s. S. 136) ist das gesamte Stück jährlich zu düngen. Arbeiten Sie den Mist im Herbst ein, kalken Sie aber auf jeden Fall erst im Frühjahr unmittelbar vor der Aussaat oder dem Pflanzen.

PFLANZENSCHUTZ

Durch einen Fruchtwechsel halten Sie den Nährstoffhaushalt des Gemüsebeets im Gleichgewicht und fördern das Wachstum gesunder, robuster Pflanzen. Es gelingt dadurch jedoch nicht immer, Schädlinge und Krankheiten völlig fernzuhalten.

▲ **Mixtur** *Wenn Sie im Kleingarten Dekoration mit Nützlichkeit verbinden wollen, können Sie die Blumen und das Gemüse gemeinsam in einem Mischbeet kultivieren (oben). Hier wachsen Nutzpflanzen wie Zuckermais, Tomaten und Roter Mangold neben einem Apfelbaum in bunter Blumenvielfalt.*

◀ **Tieflage** *Pflanzen können in einem Tiefbeet mit lockerer, organisch angereicherter Erde sehr dicht beieinander stehen (links). Um ein Betreten und Verdichten des Bodens zu vermeiden, werden die Pflanzen von Wegen aus gepflegt, die zwischen den Beeten verlaufen (s. S. 135).*

So begünstigt beispielsweise der Anbau von Kohl am selben Platz zwar zweifellos die Kohlhernie (s. S. 45), doch werden Millionen dieser Sporen auch anders übertragen, z. B. durch ein paar Erdbrocken, die an den Stiefeln oder am Spaten kleben. Ebenso können viele Schädlinge beträchtliche Distanzen überwinden und so ist mit der Verlegung der gefährdeten Pflanzen noch keineswegs die Gefahr eines Befalls gebannt. Zweifellos trägt aber ein jährlicher Fruchtwechsel entschieden zu einem verlangsamten Aufbau von Pilzsporen im Boden bei.

GEMÜSE AM LAUFENDEN BAND

Ständiger Nachschub von frischem Gemüse aus dem eigenen Garten ist nicht so einfach, wie es auf den ersten Blick scheinen mag. Aufeinanderfolgende Aussaatpläne sind in der Theorie zwar gut, doch kann das Wetter leicht einen Strich durch die Rechnung machen und Ernten verzögern. Ein strikter Zeitplan ist also in der Praxis nicht möglich, aber es lohnt sich, einen Kalender als roten Faden anzulegen. Notieren Sie im ersten Jahr die beabsichtigten Aussaattermine sowie die tatsächlichen Pflanz- bzw. Saatzeitpunkte und auch den Grund für die Verspätung oder Vorverlegung. Halten Sie ebenfalls die Erntetermine fest. Auf diese Weise hat man nach zwei bis drei Jahren ein ziemlich genaues Muster – und dann sicherlich die nötige Erfahrung gesammelt, die man braucht, um stets mit frischem Gemüse versorgt zu sein.

Viele neu gezüchtete Gemüsesorten können nach der Reife ohne Qualitätsverluste noch einige Zeit im Boden

PLAN FÜR EINEN DREIJÄHRIGEN FRUCHTWECHSEL

Der folgende Dreijahresplan hat sich in meinem Garten bewährt und ist meiner Ansicht nach für die meisten Gemüsegärten geeignet: Teilen Sie das Areal in drei Abschnitte und die vorgesehenen Gemüsearten in drei Gruppen. Jede wandert jährlich einen Beetabschnitt weiter und kehrt erst nach drei Jahren wieder an ihren ursprünglichen Standort zurück. Auf diese Weise wird nicht nur das notwendige Nährstoffgleichgewicht im Boden erhalten, sondern auch das Krankheitsrisiko gemindert.

BEET A
Bearbeitung: Zweistufig (*siehe S. 264*), Einarbeitung von Mist in die oberen und unteren Schichten sowie 2 Handvoll Horn-Blut-Knochenmehl pro m². Einige Arten dieser Gruppe brauchen unter Umständen noch eine Extradüngung.

Geeignete Pflanzen:
Kartoffeln, Möhren, Rote Bete, Pastinaken, Zwiebeln, Schalotten, Lauch, Knoblauch, Tomaten, Zucchini, Kürbis, Sellerie, Fenchel, Auberginen, Paprika, Gurken, Melonen, Petersilie, Schwarzwurzel.

BEET B
Bearbeitung: Einstufiges Umgraben (*s. S. 264*): Zugabe von 2 Handvoll Horn-Blut-Knochenmehl pro m² etwa zwei bis drei Wochen vor der ersten Aussaat.

Geeignete Pflanzen:
Erbsen, Gartenbohnen, Feuerbohnen, Dicke Bohnen, Lima-Bohnen, Sojabohnen, Erdnüsse, Zuckermais, Okra, Spinat, Schnittmangold, Stielmangold, Kopfsalat, Chicorée, Endivien, Kresse, Artischocken.

BEET C
Bearbeitung: Einstufiges Umgraben (*s. S. 264*), Zugabe von ca. 2 Handvoll Horn-Blut-Knochenmehl pro m² sowie Kalk, um einen pH-Wert von 6,5–7,0 zu erzielen. Eventuell notwendige Extradüngung finden Sie bei den speziellen Pflanzenbeschreibungen in diesem Kapitel.

Geeignete Pflanzen:
Weißkohl, Rotkohl, Chinakohl, Rosenkohl, Blumenkohl, Broccoli, Grünkohl, Kohlrüben, Speiserüben, Rettich, Kohlrabi.

BEET D
Alle dauerhaften Gemüsearten kommen auf ein Extrabeet und fallen nicht in den Fruchtwechselplan. Dazu gehören Rhabarber, Topinambur, Artischocke (kann ein- oder mehrjährig angebaut werden, s. S. 150), Spargel, Meerkohl, Kräuter und Gewürze.

Im Kleingarten können einige der mehrjährigen Arten in die Zierrabatte integriert werden (s. S. 71).

Jahr 1   Jahr 2   Jahr 3

 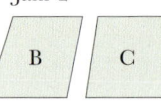 

bleiben, sodass sich die Ernte über einen längeren Zeitraum erstreckt. Zwiebeln lassen sich ohne Schwierigkeiten den Winter über lagern und reichen fast bis zur nächsten Saison, sodass ständiger Vorrat einfach ist. Zusätzlich können noch früh reifende Varietäten oder Schalotten angebaut werden. Bei der Vorstellung der Gemüsearten wird darauf hingewiesen, wenn ein ununterbrochener Nachschub durch aufeinanderfolgendes Säen und Pflanzen möglich ist.

Halten Sie in etwa an Ihrem ursprünglichen Fruchtfolgeplan fest, und wenn die Aussaatzeit für eine bestimmte Gemüseart gekommen ist, verwenden Sie den gerade verfügbaren Platz im richtigen Beetabschnitt. Sollte ein Stück Land während der Wachstumszeit länger als einen Monat leerstehen, säen Sie eine schnell reifende Gründüngung wie beispielsweise Senf ein (s. S. 34). Besonders bei leichten Böden lohnt sich eine Gründüngung auch im Winter. Bei ausreichendem Platz planen Sie einen vierjährigen Fruchtwechsel und trennen Sie die Gemüsearten, um mehr Platz und eine längere Rotationsperiode zu bekommen. Eine reichhaltige Ernte im folgenden Jahr wird Sie dafür belohnen.

Vorbereitung von Gemüsebeeten

Der beste Weg, Gemüse von guter Qualität zu erhalten, ist der Anbau auf einem optimalen Boden. Die Bodenarten sind unterschiedlich (s. S. 13–14), aber selbst anfänglich schlechter Boden lässt sich durch das Einarbeiten von reichlich organischem Material sehr verbessern (s. S. 20). Maßnahmen zur allgemeinen Vorbereitung und Pflege eines Gemüsebeets finden Sie ausführlich auf den Seiten 18–42.

Auf besondere Ansprüche wird später bei den einzelnen Gemüsearten hingewiesen. Auch wenn Sie keine Fruchtfolge planen, sollten Sie den Boden so bearbeiten, wie es für die Gemüsearten jeder Gruppe empfohlen wird.

Das Tiefbeetsystem

Gemüseanbau im Tiefbeetsystem wird seit Jahrhunderten überall auf der Welt praktiziert. Die Methode ist im Grundsatz sehr einfach: Anstatt Gemüse in langen Reihen mit Wegen mitten durchs Beet wie im Erwerbsgemüsebau zu kultivieren, werden die Pflanzen auf 1,25 m breiten Beeten angebaut, und jegliche Bearbeitung erfolgt seitlich von schmalen Pfaden aus. Der eigentliche Vorzug eines Tiefbeets liegt in der besonders tiefen und gründlichen Bodenbearbeitung, die nicht durch Pfade mitten durch gestört wird – ein großer Vorteil gerade in kleinen Gärten. Auch kann so zusätzlich eingebrachtes Material besser und gleichmäßiger verteilt werden.

WIE EIN TIEFBEET FUNKTIONIERT
Durch tiefe Bearbeitung, Lockerung des Unterbodens und reichliche Einarbeitung faserreicher organischer Substanz wird im Tiefbeet eine tiefe Durchwurzelungszone geschaffen. So können die Pflanzen Nährstoffe auch aus unteren Schichten aufnehmen und das Wurzelwachstum in die Tiefe wird gefördert. Daher kann man Gemüse dichter zusammensetzen als normal. Tiefbeete auf schweren Böden haben einen besseren Wasserablauf, wenn sie leicht erhöht angelegt werden. In leichten Böden ist die Wasserspeicherung größer, wenn zusätzlich faserreiches organisches Material in die oberste Schicht eingearbeitet wird.

Die meisten Gemüsearten lassen sich mit Erfolg im Tiefbeetsystem kultivieren. Eine Ausnahme bilden die Feuerbohnen, die in derart kurzen Reihen schlecht zu pflegen sind (s. S. 159), sowie der Rosenkohl, der etwa 45 cm Reihenabstand braucht, damit er eine gute Größe erreicht.

DER ANBAU
Vor der Aussaat arbeiten Sie in die oberste Bodenschicht ca. 2 Handvoll Horn-Blut-Knochenmehl pro m² ein und decken den Boden mit ca. 5 cm gut verrottetem Kompost ab. Wurde das Beet im Herbst umgegraben und gedüngt, so ist der Mist wahrscheinlich bereits in tiefere Schichten gelangt und die obere Lage ist für Austrocknung anfällig. Etwas zusätzlicher Kompost speichert die notwendige Feuchtigkeit.

Überwinternde Arten wie Frühweißkohl oder Winterzwiebeln brauchen im Frühjahr Extranährstoffe. Dazu verteilt man etwas Blutmehl rund um die Pflanzenbasis. Gemüsearten mit hohem Nährstoffverbrauch wie Tomaten, Zucchini oder Paprika gedeihen besser, wenn sie während der Wachstumszeit als Zusatznahrung alle zwei Wochen einen flüssigen Algendünger bekommen.

Das Unkrautjäten ist im Tiefbeet recht einfach, sobald die Gemüse größer sind. Durch den geringen Abstand bedecken sie die Bodenoberfläche und unterdrücken wirksam den Unkrautwuchs. Im frühen Stadium dagegen kann das Jäten zeitraubend sein, da es oft von Hand vorgenommen werden muss. Beginnen Sie stets mit einem vorgereinigten Saatbett (s. S. 269), und bedecken Sie den Boden dick mit Mist oder Kompost. Sie können auch in Papier oder Folie pflanzen, wodurch Unkräuter unterdrückt werden und somit das Jäten entfällt.

WIE MAN SÄT UND PFLANZT
Die meisten Gemüse können so ausgesät werden, dass sie die benachbarten Pflanzen bei der Reife gerade berühren. Die entsprechenden Abstände sind bei den einzelnen Beschreibungen angegeben.

Die Pflanzen sollten eher in Blöcken auf Lücke gepflanzt, als in Reihen gesetzt werden. Einige Samen wie Radieschen und frühe Speiserüben eignen sich zur Breitbandsaat. Ziehen Sie dafür die Saatreihen mit der gesamten Breite einer Blatthacke und streuen Sie die Samen dünn ein (*s. S. 269*). Sie brauchen die Sämlinge nicht auszudünnen, sondern ernten selektiv, wenn die Wurzeln noch klein sind, und lassen den Rest ausreifen.

Der bessere Wasserablauf kann dazu führen, dass im Tiefbeet die obere Bodenschicht trockener ist als üblich, deshalb wässern Sie die Drillreihen bei Trockenheit vor der Saat und bedecken die Samen dann mit trockenem Boden.

Gelegentlich lässt sich bei Gemüse mit weiten Aussaatabständen eine schnell reifende »Zwischenfrucht« einbauen. Zwischen drei bis vier Reihen Dicke Bohnen können beispielsweise Radieschen kommen, die schon lange geerntet sind, bevor die Bohnen ihnen das Licht wegnehmen.

Tiefbeete sind ideal für den zeitigen Anbau unter Glas (*s. S. 140*). Möglicherweise gibt es im Handel keine fertige Abdeckung in entsprechender Größe. Mit etwas Geschick ist es jedoch nicht schwierig, selber etwas Brauchbares herzustellen.

DAS HOCHBEET ODER HÜGELBEET

Ich persönlich habe meine Erfahrungen zwar hauptsächlich mit Tiefbeeten gesammelt, aber ebenso bekannt und von vielen Bio-Gärtnern hoch geschätzt sind Hochbeete und Hügelbeete. Sie sind sehr praktisch und angenehm für Gärtner, die sich nicht mehr so tief bücken mögen, außerdem ist die Schädlingsabwehr leichter: Schnecken können leicht in Schach gehalten werden, wenn man unter dem Hügelbeet Kies oder Rindenschnitzel ausstreut. Bis sie den Weg ins Hochbeet auf sich nehmen, sind die Jungpflanzen schon stark oder sogar erntereif.

Prinzipiell haben Hoch- und Hügelbeete bezüglich ihrer Fruchtbarkeit und guten Durchwurzelbarkeit ähnliche Eigenschaften wie das Tiefbeet, nur trocknen sie sehr leicht aus und müssen sorgfältig und regelmäßig gegossen werden. Wie schon gesagt, sind sie daher auf leichten Böden nicht unbedingt, auf schweren, staunassen Böden aber durchaus empfehlenswert. Pflanzen, die ich im Folgenden für Tiefbeete vorschlage, sind sowohl für Hochbeete wie für Hügelbeete geeignet.

Um den verfügbaren Platz *optimal auszunutzen, setzen Sie die Pflanzen in Blöcken oder gestaffelten Reihen auf Lücke, sodass ein Dreiecksmuster entsteht, in dem jede Pflanze von allen umgebenden den gleichen Abstand hat.*

ANLAGE EINES TIEFBEETS

Um in einem Tiefbeet gute Resultate zu erzielen, muss der Boden locker und tief durchgearbeitet sein, sodass die Wurzeln ihn gut durchdringen können. Er muss außerdem reichlich mit organischer Substanz versorgt werden. Das einmal bearbeitete Beet bitte nicht mehr betreten, da sich sonst der Boden verdichtet. Finden Sie den Zugang von den Randwegen aus zu mühsam, so legen Sie ein Brett aus, um beim Betreten Ihr Gewicht auf einer möglichst großen Fläche zu verteilen.

Im herkömmlichen Beet *können die Wurzeln den flachen, dichten Oberboden nicht tief durchdringen und müssen mit mehr Abstand gepflanzt werden. Wurzelgemüse sind daher oft missgebildet und kleiner als im lockeren Tiefbeet.*

Im Tiefbeet *fördert eine dicke Lage lockerer, organisch angereicherter Erde die Wurzelentwicklung in die Tiefe. Dadurch können die Pflanzen enger zusammenstehen und man erreicht eine deutliche Ertragssteigerung.*

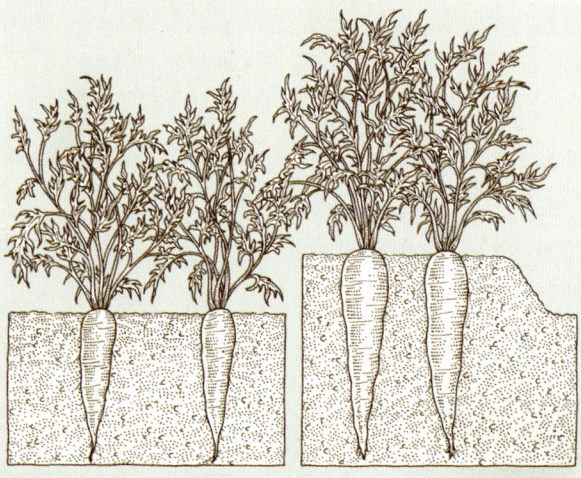

Die übliche Breite *eines Tiefbeets beträgt 1,25 m. Die Länge richtet sich nach den jeweiligen Ansprüchen. Ein 3 × 1,25 m langes Beet ergibt eine 3,75 m² große Pflanzfläche, die bis zu viermal so viel Ertrag liefert wie ein herkömmliches Beet derselben Größe.*

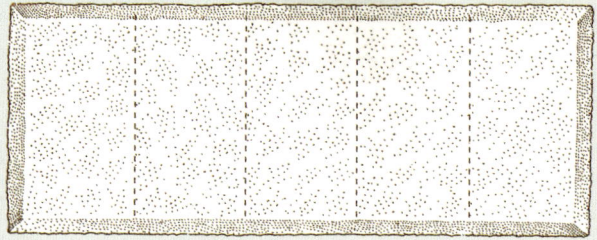

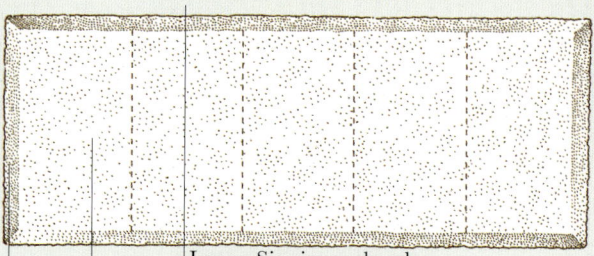

Lassen Sie einen schmalen Zugang zwischen den Beeten.

Teilen Sie die Beete zur Bodenvorbereitung in 60 cm breite Abschnitte.

Die beste Arbeitsbreite für das Beet beträgt 1,25 m.

1 Den Beetrand mit einem Seil abstecken, 1,25 m Breite abmessen und auf der anderen Seite ein zweites Seil parallel zum ersten setzen.

2 Mit Stöcken einen 60 cm breiten Graben markieren und einen Spatenstich tief ausheben. Die Erde in einer Schubkarre zum anderen Beetrand bringen: Sie dient zum Auffüllen des letzten Grabens.

3 Den freigelegten Unterboden des Grabens mit einer Grabgabel gründlich lockern. Dadurch wird eine tiefe Durchwurzelung gefördert.

4 Eine 5–8 cm dicke Schicht gut verrotteten Mist auf der Grabensohle verteilen. Dadurch wird die Erde mit Nährstoffen angereichert und die Struktur verbessert.

5 Von der Ecke des Grabens die zweiten 60 cm ausmessen. Alle Gräben sollten eine Größe haben, um sicherzustellen, dass sie stets die gleiche Menge Erde bekommen.

6 Beim Ausheben des zweiten Grabens die Erde in den ersten werfen und so verteilen, dass die Mistschicht gleichmäßig bedeckt wird.

7 Eine weitere 5–8 cm dicke Lage Mist in den ersten Graben einarbeiten. Durch die vermehrten Mistgaben wird das Beet automatisch höher.

8 Den zweiten Graben zu Ende ausheben und mit der Erde die Mistschicht im ersten abdecken. So erhalten Sie ein tiefes Beet mit lockerem, organisch angereichertem Boden.

9 Eventuelle Mutterbodenreste im zweiten Graben entfernen und den freigelegten Unterboden lockern. Die Arbeitsgänge 4–8 wiederholen, mit der zum Beetende transportierten Erde den letzten Graben auffüllen.

Aussaat

Die Gemüsesaison beginnt mit der Aussaat entweder direkt ins Freiland oder in Behälter, aus denen die Jungpflanzen nach einer Zeit der Abhärtung (*s. S. 254*) nach draußen kommen. Sie können von den vorhandenen Pflanzen eigenes Saatgut gewinnen oder Samen von einem Saatgutversand bzw. aus Gartengeschäften erwerben. Vermeiden Sie Saatgut, das mit Fungiziden gebeizt ist.

Viele Samen keimen, ohne dass Sie größeren Aufwand betreiben müssen, diese pflegeleichten Vertreter sind besonders empfehlenswert für Anfänger in der Kunst der Gemüseanzucht. Die Arbeit beschränkt sich darauf, die Samen auszustreuen, dünn mit Erde zu bedecken, feucht zu halten und eventuell mit einer Abdeckung vor Vögeln zu schützen. Solche problemlosen Kulturen hat man z. B. bei Radieschen, Möhren und anderen. Andere Samen müssen dagegen mit Sorgfalt gehegt und die Sämlinge entsprechend ihrer Platzansprüche gesetzt oder nach Bedarf ausgedünnt werden. Einige Samen lassen sich vielkörnig aussäen, sodass der verfügbare Raum optimal genutzt wird (*siehe unten*). Langsam oder schwer keimende Arten können vorgekeimt werden, um nach dem Auspflanzen ein schnelleres Wachstum zu gewährleisten. Weiterhin gibt es Samen, die an ihre Umgebung ganz bestimmte Ansprüche stellen, damit sie überhaupt keimen können. Werden sie bei falschen Licht- oder Temperaturverhältnissen ausgebracht, bleiben sie im wahrsten Sinne des Worts regungslos und warten auf bessere Zeiten. So gibt es Lichtkeimer, die nur an der Bodenoberfläche zum Keimen kommen, und Dunkelkeimer, die unbedingt mit Erde oder anderem Material abgedeckt werden müssen. Gleichermaßen unterscheidet man zwischen Frost- und Wärmekeimern. Die Kältieliebenden kommen ohne eine bestimmte Kälteperiode nicht zur Entwicklung und die Wärmehungrigen benötigen heiße, frühsommerliche Temperaturen. Anscheinend werden durch diese Stimulierungen die nötigen hormonellen Umsetzungen im Samen erzielt. Bei ausgesprochenen »Spätzündern«, den Langsamkeimern, ist der Samenkern von einer keimhemmenden Schicht umgeben, die erst nach mehrwöchiger Einwirkung von feuchter Wärme verrottet.

Einzelheiten werden bei den entsprechenden Pflanzenbeschreibungen erläutert. Das Ernteergebnis am Ende der Saison hängt zu großen Teilen von der richtigen Aussaat ab.

Vielkörnige Aussaat

Um den verfügbaren Platz bestmöglich zu nutzen, sollte man versuchen, einen hohen Ertrag pro Quadratmeter zu erzielen sowie die Erntezeit lange auszudehnen. Dafür zweckmäßig sind Tiefbeete bzw. die Verwendung von Glas und Folie. Tiefbeete erhöhen die Erträge, während eine Pflanzung unter Glas oder Folie eine zeitigere Aussaat gestattet und die Wachstumsperiode in den Herbst hinein verlängert (*s. S. 140*).

Sehr frühe Kulturen legt man am besten im beheizten Gewächshaus oder auf der Fensterbank an. So kommen bereits gut entwickelte Pflänzchen ins Frühbeet und die Ernte ist entsprechend zeitig. Um die Heizkosten niedrig zu halten, sollten diese frühen Gemüsearten möglichst wenig Platz beanspruchen. Das erreicht man durch die vielkörnige Aussaat, bei der sechs bis acht Samen zusammen in ein Pflanztöpfchen gebracht werden. Man lässt sie als Klumpen ohne Ausdünnen wachsen. Nach dem Auspflanzen drängen sich die Sämlinge beim »Kampf um die Plätze«. Zwiebeln z. B. schieben sich so weit auseinander, dass einige horizontal statt vertikal wachsen (*siehe gegenüber*). Die vielkörnige Aussaat spart Platz und ermöglicht die Anzucht sogar auf der Fensterbank. Kommerzielle Erzeuger arbeiten schon jahrelang nach dieser Methode. Die Aussaat erfolgt in spezielle Saattöpfchen und die Sämlinge werden ausgepflanzt, bevor die Wurzeln für den Topf zu groß sind.

Eine andere Methode sind Saatkisten, die aus vielen kleinen Einzeltöpfchen bestehen. Sie können aus Plastik, Kokosfasern oder Styropor sein. Sie sind fest und speichern Wärme, was einen zeitigen Wuchs fördert. Sie werden mit einer Mischung aus Kompost und Sand gefüllt, die mit Regenwurmkompost oder mit etwas Fertigmischung aus tierischem Dünger angereichert wird. Die Pflänzchen lassen sich zum Auspflanzen leicht herausnehmen (*s. S. 139*). Sind solche Kisten nicht zu beziehen, können Sie auch eine normale Aussaatschale durch Pappstreifen in 4-cm-Quadrate unterteilen oder kleine Töpfchen verwenden.

Vorkeimen

Gelegentlich empfiehlt es sich, Samen vorzukeimen. Langsam keimende Arten, wie z. B. die Pastinake, entwickeln sich im Boden entweder überhaupt nicht oder beginnen bei kühlem, feuchtem Wetter zu faulen. Unter guten Bedingungen vorgekeimt und bei wärmeren Temperaturen ausgesät, geht das Wachstum jedoch unverzüglich los und holt die übrigen schnell ein. Manche Samen keimen nicht, weil die Bodentemperatur zu hoch ist. Das Maximum bei Kopfsalat beträgt z. B. 19 °C. Durch diese Keimhemmung bei Wärme verhindert die Natur eine Entwicklung während möglicher Trockenperioden. Werden die Samen jedoch unter kühleren Bedingungen vorgekeimt, gedeihen sie nach der Aussaat normal, wenn sie nur genügend Wasser bekommen.

Zum Vorkeimen streuen Sie die Samen auf feuchtes Papier. Es gibt dafür besondere Gefäße mit Keimschale und Filterpapier, aber es geht genauso gut und ist billiger, wenn Sie einige Lagen Küchenpapier in eine flache Schale legen, sie gut durchfeuchten und das restliche Wasser abschütten.

Man keimt Samen auf einem Regal oder im Küchenschrank, je nach benötigter Temperatur, und überprüft sie täglich. Bei guten Voraussetzungen erscheinen die ersten Keimwurzeln viel schneller als im Boden. Bei etwa 3 mm Wurzellänge sind die Samen zur Aussaat bereit. Sollte aus irgendwelchen Gründen ein Ausbringen nicht sofort möglich sein, kann man sie im Kühlschrank (nicht im Gefrierfach) drei bis vier Tage schadlos aufbewahren.

DIE VIELKORNSAAT

Die Vielkornsaat ist bestens geeignet für zeitige Früchte. Man sät mehrere Samen häufchenweise in Saatkisten aus Styropor oder in Plastikplatten und stellt sie ins warme Gewächshaus. Nach dem Keimen kommen sie dann an einen kühlen Platz, bis die Sämlinge groß genug zum Auspflanzen ins Frühbeet sind (s. S. 140). Tiefbeete sind für diese Saatmethode ideal.

Für die Vielkornsaat *gibt es Styropor oder Plastikplatten mit kleinen Einzelquadraten, die man mit Aussaaterde füllen kann.*

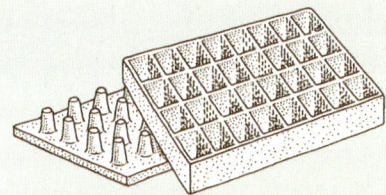

Gemüse für die Vielkornsaat

Einige Gemüse eignen sich nicht zur Vielkornsaat und andere bringen keine Vorteile. Die nachfolgenden Arten wurden mit Erfolg ausprobiert.

PORREE (s. S. 170)
Säen und pflanzen wie Zwiebeln. Pflanzung in Furchen ist unnötig, da das Bleichen durch dichtes Beieinanderstehen erfolgt. Empfohlene Sorten sind 'Herbstriesen 2', 'Bavaria' u. a.

MÖHREN (s. S. 181)
Nur Verwendung runder Sorten wie 'Parmex'. Lange Sorten winden sich in der Erde leicht umeinander und sind für die Küche wertlos. Sechs bis sieben Samen pro Zelle im späten Winter säen und mit 23 cm Abstand im Frühjahr auspflanzen.

ROTE BETE (s. S. 184)
Verwenden Sie runde Sorten wie 'Detroit 2'. Zwei Samen pro Zelle säen, abhärten und auspflanzen wie bei Zwiebeln (siehe unten).

SPEISERÜBEN (s. S. 183)
Eine frühe Sorte wie 'Tokyo Cross F1' verwenden und im späten Winter sechs Samen pro Zelle säen. Auspflanzen im Frühjahr nach dem Abhärten: 30 cm Abstand.

LAUCHZWIEBELN (s. S. 171)
Geeignete Sorten sind 'Shimonita' u. a. Sechs Samen pro Zelle im späten Winter säen. Auspflanzen im zeitigen Frühjahr nach dem Abhärten, 15 cm Abstand.

SPEISEZWIEBELN (s. S. 171)
Die meisten Sorten sind verwendbar, sehr gut u. a. 'Sturon'. Sechs bis sieben Samen pro Zelle im späten Winter bei 15 °C säen. Nach der Keimung auf 10 °C zurückgehen. Abhärten im Frühbeetkasten im zeitigen Frühjahr (s. S. 254), danach mit 30 cm Abstand auspflanzen.

1 *Die einzelnen Zellen mit einem feuchten, torffreien Substrat füllen und kleine Vertiefungen hineindrücken. Von einem Pappstück jeweils sechs bis sieben Samen – hier Möhren – mit einer Messerspitze in die Vertiefungen schieben.*

2 *Etwas feinen Sand aufstreuen, gießen, mit schwarzer Folie abdecken und an einen warmen Platz stellen. Nach der Keimung wird die Folie entfernt, und die Sprosse kommen zum Wachsen an einen kühleren Platz. Nicht ausdünnen.*

3 *Bei etwa 2,5 cm Höhe werden die Pflänzchen ausgesetzt. Dazu ist es wichtig, dass die ganze Pflanzung gründlich gewässert wird. Dann die einzelnen Blöcke herausdrücken.*

4 *Setzen Sie die Pflanzenklumpen in den Reihen auf Lücke. Für genaue Abstände ist ein Pflanzbrett empfehlenswert. Möhren brauchen 23 cm Abstand nach allen Seiten. Durch die versetzte Pflanzung erreicht man, dass die Pflanzen etwa den gleichen Abstand voneinander bekommen.*

Bei der Vielkornsaat *werden die Zwiebeln nach außen gedrängt.*

Etwas schwierig ist es, die Keimlinge in den Boden zu bringen, ohne die zarten, empfindlichen Wurzeln zu beschädigen. Größere Samen wie von Erbsen und Bohnen sind leicht zu handhaben und bereiten keine Probleme. Auch die mittleren wie von Pastinaken können bei viel Geduld mit einer Pinzette an Ort und Stelle gebracht werden. Bei kleinen, vorgekeimten Samen, wie z. B. von Kopfsalat, ist dies jedoch auf normalem Wege unmöglich.

Die Antwort heißt dann Flüssigsaat. Bei diesem Verfahren wird das Saatgut mit einer gallertartigen Masse vermischt, was ein leichteres Ausbringen ermöglicht. Dafür gibt es ein Algengel oder Nährgelatine, die mit Wasser gemischt erwärmt werden und vor Gebrauch abkühlen müssen. Leider ist Algengel hier im Handel oft nicht erhältlich – als wirksamer Ersatz bietet sich auch ganz gewöhnlicher Tapetenkleister an. Besorgen Sie eine Sorte, die keine Fungizide enthält.

FLÜSSIGSAAT MIT TAPETENKLEISTER

Diese Aussaatmethode eignet sich für empfindliche vorgekeimte Gemüsesamen – wird hier am Beispiel der Pastinake gezeigt. Bei Flüssigsaat im Sommer gilt: Unbedingt sofort nach dem Säen gießen, sonst wird der Kleister hart und die Samen gehen nicht mehr

auf. Durch leichtes Umrühren werden sie gleichmäßig im Kleister verteilt und man kann sie so regelmäßig aussäen, dass nach der Keimung kaum ein Ausdünnen nötig ist. Anstelle von Kleister ist auch in Wasser aufgekochtes und anschließend abgekühltes Stärkemehl verwendbar.

1 *Die Samen auf feuchtem Küchenpapier an einem warmen Platz vorkeimen (s. S. 138). Sobald sie zur Aussaat bereit sind, werden sie vorsichtig mit Wasser vom Papier in ein feines Sieb gespült.*

2 *Tapetenkleister in einem Glas zurechtmixen und die gekeimten Samen dazugeben, ohne die Würzelchen zu verletzen. Vorsichtig umrühren, die Mischung in eine Plastiktüte schütten und zuknoten.*

3 *Den Boden vor der Aussaat feinkrümelig hacken. Dann mit der Hackenkante die Saatreihen ziehen (s. S. 259) und sie mit einem flüssigen Algendünger oder einem tierischen Flüssigmist gießen (s. S. 41).*

4 *Eine Ecke der Tüte abschneiden und die Gelmasse mit den Samen in die Reihen hineindrücken. Normal abdecken und den Boden mit dem Rücken der Harke leicht festklopfen. Regelmäßig wässern, die Samen dürfen keinesfalls austrocknen.*

Ohne Wärme geht es nicht

Im gemäßigten Klima muss man sehr zeitige Gemüse im beheizten Gewächshaus ziehen (*s. S. 246–257*). Der Aussaat- und Erntetermin vieler Freilandgemüse kann jedoch mithilfe eines Frühbeets – einer einfachen Plastik- oder Glasabdeckung – mindestens einen Monat vorverlegt werden.

Frühbeetfenster lassen sich später weiterverwenden, nämlich zur Abdeckung empfindlicher Gemüsearten wie Tomaten, Zucchini oder Bohnen. Dadurch werden diese lange vor den ungeschützt wachsenden Pflanzen verfügbar und man kann sie bereits genießen, wenn sie in den Geschäften noch sehr teuer sind. Zum Saisonende kommen die Frühbeetfenster nochmals für späte Ernten zum Einsatz, denen es im ungeschützten Freiland bereits zu kalt ist. Wer einmal solche Abdeckungen verwendet hat, wird sie in Zukunft nicht mehr missen mögen.

Frühbeetabdeckungen

Bringen Sie die Frühbeetabdeckung – ihre Anschaffung macht sich übrigens bereits im ersten Jahr bezahlt – etwa einen Monat vor der beabsichtigten Aussaat an ihren Platz. Die Bodentemperatur muss zum Säen oder Pflanzen mindestens 7 °C betragen. Der Boden unter der Abdeckung trocknet leicht aus. Da kein Regen herankommt, müssen Sie gießen. Am besten legen Sie einen Sickerschlauch aus (*s. S. 260*). Dann können Sie die Bewässerung sich selbst überlassen. Denken Sie daran, dass eine Abdeckung Insekten fernhält. Bei Pflanzen wie Auberginen oder Erbsen, die zur Bestäubung Insekten brauchen, müssen Sie daher die Abdeckung zur Blütezeit tagsüber entfernen. Da man von den zeitigen Ernten meist nur kleine Mengen braucht, setzt

FRÜHBEETABDECKUNGEN

Es gibt bereits fertige Frühbeetkästen zu kaufen. Für Eigenkonstruktionen empfehlen sich Abdeckungen aus Glas oder Plastik. Glas ist mittlerweile so teuer, dass es nicht mehr verwendet wird. Falls Sie aber noch alte Glasscheiben haben, können Sie mithilfe einiger Klammern selber einfache Fenster herstellen.

Glücklicherweise ist bei steigenden Glaskosten gleichzeitig der Preis von Folie und Plastik beträchtlich gesunken. Man erzielt damit beste Ergebnisse, sollte die Folie aber jährlich erneuern. Es gibt drei Haupt-Abdeckungstypen: Folientunnel, Plastikhauben und mitwachsende Folie.

Folientunnel

Man kann Folientunnel fertig kaufen. Sie bestehen aus halbrunden Drahtbügeln, die mit einer Plastikfolie überdeckt werden. Die Folie muss oben gut gespannt sein und an den Seiten befestigt werden, damit sie die Pflanzen nicht beschädigt und selbst nicht zerreißt. Die Seiten des Tunnels können zum Gießen, Bearbeiten und Ernten problemlos hochgeschoben werden. Einige Tunnel sind sogar bis zu 30 m lang, aber sie lassen sich in kleinere Sektionen unterteilen. Man kann auch recht einfach einen eigenen Tunnel bauen (s. S. 142). Folientunnel für Tiefbeete sind schwerer zu bekommen und natürlich auch teurer. Sie müssen mindestens 1,50 m breit sein, um an jeder Seite Platz zum Wachsen zu lassen. Die auf dem Markt vorhandenen Typen sind zwar recht gut, doch auch hier ist der Eigenbau problemlos und billiger. Foliengewächshäuser sind ähnlich wie Folientunnel konstruiert.

Folienhaube aus Plexiglas

Es gibt verschiedene Frühbeetkonstruktionen aus Plexiglas. Achten Sie beim Kauf auf eine ausreichende Höhe und Breite sowie auf entsprechende Möglichkeiten, die Seiten im Boden zu verankern. Das ist besonders wichtig, da Plexiglashauben sehr leicht sind und weggeweht werden können.

Folienhaube aus Plexiglas

Glaszelt

Mitwachsende Folie

Das preiswerteste Material zum Abdecken sind Folien, die zum Teil sogar mitwachsen, oder (siehe rechts) Gartenvliese, die Ihre Saat bis kurz vor der Ernte begleiten. Sie haben eine durchbrochene Oberfläche und sind deshalb dehnbar. Man kann damit die Pflanzen von der Saat bis kurz vor der Ernte bedeckt halten. Anders als Folie schützt das Vlies die Gemüsepflanzen vor Frost. Es passt auf alle Beete, ist problemlos aufzulegen und wieder zu entfernen. Man deckt das Beet einfach locker ab und beschwert die Enden mit Ziegelsteinen oder Erde. Das Vlies »wächst« mit den Pflanzen mit. Zur Ernte rollt man es wieder auf. Für Tiefbeete sollte die Folie mindestens 2 m breit sein.

man je nach Platz verschiedene Gemüse entweder in eine lange Reihe oder in nebeneinanderliegende kurze Reihen. Frühbeetabdeckungen eignen sich sowohl zur zeitigen Aussaat wie zur Aufzucht der durch Vielkornsaat produzierten Jungpflänzchen. Die Aussaatzeiten für die einzelnen Gemüsearten finden Sie ab Seite 146.

Bei schweren Böden arbeiten Sie zuerst Kompost oder Kokosfasern in die oberen Schichten ein (s. S. 15–16). Dadurch wird der Boden durchlüftet, er erwärmt sich schneller und kann später besser Feuchtigkeit speichern. Bei Verwendung von Torfersatz harken Sie zusätzlich 2 Handvoll Horn-Blut-Knochenmehl pro Quadratmeter Anbaufläche ein.

Beginnen Sie mit der Aussaat im späten Winter und ziehen Sie die Pflanzen auf der Fensterbank oder im beheizten Gewächshaus vor (s. S. 270). Säen Sie Kopfsalat, zeitigen Kohl und Blumenkohl in Saatkisten, Möhren, Frühlingszwiebeln, Spinat, Speiserüben und Rote

EIGENBAU EINES FOLIENTUNNELS

Ein Folientunnel ist zur Abdeckung einer größeren Gemüsefläche im Freiland besonders ideal, denn er bietet für empfindliche Kulturen einen guten Schutz. Man kann ihn schnell und einfach selbst bauen und preiswertes Material ist leicht zu beschaffen.

Die beschriebene Methode ist auf jede beliebige Größe übertragbar – die unten angegebenen Maße sind für einen Tunnel mit 45 cm Breite gedacht. Obwohl er sicher im Untergrund befestigt ist, erlaubt der Tunnel leichten Zugang zu den Pflanzen.

1 *Auf einem 1,35 m langen Holzbrett 2 Schrauben befestigen, vom einen Ende 15 cm, vom anderen 30 cm entfernt. Einen stabilen Draht ebenso lang schneiden wie das Brett.*

2 *Am kürzeren Ende beginnend den Draht ans Brettende halten und um die erste Schraube eine Schlinge winden. So erhält man ein 15 cm langes »Bein«.*

3 *Den Draht spannen und auch um die zweite Schraube eine Schlinge legen: Dadurch entsteht das andere 15 cm lange Bein. Mit weiteren Drahtstücken ebenso verfahren.*

4 *Zwei Pflanzschnüre parallel mit 45 cm Abstand spannen. Die vorbereiteten Drahtstücke zu Bügeln biegen und entlang der Schnüre mit 60 cm Zwischenraum bis zu den Schlingen in den Boden schieben.*

5 *Die Pflanzschnüre entfernen und die Drahthügel mit einer Folie überdecken. Ein Folienende sicher im Boden verankern.*

6 *Die Folie straff über die Drahtbügel spannen und auch das andere Ende eingraben. So kann der Wind die Folie nicht hochheben.*

7 *Eine feste Schnur an der Schlinge des ersten Drahthügels befestigen und fest über den Tunnel ziehen, in der gegenüberliegenden Schlinge verknoten.*

8 *Mit den übrigen Drahtschlingen ebenso verfahren, sodass der Tunnel sicher befestigt ist. Zum Gießen und Bearbeiten die Folie seitlich hochschieben.*

Bete durch Vielkornaussaat (*s. S. 138–139*) in Rinnen. Alle Arten können im zeitigen Frühjahr ins Frühbeet.

In wärmeren Klimaregionen kann man, je nach Bodentemperatur, einige Gemüsearten bereits gegen Winterende direkt in den Boden säen. Geeignet dafür sind Kopfsalat, Radieschen, Spinat, Möhren, Speiserüben, Erbsen, Dicke Bohnen, Frühlingszwiebeln und Kartoffeln. Mit etwas Glück und einem guten Draht zu Petrus – sicher kann man allerdings nie sein – sind diese Gemüse im späten Frühjahr erntereif, sodass die Beete für Zucchini, Auberginen, Paprika, Melonen, Tomaten, Buschbohnen und Gurken frei werden und damit die Zeit für Sommergemüse eingeläutet werden kann. Regnerische oder kühle Perioden können diesen Pflanzplan allerdings gefährden, es wäre gut, wenn in Ihrem Garten ausreichend Platz für Neusaat ist, obwohl das Frühlings-

beet noch nicht abgeerntet werden kann. Ein Hochbeet etwa spart Platz.

Im Juli, aber auch noch im August sät man abermals Gemüse vom zeitigen Frühjahr. Die Pflanzen bleiben zunächst unbedeckt und werden erst ab September durch Frühbeetfenster geschützt, um die Reife zu beschleunigen. Auch bei Früchten wie Tomaten, die bei Sommerende noch grün sind, leistet eine Frühbeetkonstruktion nützliche Dienste.

Biologische Methoden zur Erhöhung der Bodenfruchtbarkeit sind im Frühbeet wichtig. Arbeiten Sie daher den Boden vor jeder Neuaussaat gut durch und fügen Sie reichlich Mist oder Kompost bei, um die Wasserhaltefähigkeit des Bodens zu erhöhen. Die Drahtbügel vom Folientunnel können übrigens auch als Stütze für Netze gegen Vögel verwendet werden.

Ihre Wahl

Auf den folgenden Seiten finden Sie über 50 verschiedene Gemüsearten – zum gleichzeitigen Anbau in einem durchschnittlich großen Garten natürlich viel zu viele. Daher muss man eine Auswahl treffen, was unter Umständen gar nicht so einfach ist.

Als erstes Kriterium gilt: Was brauchen Sie und Ihre Familie, und was schmeckt Ihnen? Entsprechend planen Sie die Menge der auszubringenden Samen oder Sämlinge. Überschätzen Sie Ihren Bedarf nicht, denn wenn Sie von einer bestimmten Art mehr anbauen, als Sie verbrauchen, besteht die Gefahr, dass die Pflanzen bis zur Ernte zu lange im Boden bleiben, schließlich blühen und dann unerwünschte Samen produzieren.

Um häufig gebrauchtes Gemüse kontinuierlich zur Verfügung zu haben, sät man schnell wachsende Sorten in kurzen Reihen öfter nacheinander. Einige sind sogar zwischen den breiter stehenden »Spätentwicklern« wie Rosenkohl oder Blumenkohl unterzubringen.

Vergeuden Sie keinen Platz für Gemüse, das Sie aus biologischem Anbau ebenso billig kaufen können. So nehmen z. B. Kartoffeln als Hauptfrucht viel Raum in Anspruch, dabei sind sie meist von einem Bio-Landwirt zu vergleichsweise geringen Kosten zu beziehen. Ein paar Frühkartoffeln sollte man dagegen nicht vergessen, da sie frisch geerntet ganz besonders gut schmecken. Vor allem für den Anbau im eigenen Garten geeignet ist Gemüse, das nach der Ernte schnell verdirbt bzw. an Aroma verliert.

Beim Mais beispielsweise wird sofort nach dem Pflücken der Zucker in Stärke umgewandelt. Je eher man daher Mais verbraucht, desto besser schmeckt er. Der Kauf ein bis zwei Tage alter Kolben aus dem Geschäft lohnt sich nicht mehr. Auch gekauftes Blattgemüse ist nicht annähernd so frisch und knackig wie selbst gezogenes, und die Tomaten im Geschäft sind überwiegend grün geerntet, um Überreife auf dem Transportweg zu verhindern. So fehlt ihnen die nötige Sonne, die die charakteristische Süße bei Ihren natürlich ausgereiften Früchten bewirkt.

Denken Sie bei Ihrer Auswahl schließlich auch an Kosten und Verfügbarkeit. Feinschmecker-Gemüse wie Spargel, Meerkohl, Artischocken sind besonders außerhalb der Hauptsaison sehr teuer, und schon allein deshalb lohnt sich ihre Kultivierung. Außerdem gibt es sie auch nicht immer aus biologischem Anbau.

SAMENKAUF

In den meisten Ländern wird die Qualität der Gemüsesamen gesetzlich kontrolliert, die Produkte der verschiedenen Züchter sind mehr oder weniger gleichwertig. Trotzdem kann es sich schon aufgrund der Preisunterschiede lohnen, ein wenig zu vergleichen.

Samen wie Erbsen und Bohnen lassen sich ohne Schwierigkeiten mindestens ein Jahr lang ohne Qualitätsverluste aufbewahren. Bei richtiger Lagerung keimen sie im zweiten Jahr noch ebenso gut wie im ersten. Kaufen Sie Samen in versiegelten Päckchen, die Sie in möglichst trockener Atmosphäre öffnen. Entnehmen Sie die benötigte Menge, verschließen Sie das Päckchen wieder gut und geben Sie es in einen luftdichten Behälter. Ideal geeignet wären die kleinen Plastikdöschen von Fotofilmen, die man heute kaum mehr findet. Diese, oder ähnliches Material, werden beschriftet und an einem kühlen, aber frostfreien Platz aufbewahrt. Eine trockene Lagerung und nicht zu warme Umgebung ist wichtig.

Seit einigen Jahren gibt es das besonders hochwertige F1-Hybridsaatgut (s. S. 45), welches jedoch teurer ist als normales. Berücksichtigen Sie, dass es oft für den Großerzeuger gezüchtet worden ist, der andere Ansprüche stellt als ein Gärtner, der zur eigenen Freude und für den Bedarf von Familie und eventuell noch Freunden anbaut. Der kommerzielle Anbauer braucht eine einheitliche Reifezeit und Früchte gleicher Größe, während Sie Wert auf eine längere Ernte und unterschiedliche Größen legen, sodass Sie beispielsweise einen dickeren Kohlkopf zur Verfügung haben, wenn Besuch kommt.

Hybridformen haben den Vorteil, dass sie oft kräftiger, ertragreicher und meist widerstandsfähiger gegenüber bestimmten Krankheiten sind. Haben sie trotz dieser durch die Züchtung erreichten Vorteile ihren guten Geschmack nicht eingebüßt, sind sie ein empfehlenswerter Kauf. Anderenfalls verwendet man besser alt-bewährte Sorten, bei denen Aroma noch großgeschrieben ist und nimmt dafür Anfälligkeiten in Kauf.

Die auf den folgenden Seiten empfohlenen Sorten sind nur eine kleine Auswahl aus einem sehr großen Spektrum. Welche man letztendlich bevorzugt, ist Geschmackssache. Am besten probieren Sie jedes Jahr eine neue Sorte oder sogar eine Ihnen noch unbekannte Art zusätzlich aus. Wer ständig an alten Zöpfen hängt, erfährt nichts Neues und verpasst unter Umständen etwas sehr viel Besseres. Wer weiß, vielleicht entdecken Sie so Ihr neues Lieblingsgemüse.

BODENVORBEREITUNG

Selbst wenn Sie den dreijährigen Fruchtwechselplan nicht befolgen, lohnt es sich, Pflanzen mit ähnlichen Ansprüchen zusammen zu setzen. Richten Sie sich bei der Bodenvorbereitung nach dem Rotationsplan, der Ihnen allgemeine Hinweise zur Bearbeitung vor der Aussaat gibt. Sind besondere Maßnahmen notwendig, so finden Sie diese bei der Beschreibung der einzelnen Gemüse.

GEMÜSEARTEN

Die Gemüse sind entsprechend bestimmter Merkmale in Gruppen eingeteilt, wie z. B. Salate, Stängel-, Blatt- und Wurzelgemüse, Hülsen- und Samenfrüchte usw. Wo es sinnvoll ist, wird auf den Anbau im Gewächshaus hingewiesen. Die Behandlung der speziellen Krankheiten und Schädlinge wird am Ende des Kapitels »Der Gemüsegarten« (s. S. 198–201) ausführlich erläutert.

Salate

Frischer Salat ist immer ein Genuss. Der Eigenanbau
von Salat ist besonders ratsam, da Salatqualität und
-geschmack von der Frische abhängen. Salat braucht wenig
Platz, wächst schnell, hat kaum Probleme mit Schädlingen
und kann bei entsprechendem Schutz vor Frost das ganze
Jahr über kultiviert werden. Alle Salat-Arten brauchen
einen Boden, der gut Feuchtigkeit speichert.

CHICORÉE ▶
Cichorium intybus
Der gebleichte Chicorée ist
ebenso wie die verwandten unge-
bleichten Arten, wie etwa Radicchio, ein wertvolles Gemüse für
den Winter (s. S. 147).

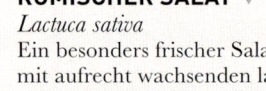

▲ SENF UND KRESSE
Brassica hirta und *Lepidium sativum*
Senf- und Kressesprossen sind schnell und
einfach zu ziehen und das ganze Jahr über frisch
verfügbar. Ein Platz auf der Fensterbank reicht
zur Anzucht aus (s. S. 146).

▲ BRUNNENKRESSE
Nasturtium officinale
Da Brunnenkresse wild an schnell
fließenden Gewässern steht, braucht
sie in Kultur Schatten, einen feuchtigkeitspeichernden Boden und häufige
Wassergaben (s. S. 146).

RÖMISCHER SALAT ▼
Lactuca sativa
Ein besonders frischer Salat
mit aufrecht wachsenden langen, festen Blättern; hellgrün
mit ausgeprägter Mittelblatt-
ader (s. S. 147).

◀ EICHBLATTSALAT
Lactuca sativa
Dieser originelle Salat hat
krause, eichenblättrig eingeschnittene Blätter und ist an
den Rändern rötlich. Er eignet
sich gut für das Gewächshaus
(s. S. 147).

▲ **PFLÜCKSALAT, DIVERSE**
Lactuca sativa
Die gepflückten unteren Blätter werden laufend durch neue ersetzt, daher lange Erntezeit (*s. S. 147*).

▲ **KOPFSALAT**
Lactuca sativa
Wahrscheinlich der bekannteste unter den Salat-Arten. Seine Blätter sind besonders zart. Man kann ihn zur besseren Bodennutzung zwischen langsam reifende Gemüse pflanzen (*s. S. 147*).

▼ **ENDIVIE ODER FRISÉE-SALAT**
Cichorium endivia
Endivien, hier die Frisée-Variante, werden im Herbst und Winter geerntet. Sie können sowohl roh als auch gekocht zubereitet werden (*s. S. 148*).

Der Anbau von Salat

Senf und Kresse

Diese Mischung ist einfach zu ziehen – im Winter auf der Fensterbank, ansonsten im Freien. Die Pflanzen werden als kleine ca. 3–4 cm Sprosse verspeist und eignen sich beispielsweise als Salatbeigabe, Brotbelag oder Quarkgewürz.

SORTEN Keine verschiedenartigen Sorten im Handel erhältlich.
STANDORTANSPRÜCHE Senf und Kresse entwickeln sich schnell nur mithilfe der Nährstoffe aus dem Samenkorn. Sie wachsen daher auch auf mageren Böden beziehungsweise im Haus auf feuchtem Küchenpapier oder Baumwolle.
• Bei einem dreijährigen Fruchtwechsel kommen die Pflanzen am besten auf Beet B (*s. S. 134*).
AUSSAAT Im Winter etwas feuchtes Küchenpapier in eine Schale legen und eine ziemlich dicke Schicht Samen ausstreuen. Alles mit etwas Zeitungspapier abdecken und an einen warmen Platz stellen. Säen Sie den schneller wachsenden Senf vier Tage nach der Kresse.

Sobald die Samen keimen, können Sie das Zeitungspapier wieder entfernen und die Schale ins Licht bringen. Säen Sie im Sommer ebenso

Für die Aussaat von Senf *und Kresse auf der Fensterbank das Küchenpapier gut durchfeuchten. Jedoch können die Samen auf zu nassem Papier verfaulen, auf zu trockenem werden sie nicht erntereif.*

in eine Beetecke oder einen Behälter, der draußen steht. Für kontinuierlichen Nachschub sorgt eine Neuansaat alle 14 Tage.
PFLEGE Regelmäßig feucht halten, nicht zu nass.
ERNTE Die Sprosse sind nach sechs bis zehn Tagen erntereif. Mit der Schere abschneiden, bei Kultur ohne Erde ganze Pflänzchen verwenden.
SCHÄDLINGSBEFALL Normalerweise gibt es keine Probleme. Allgemeine Krankheiten und Schädlinge s. S. 46–53.

PFLANZ- UND ERNTEZEITEN

	Aussaat unter Glas	Auspflanzen	Freilandaus-saat	Ernte
März	•			•
April			•	•
Mai			•	•
Juni			•	•
Juli			•	•
August			•	•
September			•	•
Oktober	•			
November	•			
Dezember	•			
Januar	•			•
Februar	•			•

Brunnenkresse

Echte Brunnenkresse (*Nasturtium officinale*) eignet sich als Beigabe zu Salaten, Saucen und Suppen. Brunnenkresse wächst wild an strömenden Gewässern, kann aber auch ohne Fließwasser kultiviert werden. Für eine ständig feuchte Gartenecke ist sie ideal.

SORTEN Keine verschiedenartigen Sorten im Handel erhältlich.
STANDORTANSPRÜCHE Ein feuchter Boden ist wichtig. Machen Sie deshalb in einem schattigen Teil des Gartens einen 30 cm tiefen Graben, den Sie zur Hälfte mit gut verrottetem Kompost oder Mist füllen. Mischen Sie weiteres organisches Material mit der ausgegrabenen Erde und füllen Sie damit den Graben wieder auf.

AUSSAAT UND PFLANZUNG Aussaat ab April bei ca. 12 °C im Gewächshaus in Schalen oder im Freiland in flachen Reihen. Sind die Sämlinge groß genug zum Umpflanzen (*s. S. 272*), kommen sie mit größerem Abstand in eine andere Saatkiste. Auspflanzung im Mai oder Juni, mit 10 cm Abstand nach allen Seiten. Einfacher ist es, vorgezogene Brunnenkresse zu kaufen und die Triebe mit den beginnenden Würzelchen auf die gleiche Weise einzusetzen.
PFLEGE Brunnenkresse braucht sehr viel Wasser. Sie gedeiht auch gut in einer Schale gepflanzt, in der immer etwas Wasser stehen darf. Das feuchte Beet der Brunnenkresse zieht einjährige Unkräuter an. Daher regelmäßig hacken und reichlich wässern. Düngung ist nicht erforderlich. Die Haupttriebe sowie die Blüten sofort bei Erscheinen entfernen.

ERNTE Verwendet werden die geschnittenen Triebe. Dadurch wird der Neuaustrieb gefördert und man kann den ganzen Sommer bis weit in den Herbst hinein ernten.
SCHÄDLINGSBEFALL Normalerweise gibt es keine Probleme. Allgemeine Krankheiten und Schädlinge s. S. 46–53.

PFLANZ- UND ERNTEZEITEN

	Aussaat unter Glas	Auspflanzen	Freiland-aussaat	Ernte
März				
April	•		•	
Mai		•		
Juni		•		
Juli				•
August				•
September				•
Oktober				•
November				•
Dezember				
Januar				
Februar				

Zichorien

Zichorien sind meiner Meinung nach das beste Wintergemüse überhaupt, sie gibt es in zwei unterschiedlichen Grundtypen: Der eine ist ein im Dunkeln gebleichter Sprosstrieb (Chicorée), der andere (Radicchio) wächst ohne Bleichen und Treiben im Tageslicht heran. Er wird im Herbst geerntet und wie Salat gegessen. Alle Zichorienformen haben einen frischen, leicht bitteren Geschmack.

SORTEN Chicorée: 'Lightning', 'Witloof' u. a.
Radicchio: 'Pain de Sucre', 'Treviso' u. a.

STANDORTANSPRÜCHE
Chicorée bevorzugt sonnige Lagen und einen feuchtigkeitsspeichernden Boden mit einem pH-Wert um 6,5. Streuen Sie zwei bis drei Wochen vor der Aussaat 2 Handvoll Horn-Blut-Knochenmehl pro m² Anbaufläche. Weitere Düngung ist nicht empfehlenswert, denn in nährstoffreichem Boden kommt es leicht zu einer unerwünschten Verzweigung der Wurzeln.
• Bei einem dreijährigen Fruchtwechsel kommen die Pflanzen am besten auf Beet B (*s. S. 134*).

AUSSAAT Nicht vor Mai bzw. Juni, da die Pflanzen bei niedrigen Temperaturen vorzeitig schießen. Aussaat in flachen Rillen mit 30 cm Abstand. Nach dem Auflaufen die Sämlinge auf einen Abstand von 23 cm ausdünnen.

Tiefbeet Chicorée wird mit 20 cm Reihenabstand gesät und auf 20 cm in der Reihe ausgedünnt. Bei Radicchio Abstände von etwa 25 cm einhalten (*s. S. 135*).

PFLEGE Unkrautjäten und gießen, wenn notwendig. Chicorée im Herbst zum Treiben ausgraben (*siehe rechts*).

ERNTE Chicorée kann an einem frostfreien Platz so getrieben werden, dass er den ganzen Winter über Nachschub liefert. Bei Radicchio werden fortlaufend die entwickelten Köpfe geschnitten.

SCHÄDLINGSBEFALL Normalerweise gibt es keine Probleme. Allgemeine Krankheiten und Schädlinge s. S. 46–53.

DAS BLEICHEN VON CHICORÉE

Sie nehmen Chicorée im Herbst aus dem Boden und lassen die Pflanzen etwa eine Woche auf dem Beet liegen. Anschließend schneiden Sie die Blätter bis auf 1 cm oberhalb der Wurzel ab. Danach legen Sie die Pflanzen in eine Kiste mit feuchtem Torfersatz, der gut festgedrückt wird. So entstehen schöne feste Köpfe. Treiben Sie alle drei bis vier Wochen neu.

1 *Man platziert die Wurzel aufrecht in Torfersatz und deckt sie mit einer etwa 23 cm dicken Schicht zu, die gut festgedrückt wird. Die Kiste kommt an einen warmen Platz.*

2 *Nach vier bis fünf Wochen sind die Chicoréeköpfe 15–20 cm lang. Man nimmt sie aus der Kiste heraus und schneidet die Wurzeln ab.*

PFLANZ- UND ERNTEZEITEN

	Aussaat unter Glas	Auspflanzen	Freiland-aussaat	Ernte
März				•
April				
Mai				
Juni			•	
Juli				
August				
September				
Oktober				•
November				•
Dezember				•
Januar				•
Februar				•

Blattsalate

Als erste Frischkost im Frühjahr ist Blattsalat ein Muss für jeden Gemüsegarten. Mithilfe von Folie oder im Gewächshaus kann er lange geerntet werden. Innerhalb der Arten gibt es zahlreiche Varianten und es wird praktisch für jeden Geschmack etwas geboten. Der bekannteste Vertreter seiner Art ist wohl der Kopfsalat, der wenig Platz in Anspruch nimmt und daher immer irgendwo zwischengepflanzt werden kann. Kopfsalat hat lockere, flach-runde Köpfe mit zarten, glatten Blättern. Eissalat entwickelt große Köpfe und ist derber als Kopfsalat, schmeckt aber echt knackig.

Blattsalate sind einfach zu kultivieren, es werden keine besonderen Ansprüche an den Boden gestellt. Vor allem die festeren Arten sind reich an Folsäure, allerdings sollte Salat bald nach der Ernte genossen werden. Die in Salat enthaltenen Nährstoffe werden oft durch zu langes Wässern ausgewaschen. Besser ist daher, ihn Blatt für Blatt unter fließendem Waser abzubrausen.

SORTEN Wählen Sie schnell wachsenden Kopfsalat für frühe Saat wie 'Tom Thumb' oder 'Estelle', 'Maikönig' (alle schnell reifend) u. a. Kopfsalat für Folgesaaten sind 'Larissa', 'Oresto', 'Adrienne' (rotblättrig) u. a.
Pflücksalat: 'Eichblatt', 'Red Salad Bowl' (rotblättrig) u. a.
Eissalat: 'Barcelona', 'Fortunas' (sehr resistent und schossfest) u. a.

STANDORTANSPRÜCHE Salat bevorzugt einen Boden mit guter Wasserführung und einem pH-Wert um 6,5. Frisch mit Mist gedüngter Boden wäre zu nährstoffreich und kann ein Faulen an der Basis verursachen, daher den Boden eher in der Saison vorher düngen. Alle Sorten mögen lieber einen kühlen Platz als volle Sonne.

Oft wird Salat zwischen langsamer reifende Gemüse wie Rosenkohl gesetzt. Die Bodenbearbeitung richtet sich nach diesen Hauptfrüchten.
• Bei einem dreijährigen Fruchtwechsel kommt Salat am besten auf Beet B (*s. S. 134*).

AUSSAAT UND PFLANZUNG Ab Februar erste Aussaat in Saatkisten mit organischem Kompost (s. S. 252) im beheizten Gewächshaus bei 15–18 °C. Sobald die Pflänzchen groß genug zum Umpflanzen sind, mit 5 cm Abstand in eine größere Kiste bringen und bei 10 °C weiterwachsen lassen. Die etwa 5 cm großen Sämlinge ab März mit 15 cm Abstand nach allen Seiten ins Frühbeet setzen.

Im Frühbeet gleichzeitig neue Samen einer späteren Sorte aussäen. Wenn die Pflänzchen zum Umsetzen bereit sind, lassen Sie einige zum Weiterwachsen im Frühbeet und bringen den Rest mit 23 cm Abstand in der Reihe und 30 cm zwischen den Reihen ins Freiland. Dann bis Juli etwa alle zwei Wochen neu aussäen, die Reihen auf 23 cm Abstand ausdünnen und mit den ausgedünnten Pflänzchen eine weitere Reihe setzen. Die letzte Aussaat ist im August. Die Pflanzen werden ab September bis zur Ernte mit Folie abgedeckt.

Tiefbeet Aussaat wie oben, aber blockweise (siehe S. 136). Der Abstand der Pflanzen in der Reihe beträgt bei früher Saat 15 cm und später 23 cm.

PFLEGE Für eine gute Pflanzenentwicklung regelmäßig jäten und vor allem ein bis zwei Wochen vor der Ernte reichlich gießen.

ERNTE Je nach Sorte verschieden, wenn sich ein fester Kopf im Innern gebildet hat, ist Kopfsalat erntereif. Die ganze Pflanze herausziehen, Wurzeln abschneiden und auf den Kompost werfen. Pflücksalat bleibt im Boden. Die untersten Blätter werden gepflückt und es bilden sich ständig neue.

SCHÄDLINGSBEFALL
Normalerweise gibt es keine großen Probleme. Allgemeine Krankheiten und Schädlinge s. S. 46–53. Tausendfüßler, Erdraupen, Schnecken, Läuse, Falscher Mehltau.

PFLANZ- UND ERNTEZEITEN

	Aussaat unter Glas	Auspflanzen	Freiland-aussaat	Ernte
März		•	•	•
April			•	•
Mai			•	•
Juni			•	•
Juli			•	•
August	•		•	•
September	•			•
Oktober	•			
November	•			
Dezember	•			
Januar	•			
Februar		•	•	•

ANZUCHT IM GEWÄCHSHAUS

Frühe Salatsorten zieht man wie bei der Kultivierung im Frühbeet beschrieben (s. S. 140), oder man sät direkt ins Gewächshaus. Damit keine Staunässe entstehen kann, werden die Beete zur besseren Dränage angehoben (s. S. 75) und reichlich mit gut verrottetem Kompost und Nährstoffen versehen. Jeweils 3 Samen werden zusammen ausgebracht, der Abstand soll nach allen Seiten etwa 23 cm betragen. Falls alle Samen keimen, auf ein Pflänzchen ausdünnen. Alternativ kann man auch in Saatkisten aussäen und die Sämlinge bei ca. 4 cm Größe auf 23 cm Abstand umsetzen. Besonders wichtig bei überwinternden Arten: Um ein Verfaulen der Pflanzenbasis zu verhindern, müssen die Pflänzchen ebenso tief gepflanzt werden, wie sie in der Kiste gewesen sind. Geeignete Sorten im beheizten Gewächshaus von Spätsommer bis Dezember aussäen, dann wieder ab Februar. Ins unbeheizte Haus säen Sie im August und ernten im Oktober.

Endivien

Endivien sind ein schmackhafter Salat für Spätsommer, Herbst und Winter, wenn sie nicht durch falsche Kultivierung zu hart werden. Sie schmecken wie Chicorée leicht bitter und werden meistens frisch verzehrt, können aber auch gekocht zubereitet werden.

SORTEN 'Fine de Louvier' für Anbau im Spätsommer. Im Spätherbst 'Bubikopf' u. a.
STANDORTANSPRÜCHE Endivien brauchen Halbschatten, da sie in der Sonne bitter werden und leicht in Blüte schießen.

Der nährstoffreiche Boden sollte gut Feuchtigkeit speichern und einen pH-Wert von etwa 6,5 haben. Drei Wochen vor der Aussaat gibt man 2 Handvoll Horn-Blut-Knochenmehl.
• Bei einem dreijährigen Fruchtwechsel kommen Endivien auf Beet B.

AUSSAAT Endivien sind hauptsächlich ein Herbst- und Wintergemüse, denn die Pflanzen sind einigermaßen kälteverträglich. Frühe Sorten ab Juni säen und die Wintertypen im Spätsommer in flachen Rillen mit 30 cm Abstand dorthin bringen, wo sie mit Folie abgedeckt werden können. Umpflanzen begünstigt das Schießen, daher auf 30 cm Abstand ausdünnen.

Tiefbeet Aussaat in flachen Rillen mit 23 cm Abstand sowie ausdünnen auf 23 cm (s. S. 135).
PFLEGE Unkrautjäten und gießen nach Bedarf. Späte Aussaaten werden ab November abgedeckt. Bleichen Sie die Pflanzen ca. drei Monate nach der Aussaat durch Abdeckung entweder mit einem Blumentopf, dessen Abzugsloch zugestopft wird oder mit schwarzer Folie. Die Blätter müssen dazu trocken sein. Sie können die Pflanzen aber auch aus dem Boden nehmen, die Blätter zusammenbinden, um Lichteinfall ins Innere zu verhindern und sie einige Tage bis zwei Wochen an einem kühlen, aber frostfreien Platz in eine Kiste mit feuchter Erde setzen.

ERNTE Etwa zwei Wochen nach dem Bleichen werden die Herzen hell und verlieren den bitteren Geschmack.
SCHÄDLINGSBEFALL Selten.

PFLANZ- UND ERNTEZEITEN

	Aussaat unter Glas	Auspflanzen	Freiland-aussaat	Ernte
März				
April				
Mai				
Juni			•	
Juli				
August			•	
September				
Oktober				•
November				•
Dezember				•
Januar				•
Februar				•

Stängelgemüse

Diese vielgestaltige Gemüsegruppe, die wegen ihrer fleischigen Stängel gezogen wird, liefert zahlreiche Formen und Geschmacksrichtungen, und einige sind geradezu Delikatessen für Feinschmecker. Sie beanspruchen mehr Pflege als die meisten anderen Arten und brauchen allesamt viel Wasser.

ARTISCHOCKEN ▶
Cynara scolymus
Sie werden ein- oder mehrjährig angebaut und brauchen einen sonnigen, geschützten Platz (*s. S. 150*).

▲ **KNOLLENFENCHEL**
Foeniculum vulgare dulce
Fenchel ist wegen seines anisähnlichen Geschmacks beliebt. Er braucht einen eher feuchten Standort, um zu verhindern, dass er vorzeitig schießt (*s. S. 151*).

▲ **SPARGEL**
Asparagus officinalis
Optimal für Spargel ist ein gut durchlässiges Beet, viel Sonnenschein und reichliche Wasserversorgung (*s. S. 151*).

**BLEICH-
SELLERIE** ▶
Apium graveolens
var. *dulce*
Es gibt selbstblei-
chende Sorten und solche, die durch Anhäufeln oder Einhüllen gebleicht werden müssen (*s. S. 152*).

▲ **RHABARBER**
Rheum rhaponticum
Obwohl als Obst verzehrt, ist diese robuste mehrjährige Pflanze botanisch gesehen ein Gemüse, da wir nicht die Früchte, sondern den Stängel verwenden. Für fast alle Stand-
orte geeignet (*s. S. 153*).

Der Anbau von Stängelgemüsen

Artischocken

Artischocken sind ein Gemüse für Feinschmecker und doch schneller reifend und weniger anspruchsvoll als viele andere. Man kann sie ein- oder mehrjährig kultivieren und bei Platzmangel sehen sie auch in einer Blumenrabatte dekorativ aus.

SORTEN Neuzüchtungen erscheinen und verschwinden wieder, bewährt hat sich bisher 'Green Globe'. Artischocken sind nicht sehr samenbeständig und es ist empfehlenswert, besonders gute Pflanzen durch Teilung weiterzuvermehren.

STANDORTANSPRÜCHE Ein sonniger, geschützter Platz. Zum besseren Wasserablauf bei schwerem Boden sollten Sie reichlich organisches Material einarbeiten (*s. S. 15-17*). Auch Tiefbeete sind vorteilhaft (*s. S. 136*). Wenn nötig, den Boden mit Kalk auf pH-Wert 6,5 bringen.

• Bei einem dreijährigen Fruchtwechsel kommen Artischocken bei einjährigem Anbau zusammen mit Kohl auf Beet C (*s. S. 134*). Vorher etwas Stallmist geben. Der mehrjährige Anbau erfolgt zusammen mit anderen ausdauernden Pflanzen auf einem Extrabeet.

AUSSAAT UND PFLANZUNG Sehr verbreitet ist die vegetative Vermehrung durch Teilung. Dabei werden gut entwickelte unterirdische Seitensprosse von der Mutterpflanze abgetrennt und im April mit 1 Pflanze pro m² ausgesetzt. Man kann Artischocken aber auch aus Samen ziehen. Gesät wird im Februar in 7,5-cm-Töpfchen bei einer Temperatur von ca. 18 °C. Stellen Sie die Sämlinge nach dem Auflaufen in die volle Sonne, und halten Sie mindestens 13 °C Wärme. Als Mehrjährige werden die Pflänzchen im April im Abstand von 1 × 1 m oder zwischen die Zierpflanzen gesetzt.

Tiefbeet Meiner Ansicht nach ist die beste Methode der einjährige Anbau, wobei die Artischocken ab April ins Tiefbeet im Abstand von 45 cm ausgepflanzt werden. So bekommt man pro Pflanze gleich viele Köpfe und vervierfacht den Ertrag (*s. S. 136*).

▲ **Artischocken** *sind so dekorativ, dass sie gemischt mit anderen Pflanzen in einer Zierrabatte wachsen können* (oben).

▶ **Zwei bis vier Blütenköpfe** *produziert jede Pflanze. Wenn Sie zuerst den größten Kopf schneiden, fördern Sie die Entwicklung der übrigen* (rechts).

PFLEGE Artischocken brauchen viel Wasser, deshalb ist Mulchen mit Kompost oder verrottetem Mist ebenso wichtig wie das Gießen bei trockenem Wetter.

ERNTE Man schneidet die ausgewachsenen Blütenköpfe, wenn sie noch ziemlich fest geschlossen sind. Sobald sie sich öffnen, sind sie nicht mehr zart genug. Das Entfernen der Seitentriebe führt zu verstärktem Wuchs der Hauptachsen und damit zu größeren einzelnen Blütenköpfen, verringert jedoch den Ertrag.

Nach der Ernte der Blütenköpfe werden die Stängel auf 30 cm über der Erde zurückgeschnitten. Die auftauchenden Neutriebe kann man bei etwa 60 cm Länge zusammenbinden und wie bei Sellerie anhäufeln (*s. S. 152*). Auf diese Weise werden sie gebleicht und dienen später als zusätzliche Gemüsespezialität. Nach wenigen Wochen können die Stängel gekocht und gegessen werden. Die Pflanzen haben einen hohen Gesundheitswert (viel Vitamin A).

PFLANZ- UND ERNTEZEITEN

	Aussaat unter Glas	Auspflanzen	Freiland- aussaat	Ernte
März				
April		•	•	
Mai				
Juni				
Juli				•
August				•
September				•
Oktober				
November				
Dezember				
Januar	•			
Februar				

SCHÄDLINGSBEFALL Anfällig für Nacktschnecken (*s. S. 50*) sowie Schädlinge und Krankheiten, die Stängelgemüse befallen (*s. S. 198*).

Spargel

Der mehrjährige Spargel gedeiht gut im biologischen Anbau, nimmt aber im Verhältnis zum Ertrag viel Platz in Anspruch und liefert erst nach drei Jahren eine volle Ernte. Aber der einmalige Geschmack ist das Warten wert.

Wir unterscheiden zwischen dem weitverbreiteten Bleichspargel und dem selteneren Grünspargel, der eigentlich die ursprüngliche Form des Spargelanbaus darstellt. Grünspargel ist anspruchsloser und wächst auch auf schweren Böden. Seine Ernte bereitet keine Schwierigkeiten. Man lässt die Spargelstange 15–20 cm aus dem Boden wachsen und schneidet sie dicht unter der Erdoberfläche ab. Grünspargel hat einen etwas herberen Geschmack als Bleichspargel, enthält aber auch mehr Mineralstoffe und Vitamine.

SORTEN Die Sorte 'Mary Washington' aus den USA ist auch bei uns mittlerweile sehr beliebt, ist verlässlich und wüchsig, mit dicken Stangen. Sie ist widerstandsfähig gegen viele Krankheiten. Hohen Ertrag bringt eine neue europäische Züchtung wie 'Jersey Knight Improved', eine rein männliche Sorte, die keine Samen produziert.

STANDORTANSPRÜCHE Gute Dränage und viel Sonne sind wichtig. Leichte Böden brauchen reichlich gut verrotteten Stallmist oder Kompost oder eine der Alternativen (*s. S. 21–28*). Der Anbau erfolgt besser auf flachen Beeten als auf erhöhten. Schwere Böden sollten mit organischem Material allerdings so bearbeitet werden, als ob man ein Tiefbeet anlegt (*s. S. 136*). Vor dem Pflanzen 2 Handvoll Horn-Blut-Knochenmehl pro m² streuen und, wenn notwendig, aufkalken, um den pH-Wert des Bodens auf mindestens 6,5 zu erhöhen (*s. S. 36*).

AUSSAAT UND PFLANZUNG Für die Anzucht von Spargel aus Samen gibt es nur eine begrenzte Sortenauswahl. Die Aussaat erfolgt im April 2,5 cm tief in ein gut vorberei-

Abschneiden *Im Herbst schneiden Sie die gelblichen Stängel ab und mulchen rund um die Pflanze.*

tetes Saatbeet (*s. S. 269*), nach dem Auflaufen die Sämlinge auf 7,5 cm Abstand ausdünnen. Im folgenden Frühjahr setzt man die Pflanzen mit 30 cm Abstand an den endgültigen Standort. Wer diese lange Anzuchtzeit sparen will, kann vorgezogene Jungpflanzen kaufen. Sie werden eine Stunde gewässert und kommen dann mit 30 cm Abstand in eine 15 cm tiefe und 30 cm breite Furche, deren Sohle in der Mitte leicht erhöht ist.

PFLEGE Besonders im ersten Jahr ist reichliches Wässern nötig. Jeden März Dünger geben und im Herbst Kompost verteilen. Nach sieben bis acht Jahren ein neues Beet anlegen, sobald es volle Erträge liefert, geben Sie das erste auf.

ERNTE Ein leichter Schnitt erfolgt im zweiten Jahr, wenn die Pflanzen sich etabliert haben. Vom dritten Jahr an beginnt das eigentliche Spargelstechen. Man sticht, wenn die Sprosse soeben aus dem Boden herausschauen und die Spitzen noch dicht geschlossen sind. Unterirdisch wird die Spargelstange mit einem scharfen Messer am Grund abgeschnitten. Lassen Sie stets einige

Triebe übrig und ernten Sie im dritten Jahr höchstens vier Wochen, in den folgenden nicht länger als sechs Wochen bis spätestens Johanni (25. Juni).

SCHÄDLINGSBEFALL Spargel wird von Schnecken heimgesucht, weiterhin von der Spargelfliege, vom Spargelkäfer und von Spargelrost (*s. S. 6–53 und S. 198*).

Knollenfenchel

SORTEN Um frühe Sorten auszuprobieren, empfehlen sich 'Pronto' oder 'Amigo'. 'Romanesco' oder 'Zela Fino' sind für die Haupternte besser geeignet.

STANDORTANSPRÜCHE Knollenfenchel braucht einen sonnigen Platz in nährstoffreichem Boden, der Feuchtigkeit speichert, pH-Wert um 6,5.

• Bei einem dreijährigen Fruchtwechsel kommt Knollenfenchel auf Beet A (*s. S. 134*).

AUSSAAT In flachen Reihen mit 45 cm Abstand, je nach Sorte ab Frühjahr bis Herbst oder unter Glas einjährig. Nach dem Auflaufen auf 20 cm ausdünnen. Säen Sie wenig und dafür öfter, um eine längere Ernte zu erzielen.

PFLEGE Fenchel darf nicht trocken werden, er beginnt dann leicht zu schießen (*siehe S. 143*). Wenn die sich bildenden Knollen etwa die Größe eines Golfballs erreicht haben, werden sie rundherum angehäufelt (*s. S. 186*), um sie zart und süß zu halten.

ERNTE Knollen zwei bis drei Wochen nach dem Anhäufeln schneiden.

SCHÄDLINGSBEFALL Fenchel ist anfällig für Schnecken sowie die allgemeinen Krankheiten und Schädlinge bei Stängelgemüse.

PFLANZ- UND ERNTEZEITEN

	Aussaat unter Glas	Auspflanzen	Freiland- aussaat	Ernte
März				
April		•	•	
Mai				•
Juni				•
Juli				
August				
September				
Oktober				
November				
Dezember				
Januar				
Februar				

PFLANZ- UND ERNTEZEITEN

	Aussaat unter Glas	Auspflanzen	Freiland- aussaat	Ernte
März				
April		•		
Mai		•		
Juni		•		
Juli		•	•	
August		•		•
September				•
Oktober				•
November				
Dezember				
Januar				
Februar				

Bleichsellerie

Sellerie ist eine Gemüsepflanze, von der wir verschiedene Typen kennen. Es gibt Knollen-, Schnitt- und Bleichsellerie. Beim Bleich- oder Staudensellerie unterscheidet man selbstbleichende Sorten von solchen, die vor der Ernte durch Anhäufeln von Erde oder Umhüllen mit Papier gebleicht werden müssen. Die geernteten Blattstiele werden roh verzehrt oder wie Spargel zubereitet. Sie schmecken mild nussartig und sind leicht verdaulich. Insgesamt hat Sellerie einen hohen gesundheitlichen Wert. In der Heilkunde schätzt man besonders die entwässernde Wirkung. Die selbstbleichenden Selleriesorten sind einfach anzubauen. Schwierig kann es für den Bio-Gärtner werden, ungebeiztes Saatgut zu finden.

SORTEN 'Giant Pascal', 'Tango' u. a. Ältere Sorten müssen gebleicht werden, neuere sind selbstbleichend.
STANDORTANSPRÜCHE Entscheidend ist ein Boden, der gut Feuchtigkeit speichert, daher sollten Sie reichlich organisches Material einarbeiten (s. S. 21–28). Wenn nötig, aufkalken auf einen pH-Wert um 6,5. Selbstblei-

chende Sorten wachsen ebenerdig, für die anderen müssen Furchen angelegt werden (siehe unten).
• Bei einem dreijährigen Fruchtwechsel kommt Sellerie auf Beet A (s. S. 134).

AUSSAAT UND PFLANZUNG

Beide Sellerietypen, selbstbleichende und nicht selbstbleichende, werden im Februar unter Glas bei ca. 18 °C ausgesät. Die Samen in Saatkisten auf Erde streuen, aber nicht mit Erde abdecken, da sie zum Keimen Licht brauchen. Nach der Keimung mit größerem Abstand umpflanzen und dann bis Mai bei 13 °C stehen lassen. Dann langsam im Frühbeet abhärten (s. S. 254) und im Juni ins Freiland pflanzen. Setzen Sie nicht selbstbleichenden Sellerie reihenweise in Furchen (siehe unten), mit 30 cm Abstand zwischen den Pflanzen. Selbstbleichende Typen pflanzen Sie dagegen vorteilhafter blockweise mit 23 cm Abstand. Dadurch beschatten sich die Pflanzen gegenseitig und bleiben heller.

PFLEGE Selbstbleichende Formen nur jäten und bei Trockenheit gießen. Da der Nährstoffbedarf hoch ist, empfiehlt sich je eine Gabe flüssiger Dünger im Juli und im August. Die Stängel können wie unten beschrie-

ben gebleicht und im Spätherbst mit Folientunnel abgedeckt werden (s. S. 141).
Tiefbeet Selbstbleichende Typen lassen sich mit gleichen Abständen im Tiefbeet kultivieren (s. S. 136). Nicht selbstbleichende sind vom Beetrand aus nur schwierig zu handhaben und werden besser normal angebaut.
ERNTE Selbstbleichende Sorten zum Herbstende vor dem ersten Frost ernten, die übrigen anschließend. Dazu gräbt man jeweils eine Pflanze aus und deckt den Rest wieder ab.
SCHÄDLINGSBEFALL Schnecken, Selleriefliege sowie Blattfleckenkrankheit (s. S. 50 und S. 198).

PFLANZ- UND ERNTEZEITEN

	Aussaat unter Glas	Auspflanzen	Freiland-aussaat	Ernte
März				
April				
Mai		•		
Juni		•		
Juli				
August				•
September				•
Oktober				•
November				•
Dezember				•
Januar				•
Februar	•			•

DAS BLEICHEN VON SELLERIE

Einige Selleriesorten müssen extra gebleicht werden. Man schützt sie vor Licht, indem man die Stängel mit Erde abdeckt. Sorgfältige Vorbereitung ist nötig, um ein Faulen zu vermeiden.

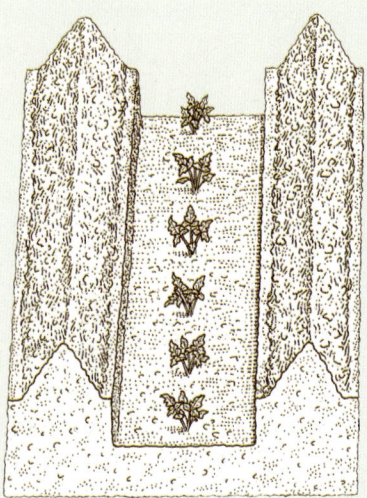

1 Eine Furche graben, 1 Spatenstich tief und 45 cm breit, den Boden an beiden Seiten aufwerfen. 5 cm verrotteten Stallmist oder Kompost auf die Grabensohle geben, mit 2,5 cm Boden abdecken. Sämlinge mit 30 cm Abstand einpflanzen.

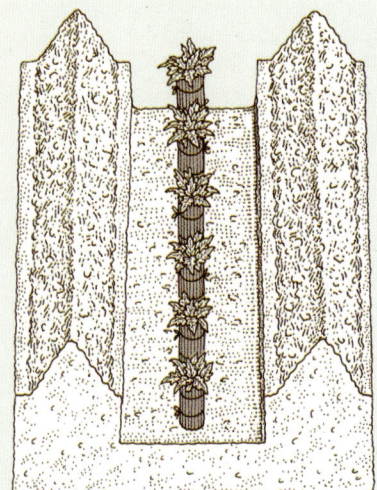

2 Im Juli alle Seitentriebe entfernen, die sich an der Basis gebildet haben. Stiele zum Schutz vor Erde mit Wellpappe, braunem Papier oder mehreren Lagen Zeitungspapier umhüllen.

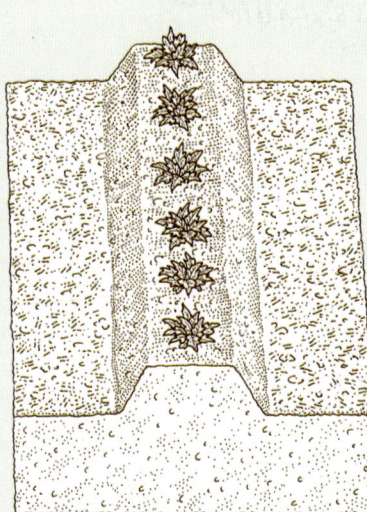

3 Die Furche bis zum Blattansatz mit Erde auffüllen. Während des Weiterwachsens dieses zweimal in dreiwöchigem Abstand wiederholen. Den Boden in leichtem Hang aufwerfen, sodass Regenwasser ablaufen kann und Fäulnis vermieden wird.

Rhabarber

Rhabarber gehört wie Spargel zu den mehrjährigen Stängelgemüsen. Er lässt sich für süße Speisen, zur Saftgewinnung oder zur Herstellung von Marmelade verwenden. Genießbar sind nur die Stiele, die sogenannten Rhabarberstangen. Sie haben einen hohen Vitamin-C-Gehalt. Die Blätter sind giftig und dürfen nicht gegessen werden. Der Anbau ist einfach und die Ernte erstreckt sich von Februar bis Juli.

SORTEN Die Einteilung erfolgt je nach Hautfärbung und Farbe der Stiele: Rotstielige haben oft einen milderen Geschmack. Zur empfehlenswerten Wahl gehören: 'Vierländer Blut', 'Holsteiner Blut', 'The Sutton'.
STANDORTANSPRÜCHE Rhabarber bevorzugt einen gut durchlässigen Boden mit reichlich organischer Masse (s. S. 21–28) und einen pH-Wert um 7,0, daher sollten Sie, wenn nötig, aufkalken. Ansonsten sind die Pflanzen nicht sehr anspruchsvoll und gut frostverträglich.

• Sie gehören in das Beet der Mehrjährigen. Denken Sie daran, dass Rhabarber viel Platz benötigt. Mehr als zwei bis drei Pflanzen sind selten nötig.
PFLANZUNG Abgeteilte Wurzelstücke älterer Pflanzen, sogenannte Klumpen, werden von Herbst bis Winter gesetzt und mit 2,5 cm Erde

Mulchen *Organisches Material um Rhabarber herum einzugraben, ist schwierig. Deshalb sollte man jeden Herbst mulchen.*

abgedeckt. Es gibt Containerpflanzen zum ganzjährigen Auspflanzen.
PFLEGE Nachdem die Blätter abgestorben sind, mit Kompost oder Stallmist düngen.
ERNTE Ab dem zweiten Jahr die dicksten Stiele bei entsprechender Länge ernten, aber nie die ganze Pflanze kahlschneiden. Blütentriebe sofort entfernen und auf den Kompost werfen.
SCHÄDLINGSBEFALL Läuse und Viruskrankheiten (s. S. 50 und S. 52).

PFLANZ- UND ERNTEZEITEN

	Aussaat unter Glas	Auspflanzen	Freiland-aussaat	Ernte
März				•
April				•
Mai				•
Juni				•
Juli				•
August				
September				
Oktober				
November			•	
Dezember			•	
Januar			•	
Februar			•	•

Meerkohl

Meerkohl ist ein bei uns bisher wenig bekanntes, doch an den Küsten häufiger wild vorkommendes Gewächs. Die Pflanzen sind mehrjährig und einfach anzubauen. Im Freiland kultiviert, kann er im Frühjahr verzehrt werden.

SORTEN Aus England kommt die Sorte 'Lily White'.
STANDORTANSPRÜCHE Meerkohl braucht viel Sonne und einen Boden mit reichlich organischer Substanz (s. S. 21–28). Falls nötig, mit Kalk auf einen pH-Wert von 6,5 und darüber bringen (s. S. 36).
AUSSAAT UND PFLANZUNG Die Anzucht aus Samen ist selten erfolgreich. Zur Kultivierung eignen sich deshalb am besten Wurzelstecklinge oder Jungpflanzen vom Züchter. Eine zeitige Bestellung zur Frühjahrspflanzung ist ebenfalls empfehlenswert. Die Stücke werden flach etwa 5 cm tief in den Boden gelegt – mit einem Abstand von 30 cm nach allen Seiten.

PFLEGE Unkraut jäten und wässern jeweils nach Bedarf.
ERNTE Die Pflanzen sollten sich zwei Jahre lang ungestört entwickeln können. Wenn Sie es jedoch ganz eilig haben, können Sie einige Exemplare auch schon im zweiten Jahr treiben (siehe unten). Anschließend die Pflanzen erneut wachsen lassen und die nächsten drei Jahre treiben und ernten. Danach werden die Wurzeln ausgegraben und Ableger geschnitten. Dann beginnt man das Ganze wieder von vorne.

Alternativ ist das Treiben auch im Gewächshaus oder auf der Fensterbank möglich. Dazu nehmen Sie die Pflanzen nach dem ersten Frost aus dem Boden und setzen sie in größere Töpfe mit feuchtem Torfersatz. Um ungewünschten Lichteinfall auszuschließen, die Pflanze mit einem anderen Topf abdecken und die Temperatur zwischen 10 und 15 °C halten. Pflanzen nach dem Treiben wegwerfen.
SCHÄDLINGSBEFALL Schnecken und alle Krankheiten, die Stängelgemüse befallen (s. S. 50 und S. 198).

Zum Treiben *stülpen Sie im Februar schwarze Plastiktöpfe über einige Pflanzen. Die Abzugslöcher mit schwarzer Folie überdecken. Ernte der Triebe im Frühjahr.*

PFLANZ- UND ERNTEZEITEN

	Aussaat unter Glas	Auspflanzen	Freiland-aussaat	Ernte
März		•		•
April				•
Mai				•
Juni				
Juli				
August				
September				
Oktober				
November				
Dezember				
Januar				
Februar				

Hülsen- und Samenfrüchte

Alle Gemüse dieser Gruppe außer Okra und Mais gehören zur Familie der *Leguminosen.* Sie sind gute Ballaststoff- und Eiweißlieferanten. Erbsen und Bohnen binden außerdem mit der Hilfe von sogenannten Knöllchenbakterien Stickstoff. Diese Bakterien leben in Symbiose mit den Pflanzen und befinden sich in kleinen Knöllchen an den Wurzeln der Pflanzen. Man sollte Leguminosen daher möglichst reichlich anbauen. Nach der Ernte bewahrt man einige Samen zur Aussaat für das folgende Jahr auf. Die Grünmasse wird untergegraben oder zur Stickstoffanreicherung auf den Kompost gegeben. Daher sind diese Gemüse doppelt wertvoll.

▲ **OKRA** *Abelmoschus* (syn. *Hibiscus*) *esculenta*
Wo die Durchschnittstemperatur glückliche 21 °C beträgt, liefert dieses schnell reifende Gemüse, auch 'Gumbo' genannt, zwei Ernten pro Jahr (*s. S. 156*).

▶ **ZUCKERMAIS** *Zea mays*
Selbst geernteter Mais hat ein besonders süßes Aroma, da er gleich nach der Ernte verzehrt werden kann, noch bevor sich der meiste Zucker in Stärke verwandelt. Die Pflanze braucht viel Sonne und ist Windbestäuber. Durch den Anbau in Blöcken wird die Bestäubung eher gefördert als durch Reihen (*s. S. 156*).

▲ **ZUCKERERBSEN** *Pisum sativum*
Diese Erbsenform wird zunehmend beliebter. Da die Hülsen an der Innenseite keine Pergamentschicht haben, kann man die ganze süß schmeckende Hülse mit den kleinen Erbsen verzehren (*s. S. 157*).

▶ **ERBSEN** *Pisum sativum*
Wie Mais schmecken Erbsen besser, wenn sie gleich nach der Ernte gegessen werden, bevor sich der Zucker in Stärke wandelt. Aussaat als zeitige und als Hauptfrucht (*s. S. 157*).

◄ **DICKE BOHNEN** *Vicia faba*
Auch als Puff-, Sau- oder Ackerbohnen
bezeichnet, hat diese Art einen hohen
Eiweißgehalt und liefert viel Grünmasse.
Nach der Ernte trocknen und für den
Winter aufbewahren (s. S. 158).

► **FEUERBOHNEN** *Phaseolus coccineus*
Dieses beliebte und ertragreiche Gemüse hat
hübsche Blätter und Blüten und eignet sich für
Zierpflanzenrabatten oder zum Hochranken.
Feuerbohnen brauchen sorgfältige Bodenvorbereitung und feuchtigkeitspeichernden Boden
(s. S. 159).

◄ **GARTENBOHNE**
Phaseolus vulgaris
Die platten oder gerundeten
Gartenbohnen eignen sich
gut für den Gewächshaus-
anbau. Es gibt Busch- und
Stangenbohnen. Alle lieben
warmen Boden (s. S. 160).

▲ **LIMABOHNEN** *Phaseolus lunatue*
Diese nährstoffreichen Bohnen, auch
Mondbohnen genannt, brauchen für ein
erfolgreiches Keimen besonders warmen
Boden, und ein lohnenswerter Anbau
ist nur in warmem Klima möglich. Die
Bohnen sind zum Trocknen geeignet
(s. S. 161).

▲ **SOJABOHNEN** *Glycine max*
Sie enthalten hochwertiges Eiweiß
und Kalzium, sind vielseitig verwendbar und zählen in vielen Ländern
zu den wichtigsten Kulturen. Sie
benötigen allerdings warmes Klima
und liefern vergleichsweise geringe
Erträge (s. S. 161).

▲ **ERDNÜSSE** *Arachis hypogaea*
Frostempfindlich und nur für warme
Klimabereiche oder, für Liebhaber,
unter Glas anzubauen. Erdnüsse
brauchen leichte Sandböden, da die
Pflanzen Blütenstiele in den Boden
schieben, wo sich unterirdisch Früchte
und Samen entwickeln (s. S. 161).

Der Anbau von Hülsen- und Samenfrüchten

Okra

Als Sprössling warmer Klimazonen verringert dieses mit dem Hibiskus nahe verwandte Gemüse seinen Ertrag drastisch, wenn die Durchschnittstemperatur unter 21 °C sinkt. Es ist also in unseren Breiten nur für ein stets beheiztes Gewächshaus geeignet. Die Hülsen werden ganz verzehrt oder geschält und die Samen wie Erbsen verwertet.

SORTEN 'Cajun Delight' ist extra für draußen gezüchtet worden und kommt mit Temperaturschwankungen zurecht. 'Clemson Spineless' wächst schnell und ist ertragreich.
STANDORTANSPRÜCHE Ein sonniger Platz und gut wasserdurchlässiger, fruchtbarer Boden mit reichlich organischer Masse sind die Voraussetzung für eine erfolgreiche Kultur von Okra. Auf schlecht wasserdurchlässigen Böden empfiehlt sich die Anlage eines Tiefbeets (*s. S. 136*).
• Bei einem dreijährigen Fruchtwechsel kommt Okra auf Beet B.

AUSSAAT UND PFLANZUNG Bei günstigen Bedingungen kann man in einer Wachstumsperiode zwei Ernten heranziehen mit einer Aussaat im Frühjahr, sobald die Frostgefahr vorbei ist, und einer zweiten im Juni/Juli zur Ernte im Herbst. Aussaat in flachen Reihen mit 90 cm Abstand, Ausdünnen der Sämlinge auf 45 cm. Auch Anzucht im Gewächshaus oder auf der Fensterbank ist möglich. Dann 8 cm große Töpfe verwenden, da die Pflanzen empfindlich auf Störungen im Wurzelbereich reagieren. Auspflanzen der Sämlinge in gleichem Abstand im Mai, bzw. Juni, wenn ganz sicher keine Frostgefahr mehr besteht.
PFLEGE Unkraut jäten und nicht zu feucht halten, um ein Faulen zu vermeiden. Etwa einen Monat nach der Aussaat 2 Handvoll Horn-Blut-Knochenmehl pro m² geben, dann mit gut verrottetem Kompost zwischen den Pflanzen mulchen (*s. S. 20*). Empfindliche Menschen können bei Berührung der oft rauhaarigen Okrafrüchte allergisch reagieren. In

solchen Fällen ist es empfehlenswert, Handschuhe zu tragen.
ERNTE Geerntet werden die unreifen Früchte, solange sie noch grün und saftig weich sind. Pflücken Sie alle zwei bis drei Tage. Bei Aufbewahrung länger als zwei Tage, an einem kühlen Platz mit feuchtem Tuch abdecken.
SCHÄDLINGSBEFALL Läuse und alle Krankheiten, die Hülsen- und Samenfrüchte befallen (*s. S. 50 und S. 198*).

PFLANZ- UND ERNTEZEITEN

	Aussaat unter Glas	Auspflanzen	Freiland-aussaat	Ernte
März	•			
April	•		•	
Mai		•	•	
Juni		•	•	
Juli			•	•
August				•
September				•
Oktober				•
November				
Dezember				
Januar				
Februar				

Zuckermais

Gleich nach der Ernte des Maiskolbens beginnt sich der Zucker in Stärke umzuwandeln. Beim Eigenanbau sollten Sie ihn daher dann verzehren, wenn er noch besonders süß und saftig ist.

SORTEN Die modernen, schnell reifenden Sorten sind in fast jedem Klima einfach zu ziehen. Verwenden Sie frühe bis mittelfrühe Formen wie 'Early Bird', 'Early Extra Sweet' u. a.
STANDORTANSPRÜCHE Mais liebt Sonne und einen pH-Wert um 6,5.
• Bei dreijährigem Fruchtwechsel kommt Mais auf Beet B (*s. S. 134*).
AUSSAAT UND PFLANZUNG Gewöhnlich werden die Pflanzen im beheizten Gewächshaus oder auf der Fensterbank vorgezogen. Im April bei 18 °C jeweils 2 Samen in 8 cm große

Töpfchen säen und falls beide keimen, den schwächeren Keimling entfernen. Im Mai im Frühbeet abhärten (*s. S. 254*) und im Juni blockweise mit 60 cm Pflanzabstand aussetzen.

Alternativ kann im April eine Aussaat ins Freiland erfolgen, in 15–22 cm tiefe Furchen, die 60 cm Abstand voneinander haben. Alle 60 cm 2–3 Samen in die Furchen streuen und mit 2,5 cm Erde bedecken. Zum Frostschutz eine Folie darüberlegen. Die durch Anlegen der Furchen entstandenen erhöhten Erdränder tragen die Folie, sodass sie die Samen nicht berührt. Später schneidet man zum Durchwachsen der Sämlinge Schlitze in die Folie. Während der Blüte wird sie völlig aufgeschnitten und entfernt. Die Pflanzen sind dann ebenso weit entwickelt wie die im Gewächshaus gezogenen. Wenn Sie nur ein paar wenige Maispflänzchen anbauen möchten, können Sie

Blockpflanzung *Am besten pflanzt man Mais blockweise in kurzen versetzten Reihen. Dadurch wird die Windbestäubung verbessert.*

Maisernte *Stützen Sie die Pflanzen mit einer Hand ab und brechen dann mit der anderen den reifen Kolben nach unten heraus.*

sich das aufwendige Abdecken mit Folie ersparen. Stülpen Sie einfach über jedes Pflänzchen ein größeres Einweckgas, bis die Frostgefahr vorüber ist. So halten Sie gleichzeitig Schnecken fern.

PFLEGE Zwischen den Reihen Unkraut jäten und mit Kompost, Mist oder Papier mulchen (*s. S. 50*). Während der Blüte reichlich wässern.

ERNTE Wenn die Griffel, die sogenannten Maisbärte, an der Spitze der Kolben welken und sich dunkel färben, sind die Kolben erntereif und können abgetrennt werden.

SCHÄDLINGSBEFALL Unangenehm ist der Maisbeulenbrand. Diese Pilzinfektion, die an den Kolben Geschwüre verursacht, ist schwer zu bekämpfen. Bei Auftreten verbrennen Sie die Ernterückstände und bauen woanders wieder an. Die Pilzsporen überwintern im Boden.

PFLANZ- UND ERNTEZEITEN

	Aussaat unter Glas	Auspflanzen	Freiland-aussaat	Ernte
März				
April		•	•	
Mai			•	
Juni			•	
Juli				
August				•
September				•
Oktober				•
November				
Dezember				
Januar				
Februar				

Erbsen

Erbsen zählen zu den einjährigen Hülsenfrüchten. Sie haben mit den höchsten Eiweißgehalt aller Gemüsearten und enthalten wertvolle Mineralstoffe wie Magnesium, Calcium und Phosphor sowie die Vitamine A, B1, B2 und C.

Da Erbsen frisch kaum haltbar sind, werden sie zum großen Teil zu Konserven verarbeitet. Die Konserven können frisches Erbsengemüse jedoch nicht annähernd ersetzen. Durch die Bearbeitung wird ein beträchtlicher Teil der Vitamine zerstört und außerdem erfolgt eine Anreicherung mit Kochsalz.

Tiefkühlerbsen sind durchaus eine gute Alternative, doch es besteht kein Zweifel, dass biologisch angebaute Schoten, gleich nach der Ernte verzehrt, sehr viel aromatischer schmecken.

Ausgereifte, getrocknete Erbsen können bis zum Winter aufbewahrt werden und kommen dann in eine köstliche Erbsensuppe.

SORTEN Zur Auswahl stehen frühe bis späte Sorten.

Schalerbsen: 'Rheinländerin' (sehr früh), 'Germania' (mittelfrüh), u. a.

Markerbsen: 'Kelvedon Wonder', 'Evita' (mittelfrüh), 'Lancet' (spät), u. a. Probieren Sie auch Zuckererbsen, von denen die ganze Hülse als Gemüse oder Salat verzehrt wird. Versuchen Sie 'Early Snap' oder 'Delicata' (früh), 'Zuccola' (spät, zur Zaunberankung geeignet), u. a.

STANDORTANSPRÜCHE Wie andere Leguminosen sammeln Erbsen selbst Stickstoff und brauchen kaum zusätzliche Düngung. Im Gegenteil, ein zu nährstoffreicher Boden führt zu der Bildung von übermäßig viel Laub und weniger Hülsen.

Erwünscht ist ein pH-Wert um 6,5, daher, wenn nötig, Kalk beigeben (*s. S. 36*).
• Bei einem dreijährigen Fruchtwechsel kommen Erbsen am besten auf Beet B (*s. S. 134*).

AUSSAAT Die frühesten Erbsen können zwar bereits im Herbst gesät und überwintert werden. In harten Wintern ist der Ertrag jedoch gering. Eine Alternative bietet die Aussaat in Plastikrinnen (*siehe unten*).

Ins Freiland säen Sie ab März unter Folie. Dazu heben Sie mit dem Spaten eine breite, etwa 5 cm tiefe Furche aus. Die Samen mit etwa 5 cm Abstand einstreuen, mit Erde abdecken und mit einer Harke festdrücken.

AUSSAAT VON ERBSEN IN RINNEN

Man kann Erbsen frühzeitig anziehen, ohne Frostschäden zu riskieren, wenn sie in eine Plastikrinne gesät werden. Pflanzen Sie anschließend die Sämlinge unter Glas – alternativ Folie – aus, bis sie sich etabliert haben (*s. S. 140*).

1 *Setzen Sie die Samen mit 5 cm Abstand in zwei versetzten Reihen in eine mit Erde gefüllte (Dach-)Rinne. Mit Boden bedecken und im Gewächshaus lassen, bis sie etwa 8 cm groß sind.*

2 *Ziehen Sie mit einer Hacke an einem Pflanzbrett entlang eine Furche, und schieben Sie die Pflänzchen aus der Rinne hinein. Gut festdrücken und gießen.*

Ungeschützte Aussaaten entwickeln sich je nach Bodenverhältnissen ab April. Dazu werden die später reifenden Sorten verwendet und bis Juni alle zwei Wochen, wie oben beschrieben, regelmäßig ausgesät.

Tiefbeet Die meisten Erbsensorten sind hier schlecht zu stützen. Empfehlenswert ist nur der neue Typ 'Bikini', der wenige Blätter, aber viele Ranken bildet. Säen Sie blockweise mit einem Abstand von 15 cm zwischen den Reihen und 5 cm in der Reihe (s. S. 136). Die Pflanzen wachsen dann ineinander und stützen sich gegenseitig.

PFLEGE Außer blattarmen Formen, die wie oben beschrieben kultiviert

Zum Abstützen der Erbsen *schneiden Sie mehrere 1,20 lange Stöcke z. B. aus Zweigen, die Sie neben den Pflanzen in den Boden drücken.*

werden, müssen alle Sorten mit Rankennetzen oder Stöcken gestützt werden. Zur Unkrautentfernung regelmäßig hacken und mit gut verrottetem Stallmist oder Kompost mulchen (s. S. 58).

ERNTE Nicht zu spät pflücken, da junge Früchte am süßesten schmecken. Nach der Ernte Laub abschneiden und Wurzeln im Boden lassen, sodass der Stickstoff freigesetzt wird.

SCHÄDLINGSBEFALL Vögel, Mäuse, Mehltau, Erbsenwickler und auch Erbsenkäfer.

Dicke Bohnen

Die wohlschmeckenden Dicken Bohnen, auch als Ackerbohnen, Sau- oder Puffbohnen bezeichnet, liefern ein zeitiges Gemüse und gehören mit zu den besten Gründüngungspflanzen (s. S. 32).

SORTEN Es gibt weiß blühende, mild schmeckende Sorten, deren Samen auch nach dem Kochen weiß oder grün bleiben, z. B. 'Dreifach Weiße'. Die beliebteren Formen mit schwarz-weiß gefleckten Blüten färben sich beim Kochen braun, z. B. 'Perla', 'Frühe Weißkeimige' u. a.

STANDORTANSPRÜCHE Bohnen binden Stickstoff und brauchen kaum zusätzliche Düngung. Erwünscht ist ein pH-Wert um 6,5, daher, wenn nötig, Kalk beigeben (s. S. 36).
• Bei einem dreijährigen Fruchtwechsel kommen Dicke Bohnen auf das Beet B (s. S. 134).

AUSSAAT UND PFLANZUNG 'Aquadulce Claudia', die die ersten Ernten der Saison liefert, wird im November oder Februar in Doppelreihen mit ca. 30 cm Abstand 5 cm tief eingesät. Abstand zwischen den Samen 10 cm. Bei mehr als einer Doppelreihe 1 m Zwischenraum lassen.

Die Frühjahrsaussaat im März erfolgt in den gleichen Abständen. Alternativ ist im Januar eine zeitige Aussaat unter Folie möglich (s. S. 140).

Tiefbeet Aussaat in versetzten Reihen mit 15 cm Abstand zwischen den Samen (s. S. 136).

PFLEGE In ungeschützten Lagen und bei Winteraussaat brauchen Dicke Bohnen eine Stütze. Ein Seil, um alle Pflanzen gespannt, sollte

In warmen Gegenden *schneiden Sie die Pflanzen nach der Ernte auf 5 cm Länge zurück. Sie treiben dann nochmals aus und liefern eine zweite Ernte.*

ausreichen (*siehe unten*). Bei Folienabdeckung ist die Folie zu entfernen, sobald die Pflanzen sie berühren. Wässern bei Bedarf und zwischen den Reihen mit Kompost mulchen.

ERNTE Die Hülsen dürfen nicht hart und lederartig werden. Jung gepflückt schmecken sie am besten, außerdem wird die weitere Bohnenproduktion gefördert. In warmen Gegenden lässt sich durch Zurückschneiden eine zweite Ernte erzielen (*siehe unten*). Bohnen in der Sonne trocknen und für den Winter in luftdichten Behältern aufbewahren. Verwendung in Suppen, Eintöpfen und Schmorgerichten.

SCHÄDLINGSBEFALL Schwarze Bohnenblattlaus, Bohnenkäfer und Schokoladenflecken-Krankheit (s. S. 50 und S. 198).

PFLANZ- UND ERNTEZEITEN

	Aussaat unter Glas	Auspflanzen	Freiland-aussaat	Ernte
März		•	•	
April			•	
Mai			•	•
Juni			•	•
Juli				•
August				•
September				•
Oktober			•	•
November			•	
Dezember				
Januar				
Februar		•		

Zum Stützen *der Ackerbohnen stellen Sie Holzpfähle an den Beetecken auf und spannen eine feste Schnur um alle Pflanzen herum.*

PFLANZ- UND ERNTEZEITEN

	Aussaat unter Glas	Auspflanzen	Freiland-aussaat	Ernte
März		•		
April		•		
Mai				
Juni				•
Juli				•
August				•
September				
Oktober				
November		•		
Dezember				
Januar		•		
Februar		•		

Feuerbohnen

Die Feuerbohne, auch Prunkbohne genannt, ist eine weiß oder rot blühende Bohnenform, die sich wie die Stangenbohne windet. Blüten und Laub wirken sehr dekorativ und passen, an Stöcken oder Zäunen rankend, auch in die Zierrabatten (s. S. 71). Feuerbohnen werden ebenfalls gern zum Beranken von Gittern, Lauben usw. verwendet, denn die schnell wachsenden Pflanzen bilden bald einen ausgezeichneten Schutz vor neugierigen Blicken.

Bei Feuerbohnen kann man das Schöne mit dem Nützlichen verbinden, denn die Pflanzen liefern im Sommer eine reichliche Ernte. Die Hülsen sind meist grün, doch es gibt auch gelbe und blaue Formen. Sie werden als Schnittbohnen verarbeitet oder die reifen Samen werden genutzt. Die Körner können je nach Sorte mehr oder weniger buntfleckig sein. Die rohen Bohnen enthalten, wie auch alle anderen Familienmitglieder, das sogenannte Phasin. Aufgrund dessen sind sie für den Menschen giftig und müssen vor dem Verzehr gekocht werden.

SORTEN 'Emergo' (fadenlos, robust, reich tragend, sehr zierende weiße Blütenstände), 'Hestia', 'Rotblühende' (rot blühend, buntes Korn), u. a.

STANDORTANSPRÜCHE Gründliche Bodenvorbereitung ist notwendig, um Wurzeltrockenheit zu verhindern, die zu vermindertem Wuchs und mangelhaftem Blütenansatz führen kann (s. S. 198). Heben Sie einen mindestens 60 cm breiten Graben einen Spatenstich tief aus und lockern Sie den Untergrund. Geben Sie zur Hälfte Kompost, Mist oder Flüssigmist hinein. Dann die Erde wieder gut auffüllen und vor dem Pflanzen absetzen lassen. Erwünschter pH-Wert bei 6,5.

• Bei dreijährigem Fruchtwechsel kommen Feuerbohnen am besten auf Beet B (s. S. 134).

AUSSAAT UND PFLANZUNG

Die Anzucht beginnt im April im Gewächshaus oder auf dem Fensterbrett mit 1 Samen pro 8-cm-Topf. Nach dem Abhärten (s. S. 254) im Mai auspflanzen. Alternativ Stangen in einer Doppelreihe von 60 cm Abstand alle 30 cm in den Boden stecken und die Samen daneben ausbringen. Der günstigste Zeitpunkt ist zwei Wochen vor dem letzten Frost. Man kann auch 4–6 Stöcke mit 45–60 cm Abstand rund stecken und oben zusammenbinden (siehe unten). Diese für Zierbeete sehr dekorative Methode ist jedoch nicht so ertragreich, da die Pflanzen, oben angelangt, kaum Luft und Licht bekommen.

Tiefbeet Feuerbohnen sind für Tiefbeete ungeeignet.

Sobald die Pflanzen *die Spitze des Stützgerüsts erreichen, Triebspitzen entfernen, um den Wuchs der Seitentriebe zu fördern.*

KLETTERGERÜSTE FÜR RANKGEMÜSE

Rankende Formen von beispielsweise Tomaten, Gurken, Erbsen und Bohnen müssen beim Wachstum gestützt werden. Erbsen zieht man gewöhnlich an Ranknetzen aus Plastik oder Stöcken (s. S. 158), die übrigen Pflanzen brauchen andere Stützvorrichtungen.

Ein Stangenzelt *ist sehr dekorativ für Bohnen und Gurken (s. S. 175). Man sät 4–5 Samen im Kreis und zieht die Ranken an den Stangen hoch, die oben zusammengebunden sind.*

Hohe Stangengerüste *sind für Feuerbohnen ideal. Beim Anbau von 2 Reihen kreuzt man jeweils 2 Stangen oben und bindet sie zusammen. Dann wird eine Schnur über alle Stützen geführt und an beiden Seiten im Boden verankert.*

Bohnen und Tomaten *klettern an festen Schnüren hoch, die an einer Querstange oder einem Wandnagel befestigt sind. Man setzt die Sämlinge so, dass ihre Wurzelballen das Seil im Boden verankern.*

Zwergformen *brauchen keine Stütze und sind teilweise zeitig erntereif. Die Bohnen werden gepflückt, wenn sie jung und zart sind.*

PFLEGE Von Anfang an zum Schutz vor gefräßigen Schnecken mit grober Kiefernrinde mulchen (*s. S. 51*). Dadurch wird gleichzeitig Wasser gespeichert und Unkraut unterdrückt. Bei entsprechender Höhe die Triebspitzen der Ranken entfernen. Oft wird verbreitet, dass ein Besprühen der Blüten mit Wasser die Bestäubung verbessere. Diese Ansicht ist jedoch nicht zutreffend. Förderlich wirkt dagegen eine reichliche Wasserversorgung der Pflanzenwurzeln zur Blütezeit.

ERNTE Die Hülsen jung pflücken, bevor sie zu fädig werden. Dadurch wird auch weiterer Fruchtansatz gefördert.

PFLANZ- UND ERNTEZEITEN

	Aussaat unter Glas	Auspflanzen	Freiland-aussaat	Ernte
März				
April	•			
Mai		•	•	
Juni			•	
Juli				•
August				•
September				•
Oktober				•
November				
Dezember				
Januar				
Februar				

SCHÄDLINGSBEFALL Gefürchtet sind Schnecken, Schwarze Bohnenblattlaus und Brennfleckenkrankheit. Bisweilen unterbleibt der Fruchtansatz (*s. S. 50 und S. 198*).

Buschbohnen

Bohnen sind ein wohlschmeckendes, vielseitig verwendbares Gemüse mit sehr hochwertigem Eiweiß. Auch Mineralstolle und Vitamine sind vorhanden. Das ebenfalls auftretende »Phasin« ist eine in größeren Mengen giftige Verbindung, die erst durch Kochen zerstört wird. Bohnen sollten deshalb nie ungegart verzehrt werden.

Die niedrigen Buschbohnen brauchen gewöhnlich keine Stütze. Für die anspruchsvolleren Stangenbohnen müssen Sie Holzstangen, Ranknetze oder Drähte als Kletterhilfen errichten (*s. S. 159*). Dafür erntet man mehr und länger.

SORTEN Die Hülsenformen von beiden Bohnen variieren von flachoval über rund-oval und rund bis breit-rund. Neben grünen Sorten gibt es noch blau- und gelbhülsige Formen (Wachsbohnen). Entsprechend breit gestreut ist das Sortenangebot. Probieren Sie 'Masterpiece' oder 'Golddukat'.

STANDORTANSPRÜCHE Wie alle Leguminosen binden Bohnen Stickstoff und brauchen kaum zusätzliche Düngung. Optimal ist ein pH-Wert um 6,5, daher, wenn nötig, aufkalken (*s. S. 36*).

• Bei einem dreijährigen Fruchtwechsel kommen Bohnen meist auf Beet B (*s. S. 134*).

AUSSAAT Da Bohnen einen warmen Boden brauchen, erfolgt die erste Aussaat am besten im März im Gewächshaus. Sämlinge im April dann unter Folie auspflanzen (*s. S. 140*), mit 30 cm Abstand zwischen den Reihen und 20 cm in der Reihe. Eine zweite Aussaat kommt im März ins Frühbeet, alle 20 cm jeweils 2 Samen etwa 5 cm tief, mit 30 cm Reihenabstand. Ab Ende April/Anfang Mai wird in gleichen Abständen dann direkt ins Freiland gesät.

Tiefbeet Bohnen können in versetzten Reihen mit 15 cm Abstand kultiviert werden (*s. S. 136*).

PFLEGE Die Beete durch Hacken unkrautfrei halten (*s. S. 57*) und zwischen den Pflanzen mit Kompost, Rinde, Folie oder Papier mulchen. Bei Trockenheit wässern.

ERNTE Die Hülsen werden regelmäßig jung gepflückt, bevor sie faserig

PFLANZ- UND ERNTEZEITEN

	Aussaat unter Glas	Auspflanzen	Freiland-aussaat	Ernte
März	•		•	
April		•	•	
Mai				
Juni			•	•
Juli				•
August				•
September				•
Oktober				•
November				
Dezember				
Januar				
Februar				

STANGENBOHNEN IM GEWÄCHSHAUS

Will man Bohnen im Gewächshaus anbauen, so sind Stangenbohnen zu bevorzugen, da sie durch den Wuchs in die Höhe den vorhandenen Platz am besten ausnutzen. Sie bringen etwa doppelt so viel Ertrag wie die niedrigen Buschbohnen, haben allerdings aber auch eine längere Entwicklungszeit. Man sät im März bei 18–21 °C zwei Samen pro 8-cm-Topf in Topferde. Falls beide Samen keimen, den schwächeren Keimling entfernen, sobald sich das erste echte Blatt zeigt.

Die Auspflanzung in das Gemüsebeet im Garten erfolgt idealerweise im Mai, mit einem Abstand von 30 cm. Gleich nach der Pflanzung wird eine entsprechende Kletterhilfe errichtet, ein hohes Rankgitter oder ein Stangenzelt (*s. S. 159*). Die Bohnenpflanzen ranken sich alleine daran hoch. Während der Wachstumsperiode wöchentlich mit einem flüssigen Algenpräparat düngen und die Triebspitzen entfernen, sobald sie den Rand der Kletterhilfe erreicht haben.

werden. Man kann einige Bohnen zum Trocknen an den Pflanzen hängen lassen und nach der Ernte in luftdichten Behältern für den Winter aufbewahren. Pflanzen nach der Ernte abschneiden. Wurzeln zur Freisetzung des Stickstoffs im Boden lassen.

SCHÄDLINGSBEFALL Läuse, Schnecken, und Brennfleckenkrankheit (s. S. 50 und S. 198). Gewächshausschädlinge und Krankheiten s. S. 257.

Limabohnen

Limabohnen, auch Mondbohnen genannt, sind schmackhaft und nährstoffreich, aber nur für den Anbau im warmen Klima oder zum Ausprobieren im Gewächshaus geeignet.

SORTEN Empfohlen aus England und USA werden 'Burpee Improved Bush' und 'Burpee Fordhook'. Kletterformen sind schwieriger zu kultivieren.

STANDORTANSPRÜCHE Limabohnen brauchen reichlich Sonne und Wärme und einen nährstoffreichen Boden mit viel organischer Masse (s. S. 21–28).

• Bei einem dreijährigen Fruchtwechsel kommen Limabohnen gewöhnlich auf Beet B (s. S. 134).

AUSSAAT Gesät wird im Mai oder sobald der Boden eine Temperatur von 18 °C erreicht. Zur schnelleren Keimung kann man auch bei 21 °C in Töpfen unter Glas anfangen.

Kletterformen im Freiland an 2,5 m lange, im Dreieck gesetzte Stangen säen, die am Boden 90 cm auseinander stehen. Pro Stange streut man alle 10 cm 4–6 Samen in 2,5 cm

tiefe Rillen mit 60 cm Abstand und dünnt später auf 3 Samen aus.

PFLEGE Zum Speichern der Feuchtigkeit um die Pflanzen herum mit gut verrottetem Kompost oder auch Mist mulchen (siehe S. 20).

ERNTE Junge Hülsen regelmäßig pflücken, um weitere Fruchtbildung zu fördern.

SCHÄDLINGSBEFALL Läuse und Bohnenkäfer (s. S. 50 und S. 198).

Sojabohnen

Sojabohnen zählen zu den wichtigsten Nahrungsmittelpflanzen der Erde. Im asiatischen Raum werden sie zu vielerlei Produkten verarbeitet: Mehl, Öl, Soße, Milch, Gemüse, Fleischersatz, Käse und vieles mehr – die Zubereitungsmöglichkeiten von Soja sind fast unbegrenzt. Die Samen enthalten sehr viel Eiweiß und viel Kalzium, sind aber nur für sehr warme Lagen bzw. das Gewächshaus geeignet.

SORTEN Die beste Sorte, die man für die Bedingungen in unserem Klima gezüchtet hat, ist derzeit 'Elena'.

STANDORTANSPRÜCHE Gut durchlässiger Boden ist erwünscht, daher bei schweren Böden reichlich organisches Material einarbeiten (siehe S. 21–28). Wenn nötig, den pH-Wert durch Aufkalken auf 6,5 bringen.

• Bei einem dreijährigen Fruchtwechsel kommen Sojabohnen am besten auf Beet B (s. S. 134).

AUSSAAT Im Juni/Juli alle 5 cm einen Samen ausbringen. Gesät wird in 2,5 cm tiefe Rillen mit 75 cm Abstand.

PFLEGE Eine dicke Mulchschicht aus Kompost oder Mist unterdrückt zahlreiche Unkräuter und verhindert

auch Wasserverluste (siehe S. 58). Nicht hacken, denn dadurch werden die flachen Wurzeln beschädigt.

ERNTE Wenn die Bohnen etwa 10 cm lang sind. Im Verhältnis zum beanspruchten Platz ist der Ertrag gering.

SCHÄDLINGSBEFALL Gewöhnlich gibt es keine Probleme.

Erdnüsse

Erdnüsse sind botanisch gesehen Hülsenfrüchte. Sie können zwar leichten Frost vertragen, sind aber nur für warme Klimabereiche bzw. als Liebhaberei im Gewächshaus geeignet. Sie enthalten hochwertiges Eiweiß.

SORTEN 'Jumbo Virginia' (hohe Erträge, guter Geschmack), 'Early Spanish' (frühe Zwergform).

STANDORTANSPRÜCHE Leichter Boden, mit organischer Masse angereichert (s. S. 21–28).

• Bei dreijährigem Wechsel kommen Erdnüsse meist auf Beet B (s. S. 134).

AUSSAAT In kalten Gegenden erfolgt die Anzucht in Töpfen unter Glas etwa einen Monat vor dem letzten Frost. Ansonsten sät man nach dem letzten Frost draußen, 5 cm tief mit 15 cm Abstand in der Reihe und 90 cm zwischen den Reihen. Später auf 30 cm ausdünnen.

PFLEGE Die Pflanzen bei 15 cm Größe anhäufeln (s. S. 186). Mit einer dicken Schicht Kompost (s. S. 58). Mit dem Gießen aufhören, sobald die Blüte beginnt.

ERNTE Fünf Monate nach der Aussaat die gesamte Pflanze ausgraben, Wurzeln in der Sonne trocknen und Nüsse entfernen.

SCHÄDLINGSBEFALL Gewöhnlich gibt es keine Probleme.

PFLANZ- UND ERNTEZEITEN

	Aussaat unter Glas	Auspflanzen	Freiland-aussaat	Ernte
März				
April				
Mai			•	
Juni				
Juli				
August				•
September				•
Oktober				•
November				
Dezember				
Januar				
Februar				

PFLANZ- UND ERNTEZEITEN

	Aussaat unter Glas	Auspflanzen	Freiland-aussaat	Ernte
März				
April				
Mai				
Juni			•	
Juli			•	
August				•
September				•
Oktober				•
November				
Dezember				
Januar				
Februar				

PFLANZ- UND ERNTEZEITEN

	Aussaat unter Glas	Auspflanzen	Freiland-aussaat	Ernte
März		•		
April		•	•	
Mai				
Juni				
Juli				
August				•
September				•
Oktober				
November				
Dezember				
Januar				
Februar				

Fruchtgemüse

Die nachfolgend vorgestellten Pflanzen gehören alle zur Familie der Nachtschattengewächse. Es sind die Vitamin-C-reichen Früchte, die wir als Gemüse nutzen. In dieser Pflanzenfamilie enthalten Blätter und Stängel giftige Alkaloide wie Solanin und andere Verbindungen und sind deshalb für den Verzehr ungeeignet. Die wärmeverwöhnten Gewächse sind frostempfindlich und müssen daher meist unter Glas angezogen, gelegentlich sogar bis zur Reife im Gewächshaus kultiviert werden. Die leuchtenden Früchte wirken sehr dekorativ. In ihrer tropischen Heimat mehrjährig, werden sie im gemäßigten Klima als Einjährige gehalten. Sie brauchen einen nährstoffreichen, feuchten Boden und viel Sonnenschein.

Fleischtomaten

Längliche Tomate

Gelbe Tomate

Cocktail-Tomate

Salattomate

▲ TOMATEN
Lycopersicon sp.
Die vielseitig verwendbare Tomate wird oft als wichtigste Gewächshausfrucht angesehen. Es gibt Busch- und Stabtomaten in zahlreichen verschiedenen Formen. Die Früchte variieren von länglichen roten oder gelben Tomaten über Fleischtomaten bis zu Cocktail-Tomaten (*s. S. 164*).

▼ AUBERGINEN
Solanum sp.
Die Aubergine, auch Eierfrucht genannt, ist im tropischen Ostindien beheimatet und als Wildform mehrjährig. Sie wird bei uns im gemäßigten Klima einjährig kultiviert und braucht einen sehr sonnigen, sehr geschützten Platz (*s. S. 166*).

Gelbe Paprika

Grüne Paprika

Rote Paprika

Gewürzpaprika

▲ GEMÜSEPAPRIKA
Capsicum sp.
Paprika stammt ursprünglich aus dem tropischen Amerika. Sie kommt in verschiedenen Farben auf den Markt. Lässt man grüne Paprika weiterreifen, so erhält man rote oder gelbe Früchte, die generell etwas würziger schmecken. Allerdings ist die Farbe kein verlässlicher Hinweis auf das Aroma (*s. S. 167*).

◄ GEWÜRZPAPRIKA
Capsicum sp.
Auch als »Spanischer Pfeffer« oder »Chili« bezeichnet, schmecken diese Früchte sehr viel schärfer als Gemüsepaprika. Sie kommen zerstoßen und gemahlen vorwiegend als Gewürz auf den Markt. Sie sind sehr ertragreich, brauchen aber zum guten Gedeihen viel Wärme (*s. S. 167*).

Der Anbau von Fruchtgemüsen

Tomaten

Die leuchtenden Paradiesäpfel sind auf der ganzen Welt verbreitet und im Lauf der letzten Jahrzehnte in einigen Ländern zu einem wichtigen Exportartikel geworden. Leider hat durch die Massenproduktion mit übermäßiger Düngung das Aroma stark gelitten und wer einmal eigene Tomaten gezogen hat, wird ihren aromatischen Geschmack nicht mehr missen mögen.

Tomaten sind beliebte Pflanzen für das Gewächshaus (s. S. 165), können aber meist auch im Freien kultiviert werden. Kleine Cocktail-Tomaten lassen sich sogar im Kübel auf dem Balkon anbauen. Sie sind ausgesprochene Wärmeliebhaber und nehmen zu viel Kälte und Nässe recht übel. Wählen Sie daher für kühle Regionen früh reifende Sorten.

SORTEN Der Gärtner kann wählen. Es gibt kleine Cherrytomaten, höhere Stangentomaten, dicke Fleischtomaten, Tomaten in Eier-Form. Empfehlenswert sind z. B.: 'Roma' (krankheitsresistent, süß), 'Golden Sunrise' (gelbfruchtig, sehr früh), 'Marmande' (frühe Fleischtomate), u. a. Die Stangentomate 'Stupice' ist geeignet für kühlere Gegenden.

STANDORTANSPRÜCHE Sonnige Lage und ein gut mit Mist gedüngter Boden, der Feuchtigkeit und Nährstoffe speichert, pH-Wert um 6,0.
• Bei einem dreijährigen Fruchtwechsel kommen Tomaten am besten auf Beet A (s. S. 134).

Mit einer weichen Schnur *werden Stabtomaten sofort nach dem Pflanzen an 1,20 m lange Stangen gebunden.*

Das Abdecken der Pflanzen *mit Folie zum Ende der Wachstumsperiode hin fördert das Ausreifen noch grüner Früchte und verlängert so die Erntezeit.*

AUSSAAT UND PFLANZUNG Die Samenanzucht erfolgt im Gewächshaus oder auf der Fensterbank. Im April mit 2,5 cm Abstand in Saatkisten aussäen (s. S. 271).

Im Keimblattstadium in 9-cm-Töpfe umpflanzen. Im Mai die Pflänzchen zum Abhärten ins Frühbeet setzen (s. S. 254), zu Sommerbeginn im Abstand von 60 × 60 cm auspflanzen. Kletterformen an Holzpfähle pflanzen. **Tiefbeet** Tomaten sind ideal geeignet. Mit 50 cm Abstand auspflanzen (s. S. 136).

PFLEGE Stabtomaten regelmäßig an Holzpfählen festbinden. Die Spitzen ausbrechen, sobald 3 Blütentrauben – in warmem Klima 4 – gebildet sind. Laufend Seitentriebe entfernen, solange sie noch klein sind. Bei Buschtomaten erübrigen sich diese Maßnahmen, dafür sollte der Boden um die Pflanzen herum mit Stroh oder Rinde abgedeckt werden, sodass die Früchte nicht die Erde berühren. Flüssigen Algendünger oder Stallmist von Juli bis September in zweiwöchigen Abständen geben.

ERNTE Die reifen Früchte sofort pflücken, um das süße Aroma auskosten zu können und um gleichzeitig die Bildung weiterer Tomaten zu fördern. Stabtomaten flach auf Stroh legen und mit Folie bedecken (s. S. 140).

SCHÄDLINGSBEFALL Weiße Fliege, Läuse, Rote Spinne, verschiedene Pilzkrankheiten wie Kraut- und Braunfäule, Braunfleckigkeit Viruskrankheiten (s. S. 46–53 und S.199). Befall bei Gewächshauspflanzen: s. S. 257.

PFLANZ- UND ERNTEZEITEN

	Aussaat unter Glas	Auspflanzen	Freiland-aussaat	Ernte
März	•			
April	•			
Mai		•		
Juni		•		•
Juli				•
August				•
September				•
Oktober				•
November				
Dezember				
Januar				
Februar				

TOMATEN IM GEWÄCHSHAUS

Fast alle Tomatensorten können sowohl im Freiland als auch unter Glas angebaut werden. Besonders zum Treiben im Gewächshaus geeignet ist 'Shirley', besonders gut schmeckt die Cherry-Tomate 'Dolce Vita' oder auch 'Sweet Melion'.

Bei beheiztem Gewächshaus können Sie ab Januar aussäen, Auspflanzen ins unbeheizte Haus je nach Witterung. Sobald die Sämlinge groß genug zum Umpflanzen sind, kommen sie einzeln in 8-cm-Töpfchen und werden bei 10–12 °C weiterkultiviert. Sie müssen ständig etwas mehr auseinandergerückt werden, damit sie Platz haben und kurze buschige Pflanzen entstehen. Im unbeheizten Gewächshaus pflanzt man sie im April mit 30 cm Abstand in die Beete oder in spezielle Substratsäcke.

Graben Sie Kompost oder Stallmist ein und geben pro Pflanze etwa 1 Handvoll Horn-Blut-Knochenmehl.

Sie sollten alle paar Jahre auch den Boden Ihres Gewächshauses untersuchen lassen, um zu prüfen, ob sich nicht vielleicht durch die Düngung bei dem intensiven Anbau ein Nährstoffüberschuss gebildet hat. Wenn das tatsächlich der Fall ist, dann überfluten Sie das Beet zwei Wochen vor dem Pflanzen mit Wasser, um die überschüssigen Mineralsalze aus dem Boden auszuschwemmen.

Nach dem Auspflanzen wässern, dann lässt man die Pflanzen selber nach Wasser suchen, um das Wurzelsystem zu fördern. Nach etwa einer Woche wird erneut gegossen, ab dann erhält jede Pflanze pro Tag etwa 1 Liter Wasser. Cocktail-Tomaten bekommen nur 1,5 Liter pro Woche, damit ihre Süße erhalten bleibt. Während der Blüte die Pflanzen täglich mit Wasser besprühen, um eine hohe Luftfeuchte zu schaffen und die Bestäubung zu fördern. Nach ca. acht Wochen gibt man mit jedem Gießen flüssigen Algen- oder Tierdünger dazu.

Seitentriebe sofort ausbrechen, ebenso gelb werdende Blätter. Entfernen Sie aber nie Blätter oberhalb der reifenden Blütentrauben. Sprühen Sie täglich einmal das gesamte Gewächshaus aus (s. S. 255) und rütteln Sie an den Tomatendrähten bzw. Stäben, um den Blütenstaub in Bewegung zu bringen. Haben die Pflanzen Gewächshaushöhe erreicht, entfernen Sie die Triebspitzen.

▲ **Stabtomaten** *können an senkrechten Schnüren hochgezogen werden. Binden Sie eine lange Schnur über dem Platz am Gewächshausdach fest, an den jedes Pflänzchen gesetzt wird. Dann machen Sie eine Vertiefung, die Sie mit Wasser füllen, nehmen die Jungpflanze aus dem Topf und schlingen die Schnur um den Wurzelballen.*

◀ **Die junge Pflanze** *kommt in das vorbereitete Loch und wird gut festgedrückt. Der Wurzelballen verankert die Schnur, wenn die Pflanze wächst.*

▲ **Seitentriebe** *werden vorsichtig aus den Blattachseln gebrochen, was man als »ausgeizen« bezeichnet.*

Auberginen

Dieses Gemüse eignet sich in warmen Gegenden als mehrjähriges Gewächs für die Freilandkultur. In kühleren Regionen sind Auberginen empfindliche Einjährige. Sie gedeihen nur unter Folie oder noch besser im Gewächshaus oder Folienzelt (*s. S. 247*).

SORTEN Frühe Sorten verlängern die Erntezeit und bringen daher mehr Ertrag, z. B. 'Black Enorma' oder auch 'Black Beauty', die viele große, birnenförmige Früchte erbringt.

STANDORTANSPRÜCHE Auberginen sind besonders wärmebedürftig und brauchen einen geschützten Platz. Vorteilhaft ist ein gut mit Mist gedüngter Boden mit einem pH-Wert um 6,5. Daher, wenn nötig, Kalk zugeben (*s. S. 36*). In kühlen Gebieten den Boden durch Abdecken mit Folie bereits vor dem Pflanzen erwärmen (*s. S. 140*).

• Bei einem dreijährigen Fruchtwechsel kommen Auberginen am besten auf Beet A.

AUSSAAT UND PFLANZUNG Anzucht im Gewächshaus oder auf der Fensterbank. Bei entsprechender Größe umtopfen und im April zum Abhärten ins Frühbeet stellen (*s. S. 254*). Im Mai unter Folie mit 60 cm Abstand auspflanzen (*s. S. 140*). Sicher abstützen und den Haupttrieb festbinden. In warmen Gegenden ohne Folie ins Freiland setzen.

PFLEGE Die Pflanzen sollten sich von selbst verzweigen, anderenfalls muss die Triebspitze bei etwa 23 cm Länge entfernt werden (Entspitzen). Mehr als 5 Früchte sind pro Pflanze unerwünscht. Sobald 5 Blüten angesetzt haben, entfernen Sie die restlichen. Ab Juli bis zur Ernte wöchentlich flüssigen Stallmist geben.

Tiefbeet Mit 45 cm Abstand in versetzten Reihen pflanzen und bei Kälte mit Folie abdecken (*s. S. 136*).

ERNTE Die Ernte beginnt im August. Es ist empfehlenswert, die Früchte abzuschneiden, bevor sie

PFLEGE VON AUBERGINEN

Wie alle anderen Fruchtgemüse profitieren auch Auberginen von regelmäßigen Kulturmaßnahmen und danken diese Mühe mit reichen Erträgen.

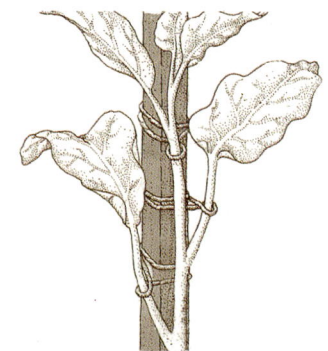

Lassen Sie Auberginen *an Pfählen hochwachsen und binden Sie die Seitentriebe fortlaufend fest.*

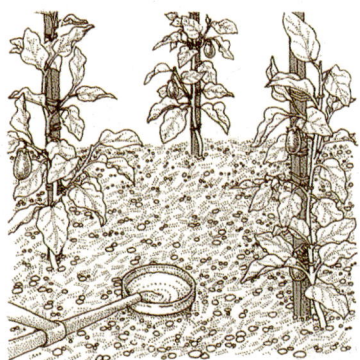

Graben Sie *zwischen den Pflanzen einen Blumentopf ein, den Sie mit Flüssigdünger füllen. So können die Wurzeln den Dünger optimal aufnehmen.*

Auberginen erntet man, *wenn sie eine glänzende Farbe haben, dann sind sie aromatisch.*

ihre leuchtende Farbe verlieren, sie schmecken sonst bitter.

SCHÄDLINGSBEFALL Auberginen sind nicht nur eine Delikatesse für Menschen, sondern auch für Tiere. Besonders Blattläuse laben sich gern an den Blättern der Pflanzen. Auch Weiße Fliege und Spinnmilben treten auf. Hohe Luftfeuchtigkeit begünstigt Grauschimmel (*s. S. 46–53 und S. 199*). Krankheiten und Schädlinge bei Gewächshauspflanzen s. S. 257.

PFLANZ- UND ERNTEZEITEN

	Aussaat unter Glas	Auspflanzen	Freiland-aussaat	Ernte
März	•			
April	•	•		
Mai		•		
Juni				
Juli				
August				•
September				•
Oktober				•
November				
Dezember				
Januar				
Februar			•	

AUBERGINEN IM GEWÄCHSHAUS

Die Aussaat der sehr wärmeliebenden Auberginen darf nicht zu zeitig beginnen. Sie erfolgt am günstigsten im März bei 18–21 °C in Saatkisten oder auf Styroporplatten (*s. S. 271*). Sobald die Sämlinge groß genug sind, kommen sie in 8-cm-Töpfchen. Das Auspflanzen ins unbeheizte Gewächshaus

findet im April statt, der Pflanzabstand beträgt 60–75 cm. Sie können alternativ auch 3 Pflanzen zusammen in einem Pflanzsack ziehen oder in 20-cm-Töpfen, die mit Regenwurmkompost gefüllt sind (*s. S. 31*).

Die Pflanzen werden dabei mit kurzen Stäben gestützt und dann bei jedem Gießen, wie bereits oben

demonstriert, gedüngt. Bei 30 cm Größe die Spitzen des Haupttriebs entfernen und die Spitzen der Seitentriebe abschneiden, sobald sich die Früchte gebildet haben. Man sollte nicht mehr als 6 Früchte pro Pflanze belassen. Der richtige Erntezeitpunkt ist dann, wenn die Früchte schön glänzen.

Paprika

Paprika sind nicht ganz so kälteempfindlich wie Auberginen, trotzdem lohnt es sich, sie mit Folie abzudecken (s. S. 140). Rote und gelbe Paprika sind voll ausgereifte Stadien von grünen Schoten.

Gewürzpaprika, auch Chili oder Peperoni genannt, sind kleiner und sehr viel schärfer als die mild schmeckenden Gemüsepaprika. Sie fruchten reichlich und man braucht nicht viele Pflanzen anzubauen.

Paprika ist für die Ernährung sehr wertvoll, besonders durch den hohen Vitamin-C-Gehalt sowie das Provitamin A in den reifen roten Früchten. Die Samenkerne sollten vor dem Verzehr entfernt werden, da sie beim Kochen einen bitteren Geschmack bewirken. Die Schoten sind frisch in Salaten oder als Gemüse gedünstet zu verwenden.

SORTEN Gemüsepaprika 'California Wonder' (altbewährt, reich tragend), Hybride 'Luigi F1' (dickwandige Riesenfrüchte), 'Toscana' (gelb reifend), 'Gypsy' , u. a.

Gewürzpaprika 'Cayenna', 'Fireflame', 'Numex', 'Kekova', eine Sorte, die recht mild ist und unter Schutz gut in kühleren Klimaten wächst.

STANDORT Sonnig und geschützt, gut mit Mist gedüngter Boden mit pH-Wert zwischen 6,0 und 6,5. In kühlen Gegenden den Boden vor dem Pflanzen durch Abdecken mit Folie erwärmen (s. S. 140).

• Dreijähriger Fruchtwechsel: Paprika am besten auf Beet A (s. S. 134).

AUSSAAT UND PFLANZUNG

Anzucht Februar bis März im Gewächshaus oder auf der Fensterbank (siehe unten). Im April im Frühbeet abhärten (s. S. 254). Im Mai mit 60 cm Abstand auspflanzen, in kälteren Regionen unter Folie.

Tiefbeet Bei ausreichender Wärme im Mai mit 45 cm Abstand in versetzten Reihen pflanzen (s. S. 136).

PFLEGE Alle Triebspitzen werden entfernt, sobald die Pflanzen ungefähr 15 cm hoch sind. Danach werden sie an den Stützen festgebunden. Die Pflanzen regelmäßig gießen, denn Paprika darf nie trocken stehen. Wöchentlich mit einem flüssigen Algenpräparat oder mit flüssigem Mist düngen (s. S. 166).

ERNTE Geerntet wird ab August bis zum ersten Frost. Schoten entweder bereits grün abnehmen oder, besser noch, rot bzw. gelb nachreifen lassen. Gewürzpaprika in der Sonne trocknen und für den Winter lagern (siehe links).

SCHÄDLINGSBEFALL Schnecken, Weiße Fliege, Läuse und Rote Spinne (s. S. 46–53 und S. 199). Schädlinge und Krankheiten bei Gewächshauspflanzen s. S. 257.

Paprika pflückt man grün oder wartet, bis sie rot werden, wenn man ein intensiveres Aroma bevorzugt.

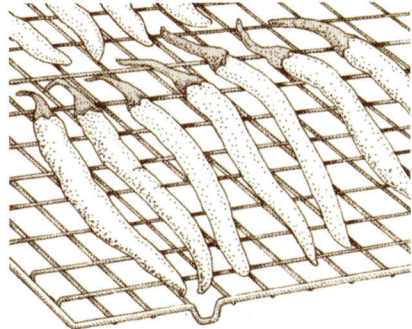

Gewürzpaprika (Chilis) werden im Freien auf einem Drahtgitter getrocknet und dann in luftdichten Behältern aufbewahrt.

PFLANZ- UND ERNTEZEITEN

	Aussaat unter Glas	Auspflanzen	Freilandaussaat	Ernte
März				
April	•			
Mai	•			
Juni				
Juli				
August				•
September				•
Oktober				•
November				
Dezember				
Januar	•			
Februar	•			

PAPRIKA IM GEWÄCHSHAUS

Sowohl Gemüse- als auch Gewürzpaprika eignen sich gut für den Gewächshausanbau – allerdings mit Temperaturen von 18–21 °C. Die Aussaat erfolgt im März. 'Bell Boy' ist eine der bewährtesten Gemüsepaprika-Sorten, 'Cayenna' ist schon recht scharf und 'Habanero Chocolate' ist eine bekannte Chili-Schote und extrem scharf. Sobald die Keimblätter groß genug und die Pflanzen leicht zu handhaben sind, werden sie in 8-cm-Töpfe gepflanzt und in größere Töpfe umgesetzt, sobald das vorherige Gefäß durchwurzelt ist. Achten Sie auf genügenden Abstand zwischen den Pflanzen, sodass sie Licht und Luft bekommen.

Im April wird ausgepflanzt, entweder mit 35 cm Abstand in die Seitenbeete oder in spezielle Pflanzsäcke. Ich selbst habe noch eine andere Variante gefunden und mit besten Erfolgen 20-cm-Töpfe mit Regenwurmkompost verwendet. Die Früchte scheinen sich besser zu entwickeln, wenn die Ausbreitung der Wurzeln begrenzt wird. Spitzen oder Seitentriebe brauchen nicht entfernt zu werden.

Die Pflanzen nur an einem Stab stützen und beim Wachsen festbinden. Regelmäßig gießen und dabei flüssigen Dünger geben. Geerntet wird, wenn die Schoten grün sind. In diesem Stadium ist mit dem höchsten Ertrag zu rechnen. Wer ein

schärferes Aroma bevorzugt, lässt sie rot werden.

Paprika lässt sich im Gewächshaus in Pflanzsäcken ziehen, die man selbst herstellen kann (s. S. 253).

Zwiebelgemüse

Obwohl teils unterirdisch gewachsen, sind Zwiebeln eigentlich im unteren Teil verdickte Blätter, die in mehreren Lagen dicht zusammenstehen. Sie dienen den Pflanzen als Vorratsspeicher. Zwiebeln eignen sich besonders gut für den organischen Anbau. Allgemein ist die Kultivierung einfach und da die Lagerung keine Schwierigkeiten bereitet, ist das ganze Jahr über für Vorrat gesorgt.

ZWIEBELN ▶

Allium cepa
Eines der nützlichsten Gemüse für die Küche. Zwiebeln sind gut zu lagern und können bei Anbau entsprechender Sorten das ganze Jahr über geerntet werden (*s. S. 171*).

▼ KNOBLAUCH

Allium sativum
Knoblauch wurde bereits vor 7000 Jahren bei den Ägyptern verwendet und gehört zu den gesündesten Pflanzen überhaupt. Er soll u. a. die Entwicklung von Krankheitserregern hemmen, wirkt blutdrucksenkend und soll vor Arteriosklerose schützen (*s. S. 170*).

PORREE ▶

Allium porrum
Dieses wertvolle Wintergemüse hat einen hohen Vitamin- und Mineralstoffgehalt. Es ist robust und braucht wenig Pflege. Außer in sehr kalten Gegenden kann Porree bis zum Verbrauch im Boden bleiben. Bei zu früher Pflanzung schießt er manchmal in Blüte (*siehe S. 170*).

LAUCHZWIEBELN ▶

Allium cepa
Diese Zwiebeln, auch Frühlingszwiebeln genannt, werden vor der Ausbildung der eigentlichen Zwiebel geerntet. Sie schmecken besonders mild (*s. S. 171*).

SCHALOTTEN ▼

Allium ascalonicum

Schalotten, die feinsten und mildesten unter den
Zwiebelarten, haben ähnliche Ansprüche wie
Zwiebeln, sind aber früher reif. Sie haben selten
Krankheiten und sind gut zu lagern (*s. S. 171*).

Der Anbau von Zwiebelgemüsen

Knoblauch

Knoblauch ist gesund und würzig und wirkt bei manchen Menschen anregend auf Appetit und Verdauung. Einige Inhaltsstoffe wirken antibakteriell, allgemein werden dem Knoblauch eine ganze Reihe heilkräftiger Eigenschaften zugeschrieben, z. B. ein Absenken des Bluthochdrucks.

Knoblauchzehen sind problemlos und einfach anzubauen, brauchen aber im Garten einen sonnigen, warmen Platz.

SORTEN Knoblauch wird durch die Einzelsegmente der Zwiebel, die Zehen, vermehrt. 'Solent Wight' oder 'Purple Wight' wachsen recht gut in mildem, nicht zu warmem Klima, 'Jolimont' lässt sich gut lagern und wenn Sie große Knollen brauchen, etwa zum Füllen: Versuchen Sie 'Elephant Garlic'.
STANDORTANSPRÜCHE *Siehe* »Bodenvorbereitung für Zwiebelgemüse«, *oben rechts*.

BODENVORBEREITUNG FÜR ZWIEBELGEMÜSE

Alle Zwiebelgemüse brauchen einen sonnigen Platz und reichlich organische Masse. Deshalb viel gut verrotteten Kompost und Dung einarbeiten. Falls nötig, den pH-Wert mit Kalk über 6,5 bringen (*s. S. 36*). Bei einem dreijährigen Fruchtwechsel kommen Zwiebelgemüse auf Beet A (*s. S. 134*).

PFLANZUNG Einzelne Zehen im Februar/März mit der Spitze nach oben mit 15 cm Abstand in 2,5 cm tiefe Löcher pflanzen.
Tiefbeet Zehen in versetzten Reihen mit 15 cm Abstand setzen (*s. S. 136*).
PFLEGE Die Reihen unkrautfrei halten und in ungeschützter Lage die Stängel stützen, damit der Wind sie nicht umbricht.
ERNTE Die Pflanzen im Juli/August aus dem Boden nehmen, säubern und in der Sonne trocknen lassen. Zu Zöpfen geflochten an einem trockenen, luftigen, kühlen Platz aufbewahren.
SCHÄDLINGSBEFALL Normalerweise haben Sie beim Knoblauchanbau keine gravierenden Probleme. Allgemeine Krankheiten und Schädlinge s. S. 46–53 und S. 199.

PFLANZ- UND ERNTEZEITEN

	Aussaat unter Glas	Ausplanzen	Freiland-aussaat	Ernte
März		•		
April				
Mai				
Juni				
Juli				•
August				•
September				
Oktober				
November				
Dezember				
Januar				
Februar		•		

Porree

Dieses hervorragende Wintergemüse ist einfach zu kultivieren, ziemlich kälteverträglich und anspruchslos und vielseitig verwendbar in der Küche.

SORTEN Man unterscheidet Sommer- und Herbstporree, z. B. 'Davinci F1', 'Carlton F 1', vom Winterporree, z. B. 'Hannibal' oder 'Herbstriesen 2' (überstehen auch Frost).
STANDORTANSPRÜCHE *Siehe* »Bodenvorbereitung für Zwiebelgemüse«, *oben*.
AUSSAAT UND PFLANZUNG Man kann Porree entweder vielkörnig säen (*s. S. 139*) oder ihn ab April bei ungefähr 15 °C im Gewächshaus in Saatkisten anziehen. Auch die Aussaat direkt ins Freiland in flache Saatrillen mit 15 cm Abstand ist möglich. Junge Pflanzen setzt man in tiefe Furchen, damit sie, wie rechts beschrieben, gebleicht werden können. Dazu im Juni mit einem Pflanzholz (*s. S. 260*) 15–20 cm tiefe Löcher machen, Abstand 15 cm in der Reihe und 30 cm zwischen den Reihen. Die Wurzeln der Pflänzchen um etwa zwei Drittel einkürzen, das Oberteil um die Hälfte, pro Loch eine Pflanze setzen. Nicht zuschütten, sondern Wasser in das Pflanzloch geben, sodass etwas Erde über die Wurzeln geschwemmt wird.
Tiefbeet Die Pflanzung ist hier ähnlich, mit Pflanzblöcken aus versetzten Reihen und einem Pflanzabstand von 15 cm nach allen Seiten. Möglich ist auch die vielkörnige Aussaat mit einem Pflanzabstand von 30 cm (*s. S. 136*).
PFLEGE Die Reihen unkrautfrei halten (*s. S. 57*). Allmählich immer mehr Erde an der Stängelbasis anhäufeln, um sie zu bleichen. Darauf achten, dass keine Erde in die Blattscheiden gelangt.
ERNTE Der unempfindliche Porree kann gewöhnlich bis zum unmittelbaren Gebrauch im Boden bleiben. Ist jedoch sehr kaltes Wetter in Aussicht, sodass der Boden hart gefriert, nimmt man einige Pflanzen heraus und lagert sie in einer Kiste, gefüllt mit einem feuchtem Kokosfaser-Sand-Gemisch.
SCHÄDLINGSBEFALL Porree hat normalerweise keine Probleme, allgemeine Krankheiten und Schädlinge s. S. 46–53 und S. 199.

PFLANZ- UND ERNTEZEITEN

	Aussaat unter Glas	Ausplanzen	Freiland-aussaat	Ernte
März	•			•
April		•		
Mai				
Juni			•	
Juli				
August				
September				
Oktober				•
November				•
Dezember				•
Januar				•
Februar				•

Speise- zwiebeln

Laut Statistik sind Zwiebeln bei uns das am meisten verzehrte Gemüse. Ihre Vorteile liegen auf der Hand: gute Lagereigenschaften, vielseitige Verwendungsmöglichkeiten, würziger Geschmack.

SORTEN Winterzwiebeln sind u. a. 'Senshyu Semi-Globe'. Zur Frühjahrs- aussaat gibt es zahlreiche Sorten wie u. a. 'Centurion', 'Ontario', 'Rijns- burger', 'Stuttgarter Riesen' (alle gut lagerfähig), u. a.

STANDORTANSPRÜCHE *Siehe* »Bodenvorbereitung für Zwiebelge- müse«, *gegenüber.*

AUSSAAT UND PFLANZUNG Zwiebeln können im beheizten Gewächshaus bereits im Januar vielkörnig gesät werden (*s. S. 139*). Die Aussaat ins Freiland erfolgt ab März in flachen Rillen mit einem Abstand von 30 cm. Ein vorgereinig- tes Saatbeet verwenden (*s. S. 269*), sodass die Samen nicht vom Unkraut unterdrückt werden. Nach dem Auflaufen auf etwa 5 cm ausdünnen.

Winterzwiebeln im August säen und im Frühjahr eine Handvoll Horn- Blut-Knochenmehl pro m² Fläche ausbringen.

Für schweren feuchten Boden besorgen Sie sich Steckzwiebeln. Das sind bereits vorgezogene, etwa haselnussgroße Zwiebeln, die größer werden und früher erntereif, aber auch weniger haltbar sind. So ein- setzen, dass die Spitze gerade unter der Erdoberfläche ist. Aber nicht herunterdrücken.

Tiefbeet Mit 5 cm Abstand in ver- setzten Reihen säen oder pflanzen.

PFLEGE Unkrautfrei halten und bei Trockenheit gießen.

ERNTE Im Spätsommer wird das Laub der Zwiebeln welk. Pflanzen ernten und in der Sonne trocknen lassen. Das Laub entfernen und die Zwiebeln in Netzen an einem frostfreien Platz aufbewahren. Gelegentlich auf Schimmelbildung kontrollieren.

SCHÄDLINGSBEFALL Zwie- beln sind anfällig für allgemeine Krankheiten und Schädlinge sowie für Zwiebelfliege, Zwiebelälchen, Halsfäule durch Grauschimmel und Lagerfäule.

PFLANZ- UND ERNTEZEITEN

	Aussaat unter Glas	Auspflanzen	Freiland-aussaat	Ernte
März		•	•	
April		•	•	•
Mai				•
Juni				
Juli				
August			•	•
September				•
Oktober				•
November				
Dezember				
Januar	•			
Februar	•	•	•	

LAUCHZWIEBELN

Die kleinen Lauch- oder Frühlingszwiebeln haben ein besonders mildes Aroma. Sie sind aber nicht lange haltbar. Empfehlenswert sind etwa die sehr gesunden Sorten 'White Lisbon' und 'Ishikuro'. Aussaat im Februar unter Folie mög- lich (*s. S. 140*) und ab März, wenn er nicht zu frostig ist, in dreiwöchigem Abstand ins Freiland. Ausdünnen ist normalerweise nicht nötig. Im Tiefbeet werden die Samen breit gestreut (*s. S. 136*).

Schalotten

Die feinwürzigen, milden Schalotten sind beliebte Bestandteile der feinen Küche. Sie sind nicht scharf, dennoch aromatisch und werten viele Gerichte geschmacklich auf, ohne sich zu sehr in den Vordergrund zu drängen. Sie sind kleiner als Speisezwiebeln, früher erntereif und einfach aus Brutzwie- beln zu ziehen (*s. oben*). Die grünen Blätter kann man wie Schnittlauch verwenden.

SORTEN 'Golden Gourmet' und 'Pikant' sind zwei Sorten, die schmack- hafte Zwiebeln mit guter Lagerfähig- keit hervorbringen.

STANDORTANSPRÜCHE *Siehe* »Bodenvorbereitung für Zwiebelge- müse«, *gegenüber.*

AUSSAAT UND PFLANZUNG Das abgestorbene Laub entfernen und die Steckzwiebeln im März alle

15 cm in Reihen mit 30 cm Abstand setzen. Die Zwiebelspitze sollte unmittelbar unter der Erdoberfläche sein. Die Zwiebeln dürfen nicht fest in den Boden gedrückt werden, da sie sich dann wieder herausschieben, sobald die Wurzeln wachsen.

Tiefbeet Die Brutzwiebeln in ver- setzten Reihen mit 15 cm Abstand pflanzen.

PFLEGE Schalotten sind in der Regel recht anspruchslos. Unkrautjäten und Gießen nach Bedarf. Im Juni sollten Sie den Boden um die Zwiebeln herum entfernen, um die Reife zu beschleunigen.

ERNTE Wenn das Laub verwelkt, die Pflanzen aus dem Boden neh- men, die Zwiebeln säubern und in Netzen an einem frostfreien Platz lagern.

SCHÄDLINGSBEFALL Problemlos. Allgemeine Krankheiten und Schäd- linge s. S. 46–53 und S. 199.

Geerntete Schalotten *legen Sie auf ein vom Boden erhöhtes Drahtgeflecht, sodass Luft ungehindert zirkulieren kann.*

PFLANZ- UND ERNTEZEITEN

	Aussaat unter Glas	Auspflanzen	Freiland-aussaat	Ernte
März		•		
April				
Mai				
Juni				•
Juli				•
August				•
September				
Oktober				
November				
Dezember				
Januar				
Februar		•		

Kürbisgewächse

Die bei uns bekannten Gemüse und Früchte aus der Familie der Kürbisgewächse sind einjährig und recht frostempfindlich, können aber in warmen Lagen bis Oktober kultiviert werden. Optimal sind reichlich mit Mist gedüngte, leicht saure Böden und eine gute Wasserversorgung. Kürbisse und Zucchini bilden große buschige Pflanzen, während Gurken und Melonen am Boden ranken und daher noch mehr Platz brauchen. Man kann sie jedoch auch an Stöcken oder Draht klettern lassen.

▼ **ZUCCHINI**

Cucurbita pepo

Zucchini brauchen einen Boden mit viel organischer Substanz. Man kann die Früchte ernten, wenn sie noch ganz jung und zart sind (*rechts*) oder ausgewachsen (*links*). Wie alle Kürbisse lässt sich diese Form eine kurze Zeit in Netzen an einem frostfreien Platz aufbewahren. Man sollte aber ernten, bevor die Früchte zu riesig sind. Zucchini können grün, hell gestreift oder gelb sein. Durch regelmäßige Ernte fördert man den Nachwuchs (*s. S. 174*).

▼ **MINI-ZUCCHINI**

Cucurbita pepo

Diese Mini-Zucchini erntet man früh – sie schmecken dann umso besser. Sie sind gelb, grün oder gestreift zu haben (*s. S. 174*).

GURKEN ▶

Cucumis sativus

Gurken brauchen einen gut mit Mist gedüngten Boden. Um Platz zu sparen, kann man sie an Stöcken hochziehen. Sie sind sowohl im Gewächshaus als auch im Freiland anzubauen. Die neueren, ausschließlich weiblichen Formen kultiviert man am besten unter Glas (*s. S. 175*).

Honigmelone

Cantaloupe-Melone

MELONEN ▶

Cucumis melo

Diese schnell reifenden
Melonensorten werden
unter Folie bzw. in warmen
Lagen im Freien angebaut.
Sie brauchen viel Wasser.
Die schweren Früchte, die
saftig und süß schmecken,
können bei der Reife durch
Netze gestützt werden.
Sie eignen sich nur zum
Frischverzehr (*s. S. 176*).

RIESENKÜRBIS ▲

Cucurbita maxima und *C. moschata*

Der echte Riesenkürbis hat eine lange Reifezeit
und ist am besten für warme Regionen geeignet.
Es gibt jedoch auch verwandte Formen für kühlere
Gegenden. Alle sind für süße und pikante Gerichte
zu verwenden. Kürbiskerne sollen eine heilende
Wirkung bei Blasenleiden haben (*s. S. 177*).

Der Anbau von Kürbisgewächsen

Zucchini

Zucchini sind ein vielseitiges Gartengemüse. Sie lieben einen gut mit organischem Material gedüngten Boden und Wärme und produzieren den ganzen Sommer über neue Früchte. Man braucht daher nur wenige Pflanzen, denn sonst hat man in guten Sommern mit einer wahren Zucchini-Schwemme zu kämpfen.

SORTEN 'Diamant' (sehr früh), 'Long Green' (schmackhaft), 'One Ball' (gelbe Früchte).
STANDORTANSPRÜCHE Reichlich Kompost oder Dung einarbeiten; bester pH-Wert um 6,5.
• Bei einem dreijährigen Fruchtwechsel kommen Zucchini am besten auf Beet A (s. S. 134).
AUSSAAT UND PFLANZUNG
Aussaat im April bei etwa 18 °C unter Glas, je 2 Samen in ein 8-cm-Töpfchen. Nach dem Auskeimen die schwächere Pflanze entfernen. Mit 60 cm Abstand nach allen Seiten auspflanzen, entweder ins herkömmliche Beet oder ins Tiefbeet (s. S. 136). Man kann auch jeweils 2 Samen kurz vor dem letzten Frost ins Freiland säen und sie mit abgeschnittenen Plastikflaschen oder Folie bedecken. Zucchini wachsen auch sehr gut auf schwarzer Folie oder Mulchpapier. Nachdem man das Beet mit Kompost gedüngt hat, legt man die Folie darauf, schneidet Pflanzlöcher oder -schlitze hinein und setzt die jungen Zucchini-Pflanzen nach den Eisheiligen.
PFLEGE
Es empfiehlt sich, die Pflanzen im Sommer mit einem oder mehreren

Eine Mulchschicht *aus Kiefernrinde um die jungen Pflanzen herum unterdrückt Unkräuter und hält Schnecken fern.*

Zur Ernte *wird der Stiel mit einem scharfen Messer abgeschnitten.*

Ausläufer *von kriechenden Gartenkürbissorten werden regelmäßig mit dem Spaten abgestochen. Zucchini bilden keine Ranken.*

Legen Sie *unter reifende Früchte einen Ziegelstein, um ein Verfaulen am Boden zu verhindern.*

Stäben abzustützen, sie können sonst unter der Last ihrer Früchte abknicken. Ab Juli bis zur Ernte alle zwei Wochen mit einem flüssigen Algenpräparat oder Stallmist düngen.

ERNTE UND LAGERUNG Junge Zucchini werden geerntet, wenn sie höchstens 15 cm lang sind. Dadurch wird die weitere Fruchtbildung gefördert. Wünscht man größere Exemplare, lässt man sie bis zu 35 cm lang werden und am Saisonende nachreifen. Sie lassen sich kurze Zeit an einem frostfreien Platz lagern.

SCHÄDLINGSBEFALL Schnecken, Läuse, Mehltau und Gurkenmosaikvirus (*s. S. 46–53 und S. 199*).

PFLANZ- UND ERNTEZEITEN

	Aussaat unter Glas	Auspflanzen	Freiland-aussaat	Ernte
März				
April	●			
Mai	●	●	●	
Juni		●	●	
Juli				●
August				●
September				●
Oktober				●
November				
Dezember				
Januar				
Februar				

Gurken

Gurken sind einjährige, krautige Gewächse, die entweder am Boden kriechen oder sich emporranken. Es gibt mittlerweile gute, frosttolerante Sorten für den Freilandanbau, sodass man das Gewächshaus vielfach nur noch für frühe Sorten benötigt. Man unterscheidet Salatgurken, die man roh isst, von Einlegegurken.

SORTEN 'Nelly' (krankheitsresistent, bitterstofffrei), 'Stimora' (robust), 'Saladin' (sehr lang), 'Tanja' (üppig wachsend), u. a.

STANDORTANSPRÜCHE Gewünscht wird ein gut mit organischer Masse versorgter Boden, daher Kompost oder Mist einarbeiten (*s. S. 21–28*). Optimaler pH-Wert um 6,0.

• Bei einem dreijährigen Fruchtwechsel kommen Gurken im Allgemeinen auf Beet A (*s. S. 134*).

AUSSAAT UND PFLANZUNG
Aussaat im April unter Glas bei etwa 18 °C, jeweils 2 Samen in ein 8-cm-Töpfchen. Nach dem Auflaufen die schwächere Pflanze entfernen. Im

Mai mit 60 cm Abstand auspflanzen. Alternativ kann man je 2 Samen im Mai mit gleichem Abstand ins Freie säen. Die Verwendung von schwarzer Mulchfolie gewinnt dabei zunehmend an Popularität. Durch kleine Kreuzschnitte in der Folie werden die Samen und Pflänzchen in den Boden gebracht. So wird der Boden schneller erwärmt und besser feucht gehalten, und das Unkraut wird gleichzeitig unterdrückt. Dadurch erzielt man frühere Ernten und höhere Erträge.

Die platzsparendste Methode der Gurkenanzucht, die gleichzeitig auch dekorativ im Blumenbeet wirkt, ist das Hochziehen an einem Stangengestell (*siehe unten*). Dabei sind die Früchte zusätzlich außer Reichweite der Schnecken. Im Beet müssen die Pflanzen 90 cm Abstand haben.

Tiefbeet An Stangen mit 60 cm Abstand ziehen (*s. S. 136*).

PFLEGE Beim Anbau an Stangen die Pflanzen häufig festbinden und die Seitentriebe regelmäßig mäßig bis auf 2 Blätter zurückschneiden, um dichten, buschigen Wuchs zu fördern.

Ein Klettergerüst *für Gurken: Man steckt vier 2,5 cm dicke Stangen mit 60 cm Abstand in den Boden und bindet sie oben zusammen. An die Basis werden junge Pflanzen gesetzt, die man beim Emporwachsen mit einer weichen Schnur an den Stangen festbindet.*

Die Triebspitzen werden entfernt, wenn das Ende der Stangen erreicht ist. Ab Juli bis zur Ernte alle 2 Wochen mit flüssigem Stallmist düngen. Männliche Blüten nicht entfernen.

ERNTE Die Gurken zeitig schneiden, um den Ertrag zu erhöhen. Regelmäßige Ernte fördert neue Fruchtbildung. Besonders Einlegegurken nicht zu groß werden lassen, da sie sonst an Aroma verlieren.

KRANKHEITEN UND SCHÄDLINGE
Schnecken, Läuse, Mehltau und Gurkenmosaikvirus (s. S. 46–53 und S. 199).

PFLANZ- UND ERNTEZEITEN

	Aussaat unter Glas	Auspflanzen	Freiland-aussaat	Ernte
März	•			
April	•			
Mai		•	•	
Juni		•		
Juli				•
August				•
September				•
Oktober				•
November				
Dezember				
Januar	•			
Februar	•			

SALATGURKEN IM GEWÄCHSHAUS

Neue Züchtungen für das Gewächshaus sind süß aromatisch, wüchsig, teilweise krankheitsresistent und weiblich. Zu empfehlen sind 'Hana' und 'Carmen' mit großen Erträgen. 'Cumlaude RZ' eignet sich für ein ungeheiztes Gewächshaus, da sie kühlere Regionen verträgt und eine gute Resistenz gegenüber Echtem Mehltau hat. Da Gurken die gleiche Temperatur und Feuchtigkeit vertragen wie Tomaten (s. S. 165), können sich beide den Platz im Gewächshaus teilen. Gurken gehören zu den beliebtesten Gemüsesorten, in der Sommerküche frischen sie viele Gerichte auf. Es lohnt sich also, für ständigen Nachschub zu sorgen

Die Aussaat erfolgt im beheizten Gewächshaus im Januar, ansonsten im April. Die Samen kommen einzeln in 8-cm-Töpfe mit Eintopferde und dann bei 24–27 °C in eine Anzuchtbox. Nach der Keimung stellt man sie bei 15–18 °C an einen hellen, luftigen Platz.

Später werden die Pflanzen in die gut vorbereiteten Beete oder wie Tomaten in Pflanzsäcke gesetzt (s. S. 165). Ebenso wie Tomaten stützen (siehe rechts), aber beim Winden um die Schnüre vorsichtig handhaben, da die Stiele leicht brechen.

Gurken brauchen viel Wasser und dürfen nie austrocknen. Sie lieben hohe Luftfeuchte, daher sollten Wege und Pflanzen mindestens zweimal täglich – morgens und nachmittags – abgesprüht werden (s. S. 255). Durch Belüftung die Temperaturen bei 18–24 °C halten, aber mindestens bis Juni die Fenster nachts schließen. Nach etwa 8 Wochen beginnt man, bei jedem Gießen flüssigen Algen- oder Stallmist zu geben.

Die Seitentriebe müssen regelmäßig auf 2 Blätter zurückgeschnitten werden. Neuere Sorten fruchten vorwiegend am Haupttrieb, viele ältere dagegen an den Seitentrieben. In letzterem Fall ist jeglicher Fruchtansatz am Haupttrieb zu entfernen.

Rankende Gurke *Führen Sie den Haupttrieb so, dass er um die Schnur herumrankt* (s. S. 165).

Melonen

Die einjährigen, mit den Gurken verwandten Melonen sind in Bezug auf Wärme äußerst anspruchsvoll und brauchen zum Reifen im Freien sehr geschützte Lagen und heiße Sommer. Neue schnell reifenden Sorten sind bei kühleren Temperaturen gut geeignet für Folienkultur. Allerdings werden Sie meist nur mit Zuckermelonen erfolgreich sein, da Wassermelonen bei uns schwer anzubauen sind.

SORTEN 'Ogen' (gelbgrüne Zuckermelone), 'Sweetheart' (kurzrankige Zuckermelone, sehr süß), u. a.

STANDORTANSPRÜCHE Melonen brauchen einen Boden mit reichlich organischer Masse: viel gut verrotteten Stallmist oder Kompost einarbeiten (s. S. 21–28), pH-Wert um 6,0.
• Bei einem dreijährigen Fruchtwechsel kommen Melonen am besten auf Beet A (s. S. 134).

AUSSAAT UND PFLANZUNG Im April bei 18 °C unter Glas aussäen, je 2 Samen pro 8-cm-Töpfchen. Nach dem Keimen den schwächeren Sämling entfernen. Im Mai dann mit 90 cm Abstand unter Folie auspflanzen.

PFLEGE UND ERNTE Regelmäßig gießen. Sobald 3 Blätter gebildet sind, die Sprossspitze entfernen. Darauf entwickeln sich die Seitentriebe, die ebenfalls nach dem dritten Blatt beschnitten werden. Sobald die Früchte erscheinen, die Triebe 2 Blätter über der Frucht kappen. Früchte abdrehen, wenn die Enden auf Druck etwas weich sind.

SCHÄDLINGSBEFALL Schnecken, Läuse, Mehltau und Gurkenmosaikvirus (s. S. 46–53 und S. 199).

PFLANZ- UND ERNTEZEITEN

	Aussaat unter Glas	Auspflanzen	Freiland-aussaat	Ernte
März	•			
April	•			
Mai		•	•	
Juni				
Juli				
August				•
September				•
Oktober				•
November				
Dezember				
Januar				
Februar	•			

MELONEN IM GEWÄCHSHAUS

Cantaloupe-Melonen sowie die F1-Hybridsorten haben aufgrund ihres geringeren Wärmebedürfnisses die alten Honigmelonen in ihrer Beliebtheit abgelöst. Bei der Kultur im Gewächshaus sät man im März bei 21–24 °C einzeln in 8-cm-Töpfe. Ausgepflanzt wird mit 30–45 cm Abstand in ein gut gedüngtes Beet oder noch besser in ein warmes Mistbeet (s. S. 253). Die Sorte 'Lunabel' würde ich persönlich für die Kultur im Gewächshaus empfehlen. Der Anbau in Pflanzsäcken oder sogar Töpfen ist ebenfalls möglich, allerdings muss dann sorgfältig gegossen werden. In unbeheizten Häusern erfolgt das Auspflanzen gewöhnlich im April.

Eine Woche nach dem Pflanzen die Sprossspitze bis auf 2 Blätter entfernen. Daraus entwickeln sich 2 Seitentriebe, die man entweder am Boden wachsen

Zum Stützen *der Melonen spannen Sie um die reifenden Früchte Netze, die Sie an einem oberhalb verlaufenden Draht befestigen.*

lässt oder an einem Draht hochzieht. Bei diesen Trieben nach der Bildung von 7–10 Blättern ebenfalls die Spitze kappen. Die nun entstehenden Seitentriebe 2. Ordnung sind die ersten, die weibliche Blüten und damit Früchte bringen. Sobald die Früchte erscheinen, die Triebe 2 Blätter oberhalb der Frucht kürzen. Pro Pflanze sollten nur 5 Früchte

reifen. Lassen Sie ausreichend Zugang für Insekten, um die Bestäubung zu fördern. Wege, Beete und Blätter während der Wachstumszeit jeden Morgen ausreichend absprühen (s. S. 255). Während der Reife ist trockene Atmosphäre wichtig, daher nicht mehr sprühen und viel lüften. Bei jedem Gießen düngen.

Riesenkürbis

Der echte Riesenkürbis, auch als Speisekürbis bezeichnet, braucht vier Monate bis zur Reife und bringt überdimensionale Früchte, die bei guten Wachstumsbedingungen etwa 70 kg schwer werden können. Er ist vorwiegend für warme Gegenden geeignet. Es gibt jedoch verwandte Arten, die auch in kühleren Lagen wachsen. Einige werden hier vorgestellt. Die Kultivierung ist bei allen gleich.

Riesenkürbisse sind ein Schaustück für den Garten. Ihr Fruchtfleisch kann, in Würfelchen geschnitten, süß-sauer eingeweckt oder in Marmeladen mitverarbeitet werden. Die fein aromatischen Squash- oder Patisson-Kürbisse werden gekocht als Gemüse verzehrt.

SORTEN Sehr große Früchte liefern 'Atlantic Giant' oder auch 'Mammoth'. Die zarteren 'Uchiki Kuri' haben ein herrliches, süßes Aroma. Weiterhin zu empfehlen sind 'Muscat de Provence', 'Rocket' und 'Gelber Zentner'.

STANDORTANSPRÜCHE Alle Kürbisarten brauchen einen sehr gut gedüngten Boden, daher reichlich gut verrotteten Kompost oder Mist einarbeiten (s. S. 21–28), pH-Wert um 6,0.
• Bei einem dreijährigen Fruchtwechsel kommen Kürbisarten generell auf Beet A (s. S. 134).

AUSSAAT UND PFLANZUNG Im April bei etwa 18 °C unter Glas aussähen, je 2 Samen pro 8 cm Topf nach dem Auflaufen den schwächeren Sämling entfernen. Die meisten Winterkürbisse sind kriechend und brauchen viel Platz. Daher im Mai, wenn der Frost vorüber ist, mit mindestens 90 cm Abstand auspflanzen. Freilandaussaat zwei Wochen vorher.

PFLEGE Von Juli bis September alle zwei Wochen einen flüssigen Mist geben. Männliche Blüten müssen nicht entfernt werden. Ausläufer regelmäßig zurückschneiden, um die Pflanzen in Form zu halten.

ERNTE UND LAGERUNG Früchte bei ausreichendem Sonnenschein so lange wie möglich reifen lassen. Gegen Saisonende auf ein Stück

Holz oder einen Ziegelstein legen, um das Faulen am Boden zu verhindern. Wenn der erste Frühfrost die Blätter zerstört hat, werden die Kürbisse geerntet, aber zur weiteren Reife möglichst noch in der Sonne zum Härten liegen gelassen. Je härter die Schale, desto haltbarer die Früchte. Man kann sie bis zum Winter an einem kühlen, luftigen Platz aufbewahren.

SCHÄDLINGSBEFALL Schnecken, Läuse, Mehltau und Gurkenmosaikvirus (s. S. 46–53 und S. 199).

PFLANZ- UND ERNTEZEITEN

	Aussaat unter Glas	Auspflanzen	Freiland-aussaat	Ernte
März				
April	●			
Mai	●	●	●	
Juni		●	●	
Juli				
August				●
September				●
Oktober				●
November				
Dezember				
Januar				
Februar				

Wurzelgemüse

Die meisten Wurzelgemüse sind zweijährig. Im ersten Jahr bilden sie verdickte Wurzeln oder Knollen als Speicherorgane für Nährstoffe. Erst im zweiten Jahr kommen sie normalerweise zur Blüte und produzieren Samen. Durch die Ernte im ersten Jahr machen wir uns die Nährstoffreserven zunutze.

MÖHREN ▶
Daucus carota sativus
Möhren enthalten reichlich Vitamine und Ballaststoffe (*s. S. 181*).

▼ SCHWARZWURZEL UND HAFERWURZEL
Tragopogon porrifolius und *Scorzonera hispanica*
Die Haferwurzel wird vielfach auch als weiße Schwarzwurzel bezeichnet. Beide Pflanzen bilden lange Pfahlwurzeln, sind nicht schwierig zu kultivieren und enthalten viel Eisen (*s. S. 181*).

RADIESCHEN ▶
Raphanus sativus
Radieschen sind schnell reifend und einfach im Anbau (*s. S. 180*).

KOHLRABI ▶
Brassica oleracea gongylodes
Bei Kohlrabi ernten wir die oberirdisch verdickte Sprossachse. Sie wird roh oder gekocht verzehrt (*s. S. 180*).

KNOLLENSELLERIE ▶
Apium graveolens
Bei dieser Pflanze verdickt sich der Stängel direkt über der Bodenfläche (*s. S. 182*).

TOPINAMBUR ▶
Helianthus tuberosus
Im Winter eine gute Alternative zu Kartoffeln. Topinambur ist einfach anzubauen und breitet sich, wenn man nicht aufpasst, zu stark aus (*s. S. 182*).

Schwarzwurzel

Haferwurzel

SPEISERÜBEN ▽

Brassica rapa rapa
Diese Rüben mit einem milden
rettichähnlichen Geschmack
haben wertvolle Inhaltsstoffe
und sind reich an Ballaststoffen. Sie haben früher eine
wichtige Rolle in der mensch-
lichen Ernährung gespielt
(*s. S. 183*).

▽ ROTE BETE

Beta vulgaris esculenta
Dieses Sommergemüse kann gut
gelagert oder eingemacht werden. Es
gilt wegen seiner Inhaltsstoffe als sehr
gesund (*s. S. 184*).

PASTINAKE UND PETERSILIENWURZEL

Pastinaca sativa und
Petroselinum crispum
Beide Pflanzen haben ähnliche
Standortansprüche (*s. S. 187*).

Petersilienwurzel

Pastinake

KOHLRÜBE ▲

Brassica napus napobrassica
Die Kohlrübe, auch Steckrübe oder Wruke genannt,
gehört zur Familie der Kohlgewächse. Sie ist anspruchslos, ertragreich und gut lagerfähig. Außerdem liefert
sie wertvolle Nährstoffe, Mineralstoffe und Vitamin C
(*s. S. 183*).

KARTOFFELN ▲

Solanum tuberosum
Wegen ihres herrlichen
Geschmacks sollte man stets
einige Frühkartoffeln anbauen
(*s. S. 185*).

▲ SÜSSKARTOFFEL

Ipomoea batatas
Bataten können nur in warmen
Regionen kultiviert werden
(*s. S. 187*).

Der Anbau von Wurzelgemüsen

Radieschen

Aufgrund ihrer schnellen Entwicklung eignen sich die einjährigen Radieschen gut zum Anbau zwischen langsamer reifenden Gemüsen (*s. S. 136*). Sie sind anspruchslos und können als Vor-, Zwischen- oder auch Nachkultur fast überall gesät werden, wo etwas freier Raum zur Verfügung steht.

Im Frühjahr und Herbst ist für Radieschen ein sonniger Platz vorteilhaft, während des Sommers bevorzugen sie einen eher schattigen Standort.

SORTEN 'French Breakfast' (früh reifend, halb lang, würzig), 'Lucia' (sehr früh, rund, würzig-fein), 'Riesenbutter' (besonders erntesicher im Sommer), u. a.

STANDORTANSPRÜCHE Radieschen wachsen zwar überall, entwickeln sich aber besonders prächtig auf einem Boden, der mit organischem Material angereichert ist (*s. S. 21–28*).

• Bei einem dreijährigen Fruchtwechsel kommen Radieschen vorzugsweise auf Beet C (*s. S. 134*).

AUSSAAT Die erste Aussaat im Februar unter Folie (*s. S. 140*). Die Samen werden dünn in Reihen mit 15 cm Abstand gestreut. Ein Ausdün-

Zur Verbesserung *der Erträge kann man Radieschen im Haus vielkörnig aussäen und die jungen Pflänzchen dann unter Folie aussetzen (*s. S. 139*).

nen ist normalerweise nicht nötig. Bis Oktober jede Woche eine kleinere Menge säen.

Tiefbeet Aussaat dünn als Breitbandsaat (*s. S. 136 und S. 269*).

PFLEGE Die Beete durch Hacken unkrautfrei halten (*s. S. 57*) und bei Trockenheit gießen.

ERNTE Durch regelmäßiges Ernten sorgen Sie dafür, dass die Radieschen nicht zu scharf und holzig werden.

SCHÄDLINGSBEFALL Erdflöhe. Krankheiten und Schädlinge bei Wurzelgemüse s. S. 50 und S. 200.

PFLANZ- UND ERNTEZEITEN

	Aussaat unter Glas	Auspflanzen	Freiland-aussaat	Ernte
März			•	
April			•	•
Mai			•	•
Juni			•	•
Juli			•	•
August			•	•
September			•	•
Oktober			•	•
November				•
Dezember				•
Januar				
Februar	•			

Kohlrabi

Dieses beliebte Kohlgemüse liefert uns aus verdickten Stängeln entstandene Knollen, die roh und gekocht verzehrt werden können. Sie enthalten Mineralstoffe, Vitamin C und Eiweiß sowie geschmacksbestimmende Senföle.

Häufig verwendet man auch die zarten, jüngeren Blätter mit besonders hohem Vitamingehalt.

SORTEN Kohlrabisorten werden nach Reifezeit und Schalenfarbe unterschieden. Sorten mit kurzer Reifezeit sind am zartesten. 'Blaro' (sehr früh, zartfleischig, blau) 'Lanro' (früh bis mittelfrüh), 'Superschmelz' (sehr zart), 'Blauer Speck' (süßer, buttriger Geschmack).

STANDORTANSPRÜCHE Bei schweren Böden durch Einarbeiten

von viel organischem Material Beete erhöhen, sodass Dränage verbessert wird (*s. S. 21–28*), pH-Wert um 6,5.

• Bei dreijährigem Fruchtwechsel kommen Kohlrabi auf Beet C (*s. S. 134*).

AUSSAAT UND PFLANZUNG Kontinuierliche Folgesaaten ins Saatbeet von April bis Juli. Umpflanzen mit Abständen von etwa 25 cm in der Reihe und etwa 30 cm zwischen den Reihen.

Tiefbeet Auspflanzen in versetzten Reihen mit 25 cm Abstand zwischen den Pflanzen (*s. S. 136*).

PFLEGE Durch Hacken Unkräuter fernhalten.

ERNTE Am besten schmecken die zarten jungen, noch nicht voll ausgewachsenen Knollen. Je nach Sorte wird drei bis vier Monate nach der Aussaat geerntet. Kohlrabi ist

gewisse Zeit im Kühlschrank haltbar und kann für länger in feuchtem Torf oder Sand eingemietet werden.

SCHÄDLINGSBEFALL Normalerweise gibt es keine Probleme. Allgemeine Krankheiten und Schädlinge s. S. 46–53 und S. 200.

PFLANZ- UND ERNTEZEITEN

	Aussaat unter Glas	Auspflanzen	Freiland-aussaat	Ernte
März				
April			•	
Mai			•	
Juni			•	•
Juli			•	•
August				•
September				•
Oktober				•
November				•
Dezember				
Januar				
Februar				

Möhren

Möhren zählen bei uns zu den beliebtesten Wurzelgemüsen. Sie sind auf gutem Boden leicht zu ziehen und liefern das ganze Jahr über frisches Gemüse, welches reich an Vitaminen, Mineralstoffen und Ballaststoffen ist. Besonders erwähnenswert ist der hohe Gehalt an Betacarotin, der Vorstufe für das Vitamin A. Wir unterscheiden Sommermöhren und später auszusäende Wintermöhren.

SORTEN Für die Vielkornaussaat runde Formen wie 'Pariser Markt' und 'Parmex' verwenden. Frühe Sorten sind 'Almaro', spätere 'Rote Riesen 2' (ertragreich, saftig, gute Lagersorte), bewährt sind alle aus der 'Nantes'- oder 'Chantenay'-Familie.
STANDORTANSPRÜCHE Am günstigsten sind tief gelockerte, leichte Böden mit viel organischer Masse. Bei schweren Böden empfiehlt sich der Anbau in Tiefbeeten (s. S. 136). Ein pH-Wert von über 6,5 ist anzustreben.

• Bei einem dreijährigen Fruchtwechsel auf Beet A wachsen lassen.
AUSSAAT Früheste Erträge erhält man bei Vielkornaussaat im Haus und Auspflanzung unter Folie im Januar/Februar. Die Freilandaussaat unter Folie erfolgt im März. Runde Sorten werden in Breitreihen (s. S. 269), lange in Rillen mit 25 cm Abstand ausgebracht. Letztere ausdünnen, wenn man die größeren Möhren essen kann. Alle drei Wochen mit 30 cm Reihenabstand erneut aussäen. Auf 8 cm in der Reihe ausdünnen.
Tiefbeet Vielkörnig ausgesäte Möhren in versetzten Reihen mit 15 cm Abstand ausbringen. Sie können auch runde Sorten verwenden. Lange Formen mit 15 cm Reihenabstand auf 8 cm in Reihe ausdünnen.
PFLEGE Durch Hacken unkrautfrei halten, aber die noch zarten Jungpflänzchen nicht verletzen. Mitessende Schnecken regelmäßig absammeln. Bei Trockenheit gießen. Die Pflanzen leicht anhäufeln, um grüne,

leicht bittere Köpfe zu vermeiden und die Möhrenfliege abzuwehren.
ERNTE Frühe Aussaaten zeitig ernten, wenn die Möhren noch jung und knackig sind, d. h. bei Sommermöhren nach 80–100 Tagen. Spätere Sorten voll ausreifen lassen. Man rechnet bei Wintermöhren mit mindestens 150 Tagen Kulturzeit. Im November aus dem Boden nehmen und in feuchtem Sand-Erde-Gemisch lagern.
SCHÄDLINGSBEFALL Möhrenfliege und Lagerfäule.

PFLANZ- UND ERNTEZEITEN

	Aussaat unter Glas	Auspflanzen	Freilandaussaat	Ernte
März		•	•	
April			•	•
Mai			•	•
Juni			•	•
Juli			•	•
August			•	•
September				
Oktober				
November				
Dezember				
Januar	•		•	
Februar	•	•	•	

Hafer- und Schwarzwurzel

Diese beiden Feinschmeckergemüse sind im Anbau und in der Zubereitung ganz ähnlich. Die Haferwurzel, auch Weiße Schwarzwurzel genannt, ist weiß, die Schwarzwurzel, innen ebenfalls hell, hat eine dunkelbraune Rinde. Beide sind gute Eisenlieferanten. Ich selbst bevorzuge das Aroma der Schwarzwurzel, aber da Geschmäcker verschieden sind, sollten Sie in jedem Falle beide probieren. Der Anbau ist einfach, außer den Wurzeln kann man auch die Stängel und Blätter verwenden.

SORTEN Haferwurzel: 'Mammoth Sandwich Island' aus England. Schwarzwurzel: 'Meres', 'Duplex' (verbesserte, nicht schießende Riesen), 'Hoffmanns schwarzer Pfahl' u. a.
STANDORTANSPRÜCHE Beide Pflanzen brauchen einen tief gelockerten, reichlich mit organischer Masse angereicherten Boden. Das eingearbeitete Material muss gut

verrottet sein, sonst gabeln sich die Wurzeln. Besonders Schwarzwurzeln sind sehr tief wachsend.
• Bei einem dreijährigen Fruchtwechsel lasse ich die Pflanzen auf Beet A wachsen (s. S. 134).
AUSSAAT Im April in 2,5 cm tiefe Rillen mit einem 30-cm-Abstand und auf 15 cm in der Reihe ausdünnen.
PFLEGE Die Beete durch Hacken unkrautfrei halten oder im Herbst mit einem gut verrottetem Kompost mulchen, um die Wurzeln vor Verletzungen zu schützen.

Nach der Ernte *der benötigten Wurzeln kann man einige Pflanzen mit Erde abdecken und so gebleichte Blätter produzieren, die als Salatzutat zu verwenden sind.*

ERNTE UND LAGERUNG Im November ernten und in feuchtem Torfersatz an einem frostfreien Platz lagern. Will man die Blätter und auch die Stiele verwenden, einige Wurzeln im Boden lassen und zum Bleichen mit Erde abdecken (*siehe unten*). Im Frühjahr ernten und roh in Salaten verwenden. Ungebleicht wie Spinat kochen.
SCHÄDLINGSBEFALL Normalerweise gibt es keine Probleme bei diesem Gemüseanbau. Allgemeine Krankheiten und Schädlinge s. S. 46–53 und S. 200.

PFLANZ- UND ERNTEZEITEN

	Aussaat unter Glas	Auspflanzen	Freilandaussaat	Ernte
März				
April			•	
Mai				
Juni				
Juli				
August				
September				
Oktober				•
November				•
Dezember				
Januar				
Februar				

Topinambur

Topinambur, zur Familie der Korbblütler gehörend, ist eng mit der Sonnenblume verwandt und liefert uns ein exzellentes Wintergemüse. Die bis zu 3 m hoch werdenden Pflanzen bieten einen guten Windschutz. Sie bilden unterirdische Knollen aus. Diese enthalten Inulin, ein Kohlenhydrat, das für Zuckerkranke sehr bekömmlich ist. Vitamine, z. B. Carotin, und Mineralstoffe sind ebenfalls reichlich vorhanden. Die Knollen können als Gemüse gedünstet oder auch roh in Salaten verspeist werden. Sie haben einen feinen, nussartigen Geschmack.

SORTEN Die beste und wohl glatteste ist 'Fuseau', aber auch 'Stampede' ist eine gute, ertragreiche Sorte.
STANDORTANSPRÜCHE Obwohl diese Knollen fast überall gedeihen, erhält man bessere Qualität, wenn man sie an einem gut vorbereiteten Platz zieht. Einen 60 cm breiten Graben 1 Spatenstich tief ausheben. Den Untergrund lockern und den Boden wieder einfüllen. Dabei reichlich gut verrotteten Kompost, Stallmist oder eine der Alternativen untermischen (s. S. 21–28). Leicht saurer Boden ist optimal, daher pH-Wert unter 6,5 anstreben.

PFLANZUNG Bei den entsprechenden Bodenbedingungen so zeitig wie möglich, normalerweise im Februar oder März Knollen 15 cm tief mit einem 30-cm-Abstand setzen. Man braucht gewöhnlich nur eine Reihe: ansonsten Reihenabstand von mindestens 1,50 m.

Setzen Sie *Topinambur so, dass ein Windschutz für andere Pflanzen entsteht.*

Machen Sie *eine ausreichend tiefe Pflanzfurche, sonst kommen die Knollen an die Oberfläche und werden grün. Beim Auspflanzen genug Zwischenraum lassen.*

PFLEGE Unkraut jäten und gießen bei Bedarf. Jedes Frühjahr mit gut verrottetem Kompost oder Mist düngen und 1 Handvoll Horn-Blut-Knochenmehl pro m² streuen. In ungeschützten Lagen Pflanzen mit einem Seil stützen (s. S. 159).
ERNTE UND LAGERUNG Stiele im Oktober auf 30 cm zurückschneiden. Die Knollen sind ausgegraben nicht haltbar, vertragen aber im Boden auch starke Fröste und können den ganzen Winter über in der Erde bleiben. Je nach Bedarf wird geerntet. Einige Knollen lässt man für die Entwicklung im nächsten Jahr im Boden liegen.
SCHÄDLINGSBEFALL Normalerweise problemlos.

PFLANZ- UND ERNTEZEITEN

	Aussaat unter Glas	Auspflanzen	Freiland-aussaat	Ernte
März		●		
April				
Mai				
Juni				
Juli				
August				
September				
Oktober				●
November				●
Dezember				●
Januar				●
Februar		●		●

Knollensellerie

Sellerieknollen sind ein schmackhaftes Gemüse, das sich roh oder gekocht zubereiten lässt. Knollen und Blätter sind auch sehr gut als Würzmittel geeignet. Das Aroma ähnelt Bleichsellerie. Gekochte Knollen sind leichter verdaulich als rohe.

SORTEN 'Prinz', 'Monarch', 'Prager Riesen' (alle beim Kochen weiß bleibend), u. a.
STANDORTANSPRÜCHE Sonniger Platz und Boden mit viel organischer Masse, der gut Feuchtigkeit speichert (s. S. 21–28): pH-Wert um 6,0.
• Bei einem dreijährigen Fruchtwechsel kommen Knollensellerie auf Beet A (s. S. 134).
AUSSAAT UND PFLANZUNG Aussaat im April bei 18 °C unter Glas oder auf der Fensterbank. Frühere

Aussaat begünstigt ein vorzeitiges Schießen in Blüte. Sobald sich die ersten richtigen Blätter entwickeln, mit größeren Abständen umpflanzen (s. S. 272). Nach dem Abhärten im Frühbeet (s. S. 254) im Mai so auspflanzen, dass die sich entwickelnde Knolle auf Bodenhöhe ist. Abstand 30 cm in der Reihe, 35 cm zwischen den Reihen.
Tiefbeet Es ist am günstigsten, die Pflanzen blockweise mit 30 cm Abstand zu setzen (s. S. 136).
PFLEGE Mit gut verrottetem Stallmist mulchen (s. S. 20) und bei Trockenheit gut wässern. Im September Stiele zum Bleichen leicht anhäufeln.
ERNTE Knollen im Oktober/November aus dem Boden nehmen und in Kisten mit feuchtem Torfersatz oder Sand an einem frostfreien Platz lagern. So bleiben sie längere Zeit gut haltbar.

SCHÄDLINGSBEFALL Normalerweise gibt es keine Probleme, bis auf Sellerieschorf und Blattfleckenkrankheit. Allgemeine Krankheiten s. S. 46–53 und S. 200.

PFLANZ- UND ERNTEZEITEN

	Aussaat unter Glas	Auspflanzen	Freiland-aussaat	Ernte
März				
April	●			
Mai		●		
Juni				
Juli				
August				
September				
Oktober				●
November				●
Dezember				
Januar				
Februar				

Kohlrüben

Kohlrüben, sie werden auch als Steckrüben bezeichnet, galten früher als Nahrungsmittel für Notzeiten und werden heute viel zu selten als Gemüse zubereitet.

Gegenüber den alten Sorten, die hauptsächlich zur Tierfütterung angebaut wurden, sind die neuen Formen jedoch stark verbessert und einfach anzubauen. Kohlrüben eignen sich besonders für Eintöpfe. Einige Sorten können auch als Stielmus verwendet werden.

SORTEN 'Mella' (sehr guter Geschmack), 'Tokyo Cross' (herzhaft, gut lagerfähig), 'Goldball' (auch für Stielmus verwendbar), u. a.
STANDORTANSPRÜCHE Kohlrüben sind manchmal anfällig für Kohlhernie (*s. S. 201*). Eine wirkungsvolle Vorbeugungsmaßnahme ist ein gut wasserdurchlässiger Boden mit einem pH-Wert über 6,5.
• Bei einem dreijährigen Fruchtwechsel kommen Kohlrüben am besten auf Beet C (*s. S. 134*).

Zur Ertragssteigerung *dient eine Vielkornaussaat unter Glas und anschließendes Auspflanzen unter Folie.*

AUSSAAT Gesät wird zur Vorbeugung gegen Mehltau recht spät, in flachen Rillen, erst im Mai oder sogar noch im Juni. Reihenabstand 45 cm und auf 30 cm in der Reihe ausdünnen.
PFLEGE Unkrautjäten und gießen. Mit Kompost oder Stallmist mulchen (*s. S. 20*).
ERNTE UND LAGERUNG Bei einem milden Klima können die Rüben im Boden bleiben, wobei allerdings leicht Krankheiten auftreten. Empfehlenswerter ist die Ernte nach dem ersten Frost. Dann die Blätter entfernen und die Rüben in Kisten mit feuchtem Torfersatz, Sand oder mineralischen Tonkügelchen an einem frostfreien Platz lagern.
SCHÄDLINGSBEFALL Erdflöhe, Mehltau, Schwarzbeinigkeit und Kohlhernie (*s. S. 50, 52 und S. 201*).

PFLANZ- UND ERNTEZEITEN

	Aussaat unter Glas	Auspflanzen	Freilandaussaat	Ernte
März		●		
April			●	
Mai			●	●
Juni			●	●
Juli			●	●
August				●
September				●
Oktober				●
November				
Dezember				
Januar				
Februar	●			

Speiserüben

Die bei uns wenig verbreiteten, aber leicht zu kultivierenden Speiserüben sind ein wertvolles Gemüse, das fortlaufend von Frühjahr bis Herbst geerntet und dann noch bis in den Winter hinein gelagert werden kann. Die nahrhaften Rüben werden ausschließlich gekocht verzehrt.

SORTEN 'Brora' hat einen ausgezeichneten Geschmack, mit gelbem Fleisch, wenn sie vor Weihnachten geerntet wird. 'Ruby' kann man ab Februar herausholen. 'Willemsburger' sind sehr resistent. Weiterhin gibt es noch die kleinen Speiserüben, die sogenannten 'Teltower Rübchen', sowie das Stielmus aus den jungen Blättern.
STANDORTANSPRÜCHE Frühe Sorten brauchen zur raschen Entwicklung einen gut mit Mist gedüngten Boden. Spätere Sorten, sowie die zur Lagerung bestimmten, wachsen auf dem für Kohl vorgesehenen Beet.

Säen Sie *sehr dünn, da die Samen zu etwa 90 % keimen. Streuen Sie das Saatgut zwischen Daumen und Zeigefinger sparsam die Reihen entlang.*

Erwünschter pH-Wert über 6,5.
• Bei dreijährigem Fruchtwechsel kommen Speiserüben auf Beet C (*s. S. 134*).
AUSSAAT UND PFLANZUNG Frühe Sorten im Februar bei 18 °C unter Glas vielkörnig aussäen (*s. S. 138*) und im März unter Folie auspflanzen. Von April bis Juli ins Freiland säen, in flachen Rillen mit 30 cm Abstand. Nach dem Auflaufen auf 15 cm in der Reihe ausdünnen.
PFLEGE Der Boden darf auf keinen Fall austrocknen. Zwischen den Pflanzen mit Kompost mulchen (*s. S. 20*), um Feuchtigkeit zurückzuhalten und so zu verhindern, dass die Rüben zäh und faserig werden.
SCHÄDLINGSBEFALL Erdflöhe und Schwarzbeinigkeit sind häufiger.

PFLANZ- UND ERNTEZEITEN

	Aussaat unter Glas	Auspflanzen	Freilandaussaat	Ernte
März				
April				
Mai			●	
Juni			●	
Juli				
August				
September				
Oktober				●
November				●
Dezember				
Januar				
Februar				

Rote Bete

Dieses schmackhafte Sommergemüse kann kalt zu Salaten oder in Essig eingelegt verzehrt werden. Als Rohkost ist die Rübe besonders wertvoll und schmeckt gut im Verein mit Äpfeln und Möhren. Aufgrund ihrer wertvollen Inhaltsstoffe wird empfohlen, Rote Bete auch als Saft zu sich zu nehmen.

SORTEN Man unterscheidet zwischen frühen und späten Sorten sowie unterschiedlicher Rübenform und -farbe. 'Rote Kugel 2' (auch zum Saften), 'Ägyptische Plattrunde' (rot, für Frühanbau), 'Crapaudine' (alte Sorte aus Frankreich), 'Pablo' (mittelfrühe Sorte), u. a. 'Moneta' ist einzelkeimend, es gibt daher keine Anhäufung von Keimlingen, das Pikieren entfällt.

STANDORTANSPRÜCHE Erwünscht ist ein tiefer, nährstoffreicher Boden mit einem pH-Wert um 6,5. Reichlich gut verrotteten Kompost oder Stallmist einarbeiten, um die Dränage zu verbessern.
• Bei einem dreijährigen Fruchtwechsel kommt Rote Bete am besten auf Beet A (s. S. 134).

AUSSAAT Für eine gute Keimung sind Temperaturen von mindestens 7 °C erforderlich. Erfolgt die Aussaat bei kühlem Wetter zu früh, ist die Gefahr des Schossens groß. Ansonsten bei entsprechenden Bedingungen Vielkornaussaat (s. S. 139) im Januar/Februar, dann unter Folie auspflanzen (s. S. 140). Erste Freilandaussaat unter Folie ab März. Die Sämlinge erscheinen in Haufen zusammen sitzend. Alle 8 cm 1–2 Knäuel in 2,5 cm tiefe Rillen auspflanzen, Reihenabstand 30 cm. Samen vor der Aussaat in einem Mehlsieb gründlich durchspülen, um mögliche keimverzögernde Chemikalien auszuwaschen. Ausdünnen, wenn die Rüben etwa Golfballgröße erreicht haben. Bis Juli alle drei Wochen Neuaussaat. Die dann als Hauptfrucht eingesäten Rüben auf 8 cm Abstand ausdünnen.

Tiefbeet Die erste Aussaat als Breitbandsaat (s. S. 269) und, wo nötig, ausdünnen. Spätere Saaten in versetzten Reihen mit 8 cm Abstand, auf 8 cm in der Reihe ausdünnen.

PFLEGE Zur Unkrautkontrolle regelmäßig vorsichtig hacken (s. S. 57) – nicht die Rüben verletzen, da sie bei beschädigter Schale anfangen zu »bluten«. Zwischen den Pflanzen mit gut verrottetem Kompost, Stallmist oder feuchtem Zeitungspapier mulchen (s. S. 58).

ERNTE UND LAGERUNG Rote Bete dürfen nicht zu groß werden, denn dann sind sie holzig. Alle Frühsaaten erntet man als Babyrüben bei etwa Golfballgröße, die Hauptfrucht bei Tennisballumfang. Letztere im Oktober aus dem Boden nehmen und für den Winter lagern (siehe unten).

SCHÄDLINGSBEFALL Mehltau sowie die üblichen Schädlinge und Krankheiten bei Wurzelgemüse (s. S. 52 und S. 200).

PFLANZ- UND ERNTEZEITEN

	Aussaat unter Glas	Auspflanzen	Freilandaussaat	Ernte
März		•		
April		•		
Mai			•	•
Juni			•	•
Juli			•	•
August				•
September				•
Oktober				•
November			•	
Dezember				
Januar	•			
Februar	•	•	•	

AUFBEWAHRUNG FÜR DEN WINTER

Viele Rübenarten wie Kohlrüben, Speiserüben und Rote Bete können ohne größere Qualitätsverluste den Winter über gelagert werden, sodass stets frisches Gemüse vorhanden ist. Rote Bete müssen vorsichtig geerntet und gehandhabt werden, denn bei verletzter Schale beginnen die Rüben zu »bluten«. An einem kühlen, aber frostfreien Platz aufbewahren.

Um eine schnellere Keimung *zu fördern, spült man die Samen in einem Sieb unter kaltem fließendem Wasser gut ab.*

1 *Die Pflanzen im November aus dem Boden nehmen. Blätter abdrehen oder mit einem Messer abschneiden; 2,5 cm Stängel stehen lassen.*

2 *Feuchten Sand, Torfersatz oder Tonkügelchen in eine Holzkiste füllen. Die Rüben hineinlegen und mit Sand oder Torfersatz gut bedecken.*

Gute Keime

Kartoffeln

Genau genommen sind Kartoffeln die unterirdischen Knollen dieser weltweit verbreiteten Nutzpflanze, nicht die Wurzeln. Die Samen sehen kleinen Tomaten ähnlich und sind für die Menschen giftig. Entgegen weitverbreiteter Ansicht machen Kartoffeln nicht dick, Übeltäter sind eher die aus den Knollen hergestellten fett- und salzreichen Knabber-Erzeugnisse. Die Kartoffel in ihrer Ursprungsform enthält wichtige Mineralstoffe, vor allem Kalium und Eisen sowie reichlich Vitamin C. Da die Nährwertverluste bei den geschälten, in viel Wasser gegarten Salzkartoffeln sehr hoch sind (selbst nach kurzer Kochzeit ca. 50 %), ist es empfehlenswert, öfter auf Pellkartoffeln umzusteigen.

Achtung: Alle grünen Teile der Kartoffel sind ungekocht giftig, grüne Stellen auf den Knollen sollten vor der Zubereitung unbedingt entfernt werden.

Gerade bei Kartoffeln ist organischer Gartenbau gerechtfertigt. Im Kleingarten lohnt sich jedoch der Anbau als Hauptfrucht kaum, wenn Sie biologische Kartoffeln von einem Landwirt oder Naturkostladen beziehen können. Denn diese Pflanzen nehmen viel Platz weg und sind im Vergleich zu anderen Gemüsen ziemlich preiswert zu kaufen. Auf Frühkartoffeln sollten Sie aber nicht verzichten, denn diese schmecken frisch aus dem Garten ganz besonders gut. Kartoffeln sind als Hauptanpflanzung eine hervorragende »Säuberungsfrucht« für neue Gärten (s. S. 56).

Weltweit werden Schätzungen zufolge übrigens etwa 300 Millionen Tonnen Kartoffeln geerntet.

SORTEN Kaufen Sie nur Saatkartoffeln mit Zertifikat, die garantiert krankheitsfrei sind. Wählen Sie möglichst kleine Knollen mit wenig Keimen (siehe rechts). Dadurch wird eine bessere Entwicklung der Pflanzen gefördert.

Die köstlichen Frühkartoffeln werden gleich nach der Ernte gegessen. Sehr frühe und frühe Sorten sind 'Christa', 'Anais', 'Arcona' (alle vorwiegend festkochend) u. a. Die meisten Sorten wachsen in verschiedenen Gegenden unterschiedlich gut,

deshalb empfiehlt es sich, jedes Jahr ein paar Knollen einer anderen Sorte zu probieren, bis man sein »Ideal« gefunden hat. Einkellerungskartoffeln werden im Herbst geerntet. Mittelfrüh sind 'Granola' 'Ditta' und 'Nicola' (beide vorwiegend festkochend), 'Leandra' (mehlig), u. a. Mittelfrüh bis sehr spät sind 'Ackersegen' und 'Talent' (beide mehlig), 'Marena' (vorwiegend fest), u. a.

STANDORTANSPRÜCHE Kartoffeln brauchen einen Boden mit reichlich organischer Masse, der viel Feuchtigkeit speichern kann. Wenn nicht genügend gut verrotteter Kompost oder Stallmist für das ganze Beet zur Verfügung steht, sollten Sie tiefe Pflanzfurchen graben und das Material auf der Sohle verteilen. Knollen direkt darauf setzen. Keinen Kalk verwenden, da Kartoffeln sauren Boden bevorzugen. Bei dreijährigem Fruchtwechsel kommen Kartoffeln auf Beet A (s. S. 134).

PFLANZUNG Saatkartoffeln möglichst früh im Jahr kaufen und in Kisten oder in einem Eierkarton lagern. Bei etwa 10 °C an einen hellen Platz stellen, so bilden sich kurze, buschige grüne Keime.

Schlechte Keime

Gesunde, grüne Keime *entwickeln sich unter kühlen, hellen Bedingungen. An einem warmen, dunklen Platz werden schwächliche, helle Austriebe gebildet.*

ANBAU UNTER SCHWARZER FOLIE

Frühe Kartoffeln können durch Schlitze in schwarzer Folie gepflanzt werden. Das unterdrückt Unkrautwuchs und schützt junge Pflanzen durch die Bodenerwärmung vor Frost. Die Folie auf dem Beet auslegen und die Ränder eingraben oder mit Ziegelsteinen beschweren.

1 Alle 30 cm Schlitze in die Folie schneiden, in versetzten Reihen mit 30 cm Abstand. Die Kartoffeln 15 cm tief mit den Keimen nach oben pflanzen.

2 Die Folie wird hochgehoben oder weggeschnitten. Frühkartoffeln nur für unmittelbaren Gebrauch entnehmen, den Rest weiterwachsen lassen.

Die zeitigste Ernte erzielt man bei Anbau unter Glas- oder Folientunnel. Zusätzlich empfiehlt sich die Abdeckung des Bodens mit schwarzer Folie, durch die die Knollen bereits im Februar gesetzt werden können. Diese Methode ist gut für das Tiefbeet geeignet (*siehe unten*). Ins Freiland werden die ersten Frühkartoffeln im April gepflanzt. Spätere Sorten zum gleichen Zeitpunkt setzen, aber mit einem etwas größeren Abstand von 75 cm zwischen den Reihen und 35 cm in der Reihe (*siehe unten*).

Aus Augen gezogene Pflanzen nach dem letzten Frost im Mai in gleichem Abstand ausbringen.
PFLEGE Sollten Triebe erscheinen, bevor die Frostgefahr vorüber ist, müssen Sie aktiv werden: herausschauende Triebspitzen mit etwas Erde abdecken oder einen Folientunnel bauen. Sollten die ersten Keime einmal erfroren sein, besteht kein Grund zur Panik. Schlafende Augen treiben dann als Ersatz aus.

Sind die Pflanzen ca. 15–20 cm groß, 1 Handvoll Horn-Blut-Knochenmehl pro Meter Reihe streuen. Anhäufeln, dabei Sprosse einige Zentimeter herausschauen lassen. Das nächste Anhäufeln etwa drei Wochen später vornehmen. So wird Unkraut bekämpft und verhindert, dass die Knollen ans Licht gelangen.
ERNTE UND LAGERUNG Frühkartoffeln bei Blühbeginn ernten. Nur so viele nehmen, wie Sie brauchen, den Rest weiterwachsen lassen.

Einkellerungskartoffeln im Oktober ernten. Das Laub abschneiden und auf den Kompost werfen. Von den Seiten her graben, damit die Knollen nicht verletzt werden. Kartoffeln einsammeln und einige Stunden trocknen lassen. In Papier- oder Jutesäcken lagern. Nur völlig unversehrte Knollen aufbewahren, beschädigte müssen verbrannt werden.
SCHÄDLINGSBEFALL Schnecken, Drahtwürmer, Älchen, Kraut- und Knollenfäule, Kartoffelschorf, Schwarzbeinigkeit, Kartoffelkrebs.

Kartoffeln als Hauptfrucht *können direkt auf eine Unterlage gepflanzt werden, die aus gut verrottetem organischen Material besteht. Nach dem Pflanzen anhäufeln.*

PFLANZ- UND ERNTEZEITEN

	Aussaat unter Glas	Auspflanzen	Freiland- aussaat	Ernte
März	•			
April	•			
Mai	•			
Juni				•
Juli				•
August				•
September				•
Oktober				•
November				•
Dezember				
Januar				
Februar		•		

ERNTE UND LAGERUNG VON KARTOFFELN

Kartoffeln werden etwas anders als die übrigen Knollen und Wurzeln gelagert (*s. S. 184 und S. 187*). Man muss sie ebenso wie Rote Bete vorsichtig handhaben, da beschädigte Knollen faulen können.

1 *Das Laub abschneiden und sorgfältig auf Anzeichen von Krankheiten untersuchen. Gesunde Blätter kommen auf den Kompost, kranke werden verbrannt, da sonst die Gefahr einer Übertragung besteht.*

2 *Mit einer Grabgabel den Boden seitlich der Reihen lockern und die Pflanzen herausnehmen. Die Erde abschütteln und die Knollen einige Stunden trocknen lassen. Feucht eingelagert faulen sie leicht.*

3 *Unbeschädigte Knollen in Säcken aufbewahren, beschädigte sofort verbrauchen. Die eingelagerten Kartoffeln regelmäßig auf Fäulnis untersuchen und befallene Exemplare aussortieren.*

Süßkartoffeln

Süßkartoffeln oder Bataten lassen sich als Gewächs tropischer Zonen nur in warmen Gegenden kultivieren. Sie sind sehr nährstoffreich und enthalten viel Vitamin C und A. Aufgrund ihres höheren Zuckergehalts schmecken sie süßer als Kartoffeln. Die Knollen werden gekocht, gebacken oder als Salat zubereitet.

SORTEN Aus England und USA 'T 65' (süß aromatisch, ertragreich), 'Porto Rico' (saftig, rotfleischig), 'Beauregard Improved' (wohlschmeckend).

STANDORTANSPRÜCHE Sandige Böden, bei schweren Böden reichlich organisches Material einarbeiten. Eine tiefe Furche ziehen und eine Schicht Kompost oder Mist hineingeben. Dann den Boden anhäufeln, sodass etwa 25 cm hohe Erdwälle entstehen.
• Bei einem dreijährigen Fruchtwechsel auf Beet A (s. S. 134).

PFLANZUNG Pflanzen vom Züchter oder im Fachhandel kaufen. Einen Monat nach dem letzten Frost mit 30 cm Abstand setzen.

PFLEGE Unkraut jäten bis die Pflanzen die Reihen geschlossen haben und Unkräuter unterdrücken. Da Süßkartoffeln in heißem, trockenem Klima gedeihen, ist Gießen normalerweise unnötig.

ERNTE Vor dem ersten Herbstfrost. Ebenso ausheben und lagern wie normale Kartoffeln (s. S. 186).

SCHÄDLINGSBEFALL Schnecken, Drahtwürmer, Erdraupen, Läuse sowie die üblichen Krankheiten und Schädlinge bei Wurzelgemüse (s. S. 46–53 und S. 200).

PFLANZ- UND ERNTEZEITEN

	Aussaat unter Glas	Auspflanzen	Freiland- aussaat	Ernte
März				
April				
Mai				
Juni		•		
Juli				
August				
September				•
Oktober				•
November				
Dezember				
Januar				
Februar				

Pastinake und Petersilie

Die Pastinake ist eine bei uns heute häufig wild wachsende Pflanze, die früher als Gemüse größere Bedeutung hatte. Ihr angenehm würziger Geschmack liegt zwischen Möhre und Petersilie. Neben den Wurzeln, die man roh oder gekocht wie Möhren verzehrt, sind die Blätter als Gewürz verwendbar. Ähnliches gilt für die Petersilienwurzel, die nur etwas kleiner ist. Beide Pflanzen sind ausgezeichnete Wintergemüse.

SORTEN Wichtiges Unterscheidungsmerkmal der Sorten ist bei beiden Gemüsen die Länge der Wurzel. Bei Pastinaken ist die 'Halblange Weiße' empfehlenswert (lange Entwicklungszeit, aber große Wurzel, winterhart).

Bei Petersilie gibt es die Sorten 'Halblange', 'Kurze Dicke' (für schwere Böden) und 'Lange Glatte' (nur für tief gelockerte Böden).

STANDORTANSPRÜCHE Beide Arten sind recht anspruchslos, gedeihen aber am besten auf Böden mit reichlich eingearbeiteter organischer Substanz (s. S. 21–28); pH-Wert um 6,5. Wenn Sie in steinigem Boden lange Wurzeln erzielen wollen, machen Sie mit einer Brechstange im Abstand von 15 cm etwa 45 cm tiefe Löcher mit einem Durchmesser von 8 cm. Die Löcher mit gutem Boden oder organischem Material füllen, 2–3 Samen einsäen und später ausdünnen.
• Bei einem dreijährigen Fruchtwechsel kommen Pastinake und Petersilienwurzel auf Beet A (s. S. 134).

AUSSAAT Die Samen keimen bei einer Bodentemperatur unter 12 °C nur sehr langsam, deshalb in kühlen Lagen nicht vor April säen. In wärmeren Gegenden kann die Aussaat auch im September erfolgen. Dann 2–3 Samen mit 15 cm Abstand in flachen Rillen säen, Reihenabstand 30 cm. Immer ein vorgereinigtes Saatbeet verwenden (s. S. 269) und einige Radieschen dazu säen, um die Reihen für das Hacken zu markieren. Alternativ kann man die Samen vorkeimen und dann flüssig säen (s. S. 140).

ERNTE UND LAGERUNG

Diese Gemüse können zwar im Boden bleiben, doch geerntet ist der Krankheits- und Schädlingsbefall geringer.

1 *Die Wurzeln erst nach den ersten Frösten ernten. Dadurch verbessert sich der Geschmack und das Laub ist schon abgestorben.*

2 *Geerntete Wurzeln nicht zu eng in Kisten mit feuchtem Torfersatz oder Sand legen und an einem kühlen, aber frostfreien Platz aufbewahren.*

Tiefbeet Aussaat am besten blockweise mit 15 cm Abstand nach allen Seiten (s. S. 136).

PFLEGE Reihen unkrautfrei halten und häufig gießen, um ein Aufplatzen der Wurzeln zu vermeiden.

SCHÄDLINGSBEFALL Beide Gemüse sind anfällig für Möhrenfliege und Pastinakenkrebs.

PFLANZ- UND ERNTEZEITEN

	Aussaat unter Glas	Auspflanzen	Freiland- aussaat	Ernte
März		•		
April				
Mai				
Juni				
Juli				
August				
September		•		
Oktober				
November				•
Dezember				
Januar				
Februar				

Blattgemüse

Viele Blattgemüse gehören zur Familie der Kohlgewächse. Ihre fleischigen Blätter enthalten viel Wasser. Als zweijährige Gewächse speichern sie im ersten Jahr Nährstoffe, die wir uns zunutze machen können, indem wir die Blätter vor der Blüte und dem Samenansatz ernten. Viele Blattgemüse versorgen uns besonders reichlich mit Eisen und wichtigen Vitaminen. Alle Kohlgewächse sind anfällig für zahlreiche Schädlinge und Krankheiten, doch richtige Anbaumethoden und ein konsequenter Fruchtwechsel können manches Problem verhindern.

◄ GRÜNKOHL
Brassica oleracea acephala
Neue verbesserte Sorten machen Grünkohl zu einem wertvollen, vitaminreichen Wintergemüse. Es gibt Formen mit stark krausen und weniger krausen Blättern (*siehe S. 190*).

ROSENKOHL ▲
Brassica oleracea gemmifera
Rosenkohl wird oft zwischen anderes Gemüse gesetzt. Die neueren Sorten sind lange Zeit an der Pflanze haltbar (*s. S. 190*).

SCHNITTMANGOLD ►
Beta vulgaris cycla
Schnittmangold ist noch einfacher zu kultivieren als Spinat, und da er zweijährig ist, besteht nicht die Gefahr eines Samenansatzes. Zwei Aussaaten sind für die Versorgung ausreichend (*s. S. 192*).

◄ STIELMANGOLD
Beta vulgaris cycla
Von diesem breitblättrigen Gemüse lassen sich sowohl Stiele als auch Blätter verwenden (*s. S. 192*).

SPINAT ►
Spinacea oleracea
Der nährstoffreiche, einfach zu ziehende Spinat kann das ganze Jahr über geerntet werden. Man muss ihn im Schatten anbauen, um ein vorzeitiges Schießen in Blüte zu verhindern (*s. S. 193*).

▲ BROKKOLI

Brassica oleracea italica
Dieses schmackhafte Gemüse ist ernährungsphysiologisch
äußerst wertvoll. Es enthält viele Vitamine und Mineralstoffe.
Besonders herausragend sind hohe Gehalte an Carotin und
Vitamin C (*s. S. 193*).

CHINAKOHL ▶

Brassica pekinensis
Der vielseitig verwendbare
Chinakohl ist vitaminhaltig
und kalorienarm und somit
eine ideale Gesundheitskost.
Er wird roh oder gekocht
verzehrt (*s. S. 196*).

BLUMENKOHL ▲

Brassica oleracea botrytis
Durch entsprechende Sor-
tenauswahl – frühe bis späte
Typen – ist Blumenkohl das
ganze Jahr über zu ernten.
Verwendet wird die innere
»Blume«. Der Anbau ist
etwas schwieriger als bei
anderen Kohlarten und
gehört bereits in die »Hohe
Schule« des Gärtnerns
(*s. S. 194*).

Rotkohl

Frühweißkohl

Wirsing

Weißkohl

KOHL ▲

Brassica oleracea capitata alba
Man kann Kohl das ganze Jahr über ernten, wenn man
entsprechende Frühlings-, Sommer- und Wintertypen
sät und zur richtigen Zeit umpflanzt. Im Verhältnis zum
Platz liefert Kohl viel verwertbares Material. Es gibt
spitzen und runden Weißkohl als Frühlings-, Sommer-
und Wintersorten sowie Wirsing und Rotkohl (*s. S. 196*).

Der Anbau von Blattgemüsen

Grünkohl

Dieses besonders in Norddeutschland heiß geliebte Wintergemüse ist von allen Kohlarten am einfachsten anzubauen. Obendrein ist es vitamin- und mineralstoffreich und liefert außerdem noch ein hochwertiges Eiweiß.

SORTEN Es gibt stark gekrauste und weniger gekrauste Sorten. 'Winnetou' schmeckt ausgezeichnet, 'Redbor' hat gekrauste, rote Blätter. 'Lerchenzungen' hat lange, schmale Blätter.
STANDORTANSPRÜCHE *Siehe* »Bodenvorbereitung für Kohlgewächse« *S. 191.*
AUSSAAT UND PFLANZUNG Im April/Mai ins Saatbett in flachen Rillen mit 15 cm Zwischenraum säen. Später mit 45 cm Abstand nach allen Seiten auspflanzen.
Tiefbeet Mit 35 cm Abstand in jeder Richtung setzen (*s. S. 136*).
PFLEGE Den Grünkohl regelmäßig gießen, hacken und zur Vorbeugung von Unkraut möglichst mulchen (*s. S. 58–59*). In ungeschützten Lagen müssen die Pflanzen eventuell gestützt werden.
ERNTE Nehmen Sie zuerst einige junge, noch zarte Blätter aus der

Zur Ernte *nehmen Sie zuerst die jungen Blätter aus der Mitte. Nicht die ganze Pflanze schneiden.*

Pflanzenmitte, den Rest ernten Sie nach Bedarf den ganzen Winter über.
SCHÄDLINGSBEFALL Grünkohl ist meist sehr robust, wird aber genau wie alle anderen Kohlgewächse als Keimling von Erdflöhen und

Zur Vermeidung von Krankheiten, *besonders der Kohlhernie, ziehen Sie nach der Ernte der jüngeren Blätter den ganzen Strunk aus dem Boden.*

von allgemeinen Krankheiten und Schädlingen sowie von Kohlweißling, Kohleule, Kohlfliege und Kohlhernie heimgesucht (*s. S. 46–53 und S. 201*).

PFLANZ- UND ERNTEZEITEN

	Aussaat unter Glas	Auspflanzen	Freiland-aussaat	Ernte
März			•	
April		•		
Mai		•		
Juni				
Juli				
August				
September				
Oktober				
November				•
Dezember				•
Januar				•
Februar				•

Rosenkohl

Rosenkohl ist ein schmackhaftes Wintergemüse und liefert zu einer Zeit, in der die Auswahl an Frischgemüsen begrenzt ist, wertvolles Vitamin C. Verzehrt werden die in den Achseln der Stängelblätter gebildeten Triebknospen, die Röschen, die durch leichte Frosteinwirkung noch zarter und bekömmlicher werden.

Rosenkohl beansprucht recht viel Platz, doch im frühen Entwicklungsstadium können schnell reifende Gemüse wie Salat oder Radieschen zwischengepflanzt werden.

Die geernteten Röschen vertragen keine lange Lagerung und müssen möglichst frisch verarbeitet oder eingefroren werden. Man kann sie als Rohkost oder Gemüse zubereiten. Da Rosenkohl recht frosthart ist und Temperaturen bis etwa -12 °C verträgt, kann er fast den ganzen Winter über je nach Bedarf geerntet werden.

SORTEN Um den Platz gut auszunutzen und eine lange Erntezeit zu gewährleisten, sollte man ausdauernde Sorten anbauen. Die teuren F1-Hybriden sind anderen weit überlegen. Zwei Aussaaten pro Saison genügen. Frühe Sorten wie 'Cronus F1' sind von September bis Januar zu ernten. 'Trafalgar' oder 'Diablo' u. a. halten ohne Qualitätsverluste von Dezember bis März.
STANDORTANSPRÜCHE *Siehe* »Bodenvorbereitung für Kohlgewächse« *S. 191.*
AUSSAAT UND PFLANZUNG Rosenkohl hat eine längere Wachstumsperiode als die meisten anderen Kohlarten, daher Aussaat ins Saatbett bereits im März/April. Dünn in flachen Rillen mit 15 cm Abstand säen. Die Sämlinge mit Netzen vor Vögeln schützen (*s. S. 47*). Sämlinge bei 5–8 cm Größe auspflanzen, 1 m Abstand im Quadrat, wenn die Röschen frisch verzehrt werden, für kleinere zum Einfrieren 50 cm Abstand nach allen Seiten. Pflanzholz verwenden, Pflänzchen festtre-

BODENVORBEREITUNG FÜR KOHLGEMÜSE

Der optimale pH-Wert liegt zwischen 6,5 und 7,0. Wenn nötig, aufkalken. Auch empfiehlt es sich, gut verrotteten Kompost oder Stallmist einzuarbeiten und pro Quadratmeter 2 Handvoll Horn-Blut-Knochenmehl beizugeben.

Der Boden sollte gut abgesetzt und nicht zu locker sein. Deshalb wird nach der Ernte der vorhergehenden Frucht nicht umgegraben, außer bei den Kohlarten, die bereits im Frühjahr gepflanzt werden.

Bei einem dreijährigen Fruchtwechsel kommen bei mir alle Kohlarten auf Beet C (s. S. 134). Ich lasse Kohl in der Fruchtfolge gewöhnlich den Leguminosen folgen, daher hat der Boden noch einen Stickstoffvorrat von den Knöllchenbakterien der Erbsen- und Bohnenwurzeln.

Wegen der Gefahr von Kohlhernie darf Kohl in aufeinanderfolgenden Jahren nie auf demselben Beet kultiviert werden. Strenger Fruchtwechsel ist deshalb empfehlenswert.

---

ten, gießen. Zur nächsten Wassergabe eine Woche warten.

Tiefbeet Anpflanzung in denselben Abständen. Zwischen die Reihen andere Früchte setzen. Boden nicht festdrücken, jedoch die Pflanzen im Winter bei Bedarf stützen. Durch den enormen Platzanspruch wird der Ertrag pro m² im Tiefbeet nicht erhöht (s. S. 136).

PFLEGE Im Sommer gibt es außer Gießen und Unkrautjäten keine Arbeit. Bei Zweitfrüchten zwischen den Pflanzen den Boden zwischen den Reihen mit Kompost, Papier oder schwarzer Folie abdecken, um Unkraut zu unterdrücken und den Wasserbedarf zu reduzieren. Wenn Sie Salat, Zwiebeln, Radieschen oder eine andere schnell reifende Art anbauen, seien Sie mit zusätzlichem Dünger sparsam. Rosenkohl ist gegen Oberdüngung besonders empfindlich und bringt dann nur lockere, weiche Röschen hervor, die geringen Wert haben. Ein solches Malheur kann besonders auf leichten Sandböden passieren, die zu übermäßig mit Stallmist gedüngt wurden. Verwenden Sie dort nur niedrig wachsende Sorten. Rosenkohl verträgt keine Wachstumsstockungen, sondern muss sich zügig entwickeln können. Das ist besonders zum Winter hin wichtig. Um Pilzkrankheiten zu verhindern, gelbe Blätter im Herbst entfernen und auf den Kompost werfen. Pflanzen mit Netzen vor Vögeln schützen (s. S. 47).

Hohe Sorten in ungeschützten Lagen abstützen. Dazu an den Reihenenden je einen Pfosten aufstellen und ein Nylonseil an jeder Seite entlang der Pflanzen spannen (s. S. 158).

ERNTE Beginn im September oder, wenn die unteren Röschen fest sind, andauernd bis März. Stets von unten nach oben pflücken. Abgeerntete Strünke aus dem Boden nehmen und im Häcksler zerkleinern oder mit einem Hammer weichklopfen (siehe unten). Sie kommen zum Verrotten auf den Kompost.

SCHÄDLINGSBEFALL Allgemeine Schädlinge und Krankheiten sowie Kohlweißling, Kohlfliege, Kohlhernie. Sorgen Sie für einen hohen pH-Wert.

PFLANZ- UND ERNTEZEITEN

	Aussaat unter Glas	Auspflanzen	Freiland-aussaat	Ernte
März			●	●
April			●	
Mai				
Juni				
Juli				
August				
September				●
Oktober				●
November				●
Dezember				●
Januar				●
Februar				●

Abwehr *Die unteren Blätter müssen entfernt werden, sobald sie sich gelb färben. Sie werden sonst von gefährlichen Pilzkrankheiten befallen, die sich auf den gesamten Bestand ausbreiten können.*

Röschenernte *Die Ernte der zarten Röschen beginnt man unten am Strunk und arbeitet sich entsprechend der Reife nach oben vor. Die Röschen werden an der Basis einfach abgedreht.*

Nach der Ernte *Die ganze Pflanze wird zur Vermeidung von Krankheiten aus dem Boden genommen. Den Strunk mit einem Hammer weichklopfen, damit er schneller auf dem Kompost verrottet.*

Stielmangold

Stiel- oder Stängelmangold, gelegentlich auch als Rippenmangold bezeichnet, ist ein einfach zu kultivierendes Gemüse, das in jedem Garten Platz findet. Nahe mit dem Spinat verwandt, hat Mangold jedoch einen höheren Eiweißgehalt und einen noch feineren Geschmack. Die Blätter enthalten größere Mengen Betacarotin, das vom Körper in Vitamin A umgewandelt werden kann. Sie dienen als Spinatersatz, die Stiele dagegen werden genau wie Spargel gedünstet oder gekocht.

SORTEN 'White Silver 2', 'Rhubarb Chard' ist ebenso erhältlich, er hat hübsche, blutrote Stängel. 'Bright Lights' und 'Rainbow Chard' sind ebenfalls sehr dekorativ.

STANDORTANSPRÜCHE Ein nährstoffreicher, feuchtigkeitsspeichernder Boden, angereichert mit organischer Masse ist am günstigsten; pH-Wert über 6,5, daher, wenn nötig, aufkalken.

• Bei einem dreijährigen Fruchtwechsel kommt Stielmangold am besten auf Beet B (s. S. 134).

AUSSAAT Im April in flachen Rillen aussäen, je 2–3 Samen mit 30 cm Abstand in der Reihe und 35 cm zwischen den Reihen. Später ausdünnen, sodass die stärksten Keimlinge übrig bleiben. Eine zweite Aussaat erfolgt

Leuchtend rot *gefärbter Mangold hat nicht nur ein exzellentes Aroma, sondern wirkt auch dekorativ in Zierpflanzenrabatten.*

im Juli für den Gebrauch im Winter. In sehr kalten Lagen dort aussäen. wo gut mit Folie abgedeckt werden kann (s. S. 140).

Tiefbeet Aussaat zum gleichen Zeitpunkt. Die ausgedünnten Pflanzen sollten in versetzten Reihen mit 23 cm Abstand nach allen Seiten stehen (s. S. 136).

PFLEGE Eine ausreichende und gleichmäßige Wasserversorgung ist für gutes Gedeihen von Mangold

wichtig. Daher bei Bedarf gießen und Unkräuter entfernen. In kalten Wintern die Pflanzen mit Folie abdecken (s. S. 140). Nach frühem Mangold können noch Sommergemüse angebaut werden. In der Fruchtfolge darf Mangold nicht nach Spinat, Rote Bete oder sich selbst stehen.

ERNTE Beginn im Juli. Die Blätter wie bei Rhabarber abdrehen, bei Abschneiden würden sie »bluten«. Nur einige äußere Blätter nehmen und den Rest weiterwachsen lassen. Die fleischigen Mittelrippen werden vielfach als Delikatesse – wie Spargel – getrennt zubereitet. Da Mangold etwas Kälte verträgt, kann er lange geerntet werden.

SCHÄDLINGSBEFALL Es gibt keine Probleme außer Schnecken sowie die üblichen Krankheiten und Schädlinge bei Blattgemüse (s. S. 50 und S. 201).

PFLANZ- UND ERNTEZEITEN

	Aussaat unter Glas	Ausspflanzen	Freiland-aussaat	Ernte
März				
April			•	
Mai				
Juni				
Juli			•	•
August				•
September				•
Oktober				•
November				•
Dezember				•
Januar				•
Februar				•

Schnittmangold

Der kälteverträgliche Schnittmangold ist noch anspruchsloser als Spinat (s. S. 193) und den ganzen Winter über kultivierbar. Da Schnittmangold zweijährig ist, ist die Gefahr des Schießens gering (s. S. 143).

Da Mangold leicht Nitrat speichert, ist ein biologischer Anbau sehr sinnvoll. So kann man eine geringere Nitratbelastung sicherstellen.

SORTEN 'Grüner Schnitt', 'Lucullus'
STANDORTANSPRÜCHE Optimal ist ein nährstoffreicher, feuchtigkeitsspeichernder Boden mit organischer Masse und einem pH-Wert über 6,5; nötigenfalls Kalk beigeben. Wenn möglich, die Pflanzen beschatten, sie gedeihen aber auch in der Sonne.

• Bei einem dreijährigen Fruchtwechsel kommt Schnittmangold vorzugsweise auf Beet B (s. S. 134).
AUSSAAT Zur Sommerernte im Frühjahr in etwa 25 cm tiefe Rillen säen, für die Winterernte ab Juli. Alle 30 cm jeweils 2 Samen ausbringen. Abstand zwischen den Reihen ebenfalls 30 cm. Nur den kräftigeren Sämling stehen lassen.
Tiefbeet Aussaat in versetzten Reihen mit 23 cm Abstand zwischen den Samen.
PFLEGE Die Beete durch Hacken unkrautfrei halten und die Pflanzen bei Trockenheit reichlich gießen (s. S. 57).
ERNTE Von jeder Pflanze die äußeren Blätter pflücken, wenn sie noch jung und zart sind. So wachsen neue Blätter nach und man hat fast das

ganze Jahr über Nachschub. Nie die ganze Pflanze abernten.
SCHÄDLINGSBEFALL Schnittmangold ist ein Leckerbissen für Schnecken und Vögel (s. S. 46 und S. 50). Krankheiten und Schädlinge bei Blattgemüse (s. S. 201).

PFLANZ- UND ERNTEZEITEN

	Aussaat unter Glas	Ausspflanzen	Freiland-aussaat	Ernte
März		•	•	
April		•	•	
Mai			•	
Juni			•	
Juli			•	•
August			•	•
September				•
Oktober				•
November				•
Dezember				•
Januar				•
Februar				•

Spinat

Der aus dem Kaukasus stammende Spinat ist schon lange in Mitteleuropa heimisch und war besonders zu Großmutters Zeiten ein beliebtes Gemüse. Durch das vermehrte Angebot in Form von Tiefkühlkost ist er heute wieder mehr verbreitet. Spinat sollte in keinem biologischen Garten fehlen. Er ist einfach zu kultivieren, gesund und fast das ganze Jahr über zu ernten. Häufig weist nicht biologisch angebauter Spinat einen hohen Nitratgehalt auf, der auf eine Überdüngung mit Stickstoff zurückzuführen ist. Das Nitrat kann unter bestimmten Bedingungen in giftiges Nitrit umgewandelt werden, ein weiteres Argument für den natürlichen Anbau.

SORTEN Spinat hat einen eigenen, aber exzellenten Geschmack. 'Emilia', 'Columbia' und 'Galaxy' sind mehltauresistent und entwickeln viele Blätter. 'Bordeaux' hat schöne, grüne Blätter und kontrastierend dazu rote Stängel und Blattadern.

STANDORTANSPRÜCHE Erwünscht ist ein nährstoffreicher, feuchtigkeitsspeichernder Boden, angereichert mit organischer Masse und ein pH-Wert über 6,5; nötigenfalls Kalk beigeben. Pflanzen beschatten, da Spinat bei zu viel Sonne leicht zu schießen beginnt (s. S. 143).
• Bei einem dreijährigen Fruchtwechsel kommt Spinat im Allgemeinen auf Beet B (s. S. 134).

AUSSAAT UND PFLANZUNG Die erste Aussaat erfolgt im Februar bei etwa 18 °C im Gewächshaus oder auf der Fensterbank (s. S. 256). Jeweils 2 Samen kommen in kleine Töpfchen oder Pflanzleisten (s. S. 139). Später den schwächeren Sämling entfernen. Pflänzchen im März unter Folie auspflanzen, 15 cm Abstand in der Reihe und 30 cm zwischen den Reihen.

Anschließend monatlich in flachen Rillen mit 30 cm Abstand säen, auf 15 cm in der Reihe ausdünnen. Aussaaten bis Juli fortsetzen. Spinat wird erst im Mai nach dem letzten Frost gesät. Reihenabstand 20 cm.
Tiefbeet Aussäen oder pflanzen in Blöcken mit 20 cm Abstand nach allen Seiten (s. S. 136).
PFLEGE Spinat ist insgesamt pflegeleicht. Man muss nur bei Bedarf jäten und gießen.
ERNTE Von jeder Pflanze nur einige Blätter pflücken, sodass sie weiter wächst. Spinat regelmäßig ernten.
SCHÄDLINGSBEFALL Läuse und Falscher Mehltau sowie Mosaikvirus (s. S. 46–53 und S. 201).

Die Spinaternte *beginnt sechs bis zehn Wochen nach der Aussaat.*

PFLANZ- UND ERNTEZEITEN

	Aussaat unter Glas	Auspflanzen	Freiland-aussaat	Ernte
März		•	•	
April			•	
Mai			•	•
Juni			•	•
Juli			•	•
August				•
September				•
Oktober				•
November				•
Dezember				•
Januar	•			
Februar				

NEUSEELANDSPINAT

Dieses Gemüse kommt tatsächlich aus Neuseeland, schmeckt ähnlich wie Spinat, ist aber nicht mit ihm verwandt. Es verträgt viel Wärme, ohne zu schießen (s. S. 143). Sonst hat es dieselben Standortansprüche wie Spinat. Die erste Aussaat erfolgt im Februar auf der Fensterbank. Auspflanzen im April unter Folie (s. S. 140) mit 60 cm Abstand nach allen Seiten. Da Neuseelandspinat sehr frostempfindlich ist, sind Freilandaussaaten erst nach den Eisheiligen angebracht.

Brokkoli

Brokkoli, auch Spargelkohl genannt, ist viel anspruchsloser als Blumenkohl und liefert neben dem Haupttrieb noch nachwachsende Seitentriebe zum Ernten. Geerntet werden die grünen oder rotbraunen Blütenstände im Knospenstadium einschließlich ihrer Stiele. Brokkoli ist ein außerordentlich wohlschmeckendes und zusätzlich sehr gesundes Gemüse für die feine Küche. Besonders erwähnenswert sind die Gehalte an Betacarotin sowie an Vitamin C.

SORTEN 'Marathon' (zur Sommer-Ernte), 'Romanesco' (wohlschmeckend, Ernte im frühen Herbst), 'Purple Sprouting' (zum Spätanbau, da widerstandsfähig gegen Frühfrost), 'Calabres natalino' (länger zu ernten, da ungleichmäßig reifend), u. a.
STANDORTANSPRÜCHE *Siehe* Bodenvorbereitung für Kohlgewächse *Seite 191.*
AUSSAAT UND PFLANZUNG Aussaat früher Sorten im April, späterer ab Mai bis Anfang Juli in flachen Reihen mit 15 cm Abstand ins Saatbett. Umpflanzen mit 15 cm Abstand (frühe Sorten), bzw. 60 cm Abstand (späte Sorten); Reihenabstand 30 cm.

Brokkoli *wird in kurzen Reihen mit 15 cm Zwischenraum in ein Saatbett gesät und später umgepflanzt.*

Um hohe Erträge *zu erzielen, wird der Haupttrieb zuerst geerntet. Dadurch lässt sich die Bildung von Seitentrieben fördern.*

PFLEGE Regelmäßig gießen und Unkrautwuchs unterdrücken durch Mulchen mit organischem Material oder mit schwarzer Folie (*s. S. 58–59*).

ERNTE Zuerst den noch grünen Haupttrieb schneiden, um den Seitenaustrieb zu fördern. Das Blühen möglichst verhindern, denn es reduziert den Ertrag. Besonders spätere Sorten produzieren, wenn sie regelmäßig geerntet werden, eine Zeit lang ständig neue Seitentriebe.

SCHÄDLINGSBEFALL Brokkoli gehört zu den anfälligeren Kohlarten, man muss auf der Hut sein vor vielen allgemeinen Krankheiten. Häufig sind auch spezielle Kohlschädlinge wie Kohlweißling, Kohleule, Kohlfliege und Kohlhernie (*s. S. 46*).

PFLANZ- UND ERNTEZEITEN

	Aussaat unter Glas	Auspflanzen	Freiland-aussaat	Ernte
März				•
April			•	
Mai			•	•
Juni			•	
Juli				•
August				•
September				•
Oktober				•
November				
Dezember				
Januar				
Februar				•

Blumenkohl

Obwohl Blumenkohl von allen Kohlarten am anspruchsvollsten ist, lohnt es sich, ihn anzubauen, wenn die Beete frei von Kohlhernie sind (*s. S. 201*). Wichtig ist, dass die Pflanzen zügig wachsen. Jede Wachstumsstockung führt zu einer vorzeitigen Bildung kümmerlicher Triebe, die wertlos sind.

Damit die Blumen weiß bleiben, müssen sie vor starker Sonne geschützt werden. Wie bei Kopfkohl gibt es Formen, die im Sommer, Herbst oder Winter/Frühjahr reifen.

Blumenkohl hat einen beträchtlichen Vitamin-C-Gehalt, ist aber auch reich an Vitamin A und B und liefert Mineralstoffe wie Kalium und Magnesium. Im Strunk enthaltene Ballaststoffe sind wertvoll für eine natürliche Verdauungsregulierung. Da jedoch außerdem harnsäurebildende Purine vorhanden sind, sollte man bei Gicht oder Harnsäuresteinen den Verzehr in Maßen halten.

SORTEN Für Frühanbau im Freiland sowie unter Glas oder Folie 'Erfurter Zwerg', 'Neckarperle' u. a.

Sommerblumenkohl 'Veronica' ist ideal fürs Beet, 'Gypsy' für magere Böden. 'Purple Graffiti' hat violette Röschen.

Herbstblumenkohl 'Clapton' ist im Frühherbst reif. 'Autumn Giant' kommt im späten Herbst zur Reife und kann bis Mitte des Winters geerntet werden. Er hat feste, weiße Köpfe.

Winterblumenkohl 'Hormade', 'Burt' u. a.

STANDORTANSPRÜCHE

Siehe »Bodenvorbereitung für Kohlgewächse« *S. 191.* Meist zeigen nur wenige Pflanzen eine deutliche Reaktion auf Nährstoffmangel (*s. S. 195 und S. 38–39*). Im gut geführten biologischen Garten herrscht sowieso ein ausgewogenes Nährstoffverhältnis. Wer jedoch gerade auf biologische Methoden umgestellt hat, sollte auf der Hut sein und auftauchende Mangelerscheinungen sofort beheben. Wenn der Kalkgehalt stimmt und trotzdem noch Symptome auftreten, harkt man am besten 2 Handvoll Algenmehl pro m² unter. Dadurch werden die notwendigen Spurenelemente zugeführt.

AUSSAAT UND PFLANZUNG
Früh- und Sommerblumenkohl

Eine frühe Aussaat kann bereits im Januar im beheizten Gewächshaus oder auf der Fensterbank vorgenommen werden. Sind die Pflanzen groß genug zum Handhaben, kommen sie mit weiteren Abständen in eine größere Pflanzkiste. Im Februar unter Folie alle 50 cm² eine Pflanze ausbringen (*s. S. 140*). Vor dem Umpflanzen überprüfen, ob jedes Pflänzchen einen Wachstumspunkt hat. Manchmal treibt Blumenkohl »blind«, und solche Pflanzen sind nutzlos. Blumenkohl darf nie zu lange in den Pflanzkisten bleiben, denn der anstehende Nährstoffmangel führt beim Auspflanzen zu übermäßigem Wurzelwachstum, was eine vorzeitige Blumenbildung bewirken kann. Ausgepflanzt wird deshalb, wenn die Sämlinge höchstens 5 cm groß sind.

Die zweite Aussaat erfolgt ebenfalls im Februar, das Auspflanzen ins Freiland im März. Folgesaaten von März bis Mai kommen alle drei Wochen in ein Saatbett im Freiland, in flachen Rillen mit 15 cm Abstand. Mit demselben Abstand wie oben umpflanzen, bevor die Sämlinge größer als 8 cm sind. Vor dem Herausnehmen sowie nach dem Umsetzen jeweils gut gießen.

»Blinde« Pflanze

Gesunde Pflanze

Die Sämlinge *sollten vor dem Auspflanzen sorgfältig geprüft werden. Sie müssen unbedingt eine kleine zentrale Knospe haben. Pflanzen ohne diese Knospe bezeichnet man als »blind«. Sie sind zu entfernen, da sie keine Blume entwickeln. Achten Sie auch auf Knöllchen an den Wurzeln – Kohlherniengefahr.*

KULTURMASSNAHMEN BEI BLUMENKOHL

Blumenkohl wird gewöhnlich als sehr anspruchsvoll bezeichnet, und man sollte als gärtnerischer Anfänger vielleicht nicht gerade mit diesem Gemüse beginnen. Hat man dann später erst einmal das sichere Gespür, erreicht man bei richtiger Bodenvorbereitung und Pflege annehmbare Erträge.

Um die Wurzeln *jeder Pflanze herum etwas Erde aufhäufeln und fest heruntertreten, sodass sie nicht vom Wind gelockert werden können.*

Die »Blumen« *dürfen kein direktes Sonnenlicht bekommen. Als einfache Maßnahme empfiehlt sich, 1–2 größere Blätter zur Beschattung umzuknicken.*

Sommer-Blumenkohl *wird gelagert, indem man eine Schnur um den Stiel bindet und die Pflanzen umgekehrt an einem kühlen Platz aufhängt. Zum Frischhalten regelmäßig mit Wasser absprühen.*

Herbstblumenkohl Aussaat ins Saatbett in flachen Rillen mit 15 cm Abstand im April. Auspflanzung im Juni/Juli mit 60 cm Abstand im Quadrat. Die Pflanzen nicht tiefer als vorher im Saatbett setzen.

Winterblumenkohl Aussaat ins Saatbett im April/Mai. Umpflanzen mit 75 cm im Quadrat, bevor die Sämlinge größer als 8 cm sind.

Tiefbeet Den Sommerblumenkohl mit 45 cm Abstand in versetzten Reihen auspflanzen, andere Typen brauchen 60 cm nach allen Seiten. Der Zeitpunkt ist der gleiche wie bei herkömmlichen Beeten (*s. S. 136*).

PFLEGE Alle Pflanzen unkrautfrei halten (*s. S. 57*) und darauf achten, dass kein Wassermangel entsteht. Ein einziger Tag Trockenheit kann die ganze Ernte verderben. Bedecken Sie den Boden zum Schutz vor Feuchtigkeitsverlust mit organischem Material, Folie oder Papier, und gießen Sie bei trockenem Wetter von Hand.

Bei **Herbstblumenkohl** für gute Verankerung sorgen, in dem Sie die Pflanzen im Spätsommer kräftig in den Boden drücken (*siehe oben*).

Winterblumenkohl im Spätherbst nach Norden richten, sodass die Blu-men keine Morgensonne abbekommen. Dadurch wird verhindert, dass gefrorene Köpfe zu rasch auftauen, was zu einer Verfärbung führt und auch den Geschmack mindern kann.

ERNTE UND LAGERUNG

Sommerblumenkohl Die reifen Köpfe schneiden, Strunk entfernen und auf den Kompost werfen. Sind zu viele Pflanzen gleichzeitig reif, kann man sie aus der Erde nehmen und einige Wochen an einem kühlen Platz aufbewahren (*oben rechts*).

Herbst-, Winter-, Frühjahrsblumenkohl Während der Reife einige Blätter zum Schutz über die Köpfe knicken. Nach Bedarf schneiden und die restliche Pflanze entfernen. Es ist nicht notwendig, diese Blumenkohltypen nach der Reife aus dem Boden zu nehmen und aufzuhängen, da zur Erntezeit das Wachstum bereits eingestellt ist und nicht mehr die Gefahr besteht, dass die Pflanzen in Blüte schießen. Wer möchte, kann auch neue Blumenkohlsorten ausprobieren, die optisch und oft auch geschmacklich ein Erlebnis sind. 'Romanesco' etwa besteht aus lauter Mini-Blumen-kohl-Köpfen, es gibt violette, eher grüne und weiße Varianten.

SCHÄDLINGSBEFALL Viele allgemein verbreiteten Krankheiten und Schädlinge sowie Kohlweißling, Kohleule, Kohlfliege und Kohlhernie (*s. S. 46–53 und S.201*).

Rechtzeitige Bekämpfungsmaß-nahmen sind wichtig, da jeglicher Befall den gesamten Bestand durch vorzeitige Bildung kümmerlicher Blumen zerstören kann.

Ein Mangel an Molybdän kann zu dünnen, deformierten Blättern führen, Bormangel verursacht kleine, bittere Blumen sowie braune Stängel und Blätter, bei zu wenig Magnesium werden die Blätter gelb, rötlich oder auch violett. Durch eine richtige Bodenbehandlung und entsprechende biologische Düngungsmaßnahmen ist es allerdings sehr oft möglich, derartige Mängel von vornherein zu vermeiden.

PFLANZ- UND ERNTEZEITEN

	Aussaat unter Glas	Auspflanzen	Freiland-aussaat	Ernte
März		•	•	•
April			•	•
Mai			•	•
Juni				•
Juli				•
August				•
September				•
Oktober				•
November				•
Dezember				•
Januar	•			•
Februar	•			•

Chinakohl

Chinakohl schießt im Sommer leicht in Blüte und ist deshalb nicht so leicht zu kultivieren. Am besten zieht man ihn als Nachkultur in der zweiten Jahreshälfte.

SORTEN Bei frühem Anbau sind Sorten mit geringerer Schoßanfälligkeit wie 'Bilko' oder 'Michihili'zu bevorzugen. Ansonsten verwendet man 'Winter Pride' oder 'Richi'.
STANDORTANSPRÜCHE
Siehe »Bodenvorbereitung für Kohlgewächse« *S. 191.* Chinakohl kann im Schatten neben den anderen Kohlarten wachsen, sollte aber ein Extrabeet mit reichlich gut verrottetem Kompost oder Stallmist bekommen.
AUSSAAT Mai bis Juni in flachen Rillen mit 30 cm Abstand, jeweils 2 Samen alle 23 cm. Nach dem Auflaufen den schwächeren Sämling entfernen.
Tiefbeet Aussaat blockweise mit 23 cm Abstand, später auf 23 cm in der Reihe ausdünnen (*s. S. 136*).
PFLEGE Den Boden stets feucht halten und zur Unkrautbekämpfung regelmäßig hacken (*s. S. 57*).
ERNTE Acht bis zehn Wochen nach der Aussaat. Da keine Lagerung möglich ist, für dauerhaftere Ernte alle zwei Wochen in kurzen Reihen aussäen.
SCHÄDLINGSBEFALL Erdflöhe, Schnecken, Tausendfüßler, allgemeine Krankheiten und Kohlhernie (*s. S. 46–53 und S. 201*).

PFLANZ- UND ERNTEZEITEN

	Aussaat unter Glas	Auspflanzen	Freiland- aussaat	Ernte
März				
April				
Mai			•	
Juni			•	
Juli			•	•
August				•
September				•
Oktober				•
November				
Dezember				
Januar				
Februar				

Kopfkohl

Zu den Kopfkohl-Arten zählt man Rotkohl, Weißkohl und Wirsing.

Alle Kopfkohl-Arten enthalten wertvolle Inhaltsstoffe. Besonders herausragend ist der Vitamin-C-Gehalt, aber auch Vitamin A und B und Mineralstoffe sind vorhanden. Daneben gibt es zahlreiche Appetit und Verdauung anregende Enzyme. Roh oder gekocht ist Kopfkohl ein preiswertes Wintergemüse, auch zu Sauerkraut eingelegt ist er ernährungsphysiologisch wertvoll.

SORTEN Kopfkohl kann man das ganze Jahr über ernten, wenn man drei verschiedene Typen verwendet: Frühe, mittelfrühe sowie Herbst- und Wintersorten.
Frühe Sorten: 'Dithmarscher Frühstamm 49' und 'Marner Allfrüh' (weiß), 'Matsumo', u. a.
Sommersorten: 'Marner Frühseptember', 'Minicole F 1' (beide weiß, gut für Hochbeete geeignet), 'Fr. Wiener Breindl', u. a.
Herbst- und Wintersorten: Gute Sorten sind: 'Tarvoy', 'Filderkraut', 'Saratoga F 1' oder die rote, sehr empfehlenswerte Sorte 'Ruby Ball'. Außerdem 'Brunswijker', 'Kilaton' (weiß), 'Marner Lagerrot' (rot).
STANDORTANSPRÜCHE
Siehe »Bodenvorbereitung für Kohlgewächse« *S. 191.*
AUSSAAT UND PFLANZUNG
Frühjahrskohl ist nur in wintermilden Gebieten möglich. Er wird im Juli/August in flachen Rillen mit 15 cm Abstand ins Saatbett gesät (*s. S. 269*). Denken Sie daran, dass schon eine sehr kurze Reihe von etwa 45 cm Länge ausreicht, um Sämlinge für 50–100 Pflanzen zu produzieren. Auspflanzen im Oktober wie unten beschrieben, Überwinterung im Freien.
Sommerkohl wird aus frühen und mittelfrühen Sorten gezogen. Die erste Aussaat erfolgt im Februar in Saatkisten auf der Fensterbank oder im Gewächshaus. Sobald die Sämlinge gut zu handhaben sind, mit größerem Abstand umpflanzen. Dann abhärten (*s. S. 254*) und im März unter Folie auspflanzen (*s. S. 140*), Abstand 45 cm nach allen Seiten.

Eine gute Unkrautkontrolle *erzielt man, wenn man die Kohlpflänzchen durch Schlitze in biologisch abbaubares braunes Papier pflanzt.*

Gleichzeitig abgehärtete Pflanzen zur späteren Ernte ins Freiland setzen. Im April Samen ins Freilandsaatbett säen und bei entsprechender Größe im Mai/Juni mit 45 cm Abstand umpflanzen.
Herbst-/Winterkohl erhält man mit späten Herbstsorten, die im April/Mai in flachen Rillen mit 15 cm Abstand ins Saatbett gesät werden. Im Juli Sämlinge mit 15 cm im Quadrat auspflanzen.
Tiefbeet Man erzielt im lockeren Boden des Tiefbeets gute Ergebnisse. Frühjahrskohl blockweise in versetzten Reihen mit 15 cm Abstand nach allen Seiten auspflanzen (*s. S. 136*). Sommer- und Herbstkohl ebenso kultivieren wie im herkömmlichen Beet, allerdings nur mit 35 cm Abstand. Dichteres Setzen führt zu kleineren Köpfen, was Sie vielleicht bevorzugen, wenn Sie eine kleinere Familie haben.
PFLEGE Die meisten Kohlarten vertragen zwar etwas Kälte, doch es empfiehlt sich, frühe Sorten in frostgefährdeten Gegenden zu schützen. Dazu eignen sich das Auslegen von

Zum Schutz *vor Vögeln deckt man die Pflanzen mit Netzen ab.*

PFLANZUNG UND ERNTE VON KOPFKOHL

Alle Kopfkohlarten werden normalerweise im Jungpflanzenstadium umgepflanzt. Einige einfache Maßnahmen tragen dazu bei, dass sich die Jungpflanzen schnell neu etablieren und zufriedenstellend weiterwachsen.

1 *Umpflanzen bei 5–8 cm Größe. Gießen Sie das Saatbett am Vortag gründlich. Nehmen Sie mehrere Pflänzchen zusammen mit einer kleinen Handgabel heraus.*

2 *Füllen Sie eine flache Furche mit Wasser und halten Sie die Wurzeln der Jungpflanzen etwa eine Minute hinein. So werden die Wurzeln mit Schlammwasser ummantelt und können beim Pflanzen nicht austrocknen.*

3 *Machen Sie mit einem Pflanzholz alle 45 cm etwa 15 cm tiefe Löcher. Reihenabstand ebenfalls 45 cm. Die Sämlinge nach dem Pflanzen mit dem Absatz fest andrücken und dann gießen.*

4 *Wenn das Herz der Köpfe fest ist, werden sie mit einem scharfen Messer unten abgeschnitten. Einige Sorten lassen sich lagern, indem man sie umgekehrt an einem frostfreien Platz aufhängt.*

mitwachsender Folie oder der Bau eines Folientunnels. So verhindert man gleichzeitig, dass durch Kälte ein Schossen ausgelöst wird.

Frühjahrskohl wird unkrautfrei gehalten und im Frühstadium reichlich mit Wasser versorgt. Im Februar profitiert er von einer Wachstumsanregung mit 1 Handvoll Blutmehl pro 4 Pflanzen.

Sommer- und Herbstkohl werden unkrautfrei gehalten und gut gegossen. Trockenheit kann zum Platzen der Köpfe führen.

ERNTE UND LAGERUNG

Der erste Frühjahrskohl wird in Form grüner Blätter geerntet. Die Pflanzen so herausnehmen, dass ein Endabstand von 30 cm entsteht. Die Ernte erstreckt sich von etwa März bis Juni.

Sommerkohl wird geschnitten, wenn die Köpfe eine gewisse Größe erreicht haben und fest sind. Wenn man den verbleibenden Strunk oben einritzt, wachsen nochmals einige kleinere Köpfe nach.

Herbst- und Winterkohl wird geerntet, wenn die Köpfe gut entwickelt und fest sind. Viele Sorten vertragen etwas Frost und können, mit Folie abgedeckt, bis etwa Dezember draußen bleiben. Besonders frostunempfindlich ist Wirsing. Ansonsten wird im November geerntet. Die Köpfe können am Strunk umgekehrt an einem frostfreien Platz aufgehängt oder in Kisten gelagert werden. Sie halten sich etwa zwei Monate.

SCHÄDLINGSBEFALL Viele allgemein verbreitete Krankheiten und Schädlinge sowie Kohlweißling, Kohleule, Kohlfliege und Kohlhernie (*s. S. 46–53 und S. 201*).

PFLANZ- UND ERNTEZEITEN

	Aussaat unter Glas	Auspflanzen	Freiland-aussaat	Ernte
März		•	•	•
April		•		•
Mai		•		•
Juni				•
Juli		•		•
August		•		•
September				•
Oktober				•
November				•
Dezember				•
Januar	•			
Februar	•	•		

Krankheiten am Gemüse

Bei vielen Gemüsearten plagen uns nicht nur die allgemeinen Probleme des Pflanzenschutzes (*siehe S. 46–53*), sondern es gibt noch zusätzlich eine Reihe spezieller Schädlinge und Krankheiten. Es ist wichtig, diese schnell zu erkennen und richtig zu behandeln. Einem Nährstoffmangel dagegen, der auch zu siechenden Pflanzen führen kann, kann man häufig schon durch die entsprechende Bodenbearbeitung und Fruchtwechsel vorbeugen (*s. S. 38–39*).

Stängel-gemüse

Mineralstoffmangel kann bei Sellerie Herz- oder Knollenbräune auslösen (*s. S. 38–39*).

SPARGELHÄHNCHEN

Erwachsene Käfer und ihre Larven ernähren sich von Spargeltrieben und -kraut. Bei schwerem Befall wird das Kraut völlig abgefressen, die Pflanzen sterben ab.
WAS KANN MAN TUN? Es kann helfen, Pyrethrum zu sprühen. Oder: Larven und Käfer absammeln, Blattwerk verbrennen.

SELLERIEFLIEGE

Der Schaden äußert sich meist im späten Frühjahr. Die Blätter werden erst blassgrün, dann braun und vertrocknen schließlich.
WAS KANN MAN TUN? Befallene Blätter entfernen und verbrennen.

SPARGELROST

Rost erscheint im Sommer in Form rötlicher Pusteln auf dem gesamten Kraut.
WAS KANN MAN TUN? Bei den ersten Anzeichen befallene Triebe entfernen und bis zum frühen Herbst alle zwei Wochen mit einem Kupferfungizid spritzen.

SELLERIE-BLATTFLECKEN-KRANKHEIT

Braune Flecken erscheinen auf Blättern und Stängeln und entwickeln sich zu schwarzen Pusteln.
WAS KANN MAN TUN? Befallene Blätter entfernen und den Rest im Abstand von zwei Wochen bis zwei Wochen vor der Ernte mit Bordeaux-Brühe spritzen.

Hülsenfrüchte

Vögel (*s. S. 47*) gehören bei Erbsen zu den Hauptschädlingen, und Dicke Bohnen werden oft von Schwarzen Bohnenblattläusen heimgesucht.

ERBSENWICKLER

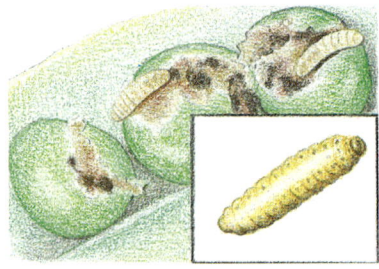

Dieser Schädling ist für die Wurmstiche verantwortlich, die Erbsen ungenießbar machen. Er legt seine Eier während des Sommers auf blühenden Pflanzen ab. Die Abwehr ist schwierig, da von Spritzmitteln auch Nutzinsekten erfasst werden.
WAS KANN MAN TUN? Wenn die Bohnen blühen, mit Netzen die Motten an der Eiablage hindern. Kommerzielle Anbauer benutzen Pheromonfallen, die im allgemeinen Handel zu bekommen sind. Sie bestehen aus einer klebrigen Platte mit einer Pheromonkapsel in der Mitte. Pheromone sind Substanzen, die die weiblichen Tiere ausscheiden, um Männchen anzulocken. So kleben die vom Duft verführten Männchen an der Platte fest und die Weibchen werden nicht befruchtet. Mit dieser Methode bekämpft man bereits bei Äpfeln sehr erfolgreich den Apfelwickler (*s. S. 234*).

ERBSENBLATTRANDKÄFER

Dieser graubraune Käfer befällt vorwiegend Erbsen und Dicke Bohnen. Die Blauränder zeigen charakteristische U-förmige Fraßschäden.
WAS KANN MAN TUN? Problematisch ist der Befall nur bei Jungpflanzen. Am besten: Am frühen Abend absammeln.

BRENNFLECKENKRANKHEIT

Auf den Blättern erscheinen eckige Flecken, umgeben von einem hellen Hof. Später werden sie rotbraun und gelegentlich sickert etwas weißliche Substanz durch.
WAS KANN MAN TUN? Diese Krankheit wird durch Bakterien auf den Samen verursacht. Daher nur anerkanntes Saatgut kaufen, eigenen Bestand durch Zukäufe auffrischen.

SCHOKOLADENFLECKEN-KRANKHEIT

Auf Blättern und Stängeln von Bohnen erscheinen braune Flecken oder Streifen. Die Flecken fließen ineinander, die Stängel können völlig schwarz werden, was zum Absterben der Pflanzen führt.
WAS KANN MAN TUN? Am wirksamsten ist die Vorbeugung durch richtige Kultivierung (*s. S. 158*), besonders durch entsprechende mineralische und organische Düngung. Befallene Pflanzen herausziehen und verbrennen. Bei ersten Krankheitsanzeichen alle Pflanzen mit einem Kupferfungizid spritzen (*s. S. 53*).

MANGELNDER FRUCHTANSATZ

Die Blüten von Garten- und Feuerbohnen fallen gelegentlich ohne Fruchtansatz ab, was meist auf zu trockene Wurzeln oder mangelnde Insektenbestäubung zurückzuführen ist.
WAS KANN MAN TUN? Die Pflanzen vor kaltem Wind schützen, um Insektenbestäubung zu fördern. Bei sehr trockenem Wetter die Pflanzen gießen, um ein Welken und Schließen der Blüten zu verhindern. So können die Bienen den Pollen erreichen, ohne die Blüte zu beschädigen.

Frucht- gemüse

Beachten Sie Schädlinge und Gewächshauskrankheiten *(s. S. 257)*.

ROTE SPINNE

Diese winzige Milbe ist nur in sehr trockenen Jahren ein Problem. Selbst für das bloße Auge meist nicht erkennbar, webt sie deutlich sichtbare Netze, die befallenen Blätter werden gelblich marmoriert. **WAS KANN MAN TUN?** Die Rote Spinne bevorzugt trockene Bedingungen, daher durch regelmäßiges Gießen für ausreichend Feuchtigkeit sorgen.

KRAUTFÄULE

Auf den Blättern befallener Pflanzen zeigen sich schwarze oder braune Flecken. **WAS KANN MAN TUN?** Sobald Symptome auftreten, in zweiwöchigen Abständen mit Bordeauxbrühe spritzen.

BRAUNFLECKIGKEIT DER TOMATE

Typische Symptome sind gelbe Flecken auf der Blattoberseite und braune auf der Unterseite. **WAS KANN MAN TUN?** Die meisten modernen Sorten sind resistent. Bei Ausbruch der Krankheit sofort mit einem Kupferfungizid spritzen.

VIRUSKRANKHEITEN

Die Pflanzen sind verkrüppelt und die Blätter gelblich marmoriert. **WAS KANN MAN TUN?** Es gibt kein wirksames Mittel. Die Krankheit wird durch Läuse übertragen *(s. S. 50)*, die daher vorbeugend bekämpft werden müssen.

Zwiebelgemüse

Die Speisezwiebel ist für Krankheiten anfällig, besonders für die hier genannten. Andere Zwiebelgewächse werden dagegen weit weniger stark und häufig befallen.

ZWIEBELFLIEGE

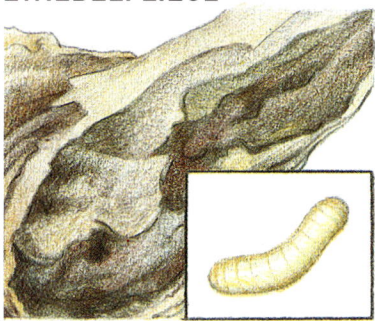

Schäden sind im Juni/Juli sichtbar: Die Pflanzen werden gelb und sterben ab. Wird der Boden um die Wurzeln herum entfernt, findet man weiße Milben. **WAS KANN MAN TUN?** Regelmäßig um die Pflanzen herum hacken, um die Maden für Vögel zugänglich zu machen. Das Weibchen wird durch den Zwiebelgeruch angelockt, der sich auch beim Ausdünnen entfaltet. Daher Steckzwiebeln pflanzen oder durch Vielkornsaat vermehren, da muss nicht pikiert werden.

ZWIEBELÄLCHEN

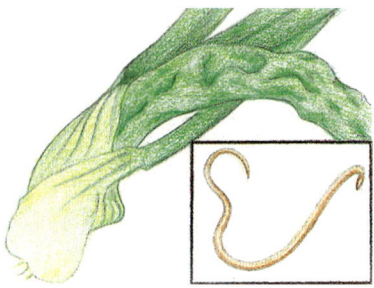

Diese winzigen, im Boden lebenden Älchen bohren sich in die Zwiebeln und führen zu Verdickungen und Fäulnis. **WAS KANN MAN TUN?** Befallene Pflanzen ausgraben und auf dem Beetabschnitt für zwei, besser vier Jahre Kohlarten und Kopfsalat anbauen.

MEHLKRANKHEIT

An den Wurzeln erscheint ein weißer, flaumiger Pilzbelag. Kranke Pflanzen werden gelb und sterben ab. **WAS KANN MAN TUN?** Befallene Pflanzen sofort mit Bordeauxbrühe spritzen und am betroffenen Platz mindestens zwei Jahre lang keine Zwiebeln mehr anbauen, um die Ausbreitung der Krankheit zu unterbinden.

HALSFÄULE

Am Hals gelagerter Zwiebeln erscheint ein weißliches Pilzgewebe und die Zwiebeln werden weich und faulig. **WAS KANN MAN TUN?** Befallene Zwiebeln sofort entfernen. Nicht zu viel düngen und nur völlig reife Exemplare lagern. Die Spitzen zum besseren Reifen nicht umbiegen, denn dadurch wird die Krankheit gefördert.

LAGERFÄULE

Verschiedene Pilze und Bakterien können gelagerte Knollen befallen, die dann weich und faulig werden. **WAS KANN MAN TUN?** Die Knollen völlig ausreifen lassen und bei der Lagerung für eine gute Luftzirkulation sorgen. Lagergut regelmäßig untersuchen und befallene Exemplare sofort aussortieren.

Kürbisgewächse

Bei Freilandpflanzen gibt es nur eine Hauptkrankheit, bei Gewächshauspflanzen gibt es leider mehrere Gefahren *(s. S. 257)*.

GURKENMOSAIKVIRUS

Außer Gurken werden auch alle anderen Kürbisgewächse von diesem Virus befallen. Die Pflanzen bekommen runzelige Blätter, die gelb marmoriert aussehen, und der Wuchs ist gestaucht. **WAS KANN MAN TUN?** Vor Läusen schützen, die die Krankheit übertragen *(siehe S. 50)*. Da es keine Hilfe gibt, befallene Pflanzen entfernen.

Wurzelgemüse und Knollen

Zwei der beliebtesten Zutaten in unserer Küche werden von sehr hartnäckigen Schädlingen bzw. Krankheiten befallen: Möhren von der Möhrenfliege und Kartoffeln von der Kraut- und Knollenfäule.

MÖHRENFLIEGE

Das Weibchen legt seine Eier am Hals von Möhren, Pastinaken, Petersilie und Sellerie ab. Die Maden bohren sich in die Wurzeln hinein und verursachen charakteristische braune Flecken und Tunnel.

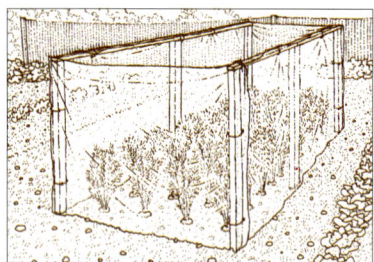

WAS KANN MAN TUN? Es gibt eine einfache Hilfe: Bedecken Sie das Möhrenbeet mit einem speziellen engmaschigem Netz oder Vlies. Legen Sie das Gewebe locker auf die Pflanzen oder bauen sie einen »Käfig« mit kurzen Pfosten. Die Geweberänder sollten eingegraben werden, um den Weibchen, die ab Mai zur Eiablage knapp über dem Boden entlang fliegen, keinen Durchschlupf zu bieten.

KARTOFFELÄLCHEN

Dieser winzige Schädling verursacht vorzeitiges Pflanzensterben und die Bildung zu kleiner Knollen.
WAS KANN MAN TUN? Nur resistente Sorten anbauen und jährlichen Fruchtwechsel vornehmen (*s. S. 134*).

KRAUT- UND KNOLLENFÄULE

Besonders bei warmem, feuchtem Wetter verursacht dieser Pilz auf den Blättern braune Flecken, die sich ausweiten und schwarz werden. Das Laub stirbt ab. Erfolgt keine Behandlung, gehen die Pilzsporen auf die Knollen über, die innen schwarz werden und verfaulen.
WAS KANN MAN TUN? Ab Juli in zweiwöchigem Abstand bis zur Ernte mit Bordeauxbrühe spritzen.

KARTOFFELSCHORF

Die Oberfläche der Knollen ist von Schorfflecken bedeckt.
WAS KANN MAN TUN? Zur Vorbeugung reichlich organisches Material in den Boden einarbeiten und bei Trockenheit wässern. Resistente Sorten anbauen.

HARTFÄULE

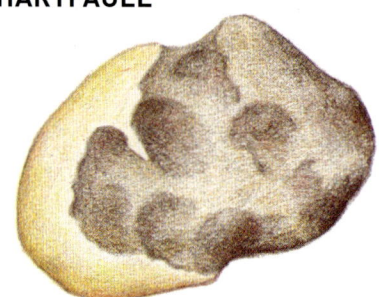

Diese Pilzkrankheit befällt gelagerte Kartoffeln und verursacht Fäulnis. Gefährdet sind allerdings hauptsächlich beschädigte oder feuchte Knollen.
WAS KANN MAN TUN? Ernten und lagern wie auf Seite 186 beschrieben. Knollen verbrennen.

SCHWARZBEINIGKEIT DER KARTOFFEL

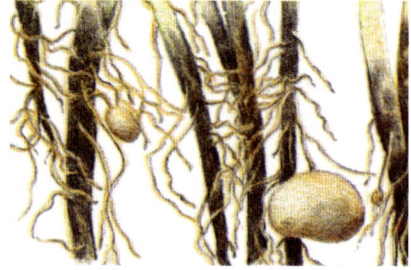

Diese durch Bakterien verursachte Krankheit führt dazu, dass die Stängel unten schwarz werden und absterben. Bereits gebildete Knollen können ebenfalls befallen werden. Die Ausbreitung erfolgt durch infizierte Saatkartoffeln, daher nur anerkanntes zertifiziertes Pflanzgut kaufen.
WAS KANN MAN TUN? Befallene Pflanzen bei den ersten Anzeichen entfernen und verbrennen.

EISENFLECKIGKEIT

Die Knollen zeigen außen rotbraune Veränderungen. Beim Aufschneiden erkennt man wellige halbkreisförmige Zeichnungen.
WAS KANN MAN TUN? Es gibt kein wirksames Gegenmittel, daher resistente Sorten anbauen.

WEICHFÄULE

Diese Krankheit äußert sich bei Kohl- und Speiserüben in Form weicher Faulstellen. Sie wird durch schlecht durchlässige Böden und mangelnden Fruchtwechsel begünstigt.
WAS KANN MAN TUN? Sofern schwerer Boden vorliegt: Kohl- und Speiserüben auf erhöhten Beeten kultivieren (*s. S. 135*).

PASTINAKENFÄULE

Am Wurzelhals zeigen sich rotbraune Flecken, die oft ins Wurzelinnere vordringen und Fäulnis verursachen.
WAS KANN MAN TUN? Durch richtige Anbaumethoden (*s. S. 187*) ein gesundes, schnelles Wachstum fördern und resistente Sorten verwenden.

Blattgemüse

Die Blätter von Kohlgewächsen sind besonders krankheitsanfällig, doch können richtige Bodenbearbeitung und gute Pflege vielen Problemen vorbeugen. Bormangel verursacht Braunfäule (s. S. 38–39).

RAUPEN

Verschiedene Schmetterlinge legen ihre Eier auf Blattgemüsen ab, die Raupen fressen charakteristische runde Löcher in die Blätter. Der Befall beginnt im Juli und dauert bis zum Herbst. Der größte Schädling ist der Kohlweißling.

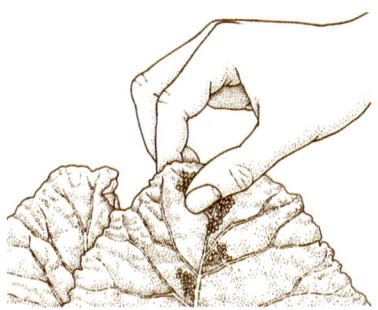

WAS KANN MAN TUN? Die Raupen sollte man regelmäßig absammeln und in ein Glas mit Paraffin werfen. Die Eier können oft mit den Fingern abgerieben werden. Bei stärkerem Befall mit dem Bakterium »Bacillus thuringiensis« oder mit Nematoden behandeln.

KOHLBLATTLAUS

Manchmal findet man auf den Blattunterseiten dichte Kolonien dieser Läuse, die dort den Pflanzensaft saugen. Im Biogarten sind sie jedoch selten.
WAS KANN MAN TUN? Schwebfliegen und Marienkäfer halten die Population im Allgemeinen in Schach und sollten angelockt und gefördert werden (s. S. 51). Vermehrt sich der Schädling trotzdem zu stark, können Sie mit Schmierseifenbrühe spritzen (s. S. 53).

KOHLFLIEGE

Dieser wohl schlimmste Kohlschädling verursacht bei jungen Pflanzen ein totales Absterben. Das Weibchen legt seine Eier im Boden in der Nähe der Wurzeln ab, die ausschlüpfenden Larven fressen sich sofort in die Wurzeln hinein. Die Pflanzen welken und knicken um, sodass jegliche Rettung zu spät kommt. Daher bereits beim Pflanzen vorbeugen.
WAS KANN MAN TUN? Die einzige, wirklich erfolgreiche biologische Maßnahme besteht darin, den Stängel am Boden mit einem »Kohlkragen« zu umgeben. Geeignet ist z. B. ein Stück Schaumgummi-Teppichunterlage oder ein Stück Karton.

1 *Ein Stück Unterlage in 15 cm Quadrate schneiden, in der Mitte einen Schlitz machen und zu einer Seite hin aufritzen.*

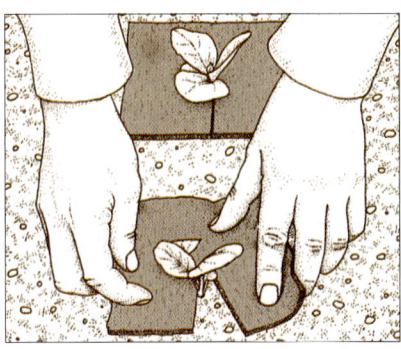

2 *Die Unterlage um den Pflanzenhals legen und den »Kragen« fest anlegen.*

KOHLHERNIE

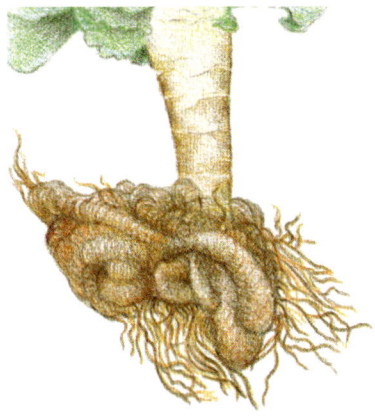

Diese Krankheit schwächt Kohlgewächse zweifellos am stärksten. Ein im Boden ansässiger Pilz verursacht Verkrümmungen und Geschwülste an den Wurzeln: Die Pflanzen kümmern stark und entwickeln sich nicht weiter. Schlecht durchlässige und besonders saure Böden begünstigen den Befall, daher auf gute Dränage achten und reichlich Kalk beigeben (s. S. 36). Blumenkohl, Kohlrabi u. a. können ebenfalls von dieser Krankheit befallen werden.
WAS KANN MAN TUN? Gegen Kohlhernie gibt es kein Mittel, die Krankheit verseucht den Boden für lange Zeit, – mit Sicherheit länger als die oft zitierten sieben Jahre. Eine brauchbare Methode ist die Anzucht der Pflanzen im Gewächshaus, sodass sie einen gesunden Start haben (s. S. 45). Die Jungpflanzen werden dann zwar befallen, haben aber genug Kraft gesammelt und liefern trotzdem brauchbare Erträge. Nur auf den empfindlichen Blumenkohl sollte man in diesem Fall verzichten. Wichtig ist ein regelmäßiger Fruchtwechsel.

MOSAIKVIRUS

Diese vor allem bei Spinat auftretende Viruskrankheit führt zu einer Gelbfärbung erst der jungen, später der älteren Blätter.
WAS KANN MAN TUN? Es gibt kein direktes Gegenmittel. Ratsam sind daher die Vorbeugung durch Bekämpfen der Blattläuse, die die Krankheit verbreiten, sowie der Anbau resistenter Sorten.

DER OBSTGARTEN

WIE BEIM GEMÜSE, so sind auch beim Obstanbau die Vorteile des biologischen Gärtnerns offensichtlich. Ihre saftigen Äpfel können Sie genießen ohne Angst vor Rückständen von Insektiziden, und Sie wissen auch, dass die Schalen der Früchte zur längeren Haltbarkeit nicht mit Chemikalien behandelt worden sind. Der beeindruckendste Unterschied aber ist der Geschmack: Ihre Erdbeeren schmecken noch wie richtige Erdbeeren. Sie müssen zwar hier und da Verluste durch Vögel hinnehmen, doch haben Sie mit ihnen gleichzeitig fleißige Helfer im Kampf gegen Schädlinge. Außerdem sind die biologisch erzielten Ernten meist so reichlich, dass Sie den Vögeln einen kleinen Teil zubilligen können.

Die Pflanzen im Obstgarten sind normalerweise eine längere Zeit produktiv als die Gewächse der Gemüsebeete. Die meisten Gemüse sind einjährig: Man sät und erntet innerhalb eines Jahres und wirft die Pflanzen dann auf den Kompost. Viele Obstarten brauchen dagegen eine Anlaufzeit von mehreren Jahren, bis sie Früchte tragen, liefern dann allerdings jahrelange Erträge. Die Olive ist ein Extrembeispiel für Langlebigkeit, sie kann bis zu 1500 Jahre alt werden.

Wer eigenes Obst anbaut, ist nicht mehr auf das relativ begrenzte Angebot teils geringwertiger Früchte in den Geschäften angewiesen. Die Prioritäten kommerzieller Erzeuger sind nämlich in erster Linie makelloses Aussehen, gute Verpackungs- und Transporteigenschaften sowie lange Haltbarkeit. Geschmack und Aroma stehen auf der Liste ziemlich weit unten. Der Hobby-Gärtner kann anders auswählen und so schmecken seine Erzeugnisse natürlich oft weitaus besser als kommerziell produzierte.

OBSTANBAU IM KLEINGARTEN

Kaum jemand hat heutzutage noch Platz für einen großen Obstgarten, doch Obstbäume passen auch in den Ziergarten. Die meisten sind sehr dekorativ, mit einer Blütenfülle im Frühjahr und leuchtenden Früchten im Sommer oder Herbst. Wände sollten in jedem Falle mit Spalierobst bepflanzt werden (s. S. 206). Sogar im kühleren Mitteleuropa kann man Pfirsiche, Nektarinen und Feigen an warmen Südwänden ziehen. Birnen und Äpfel wachsen an Ost- und Westwänden, Schattenmorellen sogar in Nordlagen. An Wänden rankende Rebstöcke sehen nicht nur interessant aus, sondern liefern im Herbst auch noch Trauben (siehe S. 231). Rote Johannisbeeren und Stachelbeeren lassen sich vor Wänden oder Zäunen hübsch als Doppel- oder Dreifach-Kordon ziehen (s. S. 208). Erdbeeren, Stachelbeeren sowie Rote und Schwarze Johannisbeeren passen aber auch gut ins Zierbeet, und einen Kirsch-, Maulbeer-, Pfirsich-, Pflaumen-, Apfel- oder Birnenbaum kann man in jede Rasenfläche setzen. Soll der Garten in mehrere Teile untergliedert werden, bieten sich als »Hecke« Kordons aus Äpfeln oder Birnen an (s. S. 206). Ein etwa 30 cm hohes einreihiges Mini-Spalier ist eine dekorative und gleichzeitig ertragbringende Umrandung für das Obstbeet.

DIE LAGE

Lokale Eigenheiten wie Hänge, die zu Frostsenken führen können, Höhenlage und Windanfälligkeit beeinflussen den Obstanbau. Mit einigen einfachen Maßnahmen lassen sich jedoch negative Auswirkungen verhindern.

Frost gehört zu den größten Feinden des Obstanbauers. Liegt Ihr Garten direkt in einer Frostsenke (s. S. 65), ist es besser, nur Sorten anzubauen, die spät blühen, sodass man den letzten Frösten entgeht (Empfehlungen in den entsprechenden Kapiteln s. S. 215–231).

Auch Wind kann zum Problem werden, denn er trocknet das Laub aus, beschädigt die Blüten und stört die zur Befruchtung wichtigen Insekten (s. S. 203). In freien Lagen lohnt es sich daher, die Pflanzen zu schützen, anfangs durch einen Windfang aus Plastik, neben den eine Hecke gepflanzt wird. Sobald diese groß genug ist, übernimmt sie die Aufgabe des Windfangs. Um das Entstehen einer künstlichen Frostsenke zu verhindern (s. S. 65), errichtet man den Windfang mit etwa 30 cm Zwischenraum zur Erde und hält den Heckenboden frei von Laub, Unkräutern und Verunreinigungen (s. S. 78). Standort- und Bodenansprüche für jede Obstart finden Sie auf den Seiten 215–231. Vor dem Pflanzen sollte der Boden gut vorbereitet werden. Einige Pflanzen haben besondere Bedürfnisse (siehe entsprechende Abschnitte), doch bei den meisten erzielt man mit normalen biologischen Methoden gesunde Früchte und gute Erträge. Einzelheiten zur Bodenvorbereitung und -verbesserung s. S. 12–17 und S. 258–267.

So wählen Sie richtig

Bei der Pflanzenauswahl sollten Sie sorgfältig vorgehen. Kaufen Sie Ihre Pflanzen stets entweder bei einem Züchter oder in einer Baumschule. Das garantiert ein größeres Angebot und eine bessere Qualität. Am besten wählen Sie Bäume und Sträucher an Ort und Stelle aus. Achten Sie dabei auf eine gleichmäßige Form und ein gut entwickeltes Wurzelsystem.

Kaufen Sie junge Pflanzen! Die alten Überlieferungen, nach denen Bäume sieben Jahre bis zum ersten Ertrag brauchen und daher der Kauf älterer Bäume günstiger ist, sind genau betrachtet nicht sinnvoll. Ganz im Gegenteil: Junge Bäume etablieren sich normalerweise sehr schnell und bringen früher Früchte als Exemplare, die vier bis fünf Jahre in einem Topf oder Feld dahinvegetiert sind.

Ich empfehle, Obstbäume und -sträucher ballenlos zu kaufen und im Winter an frostfreien Tagen während der Ruhezeit zu pflanzen. Diese Gehölze haben eine bessere Qualität und sind außerdem billiger als Containerpflanzen.

Bei der Sortenauswahl sind mehrere Kriterien zu berücksichtigen. Wesentlich ist als Erstes der Befruchtungsmechanismus. Einige Sorten sind Selbstbestäuber, andere setzen nur bei Fremdbestäubung Früchte an. In diesem Fall müssen Sie mindestens 2 verschiedene Sorten anpflanzen (*siehe* »Bestäubung« *unten*).

Auch die Unterlagen, auf die die Edelsorten aufveredelt sind, sind sehr wichtig für den Erfolg des Obstbaus. Verschiedene Unterlagen sind für verschiedene Standorte geeignet. Besonders bei Äpfeln haben Sie eine große Auswahl. Da gibt es z.B. Unterlagen, die die Frostverträglichkeit des Baums erhöhen oder solche, die mehr für schwere, lehmige Böden oder eben für trockenere sandige geeignet sind. Außerdem, und das sind die wichtigsten Kriterien, bestimmt die Unterlage die Wuchsstärke des Baums und die Ertragsleistung. Nicht zuletzt werden die Fruchtqualität, Resistenzen gegen Krankheiten und der Zeitpunkt der ersten Frucht von der Unterlage beeinflusst.

Auch die endgültige Baumgröße ist ein wichtiger Faktor. In einem großen Garten können Hochstämme oder auch buschige Formen attraktiv wirken. In einem Kleingarten ist es dagegen sinnvoll, Zwergformen zu verwenden (*siehe unten*).

Denken Sie an die Haltbarkeit der Früchte. Frühe Sorten sind frisch vom Baum gepflückt ein Leckerbissen, doch lassen sie sich nicht so lange lagern wie die spät reifenden Formen. Streben Sie daher aufeinanderfolgende Ernten an. Schließlich sollten Sie Ihre Bäume nur von solchen Züchtern beziehen, die Ihnen gesunde Pflanzen garantieren. Wird ein Gesundheitszertifikat nicht gegeben, ist es ratsam, sich woanders umzuschauen.

BESTÄUBUNG

Manche Obstbäume liefern nur dann volle Erträge, wenn sie von einer anderen Sorte derselben Art bestäubt werden. Wer keine selbst bestäubende Form wählt, muss daher mindestens 2 verschiedene Sorten einer Art pflanzen. Sie sollten möglichst gleichzeitig blühen und auch wirklich zur gegenseitigen Bestäubung geeignet sein. Aprikosen, Pfirsiche, Quitten, viele Sauerkirschen- und Pflaumensorten, Beerenobst, Haselnüsse und die meisten Walnusssorten sind selbst fruchtend. Viele Apfel-, Birnen- und Süßkirschensorten dagegen können sich nicht selbst bestäuben.

Einige Formen, die sogenannten »Triploiden«, z. B. die Apfelsorten »Boskop«, »Gravensteiner«,

»Lucas«, können andere nicht bestäuben, müssen selbst fremd bestäubt werden, können aber selbst keine Pollen abgeben. In solchem Fall muss man drei verschiedene Sorten anbauen oder hofft auf Nachbar-Bäume. Wer nur für einen Baum Platz hat, kann sich ein kombiniertes »Nasch-Bäumchen« anschaffen, bei dem mehrere Sorten auf eine Unterlage gepfropft sind. Diese Methode ist verbreitet beim Anbau von Äpfeln und Birnen. Die verschiedenen Obstsorten passen nicht immer gut zueinander. Bei Süßkirschen gibt es Sorten, die sich gegenseitig gar nicht befruchten können. Glücklicherweise können Süßkirschen meist auch von Sauerkirschen bestäubt werden.

UNTERLAGEN

Ehemals riesige Gartenanlagen mit großen, schönen, alten Obstbäumen werden heutzutage zunehmend durch Kleingärten ersetzt und so hat sich auch der Anspruch an die Obstgehölze geändert.

Heute gibt es eine Reihe von Obstbäumen, die vergleichsweise winzig sind und auf kleinstem Raum, manchmal sogar in Kübeln, gut kultiviert werden können.

Eine Unterlage ist ein besonders ausgewählter Wurzelstock, auf den eine gewünschte Edelsorte aufgepfropft wird. Die Unterlage bestimmt die Wuchsgeschwindigkeit und die Endgröße des Baums, die aufgepfropfte Sorte die Art der Früchte. Unterlagen sind mit bestimmten Nummern, gelegentlich auch mit Namen gekennzeichnet.

Beim Pflanzen muss die Pfropfstelle mindestens 10 cm über dem Boden sein. Sonst kann die aufgepfropfte Sorte Wurzeln in den Boden schlagen, wodurch die Triebkraft der Unterlage verloren geht. Wurzelstöcke können der aufgepropften Sorte auch Resistenz gegenüber bestimmten Krankheiten verleihen.

Auf dem Markt sind viele Unterlagen verfügbar (*s. S. 215–231*). Man kann bereits fertig veredelte Bäume kaufen oder die Veredlung selbst durchführen (*s. S. 276*).

Der Knoten *nahe der Stammbasis ist die Pfropfstelle zwischen Unterlage und Obstsorte.*

Pflanzen und Ziehen von Obstgehölzen

Obstbäume und -sträucher werden gewöhnlich ebenso gepflanzt wie Ziergehölze (s. S. 82–83 und S. 112). Die beste Pflanzzeit ist für die meisten im zeitigen Winter. Containerpflanzen lassen sich das ganze Jahr über einsetzen. Sollten die Bäume oder Sträucher eintreffen, wenn der Boden gefroren ist, setzt man sie nicht an den endgültigen Platz, sondern schlägt sie ebenso wie Ziergehölze ein (s. S. 113). Die einzige Ausnahme von der Winterpflanzung bilden Erdbeeren, die man im Spätsommer oder Herbst einsetzt.

Bei Anpflanzung vor einer Wand setzen Sie die Pflanzen mit mindestens 30 cm Abstand zur Wand. Das ist trotzdem wahrscheinlich der trockenste Platz im Garten, oft sogar von einer überhängenden Dachrinne vor Regen geschützt. Daher muss nach dem Auspflanzen reichlich gegossen werden. Später wachsen die Wurzeln von der Wand weg und finden selber Wasser.

Einjährige Bäume brauchen meist nicht gestützt zu werden. Eine Ausnahme bilden die im Container gewachsenen sowie die auf einer Zwergunterlage veredelten Stämme. Beide Formen bekommen ebenso wie Ziergehölze einen besseren Halt durch einen kurzen Pfahl (s. S. 82 und S. 266). Pfähle und Drähte für Spalierobst sollten unbedingt vor dem Pflanzen errichtet werden, damit die Entwicklung der empfindlichen jungen Wurzeln später nicht gestört wird. Achten Sie darauf, dass die Pfähle ausreichend tief in den Boden reichen, damit sie einen guten Halt geben.

PFLANZUNG VON APFELBÄUMEN ALS KORDON

Obstbäume werden stets in gut vorbereiteten Boden gepflanzt. Vorher sind die Pfähle und Stützdrähte für den Kordon zu errichten. Sie können, wie gegenüber gezeigt, frei stehend sein und so eine Abgrenzung bilden oder, wie unten, an einer Wand entlang gezogen werden (Einzelheiten zum Schnitt s. S. 209).

1 Befestigen Sie am Zaun 3 Drähte, einen 60 cm über dem Boden, einen oben am Pfahlende und einen in der Mitte. Binden Sie Stangen im Winkel von 45° daran fest, Abstand zwischen den Stangen 75 cm.

2 Bereiten Sie einen mindestens 1,20 m breiten Bodenstreifen am Zaun entlang vor. Graben Sie ihn tief auf und lockern Sie den Unterboden in Gabelhöhe durch. So entsteht eine ideale Durchwurzelungszone.

3 Arbeiten Sie in alle Schichten reichlich gut verrottetes organisches Material ein. Stallmist oder Kompost eignen sich hervorragend.

4 Graben Sie an jedem Stangenende ein Loch. Setzen Sie den Baum in demselben Winkel wie die Stange hinein und bedecken Sie die Wurzeln mit Boden.

5 Binden Sie den Baumstamm mit einem weichen Band in Abständen an der Stange fest. Dadurch wird verhindert, dass der Stamm sich an den Drähten aufreibt.

6 Um jeden Stamm herum wird mit gut verrottetem Stallmist oder Kompost gemulcht, um Feuchtigkeit zu speichern und Unkraut zu unterdrücken.

 **Bunte Kübel** *Bei Verwendung einer schwach wachsenden Unterlage kann man sogar von Miniaturbäumchen in Kübeln gute Ernten erzielen. Der Baum im Vordergrund zeigt deutlich die Pfropfstelle zwischen Unterlage und Edelsorte.*

► **Blühende Wand** *Diese Apfelbaumreihe bietet als Kordon mit ihren Blüten im Frühjahr einen reizvollen Anblick. Mit zunehmender Entwicklung bilden die Bäumchen eine dichte produktive Hecke.*

BAUMFORMEN

In einem großen Garten kann man ohne Weiteres hohe, breitkronige Obstbäume pflanzen. Solche Hochstämme und die etwas kürzeren Halbstämme wirken sehr dekorativ. In einem Kleingarten nehmen sie jedoch zu viel Platz in Anspruch. Deshalb sind dort niedrige Spalierobstformen sinnvoller (*unten*). Die zur Erziehung notwendigen Schnittmaßnahmen finden Sie auf den nächsten Seiten. Die Formierung zum Fächer erfordert genaues Schneiden und wird hauptsächlich für Kirschen, Pflaumen und Pfirsiche empfohlen (*s S. 217–218*).

HOCHSTAMM

Hochstammbäume sind meist wunderschöne Einzelexemplare, doch das Schneiden und Ernten ist stets mit einer Kletterpartie auf einer Leiter verbunden. Ein spezieller Rückschnitt erübrigt sich, es werden nur abgestorbene, kranke oder kreuzende Zweige entfernt. Die Höhe variiert zwischen 6–9 m.

NIEDERSTAMM

Diese Bäume haben Stämme von 0,80–1 m Höhe und sind teilweise leichter zu handhaben als ihre hohen Verwandten. Allerdings werden ihre Kronen ebenso groß und man kann schlecht unter ihnen durchgehen, sodass das Rasenmähen mühsamer wird. Geeignet für Äpfel, Birnen, Pflaumen, Süßkirschen.

SPINDELPYRAMIDE

Dieses attraktive Bäumchen erhält seine Pyramidenform durch unten lange und nach oben kürzer werdende Zweige. Es zu schneiden und seine Früchte zu ernten ist einfach. Geeignet für Äpfel, Birnen und Pflaumen. Bis etwa 2,50 m Höhe und 1,50 m Breite wachsen lassen.

FÄCHERSPALIER

Für ein Fächerspalier lässt man 2 einander gegenüberliegende Triebe am Hauptstamm wachsen. Die Triebe, die sich daraus entwickeln, formen den Fächer. Geeignet für Pfirsiche, Nektarinen, Pflaumen und Kirschen. Bis etwa 2,50 m Höhe und 3,50 m Breite wachsen lassen.

KORDON (SCHNUR-BAUM)

Bei dieser Form wachsen Einzelstämmchen, gestützt durch Drähte und Pfähle, in einem 45°-Winkel zum Boden und bilden eine Hecke. Beerenobst wie Stachelbeeren und Rote Johannisbeeren lassen sich als Einfach-, Zweifach- oder Dreifach-Kordon ziehen (*s. S. 208*). Bis maximal 1,80 m Höhe und 75 cm Breite wachsen lassen.

BOGENBAUM

Neue Erziehungsvariante, bei der die Zweige heruntergebogen und am Hauptstamm oder einem darunterliegenden Ast festgebunden werden: Ein attraktiver Baum mit vielen Bögen, der reiche Ernten tragen kann. Geeignet für Äpfel, Birnen und Pflaumen auf bestimmten Unterlagen. Etwa 1,80 m hoch und 90 cm breit wachsen lassen.

ECHTES SPALIER

Die Zweige werden mit etwa 30 cm Abstand vom Stamm weg horizontal gezogen. Gewöhnlich wird ein Spalier an eine Wand oder einen Zaun gesetzt oder dient als Abgrenzung zwischen verschiedenen Gartenbereichen. Geeignet für Äpfel und Birnen. Bis etwa 2,50 m Höhe und 4,50 m Breite wachsen lassen.

NIEDRIGSPALIER

Diese vereinfachte Version des normalen Spaliers ist einreihig mit nur einem Ast auf jeder Seite. Solche Spaliere können als produktive Abgrenzung der Gemüsebeete dienen oder an Wegen entlang gepflanzt werden. Geeignet für Äpfel, Birnen sowie Pflaumen auf bestimmter Unterlage. Bis maximal 30 cm Höhe wachsen lassen.

RATSCHLÄGE ZUM PFLANZEN UND SCHNEIDEN

Beim Kauf sowie bei der Pflanzung von Bäumen und Sträuchern als Spalierobst sollten Sie einige wichtige Regeln beachten.
- Verwenden Sie ein- bis zweijährige Pflanzen.
- Kaufen und pflanzen Sie im Winter.
- Bereiten Sie ein möglichst großes Pflanzloch vor. Graben Sie tief und arbeiten Sie in alle Schichten reichlich gut verrotteten Stallmist oder Kompost ein.
- Mulchen Sie nach dem Pflanzen um den Stamm herum ebenfalls mit Stallmist oder Kompost.

Durch gezieltes Schneiden und Auslichten beim Wachstumsbeginn und während der Weiterentwicklung kann man Bäume und Sträucher in die unterschiedlichsten Formen bringen. Jede Form erfordert besondere Methoden, doch bei allen sind bestimmte Maßnahmen zu berücksichtigen.
- Die Baumschere muss scharf sein, sodass glatte Schnitte entstehen.
- Schneiden Sie bis zu einem Punkt oberhalb einer Knospe. Keine Triebe stumpf stehen lassen – er stirbt ab und kann Krankheiten fördern.
- Soll ein ganzer Ast entfernt werden, schneiden Sie ihn 1 cm über dem Hauptstamm ab.
- Knospen treiben in der Richtung aus, in der sie liegen. Schneiden Sie daher stets auf eine nach außen gerichtete Knospe zurück, um eine Verästelung nach innen zu vermeiden.

BAUMSCHNITT: TERMINOLOGIE UND TECHNIKEN

Ein Schnitt wird gewöhnlich bei Bäumen und Sträuchern durchgeführt. Dabei entfernt man unerwünschte Triebe, um die Größe zu begrenzen, aber auch, um eine bestimmte Form zu erzielen, sowie um die Bildung der Blütenknospen und Früchte zu fördern.

Seitentrieb Ein Trieb, der aus dem Hauptstamm abzweigt.

Seitentrieb 2. Ordnung Ein Trieb aus dem Seitentrieb.

Fruchtholz Triebe, an denen Früchte gebildet werden. Entstanden durch Rückschnitt der Seitentriebe 2. Ordnung.

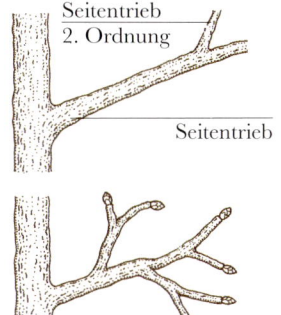

Seitentrieb 2. Ordnung

Seitentrieb

Leitast Der Haupttrieb (oder die Triebe), von dem das Astwerk der Krone ausgeht.

Nach unten gerichtete Knospe Der Winkel der Knospe am Trieb. Knospen können auch nach außen, innen oder oben weisen. Sie sind von Nutzen, wenn ein Formschnitt durchgeführt wird. Die Knospe treibt stets in die Richtung, in der sie liegt.

Einen Schnitt durchführen Ein Rückschnitt soll etwas oberhalb der Knospe sein und schräg von ihr wegführen. Nicht zu weit oberhalb schneiden, da das verbleibende Stück verfault, aber auch nicht zu dicht an die Knospe selbst kommen.

zu dicht   zu weit oberhalb   falsche Neigung   richtig

ERZIEHUNG EINER SPINDELPYRAMIDE

Eine Spindelpyramide ist ideal für alle Gärtner, die ein frei stehendes Bäumchen ohne »Verkabelung« durch Pfosten und Drähte möchten, aber für größere Exemplare wie z. B. einen Hochstamm keinen Platz haben. Sie ähnelt einem Weihnachtsbaum und die konische Form wird bereits mit den ersten Schnittmaßnahmen festgelegt. Spätere Schnitte im Sommer begrenzen nur noch das Längenwachstum. Abstand bei mehreren Bäumchen 1,50 m.

1 Direkt nach dem Pflanzen *den Stamm auf eine Knospe 60 cm über dem Boden zurückschneiden.*

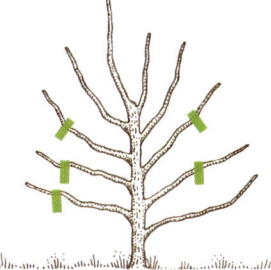

2 Im zweiten Winter *5–6 untere Zweige mit gleichmäßigen Abständen aussuchen, die in einem möglichst stumpfen Winkel zum Stamm entspringen. Zurückschneiden auf etwa 25 cm Länge bis zu einer nach unten oder nach außen gerichteten Knospe. Bei kürzeren Zweigen entfernt man 2,5 cm von der Spitze.*

3 Gleichzeitig *werden alle anderen Zweige in dieser Höhe völlig entfernt. Höherliegende Äste auf 15 cm einkürzen. Die Stammspitze wird auf 30 cm über dem letzten Ast zurückgeschnitten.*

4 Jeden Sommer *alle neuen Triebspitzen des Jahres auf 15 cm kürzen. Seitentriebe auf 10 cm Länge zurückschneiden und Seitentriebe 2. Ordnung auf 5 cm.*

5 Jeden Winter *den Leitast so kürzen, dass 20 cm des letztjährigen Holzes stehen bleiben.*

6 Hat der Baum *die endgültige Höhe und Breite erreicht, wird doppelt so viel gekürzt, d. h. der Neuaustrieb auf 7 cm, Seitentriebe auf 5 cm und Seitentriebe 2. Ordnung auf 2,5 cm Länge.*

ERZIEHUNG EINES KORDONS

Kordons oder Schnurbäume nehmen wenig Platz in Anspruch und wirken sehr dekorativ. Sie sollten an einem Drahtzaun hochgezogen werden oder an Drähten, die man mit 60 cm Abstand an einem bestehenden Zaun anbringt. Befestigen Sie vor dem Pflanzen Bambusstäbe an den Drähten, sodass die Äste sich nicht scheuern. Die Bäumchen pflanzt man mit 75 cm Abstand. Sträucher werden so gesetzt, dass die Triebe jeweils 30 cm voneinander entfernt sind.

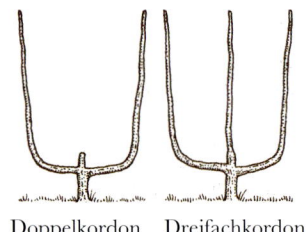

Doppelkordon   Dreifachkordon

Obststräucher kultiviert man *als Kordon mit einem, zwei oder drei »Armen«. Da sie schwächer wachsen als Bäume, braucht man ihren Wuchs nicht durch eine Erziehungsmaßnahme zu begrenzen.*

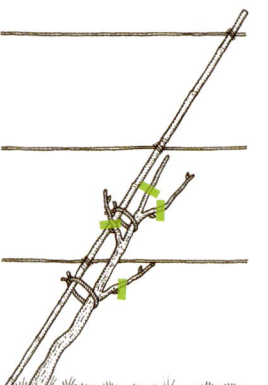

1 Unmittelbar nach *dem Pflanzen den Haupttrieb auf ein Drittel des Neuwuchses einkürzen. Alle Seitenäste bis auf etwa 7 cm auf eine nach unten gerichtete Knospe abschneiden.*

2 Im ersten Sommer *die Seitentriebe vom Leitast auf 7 cm einkürzen, Seitentriebe der 2. Ordnung auf 2,5 cm zurückschneiden.*

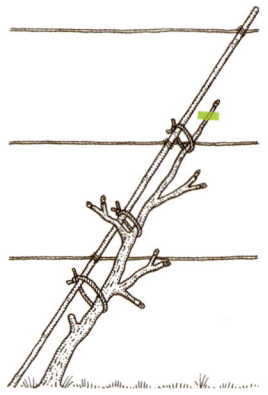

3 Im zweiten Winter *den Leitast erneut auf ein Drittel des Jahresaustriebs kürzen.*

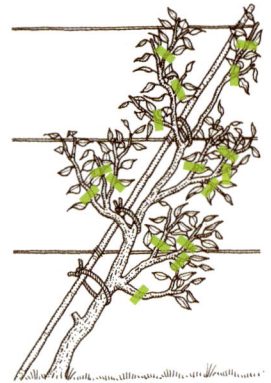

4 Jeden Sommer *auf dieselbe Weise schneiden, bis das Ende des Stabs erreicht ist. Hat der Baum die gewünschte Länge, wird der Haupttrieb im Sommer auf 7 cm gekürzt, die Seitentriebe auf 2,5 cm.*

ERZIEHUNG EINES BOGENBAUMS

Durch den Sommerschnitt bei Obstbäumen soll das vegetative Wachstum der Blätter begrenzt und stattdessen die Fruchtbildung gefördert werden. Das erreicht man ebenfalls durch starkes Herunterbiegen der Zweige, wodurch der Saftstrom umgeleitet wird. Das Umbiegen muss sehr vorsichtig geschehen. Es ist nur im Sommer mit jungen, biegsamen Zweigen möglich. Die Bäume werden mit 1,50 m Abstand gesetzt.

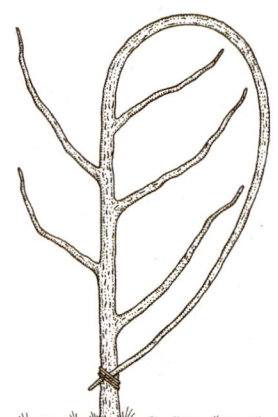

1 Zum Ende des ersten Sommers *den Leitast im Bogen nach unten ziehen und seine Spitze mit einem weichen Band am Stamm festbinden.*

2 Im zweiten Sommer *kommen zahlreiche Triebe vorwiegend am oberen Teil des Bogens hervor. Sie werden wie beim Kordon zurückgeschnitten (siehe oben).*

3 Ebenfalls im zweiten Sommer *werden weitere Äste ausgesucht, nach unten gebogen und mit einem weichen Band am Stamm festgebunden. Unerwünschte Äste entfernen.*

4 In den Folgesommern *alle Fruchttriebe wie beim Kordon zurückschneiden. Die Bogenform bleibt dauerhaft erhalten.*

ERZIEHUNG EINES WAAGERECHTEN SPALIERS

Da Spaliere wenig Platz brauchen, eignen sie sich ausgezeichnet für Kleingärten. Besonders dekorativ wirken
sie vor kahlen Wänden. Die Bäume werden mindestens
3,50 m, besser 4,50 m weit auseinander gepflanzt. Die
Drähte zieht man mit 60 cm Abstand an Wänden (mit
Wandhaken befestigt) oder an Zäunen entlang.

1 Sofort nach dem Pflanzen *auf
5 cm über dem ersten Draht, d.h.
60 cm über dem Boden, kürzen. Darunter müssen noch 3 kräftige Knospen sein.*

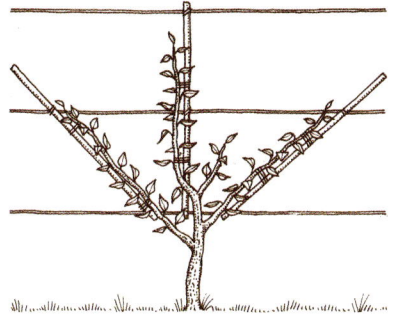

2 Im Frühjahr *ziehen Sie die entstandenen Triebe an Bambusstäben entlang, die an den Drähten befestigt sind.
Die Seitentriebe sollen einen Winkel von
45° zum Hauptstamm haben.*

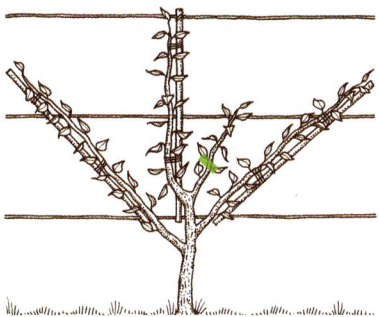

3 Im ersten Sommer *alle Seitentriebe, die sich möglicherweise
am Hauptstamm bilden, auf 7 cm
zurückschneiden.*

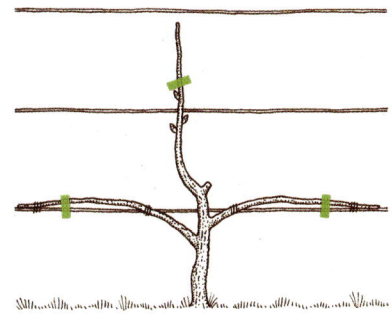

4 Im zweiten Winter *die 2 Äste
für die erste Reihe am unteren Draht
festbinden. Ein Drittel vom letztjährigen
Austrieb zurückschneiden. Den Leitast
auf 5 cm über dem zweiten Draht
einkürzen, sodass 3 neue Knospen für die
zweite Spalierreihe entstehen.*

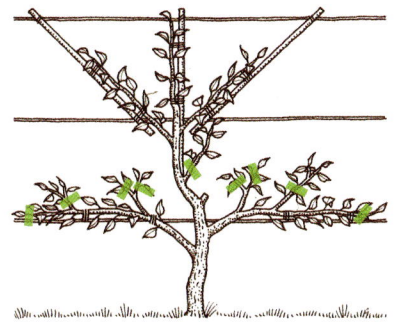

5 Im folgenden Sommer *die Seitentriebe an den beiden unteren Ästen auf
7 cm und die Seitentriebe 2. Ordnung
auf 2,5 cm einkürzen. Mit der zweiten
Spalierreihe so verfahren wie mit der
ersten im vorhergehenden Sommer.*

6 Jeden Sommer *das Verfahren
mit so vielen Reihen wie erwünscht
wiederholen. In Endhöhe nur 2 Knospen
auswählen und als Oberreihe horizontal
ziehen. Danach jeden Arm wie beim
Kordon jeweils im Sommer schneiden.*

ERZIEHUNG EINES EINREIHIGEN MINIATUR-SPALIERS

Mit diesem modernen Mini-Spalier ist jeder Platz im
Kleingarten bestmöglich auszunutzen. Ein Draht wird
etwa 30 cm über dem Boden zwischen kurzen Pfählen
gespannt. Die Bäume mit 3,50–4,50 m Abstand setzen.

1 Direkt nach dem Pflanzen *den
Leitast auf 5 cm oberhalb des Drahts
kürzen. Darunter müssen 2 Knospen
vorhanden sein.*

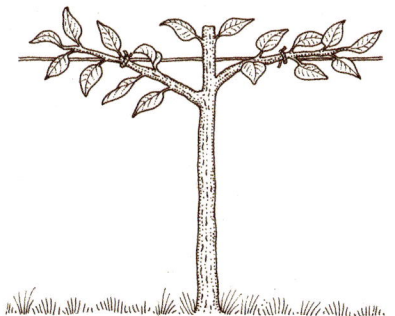

2 Im Frühjahr *die beiden austreibenden Zweige an jeweils einer Stamm-
seite am Draht entlang ziehen.*

3 Dann wird jeder Triebarm *wie
ein Kordon geschnitten (Schritt 4).
Weiterwachsen stoppen, sobald Triebe
der Nachbarpflanzen erreicht sind.*

Die Pflege von Obstgehölzen

Bestimmte Anbautechniken wie Düngung und Bewässerung sind für die einzelnen Obstarten teilweise unterschiedlich und sie werden bei der Vorstellung der einzelnen Arten angegeben (*s. S. 215–231*). Einige Maßnahmen sind jedoch bei allen Früchten gleich.

DÜNGUNG

Organische Düngung ist sehr einfach. Man gibt im zeitigen Frühjahr 2 Handvoll Horn-Blut-Knochenmehl um die Pflanzen herum, möglichst in einem weiten Kreis, da die nährstoffaufnehmenden Wurzelspitzen etwas vom Hauptstamm entfernt sind. Zusätzlich wird um den Stamm herum mit gut verrottetem Stallmist oder Kompost gemulcht. So lässt sich unerwünschter Unkrautwuchs unterdrücken und es wird außerdem Wasser gespeichert. Gleichzeitig findet auch eine Versorgung mit den notwendigen Spurenelementen statt. Sollten trotzdem Mangelerscheinungen an Spurenelementen auftreten, ist es empfehlenswert, sofort mit einem flüssigen Algenpräparat abzuhelfen und dem Boden Algenmehl beizugeben. Stehen Ihre Obstbäume direkt im Rasen, dann sind Wasser- und Nährstoffbedarf höher, da das Gras ja auch einen Teil verbraucht. Streuen Sie hier den Dünger nicht einfach auf die Bodenoberfläche – Sie füttern so nur den Rasen, der alle Nährstoffe wegfängt, bevor Sie zu den etwas tiefer liegenden Obstbaumwurzeln gelangen. Was sich bewährt hat: Stechen Sie mit einer Grabgabel mehrere Löcher im Bereich der Kronentraufe, in die Sie dann flüssigen Dünger geben.

BEWÄSSERUNG

Bewässerung zum richtigen Zeitpunkt kann die Ernte erheblich steigern. Am günstigsten sind Wassergaben während der Fruchtausbildung. Sobald die Fruchtfärbung einsetzt, hört man auf zu gießen, da sonst Pilzkrankheiten begünstigt werden.

Es ist falsch, häufig zu gießen und dabei mit einer Gießkanne nur so viel Wasser zu geben, dass gerade die Oberfläche etwas benetzt ist. Dadurch wachsen die Wurzeln näher an die Oberfläche heran und trocknen leichter aus. Sinnvoller ist ein Rasensprenger, der nicht so oft, dann aber mindestens eine Stunde laufen sollte.

AUSDÜNNEN

Wer große Früchte ernten möchte, muss unbedingt ausdünnen. Bäume und Sträucher werfen im Juni beim sogenannten Juni-Fruchtfall allein Früchte ab, wenn zu viele angesetzt sind. Ein weiteres Ausdünnen wird danach vorgenommen. Entfernen Sie von jedem Büschel die Mittelfrucht. Wie viel man letztendlich ausdünnt, hängt von der jeweiligen Sorte ab. Das Ausdünnen schmälert den Ertrag nicht. Sie erhalten zwar weniger Früchte, die aber größer sind.

FÖRDERUNG BESTIMMTER KNOSPEN

Gelegentlich bilden Obstbäume an einem bestimmten Teil des Stamms keine Äste, da die Knospen nicht austreiben. Hier kann man manipulierend eingreifen. Damit die

Anreichern *Die Nährstoff aufnehmenden Baumwurzeln sind ein Stück vom Stamm entfernt, deshalb den Dünger etwa auf halbem Weg zwischen Stamm und äußerem Kronenrand um den Baum herum ausbringen. Ein Mulchen mit Stallmist oder Kompost liefert ebenfalls Nährstoffe.*

Ausdünnen *Wenn die Früchte bei der Entwicklung in größeren Büscheln stehen, sollte die Mittelfrucht entfernt werden. Dann entwickeln sich die übrigen Früchte besser. Das Ausdünnen ist stets erst nach dem natürlichen Fruchtfall im Juni vorzunehmen.*

Austrieb fördern *Um bestimmte Knospen an einem kahlen Zweig zu unterstützen, leitet man das Wuchs hemmende Hormon um, indem man oberhalb der gewünschten Knospe(n) eine Kerbe in die Rinde schneidet.*

oberen Äste sich besser entwickeln, stellt die Natur nämlich ein wachstumshemmendes Hormon bereit, welches in den unteren Bereichen verteilt wird; so können sich nur die oberen Knospen entfalten. Die Transportkanäle liegen direkt unter der Rinde und man kann den Hormonfluss zu einer bestimmten Knospe verhindern, indem man darüber eine kleine Kerbe in die Rinde schneidet. Das Hormon fließt dann um die Knospe herum und kann ihre Entwicklung nicht mehr hemmen. Macht man dagegen eine Kerbe unter einer Knospe, bekommt sie eine konzentrierte Hormonzufuhr und ihre Entwicklung unterbleibt.

UNKRAUTKONTROLLE

Bei allem Obst und Gemüse im Garten ist es wichtig, die Konkurrenz durch Unkräuter einzuschränken. Viele Obstarten sind Flachwurzler, daher Vorsicht beim Hacken. Die beste Unkrautbekämpfung ist das Mulchen mit Stallmist, Kompost oder schwarzer Folie (s. S. 58–59). Zur Blütezeit, insbesondere wenn Spätfröste drohen, sollten Sie das Mulchmaterial zur Seite räumen. Die Mulchschicht wirkt nachts wie eine Isolierschicht, die die Bodenwärme zurückhält und es kommt eher zu Frösten. Aus dem gleichen Grund verzögert der Mulch im Frühjahr die Erwärmung des Bodens. Daher erst nach der Obstbaumblüte mulchen.

KRANKHEITEN UND SCHÄDLINGE

Zu den hartnäckigsten »Mitessern« an allen Obstarten gehören zweifellos unsere sonstigen Verbündeten, die Vögel. Wegen ihrer Nützlichkeit sollten sie nicht völlig verjagt werden, doch kann man sie auch kaum ignorieren. Bei entsprechend verfügbarem Platz ist daher ein »Fruchtkäfig« eine gute Investition (*siehe unten*).

Besondere Krankheiten und Schädlinge sowie typische Obstschädlinge wie z. B. Wespen und Rote Spinne werden für jede Obstart am Kapitelende angegeben (*siehe S. 232–235*).

SO SCHÜTZT MAN OBST VOR VÖGELN

Egal, wie groß Ihr Garten ist, Obst muss leider hin und wieder vor Vögeln geschützt werden. Bei entsprechender Größe kann man das gesamte Obst an einem Platz kultivieren und darüber einen Fruchtkäfig errichten. Ansonsten werden Bäume und Sträucher mit Netzen und Einzelstauden mit durchsichtiger Folie bedeckt.

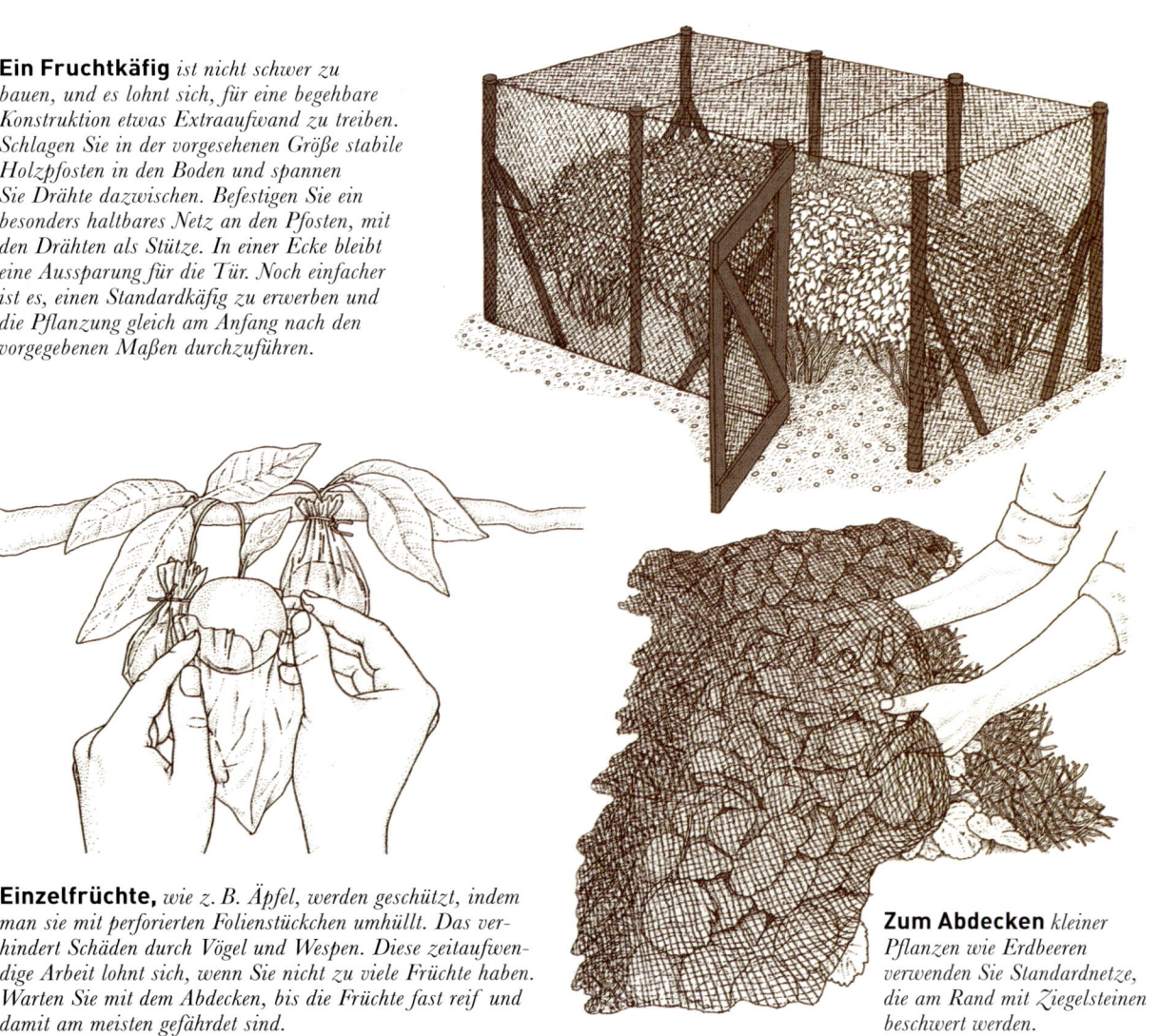

Ein Fruchtkäfig *ist nicht schwer zu bauen, und es lohnt sich, für eine begehbare Konstruktion etwas Extraaufwand zu treiben. Schlagen Sie in der vorgesehenen Größe stabile Holzpfosten in den Boden und spannen Sie Drähte dazwischen. Befestigen Sie ein besonders haltbares Netz an den Pfosten, mit den Drähten als Stütze. In einer Ecke bleibt eine Aussparung für die Tür. Noch einfacher ist es, einen Standardkäfig zu erwerben und die Pflanzung gleich am Anfang nach den vorgegebenen Maßen durchzuführen.*

Einzelfrüchte, *wie z. B. Äpfel, werden geschützt, indem man sie mit perforierten Folienstückchen umhüllt. Das verhindert Schäden durch Vögel und Wespen. Diese zeitaufwendige Arbeit lohnt sich, wenn Sie nicht zu viele Früchte haben. Warten Sie mit dem Abdecken, bis die Früchte fast reif und damit am meisten gefährdet sind.*

Zum Abdecken *kleiner Pflanzen wie Erdbeeren verwenden Sie Standardnetze, die am Rand mit Ziegelsteinen beschwert werden.*

Baumobst

Kein Garten ist für einen Obstbaum zu klein. Durch den Gebrauch schwach wachsender Unterlagen wird die Baumhöhe begrenzt, und die grünen »Minis« sind sowohl dekorativ als auch produktiv. An Wänden entlang kann man Spaliere ziehen und selbst im allerwinzigsten Garten passt immer noch ein Obstbäumchen im Kübel auf die Terrasse.

▲ **KIRSCHEN** *Prunus avium* und *Prunus cerasus*
Süßkirschen eignen sich als Fächerspalier an Südwänden, Sauerkirschen wachsen auch an Nordwänden (*s. S. 216*).

▲ **NEKTARINEN** *Prunus sp.*
Diese feinschaligen Früchte werden ebenso wie Pfirsiche kultiviert (*siehe S. 216*).

▲ **APRIKOSEN** *Prunus armeniaca*
Aprikosen brauchen zur Reife viel Sonne und werden am besten als Fächerspalier an Südwände gepflanzt (*s. S. 218*).

▲ **PFIRSICHE** *Prunus persica*
Pfirsiche brauchen einen durchlässigen Boden und einen sonnigen Platz. Sie sind als Fächerspalier für Südwände geeignet (*siehe S. 216*).

▲ **PFLAUMEN** *Prunus domestica*
Als Fächerspalier kann man Pflaumen auch an Nordwänden ziehen. Sie reifen dann allerdings später als an Süd- oder Westseiten (*siehe S. 218*).

▲ **FEIGEN** *Ficus carica*
Feigen stellen keine besonderen Ansprüche an den Boden, solange er durchlässig ist und trotzdem gut Feuchtigkeit speichert. Sie gedeihen ausgepflanzt aber nur in Gegenden mit milden Wintern, ansonsten im Kübel kultivieren (*s. S. 219*).

▲ **OLIVEN** *Olea europaea*
Die langlebigen Olivenbäume gedeihen nur in wärmeren Klimazonen, bzw. als Kübelbäumchen. Der mit zunehmendem Alter gewundene, knorrige Stamm verleiht den Bäumen ein sehr dekoratives Aussehen (*s. S. 219*).

▼ MAULBEEREN *Morus sp.*
Maulbeerbäume wachsen sehr langsam, aber da sie sich selbst befruchten, braucht man nur ein Einzelexemplar. Es sind Bäume für Liebhaber (*s. S. 220*).

▼ TAFELÄPFEL *Malus domestica*
Äpfel gehören zu den beliebtesten Früchten im gemäßigten Klima. Sie wachsen im biologischen Garten besonders gut. Es gibt verschiedene Baumformen, passend auch für kleinste Gärten. Das Sortenangebot ist groß. In frostgefährdeten Gegenden wählt man Spätblüher. Einige Sorten sind nicht selbst fruchtend (*s. S. 220*).

▲ QUITTEN *Cydonia oblonga*
Die mit der Birne verwandten Quitten brauchen viel Sonne. Sie stehen im gemäßigten Klima am besten vor einer Südwand (*siehe S. 220*). Es gibt Apfel- und Birnenquitten.

'Cox Orange'

'Ernst Bosch'

'Jonathan'

▼ BIRNEN *Pyrus communis*
Wegen ihrer frühen Blüte sollte man Birnen nicht in Frostsenken pflanzen, sondern einen sonnigen, geschützten Platz im Garten wählen (*s. S. 221*).

▼ KOCHÄPFEL *Malus domestica*
Kochäpfel sind gewöhnlich größer und saurer als andere Äpfel. Bei vielen schweren Früchten müssen die Äste unter Umständen abgestützt werden (*s. S. 220*).

'Bramley'

'Williams Christbirne'

'Conference'

Zitrusfrüchte

Die immergrünen Zitrusbäume sind als subtropische Gewächse nur für warme Regionen geeignet und brauchen viel Schutz und Sonne. Da sie selten frostverträglich sind, gedeihen sie bei uns am besten im Gewächshaus. Man kann sie natürlich im Kübel während des Sommers auch draußen lassen und sich so etwas Mittelmeer-Flair in den Garten zaubern. Dann muss allerdings für einen frostfreien Überwinterungsplatz gesorgt sein. Bei entsprechender Wärme und durchlässigem Boden sind sie nicht schwer zu ziehen, und ihr Anbau lohnt sich. Bei schweren Böden sollte die Pflanzstelle gegenüber der Umgebung erhöht werden.

KUMQUATS ▼
Fortunella japonica
Diese immergrünen Zwergbäumchen produzieren gute Ernten von Miniaturorangen. Sie gedeihen sogar im Freien, allerdings sollten die Temperaturen nicht unter -10° sinken (s. S. 222).

LIMETTEN ▲
Citrus aurantifolia
Diese Früchte sind nahe mit der Zitrone verwandt (allerdings ist ihre Säure etwas verträglicher) und werden auch ebenso angebaut (s. S. 222).

APFELSINEN ▼
Citrus sinensis
Wie alle übrigen Zitrusfrüchte sind auch Apfelsinen selten frostverträglich. Deshalb gehören sie im gemäßigten Klima ins Gewächshaus, wenn nicht der Garten in besonders geschützter Lage liegt (s. S. 223).

ZITRONEN ▲
Citrus limon
Zitronen lieben etwas schwere, leicht saure Substrate. Beim Anbau auf schlecht durchlässigem Boden im Gewächshaus sollte man die Pflanzstelle um mindestens 45 cm anheben (s. S. 222).

GRAPEFRUITS ▶
Citrus paradisi
Grapefruits gedeihen am besten an geschützten, sonnigen Plätzen in sauren, durchlässigen Böden (s. S. 223).

Der Anbau von Obstbäumen

In einem Kleingarten wirft ein größerer Obstbaum viel Schatten und schränkt dadurch die Anzahl der kultivierbaren Pflanzen stark ein. In solchen Fällen sind Bäume auf Zwergunterlagen praktischer, die als Spalier gepflanzt alle verfügbaren Wände und Zäune dekorieren können.

Besonders vorteilhaft sind natürlich Südseiten, vor allem für empfindliche Obstarten wie Pfirsiche und Nektarinen. Spaliere können im Lauf weniger Jahre bei richtigem Schnitt zu hübschen kleinen Hecken zusammenwachsen und Ihnen so lebendige Abgrenzungen für Beete oder Wege liefern.

BAUMOBST

Obstart	Form und Pflanzabstand		Lichtanspruch	Bodenanspruch	1. Ernte nach	siehe Seite
Kirsche	Hochstamm	4,5–6 m	Sauerkirsche: Schatten Süßkirsche: Sonne	Durchlässiger Lehm	4–5 Jahren	216
	Niederstamm	3–4,5 m				
	Fächerspalier	5,5 m				
Nektarine	Niederstamm	4,5 m	Sonne	Durchlässig, nicht zu nährstoffreich	4 Jahren	216
	Fächerspalier	3,6 m				
Aprikose	Fächerspalier	4,5 m	Sonne	Durchlässig, nicht zu nährstoffreich	2–3 Jahren	218
	Spindelpyramide	1,5 m				
Pfirsich	Niederstamm	4,5 m	Sonne	Durchlässiger Lehm	4 Jahren	216
	Fächerspalier	3,6 m				
Pflaume	Hochstamm	3 m	Sonne – Schatten	Schwerer Lehm oder Ton	3–5 Jahren	218
	Spindelpyramide	1,8 m				
	Fächerspalier	3,5 m				
	Bogenbaum	1,8 m				
Feige	Niederstamm	3 m	Sonne	Jeder durchlässige Boden	3–4 Jahren	219
	Fächerspalier	4,5 m				
Olive	Hochstamm	7,5–12 m	Sonne	Durchlässiger Boden	5–6 Jahren	219
Maulbeere	Hochstamm	10 m	Sonne	Jeder Boden	10 Jahren	220
	Niederstamm	10 m				
Quitte	Niederstamm	6 m	Sonne	Durchlässig, tiefgründig	2–3 Jahren	220
	Fächerspalier	4,5 m				
Apfel	Hochstamm	6 m	Sonne	Durchlässig, tiefgründig	2 Jahren	220
	Niederstamm	6 m				
	Spindelpyramide	1,5 m				
	Fächerspalier	4,5 m				
	Waagerechtes Spalier	4,5 m				
	Kordon	75 cm				
	Einreihiges Spalier	4,5 m				
	Bogenbaum	1,5 m				
Birne	Hochstamm	6 m	Sonne	Durchlässig, tiefgründig	2 Jahren	221
	Niederstamm	6 m				
	Spindelpyramide	1,5 m				
	Fächerspalier	4,5 m				
	Waagerechtes Spalier	4,5 m				
	Kordon	75 cm				
	Einreihiges Spalier	4,5 m				
	Bogenbaum	1,5 m				
Kumquat	Niederstamm	4,5 m	Sonne	Etwas schwer	7–8 Jahren	222
Zitrone	Niederstamm	4,5 m	Sonne	Etwas schwer	7–8 Jahren	222
Limette	Niederstamm	4,5 m	Sonne	Etwas schwer	7–8 Jahren	222
Orange	Niederstamm	7,5 m	Sonne	Leicht, sandig	7–8 Jahren	223
Grapefruit	Niederstamm	10 m	Sonne	Sauer, durchlässig	7–8 Jahren	223

Kirschen

Süßkirschen werden recht hoch. Um zu vermeiden, dass sie zu viel Schatten werfen, baut man sie am besten als Fächerspalier vor Südwänden an. Als Niederstamm sollte man sie nur auf schwach wachsenden Unterlagen verwenden. Die nicht so starkwüchsigen Sauerkirschen können als Fächerspalier auch an Nordwänden stehen.

SORTEN 'Stella' ist eine der wenigen selbst fruchtenden Süßkirschen Beliebt ist auch 'Schneiders Späte Knorpelkirsche'. Bei den meisten anderen müssen in der Nähe immer noch andere Sorten als Pollenspender vorhanden sein. Setzen Sie Süß- und Sauerkirsche nebeneinander, die Sauerkirsche befruchtet die Süßkirsche. Neu sind 'Johanna', 'Katalin' (platzfest).

Sauerkirschen: Am bekanntesten ist die selbst fruchtende 'Schattenmorelle'. Neu sind: 'Karneol' und 'Gerema' (platzfest). Bekannt und bewährt ist 'Morellenfeuer.'

VEREDELUNGSUNTERLAGEN 'GiSelA 5' und 'Weiroot 158' sind bewährte Unterlagen. Sie reduzieren die Baumgröße und bewirken einen früheren Ertrag.

BAUMFORMEN Süß- und Sauerkirschen wachsen als Hoch- oder Niederstamm oder als Fächerspalier.

STANDORTANSPRÜCHE Tiefgründige, gut durchlässige Lehmböden. Vor dem Pflanzen tief durcharbeiten und organisches Material beigeben; pH-Wert um 6,0–7,0.

Süßkirschen brauchen einen sonnigen, warmen Platz und einen leichten Boden. Süßkirschenblüten sind sehr spätfrostgefährdet, während Sauerkirschen auch im Halbschatten gedeihen.

PFLANZUNG Hoch- und Niederstämme pflanzt man im Winter mit mindestens 4,50–6 m Abstand.

PFLEGE

Düngung Ein jährliches Mulchen mit gut verrottetem Mist oder Kompost reicht normalerweise aus. Zu viel Kalk im Boden verursacht gelegentlich Magnesiummangel (*s. S. 39*), dagegen gibt man Algenmehl.

Schnitt Hoch- und Niederstämme lässt man die ersten Jahre natürlich wachsen und entfernt lediglich totes oder krankes Holz. Quer wachsende oder zu dicht stehende Äste werden bis zum Hauptstamm zurückgeschnitten. Als Fächer gezogene Süßkirschen werden so geschnitten wie Pflaumen (*s. S. 218*), fächerartige Sauerkirschen so wie Pfirsiche (*s. S. 217*).

Schutzmaßnahmen Süßkirschen können vor allzu naschhaften Amseln mit Netzen geschützt werden.

ERNTE UND LAGERUNG Kirschen sollten möglichst lange am Baum bleiben, jedoch gepflückt werden, bevor sie platzen. Süßkirschen sind zum unmittelbaren Verzehr bestimmt, Sauerkirschen werden weiterverarbeitet. Als Saft, Marmelade oder eingekocht kam man sie lange Zeit lagern.

SCHÄDLINGE / KRANKHEITEN Schwarze Kirschenlaus, Raupen des Frostspanners, Bakterienbrand, Bleiglanzkrankheit (*s. S. 233*).

Pfirsiche und Nektarinen

Der Pfirsich ist ein zu den Rosengewächsen gehörender Baum, der in China schon vor 4000 Jahren bekannt war. Die Nektarinen, eng mit dem Pfirsich verwandt, haben ähnliche Wachstumsansprüche, der einzige Unterschied besteht in ihrer Schale. Nektarinen sind im Gegensatz zu Pfirsichen glattschalig, unbehaart und meist leuchtend rot. Häufig haben sie ein festeres Fruchtfleisch.

Beide Fruchtarten enthalten Fruchtsäuren, Vitamine, Mineralstoffe und zahlreiche Aromastoffe.

Sowohl Pfirsiche als auch Nektarinen eignen sich für ein wärmeres Klima, wachsen in gemäßigten Regionen aber auch als Fächerspalier vor Südwänden. Pfirsiche sind dabei noch etwas widerstandsfähiger. Ein Anbau im Gewächshaus ist ebenfalls möglich (*siehe rechts*). Pfirsiche und Nektarinen fruchten erstmalig im vierten Jahr, tragen dann aber etwa 30 Jahre lang.

SORTEN Da diese Arten selbst fruchtend sind, braucht man nur einen Baum. Beliebte Sorten sind 'Früher Roter Ingelheim' oder 'Benedicte'.

Die Nektarinensorten 'Gerlinde' 'Nectared' oder 'Goldrausch' zeigen sich resistent gegenüber der Kräuselkrankheit.

VEREDELUNGSUNTERLAGEN Pfirsiche und Nektarinen sind schwächerwüchsig als Pflaumen oder Kirschen und brauchen als Niederstamm keine Unterlage. Für Fächerspaliere verwendet man 'St. Julien A' oder 'Montclaire', beides sind bewährte Pflanzen-Unterlagen.

ANBAU IM GEWÄCHSHAUS

Pfirsiche und Nektarinen werden im Gewächshaus ebenso angebaut wie draußen: an einer Wand oder einem Drahtgestell. Im Winter sollte das Gewächshaus so kühl wie möglich sein, damit die Bäume in Winterruhe bleiben. Im zeitigen Frühjahr mit gut verrottetem Stallmist oder Kompost um die Bäume herum mulchen. Ausreichend wässern. Vor dem ersten Lüften die Gewächshaustemperatur auf 10 °C ansteigen lassen.

Im Frühjahr und Sommer, außer während der Blüte, täglich mit klarem Wasser absprühen, das sorgt für genügend Luftfeuchte.

Während der Blüte ist Bestäubung von Hand nötig, da es unter

Zur Pollenübertragung *betupfen Sie das Innere jeder Blüte vorsichtig mit einem weichen Pinsel.*

Glas nur wenige Insekten gibt. Die ganze Wachstumsperiode über wöchentlich einen flüssigen Algendünger geben. Wenn sich zu viele Früchte entwickeln, bleiben sie klein. Daher ausdünnen.

FÄCHERSPALIER BEI PFIRSICHEN UND NEKTARINEN

Für ein Fächerspalier erzieht man die Bäume so, dass sie flach an einer Wand wachsen. Am besten ist Südlage. Durch die Mauer und die reflektierten Sonnenstrahlen entsteht Wärme, diese Früchte können dann im milden Klima gedeihen. Man pflanzt an Drähte, die mit 23 cm Abstand an der Wand befestigt werden.

1 Direkt nach dem Pflanzen *den Baum bei etwa 45 cm Höhe auf eine starke Knospe zurückschneiden: Darunter müssen noch 2 weitere Knospen sein. In der folgenden Saison gibt es dann 3 Triebe.*

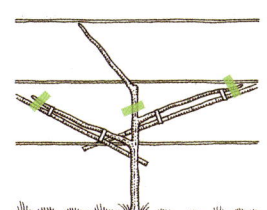

2 Im zweiten Winter *den Mitteltrieb entfernen. Die beiden restlichen Triebe auf 45 cm einkürzen und an Stangen festbinden, die einen Winkel von 20° zur Horizontalen haben.*

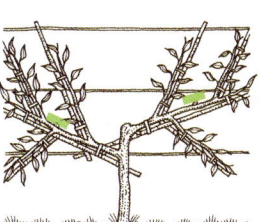

3 Im folgenden Sommer *von diesen Seitenästen 4 Triebe auswählen: 2 nach oben gerichtete, 1 nach unten gerichteten sowie 1 weiterführenden Ast. Festbinden und alle übrigen Knospen entfernen.*

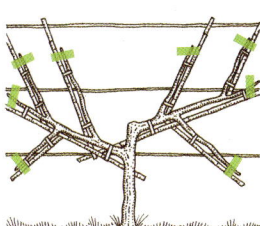

4 Im dritten Winter *die ausgewählten Äste auf 45 cm zurückschneiden.*

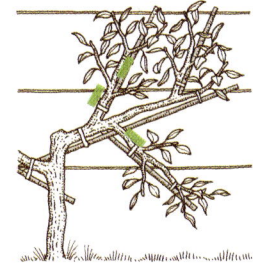

5 Im folgenden Sommer *die Zweige so festbinden, wie sie wachsen. Seitentriebe mit ca. 10 cm Abstand als Fruchttriebe auswählen. Überflüssige Knospen entfernen.*

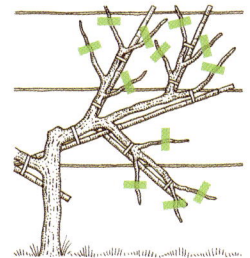

6 Im vierten Winter *die Seitentriebe der Hauptäste um etwa die Hälfte einkürzen. Von jetzt an zielt der Schnitt auf die Fruchtbildung hin.*

7 Im folgenden Sommer *lässt man die Seitentriebe 4–6 Blätter entwickeln sowie einen Ersatztrieb an ihrer Basis. Jeden anderen Neuwuchs entfernen.*

8 Sind die Früchte geerntet, *die Fruchtzweige ausschneiden. Dafür die Ersatztriebe festbinden. Diesen Vorgang jedes Jahr wiederholen.*

BAUMFORMEN Einzelbäume als Niederstamm sollten nur in warmen Gegenden, z.B in Weinbaugebieten, angebaut werden, wo die Blüte nicht mehr durch Spätfröste geschädigt wird. In gemäßigten Regionen empfiehlt sich, ein Fächerspalier vor einer Südwand zu pflanzen (s. S. 206).

STANDORTANSPRÜCHE Wichtig ist eine gute Dränage, daher Boden ausreichend vorbereiten. Halten Sie sich bei der Kultivierung von Hoch- oder Niederstämmen an die Hinweise auf S. 210. Für Spaliere heben Sie einen 60–90 cm breiten Graben aus, 3 m lang und 1 Spatenstich tief Schutt oder zerbrochene Ziegelsteine in den Untergrund einarbeiten und mit gut verrottetem Kompost oder Mist bedecken. Den Graben wieder auffüllen, weiteres organisches Material in die oberen Schichten geben. Pfirsiche und Nektarinen gedeihen bei ausreichender organischer Substanz gut auf sandigen Böden – pH-Wert um 6,5–7,0. An sonnigen Platz, Frostsenken vermeiden.

PFLANZUNG Hoch- oder Niederstämme pflanzt man im Winter wie auf S. 82–83 beschrieben. Für Fächerspaliere, die ebenfalls im Winter angelegt werden, setzt man einjährige Bäumchen an Drähte mit 23 cm Abstand.

PFLEGE

Düngung Bis zum ersten Fruchten so düngen wie auf S. 210 angegeben. Für tragende Bäume reicht meist ein jährliches Mulchen mit gut verrottetem Stallmist oder Kompost. Bei auftretenden Mangelerscheinungen (s. S. 38–39) wieder nach dem ursprünglichen Düngeplan verfahren.

Schnitt Einzelbäume im Frühjahr schneiden, dabei abgestorbene, kranke und kreuzende Zweige entfernen.

Befruchtung Pfirsiche und Nektarinen blühen zeitig, noch bevor die bestäubenden Insekten in kühleren Regionen unterwegs sind. Daher ist es unter Umständen nötig, bei der Bestäubung nachzuhelfen, indem man den Pollen mit einem Pinsel von Blüte zu Blüte überträgt.

Schutzmaßnahmen Die Blüten mit Folie oder einem feinen Netz (manche alte Gardinen sind ideal) abdecken, wenn Frost angesagt ist.

ERNTE UND LAGERUNG Die Früchte sind reif, wenn sie sich leicht abdrehen lassen. Bei der Ernte sehr vorsichtig vorgehen, da die Verletzungsgefahr groß ist. Pfirsiche und Nektarinen halten nur einige Tage, wenn sie nicht eingemacht werden.

SCHÄDLINGE / KRANKHEITEN Läuse (s. S. 50), Kräuselkrankheit, Rote Spinne (s. S. 232–233), im Gewächshaus zusätzlich Schildläuse und Mehltau (s. S. 257).

Aprikosen

Aprikosen werden ebenso gezogen wie Pflaumen, sie brauchen jedoch für gute Erträge viel Sonne. Im gemäßigten Klima pflanzt man sie als Fächerspalier vor Südwände.

SORTEN Alle Sorten sind selbst fruchtend. Aufgrund der zeitigen Blüte muss man allerdings eventuell von Hand nachhelfen, da bei kühlen Temperaturen noch nicht genügend Insekten unterwegs sind. Zu den empfehlenswerte Sorten gehören 'Orange red' (verträgt Frost), 'Aprikose von Nancy', 'Hargrand' und 'Kuresia' (sehr resistent) u. a.

VEREDELUNGSUNTERLAGEN Will man sie etwas verkleinern, kann man 'Montclaire' oder 'Torinel' benutzen.

BAUMFORMEN Aprikosen gedeihen gut als Fächerspalier und in wärmeren Gegenden als Spindelpyramide.

STANDORTANSPRÜCHE Leichte Böden mit viel organischer Masse, pH-Wert um 6,0. Aprikosen mögen einen durchlässigen Boden und einen sonnigen und windgeschützten Platz.

PFLANZUNG Ist der Boden nicht leicht genug, eine etwa 1 × 3 m große Fläche 2 Spatenstich tief ausgraben, unten eine Schicht Sand und Kies einbringen und wieder mit Erde, gemischt mit Kompost, auffüllen.

PFLEGE Unterscheidet sich kaum von der Pflege des Pfirsichs. Früchte ausdünnen, wenn der Fruchtsatz zu groß ist (s. S. 210).

ERNTE UND LAGERUNG Reife Aprikosen zum unmittelbaren Verzehr pflücken. Zum Aufbewahren verwendet man noch festere Früchte.

SCHÄDLINGE / KRANKHEITEN Vögel, Läuse, Rote Spinne, Blattwespen, Rost, Bleiglanzkrankheit, Bakterienbrand.

Pflaumen und Zwetschgen

Pflaumen und Zwetschgen sind einfach zu ziehen und bringen gute Erträge. Zwetschgen sind nahe mit Pflaumen verwandt und ebenso zu kultivieren.

SORTEN Die angegebenen Sorten sind selbst fruchtend und relativ Scharka-resistent. Empfehlenswert sind 'Jojo', 'Felsina', 'Hamita', 'Katinka', 'Haganta' u. a.

VEREDELUNGSUNTERLAGEN Pflaumen und Zwetschgen können sehr hoch werden, wenn man sie nicht auf einer schwach wachsenden Unterlage zieht. 'St. Julien A' ist eine mittelschwach wachsende Unterlage und eignet sich für Spindelpyramiden und Fächerspaliere. 'Pixy' produziert kleine Bäume, die an einer Stütze gezogen werden können.

BAUMFORMEN Pflaumen und Zwetschgen zieht man am günstigsten als Spindelpyramide

FÄCHERSPALIER BEI PFLAUMEN

Fächergezogene Pflaumen eignen sich am besten für Süd- und Westwände. Auch Nordseiten sind möglich, doch die Reife wird dadurch verspätet. Als Unterlage verwendet man 'St. Julien A' oder 'Pixy'. Süßkirschen und Zwetschgen werden ebenfalls als Fächer wie unten angegeben gezogen.

1 Im Winter *Drähte mit 23 cm Abstand horizontal an einer Wand befestigen und einen einjährigen Baum davorpflanzen. Im ersten Frühjahr auf 45 cm zurückschneiden.*

2 Im Sommer *3 kräftige Triebe auswählen und wachsen lassen. Alle übrigen Triebe auf 2 Blätter einkürzen.*

3 Im folgenden Frühjahr *die beiden Hauptseitenäste auf 45 cm zurückschneiden und am ersten Querdraht festbinden. Den Mittelstamm entfernen.*

4 Frühjahr *und Sommer nach oben wachsende Triebe von den Seitenästen mit einer weichen Schnur an den Drähten festbinden. In Fächerform ziehen.*

5 Im Spätsommer *Triebe entfernen, die zur Wand hin oder von der Wand weg wachsen; ebenso alle Triebe, die nicht zur Fächerform gebraucht werden.*

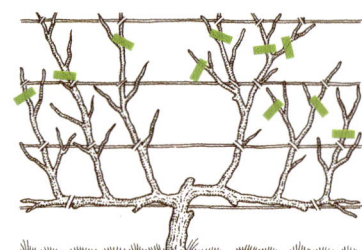

6 Gleich nach der Ernte *das gesamte tote Holz entfernen und die vorher bereits eingekürzten Triebe nochmals etwas zurückschneiden.*

oder als Fächer auf 'St. Julien A' oder 'Pixy' Unterlage (s. *S. 206*).

STANDORTANSPRÜCHE Bevorzugt werden gut durchlässige, tiefe Lehm- oder Tonböden, pH-Wert um 6,0–6,5. Zwetschgen können weniger tiefgründige Böden besser vertragen als Pflaumen.

PFLANZUNG Bäume ohne Ballen im Herbst pflanzen (s. *S. 83*). Spindelpyramiden auf 'St. Julien A' Unterlage mit 3 m Abstand setzen, 'Pixy' Unterlagen mit 1,80 m. Bogenbäume pflanzt man mit 1,80 m Zwischenraum, Bäume für ein Fächerspalier alle 3,50 m vor eine Wand oder ein Drahtgestell.

PFLEGE

Düngung Düngen wie in den allgemeinen Anbauhinweisen angegeben (*siehe S. 210*).

Schnitt Da Pflaumen und Zwetschgen anfällig für die Bleiglanzkrankheit sind, nie im Winter schneiden, denn dann bleiben Schnittwunden längere Zeit unverheilt.

Ausdünnen Bei zu reichlichem Fruchtbehang können die Zweige leicht brechen. Daher wartet man den natürlichen Fruchtfall im Juni ab und dünnt dann die restlichen Früchte auf 7 cm Abstand aus. Die tragenden Äste stützt man mit einer Gabel, die in Sackleinen gehüllt wird, damit die Äste durch Scheuern nicht verletzt werden. Alternativ kann man auch den Zweig am Hauptstamm festbinden (s. *S. 221*).

ERNTE UND LAGERUNG Die Früchte sind reif, wenn sie sich leicht pflücken lassen. Zum Einmachen erntet man sie etwas früher, nämlich dann, wenn sie leicht zu glänzen beginnen.

SCHÄDLINGE / KRANKHEITEN Läuse, Vögel, Wespen, Pflaumensägewespe, Rote Spinne, Rost, Bleiglanzkrankheit, Scharka-Krankheit und Bakterienbrand (s. *S. 46, S. 350 und S. 232–233*).

Scharka-Krankheit: Diese gefährliche Viruskrankheit an Pflaume, Aprikose und Pfirsich muss sofort bei Auftreten den Behörden gemeldet werden. Befallene Früchte fallen zu früh vom Baum, sind marmoriert, die Fruchthaut gefurcht, das Fleisch rötlich. Die Blätter zeigen verwaschene hellgrüne Flecken. Der Virus wird durch Blattläuse übertragen und breitet sich daher rasch aus. Bekämpfungs-

maßnahmen gibt es nicht, die Bäume müssen vernichtet werden.

Feigen

Die nachfolgenden Anbauhinweise für Feigen beziehen sich sowohl auf den Freiland- als auch auf den Gewächshausanbau.

SORTEN Die etwas dunkleren 'Brown Turkey' und 'Brunswick' sind am unempfindlichsten. 'Celeste', 'Fiorone Giallo' und 'Violetta' sind für wärmere Regionen geeignet.

BAUMFORMEN Sowohl Niederstamm als auch Fächerspalier sind möglich (s. *S. 206*). Für die Erziehung zum Fächer ist Schneiden nicht notwendig. Man bindet die Zweige einfach an horizontale Drähte mit 23 cm Abstand.

STANDORTANSPRÜCHE Gut durchlässige Böden, die ausreichend Feuchtigkeit speichern: pH-Wert um 6,5–7,0. Da zur Fruchtausbildung viel Sonne nötig ist, vor Südwände pflanzen. Feigen sind nur in Weinbaugegenden winterhart, müssen meist im Kübel kultiviert und kühl überwintert werden.

PFLANZUNG Frei stehende Bäume mit 3 m Abstand setzen und 4,50 m Zwischenraum bei Bäumen zur Spalierbildung. Um die Fruchtbildung bei ausgepflanzten Bäumen zu fördern, die Wurzelentwicklung beschränken, indem man ein 2 Spatenstich tiefes Loch von 1 × 1,50 m Größe aushebt. Das Loch mit einer Mischung aus Gartenboden und Stallmist oder Kompost auffüllen. Auch im Kübel bevorzugen Feigen ein durchlässiges Substrat.

PFLEGE

Bewässerung Im ersten Jahr empfiehlt sich ein Gießen von Hand.

Schnitt Im Winter altes Holz schneiden. Im Sommer ausdünnen, sodass die Früchte viel Sonne bekommen.

Frostschutz Die Triebe zum Schutz vor Frost mit Stroh umwickeln, dann die ganze Pflanze mit Jutesäcken umhüllen. In kälteren Gegenden kühl, aber möglichst frostfrei überwintern. Feigen verlieren im Winter ihr Laub, brauchen dann also kaum Licht.

ERNTE UND LAGERUNG Ernten und frisch verzehren, sobald die Früchte ihre Farbe wechseln: Dunkle Formen werden tiefrot, helle Feigen

werden gelb. Eine Lagerung ist nur getrocknet oder gefroren möglich.

SCHÄDLINGE / KRANKHEITEN Grauschimmel, Vögel und Obstbaumkrebs (s. *S. 46, 50, 232, 235*).

Oliven

Oliven gedeihen am besten in Regionen mit kühlen Wintern und heißen Sommern. Daher findet man sie im Mittelmeerraum so weitverbreitet. Europäische Formen brauchen fünf bis sechs Jahre bis zum ersten Ertrag, sind dann aber enorm langlebig.

In unserem Klima werden Oliven im Kübel gehalten, hell und kühl überwintert, die Bäume überstehen allerdings sogar Frost bis -10 °C.

SORTEN Europäische, selbst fruchtende Formen sind 'Picual', 'Frantoio', 'Leccino', 'Morona' und 'Athinolia'.

BAUMFORMEN Anbau nur als Hochstamm (s. *S. 206*).

STANDORTANSPRÜCHE Jeder gut durchlässige Platz in voller Sonne ist geeignet. Ebenso wie für Weintrauben kann man für Oliven magere Böden nutzen. Im Kübel verwendet man lockere, lehmig-sandige und kalkhaltige Substrate mit etwas Torfersatz.

PFLANZUNG Es gibt veredelte Bäume im Container, die sich zu jeder Jahreszeit pflanzen lassen.

PFLEGE

Düngung Oliven brauchen viel Stickstoff, daher jährlich mit gut verrottetem Stallmist oder Kompost mulchen oder im Frühjahr 2 Handvoll Blut- oder Hornmehl pro m² beigeben.

Schnitt Überflüssige und kreuzende Äste ausschneiden, denn Oliven brauchen für einen guten Fruchtansatz viel Sonne.

ERNTE UND LAGERUNG Oliven pflückt man von Hand, um Schäden an den Früchten zu vermeiden. Zum Einlegen die grünen Früchte im Herbst ernten. Die reifen, schwarzen Oliven im Winter dienen vorwiegend zur Ölgewinnung.

SCHÄDLINGE / KRANKHEITEN Biologisch gezogene Oliven haben keine besonderen Krankheiten, können aber von allgemeinen Schädlingen wie z. B. Schildläusen befallen werden (s. *S. 46–51*).

Maulbeeren

Die dekorativen Maulbeerbäume wachsen sehr langsam und benötigen etwa 10 Jahre bis zum ersten Fruchtansatz, tragen dann aber mehr als 40 Jahre lang. Sie sind nicht so winterhart wie unsere heimischen Gehölze. Sie sollten daher in Kübel gepflanzt werden, sodass die Bäume kühl und dunkel überwintert werden können.

SORTEN Die ausgewachsenen riesigen Maulbeerbäume sind selbst fruchtend und so braucht man zum Glück nur einen Baum. Es gibt drei Typen: Rote (*Mores rubra*), Weiße (*M. alba*) und Schwarze Maulbeeren (*M. nigra*). Die schwarze Form liefert die besten Früchte. Empfohlene Sorten sind 'Chelsea' und 'Wellington'.

BAUMFORMEN Wachsen als Hoch- oder Niederstamm (s. S. 206).

STANDORTANSPRÜCHE Jeder tiefe, fruchtbare Boden in warmer Sonnenlage, pH-Wert um 6,0–6,5. Bei Kübelpflanzung große Töpfe mit torfersatzhaltigem Substrat.

PFLANZUNG Aufgrund seiner Größe hat man gewöhnlich nur Platz für einen Baum. Für ein zufriedenstellendes Anwachsen verwendet man am besten Containerpflanzen, da Maulbeerbäume sehr brüchige Wurzeln haben, die leicht beschädigt werden können. Man bekommt diese Bäume nur in Spezialgärtnereien.

PFLEGE

Schnitt Überflüssige Triebe im Spätsommer auf 10 cm zurückschneiden.

ERNTE UND LAGERUNG Die im Spätsommer reifenden Früchte werden direkt gepflückt oder auf Tücher geschüttelt, die man unterm Baum ausbreitet. Vorsicht beim Ernten: Der Fruchtsaft hinterlässt Flecken auf Haut und Kleidern. Maulbeeren halten sich nur eingemacht.

SCHÄDLINGE / KRANKHEITEN Allgemeine Schädlinge und Krankheiten (*siehe S. 46–51*).

Quitten

Quitten sind mit der Birne verwandte, aparte Bäumchen, die interessante Früchte liefern und wunderschön aussehen, wenn sie in Blüte stehen. Sie blühen später und sind daher nicht so frostgefährdet. Man unterscheidet zwischen Apfel- und Birnenquitten.

SORTEN Quitten sind selbst fruchtend, man braucht nur einen Baum. Empfehlenswerte Sorten mit birnenförmigen Früchten sind 'Portugiesische Quitte' und 'Bereczkiquitte', mit apfelförmigen Früchten 'Konstantinopeler' sowie 'Riesenquitte von Lescovac'.

BAUMFORMEN Im gemäßigten Klima besonders vorteilhaft sind wie bei Pflaumen Fächerspaliere an Südwänden (*s. S. 206 und S. 218*). Bei etwas verfügbarem Platz sieht allerdings auch ein Niederstämmchen sehr hübsch aus.

STANDORTANSPRÜCHE Ein sonniger Platz mit einem Boden-pH-Wert um 6,0–6,5. Liegt der Wert unter 6,0, sollte man Kalk beigeben.

PFLANZUNG Am besten verwendet man Bäume ohne Ballen und pflanzt sie im zeitigen Winter (*s. S. 83*).

PFLEGE

Düngung Siehe allgemeine Empfehlungen S. 210.

Bewässerung Siehe allgemeine Empfehlungen S. 210.

Schnitt Siehe Fächerspalier bei Pflaumen S. 218.

ERNTE UND LAGERUNG Reife Quitten sind gelb und haben einen starken aromatischen Duft. Man verarbeitet sie direkt zu Gelee, Marmelade und Quittenbrot oder lagert sie an kühlem feuchtem, frostfreiem Platz. Dort halten sie sich etwa drei Monate.

SCHÄDLINGE / KRANKHEITEN Blattläuse, Mehltau u. a. Frostspanner, Blutläuse, Apfelwickler Blattwespen, Obstbaumkrebs, Feuerbrand, Stippigkeit, Monilia-Fruchtfäule, Schorf.

Äpfel

Äpfel sind in gemäßigten Breiten das wohl populärste Baumobst überhaupt. Äpfel enthalten viele wertvolle Inhaltsstoffe. Der Vitamin-C-Gehalt ist jedoch je nach Sorte sehr unterschiedlich.

Ein Apfelbäumchen wächst auf jedem Boden, der gut vorbereitet und gepflegt wird. In Gegenden mit Spätfrösten wählt man vorzugsweise Sorten, die nicht zu früh blühen, damit die Blüten nicht durch Frost geschädigt werden.

Obwohl Sorte, Unterlage und Standortgegebenheiten eine Rolle spielen, fruchten Bäume auf den neueren Unterlagen gewöhnlich im zweiten Jahr und tragen dann etwa 30 Jahre lang.

SORTEN Für einen guten Fruchtansatz müssen viele Apfelbäume von einer anderen Sorte bestäubt werden (*s. S. 203*). Daher braucht man mindestens zwei Bäume, die gleichzeitig blühen.

Sehr frühe Tafelsorten, also zum gleich essen gut geeignet, sind u. a. 'Piros', 'Klarapfel' und 'Jamba'. Zur Ernte ab Oktober verwendet man 'Goldparmäne', 'Prinz Albrecht von Preußen', 'Gravensteiner', 'Berlepsch', 'Herbstprinz', 'Ingrid Marie'. Noch etwas später sind 'Boskop', 'Finkenwerder' u. a. Als Kochäpfel eignen sich 'Brettacher', 'Ontario' u. a.

VEREDELUNGSUNTERLAGEN Die Standardunterlage für Hoch-, Halb- und Niederstämme ist die Sämlingsunterlage. Für Spindelpyramiden, Spaliere und Kordons verwendet man vegetativ vermehrte Zwerg-Unterlagen, die mit Zahlen bezeichnet sind. Weitverbreitet für klein bleibende Apfelbäumchen sind z. B. die schwachwüchsigen M 9 oder A 2, die allerdings für gute Entwicklung sehr fruchtbare Böden brauchen. Ansonsten verwendet man M 7 oder M 26. M 27 ist extrem zwergig und eignet sich nur für Kübelbäumchen, für sehr fruchtbare Böden oder für ein Niedrigspalier (*siehe S. 206*).

BAUMFORMEN Äpfel lassen sich in jeder beliebigen Form kultivieren (*s. S. 206*).

STANDORTANSPRÜCHE Ein sonniger, geschützter Platz wird bevorzugt; pH-Wert um 6,0–6,5, unter pH-Wert 6,0 aufkalken.

PFLANZUNG Am besten verwendet man Apfelbäumchen ohne Ballen und pflanzt in frühen Wintermonaten (s. S. 82–83). Die Bodenvorbereitung vorher durchführen und bei nassem Wetter von Brettern aus arbeiten, um eine ungewünschte Bodenverdichtung zu vermeiden.

PFLEGE

Düngung Siehe allgemeine Empfehlungen S. 210.

Gießen Siehe allgemeine Empfehlungen S. 210.

Schnitt Einzelheiten zu verschiedenen Schnittformen s. S. 207–209.

ERNTE UND LAGERUNG Äpfel sind reif, wenn sie sich mit einem leichten Drehen gut pflücken lassen. Man sollte vorsichtig pflücken und nie an den Ästen reißen. Die Früchte werden in einen mit einem weichen Tuch ausgelegten Korb gelegt, um Verletzungen zu vermeiden. Das ist besonders wichtig, wenn die Äpfel längere Zeit gelagert werden sollen.

Frühe Sorten werden im Spätsommer, am besten kurz vor der vollen Reife gepflückt. Für den Frischverzehr lässt man sie dann noch einige Tage liegen. Reifen sie auf dem Baum aus, werden sie leicht etwas weich und mehlig.

Zum Stützen *fruchtbeladener Äste bindet man eine Schnur um die Astmitte und befestigt das andere Ende am Hauptstamm.*

Späte Sorten pflückt man im Herbst oder frühen Winter, wenn die Früchte richtig reif sind. Vor dem Lagern jeden Apfel sorgfältig untersuchen. Sortieren Sie alle Exemplare mit der kleinsten Beschädigung oder Krankheit aus – sie halten sich nicht und stecken die gesunden Früchte an. Packen Sie die Sorten getrennt in Beutel, die Sie mit einem Bändchen verschließen. Die Früchte müssen atmen können, deshalb kleine Löcher in den Beutel stechen. An einem möglichst kühlen, aber frostfreien

Zum Aufbewahren *kommen Äpfel in einen Beutel, der zugebunden wird. Damit die Früchte genügend atmen können, pro Kilogramm zwei Luftlöcher in den Beutel stechen.*

Platz aufbewahren. Regelmäßiges Überprüfen auch während der Lagerung ist wichtig. Kranke oder faulig gewordene Früchte müssen unverzüglich aussortiert werden.

SCHÄDLINGE/KRANKHEITEN Allgemeiner Befall einschließlich grüner Blattläuse und Mehltau (s. S. 46–51); weiterhin Frostspanner, Blutläuse, Apfelwickler, Apfelsägewespen, Obstbaumkrebs, Feuerbrand, Stippigkeit, Monilia-Fruchtfäule, Apfelschorf und Wespen (s. S. 232 und S. 234–235).

Birnen

Birnen blühen früh und werden daher leicht durch Spätfröste geschädigt. Deshalb müssen sie in entsprechend gefährdeten Lagen sehr geschützt stehen. Die Fruchtreife ist je nach Standortbedingungen unterschiedlich, doch durchschnittlich kann man mit einer ersten Ernte nach zwei Jahren rechnen. Birnen tragen 25–30 Jahre lang. Die Früchte enthalten viele gesunde Mineralstoffe und Vitamine.

SORTEN Birnen müssen von einer anderen Sorte befruchtet werden, daher braucht man mindestens zwei Bäume, die zur gleichen Zeit blühen. Frühe Sorten sind 'Frühe von Trévoux', 'Clapps Liebling', 'Williams Christ' u. a. Zu den späteren Sorten zählen 'Gute Luise', 'Conference', 'Gellerts Butterbirne'. Eine ausgesprochene Wintersorte ist 'Alexander Lucas'. Besonders zum Einmachen und Dörren eignen sich etwa 'Gute Graue', 'Rote Pichlbirne' u. a.

VEREDELUNGSUNTERLAGEN Für Hoch- und Halbstämme gebraucht man als Unterlage Birnensämlinge. Kleine früh tragende Bäumchen erhält man auf Quittenunterlage. 'Quitte C' ist ideal für Kordons oder Spaliere auf sehr fruchtbaren Böden. Für weniger gute Böden ist 'Quitte A' zu verwenden.

BAUMFORMEN Birnen lassen sich in jeder beliebigen Form kultivieren (s. S. 206).

STANDORTANSPRÜCHE Ein sonniger, geschützter Platz wird bevorzugt; pH-Wert um 6,0–6,5, unter pH-Wert 6,0 aufkalken.

PFLANZUNG Am besten verwendet man Bäumchen ohne Ballen und pflanzt im frühen Winter (s. S. 83). Die Bodenvorbereitung vorher durchführen und bei nassem Wetter von Brettern aus arbeiten.

PFLEGE

Düngung Siehe allgemeine Empfehlungen S. 210.

Gießen Siehe allgemeine Empfehlungen S. 210.

Schnitt Einzelheiten zu verschiedenen Schnittformen s. S. 207–209.

ERNTE UND LAGERUNG Birnen sind reif, wenn sie sich mit leichtem Drehen gut pflücken lassen.

Frühe Sorten werden am besten vor der Reife geerntet, wenn sie noch hart und grün sind. Man lagert sie an einem kühlen Platz und bringt sie einige Tage vor dem Verzehr zum Nachreifen ins Warme. Sie halten sich etwa zwei Wochen. Bei zu langer Lagerung leidet das Aroma. Die Früchte werden breiig und schmecken metallisch.

Spät reifende Sorten bleiben bis zur Reife am Baum. Wer Birnen längere Zeit haltbar machen will, muss sie einkochen oder trocknen, bevor sie zu reif geworden sind.

SCHÄDLINGE/KRANKHEITEN Allgemeiner Befall einschließlich grüner Blattläuse und Mehltau (s. S. 46–51). Frostspanner, Blutläuse, Apfelwickler, Feuerbrand, Blattwespen, Obstbaumkrebs, Stippigkeit, Monilia-Fruchtfäule, Schorf und Wespen (siehe S. 232 und S. 234–235).

Kumquats

Kumquats (*Fortunella margarita*) sind immergrüne Zitruszwerge, die gerne in Fernost angebaut werden, aber leider nur Frost bis etwa -10 °C vertragen. Im gemäßigten Klima empfiehlt sich daher eher der Anbau in Kübeln, wenn eine frostfreie Überwinterungsmöglichkeit besteht, oder im Gewächshaus.

SORTEN 'Marumi' und 'Nagami'
BAUMFORMEN Niederstamm (*s. S. 206*).

STANDORTANSPRÜCHE Ideal: gut durchlässige mittelschwere Lehmböden, Substrate. Für optimale Wasserspeicherung viel organisches Material einarbeiten; pH-Wert um 6,0–6,5.

Günstig ist ein freier, sonniger Platz. Überwinterung hell und kühl, möglichst nicht wärmer als 5 °C.
PFLANZUNG Es gibt Bäumchen mit Ballen oder im Container, die man zu jeder Jahreszeit pflanzen oder eintopfen kann.
PFLEGE
Düngung Mulchen mit gut verrottetem Stallmist oder Kompost.

Gießen Während der Fruchtbildung ist gutes Wässern für die Entwicklung wichtig.
Schnitt Die neuen Triebe des Jahres gleich nach der Ernte etwas zurückschneiden.
ERNTE UND LAGERUNG Die Früchte werden gepflückt, wenn sie sich orange färben. Man kann sie frisch verzehren oder zu Marmelade verarbeiten.
SCHÄDLINGE / KRANKHEITEN Gallwespen, Zitronenschorf (*s. S. 232*); weiterhin Rote Spinne, Läuse und Schildläuse (*s. S. 257*).

Zitronen und Limetten

Diese subtropischen Obstarten gedeihen gewöhnlich nur in frostfreien Regionen draußen. Eine gewisse Kälteverträglichkeit zeigt die Hybridzitrone 'Meyer', die an einem geschützten Platz Temperaturen bis zu -9 °C aushält. Beide Arten eignen sich als Kübelpflanzen für das Gewächshaus.

SORTEN
Zitronen: 'Meyer', 'Lunario', 'Ligurische Zitrone'.
Limetten: 'Key', 'Tahitian', 'Persische Limette'.
BAUMFORMEN Beide Arten werden als Niederstamm gezogen (*s. S. 206*).
STANDORTANSPRÜCHE Etwas schwere, leicht saure Böden sind am besten geeignet; pH-Wert um 6,0–6,5. Es ist ratsam, die Beete um mindestens 45 cm gegenüber der Umgebung zu erhöhen. Dabei den Boden auch im Gewächshaus reichlich mit gut verrottetem Stallmist oder Kompost anreichern. Im Freien ist ein sonniger, windgeschützter Platz erforderlich.
PFLANZUNG Die Bäume werden mit Ballen oder im Container verkauft und können daher das ganze Jahr über gepflanzt bzw. eingetopft werden. Die Veredelungsstelle sollte etwa 10 cm über der Erdoberfläche liegen. Um eine gegenseitige Konkurrenz auszuschließen, sollten die Bäume mindestens 45 cm Abstand haben.
PFLEGE
Düngung Junge Zitruswurzeln werden durch zu hoch dosierte Düngergaben leicht verbrannt. Es ist ratsam, die Nährstoffe durch Naturdünger zuzuführen. So gibt man z. B. im zeitigen Frühjahr sowie im Sommer je 1 Handvoll Horn-Blut-Knochenmehl pro m². Wichtig ist es, gleichzeitig mit der Düngung reichlich zu gießen.
Gießen Besonders während der ersten Jahre brauchen die Wurzeln reichlich Wasser, damit sie sich gut im Boden etablieren können.
Schnitt Zitronen dürfen nicht wild wachsen, sondern müssen durch Schnitt kompakt gehalten werden. Alle wuchernden oder nach innen wachsenden Äste ausschneiden, ebenso alle Triebe, die Früchte getragen haben.

Limetten werden ausgedünnt und totes, krankes oder quer wachsendes Holz wird entfernt.
ERNTE UND LAGERUNG Die Früchte beider Arten werden mit einer Baumschere abgeschnitten, wenn sie reif sind. Bei günstigem Klima herrscht keine Wachstumsruhe und es gibt das ganze Jahr über Früchte.

Zitronen *lassen sich, mit Sand abgedeckt, in Holzsteigen oder in mit Papier ausgekleideten Kisten bis zu zwei Monate lang lagern.*

Zur Aufbewahrung in Holzsteigen legen und jede Frucht dünn mit etwas trockenem Sand bedecken. An einem kühlen Platz halten sich die Früchte etwa zwei Monate.
SCHÄDLINGE / KRANKHEITEN Zitrusfrüchte haben besonders im Gewächshaus verschiedene Probleme wie u. a. Gallwespen, Zitronenschorf (*siehe S. 232*); Rote Spinne, Läuse, Schildläuse (*siehe S. 257*).

ZITRUSFRÜCHTE IM GEWÄCHSHAUS

Im gemäßigten Klima kultiviert man Zitrusfrüchte im Gewächshaus. Man zieht die für das Freiland empfohlenen Sorten in Kübeln mit mindestens 45 cm Durchmesser. Verwendet wird die auf Seite 254 angegebene Erdmischung. Die Temperatur darf 7 °C nicht unterschreiten. Während der Wachstumsperiode die Pflanzen gut gießen. Am besten Sie verwenden Regenwasser. Im Winter darf natürlich nur sehr sparsam bewässert werden, der Ballen im Kübel soll gerade nicht ganz austrocknen. Während der Frühlings- und Sommermonate bis August wöchentlich ein flüssiges Algenpräparat geben. Zwischen den Wassergaben immer wieder trocken werden lassen. Im Sommer das Laub jeden Morgen absprühen, jedoch nicht während der Blüte. Die Pflanzen im Winter etwas trockener halten.

Der Schnitt konzentriert sich überwiegend auf das Ausdünnen.

Orangen

Orangen sind nicht frostverträglich und gedeihen in gemäßigten Breiten nur als Kübelpflanzen im Gewächshaus. In wärmeren Regionen liefern sie draußen eine gute Ernte. Orangen sind eine wertvolle Quelle für Vitamin C.

SORTEN

Süße Orangen sind zum Frischverzehr geeignet, z. B. 'Sanguinelli', 'Valencia Late', 'Jaffa', 'Baladi' und 'Hamlin'.

Bitterorangen dienen zur Marmeladenherstellung, z. B. 'Seville'.

BAUMFORMEN Orangen werden als Niederstamm gezogen (s. S. 206).

STANDORTANSPRÜCHE Der Boden muss leicht und sandig sein, da schlechte Dränage nicht vertragen wird. Auf schweren Böden muss die Pflanzstelle mindestens 45 cm gegenüber der Umgebung angehoben werden. Den Boden auch im Gewächshaus mit gut verrottetem Stallmist oder Kompost anreichern; pH-Wert um 6,0–6,5. Im Freien ist ein möglichst sonniger, windgeschützter Platz gut; eventuell ist es nötig, einen Windschutz aufzubauen oder anzupflanzen.

PFLANZUNG Orangenbäumchen werden mit Ballen oder im Container verkauft und können daher das ganze Jahr über gepflanzt oder eingetopft werden. Die Veredlungsstelle sollte 10 cm über dem Boden liegen.

Um eine gegenseitige Konkurrenz, besonders um Licht, auszuschließen, mindestens 7,50 m Pflanzabstand lassen, bzw. die Kübel an einem möglichst sonnigen Platz aufstellen. Aber auch Pflanzen können Sonnenbrand bekommen. Gewöhnen Sie also Ihre Kübelpflanzen ganz langsam an die Sonne, stellen Sie sie zuerst in den Schatten, dann in den Halbschatten und bei einer möglichst trüben Witterungsperiode an den endgültigen Sonnenstand.

PFLEGE

Düngung Junge Zitruswurzeln werden leicht durch zu hoch dosierte Düngung verbrannt, daher die Nährstoffe durch Mulchen mit gut verrottetem Stallmist oder Kompost zuführen. Beim Düngen gut gießen.

Gießen In den ersten Jahren brauchen die Wurzeln reichlich Wasser.

Schnitt Wenn der Baum zu dicht wird, ausdünnen und sich behindernde Äste entfernen. Nach der Ernte alle Fruchtzweige auf 10 cm zurückschneiden (*siehe rechts*).

ERNTE UND LAGERUNG Orangen werden gepflückt, wenn sie reif sind und eine schöne leuchtende Farbe

Neue Fruchttriebe *werden gefördert, wenn man die alten Äste nach der Ernte auf 10 cm Länge zurückschneidet.*

haben. Die Früchte können bis zum Gebrauch ohne Schaden etwa sechs Monate am Baum bleiben. Eine Lagerung ist aber auch in Holzsteigen an einem kühlen Platz möglich, wobei jede Orange mit einer dünnen Sandschicht bedeckt sein sollte. Auf diese Weise sind die Früchte etwa zwei Monate haltbar.

SCHÄDLINGE / KRANKHEITEN

Im Freien Gallwespen, Kleinblättrigkeit durch Zinkmangel, Zitronenschorf (*siehe S. 232*); im Gewächshaus Rote Spinne, Läuse und Schildläuse (*s. S. 257*).

Grapefruits

Grapefruits kommen aus den Tropen und sind nicht winterhart. Im subtropischen und mediterranen Klima gedeihen sie im Freien, in gemäßigten Breiten müssen sie ins Gewächshaus. Wie alle Zitrusarten sind auch Grapefruits immergrün.

SORTEN 'Red Blush', 'Star Ruby', 'White Marsh'.

BAUMFORMEN Grapefruits werden als Niederstamm gezogen (s. S. 206).

STANDORTANSPRÜCHE Wenn die Grapefruits im Kübel über Sommer im Freien stehen, brauchen sie einen sonnigen, geschützten Platz mit guter Dränage.

Im Gewächshaus die Pflanzstelle tief durcharbeiten und reichlich gut verrotteten Stallmist oder Kompost untermischen (*s. S. 30*). Bei schweren

Böden das Beet um 45 cm erhöhen; pH-Wert um 6,0–6,5.

PFLANZUNG Die Bäumchen werden von Spezialgärtnereien mit Ballen oder im Container verkauft und können daher das ganze Jahr über gepflanzt oder eingetopft werden. Die Veredlungsstelle sollte mindestens 10 cm über der Erde liegen. Um eine gegenseitige Konkurrenz, besonders um Licht, auszuschließen, ist es empfehlenswert, die Bäume einzeln stehen zu lassen.

PFLEGE

Düngung Da junge Zitruswurzeln durch eine zu hoch dosierte Düngung leicht verbrennen, Nährstoffe durch Mulchen mit gut verrottetem Dung oder Kompost zuführen. Alternativ gibt man im zeitigen Frühjahr und im Sommer je 1 Handvoll Horn-Blut-Knochenmehl pro m². Beim Düngen gut gießen.

Gießen Besonders in den ersten Jahren brauchen die Wurzeln reichliche Wassergaben.

Schnitt Zu dicht stehende und schwache Äste sollten im zeitigen Frühjahr entfernt werden.

ERNTE UND LAGERUNG Grapefruits werden durch leichtes Abdrehen gepflückt, sobald sie sich gelb färben. Man kann sie ohne Schaden bis zum Gebrauch etwa sechs Monate lang am Baum lassen.

Alternativ an kühlem Ort in Holzsteigen etwa zwei Monate aufbewahren, wobei jede Frucht mit trockenem Sand abgedeckt werden sollte.

SCHÄDLINGE / KRANKHEITEN

Gallwespen, Kleinblättrigkeit durch Zinkmangel und Zitronenschorf an Freilandfrüchten (*s. S. 232*). Rote Spinne, Läuse und Schildläuse befallen häufig Kübelpflanzen im Gewächshaus (*s. S. 257*).

Beerenobst

Beeren wachsen an Ranken, Büschen oder Sträuchern, und sind das ideale Obst für den Kleingarten. Da Beeren nach dem Pflücken schnell an Qualität verlieren, sind sie aus dem eigenen Garten weitaus besser als alle gekauften. Die meisten der hier dargestellten Arten sind einfach zu kultivieren und stellen keine großen Ansprüche an Klima und Boden.

ERDBEEREN *Fragaria × ananassa*
Eine der einfachsten und dankbarsten Früchte. Sie bevorzugt Böden, die ausreichend Feuchtigkeit speichern (*s. S. 226*). Botanisch gesehen ist die Erdbeere eigentlich eine Sammelnussfrucht.

ROTE JOHANNISBEEREN *Ribes sativum*
Einfach zu kultivieren, mit reichlichem Ertrag. Sie können auf kleinem Raum als Kordon angebaut werden. Für Weiße Johannisbeeren gelten dieselben Bearbeitungsmaßnahmen (*s. S. 226*).

SCHWARZE JOHANNISBEEREN *Ribes nigrum*
Eine hervorragende Quelle für Vitamin C. Sie produzieren an sonnigen Standorten reichliche Ernten. Da sie viele Nährstoffe brauchen, muss der Boden gut vorbereitet sein (*siehe S. 227*).

HIMBEEREN *Rubus idaeus*
Sie sind im gemäßigten Klima einfach zu kultivieren und sprechen gut auf biologische Anbaumethoden an; leiden leicht unter Eisenmangel (*s. S. 228*).

BROMBEEREN *Rubus sp.*
Brombeerranken beanspruchen viel Platz, aber es lohnt sich, sie anzubauen, wenn noch eine Ecke im Garten frei ist. Neuere Züchtungen sind besonders schmackhaft (*s. S. 229*).

STACHELBEEREN *Ribes uva-crispa*
Als sehr frühes Obst sind Stachelbeeren für ausgesprochen kalte und raue Lagen nicht geeignet, denn sie blühen bereits im zeitigen Frühjahr (*s. S. 229*)

BLAUBEEREN *Vaccinium sp.*
Die dekorativen Blaubeersträucher gedeihen bei biologischer Anbauweise sehr gut und passen auch ins Zierpflanzenbeet. Sie benötigen sauren Boden (*s. S. 230*).

LOGANBEEREN *Rubus loganobaccus*
Diese Kreuzung zwischen Himbeere und Brombeere gedeiht auch im kühlen Klima. Sie muss regelmäßig in die gewünschte Form gebracht werden (*s. S. 229*).

WEINTRAUBEN *Vitis vinifera*
Trauben, die in gemäßigten Klimazonen im Freien wachsen, sind gewöhnlich nicht übermäßig von der Sonne verwöhnt und daher meist nur zur Weinherstellung geeignet. Nur in besonders sonnigen Jah-

ren werden sie süß genug für den Frischverzehr. Tafeltrauben kommen deshalb gewöhnlich aus warmen Klimazonen oder müssen im Gewächshaus angebaut werden (*s. S. 230*).

Der Anbau von Beerenobst

Zu den Pflanzen dieser vielfältigen Gruppe zählen Sträucher, Büsche und andere mehrjährige Formen, die Bearbeitungsmaßnahmen sind bei derart unterschiedlichen Gewächsen entsprechend unterschiedlich. Während Ranken und Dornensträucher abgestützt werden, pflanzt man Büsche gewöhnlich frei stehend.

Erdbeeren als einzige krautige Vertreter nehmen am wenigsten Platz in Anspruch und wirken auch in einem Zierbeet sehr dekorativ.

Da alle Beerenfrüchte eine köstliche Delikatesse für Vögel sind, sollten reifende Früchte unbedingt durch Netze geschützt werden.

BEERENOBST

Fruchtart	Form und Pflanzabstand		Lichtanspruch	Bodenanspruch	1. Ernte nach	siehe Seite
Erdbeeren	Krautige Pflanze	60 cm	sonnig	gut durchlässig	¾–1 Jahr	225
Rote Johannisbeeren	Busch	1,5 m	sonnig	schwer, feuchtigkeitsspeichernd	1–2 Jahren	226
	Kordon	30–90 cm				
Weiße Johannisbeeren	Busch	1,5 m	sonnig	schwer, feuchtigkeitsspeichernd	1–2 Jahren	226
	Kordon	30–90 cm				
Schwarze Johannisbeeren	Busch	1,5 m	sonnig-schattig	schwer, nährstoffreich	2 Jahren	227
Himbeeren	Ranken am Drahtgerüst	45 cm	sonnig-schattig	schwer, nährstoffreich	1 Jahr	228
Brombeeren	Ranken am Drahtgerüst	3 m	sonnig-schattig	gut durchlässig	1–2 Jahren	229
Stachelbeeren	Busch	1,5 m	sonnig	schwer, feuchtigkeitsspeichernd	1–2 Jahren	229
	Kordon	30–90 cm				
Blaubeeren	Busch	1,8 m	sonnig	sauer	3–8 Jahren	230
Weintrauben	auf Drahtgestell	1,5 m	sonnig	gut durchlässig	2 Jahren	230

Erdbeeren

Im Bio-Garten lassen sich Erdbeeren verhältnismäßig einfach ziehen. Sie gehören botanisch streng genommen nicht zu den Beeren, sondern zu den Nussfrüchten, und gedeihen am besten bei einem Mix aus Sonne und ausreichend Feuchtigkeit. Bei richtiger Sortenauswahl kann die Erntezeit ausgedehnt werden.

SORTEN Die einzelnen Sorten variieren nicht nur beim Reifezeitpunkt, sondern auch im Geschmack. Außerdem unterscheidet man zwischen einmal und mehrmals tragenden Züchtungen. Die einen bringen nur im Frühsommer reichlich Früchte hervor, während sich die Erntezeit der anderen bei etwas geringeren Teilerträgen vom Frühsommer bis in den Herbst hinein zieht, wie z.B. bei 'Ostara' und 'Fresca'. Einmal tragende Sorten sind u.a. 'Gorella' (frühe Reife), 'Rosana' und 'Senga Litessa' (mittelfrühe Reife) sowie 'Bogota' (späte Reife).

STANDORTANSPRÜCHE Eine sonnige Lage und ein gut durchlässiger Boden, der ausreichend Feuchtigkeit

speichert. Bei schlechter Dränage die Anbaufläche leicht erhöhen, sodass 1,2 m breite Beete entstehen (s. S. 135). Plätze mit ungenügender Luftzirkulation meiden, um das Risiko eines Befalls mit Mehltau zu mindern.

PFLANZUNG Kaufen Sie Pflanzen von guten Züchtern oder aus Gärtnereien, die für gesundes Material garantieren. Gekühlt gelagerte Jungpflanzen haben die beste Ernte erst im zweiten Jahr. Nach drei Jahren sollte man eine neue Erdbeerpflanzung auf einem anderen Beet anlegen.

Dem Boden 2 Handvoll Knochenmehl pro m² beigeben. Die Pflanzen mit 60 cm Abstand in der Reihe und 45 cm zwischen den Reihen setzen. Auf einem erhöhten 1,20 m breiten Beet die erste Reihe ca. 15 cm vom Beetrand entfernt setzen, die nächste mit 45 cm Abstand. So entstehen 3 Reihen mit jeweils 45 cm Zwischenraum. Die Pflanzen gründlich wässern.

Wichtig ist, dass beim Auspflanzen die Blattbasis auf Bodenhöhe eingesetzt wird; bleibt sie zu hoch über der Bodenoberfläche, so wachsen die

Pflanzen nicht gut an und heben sich bei Frost aus der Erde heraus. Bei zu tiefem Pflanzen kann die Blattbasis faulen. Erdbeeren können auch durch dunkle Folie gepflanzt werden (s. u.).

Ein erhöhtes Beet *mit dunkler Folie abdecken, die beim Pflanzen alle 45 cm eingeritzt wird. Durch das Hochbeet sind die Erdbeeren vor Bodenkrankheiten geschützt. Die Folie unterdrückt Unkrautwuchs.*

Dadurch wird die Wasserverdunstung des Bodens vermindert, Unkrautwuchs wird unterdrückt, und ein Absenken der Ableger in den Boden lässt sich erfolgreich verhindern.

PFLEGE

Düngung Nur wenig Düngung ist notwendig. Wenn der Boden zu viel Stickstoff enthält, entwickeln sich übermäßig viele Blätter auf Kosten der Fruchtbildung. Jeweils nach der Ernte 1 Handvoll Pottasche pro m Reihe streuen.

Mulchen Oft liegen die Erdbeeren am Boden oder hängen dicht darüber, sodass sie leicht schmutzig und von Schnecken geschädigt werden. Ein guter Schutz ist das Mulchen mit Stroh, sobald die Früchte zu reifen beginnen. Das Stroh wird direkt unter die Pflanzen geschoben. Man sollte darauf achten, nicht zu früh zu mulchen, denn solange noch Frostgefahr besteht, nimmt die Strohlage den Blüten die aufsteigende Bodenwärme weg. Dadurch sind die Temperaturen für die Fruchtentwicklung niedriger, und es kann unter Umständen zu einer schlechteren Ernte kommen.

Vermehrung Gesunde Erdbeeren bilden zur Vermehrung Ausläufer. Um neue Pflanzen zu gewinnen, die Ausläufer in einen Topf mit Erde bringen, der neben der Mutterpflanze eingegraben wird. Sobald eine Bewurze-

Schutz *Um die Pflanzen herum legt man eine dicke Lage Stroh aus, damit die Früchte nicht den Boden berühren. So werden sie nicht schmutzig und sind außerdem gleichzeitig vor Schnecken geschützt.*

Vermehrung *Den noch mit der Mutterpflanze verbundenen Ableger in ein daneben versenktes Töpfchen mit Erde setzen. Ein Stück Draht, haarnadelförmig gebogen, hält das Pflänzchen an seinem Platz.*

lung stattgefunden hat, die Pflänzchen von der Mutterpflanze abtrennen. Da man auf diese Weise Viruskrankheiten weitertragen kann, ist es sicherer, auf eigene Nachzucht zu verzichten und garantiert virusfreie Jungpflanzen beim Händler zu kaufen.

Schutz Reife Erdbeeren sind ein Leckerbissen für Vögel. Zum Schutz mit Netzen abdecken. Im Herbst fruchtende Sorten mit einer Folie schützen, wenn Frostgefahr besteht.

ERNTE UND LAGERUNG Erdbeeren werden gepflückt, wenn sie rot sind. Der Stielansatz muss ebenfalls entfernt werden, denn sonst setzen sich dort leicht Pilzkrankheiten fest. Achten

Sie bei der Ernte auch auf kranke Früchte, die sofort entfernt werden müssen. Man kann die Früchte einmachen oder zu Marmelade verarbeiten, und viele Sorten eignen sich auch zum Einfrieren. Frisch halten sich Erdbeeren nur wenige Tage. Gleich nach dem Pflücken schneidet man die Pflanzen mit einer Schere oder bei einem größeren Bestand mit einem Mäher auf 2,5 cm über der Basis zurück. Blätter und Stroh werden kompostiert. Zuvor krankes Material aussortieren.

SCHÄDLINGE/KRANKHEITEN Läuse, Schnecken, Grauschimmel, Mehltau, Viruskrankheiten. Rote Spinne, Vögel (s. S. 232).

Johannisbeere (rot und weiß)

Beide Sträucher sind leicht zu kultivieren und ideal für das gemäßigte Klima. Als Kordon gezogen, finden sie selbst im kleinsten Garten Platz. Sie tragen am zwei- bis dreijährigen Holz.

SORTEN 'Rote Vierländer', 'Heinemanns Rote', 'Blanka'; 'Rovada', 'Weiße Versailler' u. a.

Rote und Weiße Johannisbeeren sind weitgehend selbst fruchtend. Wenn möglich, sollte man trotzdem mindestens zwei verschiedene Sorten pflanzen, denn Fremdbestäubung fördert den Ertrag und die Beerengröße.

STRAUCHFORMEN Johannisbeeren zieht man als Einzelsträucher oder als Ein-, Zwei- bzw. Dreifachkordon an Wänden, Zäunen oder einem Drahtgestell (s. S. 208).

STANDORTANSPRÜCHE Ein sonniger Platz mit einem pH-Wert um 6,5. Aufgrund der frühen Blüte ohne Frostschutz nicht für sehr kalte Gegenden geeignet.

PFLANZUNG Obwohl als Containerpflanze das ganze Jahr über einsetzbar, pflanzt man Johannisbeeren am besten im Herbst oder zeitigen Winter. Es ist dann feuchter und der Boden hat noch genügend Wärme, sodass die Pflanzenentwicklung vor dem Winter begünstigt wird. Rote und Weiße Johannisbeeren wachsen im Unterschied zu Schwarzen auf einem einzigen Stamm (s. S. 227),

und deshalb müssen eventuell vorhandene Schösslinge vor dem Pflanzen entfernt werden. Zur Förderung des Wurzelwachstums 2 Handvoll Knochenmehl pro m² geben. Einzelsträucher ebenso tief setzen wie in der Baumschule, mit 1,5 m Abstand in der Reihe und 1,8 m zwischen den Reihen.

Beim Kordon sollten die »Arme« jeweils 30 cm auseinander sein, daher Pflanzabstand beim Einfachkordon ca. 30 cm, beim Zweifachkordon 60 cm und beim Dreifachkordon 90 cm. Nach dem Pflanzen die Arme so festbinden, dass sie im rechten Winkel zum Draht stehen. Um die Sträucher herum mit einer dicken Schicht gut verrottetem Mist oder Kompost mulchen, um Unkraut zu unterdrücken.

ABSTÜTZEN UND ERZIEHEN

Einzelsträucher müssen erzogen werden, damit man einen kräftigen, gut geformten Busch mit einem lichtdurchlässigen Inneren bekommt. In den ersten drei Wintern so zurückschneiden, dass die Hälfte des letztjährigen Holzes stehen bleibt. Alle Seitentriebe auf 7 cm einkürzen. Gleichzeitig alle abgebrochenen, toten oder kranken Äste entfernen, ebenso zu dicht stehende oder ins Zentrum des Buschs wachsende Triebe. Nach drei Jahren im Sommer direkt nach der Ernte schneiden. Alle Seitentriebe auf 5 Blätter, die Hauptäste auf die gewünschte Länge einkürzen.

Als Kordon wachsende Johannisbeeren nicht im Winkel, sondern nach oben ziehen. Die Hauptarme im Winter so schneiden, dass zwei Drittel des letztjährigen Wuchses zurückbleiben. Im Sommer nach der Ernte alle Seitentriebe auf 7 cm kürzen. Alle Triebe 2. Grades auf 2,5 cm zurückschneiden.

PFLEGE

Düngung Johannisbeeren brauchen viel Kalium, daher ist eine Zusatzdüngung notwendig. Im zeitigen Frühjahr gibt man 1 Handvoll Pottasche pro m².

Weist eine Braunfärbung der Blattränder bereits auf einen Kalium-

PFLANZUNG VON JOHANNISBEERSTRÄUCHERN

Schwarze Johannisbeeren werden sitzend gepflanzt, sodass sich die Triebe in Bodenhöhe verzweigen. Rote und weiße Sorten setzt man mit einem »Bein«, wobei die Triebe von einem kurzen Stamm entspringen.

Rote und Weiße *Sträucher mit kräftigem Stämmchen kaufen. Alle Schösslinge entfernen, den Strauch so tief setzen wie in der Baumschule.*

Schwarze *Sträucher 5 cm tiefer setzen als die Sträucher in der Baumschule standen, und alle Triebe auf Bodenhöhe zurückschneiden.*

mangel hin (*siehe S. 38*), muss unverzüglich gehandelt werden. Schnelle Abhilfe schafft ein Besprühen mit flüssigem Algendünger. Anschließend wird mit Pottasche, wie oben angegeben, nachgedüngt.

Schnitt Nach der anfänglichen Formgebung wie oben beschrieben im Sommer schneiden.

Schutz Bei Frostgefahr während der Blüte die Sträucher mit feinmaschigem Netz abdecken. Johannisbeeren werden besonders während der Knospe

gern von Vögeln heimgesucht. Sobald die Knospen erscheinen, bis zur Ernte mit Netzen abdecken.

ERNTE UND LAGERUNG Die ganzen Trauben pflücken, die einzelnen Beeren erst später mit einer Gabel abstreifen. Sie sind frisch nicht lange haltbar, lassen sich aber gut einfrieren und als Gelee oder Saft einmachen.

SCHÄDLINGE / KRANKHEITEN Probleme mit Läusen, Vögeln, Mehltau, Blattwespen, Blattfallkrankheit (*s. S. 46, 50, 232, 235*).

Johannisbeere (schwarz)

Schwarze Johannisbeeren nehmen viel Platz in Anspruch, doch ihr Anbau lohnt sich, da die Beeren den höchsten Vitamin-C-Gehalt unter den einheimischen Obstarten haben.

SORTEN

'Ben Sarek', 'Ometa' oder 'Ben Nevis' sind Sorten, die ertragreich und robust sind. Sie sind selbst fruchtend. Einige Sorten sind selbst nicht fruchtend; dann stets mindestens zwei Sorten anpflanzen. Probieren Sie auch die ertragreiche 'Silvergieters Schwarze'.

Außerdem gibt es die Jostabeere, eine Kreuzung zwischen Schwarzer Johannisbeere und Stachelbeere. Reich tragend hat sie wesentlich größere Beeren als die Schwarze Johannisbeere.

STRAUCHFORMEN Schwarze Johannisbeeren kultiviert man immer als Einzelsträucher. Für einen Kordon sind sie ungeeignet. Sie werden so geschnitten, dass die meisten Triebe in Bodenhöhe oder darunter entspringen (*siehe oben*).

STANDORTANSPRÜCHE Schwarze Johannisbeeren wachsen zwar auch im Halbschatten, liefern aber viel bessere Früchte und höhere Erträge an einem sonnigen Standort. Optimal ist ein nährstoffreicher, gut vorbereiteter Boden mit einem pH-Wert um 6,5.

PFLANZUNG Am besten verwendet man Pflanzen ohne Ballen und setzt sie entweder im Herbst oder im frühen Winter ein. Mit einem Abstand von 1,5 m in der Reihe und 1,8 m zwischen den Reihen.

Um eine verzweigte Pflanze zu erhalten, setzt man den Strauch 5 cm tiefer als in der Baumschule und

schneidet nach dem Pflanzen alle Triebe auf Bodenhöhe zurück.

ABSTÜTZEN UND ERZIEHEN Es sind keine besonderen Maßnahmen erforderlich.

PFLEGE

Düngung Schwarze Johannisbeeren brauchen viel Stickstoff. Daher sollte man im zeitigen Frühjahr 2 Handvoll Horn-Blut-Knochenmehl pro m² zu bepflanzende Fläche geben und mit Mist oder Kompost mulchen. Bei schwachem Austrieb dieselbe Menge nochmals im Frühsommer verabreichen.

Schnitt Die meisten Früchte werden am Holz des Vorjahres gebildet, daher erfolgt im ersten Jahr kein Rückschnitt. Größerer Fruchtansatz ist im zweiten Jahr zu erwarten. Dann schneidet man die Triebe, die Früchte getragen haben, auf Bodenhöhe ab, um weiteren Wuchs zu fördern.

Diesen Schnitt nimmt man gewöhnlich im Spätsommer vor, doch man kann auch gleich bei der Ernte alle mit Beeren behangenen Triebe ausschneiden.

Bei älteren Sträuchern lässt der Neuaustrieb von unten her nach. Dann kürzt man das Fruchtholz möglichst tief bis nahe über einem Jungtrieb ein. Gleichzeitig einige ältere Zweige direkt am Boden entfernen, auch wenn dabei Jungtriebe verloren gehen.

ERNTE UND LAGERUNG Man kann die Ernte mit dem Schnitt kombinieren (s. o.) oder die Trauben direkt vom Strauch pflücken und die einzelnen Beeren mit einer Gabel vom Stiel abstreifen. Schwarze Johannisbeeren lassen sich frisch verzehren, wodurch der hohe Vitamin-C-Gehalt besonders wirksam wird. Häufiger werden sie jedoch weiterverarbeitet, es entstehen köstliche Säfte und Gelees.

SCHÄDLINGE / KRANKHEITEN Schwarze Johannisbeeren sind anfällig, speziell für: Läuse, Johannisbeer-Gallmilben, Johannisbeerblatt-Mosaikvirus (s. S. 235).

Himbeeren

Himbeeren eignen sich besonders für kühle, gemäßigte Regionen, und sie sprechen gut auf biologische Anbaumethoden an, sie lieben beispielsweise eine Mulchdecke. Sie nehmen zwar viel Platz in Anspruch, liefern dafür aber auch sehr reichliche Erträge. Frisch aus dem Garten geerntet sind Himbeeren eine köstliche Delikatesse und überdies gesund. Besonders zu erwähnen ist der Gehalt an Mineralstoffen, u. a. Kalium, Eisen und Phosphor.

SORTEN Himbeeren sind selbst fruchtend. Neuere Züchtungen sind auch weniger krankheitsanfällig, so z. B. 'Malling Jewel', 'Glen Ample' oder 'Autumn Bliss'. 'Polka', 'Schönemann' und 'Zefa' tragen ein zweites Mal im Oktober.

STRAUCHFORMEN Am besten pflanzt man Himbeerruten an einem Zaun oder Drahtgerüst entlang. Herbstsorten lassen sich auch frei stehend kultivieren.

STANDORTANSPRÜCHE Ein tiefer, gut vorbereiteter Boden, der viel Feuchtigkeit speichert; pH-Wert um 6,0 oder etwas darunter. Über pH-Wert 7,0 kommt es leicht zu Eisenmangel (siehe S. 39). Etwas Schatten wird toleriert.

PFLANZUNG Am besten verwendet man Pflanzen ohne Ballen und setzt sie im Herbst oder zeitigen Winter ein. Dazu einen Graben von mindestens 60 cm Breite 1 Spatenstich tief ausheben. Die Sohle lockern und eine 10 cm dicke Schicht gut verrotteten Mist oder Kompost einbringen. Beim Einfüllen der Erde weiteres organisches Material untermischen. 1 Handvoll Knochenmehl pro Meter Graben auf den Boden streuen. Die Pflanzen etwas tiefer setzen als in der Baumschule, um den Austrieb von unten anzuregen. Abstand in der Reihe 45 cm, zwischen den Reihen 1,8 m. Nach dem Pflanzen die Ruten auf 15 cm zurückschneiden.

ABSTÜTZEN UND ERZIEHEN Himbeerruten pflanzt man an ein Drahtspalier wie Kordonäpfel (s. S. 204). Die Ruten beim Wachsen an den Drähten festbinden, Abstand 10 cm. Haben sie die Höhe der Stütze erreicht, werden die Spitzen 7 cm über dem oberen Draht gekappt. Sorten, die im Herbst fruchten, brauchen gewöhnlich keine Stütze. Nur in windigen Lagen kann es vorteilhaft sein, an beiden Seiten der Reihe eine Schnur zu spannen, um die Ruten vor dem Umwehen zu bewahren.

PFLEGE

Düngung Im späten Winter mit gut verrottetem Mist oder Kompost düngen. Eine Gelbfärbung zwischen den Blattadern weist auf Eisenmangel hin. Als schnelle Gegenmaßnahme sprüht man mit flüssigem Algendünger und gibt anschließend 1 Handvoll Algenmehl pro m². Eine Stallmistdüngung beugt Eisenmangel im Allgemeinen vor.

Schnitt Abgeerntete Fruchtzweige werden auf Bodenhöhe abgeschnitten und junge Ruten an ihrer Stelle festgebunden. Alle zum Weg wachsenden Schösslinge entfernen. Herbstsorten tragen nur am einjährigen Holz Früchte, daher die Ruten im späten Winter auf Bodenhöhe zurückschneiden.

Schutz Vor der Ausfärbung der Früchte die Pflanzen zum Schutz vor Vögeln mit Netzen abdecken.

ERNTE UND LAGERUNG Für die Weiterverarbeitung werden die Beeren kurz vor der Vollreife gepflückt. Den Zapfen der Früchte an den Zweigen lassen. Himbeeren verderben schnell und halten sich nur gefroren oder eingemacht.

SCHÄDLINGE / KRANKHEITEN Vögel, Läuse, Grauschimmel, und Viruskrankheiten (s. S. 46–52, S. 232); spezieller Befall durch Himbeerkäfer und Rutenkrankheit (s. S. 235).

SCHNITT VON HIMBEERRUTEN

Himbeeren tragen nur am einjährigen Holz Früchte, daher müssen die abgeernteten Ruten jedes Jahr ausgeschnitten werden. Gleichzeitig entfernt man auch alle überschüssigen und unerwünschten Schösslinge.

1 *Nach dem Pflücken alle abgeernteten und schwachen Ruten auf Bodenhöhe zurückschneiden.*

2 *Die neuen Triebe mit 10 cm Abstand entlang der Stütze befestigen. Alle überflüssigen Ruten ausschneiden.*

Brombeeren

Die Beeren liefern ein schmackhaftes, Vitamin-A- und C-reiches Obst anschließend an die Himbeerernte. Wegen ihres niedrigen Eiweiß- und Zuckergehalts sind die Beeren auch in der Kost von z. B. Zucker- oder Nierenkranken erlaubt. Brombeerblätter helfen als Tee bei Magen-Darm-Verstimmungen.

SORTEN Alle Sorten sind selbst fruchtend.
Brombeeren: 'Theodor Reimers', 'Arkansas Navacho dornenlos', 'Jumbo'.
Hybridbeeren (Kreuzungen mit Himbeeren): Tayberry, Loganbeere, Boysenbeere, Youngbeere.
STRAUCHFORMEN Alle Arten werden am besten an einem Drahtspalier gezogen.
STANDORTANSPRÜCHE Erwünscht wird ein tiefer, gut vorbereiteter Boden, der viel Feuchtigkeit speichert; pH-Wert um 6,0 oder etwas darunter. Über pH-Wert 7,0 kommt es leicht zu Eisenmangel (*siehe S. 39*). Ein schattiger Platz wird toleriert. Bis auf die Taybeere sind alle Hybriden wenig frosthart und brauchen einen besonders geschützten, sonnigen Standort.
PFLANZUNG Obwohl Brombeeren häufig im Container angeboten und daher das ganze Jahr über eingesetzt werden können, empfiehlt sich die Pflanzung im frühen Winter. Einen mindestens 60 cm breiten Graben 1 Spatenstich tief ausheben. Die Sohle lockern und eine 10 cm dicke Schicht aus gut verrottetem Mist oder Kompost einbringen. Beim Auffüllen der Erde weiteres organisches Material untermischen. 1 Handvoll Knochenmehl pro Meter Grabenlänge auf den Boden streuen. Pflanzabstand 3 m, die Ranken nach dem Pflanzen auf 15 cm zurückschneiden.

ABSTÜTZEN UND ERZIEHEN Zur Stütze ein Drahtspalier mit 1,80 m hohen Pfosten errichten. Die Drähte sollten 1 m über dem Boden beginnen und dann alle 30 cm bis zum Pfostenende gespannt werden.

Wichtig ist das Erziehen der Ranken, während sie wachsen. Lässt man sie zu lange am Boden, so verschlingen sie sich ineinander und sind kaum ohne Schäden zu entwirren.

Da sich Früchte nur am einjährigen Holz bilden, ist es wichtig, das Fruchtholz und den Neuaustrieb voneinander zu trennen (*siehe unten*).

PFLEGE
Düngung Im späten Winter mit gut verrottetem Mist oder Kompost mulchen. Eine Gelbfärbung zwischen den Blattadern weist auf Eisenmangel hin. Als schnelle Gegenmaßnahme sprüht man flüssigen Algendünger und gibt anschließend 1 Handvoll Algenmehl pro m². Eine Stallmistdüngung beugt Eisenmangel im Allgemeinen vor.
Schnitt Nach der Ernte alle abgeernteten Ranken auf Bodenhöhe zurückschneiden.
Schutz Die Pflanzen zum Schutz vor Vögeln vor der Ernte mit Netzen abdecken.
ERNTE UND LAGERUNG
Der Zapfen sollte in den Früchten bleiben, daher beim Pflücken leicht drehen. Die Beeren halten sich längere Zeit nur gefroren oder eingemacht. Sie lassen sich gut mit anderen Beeren kombinieren.
SCHÄDLINGE / KRANKHEITEN
Läuse, Grauschimmel, Viruskrankheiten, spezieller Befall durch Himbeerkäfer und Rutenkrankheit.

Im ersten Jahr *sollten Sie alle Ranken in eine Richtung ziehen. Die neuen Triebe werden dagegen zur anderen Seite hin gebogen. Auf diese Weise bleiben die einjährigen Fruchtzweige vom neuen Holz getrennt.*

Stachelbeeren

Stachelbeeren gehören zu den zeitigsten Beeren im Jahr. Voll ausgereift haben sie einen hohen Vitamin-C-Gehalt und sind reich an Mineralstoffen. Sie brauchen wenig Platz und eignen sich für den kleinen Garten.

SORTEN Die Früchte können je nach Sorte grün oder goldgelb bis rot gefärbt sein. Zu den besten gehören 'Invicta' oder die neue Sorte 'Süße Lea'. Weitere: 'Xenia', 'Krämers Grüne Kugel'.
STRAUCHFORMEN Stachelbeeren werden als Einzelsträucher kultiviert oder als Kordon gezogen (*s. S. 208*).
STANDORTANSPRÜCHE Ein sonniger Platz mit einem Bodenwert um 6,5. Da die Blüte schon im zeitigen Frühjahr beginnt, sind Stachelbeeren für sehr kalte Regionen weniger günstig oder müssen dort vor Frost geschützt werden.
PFLANZUNG Obwohl in Containern das ganze Jahr über zum Pflanzen geeignet, kauft man Stachelbeeren am besten ohne Ballen und pflanzt sie im Herbst oder frühen Winter.

Stachelbeersträucher werden auf einem kurzen Stämmchen gezogen (*s. S. 227*), daher vor dem Pflanzen Wurzelschösslinge entfernen. Zunehmend beliebt ist auch der Hochstamm.

Vor dem Pflanzen 2 Handvoll Knochenmehl pro m² Boden geben. Frei stehende Büsche so hoch pflanzen wie in der Baumschule, mit einem Abstand von 1,5 m in der Reihe und 1,8 m zwischen den Reihen. Beim Kordon sollen die Arme 30 cm auseinander liegen; daher beim Einfachkordon 30 cm, beim Doppelkordon 60 cm und beim Dreifachkordon 90 cm Abstand halten. Nach dem Pflanzen um die Sträucher herum mit einer dicken Schicht aus gut verrottetem Mist oder Kompost mulchen, um Unkrautwuchs zu unterdrücken, denn das Jäten kann durch die Stacheln schwierig und vor allem schmerzhaft werden.
ABSTÜTZEN UND ERZIEHEN
Um gute Erträge zu erzielen, sollte man an regelmäßige Schnittmaßnahmen denken. Stachelbeeren werden ebenso gestützt und gezogen wie Rote Johannisbeeren (*s. S. 227*).

PFLEGE

Düngung Stachelbeeren brauchen viel Kalium, daher ist eine Extradüngung notwendig. Im zeitigen Frühjahr gibt man 1 Handvoll Kaliumcarbonat (Pottasche) pro m². Ein Braunwerden der Blattränder weist auf Kaliummangel hin (s. S. 38). Bei Auftauchen solcher Symptome als Gegenmaßnahme die Pflanzen mit flüssigem Algendünger besprühen und mit Pottasche, wie oben angegeben, düngen.

Schnitt Einzelsträucher gleich nach der Ernte schneiden. Die Seitentriebe auf 5 Blätter kürzen und die Hauptäste ebenso zurückschneiden, wenn sie den vorgesehenen Platz ausgefüllt haben.

Ausdünnen Bei reich tragenden Pflanzen erntet man bereits vorzeitig einen Teil der noch unreifen Beeren und verwertet sie zum Einkochen oder bereitet daraus ein Kompott. Man spricht hier von der Grünpflücke. Sie verbessert das Ernteergebnis, denn durch das Herausnehmen von mangelhaft ausgebildeten Früchten können die verbleibenden Beeren eine normale Größe erreichen.

Frostschutz Bei Gefahr härterer Fröste müssen die Pflanzen mit feinmaschigem Netz abgedeckt werden.

ERNTE UND LAGERUNG Die Beeren zum Einmachen noch vor der

Die Stachelbeerernte *wird beträchtlich erleichtert, wenn man die Sträucher als senkrechte Kordons zieht.*

vollen Reife pflücken. Stachelbeeren sind frisch nicht lange haltbar, eignen sich aber außer zum Einkochen auch zum Einfrieren. Um den feinherben, etwas säuerlichen Geschmack der Stachelbeeren zu verfeinern, ist zum Beispiel eine Kiwi geeignet.

SCHÄDLINGE / KRANKHEITEN Läuse, Vögel, Mehltau (s. S. 46–52, 232); spezieller Befall durch Blattwespen und Blattfallkrankheit (s. S. 235).

Heidelbeeren

Kulturheidelbeeren schmecken süßer als Waldheidelbeeren und sind ein köstliches, frisches Obst mit einem unverwechselbaren Aroma. Auf die ersten Früchte muss man unter Umständen drei Jahre und länger warten, doch die Geduld lohnt sich wirklich, denn dann tragen die bis zu 2 m hoch werdenden Sträucher reichlich über viele Jahre.

SORTEN Heidelbeeren sind zwar selbst befruchtend, doch Fremdbestäubung fördert höhere Erträge und größere Beeren. Daher mindestens zwei Sträucher verschiedener Sorten pflanzen.
'Herbert', 'Duke', 'Sunshine Blue' sind sehr empfehlenswert.

STRAUCHFORMEN Immer als Einzelstrauch gezogen.

STANDORTANSPRÜCHE Ein sonniger Standort mit saurem Boden, pH-Wert 5,0–5,5 ist ideal. Bei alkalischen Böden empfiehlt es sich, ein erhöhtes Beet anzulegen, das mit Torfersatz oder Rindenmulch und Kompost angereichert wird (s. S. 37).

PFLANZUNG Die Sträucher im Herbst oder frühen Winter mit 1,80 m Abstand pflanzen. Etwas tiefer setzen als in der Baumschule. 2 Handvoll Knochenmehl pro m² in den Boden einarbeiten und mit einer dicken Schicht aus gut verrottetem Stallmist, Kompost oder Torfersatz mulchen.

PFLEGE

Düngung Jedes Jahr mit gut verrottetem Stallmist oder Kompost mulchen und im späten Winter 2 Handvoll Horn-Blut-Knochenmehl pro m² ausbringen.

Schnitt In den ersten Jahren die Zweigspitzen im Herbst entfernen. Bei größeren Sträuchern alle alten oder schwachen Äste ausschneiden. Alle Triebe, die dichter als 15 cm zusammen stehen, herausnehmen, damit genügend Luft und Licht ins Innere des Strauchs gelangt.

Schutz Zur Fruchtreife die Sträucher zum Schutz vor Vögeln mit Netzen abdecken.

ERNTE UND LAGERUNG Heidelbeeren sind etwa 10 Tage nach Beginn der Blaufärbung richtig reif. Ein Hochgenuss sind frische Heidelbeeren mit etwas Milch oder in einer Sahnetorte. Sie werden selten einen Rest übrig haben zum Einkochen oder Einfrieren.

SCHÄDLINGE / KRANKHEITEN Die Beeren sind ein Leckerbissen für Vögel (s. S. 46, 232).

Weintrauben

Im gemäßigten Klima sind im Freiland kultivierte Trauben meist nicht süß genug und nur zur Weinherstellung verwendbar. Die Tafeltrauben, die Sie im Geschäft kaufen können, kommen aus dem Mittelmeerraum und subtropischen Regionen.

SORTEN In milden Gegenden wachsen: 'Müller Thurgau', 'Siegerrebe', 'Boskop Glory', 'Brandt'. 'Chardonnay' und 'Muscat bleu' mögen es wärmer.

STANDORTANSPRÜCHE Weintrauben gedeihen auf kargen Böden, wenn diese guten Wasserablauf haben und reichlich organisches Material enthalten. Notwendig ist ein sonniger Platz mit einem Boden pH-Wert um 6,5–7,0.

PFLANZUNG Im Herbst oder frühen Winter mit etwa 1,5 m Abstand. Nach dem Pflanzen mit gut verrottetem Mist oder Kompost mulchen.

PFLEGE

Düngung Jährlich mit gut verrottetem Mist oder etwas Kompost mulchen. Bei schlechtem Wuchs 2 Handvoll Horn-Blut-Knochenmehl pro m² geben.

Schnitt Fruchttriebe ausschneiden wie rechts angegeben.

Ausdünnen Trauben für den Frischverzehr müssen ausgedünnt werden. Dabei entfernt man alle schwächlichen und lässt die übrigen auf Erbsengröße wachsen. Dann werden gezielt Beeren entfernt, sodass sich die anderen entwickeln können.

ERNTE UND LAGERUNG Die Trauben sind reif, wenn sich die Stängel braun färben. Dann vorsichtig mit einer Schere abschneiden.

SCHÄDLINGE / KRANKHEITEN Wespen, Vögel, Mehltau, Grauschimmel (s. S. 46–52, 232). Im Gewächshaus Rote Spinne, Dickmaulrüssler und Spinnmilben (s. S. 257).

ERZIEHUNG VON REBSTÖCKEN IM FREILAND

Rebstöcke lassen sich im Freiland an einem Drahtspalier oder einer Südwand kultivieren. Die Erziehung am Drahtspalier ist unten gezeigt. An der Wand verteilt man die Triebe so, dass sie eine dekorative Form bilden.

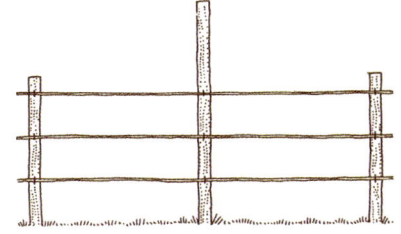

Vor dem Pflanzen *der Rebstöcke baut man ein Drahtgerüst. Dafür eine Reihe von 1,2 m hohen Pfählen errichten und 3 Drähte spannen: den oberen 1,2 m, den unteren 45 cm über dem Boden und den dritten dazwischen. An jede Pflanzstelle einen 1,8 m hohen Pfahl setzen.*

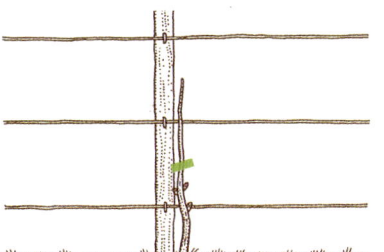

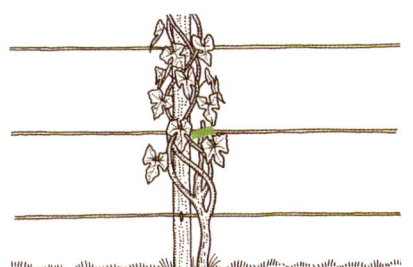

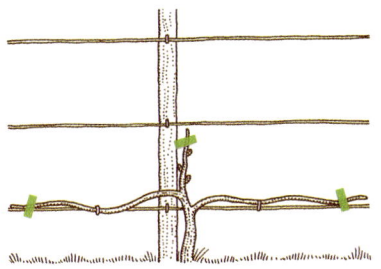

1 Gleich nach dem Pflanzen *den Haupttrieb auf 3 kräftige Knospen zurückschneiden.*

2 Im ersten Sommer *bilden sich 3 Triebe, die man am Pfahl festbindet. Im Herbst die Spitze des Haupttriebs entfernen.*

3 Im zweiten Winter *die beiden kräftigsten Triebe an jeder Seite am unteren Draht festbinden. Auf 75 cm zurückschneiden. Den Mitteltrieb auf 3 Knospen einkürzen.*

Die horizontal gezogenen Triebe bilden im Verlauf des Sommers ebenfalls Jungtriebe, die später die Trauben tragen. Wenn sie länger geworden sind, befestigt man sie am Oberdraht und entfernt ihre Spitzen. Alle Triebe 2. Ordnung auf 1 Blatt kürzen. Im ersten Ertragsjahr sollte man nur 4 Rispen zur Entwicklung kommen lassen, in den Folgejahren 1 Rispe pro Trieb. Alle Fruchttriebe nach der Ernte ausschneiden.

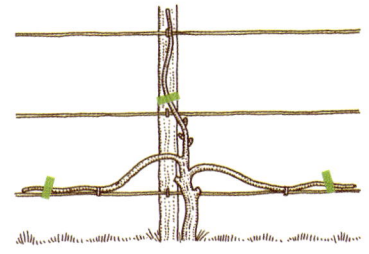

4 Im zweiten Sommer *bildet der Mitteltrieb wiederum 3 Triebe, die man am Pfahl befestigt. Entstehende Seitentriebe bis auf 3 Blätter kappen.*

5 In der folgenden Saison *2 Triebe vom Haupttrieb festbinden, den Mitteltrieb auf 3 Knospen zurückschneiden und wieder von vorn beginnen.*

WEINTRAUBEN IM GEWÄCHSHAUS

In kühleren Regionen kann man Tafeltrauben, je nach Wärmeanspruch der Sorte, im beheizten oder unbeheizten Gewächshaus kultivieren.

Im Spätherbst ein Pflanzloch mit einer 30 cm dicken Kiesschicht füllen und mit Grasnarben bedecken. Den Rebstock darauf pflanzen. Die Triebe können 1 m über dem Boden horizontal entlang der Wand gezogen werden. Die davon ausgehenden Fruchttriebe werden senkrecht nach oben geführt.

Alternativ pflanzt man mit 1 m Abstand im Beet und zieht die Triebe hoch zum Dach an Drähten, die mindestens 30 cm vom Glas entfernt sind: Nach der Pflanzung ein Drittel des letztjährigen Austriebs entfernen. Im ersten Jahr Seitentriebe auf 5 Blätter zurückschneiden. Nach dem Blattfall den Haupttrieb um die Hälfte des letztjährigen Holzes kürzen. Alle Seitentriebe auf 3 Knospen kürzen, aus denen sich dann das Fruchtholz entwickelt. In den Folgesommern nur 2 Triebe von jedem Fruchtholz weiterwachsen lassen und den schwächeren nach 3 Blättern kappen. Wenn am anderen ein Fruchtstand entsteht, den Trieb noch 3 Blätter bilden lassen, dann die Spitze entfernen.

Den Winterschnitt bald nach dem Blattfall wiederholen. Im Winter die Reben losbinden und auf die Beete legen, um zu verhindern, dass das obere Holz schneller wächst als das untere. Wenn das Frühjahrswachstum beginnt, wieder an den Drähten befestigen. Die Temperatur bei 20 °C halten und zur Erhöhung der Feuchtigkeit Wasser sprühen. Bei Blühbeginn das Sprühen einstellen und die Drähte bewegen, um den Pollen zu verstäuben.

Lichten *Zu dicht stehende Beeren auslichten. Die Stützdrähte müssen mindestens 30 cm vom Glas entfernt sein, um Verbrennungen zu vermeiden.*

Krankheiten am Obst

Obst wird von vielen allgemeinen Schädlingen und Krankheiten befallen wie z. B. von Läusen, Vögeln, Grauschimmel und Mehltau. Bei einigen Obstarten kommen spezielle Schädlinge hinzu. Hinweise zur allgemeinen Bekämpfung finden Sie im Kapitel »Biologischer Pflanzenschutz« (s. S. 43–53). Einige der wichtigsten Spezialprobleme einzelner Obstarten werden auf folgenden Seiten behandelt.

Allgemeine Schädlinge und Krankheiten

Einige Schädlinge und Krankheiten befallen alle Pflanzen, ob Obst, Gemüse oder Ziergewächse. Viele werden durch organische Methoden wie Pflanzengemeinschaften automatisch unter Kontrolle gehalten.

WESPEN

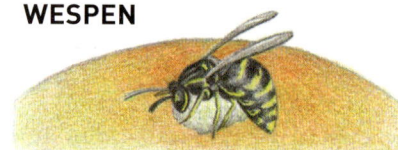

Wespen befallen reifende Früchte und schädigen sowohl Stein- als auch Beerenobst. Da sie meist durch verletzte, z. B. von Vögeln angepickte Früchte angelockt werden, ist es in erster Linie wichtig, das Obst vor Schädigung zu schützen (*siehe links*).

ROTE SPINNE

Diese winzigen Milben werden besonders in trockenen Jahren zum Problem. Da sie mit bloßem Auge nicht erkennbar sind, kommt man ihnen nur durch ihre Netze auf die Spur. Sie saugen den Pflanzensaft, und befallene Blätter sehen gelblich marmoriert aus, bevor sie endgültig abfallen.

VÖGEL

Vögel gehören leider zu den lästigsten Schädlingen im Obstgarten. Sie bevorzugen Beeren, picken aber auch hartschalige Früchte an, die dadurch für Wespen interessant werden. Auch an Knospen machen sie sich heran und verringern so den Fruchtansatz.
WAS KANN MAN TUN? Der einzig wirksame Schutz sind Netze, da sich Vögel an Abschreckungsmittel wie Silberfolie oder Vogelscheuchen schnell gewöhnen. Das Obst mit Netzen oder einzelnen Plastiktütchen abdecken oder, besser noch, einen Fruchtkäfig errichten (s. S. 211).

WAS KANN MAN TUN? Wespen mithilfe einer »Bierfalle« unschädlich machen, bevor sie an die Früchte gelangen. Dazu ein Glas zur Hälfte mit schalem Bier, Limonade oder ähnlich Süßem füllen und mit einem Papier oder Folienstück, das ein kleines Loch hat, abdecken. Die Wespen werden vom Duft in das Glas gelockt, können aber nicht mehr heraus und ertrinken.

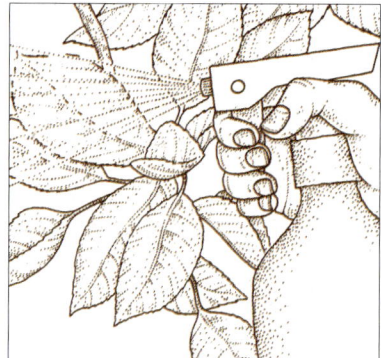

WAS KANN MAN TUN? Da die Milben sich besonders bei Trockenheit vermehren, sollten Sie die Pflanzen zur Vorbeugung öfter mit Wasser abspritzen. Bei stärkerem Befall mit Brennnesselbrühe oder Seifenlauge spritzen. (s. S. 257).

Zitrusfrüchte

Die nachfolgenden Schädlinge und Krankheiten befallen Pflanzen, die vorwiegend draußen stehen. Im Gewächshaus können allgemeine Probleme wie Rote Spinne, Schildläuse und Schimmel auftreten (*siehe oben rechts und S. 257*).

ZITRUSSCHORF

Diese Pilzkrankheit verursacht auf den Früchten unregelmäßige korkähnliche Streifen.
WAS KANN MAN TUN? Mit einem Kupferfungizid spritzen.

KLEINBLÄTTRIGKEIT

Die Blätter sind marmoriert und gekräuselt, die Früchte können deformiert sein.
WAS KANN MAN TUN? Den Boden mit Algenmehl düngen, sodass sichergestellt ist, dass alle Spurenelemente vorhanden sind. Wirkungsvoll ist auch ein Mulchen um den Baum herum mit gut verrottetem Kompost oder Mist.

ZITRUSGALLWESPE

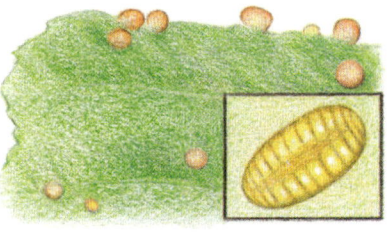

Die Wespe legt ihre Eier am Frühjahrsaustrieb ab. Die geschlüpften Larven fressen sich in die Triebe und verursachen runde Schwellungen, die sogenannten Gallen.
WAS KANN MAN TUN? Es gibt keine wirksame Bekämpfung. Die einzige Kontrolle besteht darin, die Gallen im Sommer auszuschneiden.

Steinobst

Zu dieser Gruppe gehören alle Obstarten mit weichem Fruchtfleisch, das einen Einzelstein umhüllt. Die Früchte werden leicht durch Vögel oder Wespen geschädigt und sind sehr anfällig für Pilzkrankheiten.

PFLAUMENSÄGEWESPE

Die Raupen bohren Löcher in die Früchte und fressen sie von innen her aus, sodass sie vorzeitig abfallen.

WAS KANN MAN TUN? Die im Boden unter den Bäumen lebenden Puppen durch Hacken an die Oberfläche bringen, wo sie von Vögeln vertilgt werden. Hält der Befall an, müssen betroffene Früchte und Blätter vernichtet werden.

SCHWARZE KIRSCHBLATT-LAUS

Diese Läuse greifen besonders Kirschen an. Sie produzieren eine klebrige Substanz, die Rußtau befördert. Die Blätter sind eingerollt und gekräuselt.
WAS KANN MAN TUN? Im Garten Pflanzen kultivieren, die Schwebfliegen anlocken. Sie fressen deren Larven. Bei andauerndem Befall mit Spiritus-Schmierseifen-Brühe besprühen (*siehe S. 53*), und zwar abends, um die Schädlinge zu erfassen, aber die Nützlinge zu schonen.

BAKTERIENBRAND

Diese ernsthafte und weitverbreitete Krankheit bei Steinobst äußert sich zuerst durch braune Flecken auf den Blättern. Dann entstehen Blattnekrosen und das Bild ähnelt den Fraßschäden der Raupen. Die Äste scheiden eine klebrige Substanz aus. Im folgenden Frühjahr öffnen sich die Knospen an infizierten Ästen überhaupt nicht oder es erscheinen nur kleine gelbe Blättchen.

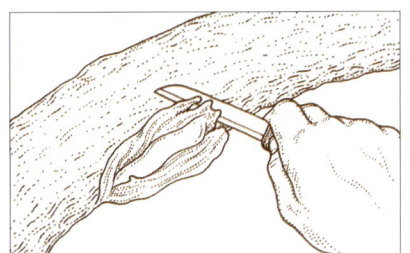

WAS KANN MAN TUN? Infiziertes Holz ausschneiden und verbrennen. Blätter im Juli mit einem Kupferfungizid spritzen (*s. S. 53*), dann noch zwei Nachfolgespritzungen mit je einem Monat Abstand.

KRÄUSELKRANKHEIT DES PFIRSICHS

Diese Pilzkrankheit verursacht auf den Blättern rötliche Blasen, die größer werden. Dann bilden sich die Sporen und die Blattoberfläche wird weiß. Das Laub fällt vorzeitig ab, die Wuchskraft des Baumes ist beeinträchtigt.
WAS KANN MAN TUN? Befallene Blätter sofort entfernen. Im Januar vorsorglich mit Kupferfungizid spritzen und alle zwei Wochen viermal hintereinander wiederholen. Erneut vor dem Laubfall im Herbst spritzen. Fächerspaliere vor Regen schützen, der die Sporen übertragen kann.

BLEIGLANZKRANKHEIT

Viele Obstbaumarten werden von dieser Pilzkrankheit befallen, doch besonders anfällig sind Pflaumen, vor allem die Sorte 'Victoria'. Die Blätter färben sich zuerst silbrig, dann oft braun. Die Triebe sterben fortschreitend ab und auf dem toten Holz erscheinen purpurne, braune oder weiße Pilzsporen. Werden infizierte Äste entfernt, sind auf dem Holz braune oder rötliche Flecken erkennbar.
WAS KANN MAN TUN? Das tote Holz mindestens 15 cm über die befallene Stelle hin ausschneiden. Da der Pilz durch offene Wunden eintritt, Rückschnitte möglichst während der Wachstumsperiode durchführen, wenn die Schnittflächen am schnellsten heilen. Wunden sorgfältig mit Wundverschlussmitteln verstreichen.

PFLAUMENROST

Dieser Pilz verursacht gelbe Flecken auf der Blattoberfläche, und auf der Unterseite erscheinen braune oder orangefarbene Pusteln.

WAS KANN MAN TUN? Da nur schwache Pflanzen anfällig sind, die befallenen Bäume mit 2 Handvoll Horn-Blut-Knochenmehl pro m² düngen und mit gut verrottetem Mist oder Kompost mulchen. Gießen, wenn der Boden um den Baum herum trocken ist.

Kernobst

Diese Obstarten, zu denen auch Äpfel und Birnen zählen, werden von vielen Krankheiten und Schädlingen befallen, doch können organische Methoden sowie der richtige Anbau die Probleme gewöhnlich auf ein Minimum reduzieren.

APFELWICKLER (OBSTMADE)

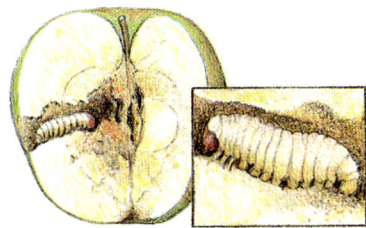

Das Weibchen legt seine Eier auf junge Äpfel, die ausschlüpfenden Maden bohren sich sofort in die Früchte hinein. Sie sind ziemlich unscheinbar und meist erst im Apfel selbst zu erkennen.

WAS KANN MAN TUN? Apfelwickler lassen sich mithilfe von Pheromonfallen bekämpfen, die in den Baum gehängt werden. Die dreieckigen Plastikkonstruktionen enthalten ein Stück klebriges Papier mit einer Pheromonkapsel. (Pheromone sind Substanzen, mit denen die Weibchen die Männchen anlocken.) Die Apfelwicklermännchen fliegen in die Falle, kleben am Papier fest, die Weibchen bleiben unbefruchtet. Eine Falle für je fünf Bäume reduziert die Anzahl der befruchteten Eier um etwa 80 %.

APFELSÄGEWESPE

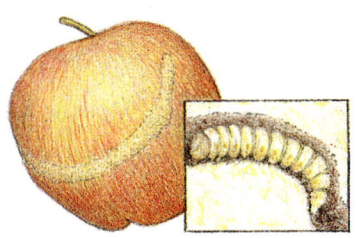

Sägewespenlarven ernähren sich, bevor sie sich in die Früchte bohren, an der Oberfläche und verursachen streifenartige Narben. Befallene Äpfel fallen meist schon vor der Reife ab.
WAS KANN MAN TUN? Die einzige effektive Maßnahme: Brennnesselbrühe spritzen, bei den ersten Anzeichen von Narben sämtliche Früchte entfernen und sofort vernichten.

STIPPIGKEIT

Auf den Früchten erscheinen kleine schmale, eingesunkene Stellen, und das Fruchtfleisch wird braun. Stippigkeit tritt während der Lagerung auf, kann sich aber schon am Baum entwickeln und wird durch Kalziummangel sowie ein Ungleichgewicht zwischen Kalium und Magnesium im Boden verursacht.
WAS KANN MAN TUN? Es gibt keine wirksame Bekämpfung, doch man kann vorbeugen durch Wassergaben bei Trockenheit sowie Mulchen mit Mist.

MONILIA-FRUCHTFÄULE

Die Früchte werden durch diesen Pilz braun, das Fruchtfleisch beginnt zu faulen. Die Früchte sind stellenweise mit weißen Pilzsporen bedeckt, später verschrumpeln sie und fallen oft ab. Auch Lagergut wird befallen.
WAS KANN MAN TUN? Es gibt keine völlig wirksame Bekämpfung. Befallene Früchte entfernen und den Boden um die Bäume herum sauber halten. Gelagertes Obst regelmäßig auf Schäden überprüfen.

APFELBLATTLÄUSE

Apfelblattläuse ernähren sich von Trieben und Blättern und verursachen eine Gelboder leuchtende Rotfärbung und eingerollte Blätter. Grüne Apfelblattläuse sitzen in Kolonien an den Triebspitzen und saugen den Pflanzensaft: Die Blätter kräuseln sich, der Wuchs ist gestaucht.
WAS KANN MAN TUN? Mit Spiritus-Schmierseifen-Brühe oder Brennnesselbrühe spritzen, wenn die Blattknospen aufbrechen und erneut, wenn die Läuse auftreten. Schwebfliegen anlocken (s. S. 45).

BLUTLÄUSE

Blutläuse saugen den Pflanzensaft. Sie leben in Kolonien und umgeben sich mit weißen Wachsausscheidungen, wodurch sie mit Spritzungen schwer zu bekämpfen sind.

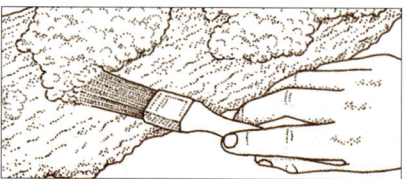

WAS KANN MAN TUN? Bei geringem Befall die Nester abschaben oder mit vergälltem Spiritus bepinseln. Größere Flächen nach dem Blütenfall mit insektentötender Schmierseife spritzen (s. S. 53). Einzelne Befallstellen herausschneiden.

BIRNENBLATTSAUGER

Die Schädlinge sitzen in den Blütenknospen. Durch den ausgeschiedenen Honigtau können Rußtaupilze auf dem Laub gedeihen. Der Befall beginnt gewöhnlich im zeitigen Frühjahr und hält den Sommer über an.
WAS KANN MAN TUN? Drei Wochen nach dem Abfallen der Blütenblätter mit Spiritus-Schmierseifen-Brühe spritzen.

FROSTSPANNER

Die Weibchen des Frostspanners sind ungeflügelt und erklimmen die Bäume, um Eier abzulegen. Die Raupen schlüpfen im Frühjahr und fressen bis in den Sommer hinein Löcher in die Blätter. Zum Überwintern steigen sie dann hinab in den Boden.
WAS KANN MAN TUN? Die wirksamste Bekämpfung sind Leimringe, die während der Zeit der Eiablage um den Stamm gelegt werden, sodass die Weibchen nicht auf den Baum gelangen.

APFELSCHORF

Der Pilz erscheint in Form dunkler Flecken und breitet sich zu großen unansehnlichen Flächen aus.
WAS KANN MAN TUN? Befallene Blätter entfernen und verbrennen. Laub vom Boden absammeln, da die Pilzsporen darin überwintern.

FEUERBRAND

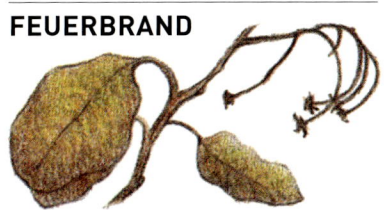

Diese Bakterienkrankheit führt zum Welken der Triebe von der Spitze her und zur Braunfärbung der Blätter. Die Infektion erfolgt gewöhnlich über Schnittstellen oder Schäden an den Trieben und wird von einem Baum zum nächsten übertragen.
WAS KANN MAN TUN? Schneiden Sie alle Anzeichen der Krankheit heraus, bis ins gesunde Holz hinein. Werkzeug desinfizieren. Bei starkem Befall die ganze Pflanze entfernen.

OBSTBAUMKREBS

Zuerst entstehen auf der Rinde eingesunkene farblose Flecken, die sich schnell ausbreiten. Darauf bilden sich weiße Pusteln und im Winter rote Fruchtkörper. Der Pilz wächst um den Trieb und bringt ihn zum Absterben.

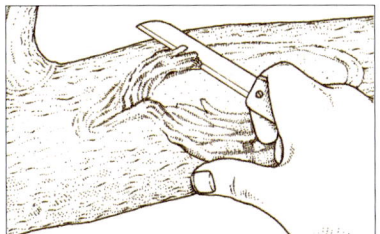

WAS KANN MAN TUN? Erkrankte Teile mit einem Messer oder Spatel entfernen und verbrennen. Wichtig: Bis ins gesunde Holz zurückschneiden und alle Werkzeuge desinfizieren.

Beerenobst

Zum Beerenobst zählen alle niedrig wachsenden Obststräucher und -büsche. Sie werden teilweise von vielen allgemeinen Krankheiten und Schädlingen befallen und sind ein besonderer Leckerbissen für Vögel, vor allem bei heißem Wetter, wenn die Quellen zum Trinken knapp werden. Darüber hinaus können auch spezielle Krankheiten und Schädlinge auftreten.

HIMBEERKÄFER

Die Larven dieses Käfers ernähren sich von den reifenden Beeren und machen sich oft erst durch missgebildete Früchte bemerkbar. Anschließend lassen sich die Larven zu Boden fallen, um sich zu verpuppen.

WAS KANN MAN TUN? Durch Hacken des Bodens die Puppen an die Oberfläche bringen, sodass sie für Vögel zugänglich sind. Wenn nötig, mit Spiritus-Seifenlauge spritzen, und zwar Himbeeren, wenn die ersten Beeren rot werden und die Himbeerkreuzungen nach der Blüte. Brombeeren gleich bei Öffnen der Blüten behandeln. Da zu diesem Zeitpunkt die Bienen unterwegs sind, besser abends spritzen.

BLATTWESPEN

Blattwespenraupen können eine Pflanze in wenigen Stunden entblättern.
WAS KANN MAN TUN? Vögel, besonders Raben, vertilgen Blattwespen, können sie jedoch nicht völlig ausräumen. Bei Auftreten der ersten Larven sofort mit Spiritus-Seifenlösung oder Pyrethrum spritzen.

JOHANNISBEERGALLMILBE

Diese Gallmilbe befällt besonders Schwarze Johannisbeerknospen, die daraufhin anschwellen. Sie überträgt ebenfalls einen Virus (*siehe unten*). Der Befall der Knospen findet im Frühsommer statt, im folgenden Frühjahr gehen die Milben auf andere Knospen über.
WAS KANN MAN TUN? Befallene Knospen ausbrechen und verbrennen.

MOSAIK-VIRUS DER JOHANNISBEERE

Diese Viruskrankheit, von der Johannisbeergallmilbe übertragen, ist schwer zu erkennen. Die Blätter sind schmaler als üblich und haben weniger als fünf Blattadernpaare. Die Sträucher verlieren ihre Wuchskraft, und der Ertrag ist geringer.
WAS KANN MAN TUN? Es gibt kein Mittel zur Bekämpfung. Befallene Büsche ausgraben und verbrennen.

RUTENKRANKHEIT

Diese Pilzkrankheit bildet zuerst blauviolette, später silberne Flecken und Fruchtkörper auf Himbeerruten sowie den Ranken der Hybridbeeren. Befallene Knospen sterben ab.
WAS KANN MAN TUN? Zur Vorbeugung zu dicht stehende Ranken sorgfältig ausschneiden. Infizierte Sträucher mit einem Kupferfungizid spritzen, wenn die Knospen sich gerade öffnen und erneut, wenn die Blüten an den Spitzen weiß erscheinen.

BLATTFALLKRANKHEIT

Braune Flecken auf den Blättern, die sich schnell ausbreiten. Die Blätter fallen ab. Dadurch werden Wüchsigkeit und Ertrag negativ beeinflusst.
WAS KANN MAN TUN? Befallene Blätter entfernen und verbrennen. Bei Fortdauer der Krankheit alle zehn Tage mit einem Kupferfungizid spritzen.

DER KRÄUTER-GARTEN

K RÄUTER UND GEWÜRZE sollten zu einem Bio-Garten gehören, sowohl aus praktischen wie auch ästhetischen Gesichtspunkten. Sie sind sehr dekorativ und gewöhnlich nicht schwer zu ziehen. Sie locken Nützlinge und Insekten wie Bienen an, die zur Bestäubung im Obstgarten gebraucht werden (*s. S. 203*). Man kann sie als Bodendecker zur Unkrautbekämpfung um Sträucher herum pflanzen, sie in Mischbeete setzen oder einen besonderen Kräutergarten anlegen (*s. S. 237*). Einige hübsche niedrige Arten wie Thymian, Rosmarin und Petersilie eignen sich für Kübel, Balkonkästen oder Hängeampeln (*s. S. 126–131*). Egal, wo man sie platziert, eine Auswahl an Kräutern bereichert den Garten stets mit Farben und Düften.

Die meisten der hier vorgestellten Kräuter kann man als schmackhafte Gewürze in der Küche verwenden. Aus einigen kann man wohltuende Kräutertees oder herrliche Duftkissen herstellen, andere eignen sich zur Kosmetikbereitung oder zum Färben von Stoffen. Der heilkräftige Beinwell ist beispielsweise eine besonders nützliche Pflanze, die durch ihr rasches Wachstum viel wertvolles Mulchmaterial liefert und die man auch zu einem hervorragenden Flüssigdünger verarbeiten kann (*s. S. 244*). Außer den vorgeschlagenen Kräutern, die gewissermaßen eine Grundausstattung darstellen, gibt es etliche andere, die sich durch geschmackliche oder dekorative Vorzüge auszeichnen. Sie sollten daher einfach nach Herzenslust experimentieren.

Jedes Kraut hat seinen Platz

Es lohnt sich, vor der Auswahl und dem Pflanzen der Kräuter die beabsichtigte Anlage auf Papier zu skizzieren. Im traditionellen Kräutergarten sind die Pflanzen schematisch arrangiert, wobei jede Art oder Gruppe von einer niedrigen Hecke aus Buchsbaum (*Buxus sempervirens*) oder Lavendel (*Lavandula sp.*) umgeben ist. Der Hauptgrund für diese oft recht komplizierten traditionellen Anlagen liegt darin, dass die meisten Kräuter einjährig oder Stauden mit Winterruhe sind und dass das Beet trotzdem das ganze Jahr über interessant aussehen soll. Natürlich eignen sich Kräuter und Gewürze auch für Blumenrabatten, sie waren ein Hauptbestandteil des echten alten Bauerngartens (*s. S. 88*).

Sehr beliebt ist in den letzten Jahren die raumsparende Kräuter-Spirale, die in schneckenförmigen Rundungen angelegt wird. Sie können aber auch ein Kräuterlabyrinth konstruieren, ein Rondell gestalten oder einzelne Ornamente zwischenbauen. Attraktiv für Augen und Nase ist eine duftende Kräuterhecke.

Kräuter wie die vielfältigen Salbei- oder Thymianarten sind ausgezeichnete Bodendecker, die Unkräuter verdrängen, im Garten für Farbkleckse sorgen und außerdem noch Insekten anlocken. Sinnvoll ist es auch, vor allem in den Blumenbeeten Kulturformen einzelner Kräuter anzubauen. So gibt es riesige Laucharten mit großen, auffälligen Blüten. Es gibt goldene und buntblättrige Melissen und außergewöhnlich schön gefärbte Hopfenarten, die alle ebenso nützlich und heilkräftig sind wie die etwas eintönigeren Normalformen.

Wer sich für einen traditionellen Kräutergarten entscheidet, sollte daran denken, durch Wege oder Trittsteine einen leichten Zugang zu den Pflanzen zu schaffen. Das ist wichtig, da Kräuter regelmäßiger geerntet werden als die meisten anderen Pflanzen. Der Kräutergarten braucht den sonnigsten Platz im Garten. Da die meisten Kräuter ursprünglich aus dem Mittelmeergebiet stammen, sind sie sonnenhungrig und gedeihen an warmen Standorten am besten. Die wenigen, die schattig stehen möchten und keine direkte Sonne mögen, kann man in den Schatten der großen Sonnenanbeter setzen.

BODENVORBEREITUNG FÜR KRÄUTER

Der ideale Boden zum Kräuteranbau ist durchlässig und leicht, obwohl bei entsprechender Vorbereitung auch schwere Böden toleriert werden. Dazu wird zweischichtig umgegraben (*s. S. 264*) und bei der Lockerung des Unterbodens viel gut verrotteter Mist, Kompost oder eine der Alternativen (*s. S. 18–34*) eingearbeitet. Champignonkompost (*s. S. 30*) ist ideal, denn die Kräuter bevorzugen überwiegend einen pH-Wert um 7,0 bis 7,5.

Schlechte Dränage wird von den meisten Kräutern nicht vertragen. Ist Ihr Boden daher feucht und schwer und kann auch durch tiefes Umgraben und Einarbeiten von Kies oder organischem Material nicht wesentlich verbessert werden, so empfiehlt es sich, ein erhöhtes Beet anzulegen (*s. S. 37*). Wo möglich, sollte man für die Seiten stabile Ziegel oder Steine verwenden, doch auch Holz ist brauchbar. Alte Regalbretter sind ideal, sie erhöhen das

Beet um etwa 30 cm. Beim Ausbringen von vorgezogenen Topfpflänzchen im Frühjahr oder Sommer sollte man zwei Wochen vor dem Pflanzen 2 Handvoll Horn-Blut-Knochenmehl pro m² Boden geben. Eine ähnliche Menge reines Knochenmehl streut man vor einer Pflanzung im Herbst oder Winter.

AUSSAAT UND PFLANZUNG

Der Boden muss unbedingt völlig unkrautfrei sein. Schon ein kleiner Ausläufer Giersch oder ein Rest Quecke führen dazu, dass sich die lästigen Plagegeister inmitten der Kräuter ausbreiten. Dann bleibt nichts anderes übrig, als die Pflanzen erneut herauszunehmen und den Boden sorgfältig zu säubern.

Einen speziellen Kräutergarten sollte man daher erst nach einem Jahr anpflanzen. Vorher wird das Areal gründlich umgegraben, von allen Unkräutern befreit und mit schwarzer Folie abgedeckt, die man zum Schutz vorm Wegwehen rundherum mit Erde beschwert. Das Ganze bleibt ein Jahr liegen.

Vor der Saat oder Pflanzung sind Höhe und Ausbreitung jeder Pflanze zu berücksichtigen sowie Wachstumsgeschwindigkeit und Sonnenbedürfnis. Einige, wie z. B. Liebstöckel, werden riesig groß und sind nur für den hinteren Teil eines Beets geeignet. Borretsch braucht viel Sonne, während Minze auch im Halbschatten gedeiht. Beide breiten sich schnell aus. Alle speziellen Ansprüche werden bei den einzelnen Pflanzenbeschreibungen erläutert (s. S. 241–245), die maximale Höhe aller Kräuter finden sie umseitig.

PFLEGE EINES KRÄUTERGARTENS

Düngung Zur Erhaltung der Fruchtbarkeit reicht das Mulchen mit gut verrottetem Stallmist oder Kompost. Eine etwa 5–7,5 cm dicke Schicht wird im Januar oder Februar im gesamten Kräutergarten ausgebracht. Aber: Schnecken lieben manche Kräuter, treffen Sie Schutzmaßnahmen (s. S. 50).

Bewässerung Bei trockenem Wetter kann Gießen nötig werden. Der Sprenger muss mindestens zwei Stunden laufen, damit wirklich Wasser in tiefere Schichten vordringt.

Unkrautbekämpfung Im Anfangsstadium der Pflanzung müssen die Unkräuter von Hand gejätet werden. Später breiten sich die Kräuter aus und unterdrücken den Unkrautwuchs selbst.

Schnitt Einige Arten wie Lavendel und Thymian sollten nach der Blüte zurückgeschnitten werden, damit sie kompakt bleiben und nicht zu sehr austreiben. Regelmäßige Ernte reicht aus, um die meisten Kräuter einzugrenzen, doch ein gelegentlicher völliger Rückschnitt ist für den Wuchs vorteilhaft.

Ausdünnen Einige Kräuter muss man im Auge behalten und ihre Sämlinge frühzeitig entfernen. Pflanzen wie Borretsch und Minze überwuchern in Gänze bald alles andere, wenn man sie nicht in Grenzen hält.

Vermehrung Mehrjährige Kräuter werden aus dem Boden genommen und geteilt (s. S. 273). Am besten dafür geeignet sind der Herbst oder der frühe Winter, aber auch noch das zeitige Frühjahr. Strauchige Kräuter wie Lorbeer, Rosmarin und Lavendel vermehrt man durch Stecklinge von den noch nicht verholzten Trieben im Frühsommer (s. S. 274).

▲ **Kräuterbeet** Thymian, Minze, Schnittlauch, Salbei und Rosmarin wachsen im Sommer reichlich, schmecken, duften und sind herrliche Farbtupfer.

▶ **Bauerngarten** Hier wachsen Kräuter zusammen mit anderen Zierpflanzen. Lavendel mildert die Grenzen, wenn Besucher ihn zerreiben, setzt er seinen herrlichen Duft frei.

Kräuter und Gewürze

Kräuter und Gewürze sind leicht zu ziehen, und sie sind dekorativ und nützlich. Man kann sie frisch, getrocknet oder tiefgefroren zum Würzen verwenden oder Duftschalen im Raum damit füllen. Pflanzen Sie Ihre Kräuter in die Beete, in einen besonderen Kräutergarten oder an jeden anderen verfügbaren Platz. Hier sehen Sie eine Zusammenstellung von neunzehn gebräuchlichen Kräutern und Gewürzen, aber es gibt noch viele andere, die Sie anbauen können. Anbauhinweise finden Sie auf den Seiten 240–245.

SCHNITTLAUCH *Allium schoenoprasum*

Schnell wachsend; bis 20 cm hoch; lila Blüten
(*s. S. 242 und S. 115*).

BORRETSCH *Borago officinalis*

Einfach zu ziehen; bis 75 cm hoch; lockt Bienen an
(*s. S. 241 und S. 116*).

MELISSE *Melissa officinalis*

Robust und aromatisch; bis 90 cm hoch; lockt Bienen an
(*s. S. 242 und S. 115*).

GARTEN-KERBEL *Anthriscus cerefolium*

Schnell wachsend; bis 60 cm hoch; bevorzugt Schatten
(*s. S. 241 und S. 116*).

GRÜNE MINZE *Mentha spicata*

Schnell wachsend; bis 90 cm hoch; bevorzugt Halbschatten
(*s. S. 242 und S. 115*).

DILL *Anethum graveolens*

Schnell wachsend; in warmem Klima bis 75 cm hoch
(*s. S. 241 und S. 116*).

WINTER-BOHNENKRAUT *Satureia montana*

Immergrüne Staude; bis 30 cm hoch; lockt Bienen an
(*s. S. 242 und S. 115*).

BASILIKUM *Ocimum basilicum*

Bis 60 cm hoch; im gemäßigten Klima einjährig
(*s. S. 241 und S. 116*).

SAUERAMPFER *Rumex acetosa*

Breitblättrig; bis 45 cm hoch; bevorzugt Halbschatten
(*s. S. 243 und S. 115*).

Wuchsformen	Baum	Strauch	Staude	Einjährige	Zweijährige	Zwiebel	Kletterpflanze	**Licht**	Sonne	Halbschatten	Schatten	Tolerant	**Boden**	Sauer	Alkalisch	Tolerant

ESTRAGON
Artemisia dracunculus

60–90 cm hoch; aromatischer, feiner Geschmack
(*s. S. 243 und S. 115*).

FENCHEL *Foeniculum vulgare*

Schnell wachsend; bis 1,50 m hoch; dekorative Blüten
(*s. S. 243 und S. 115*).

LIEBSTÖCKEL *Levisticum officinale*

Sehr hoch, bis 2,50 m; hübsche Blütenstände
(*s. S. 243 und S. 115*).

MAJORAN *Origanum onites*

Bis 35 cm hoch; viele Varietäten werden angebaut (*s. S. 244 und S. 115*).

MEERRETTICH *Armoracia rusticana*

Schnell wachsend; bis 60 cm hoch; scharfschmeckende Wurzel
(*s. S. 244 und S. 115*).

ZITRONEN-THYMIAN
Thymus citriodorus

Robuste Staude; bis 20 cm hoch; lockt Bienen an
(*s. S. 244 und S. 112*).

SALBEI *Salvia officinalis*

Robuste Staude; bis 60 cm hoch; dekorativ und aromatisch
(*s. S. 245 und S. 112*).

ROSMARIN *Rosmarinus officinalis*

Aromatische Staude bis 90 cm; lockt Insekten an
(*s. S. 245 und S. 112*).

WACHOLDER *Juniperus communis*

Bis 3 m hoher Nadelbaum; trägt blauschwarze Beeren
(*s. S. 245 und S. 112*).

LORBEER *Laurus nobilis*

Frostempfindlich; bis 6 m hoch; bevorzugt Halbschatten
(*s. S. 245 und S. 112*).

Der Kräuteranbau

Die Auswahl der Kräuter für das Kräutergärtchen oder die Kräuterecke hängt weitgehend vom persönlichen Geschmack ab. Legen Sie Wert auf kulinarische Eigenschaften oder auf dekorative Gesichtspunkte? Vielleicht auf beides oder auf noch andere Faktoren? Lassen Sie trotz Ihrer Wünsche nicht die praktische Seite außer Acht. Eine junge Fenchelstaude mag hübsch wirken, doch bedenken Sie, dass die Pflanze 1,50 buschige Meter hoch werden kann. Empfindliche Arten wie Lorbeer müssen im gemäßigten Klima in Töpfe gesetzt und an einem frostfreien Platz überwintert werden. Denken Sie daher vor dem Kauf von Samen oder Jungpflanzen darüber nach, ob der entsprechende Platz und die erforderlichen Umweltbedingungen für eine erfolgreiche Ernte da sind.

Attraktion *Die dekorativen lila Blüten des Thymians locken Bienen und andere Insekten an, die für die Bestäubung der Beetpflanzen nötig sind.*

ERNTE UND LAGERUNG VON KRÄUTERN

Viele Kräuter aus diesem Kapitel können durch Trocknen haltbar gemacht werden. Dadurch sind sie das ganze Jahr über zu verwenden und ihr Geschmack wird durch den Trocknungsprozess oft noch verstärkt. Am besten pflückt man zarte, junge Blättchen, bevor die Pflanzen zur Blüte kommen. Das Trocknen erfolgt meist wie unten beschrieben. Abweichungen werden bei der Vorstellung der entsprechenden Pflanzen angegeben.

1 *Die Blätter vieler Kräuter einschließlich Thymian (oben) sind während der gesamten Wachstumsperiode frisch zu ernten. Zum Trocknen verwendet man jedoch nur junge, gesunde Blättchen, die vor der Blüte gepflückt werden. Nicht mehr ernten, als man sofort trocknen kann, und die Einzelblättchen nicht quetschen.*

2 *Die Stängel zu kleinen Sträußen binden und an einem trockenen, luftigen Platz aufhängen. Keine zu großen Sträuße machen, weil dann der Trocknungsprozess durch die geringe Luftzirkulation verlangsamt wird. Durch Schädigung der frischen Blätter geht ätherisches Öl verloren, was einen starken Aromaverlust bewirkt, daher äußerst vorsichtig handhaben. Die getrockneten Sträußchen kommen in ein luftdichtes Gefäß.*

3 *Zur Samengewinnung erntet man die Pflanzen, wenn die Samen gerade reif werden und hängt sie in kleinen Bündeln umgekehrt an einem trockenen, luftigen Platz auf. Ein Tuch darunter fängt die Samen auf. Außer zum Kochen wie Liebstöckel (oben) verwendet man die Samen auch zur Aussaat im folgenden Jahr. Die Samen sollten kühl, trocken und luftdicht gelagert werden.*

Borretsch

Dieses robuste einjährige Küchenkraut versamt sich jedes Jahr ohne Ihr Zutun von selbst weiter. Durch die gebogenen Blütenzweige mit den tiefblauen Glöckchen ist Borretsch eine Bereicherung in jeder Zierrabatte und lockt außerdem noch Bienen an, die für die Bestäubung wichtig sind.

STANDORTANSPRÜCHE
Erwünscht ist ein sonniger, offener Platz. Keine besonderen Bodenansprüche.
AUSSAAT Im April direkt ins Freiland säen und nach dem Keimen auf 35 cm Abstand ausdünnen. Im Winter stirbt das Kraut ab, nachdem es sich versamt hat. Die sich im folgenden Jahr entwickelnden Sämlinge werden an unerwünschten Plätzen entfernt.
PFLEGE Für guten Wuchs sind keine weiteren Maßnahmen nötig. Regelmäßiger Schnitt verhindert unerwünschte Ausbreitung.
ERNTE UND LAGERUNG Junge Blätter im Sommer pflücken. Einfrieren ist günstiger als Trocknen. Die Blüten können kandiert werden, indem man sie mit Eiweiß bepinselt und dann in Streuzucker taucht.

Kerbel

Der robuste, einjährige Kerbel versamt sich selbst. Er wirkt nicht sehr dekorativ, ist aber mit seinem würzigen, anisähnlichen Geschmack eines der nützlichsten Küchenkräuter.

STANDORTANSPRÜCHE Wichtig ist ein schattiger Platz in feuchtem Boden. Ansonsten werden bei Sonnenschein sofort Blüten und Samen angesetzt.
AUSSAAT Im März/April mit 20 cm Abstand säen. Dann die Pflanzen entweder selbst versamen lassen und auf 23 cm ausdünnen oder alternativ die Samen von ein oder zwei Pflanzen ernten und im August/September erneut säen. Diese späte Saat sollte zum Schutz vor Kälte mit Folie abgedeckt werden (s. S. 140). Nur in sehr milden Regionen ist kein Frostschutz notwendig.
PFLEGE Bei Trockenheit ist es wichtig, gut zu gießen. Die Blüten entfernt man, sobald sie sich bilden. So wird der Samenansatz bis zum letzten Blütenschub hinausgezögert.
ERNTE UND LAGERUNG Frische junge Blätter außen von der Pflanze abpflücken, um den Neuaustrieb im Zentrum zu fördern. Die Blättchen lassen sich einfrieren oder trocknen (s. S. 240).

Dill

Der hübsche, robuste, einjährige Dill versamt sich manchmal selbst, doch lohnt es sich in kühlen Regionen, den Samen zur Neuaussaat zu sammeln. Die federleichten Blättchen und die zarten gelben Blüten erlauben dem Dill den Einzug in die Zierbeete. Kulinarisch wird dieses Kraut hoch geschätzt.

STANDORTANSPRÜCHE Ein durchlässiger Boden und ein sonniger Platz.
AUSSAAT UND PFLANZUNG Im April in kurzen Reihen mit 30 cm Abstand ins Freiland säen und auf 30 cm in der Reihe ausdünnen. Eine einzige Aussaat genügt, wenn man nur Samen haben will. Zur Ernte der Blätter sät man in monatlichen Intervallen bis Juli. Gekaufte oder selbst gezogene Pflanzen in Töpfen pflanzt man mit 30 cm Abstand aus. Dill sollte dabei nicht neben Fenchel stehen (s. S. 243), da beide sich möglicherweise gegenseitig bestäuben.
PFLEGE Unkrautfrei halten und bei Trockenheit gut gießen.
ERNTE UND LAGERUNG Frische Blätter nach Bedarf pflücken. Blätter und Samen können wie gegenüber beschrieben getrocknet und gelagert werden.

Basilikum

Basilikum wächst in warmen Regionen mehrjährig, ansonsten ist das Kraut einjährig. Es gibt zwei verschiedene Formen. Besonders wohlschmeckend ist das süße Basilikum, das höher wird und größere Blätter hat.

STANDORTANSPRÜCHE Ein sonniger, geschützter Platz.
AUSSAAT UND PFLANZUNG Im März im Haus in kleine Töpfchen säen. Anschließend im Frühbeet abhärten (s. S. 256) und mit 30 cm Abstand auspflanzen, wenn jegliche Frostgefahr vorbei ist.
PFLEGE Ständig gut gießen und die Blütenknospen beim Erscheinen entfernen, um den Weiterwuchs zu fördern.
ERNTE UND LAGERUNG Frische Blätter den Sommer über ernten. Basilikumblätter können in der Sonne getrocknet und in luftdichten Behältern aufbewahrt werden, verlieren dann aber das ausgeprägte Aroma des frischen Grüns. Ein Einfrieren ist kaum möglich.

Petersilie

Dieses Gewürz gibt es in mehreren Formen. Am bekanntesten sind die krausblättrige und die glatte Petersilie. Beide sind zweijährig, wachsen kräftig aber nur einjährig. Wild wächst die Petersilie im Mittelmeergebiet. In Europa gehört sie in vielen Ländern zu den am häufigsten verwendeten Küchenkräutern. Die Petersilie verfeinert Suppen, Salate, Eintöpfe, Pürees und ist auch eine beliebte Tellerdekoration.

STANDORTANSPRÜCHE Etwas Schatten und ein mit gut verrottetem Mist oder Kompost angereicherter Boden.
AUSSAAT Eine frühe Aussaat ist bereits im Februar im Haus möglich. Die Sämlinge kommen dann im April mit 15 cm Abstand ins Freiland. Alternativ sät man im April direkt ins Freiland und für einen dauerhaften Nachschub erneut im Juli. Man kann im Juli außerdem in Töpfchen einsäen, die den Winter über im Haus stehen und frisches Grün liefern. Die Samen brauchen sehr lange zum Keimen, daher bitte nicht die Geduld verlieren. Am Ende der Vegetationsperiode werden die Pflanzen entfernt.
PFLEGE Unkrautfrei halten und bei Trockenheit gießen.
ERNTE UND LAGERUNG Die Blättchen bei Bedarf ernten, jedoch nie die ganze Pflanze kahl schneiden, denn sonst erfolgt kein Neuaustrieb. Die Blättchen im warmen, nicht allzu heißen Ofen trocknen oder in Eiswürfeln einfrieren.

Schnittlauch

Schnittlauch, allseits bekannt und beliebt, ist eine robuste Staude und aufgrund seiner hübschen Blütenköpfe als Randbepflanzung sehr dekorativ. Frische Schnittlauchröllchen sind ein herrliches Gewürz für Kartoffeln, Eier, Käse- oder Quarkgerichte. Die Zwiebeln können in Weinessig eingelegt werden. Es gibt auch verschiedene Zierformen.

STANDORTANSPRÜCHE Keine besonderen Lichtansprüche. Feuchte Böden werden bevorzugt.
AUSSAAT UND PFLANZUNG Im März mit 30 cm Abstand ins Freiland säen, bzw. vorhandene Pflanzen teilen und mit 30 cm Zwischenraum im Frühjahr oder Herbst pflanzen.
PFLEGE Die Stauden alle drei Jahre im September/Oktober aus dem Boden nehmen, mit einem Messer teilen und in neuen Boden pflanzen, wie bei Stauden beschrieben (s. S. 273). Sollen die Pflanzen am selben Platz bleiben, nimmt man sie heraus und schlägt sie an einer freien Stelle vorübergehend ein (s. S. 113). Dann wird der Boden umgegraben und mit gut verrottetem Mist oder Kompost angereichert. Anschließend die Pflanzen wieder einsetzen.
ERNTE UND LAGERUNG Der Austrieb wird durch regelmäßigen Rückschnitt gefördert. Man kürzt ihn mit einer Schere auf etwa 1 cm Länge. Schnittlauch lässt sich einfrieren, aber nicht gut trocknen.

Melisse

Die mehrjährige Melisse hat ein angenehmes Zitronenaroma und wird gerne von Bienen besucht. Es gibt bunte und gelbe Formen, die alle recht dekorativ wirken. Aus Melisse kann man köstlichen Tee zubereiten.

STANDORTANSPRÜCHE Ein mit organischer Masse angereicherter Boden mit guter Wasserhaltefähigkeit. Wichtig ist ein Platz in der Sonne oder im Halbschatten, da die Blätter im völligen Schatten leicht bleich werden.
AUSSAAT UND PFLANZUNG Im April/Mai mit 45 cm Abstand ins Freiland säen oder vorhandene Pflanzen teilen und mit dem gleichen Abstand pflanzen.
PFLEGE Schneiden Sie Melisse regelmäßig zurück, um die buschige Form und die Farbvarianten zu erhalten. Alle drei Jahre aus dem Boden nehmen und teilen (s. S. 273).
ERNTE UND LAGERUNG Frische Blätter den ganzen Sommer über ernten. Melissenblätter lassen sich trocknen und einfrieren.

Minze

Es gibt zahlreiche verschiedene Minzearten. Am besten für die Küche eignen sich Apfelminze und Pfefferminze. Minzen sind robuste, einfach zu kultivierende Stauden, die bei günstigen Bedingungen schnell anfangen zu wuchern.

STANDORTANSPRÜCHE Praktisch jeder Boden wird toleriert. Ein halbschattiger Platz ist von Vorteil.
PFLANZUNG Im Herbst Wurzelstecklinge schneiden (s. S. 274) und

---

LAGERUNG VON MINZE

Anstelle Minze im Winter einzutopfen, kann man die Triebe auch in Kompost aufbewahren.

1 *Einen Minzenbusch ausgraben und vorsichtig einige Triebe mit Wurzeln ablösen, den Rest wieder einpflanzen.*

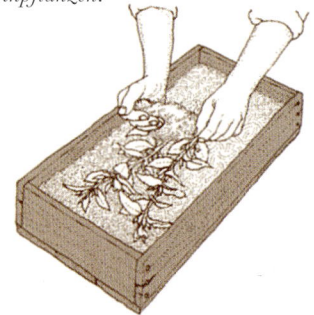

2 *Etwas feuchten Kompost in eine Holzkiste schichten. Die Triebe darauflegen und mit weiterem Kompost abdecken.*

---

pflanzen. Minze breitet sich leicht aus, daher empfiehlt sich die Pflanzung in Eimern oder Plastikkübeln. Sie werden im Boden so versenkt, dass der Rand herausragt und die Triebe nicht darüber hinwegwurzeln können. 60 cm Abstand von anderen Kräutern halten.
PFLEGE Minze braucht zum Wachsen keine besondere Ermutigung. Bei Trockenheit gießen und regelmäßig pflücken, um übermäßigem Ausbreiten vorzubeugen.
ERNTE UND LAGERUNG Im Frühjahr und Sommer nach Bedarf ernten. Pfefferminztee aus frisch gepflückten Blättchen ist eine Delikatesse. Zum Ende der Saison einige Wurzeln ausgraben und im Gewächshaus in Töpfe setzen, sodass auch im Winter frischer Nachschub vorhanden ist. Ein Trocknen entfällt dann. Die Blätter lassen sich gut einfrieren oder in feuchtem Kompost lagern (*siehe links*).

Bohnenkraut

Von diesem Küchenkraut gibt es zwei Typen: das reich verzweigte einjährige Sommerbohnenkraut, auch Pfefferkraut genannt und das mehrjährige Winter- oder Bergbohnenkraut, welches sich zu einem halbhohen, immergrünen Strauch entwickelt. Beide passen ins Kräuterbeet oder in die Zierrabatte.

STANDORTANSPRÜCHE Ein sonniger Platz und ein durchlässiger Boden mit reichlich organischer Substanz.
AUSSAAT UND PFLANZUNG Sommerbohnenkraut wird mit 15 cm Abstand im April/Mai direkt ins Freiland gesät. Man braucht mehrere Pflanzen, da der Einzelertrag nicht hoch ist. Die Winterform vermehrt man durch im Sommer geschnittene Stecklinge (s. S. 274) oder auch durch Aussaat ins Freiland im August. Pflanzabstand 45 cm.
PFLEGE Sommerbohnenkraut nur unkrautfrei halten und bei Trockenheit wässern. Winterbohnenkraut kann vergeilen, d. h. zu lange Triebe bilden. Daher Triebspitzen entfernen, um den Neuwuchs an der Pflanzenbasis zu fördern. Bei sehr kaltem Wetter die Pflanzen zum Schutz vor Frost mit Folie abdecken (s. S. 140). Alle drei bis fünf Jahre neu pflanzen.

ERNTE UND LAGERUNG Die Blätter des Sommerbohnenkrauts zum unmittelbaren Gebrauch während der ganzen Saison pflücken, zum Trocknen am besten bei Blühbeginn. Das Aroma ist dann am stärksten. Winterbohnenkraut erntet man frisch das gesamte Jahr über.

Ampfer

Es gibt zwei verschiedene Arten, den breitblättrigen Ampfer und den schmalblättrigen, etwas niedrigeren Sauerampfer, der bevorzugt in der Küche verwendet wird. Beide Arten sind robust und ausdauernd. Sauerampfer schmeckt scharf säuerlich und ist entsprechend sparsam zu verwenden.

STANDORTANSPRÜCHE Halbschatten und ein feuchter Boden mit reichlich organischer Substanz.

AUSSAAT UND PFLANZUNG Aus Samen gezogene Pflanzen brauchen lange Zeit bis zur vollen Entwicklung, daher sind vorgezogene Pflanzen empfehlenswert. Die Aussaat erfolgt ins Freiland im Herbst mit etwa 30 cm Abstand.

PFLEGE Blütenstände sofort bei Erscheinen entfernen, um den Samenansatz bis zum Saisonende hinauszuzögern. Unkraut jäten und die Pflanzen nie austrocknen lassen. Sauerampfer zeigt nach einer Weile Ermüdungserscheinungen. Daher etwa alle drei Jahre die Pflanzen aus dem Boden nehmen, teilen und die äußeren jungen Triebe wieder einsetzen (*siehe S. 273*).

ERNTE UND LAGERUNG Frische Blätter während der gesamten Saison pflücken. Man kann die Pflanzen

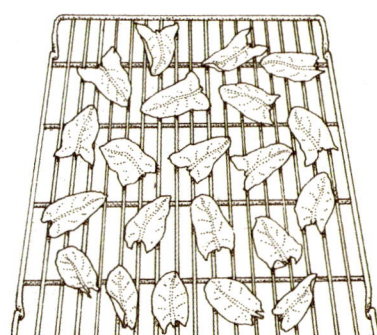

Frische Ampferblätter *auf einem Grillgitter verteilen. Zum schnelleren Trocknen sollten sie genügend Abstand haben, sodass ausreichend Luft zirkulieren kann.*

stark abernten, sie treiben schnell wieder aus. Trocknen wie unten angegeben und in luftdichten Behältern verschließen. Einfrieren gelingt am besten, wenn Sie ihn vorher pürieren.

Estragon

Estragon ist ein exzellentes Gewürzkraut. Es gibt zwei verschiedene Formen. Der Französische Estragon (*s. S. 239*) ist besonders feinwürzig und delikat, während der verwandte Russische Estragon eine weniger ausgeprägte Würze hat, dafür aber anspruchsloser und kälteverträglicher ist. Beide Formen sind mehrjährig.

STANDORTANSPRÜCHE Wichtig ist ein sonniger, geschützter Platz mit guter Dränage.

AUSSAAT UND PFLANZUNG Französischer Estragon bildet bei uns keine Samen und wird nur durch Wurzelausläufer vermehrt, die man mit ca. 45 cm Abstand setzt. Erwachsene Pflanzen lassen sich im Frühjahr teilen (*s. S. 273*). Russischer Estragon kann sehr einfach aus Samen gezogen werden. Man sät sie im Frühjahr mit 60 cm Abstand.

PFLEGE Jäten und gießen nach Bedarf. Besonders Französischen Estragon im Winter durch eine leichte Mulchschicht aus Stroh vor Frost schützen. Beide Formen alle vier Jahre aus dem Boden nehmen, teilen und neu pflanzen. So werden Wüchsigkeit und Aroma erhalten, welches sich ansonsten mit zunehmendem Alter verschlechtert.

ERNTE UND LAGERUNG Frische Blätter während der ganzen Wachstumsperiode ernten. Im Frühjahr gepflückte Blätter können auch getrocknet werden, verlieren durch den Trocknungsprozess jedoch ihr Aroma.

Fenchel

Der robuste, mehrjährige Gewürzfenchel ist nicht zu verwechseln mit dem fein aromatischen Gemüsefenchel (*s. S. 151*). Er ist eine hohe, stattliche Pflanze mit fein gefiederten, grünen Blättern und gelben Blüten, die auch in einer Zierrabatte hübsch wirken. Auch rotblättrige Formen sind auf dem Markt. Sowohl Blätter als auch

Samen haben einen angenehm anisähnlichen Geschmack und eine stark krampflösende, heilkräftige Wirkung.

STANDORTANSPRÜCHE Ein fruchtbarer Boden mit guter Dränage und viel Sonnenschein.

AUSSAAT UND PFLANZUNG Im Herbst oder Frühjahr säen, bzw. Jungpflanzen oder geteilte Stauden im April oder Oktober setzen. Der Abstand sollte jeweils 60 cm betragen.

PFLEGE Die Pflanzen kurz halten, um den Neuaustrieb junger Blätter zu fördern, einige Exemplare zwecks Samenbildung blühen lassen. Fenchel nicht in die Nähe von Koriander, Kümmel oder Dill setzen, um eine Fremdbestäubung zu vermeiden. Den Bestand durch Teilung und erneutes Einpflanzen alle drei Jahre verjüngen (*s. S. 273*).

ERNTE UND LAGERUNG Frische Blätter nach Bedarf ernten. Trocknen ist möglich, jedoch auf Kosten des Aromas. Für die Samengewinnung werden die Blütenstände zum Trocknen aufgehängt (*s. S. 240*).

Liebstöckel

Liebstöckel ist eine strauchartige, robuste Staude. Da sie sehr hoch wird, ist sie am besten an der Rückseite des Kräuterbeets untergebracht. Doch auch auf Zierbeeten sieht sie recht dekorativ aus.

STANDORTANSPRÜCHE Halbschatten geht, doch fördert ein sonniger Platz das Wachstum. Erforderlich ist feuchter Boden mit reichlich Kompost.

AUSSAAT UND PFLANZUNG Im Frühjahr säen, geteilte Stücke im März oder September pflanzen. Gewöhnlich ist nur eine Pflanze notwendig. Liebstöckel stirbt oberirdisch jeden Winter ab und treibt im Frühjahr erneut aus.

PFLEGE Üppiges Wachstum findet ohne besondere Pflege statt. Nach etwa vier Jahren ist die endgültige Größe erreicht. Pflanzen, die zu alt oder zu groß werden, aus dem Boden nehmen, teilen und neu pflanzen (*s. S. 273*).

ERNTE UND LAGERUNG Frische Blätter kann man während der ganzen Wachstumsperiode ernten. Trocknen wie auf Seite 240 beschrieben.

Majoran

Sowohl wilder Majoran, üblicherweise Oregano genannt, als auch Wintermajoran sind winterharte Stauden. Der besonders aromatisch schmeckende Sommermajoran überwintert dagegen nur in warmen Regionen und wird ansonsten einjährig kultiviert. Alle Formen sind beliebte Küchengewürze, die so mancher Speise erst den richtigen Pfiff verleihen.

STANDORTANSPRÜCHE Ein sonniger Platz und ein durchlässiger Boden. Wurzeltrockenheit wird nicht vertragen, daher vor dem Pflanzen reichlich organisches Material einarbeiten.

AUSSAAT UND PFLANZUNG Jungpflanzen oder geteilte Stücke von Oregano und Wintermajoran mit 30 cm Abstand setzen. Sommermajoran im März unter Glas aussäen und nach der Frostgefahr mit 20 cm Abstand ins Freiland bringen. In warmen Regionen ebenso wie die beiden anderen Arten im Frühjahr direkt draußen aussäen.

PFLEGE Triebspitzen regelmäßig entfernen, um buschigen, kompakten Wuchs zu fördern. Unkraut jäten und bei Bedarf gießen. Wintermajoran zum Sommerende eintopfen und ins Haus stellen, wo er weiterwächst. Die mehrjährigen Arten alle drei Jahre teilen und neu pflanzen (*siehe S. 273*).

ERNTE UND LAGERUNG Frische Blätter ab Juni pflücken. Majoran lässt sich gut trocknen und sein Aroma wird dadurch sogar noch stärker (*s. S. 240*). Das Trocknen lohnt sich jedoch kaum, wenn auch im Winter Nachschub von eingetopften Pflanzen kommt. Alle Arten sind ebenfalls gut einzufrieren.

Meerrettich

Die kräftige, robuste Meerrettichstaude wird wegen ihrer scharf schmeckenden Wurzel kultiviert.

STANDORTANSPRÜCHE Ein sonniger oder halbschattiger Platz auf nährstoffreichem Boden. Besonders reichliche Ernte wird erzielt, indem man die Pflanzen auf einem etwa 60 cm erhöhten Beet zieht, welches auf einem Betonweg angelegt wird. Auf diese Weise behält man die Wurzeln unter Kontrolle. Meerrettich hat eine Pfahlwurzel und ist in der Lage, sich durch jedes kleine im Boden verbleibende Wurzelstück wieder zu vermehren. Er kann sich daher leicht unerwünscht ausbreiten.

PFLANZUNG Von einigen gekauften Wurzeln können Sie etwa 15 cm lange Stecklinge schneiden und im März senkrecht mit 30 cm Abstand pflanzen.

PFLEGE Keine besonderen Maßnahmen nötig, am Wuchern hindern.

ERNTE UND LAGERUNG Die ganze Pflanze jedes Jahr ausgraben, damit sie nicht den Garten überwuchert. Die Wurzeln bis zum Gebrauch in Kisten mit feuchtem Sand oder Torfersatz lagern. Einige zum Pflanzen im Frühjahr aufbewahren.

Beinwell

Beinwell ist eine schnell wachsende, winterharte Staude, die etwa 1 m hoch wird. Der mit dem Borretsch verwandte wuchsfreudige, mehrjährige Beinwell ist eine äußerst nützliche Heil-, Gemüse- und Kompostierungspflanze. Die Blätter enthalten sehr viel Kalium und andere Mineralien sowie Spurenelemente.

STANDORTANSPRÜCHE Ein Boden mit reichlich organischem Material, feuchte Bedingungen und ein schattiger Platz.

AUSSAAT UND PFLANZUNG Beinwell lässt sich aus Samen ziehen, braucht dann aber eine lange Entwicklungszeit. Besser ist es, eine Jungpflanze oder Wurzelableger zu besorgen. Mit etwa 90 cm Abstand pflanzen.

PFLEGE Keine wachstumsfördernden Maßnahmen nötig. Alle drei Jahre durch Teilung erneuern (*s. S. 273*). Einmal im Garten angesiedelt, zeigt sich Beinwell als sehr stabil und breitet sich leicht aus.

ERNTE UND LAGERUNG Die Blätter nach Bedarf ernten. Zur Herstellung eines kalireichen Flüssigdüngers aus Beinwell weicht man ihn in einem Eimer ein und verdünnt 10:1 mit Wasser. Die Blätter und die hübschen Glockenblüten sind auch zum Färben geeignet, sie liefern eine gelbe Tönung.

Thymian

Es gibt zahlreiche niedrige und höher wachsende, stark aromatisch duftende Thymianarten. Sie wirken sehr dekorativ und locken Insekten zur Bestäubung an. Echter Thymian und Zitronenthymian sind die in der Küche meistverwendeten Arten.

STANDORTANSPRÜCHE Ein sonniger Platz in gut durchlässigem Boden; pH-Wert um 7,0, daher sauren Boden aufkalken (*s. S. 36*).

AUSSAAT UND PFLANZUNG Gartenthymian im April ins Freiland säen und ihn, wie auch den Zitronenthymian durch Stecklinge vermehren, die man im Sommer schneidet. Eine Teilung älterer Pflanzen ist ebenfalls möglich (*siehe S. 273–274*). Thymian in Töpfchen kann jederzeit ausgepflanzt werden. Beim Säen oder Pflanzen ca. 30 cm Abstand lassen. Da die Pflanzen sich beträchtlich ausbreiten, ist sogar ein noch weiterer Abstand empfehlenswert.

PFLEGE Triebspitzen regelmäßig entfernen, um ein Hochschießen zu vermeiden (*sieht unten*). Nach der Blüte weit zurückschneiden.

ERNTE UND LAGERUNG Die Blätter während der Saison frisch pflücken, obwohl Thymian zu den wenigen Kräutern zählt, deren Aroma sich durch Trocknung verstärkt. Triebe vor dem Blühen pflücken und an einem luftigen Platz trocknen (*s. S. 240*). Thymiantee hat eine krampflösende, desinfizierende Wirkung und wird bei Erkältungskrankheiten empfohlen.

Man kann bei Thymian *eine buschige Entwicklung fördern und die Pflanzen kompakt halten, indem man die Triebspitzen regelmäßig mit Daumen und Zeigefinger abkneift.*

Salbei

Salbei ist ein robuster Strauch mit hübschen rötlich-violetten Blüten, die zur Bereicherung der Zierbeete beitragen. Es gibt ihn in vielen Varietäten. Der Anbau von Formen mit bunt gefärbtem Laubwerk lohnt sich allein schon wegen des dekorativen Aussehens, doch Salbei ist darüber hinaus noch ein interessantes Gewürz und eine überaus wertvolle Heilpflanze. So ist z. B. Salbeitee ein erstklassiges Mittel zum Gurgeln bei Entzündungen.

STANDORTANSPRÜCHE Ein sonniger Platz und ein durchlässiger Boden, reichlich mit organischer Masse angereichert (s. S. 20). Schweren Böden Kies beigeben, um die Dränage zu verbessern.
AUSSAAT UND PFLANZUNG Wer bestimmte Varietäten bevorzugt, sollte sich Jungpflanzen in Töpfchen besorgen und mit 60 cm Abstand einsetzen. Salbei lässt sich leicht durch Absenker vermehren (*siehe unten und S. 275*), die dann eingetopft oder neu ausgepflanzt werden. Außerdem kann man im Juni vom Weichholz Stecklinge schneiden.
PFLEGE Triebspitzen entfernen, um die Pflanzen dicht und kompakt zu halten. Hochgeschossene Triebe können wie unten beschrieben abgesenkt werden.
ERNTE UND LAGERUNG Junge Blätter während des Sommers ständig pflücken und an einem luftigen Platz trocknen (s. S. 240). Unbedingt vor der Blüte pflücken, da sonst das Aroma beeinträchtigt wird.

Um Salbeiableger *zu gewinnen, senkt man einige Triebe in den Boden. Sobald sich Wurzeln gebildet haben, wird der Ableger von der Mutterpflanze getrennt.*

Rosmarin

Von diesem attraktiven, duftenden Strauch gibt es verschiedene Varietäten. Rosmarin eignet sich hervorragend für Zierbeete, wo die aromatischen blauen Blüten Insekten anlocken. Allerdings ist die Pflanze nicht winterhart und wird daher meist in Kübeln gezogen.

STANDORTANSPRÜCHE Ein sonniger Platz und ein durchlässiger Boden, angereichert mit organischer Masse. Schwere Böden durch Einarbeiten von grobem Kies lockern (s. S. 16).
PFLANZUNG Container-Pflanzen können jederzeit eingesetzt werden, Abstand 60–90 cm. Im Frühsommer kann man Stecklinge gewinnen (s. S. 274). Rosmarin ist in wärmeren Lagen, wo keine großen Fröste auftreten, gut als Hecke geeignet. Die Einzelpflanzen sollten dann dichter, mit etwa 45 cm Abstand gesetzt werden.
PFLEGE Die Pflanzen nach der Blüte zurückschneiden. Ansonsten schießen sie hoch und beginnen zu wuchern. Ist dies der Fall, sollte man sie am besten ersetzen.
ERNTE UND LAGERUNG Rosmarin – im Winter geschützt gestellt – liefert das ganze Jahr über frische Blättchen. Daher lohnt es sich kaum, ihn zu konservieren. Wer den Rückschnitt nicht wegwerfen will, trocknet die Zweiglein an einem luftigen Platz, zerkrümelt die Blättchen und verschließt sie in luftdichten Behältern.

Wacholder

Wacholder ist eine strauchartige Konifere mit silbergrauem Laubwerk, das beim Zerreiben aromatisch duftet. Er braucht viel Platz und man benötigt männliche und weibliche Büsche, damit Beeren produziert werden.

STANDORTANSPRÜCHE Ein sonniger Platz bewirkt ein volleres Aroma der Beeren. Erwünscht ist ein pH-Wert um 7,0; daher, wenn nötig, aufkalken (s. S. 36). Ein gut mit Mist gedüngter Boden fördert das Anwachsen.
AUSSAAT UND PFLANZUNG Im Februar ins Freiland säen oder Jungpflanzen bzw. kantige Stecklinge (*siehe S. 274*) im Frühsommer pflanzen.
PFLEGE Die Umgebung der Pflanzen unkrautfrei halten und im Februar mit Horn-Blut-Knochenmehl düngen. Im Spätsommer, wenn nötig, schneiden.
ERNTE UND LAGERUNG Die Beeren pflücken, wenn sie vollreif und schwarz sind. Sie lassen sich einfrieren oder auf Kuchenblechen bei Zimmertemperatur trocknen. Wichtig ist, dass sehr langsam getrocknet wird. Die eingeschrumpelten Beeren in luftdichten Behältern aufbewahren.

Lorbeer

Lorbeer ist ein sehr frostempfindlicher Strauch und kann deshalb nur in warmen Regionen draußen überwintern. In kühleren Gegenden zieht man ihn in Kübeln und bringt ihn zum Überwintern an einen frostfreien Ort. Lorbeer ähnelt der giftigen, nicht zum Verzehr geeigneten Lorbeerrose (auch Berglorbeer genannt). Er ist jedoch an seinem charakteristischen scharfen Geruch zu erkennen.

STANDORTANSPRÜCHE Ein trockener, halbschattiger Platz. Für Kübelpflanzen verwendet man als Erdmischung am besten das auf S. 252 empfohlene Substrat.
PFLANZUNG Neben Bäumchen in Containern kann man auch im Frühsommer geschnittene, kantige Stecklinge pflanzen (s. S. 274). Eine Pflanze ist ausreichend.
PFLEGE Man kann die Bäume natürlich wachsen lassen oder sie in unterschiedlichste Formen schneiden. Wer Formbäume bevorzugt, muss während des Sommers regelmäßig alle Triebspitzen der Zweige entfernen, die sich an unerwünschter Stelle entwickeln. Ausreichend wässern. Zwischendurch die Oberfläche des Substrats austrocknen lassen, es darf nie Staunässe entstehen. Im Sommer einmal monatlich mit Flüssigmist düngen. Die Kübel den Winter über in einen frostfreien Raum bringen.
ERNTE UND LAGERUNG Zweige im Sommer frisch pflücken. In der Sonne trocknen und in luftdichten Behältern aufbewahren.

GÄRTNERN IM GEWÄCHSHAUS

WER EINMAL MIT DEM GÄRTNERN begonnen und erste ermutigende Erfolge erzielt hat, wird so viel Freude an diesem Hobby finden, dass er seine Aktivitäten nach einiger Zeit ausdehnen möchte, um auch die sonst unproduktiven kälteren Jahreszeiten zu nutzen. So sinnt man nach weiteren Möglichkeiten, und es dauert nicht lange, bis der Gedanke an ein Gewächshaus aufscheint. Meist hat man schon Erfahrungen mit Frühbeeten und Folienabdeckungen hinter sich, warum also nicht etwas höher hinaus? An diesem Punkt kann ich Ihren Überlegungen nur voll zustimmen und Ihnen aus langjähriger Erfahrung versichern, dass ein Gewächshaus für jeden Gärtner eine Bereicherung ist. Aussaat- und Erntetermine können in gemäßigten oder kalten Gegenden um Monate vorverlegt werden, und durch die verlängerte Wachstumszeit sind die jährlichen Erträge wesentlich höher. Bei sorgfältiger Planung können bestimmte Pflanzen sogar rund ums Jahr geerntet werden, viele frostempfindliche Arten lassen sich überwintern. Ein Gewächshaus ermöglicht so den Anbau das ganze Jahr über.

Wärme und Licht im Gewächshaus versetzen Sie außerdem in die Lage, viele Pflanzen aus Samen zu ziehen. Das Wachstum ist stärker und gesünder als auf der sonnigsten Fensterbank, wo nur etwa 50 % des Lichts die Pflanzen tatsächlich erreichen. Durch einen Start unter bestmöglichen Bedingungen erreicht man, dass die Pflänzchen wirklich in Top-Form sind, wenn sie nachher ins Freie kommen. Die eigene Anzucht aus Samen macht es

auch möglich, praktisch jede Pflanzenart auszuprobieren, die man im Internet weltweit bekommt, man ist nicht auf das beschränkte Sortiment aus der Gärtnerei um die Ecke angewiesen. Außerdem kann man unbehandeltes Saatgut kaufen und somit sicher sein, dass die Pflanzen von Anfang an weitgehend ohne Chemikalien gedeihen.

Ein weiterer Vorteil des Gewächshauses besteht darin, dass man mit etwas Fingerspitzengefühl auch die wärmeverwöhnten Pflanzen der Tropen und Subtropen kultivieren kann. Dazu zählen viele interessante Gemüse- und Obstarten, die man sonst nur aus Büchern kennt (*s. S. 132–137 und S. 202–231*), sowie exotische Zierpflanzenschönheiten. Selbst in warmen Regionen wird die Pflanzenauswahl durch die relativ hohen Temperaturen eines Gewächshauses vergrößert. Außerdem erzielt man eine bessere Qualität und höhere Erträge bei Gemüsepflanzen wie Tomaten und Auberginen, die im gemäßigten Klima zwar auch draußen wachsen, dort aber bei ungünstiger Witterung leicht von Krankheiten oder Schädlingen befallen werden.

Wer die Möglichkeit hat, sollte auf jeden Fall ein Gewächshaus einplanen (*s. S. 72–73*). Vergrößerte Auswahl, Qualität und Pflanzenzahl bringen die anfänglichen Unkosten mehr als zurück und der in Anspruch genommene Platz könnte nicht besser genutzt sein. Bedenken Sie, dass ein Gewächshaus einen sonnigen Platz braucht und einigermaßen nahe am Haus stehen sollte, um die Versorgung mit Wasser, Wärme und Strom zu erleichtern.

Die Auswahl eines Gewächshauses

Der majestätische Ursprung der heutigen Gewächshaus-Formen war die sogenannte Orangerie. Im Kielwasser des Kolonialismus hatte man in Europa begonnen, exotische Pflanzen von überall her zu sammeln, unter anderem Orangen. Um diese Pflanzen dann zur Schau zu stellen und gesund durch den Winter zu bringen, war besonderer Schutz vonnöten. Die heutigen Glashäuser und Wintergärten haben ganz praktische Hintergründe und sind in ihren Formen, Größen und Materialien eher schlicht und zweckmäßig.

Wintergärten, die man auch bewohnen kann, werden immer beliebter. Sie lassen zwar nicht so viel Licht ein wie ein herkömmliches Gewächshaus und sind deshalb

etwas weniger leistungsfähig, doch sie brauchen auch weniger Platz und sind meist billiger. Die Geschmäcker und Wünsche sind verschieden, und so sollten Sie die Vor- und Nachteile jedes Gewächshaustyps sorgfältig abwägen, bevor Sie sich endgültig zum Kauf entschließen.

GRÖSSE
Selbst ein kleines Gewächshaus kann erstaunlich viele Pflanzen beherbergen und auch die Nachzucht ist, besonders in Verbindung mit einem Frühbeet oder mit Folien (*s. S. 254 und S. 140*), bereits auf kleinstem Raume möglich. Trotzdem ist es meiner Ansicht nach empfehlenswert, sich das größte Gewächshaus zu kaufen, das Sie sich finanziell

GEWÄCHSHAUSFORMEN

Es gibt viele verschiedene Gewächshausformen, vom traditionellen Rechteck bis zur modernen mehreckigen Kuppel. Die ästhetischen und praktischen Vor- und Nachteile aller Konstruktionen müssen genau gegeneinander abgewogen werden. Wichtig sind in jedem Fall eine ausreichende Höhe bis zur Traufe, damit Sie bequem arbeiten können, und eine angepasste Form, sodass die von Ihnen beabsichtigten Pflanzen gut gedeihen.

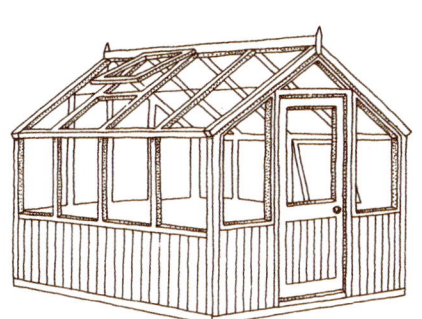

Klassisch *Die übliche »Scheunen«-Form hat vier senkrechte Seiten und ein Spanndach mit Mittelfirst. Diese beliebte, sehr praktische Konstruktion ermöglicht optimale Raumausnutzung. Die Wände können völlig aus Glas oder im unteren Bereich aus Holz sein.*

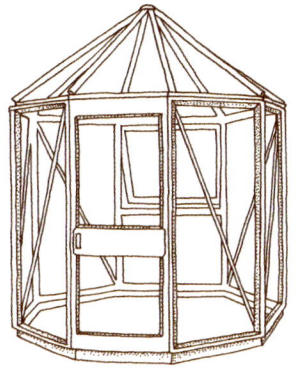

Rund *Das runde oder laternenförmige »Kuppeldach«-Gewächshaus hat sechs, neun oder zwölf Seiten und sieht äußerst dekorativ aus. Der Arbeitsraum innen ist allerdings recht eingeschränkt, doch für kleine Gärten kann diese Form sehr nützlich sein.*

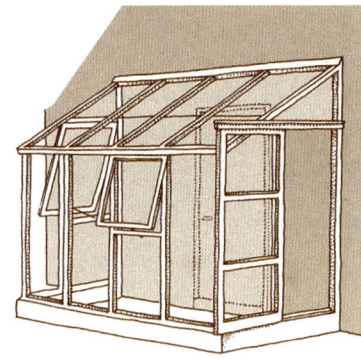

Angelehnt *Ein Wintergarten ist ein »Anbau«-Gewächshaus und kann auch als zusätzlicher Wohnraum dienen. Seine unmittelbare Lage am Haus macht das Heizen und die Pflanzenpflege bequem, aber da Tageslicht nur von drei Seiten einfällt, ist die Lichtmenge geringer.*

und räumlich leisten können. Eine gute Idee ist auch eine Konstruktion, die später durch zusätzliche Abschnitte erweitert werden kann, denn nach meiner Erfahrung ist ein Gewächshaus jeglicher Größe immer voll besetzt. Kann ein großes Gewächshaus nicht ganz beheizt werden, so lässt es sich leicht in Abschnitte unterteilen.

MATERIALIEN

Gewächshausrahmen sind gewöhnlich aus Aluminium oder Holz. Aluminiumhäuser lassen mehr Licht ein, da die Verglasungsträger schmaler sind. Das ist in kühlen Gegenden wichtig, wo die Lichtmenge im zeitigen Frühjahr gering ist. Holzhäuser sind dagegen etwas günstiger zu beheizen, weil das Holz selbst Wärme speichert, sie sehen oft ansprechender aus. Das Holz muss allerdings zum Schutz gegen Fäulnis regelmäßig gestrichen werden, außer Sie wählen das besonders wetterbeständige Zedernholz.

Obwohl Glas das am häufigsten verwendete Material im Gewächshausbau ist, können auch Folien benutzt werden, die man über Metallbogen oder Rahmen spannt. Sie sind erheblich billiger als Glas, müssen jedoch alle paar Jahre erneuert werden.

BELÜFTUNG

Um bestmögliche Wachstumsbedingungen zu schaffen und optimale Pflanzenentwicklung zu gewährleisten, ist es wichtig, die Temperaturen im Gewächshaus genau zu kontrollieren. Das geschieht durch Öffnen und Schließen der Dach- und Seitenfenster. Achten Sie bei der Auswahl darauf, dass das Gewächshaus eine ausreichende Anzahl Lüftungsfenster besitzt. Bei einem $2 \times 2{,}5$ m großen Haus geht man von mindestens zwei Dachfenstern aus, für größere Häuser braucht man entsprechend mehr. Folienhäuser sind schwieriger zu belüften. Folie erzeugt eine größere Menge Kondenswasser. Es wäre unpraktisch, manuell zu bedienende Belüftungsvorrichtungen einzubauen. Stattdessen ist die Installation einer Dauerbelüftung sinnvoll. Folienhäuser bis zu 3×8 m Größe sollten ein Maschengitter in der Tür haben. Für größere Konstruktionen empfiehlt sich ein dichtes Maschengitter an den Seiten am Fundament entlang. Das reduziert die Kondensation und gewährleistet einen freien Luftstrom. Eine genaue Temperaturkontrolle wird so allerdings nicht möglich und deshalb eignen sich Folienhäuser auch nur für Pflanzen, die keine zusätzliche Heizung benötigen.

Foliengewächshäuser *haben eine ausgezeichnete Lichtdurchlässigkeit. Als eine Art »begehbarer Folientunnel« werden sie gewöhnlich für Pflanzen verwendet, die keine zusätzliche Heizungswärme benötigen (s. S. 140). Die Folie ist vergleichsweise billig, muss jedoch regelmäßig erneuert werden.*

DAS GEWÄCHSHAUS

Welches Gewächshaus Sie auch immer auswählen, Ihre gartenbaulichen Aktivitäten werden durch das Platzangebot und die besseren Umweltbedingungen zunehmen. Außer der mitgelieferten Grundausstattung gibt es weitere Dinge, die für einen erfolgreichen Betrieb angeschafft werden können.

Beschattung Spezielle Schattierfarbe kann im Sommer auf die Außenseiten gestrichen werden.

Belüftung Lüftungsfenster in Dach und Seitenwänden regeln die Temperatur.

Isolierung Spezialfolien kann man zur Verringerung von Wärmeverlusten anbringen.

Feinporöse Vliesmatten Durch wasserspeichernde Vliese können die Pflanzen bewässert werden.

Jalousien Sie schützen an heißen Tagen gegen Sonnenschäden.

Ständige Wasserversorgung Stellen Sie bei beschränktem Platz einen Wasserbehälter unter die Stelllage. Jeden Tag nach dem Gießen auffüllen, damit das Wasser stets Gewächshaustemperatur hat.

Keimbox Samen können in speziellen beheizten Keimboxen zum Keimen gebracht werden.

Sämlingsanzucht Nach dem Keimen werden die Sämlinge in Schalen oder Töpfen auf den Stelllagen gezogen.

Abstellplatz Der Platz unter den Stelllagen wird als Abstellplatz genutzt.

Temperaturmessung Ein Maximum/Minimumthermometer hat zwei kleine Stifte, die durch Quecksilber auf und ab bewegt werden. Diese zeigen die höchste und niedrigste Temperatur innerhalb einer bestimmten Zeit an. Das Thermometer lässt sich für eine tägliche Temperaturkontrolle zurückstellen. Die Temperaturschwankungen sollten im Gewächshaus möglichst gering sein.

Gießkanne Benutzen Sie zum Gießen empfindlicher Saaten eine feine Brause.

Seitenbeete Viele Gemüse, wie z. B. Salat, können bis zur Ernte in den Seitenbeeten gezogen werden.

Warmes Beet Frischer Pferdemist wird zur Erwärmung der Erde um die Pflanzen herum ausgebracht.

Stelllagen Viele Gewächshauspflanzen werden auf hüfthohen Stelllagen aus Holz oder Aluminium gezogen. Dadurch kann man die Pflanzen bequemer pflegen.

Heizung Es gibt verschiedene fest eingebaute oder transportable Heizsysteme.

Werkbank Benutzen Sie für Schmutzarbeiten, wie z. B. das Umtopfen, eine transportable Werkbank.

Pflanzbeutel Eine Reihe von Pflanzen kann in Pflanzbeuteln gezogen werden.

STELLLAGEN SELBST GEBAUT

Fertige Stelllagen sind oft im Gewächshauspreis inbegriffen oder sie sind extra von den Herstellern zu beziehen und dann teuer. Eine einfache und billige Alternative ist für Hobbywerker die Eigenanfertigung.

1 Aus 7,5 × 5 cm starken Latten mehrere rechteckige Rahmen als Beine bauen. Das Holz auf passende Länge zurechtschneiden und wie oben gezeigt mit Stahlbolzen verbinden.

2 Etwa 1 m Abstand zwischen den Beinen lassen und zur Verbindung lange Holzstangen an die Vorder- und Rückseiten schrauben. Die Stelllage muss später viel Gewicht tragen, daher ist es wichtig, dass das grundlegende Rahmenwerk stabil ist.

3 Gewellte Eisen- oder Aluminiumplatten auf dem Rahmen befestigen und eine Lage Sand darüber decken, der feucht gehalten die Pflanzen mit Wasser versorgt. Man kann als leichtere Abdeckung auch wasserfestes 3 mm starkes Sperrholz verwenden und es mit einem feuchtigkeitsspeichernden Vlies abdecken (s. S. 255).

STELLLAGEN

In großen Gewächshäusern mit hohem Lichteinfall können Pflanzen zufriedenstellend auch am Boden wachsen. In einem kleinen Gewächshaus jedoch, besonders bei teilweiser Holzverkleidung, müssen die Pflanzen zum Licht hin angehoben werden. Die erhöhten Flächen, auf denen viele Gewächshauspflanzen gezogen werden, sind allgemein als »Stelllagen« bekannt. Es sind Holz- oder Aluminiumbänke von ungefähr 1 m Höhe und maximal 1 m Breite (siehe oben).

Ohne Wärme geht es nicht

Die Temperatur in Ihrem Gewächshaus bestimmt die Pflanzenarten, die Sie kultivieren können. Doch selbst in einem unbeheizten Haus sind die Ernten früher und meist höher als bei Freilandanzucht. Im gemäßigten Klima können frostempfindliche Pflanzen allerdings nicht während der gesamten Kälteperiode in einem unbeheizten Gewächshaus bleiben.

Wenn Sie gerade so viel heizen, dass Frost ferngehalten wird, ist das Gewächshaus eine echte Bereicherung. Nicht winterharte Stauden wie Fuchsien und Geranien können den Winter über untergebracht werden und frostempfindliche Pflanzen lassen sich früher als sonst ausbringen.

Theoretisch können Sie auch selbst in der kältesten Gegend tropische Pflanzen ziehen, solange Sie genügend Wärme zur Verfügung stellen. In der Praxis ist solch ein Vorhaben jedoch außerordentlich teuer.

TEMPERATURKONTROLLE

Beim Beheizen des Gewächshauses ist es wichtig, auf die Temperatur zu achten. Unbedingt kennen sollte man die Minimumtemperatur bei Nacht und das Maximum bei Tag.

Für guten Pflanzenwuchs darf der Abstand zwischen den beiden Werten nicht mehr als 10 °C betragen. Überlässt man das Gewächshaus sich selbst, kann der tägliche Temperaturunterschied im Frühjahr bis zu 35 °C erreichen. Solche Schwankungen sind für Jungpflanzen oft katastrophal. Daher empfiehlt es sich, die täglichen Höchst- und Niedrigstwerte mit einem Maximum/Minimumthermometer festzustellen und durch Lüftung und Heizungseinstellung zu versuchen, die Unterschiede möglichst niedrig zu halten.

So reduzieren Sie die Heizkosten

Soweit Sie nicht temperaturempfindliche Pflanzen anbauen, wird das Gewächshaus normalerweise nur wenige Monate im Jahr beheizt. Doch auch dann will man die Kosten so gering wie möglich halten. Stellen Sie daher das Haus an einen hellen, windgeschützten Platz, wo es möglichst viel Sonnenwärme abbekommt. Isolieren Sie innen, um Wärmeverluste zu vermeiden.

HEIZUNGSANLAGEN

Wollen Sie in Ihrem Gewächshaus auch höhere Temperaturen haben, müssen Sie darüber nachdenken, welches Heizungssystem Sie bevorzugen. Die Anbindung an die Hauptheizung ist anfangs teuer, aber auf längere Sicht hin wohl ökonomischer als transportable Heizgeräte. Ein integrierter Thermostat ist unabdingbar.

Feste Brennstoffe

Verschiedene feste Brennstoffe sind zum Aufheizen der Wasserrohre im Gewächshaus verwendbar. Am gebräuchlichsten ist die billige und effektive Kohle. Allerdings hat man einen hohen Kapitalbedarf für den Kessel und die Rohre. Außerdem ist häufiges Nachfüllen notwendig, und daher ist diese Methode recht arbeitsintensiv.

Gas

Das Heizen mit Gas ist teurer als mit Kohle, aber bequemer. Man kann transportable Propan- oder Butangasflaschen kaufen oder die Rohre an die Hausanlage anschließen. Beides ist leistungsfähig, denn Gas wird mit einem Thermostat geregelt und braucht nicht ständig nachgefüllt zu werden. Der Kapitaleinsatz ist jedoch recht hoch und dürfte in Zukunft eher noch weiter steigen, außerdem können für die Pflanzen schädliche Dämpfe entstehen.

Öl und Petroleum

Die Heizungskosten mit Öl sind häufigen Schwankungen unterworfen und werden mittel- und langfristig vermutlich weiter in die Höhe gehen. Ein kleiner Petroleumofen allerdings erfordert wenig Kapital, aber die Temperaturkontrolle ist schwierig, und es können sich für Pflanzen schädliche Abgase entwickeln. Genau wie bei festen Brennstoffen ist auch bei Öl ein häufiges Nachfüllen notwendig. Der Docht muss den Wetterbedingungen entsprechend eingestellt und regelmäßig gepflegt werden, um schädliche Abgase zu vermeiden.

Elektrizität

Der Gebrauch von Elektrizität ist am bequemsten. Der Kapitalbedarf ist zunächst nicht übermäßig groß und die Temperaturkontrolle sehr genau und deshalb kostengünstig. Transportable Gebläse oder Heizkörper sorgen für eine gute Luftzirkulation. Die Kabel müssen unbedingt vom Elektriker eingebaut werden, da ein spezieller Nässeschutz aller Teile wichtig ist. Allerdings ist Strom schon jetzt recht teuer – und die Preise steigen.

KEIMBOXEN HELFEN SPAREN

Energie sparen ist zur Schonung unserer Umwelt dringend erforderlich, hier sollte der verantwortlich denkende Gärtner in jeder Hinsicht mit gutem Beispiel vorangehen. Letztendlich kann er nur selber davon profitieren.

Manchmal können Sie schon mit geringen Mitteln eine optimale Wärmeausnutzung erzielen. Im Hinblick auf die Wirtschaftlichkeit ist z. B. eine Keimbox ideal, denn sie trägt zur Senkung der Heizkosten bei, indem sie die zu beheizende Fläche eingrenzt. Keimboxen sind geschlossene Kästen mit einem eingebauten Heizelement, sie dienen zum zeitigen Vorkeimen der Samen zu Beginn der Wachstumssaison.

Man kann Keimboxen kaufen oder problemlos selbst herstellen (*siehe unten*). Bereits ein kleiner Kasten reicht für alle Samen im normal großen Garten. Wichtig: Eine ständige Temperatur von 18–21 °C sichert eine schnelle Keimung.

WARME FÜSSE VON ANFANG AN

Erwärmt man den Wurzelbereich der Pflanzen, so verringert sich die Notwendigkeit, die Luft zu erwärmen. Pflanzen in Töpfen oder auf Stelllagen werden gewöhnlich von unten beheizt, da die Heizung allgemein unten an den Gewächshauswänden oder auf dem Boden installiert ist. Die Pflanzen in den Beeten kommen dagegen nicht in den Genuss der aufsteigenden Wärme. Als Abhilfe verlegt man

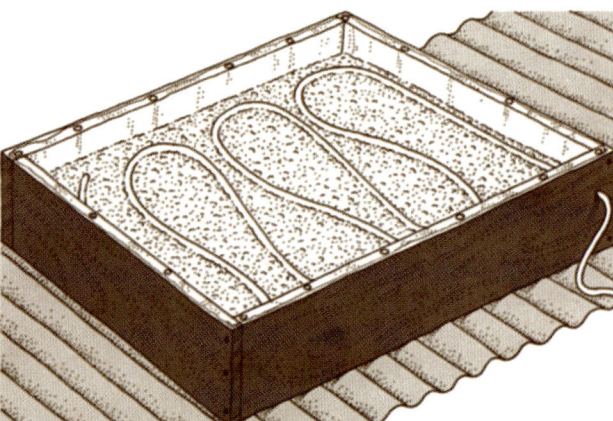

Dieser einfache selbst gebaute Holzkasten *ist als Keimbox sehr leistungsfähig und billig zu betreiben. Er ist mit Folie ausgekleidet und mit Styroporgranulat gefüllt, um Wärme zu speichern. Eine durchsichtige Plexiglasabdeckung sorgt für ausreichende Lichtzufuhr. Eine Möglichkeit, die Keimbox zu heizen, ist heißes Wasser (*links*). Jeden Morgen und Abend wird Wasser in ein kleines Gefäß gefüllt, das in der Mitte des Kastens in einem größeren steht. Oder man verwendet ein elektrisches Heizkabel (*oben*), das in Schleifen in das Styropor eingebettet und durch ein Loch in der Box an das elektrische Netz angeschlossen wird. Elektrische Heizkabel können auch mit Erfolg in den Beeten benutzt werden.*

ein elektrisches Heizkabel im Boden, welches den Wurzelraum direkt erwärmt (*siehe unten*). Auch ein Mistbeet ist möglich (*siehe S. 253*).

ÖKONOMIE MIT FOLIE

Sobald die Sämlinge aus der Keimbox groß genug zum Umpflanzen sind, braucht man mehr Platz. Ideal ist es, mit einem Folienvorhang ein Stück Gewächshaus abzuteilen und nur einen Teilabschnitt zu beheizen.

Auch Dach und Seiten können ohne große Schwierigkeiten mit Folie verkleidet werden, um Wärme zu speichern. Am besten eignet sich Noppenfolie, die aus mit Luft gefüllten Blasen besteht und so besonders gut isoliert.

Jegliche Folienisolierung absorbiert natürlich zu einem Teil die von draußen einfallende Strahlung und reduziert damit die einfallende Lichtmenge beträchtlich. Unglücklicherweise ist die Isolierung gerade zu einer Jahreszeit nötig, wenn das Licht draußen sowieso schwach ist. Junge Pflänzchen brauchen jeden nur möglichen Lichtstrahl, der erhascht werden kann, und im Frühjahr ist das Licht noch schwach. Ein Weg, dieses Problem zu lösen, wäre eine Art Wärmeschirm (*siehe unten*), der nachts zugezogen wird, um die Wärme zu erhalten und den man tagsüber zurückschiebt, um Licht einzulassen.

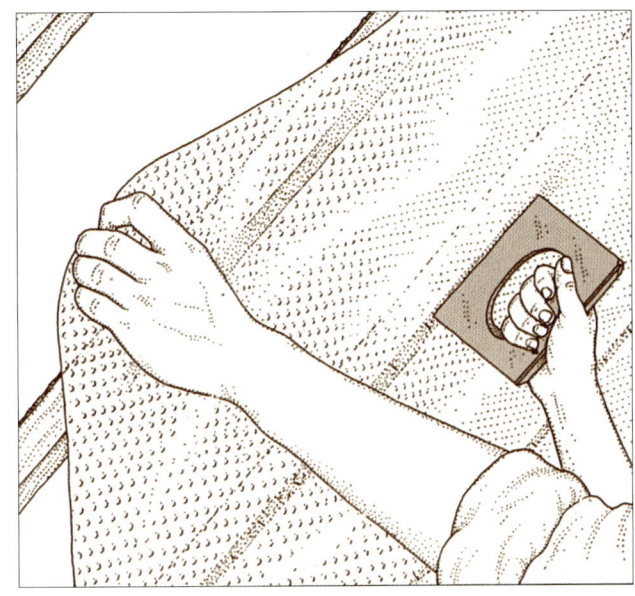

Die Heizkosten *lassen sich reduzieren, wenn Sie das Gewächshaus innen mit einer Noppenfolie auskleiden. Sie ist billig und leicht anzubringen. Man befestigt sie mit Heft- oder Spezialklammern so am Gewächshausrahmen, dass noch ein Abstand von 2,5 cm zum Glas besteht. Ist die Noppenfolie korrekt angebracht, isoliert sie so gut, dass die Wärmeverluste um 40–50 % vermindert werden.*

BAU EINES WÄRMESCHIRMS

Wenn Sie ein beheiztes Gewächshaus mit einem verschiebbaren Folienvorhang abteilen, haben Sie bei Tag ein Maximum an Sonne und sparen Geld durch weniger Wärmeverluste während der Nacht.

1 *Auf beiden Seiten des Gewächshauses einen Draht spannen, ungefähr 30 cm von den Seiten entfernt auf Höhe der Traufen. Der Draht muss das Gewicht des Wärmeschirms tragen und deshalb sicher am Gewächshausrahmen befestigt sein.*

2 *Länge und Breite des Gewächshauses abmessen und eine Folie gleicher Größe sowie einige dünne Holzlatten, etwas schmaler als das Gewächshaus, zurechtschneiden. Die Latten in regelmäßigen Abständen mit Leim oder Klammern auf der Folie befestigen. Die Folie so auslegen, dass sie auf den Drähten ruht.*

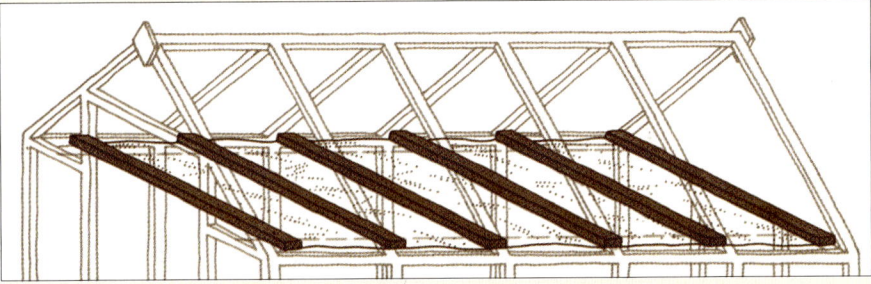

3 *Den Wärmeschirm am Abend in Richtung Tür ziehen und morgens möglichst bald nach Sonnenaufgang zurückschieben, um das wertvolle Tageslicht auszunutzen.*

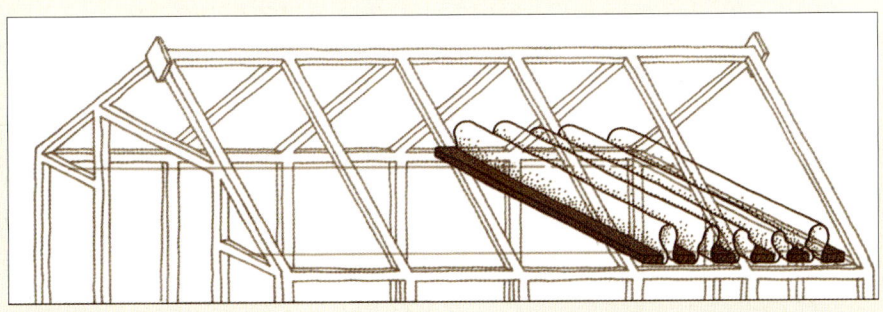

Pflege der Gewächshauspflanzen

Pflanzen im Gewächshaus haben andere Bedürfnisse als Freilandpflanzen und brauchen sehr viel Pflege. Neben entsprechenden Maßnahmen zum Lüften und Heizen (*siehe S. 247 und S. 249*) muss man sie regelmäßig düngen und gießen, die richtige Erde aussuchen, die notwendige Luftfeuchtigkeit schaffen und das Haus sauberhalten (*s. S. 255*). Durch derartige Sorgfalt ist es möglich, viele Schädlinge und Krankheiten von vornherein abzuwehren.

Die richtige Eintopferde

Im Handel ist verschiedene Erde erhältlich. Manche Anbieter mischen etwas Torf, tierischen Kompost oder auch Algen in ihr Substrat. Es gibt gänzlich torffreie Erde, was die Umwelt schützt. Zum Aussäen oder zum Pikieren nehmen Sie bitte schwach gedüngte Aussaat- oder Jungpflanzenerde, zum Eintopfen die Topferde, die mehr Dünger enthält. Probieren Sie ansonsten aus, was in Ihrem Garten funktioniert.

SELBST IST DER GÄRTNER

Eine gute Eintopferde ist auch selbst herzustellen. So wachsen z. B. bei mir Pflanzen in torfvermindertem oder torffreiem Substrat perfekt. Eine Mischung aus 50 % Grün-Kompost aus dem Garten und 50 % Torfersatz, dem man 30 Gramm Dolomitkalk pro 10-Liter-Eimer beimischt, hat sich sehr gut bewährt.

Bedenken Sie aber, dass diese Mischungen oft nicht genug Nährstoffe enthalten. Sie müssen extra zugeführt werden. Ich finde eine Kombination aus gepresstem Hühnerkot und flüssigem Algendünger genial. Befeuchten Sie aber zunächst die Erde mit einer stark verdünnten Lösung, etwa nur die Hälfte der üblichen Stärke, und machen Sie dasselbe mit Pflanzen im Keimlingsstatus.

Alternativ sind immer auch Regenwurmkompost, vermischt mit ganz wenig Torfersatz, sowie Laubkompost mit mineralischen Tonkügelchen (Blähton), eine gute Möglichkeit.

ERDMISCHUNGEN ZUM EINTOPFEN

Viele Gärtner ziehen zum Eintopfen eine Mischung mit Erde vor, die sicherlich einige Vorteile bietet. Erde speichert Feuchtigkeit länger als Torf und lässt sich nach dem Austrocknen leichter anfeuchten. Die meisten guten Gartenerden enthalten außerdem eine gewisse Menge an Spurenelementen.

Benutzen Sie kompostbetonte Erdmischungen für Pflanzen, die draußen in Behältern wachsen, wo sie eher einmal vergessen werden und nicht so viel Wasser bekommen, wie sie eigentlich brauchen. Einige Pflanzen, wie Chrysanthemen und Fuchsien, bevorzugen eine Mischung mit Lehm.

Ein Problem besteht darin, dass nicht alle Gartenböden gut genug sind. Der richtige Lehm sollte faserig und krümelig sein und ist in dieser Form nur von frisch kultiviertem Grasland oder von gestapelten Grassoden zu erhalten. Daher ist nicht ohne Weiteres an ihn heranzukommen. Man kann ihn jedoch selbst herstellen (*siehe unten*).

Mischen Sie für Aussaaterde 2 Teile Lehm aus gestapelten Grassoden mit 2 Teilen Torfersatz und 1 Teil grobkörnigem Kies. Zugesetzt werden pro 10-Liter-Eimer 60 g Knochenmehl und 30 g Gartenkalk.

Zum Eintopfen nimmt man 7 Teile Lehm, 3 Teile Torfersatz und 2 Teile groben Kies. Dazu kommen pro Eimer 30 g Kalk und 150 g Horn-Blut-Knochenmehl.

Das Umtopfen

Sobald die Pflanzenwurzeln den Topf völlig ausfüllen, muss die Pflanze in ein etwas größeres Gefäß umgetopft werden. Die beste Zeit dafür ist im Frühjahr oder Sommer – niemals während der Winterruhe. Der Topf sollte nur wenig größer sein als der alte, weil sonst die Wurzeln von zu viel feuchter kalter Erde umgeben sind, was sich auf das Wurzelwachstum nicht günstig auswirkt. Es gibt einen einfachen Weg, Pflanzen umzutopfen, ohne den Wurzelballen zu verletzen (*s. S. 253*). Die eingetopften Pflanzen werden angegossen und dann sich selbst überlassen, damit sich die Wurzeln auf der Suche nach Wasser ausbreiten.

HERSTELLUNG VON LEHM

Die Herstellung eines faserreichen Lehms für Topferde ist sehr einfach und braucht nur etwas Geduld. Nutzen Sie den Raum zwischen und um Himbeeren, Obststräucher oder Apfelbäume. Säen Sie den Boden mit Gras ein und benutzen Sie ihn mindestens ein Jahr lang als Weg. Dann das Gras etwa 2,5 cm tief abstechen und stapeln, mit der Grasseite nach unten ein Jahr liegen lassen. Ersetzen Sie die entfernten Grassoden durch die Erde, die nach der Ernte aus dem Gewächshaus entfernt wird, und säen Sie sofort

wieder Gras ein. Der ganze Vorgang erstreckt sich über drei Jahre und so braucht man für kontinuierlichen Nachschub 3 Beetabschnitte.

Ich habe mit meinem Lehm zwar noch nie Probleme gehabt, außer mit Unkräutern, die leicht von Hand zu entfernen sind, solange sie noch klein sind. Als Sicherheit gegen Bodenschädlinge und Krankheiten kann man aber den Boden sterilisieren, entweder in einem elektrischen Spezialgerät oder in einem normalen Ofen 10 Minuten lang bei 100 °C.

UMTOPFEN MIT PFLANZMULDE

Eine schonende Art, Pflanzen umzutopfen besteht darin, um den alten Topf herum frische Erde zu füllen und so eine passende Mulde für den Wurzelballen der Pflanze zu schaffen, ohne die Wurzeln zu schädigen.

1 *So viel Erde in den neuen Topf schütten, dass alter und neuer Topfrand auf gleicher Höhe sind. Die Pflanze aus dem alten Topf entfernen und ihn leer in die Mitte des neuen stellen.*

2 *Die Lücke zwischen den Töpfen mit Erde füllen, die Erde festdrücken und den inneren Topf vorsichtig herausnehmen. Den Pflanzenballen in die Vertiefung setzen und leicht andrücken.*

BLUMENTÖPFE

Viele im Gewächshaus gezogene Sämlinge kommen ins Freiland, doch einige werden auch in Ton- oder Plastiktöpfe gepflanzt. Tontöpfe sind porös und können durch die Seiten atmen, sodass im Wurzelbereich eine gute Luftzirkulation herrscht. Sie entziehen der Erde jedoch Feuchtigkeit, daher brauchen Pflanzen in Tongefäßen mehr Wasser und müssen sorgfältiger gegossen werden. Sie sind nichts für Gelegenheitsgärtner, die nur dann und wann nach ihren Pflanzen schauen. Die Töpfe beherbergen außerdem eher Krankheiten, da sie schwerer zu säubern sind (*s. S. 255*). Ich selbst bevorzuge Tontöpfe für feuchte Erdmischungen und Plastiktöpfe für eher trockene Substrate, wie etwa Kokosfaser. (*s. S. 268–277*).

ANLAGE EINES WARMEN BEETS

Ein warmes Beet dient dazu, die Wurzeln durch Einarbeiten von frischem Pferdemist zu erwärmen. Diese billige Methode ist eine sehr gute organische Alternative zur elektrischen Bodenheizung (*s. S. 250*).

1 *Die Erde lockern und eine dicke Lage frischen Pferdemist einbringen. Darauf kommt eine 5 cm starke Erdschicht, die mit Kalk bestäubt wird.*

2 *Zwei Lagen Mist hinzufügen, dazwischen eine zweite Schicht Erde, die mit Kalkstaub bedeckt wird. Der Kalk neutralisiert den sauren Mist.*

3 *Mehrere Pflanzlöcher machen und dann mit einer Erdmischung zum Eintopfen füllen (s. S. 252). Das ganze Beet mit Erde abdecken.*

4 *Die Jungpflanzen in die Pflanzlöcher setzen. Der Mist erwärmt die Wurzeln und ermöglicht einen guten Wachstumsstart.*

Der Anbau in Beeten

Sind die Gewächshausbeete gut vorbereitet und mit organischem Material angereichert (*s. S. 20*), können sie vorteilhaft genutzt werden. Bei jahrelangem kontinuierlichen Anbau der gleichen Frucht besteht die Gefahr, dass sich Bodenschädlinge und Krankheiten entwickeln, wie z. B. bei Tomaten, die anfällig für Wurzelfäule sind. Es gibt jedoch einige Vorbeugungsmaßnahmen. Zum einen kann man resistente Sorten pflanzen, zum anderen den Boden jedes Jahr entfernen und durch frische Gartenerde ersetzen. Letzteres ist eine Menge Arbeit und so warten Sie vielleicht lieber, bis das Problem auftaucht, was mit etwas Glück mehrere Jahre dauert. Dann können Sie immer noch eine andere Pflanzenart anbauen und die Tomaten in Substratsäcken an der anderen Gewächshausseite kultivieren (*siehe rechts*).

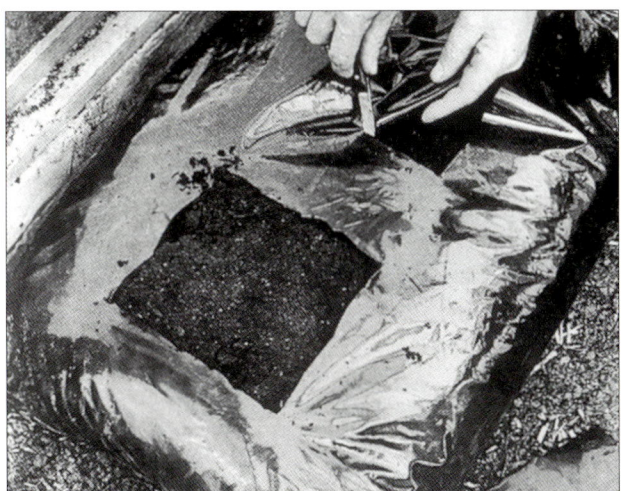

Eine preiswertere Alternative *zu den fertig gekauften Substratsäcken sind ausgediente Kompostsäcke, die neu mit Regenwurmkompost oder tierischem Mist gefüllt werden. Die Säcke mit Klebeband zukleben und Löcher in die Oberfläche schneiden.*

DAS FRÜHBEET

Ein Frühbeet ist für jeden Gärtner Bereicherung, besonders, wenn im Gewächshaus Pflanzen vorgezogen werden. Das Frühbeet schafft den verwöhnten Jungpflanzen warme Füße und bereitet sie vor auf den rauen Alltag im Beetleben.

Wenn man Pflanzen aus dem Gewächshaus direkt ins Freie bringt, wird ihr Wachstum stark eingeschränkt. Die Pflanzen müssen sich erst langsam auf niedrigere Temperaturen einstellen, was man durch das sogenannte Abhärten erreicht. Dazu ist ein Frühbeet ideal. Die meisten Frühbeetkästen bestehen aus Holz-, Metall- oder Ziegelsteinrahmen und sind mit einer Glasscheibe abgedeckt. Am einfachsten zum Selberbauen ist eine Holzleiste mit einer Deckplatte aus festem Plastik. Ihre Rückwand sollte ca. 20 cm höher sein als die Vorderseite, damit das Licht schräg einfallen kann. Für einen größeren Garten kann man Buchenholz- oder Regalbretter, die mit Glasscheiben bedeckt werden, nehmen. Da alle Pflanzen im Frühbeet im gleichen Abhärtungsstadium sein sollten, ist es besser, zwei kleinere Kästen zu haben als einen großen.

Frühbeete können im Frühjahr in kälteren Gegenden auch zum Anbau früher Gemüse und kälteempfindlicher Pflanzen wie Melonen genutzt werden. Im Winter lassen sich darin Pflanzen wie Salat ziehen, die im Frühling erntereif sind.

Der Frühbeetkasten,
den Sie auswählen, muss für die beabsichtigten Pflanzen tief genug sein und ausreichend Licht einlassen. Es gibt verschiedene Ausführungen in Holz, Metall oder Kunststoff.

DIE NUTZUNG EINES FRÜHBEETS

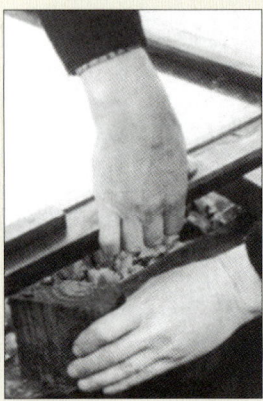

1 *Die Gewächshauspflänzchen etwa eine Woche vor dem Auspflanzen ins Freiland in einen geschlossenen Frühbeetkasten stellen. Die ersten 24 Stunden geschlossen halten. Am zweiten Tag den Deckel ein wenig öffnen, um mit dem Akklimatisieren zu beginnen. Zur Nacht wieder schließen.*

2 *Die Abdeckung langsam mehr und mehr öffnen, bis das Beet schließlich tagsüber völlig unbedeckt ist. Nachts bleibt es noch fast geschlossen. Danach allmählich auch nachts mehr öffnen, bis der Deckel entfernt ist. Die Pflanzen sind dann völlig abgehärtet und können ausgepflanzt werden.*

Düngung der Gewächshauspflanzen

Der in allen Erdmischungen enthaltene Grunddünger ist von den Pflanzen nach etwa acht Wochen aufgebraucht, denn es gibt im Gewächshaus weniger Bodenleben als im Freien, wo ständig neue Nährstoffe nachgeliefert werden (*s. S. 38*), und die vorhandenen Nährstoffe sind durch das Gießen schnell ausgewaschen. Gewächshauspflanzen müssen daher zusätzliche Düngung bekommen. Verwenden Sie entweder selbst zubereiteten Flüssigmist (*s. S. 42*) oder einen handelsüblichen flüssigen Algen- oder Tierdünger (*s. S. 41*). Algendünger ist meist ideal, da er alle wichtigen Pflanzennährstoffe enthält.

Die Abstände zwischen den Düngergaben hängen von der jeweiligen Pflanzenart ab. Einzelheiten dazu finden Sie in den entsprechenden Kapiteln (*s. S. 146–187 und S. 216–231*). Benutzen Sie den Dünger nur in empfohlener Konzentration und Häufigkeit. Überdüngung kann mehr schaden als zu wenig Düngung. Pflanzen, die zu gleicher Zeit Früchte tragen und wachsen, wie Tomaten und Gurken, brauchen mehr Nährstoffe als andere Topfpflanzen. Auf dem Höhepunkt der Wachstumszeit müssen sie bei jedem Gießen leicht gedüngt werden.

Bewässerung der Gewächshauspflanzen

Pflanzen im Gewächshaus sind auf regelmäßige Wasser- und Nährstoffgaben angewiesen. Im Sommer ist der Wasserbedarf besonders hoch und es lohnt sich, einen Schlauch im Gewächshaus zu installieren, der direkt an die Wasserleitung angeschlossen ist.

Im zeitigen Frühjahr ist das Leitungswasser für die zarten Jungpflanzen allerdings viel zu kalt. Füllen Sie deshalb die Kanne gleich nach jedem Gießen wieder auf und lassen Sie sie bis zum nächsten Tag stehen. Das Wasser hat sich dann auf Gewächshaustemperatur erwärmt. Besser noch wäre ein Behälter im Gewächshaus, der nach jedem Wässern neu gefüllt wird.

Empfindliche Jungpflanzen und Sämlinge sollten mit einer feinen Brause gegossen werden. Um auch die Rückseite der Stelllagen zu erreichen, benutzen Sie einen Schlauch mit einer Kunststoff- oder Messingverlängerung oder eine Kanne mit einer langen Tülle. Gießen Sie möglichst morgens. Allerdings ist es oft nicht sinnvoll, täglich kleine Mengen zu gießen. Den meisten Gewächshauspflanzen bekommt es besser, wenn sie reichlich durchnässt werden, dafür aber nicht jeden Tag.

AUTOMATISCHE BEWÄSSERUNG

Ein automatisches Bewässerungssystem spart viel Zeit. Es gibt verschiedene Typen, aber nach meiner Erfahrung ist das billigste ebenso gut wie das teuerste.

Für Topfpflanzen legt man ein Stück Folie über die Stelllage und deckt darüber eine Matte aus feinporösem, wasseraufsaugendem Vlies (*siehe oben*). Wenn die Matte

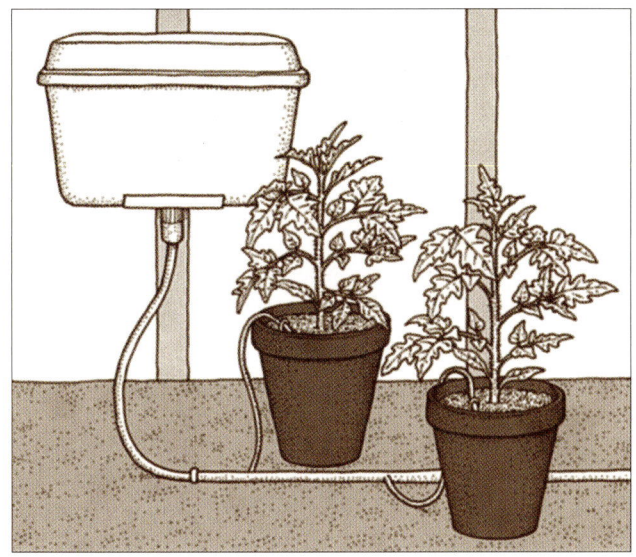

▲ **Die eingetopften Pflanzen** *auf das Vlies stellen, das mit einem Ende in einem Wassergefäß hängt. Das Wasser wird allmählich aufgesogen und durchzieht die ganze Matte. Die Pflanzen können es nach Bedarf aufnehmen.*

◄ **Bei der Tröpfchenbewässerung** *liegt der aus dem hochstehenden Behälter kommende Hauptschlauch flach auf der Stelllage. An ihn sind in regelmäßigen Abständen dünne Schläuche angeschlossen, die mit einer Krampe im Topf befestigt werden. Das gleiche System ist für Pflanzen in den Seitenbeeten zu verwenden.*

feucht gehalten wird, können die Pflanzen das Wasser je nach Bedarf selber aufnehmen.

Will man Pflanzen individuell bewässern, kann man eine Tröpfchenbewässerung anlegen. Diese ist in Gartengeschäften erhältlich und besteht aus einer Reihe von Düsen mit Schläuchen, die aus einem Behälter oberhalb der Stelllagen mit Wasser gespeist werden. Der Behälter muss regelmäßig nachgefüllt oder mit einem Schwimmerventil an die Wasserleitung angeschlossen werden. Tröpf-

chenbewässerungsventile lassen die Tropfen in längeren, aber regelmäßigen Abständen frei und sind nach den Erfordernissen der Pflanzen einzustellen. So bekommt jede Pflanze wirklich nur die Wassermenge, die für ein gutes Wachstum optimal ist. Das System ist für alle Gewächshauspflanzen sehr gut geeignet.

Die Pflege eines Gewächshauses

Ein Gewächshaus muss regelmäßig instand gehalten werden, um gute Wachstumsbedingungen zu schaffen. Besonders wichtig ist die Kontrolle der Temperatur und Lüftung (*s. S. 247 und S. 249*), aber auch andere Faktoren müssen berücksichtigt werden.

DAS SAUBERHALTEN

Durch absolutes Sauberhalten des Gewächshauses kann man Schädlinge und Krankheiten, die sich in der warmen, feuchten Umgebung wohlfühlen, in Schach halten. Pflanzenreste, in denen sich die Übeltäter gerne verstecken, sollten laufend entfernt werden, und am Vegetationsende wäscht man das Haus gründlich mit warmem Seifenwasser aus. Ein leeres Haus bleibt im Winter offen, der Frost hilft beim Sterilisieren. Das Glas sollte ebenfalls immer sauber sein, da sonst das für die Pflanzen notwendige Licht reduziert wird.

Ehe Töpfe und Saatschalen wieder verwendet werden, muss man sie gründlich in kochendem Wasser säubern, um jegliche Krankheitskeime oder Insekteneier abzutöten. Kunststofftöpfe und -schalen sind sehr viel einfacher zu reinigen als Ton.

LUFTFEUCHTIGKEIT

Die meisten Pflanzen benötigen unter Glas eine feuchte, warme Atmosphäre. Die Luftfeuchtigkeit wird erhöht,

indem man Wege, Stelllagen und Pflanzen am frühen Morgen absprüht. Manchmal ist nachmittags ein zweiter Durchgang notwendig, doch dürfen die Blätter dann nur in beschatteten Häusern oder an trüben Tagen benetzt werden, um Sonnenbrand zu verhindern. Verwenden Sie zum Benetzen nur einen sehr feinen Nebelsprüher.

Beschattung

Im zeitigen Frühjahr braucht man jeden nur erdenklichen Lichtstrahl, um kräftige, buschige Pflanzen heranzuziehen, während man im Sommer für Schatten sorgen muss, um das starke Sonnenlicht zu reduzieren, das sonst unerwünscht hohe Temperaturen erzeugen und die Pflanzen verbrennen würde. Die bequemste Methode dafür sind Rolljalousien, die je nach Bedarf leicht hoch- und runterzuziehen sind. Eine noch billigere Möglichkeit wäre, die Seiten des Hauses mit einem speziellen Anstrich zu versehen (*s. S. 256*). Benutzen Sie handelsübliche Farben, die auch bei nassem Wetter haften, sich aber bei Bedarf mit einer Bürste leicht abschrubben lassen. Diese Farben werden sogar bei Regen fast durchsichtig und lassen dann mehr Licht ins Haus. Selbst gemachte Schattierungsfarben werden oft vom Regen abgewaschen und müssen häufig erneuert werden, oder sie lassen sich am Ende der Vegetationsperiode fast gar nicht mehr entfernen.

Schattenfarbe *Der billigste und einfachste Weg, Gewächshaus-pflanzen zu beschatten, ist das Bestreichen der Glasaußenseiten mit weißer Spezialfarbe, die Licht reflektiert. Man kann gewöhnlich die Konzentration selbst mischen und so individuell den Grad der Beschattung bestimmen, der sich nach dem Wetter und den kulti-vierten Pflanzenarten richten sollte.*

Schattenjalousien *Hölzerne Lamellenjaluosien sind teuer, liefern aber eine dauerhafte und kontrollierbare Beschattung. Sie werden am besten außen am Gewächshaus befestigt, denn Innenjalousien sind weniger wirksam, um die Temperatur niedrig zu halten. Textil- oder Plastikjalousien sind billiger, werden aber leicht weggeblasen. Die Jalousien jeden Winter entfernen und im Haus aufbewahren.*

Die Auswahl der Gewächshauspflanzen

Um den größten Nutzen aus Ihrem Gewächshaus zu zie-hen, sollten Sie es möglichst lange, wenn nicht das ganze Jahr über, besetzt halten. Dafür ist zuerst die Auswahl der gewünschten Pflanzen wichtig, sowie die Überlegung, wie viel Wärme Sie geben wollen (*siehe S. 249*). Denken Sie dabei an die Heizkosten. Exotische Pflanzen lassen sich z. B. durchaus kultivieren, was aber natürlich teurer ist, als das Haus »kalt« zu betreiben oder es zur Überwinterung frostempfindlicher Pflanzen leicht anzuwärmen.

Besonders wertvoll ist das Gewächshaus zur Anzucht von Obst- und Gemüsepflanzen, die später im Frühjahr ins Freiland sollen. Einzelheiten finden Sie in den Kapi-teln »Gemüsegarten« (*s. S. 132–201*) und »Obstgarten« (*s. S. 202–235*). Im Gewächshaus kommen typische Gewächshausschädlinge vor, die fast alle Pflanzen befallen können.

GEMÜSE

Sie können das Gewächshaus zur Anzucht von Früh-gemüse nutzen und dabei ebenso wie bei der Anzucht unter Folie vorgehen (*s. S. 140*). In beheizten Häusern kann man theoretisch ein bis zwei Wochen früher säen als normal (*siehe unten*). Praktisch ist es jedoch sinnlos, zu zeitig anzufangen, da die Lichtmenge im Winter gering ist und die Pflanzen nicht gut wachsen. Außerdem würde sich die Anzucht wegen der Heizkosten nicht rentieren.

Falls Sie aber das Gewächshaus zur Anzucht von Sämlingen sowieso heizen und Platz übrig haben, macht es Sinn, die Beete mit Frühgemüse zu füllen. Einige, wie Radieschen und Salat, wachsen auch in Töpfen. Sie werden wie unter Folie kultiviert, aber bereits im Winter ausgesät, bzw. sobald die Heizung läuft.

Die meisten Gemüse werden im Frühjahr und Sommer im unbeheizten oder leicht erwärmten Gewächshaus gezo-gen. Auf diese Weise sind frühe Erträge auch wirtschaftlich vernünftig.

OBST

In kalten Gegenden kann man im Gewächshaus hoch-wertiges, preiswertes Obst ziehen (*s. S. 202–231*), das sonst nicht wachsen würde. Die meisten mehrjährigen Obstarten brauchen nur wenig Raum und sind mit einem Plätzchen an der Wand, den Rändern oder unter dem Dach zufrieden. Einige, wie Weintrauben, redu-zieren zwar den Lichteinfall, jedoch nur während des Sommers, wenn sowieso beschattet würde. Ein Rebstock oder ein Pfirsichbäumchen ist in jedem Fall eine Über-legung wert, da die Früchte viel besser sind als jene aus dem Freiland. Wer das Besondere liebt und auch gerne einmal ein wenig experimentiert, kann etwas schwie-rigere exotische Obstarten wie Zitrusfrüchte, Oliven, Feigen u. a. kultivieren.

ZIERPFLANZEN

Viele Blatt- und Blütenpflanzen lassen sich preiswert aus Samen ziehen und können dann als Zimmerpflanzen oder zur Dekoration des Gewächshauses verwendet werden. In kalten Regionen kann man tropische Pflanzen kultivieren, die sonst nicht im Garten wachsen wür-den oder auch Pflanzen für die Gartenbeete vorziehen (*s. S. 74–125*). Die Möglichkeiten sind fast unbegrenzt, und sobald die Frostgefahr vorüber ist, wird auch keine Heizung mehr benötigt. Verwenden Sie als Substrat je nach persönlicher Vorliebe torffreies Material mit Algendünger, den Regenwurmkompost oder gut ver-rottete Komposterde (*s. S. 252*). Zum Düngen benutzen Sie während der Wachstumszeit für alles einen flüssigen Algen- oder Stallmistdünger.

Krankheiten im Gewächshaus

Schädlinge und Krankheiten können sich im Gewächshaus schnell vermehren, weil sie bei der für das Pflanzenwachstum notwendigen Feuchtigkeit und Wärme ideale Lebensbedingungen vorfinden. Versuchen Sie, einem Befall durch ständige Wachsamkeit und absolute Sauberkeit vorzubeugen, indem Sie beschädigte Pflanzenteile stets sofort entfernen. Nachfolgend finden Sie einen Überblick über Schädlinge und Krankheiten, die im Gewächshaus vorkommen können. Spezielle Probleme werden am Ende der entsprechenden Kapitel besprochen (*siehe S. 198–201 und S. 232–235*).

HÄUFIGE GEWÄCHSHAUSPROBLEME

RÜSSELKÄFER

Diese kleinen Larven mit weißem Körper und braunem Kopf befallen Topferde und fressen die Wurzeln vieler Pflanzen. Schwer befallene Pflanzen fallen um.
WAS KANN MAN TUN? Bringen Sie Nematoden aus oder vernichten Sie alle befallenen Pflanzen gänzlich und wechseln Sie die Erde rundum aus.

LÄUSE

Blattläuse gehören mit zu den lästigsten Gartenschädlingen (*s. S. 50*). Sie schwächen viele Pflanzen, indem sie den Saft aus dem Gewebe saugen. Sie übertragen auch Viruskrankheiten, und der klebrige Honigtau ist ein Nährboden für Rußtau (*s. S. 52*), der die Pflanzen verunstaltet.
WAS KANN MAN TUN? Man kann bestimmte nektarreiche Blumen pflanzen, wodurch in größerer Zahl Schwebfliegen angelockt werden, die Läuse in großen Mengen verspeisen (*s. S. 46*). In schweren Fällen spritzt man mit Pyrethrum oder Spiritus-Schmierseifen-Brühe (*s. S. 53*). Oder versuchen Sie es mit *Aphidius colemani*, der Schlupfwespe, die ein natürlicher Feind der Läuse ist.

WEISSE FLIEGE

Diese gefährlichen und ausdauernden Gewächshausschädlinge sind eines manchen Gärtners Leid. Sie saugen den Saft der Pflanzen und sind meist an der Blattunterseite zu finden (*s. S. 51*).
WAS KANN MAN TUN? Wirksam ist die parasitische Wespe *Encarsia formosa*. Man kann aber auch fettgeschmierte gelbe Pappkarten aufhängen. Dadurch werden die Schädlinge angelockt und bleiben an der Pappe kleben. Der letzte Ausweg ist eine dreimalige Spritzung mit insektentötender Seifenlösung in fünftägigem Abstand. Bei Einsatz von Nützlingen nicht spritzen.

MINIERFLIEGEN

Diese Schädlinge bohren charakteristische Tunnel in die Blätter, die sich deutlich sichtbar gelb färben.

WAS KANN MAN TUN? Blätter sofort entfernen und vernichten oder Larven gleich auf dem Blatt zerdrücken.

ROTE SPINNE

Für das bloße Auge fast unsichtbar, bedecken diese winzigen, blassgrünen oder roten Milben die befallenen Pflanzen mit feinen Spinnweben und verursachen gesprenkelte Blätter.
WAS KANN MAN TUN? Da das Problem vorwiegend bei trockener Luft auftritt, sollten Sie als Gegenmaßnahme die Luftfeuchtigkeit erhöhen (*s. S. 255*). Bleibt der Erfolg aus, so hilft die Raubmilbe *Phytoseiulus persimilis* (*s. S. 52*).

SCHILDLÄUSE

Diese kleinen scheibenähnlichen Tiere sitzen fest auf Blättern und Stängeln. Sie saugen Saft und scheiden Honigtau aus, wodurch die befallenen Pflanzen geschwächt werden, sich gelb färben und ihre Blätter verlieren.
WAS KANN MAN TUN? Die Schildläuse mit einem Stück Holz abkratzen, sobald sie auftreten. Oder: Holen Sie *Metaphycus helvolus* ins Beet, einen natürlichen Feind.

BOTRYTIS (GRAUSCHIMMEL)

Diese weitverbreitete Pilzkrankheit äußert sich als pelziger weißer oder gräulicher Belag auf Blättern und Stängeln. Sie befällt sowohl Pflanzen im Gewächshaus als auch draußen im Freiland (*s. S. 52*).
WAS KANN MAN TUN? Der Befall wird durch niedrige Temperaturen und geringe Lüftung gefördert, deshalb beides erhöhen. Befallene Teile sofort entfernen und verbrennen.

UMFALLKRANKHEIT

Eine weitverbreitete Pilzkrankheit bei Keimlingen, die sich in Form von schwarzen Flecken unten am Stängel zeigt. Die befallene Pflanzen fallen um und sterben ab.
WAS KANN MAN TUN? Samen dünner säen, weniger gießen und die Temperatur im Gewächshaus erhöhen. Das Gießen mit Kupfermitteln (*s. S. 53*) beugt Ausbreitung vor.

MEHLTAU

Der häufig auftretende Echte Mehltau zeigt sich als weißer, mehliger Belag auf den Blättern. (*s. S. 52*).
WAS KANN MAN TUN? Befallene Blätter sofort entfernen. Echter Mehltau entsteht besonders bei trockenem Boden: stets ausreichend gießen.

BLATTFLECKENKRANKHEIT

Braune Flecken auf Blättern, manchmal auch auf Früchten können durch die Blattfleckenkrankheit hervorgerufen sein. Die Flecken breiten sich aus und werden später oft schwarz.
WAS KANN MAN TUN? Befallene Blätter sofort entfernen und bei Fortdauer der Krankheit mit einem Kupfermittel (*s. S. 53*) spritzen.

VIRUSKRANKHEITEN

Sie befallen Tomaten, Gurken und andere Pflanzen und verursachen eine Reihe von Symptomen wie Farbveränderungen und Deformierung der Blätter oder mosaikartige Flecken. Die Blätter welken stark, scheinen morgens erholt, aber welken während des Tags erneut. Befallene Pflanzen verlieren die Wuchskraft und bringen schlechte Ernten. Viruskrankheiten werden durch Insekten, Gartengeräte oder per Hand übertragen.
WAS KANN MAN TUN? Da es keine Heilung gibt, die befallenen Pflanzen herausnehmen und verbrennen.

FALSCHER MEHLTAU

Falscher Mehltau tritt in nassen Jahren bei Rosen, Reben und verschiedenen Gemüsen auf. Diese Krankheit wird begünstigt durch schlechte Lüftung im Gewächshaus und zu wenig Raum zwischen den Pflanzen. Sie äußert sich durch gelbe Flecken auf den Blättern und einen weißgrauen Pilzsporenbelag auf der Blattunterseite.
WAS KANN MAN TUN? Die Pflanzen weiter auseinanderrücken, damit sie mehr Luft bekommen und generell für gute Durchlüftung sorgen (*s. S. 247*) Falscher Mehltau kann mit einem Kupfer-Fungizid behandelt werden.

GARTENTECHNIK

D ER ORGANISCHE GARTENBAU hat viele grundlegende Techniken vom traditionellen Gärtner übernommen. So ist der Spaten, bereits zu römischen Zeiten in Gebrauch, auch heute noch das beste Handwerkszeug zum Umgraben, und die seit Menschengedenken verwendete Hacke ist und bleibt das ideale Gerät zur Unkrautbekämpfung.

Es wäre unklug, die Ergebnisse moderner Forschung und Technologie zu ignorieren, denn sie bieten vielfach Arbeitserleichterung und Zeitersparnis. Vieles ist zwar industriell gefertigt und nicht organischen Ursprungs, doch möchte ich z. B. Plastikfolien im Garten nicht missen. Auch den alten Hanfstrick, der nur eine Saison hält, ersetze ich lieber durch ein dauerhaftes Nylonseil. Der Bio-Gärtner

von heute kann die Vorteile moderner Technik mit den auf Erfahrung beruhenden traditionellen Methoden kombinieren, ohne den biologisch-natürlichen Standpunkt opfern zu müssen, der ihm am Herzen liegt. Wir verdanken der Forschung, die sich am kommerziellen Anbau orientiert, viel Gutes. Aber ein blindes Übernehmen und Kopieren dieser Methoden ist nicht ratsam.

Erfolgreiche Gartengestaltung und -bearbeitung erfordert gewisse grundlegende Information, die Sie von Experten oder aus entsprechenden Büchern bekommen. Wichtig sind ebenfalls die geeigneten Geräte. Anfänger im Gartenbau, besonders im biologischen, sollten sich niemals scheuen, erfahrene Bio-Gärtner um Rat zu fragen. Die werden ihr Wissen gern teilen.

Das richtige Handwerkszeug

Als Anfänger bei der Gartenarbeit will man zunächst gut ausgerüstet sein. Schaut man sich in entsprechenden Geschäften oder Katalogen um, ist man schnell versucht, Hunderte von Euro für eine komplette Werkzeugausrüstung auszugeben. Dabei gibt es zwei Grundregeln: Geben Sie nicht viel Geld für unnötiges Werkzeug aus, sondern beschränken Sie sich auf das Wesentliche. Sparen Sie aber nicht am falschen Platz, sondern kaufen Sie nur beste Qualität. Billige Geräte halten nicht lange und erschweren die Arbeit. Wenn nicht anders möglich, besorgen Sie ein Werkzeug nach dem anderen. Kaufen Sie nie Geräte, die

zu schwer für Sie sind, speziell Spaten oder Grabgabel. Eine handliche kleinere Gabel ist nicht so ermüdend und Sie schaffen damit mehr als mit einer größeren, die schwerer zu handhaben ist.

Nachfolgend sind die bekanntesten und bewährtesten Geräte zusammengestellt. Ansonsten daran denken: Nicht alles, was als notwendig angepriesen wird, ist auch wirklich empfehlenswert. Probieren Sie selbst, was passt und Ihnen nützt.

Grabgabel Nach dem Spaten das zweitwichtigste Werkzeug. Lockert den Boden gründlich, ohne ihn zu wenden. Falls noch keine anderen Geräte vorhanden sind, kann man die Gabel auch anstelle des Spatens für die meisten Grabarbeiten benutzen und sogar als Harke einsetzen. Kaufen Sie eine Gabel aus rostfreiem Stahl mit einem Holzstiel. Hüten Sie sich vor billigen Gabeln, die sich verbiegen, sobald sie belastet werden.

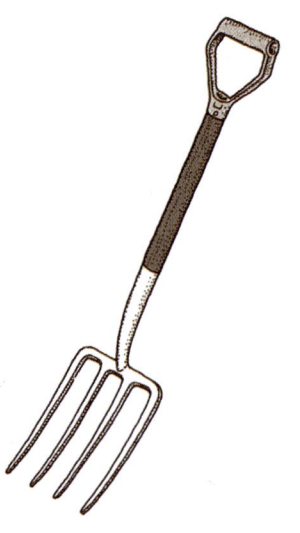

Spaten Den Spaten benutzen Sie wahrscheinlich mehr als alle anderen Geräte. Daher lohnt sich eine gute Qualität. Spaten aus rostfreiem Stahl sind die besten. Auch sehr klebriger Boden fällt von der glatten Oberfläche ab, das Graben geht leichter. Falls Ihnen »rostfrei« zu teuer ist, nehmen Sie gehärteten Stahl und halten ihn sorgfältig sauber. Sobald dieser Spaten eingearbeitet ist (d. h. das Blatt scharf und die Seiten abgerundet), wird das Graben leichter. Denken Sie an die richtige Größe.

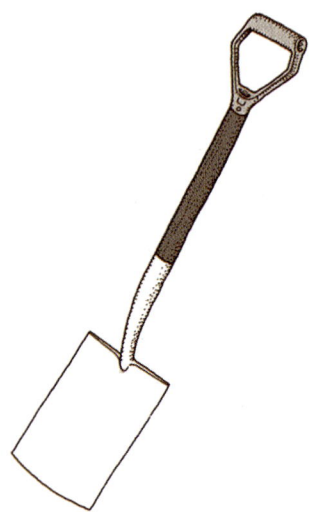

GROSSE GARTENGERÄTE

Rechen Wieder gilt: Rostfreier Stahl ist das beste Material. Ein stabiler, dennoch leichter Rechen, der gut in der Hand liegt, leistet Ihnen hervorragende Dienste im Frühling oder Sommer, wenn Sie abgestorbenes Material vom Rasen rechen wollen. Auch um Grassamen einzuarbeiten, ist er gut geeignet.

Laubbesen Mit dem Laubbesen kann schonend, aber gründlich, Grasschnitt, altes Laub und kleine Zweige vom Rasen oder von Beeten entfernt werden. Durch die nach unten zeigenden Rechenspitzen ist er auch bedingt dafür geeignet, Moos aus dem Rasen zu ziehen.

Hacke Man sollte zwei Hackentypen haben: eine Schuffel und eine Ziehhacke. Der Griff muss lang genug sein, sodass man aufrecht stehend arbeiten kann und dass der Rücken nicht übermäßig angestrengt wird.

Eine Schuffel schiebt man vorwärts und rückwärts, während man sich rückwärts bewegt. So werden die Unkräuter nicht wieder im Boden festgetreten. Zum Aushacken großer Unkräuter und für andere Hackarbeiten verwendet man eine Ziehhacke. Gleiches gilt für das Anhäufeln von Gemüse und das Rillenziehen für Saaten.

Vertikutier-Gabel Beim Vertikutieren wird der Rasen mit der Hohl-Gabel aufgelockert. Die beiden Röhren machen Löcher in die Erde und lüften so den Boden ein wenig durch. Sie können die Löcher dann mit Sand oder Kompost füllen und damit die Durchlässigkeit des Bodens verbessern.

Schaufel Die Schaufel ist nicht einfach ein großer Spaten. Sie hat einen anderen Blattwinkel zum Stiel, wodurch das Schaufeln leichter und schneller geht. Man verwendet sie hauptsächlich zum Kompostmischen oder um neuen Boden in den Garten zu bringen. Kaufen Sie eine Handwerkerschaufel mit einem Metallgriff. Wird sie jemals für Betonarbeiten benutzt, anschließend gut säubern. So hält eine Schaufel ewig.

Eine kleine **Handhacke** ist ideal zwischen eng stehenden Pflanzen, besonders auf Tiefbeeten.

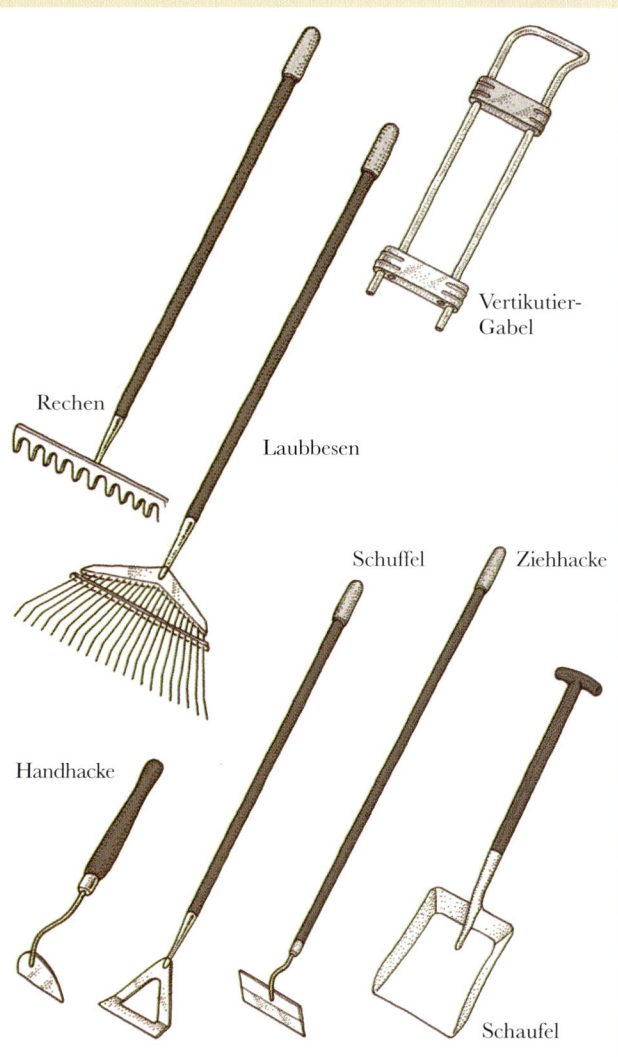

Rechen
Laubbesen
Vertikutier-Gabel
Schuffel
Ziehhacke
Handhacke
Schaufel

HANDGERÄTE

Handharke Sie ist nicht so nützlich wie die Handschaufel, wird aber vielfach gerne zum Jäten von Unkraut oder Auflockern der Bodenoberfläche verwendet.

Handschaufel Sie dient zum Pflanzen, meist im Ziergarten, weniger im Gemüsegarten. Kaufen Sie ein rostfreies Markenfabrikat.

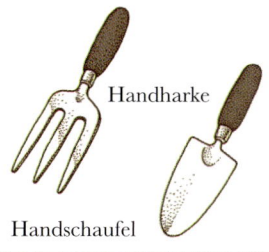

Handharke
Handschaufel

SCHNEIDEGERÄTE

Messer Ein Taschenmesser gehört zu den am meisten gebrauchten Werkzeugen im Garten. Kaufen Sie ein Format, das gut in Ihre Tasche passt. Halten Sie die Schneide mit einem Siliciumcarbidstein scharf, vor allem, wenn Sie Bindfäden oder ähnliche Dinge schneiden, die das Blatt stumpf machen.

Zum Okulieren benötigen Sie ein spezielles Messer mit einer Kerbe am Ende des Blatts.

Baumsäge Die Baumsäge dient zum Schnitt der Äste, die für Baumscheren zu stark sind. Die Säge hat ein schmales Blatt und ist leicht gebogen.

Rasenkantenschneider Dieses halbmondförmige Gerät ist sinnvoll, wenn Sie exakte Linien lieben. Ich selbst benutze zum Abstechen der Rasenkanten nur einen Spaten und bin mit den Kanten trotzdem zufrieden.

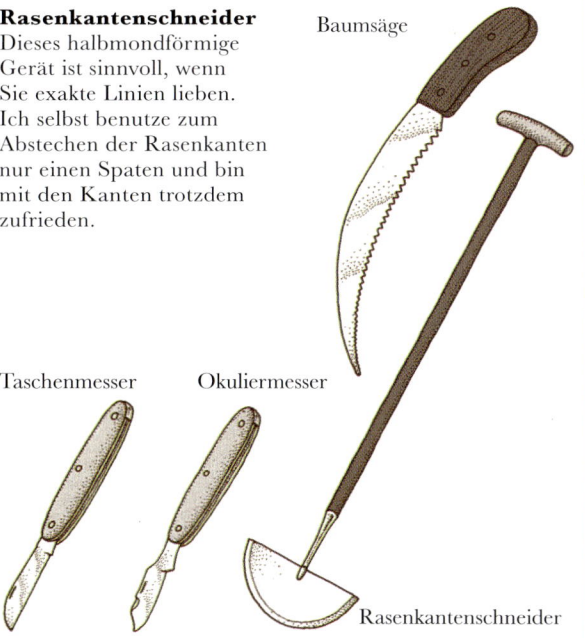

Baumsäge
Taschenmesser
Okuliermesser
Rasenkantenschneider

SCHNEIDEGERÄTE
(Fortsetzung)

Gartenscheren Es gibt zwei Typen von Gartenscheren: die Amboss-Schere und die Bypass-Schere. Bei der Amboss-Schere trifft eine schneidende Klinge auf den sogenannten Amboss. Dies eignet sich besser für kraftvollen Schnitt am toten Holz. Die Bypass-Schere dagegen hat zwei Schneiden, die aneinander vorbeigleiten. Mit ihr gelingt ein präziser, scharfer Schnitt. Sie ist deshalb für grünes Holz, Rosen u. Ä. zu bevorzugen. Für große Obstbäume verwendet man Stangenscheren.

Sonstige Scheren Zwei weitere Scheren sind wichtig: eine mit kurzen Griffen zum Heckenschneiden und eine mit langen Griffen für Rasenkanten. Saubere Kanten machen beim Anblick eines Rasens sehr viel aus. Teure Scheren lohnen, weil sie länger scharf bleiben.

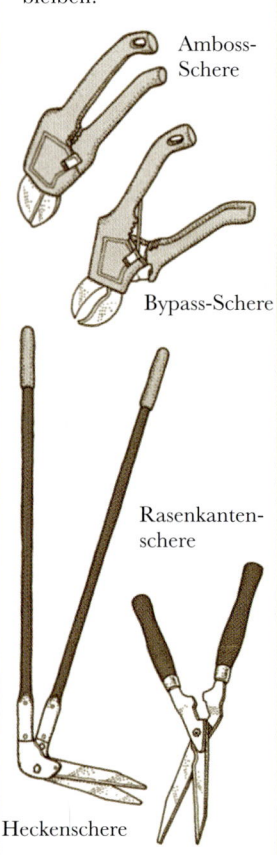

Amboss-Schere

Bypass-Schere

Rasenkanten-schere

Heckenschere

BEWÄSSERUNGSGERÄTE

Gießkanne Die größte Kanne, die Sie mit Wasser gefüllt bequem tragen können, ist gerade richtig. Besitzen Sie ein Gewächshaus, so sollte die Kanne einen langen Griff und eine Tülle haben, damit auch die im Regal hinten stehenden Pflanzen gut zu erreichen sind. Eine feine Brause ist für die Aussaaten wichtig.

Gartenschlauch Notwendig zur Bewässerung des Gartens. Kaufen Sie einen teuren, der nicht so leicht Schleifen bildet. Zur Aufbewahrung praktisch ist ein Schlauchwagen, von dem man den Schlauch abrollen kann. Manchmal ist ein Sickerschlauch sinnvoll, bei dem das Wasser aus kleinen Öffnungen aus der gesamten Schlauchlänge sickert. Er sollte unter Folien liegen bleiben, um bei Bedarf rasch bewässern zu können *(s. S. 58)*.

Sprinkler Ein Sprinkler ist angebracht, weil eine Durchfeuchtung des Bodens nur nach längerer Bewässerung gewährleistet ist. Der Sprinkler sollte feine Tropfen erzeugen und auf einem niedrigen Ständer befestigt sein.

Zerstäuber Obwohl Pflanzenschutzspritzungen beim Bio-Gärtner nur selten sind, kommt auch er bisweilen nicht darum herum. Für diesen Fall eignet sich ein Zerstäuber, der feine Tröpfchen erzeugt und sie gleichmäßig versprüht, sodass man möglichst wenig Spritzmittel benötigt. Nehmen Sie Ihren Zerstäuber nicht mehr für die Zimmerpflanzen: Ein Behälter, der einmal ein Pflanzenschutzmittel enthalten hat, sollte in Zukunft ausschließlich für diesen Zweck verwendet werden.

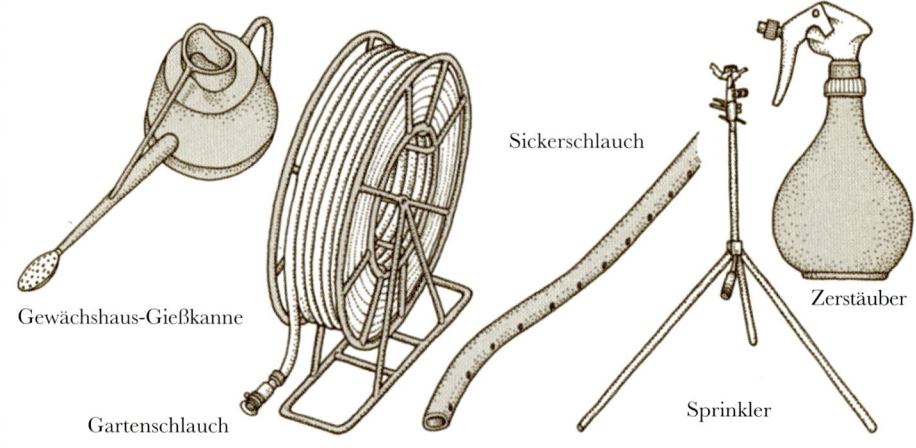

Gewächshaus-Gießkanne

Gartenschlauch

Sickerschlauch

Zerstäuber

Sprinkler

SELBST GEMACHTES WERKZEUG

Sieb 1,5 mm Maschenweite sind notwendig, um eine feine Schicht Erde nach dem Säen über die Saat zu streuen. Die Herstellung eines Siebs ist nicht teuer, man braucht nur ein Stück Plastikgewebe auf einen rechteckigen oder runden Rahmen zu nageln.

Ein Pflanzbrett zum Messen der Pflanzabstände ist einfach herzustellen. Es sollte 3 m lang, 8 cm breit und 2,5 cm dick sein und alle 8 cm eine Kerbe haben. Alle 30 cm markiert man mit einer entsprechenden Anzahl von Nägeln. Für Gemüse in Tiefbeeten *(s. S. 136)* fertigen Sie außerdem ein 1,25 m langes Brett an, das alle 15 cm markiert ist.

Eine Pflanzleine wird zum Markieren von Saatrillen und zum Abgrenzen von umzugrabenden Abschnitten gebraucht. Zwei Stöcke oder Pflöcke werden dafür mit einem dicken Nylonseil verbunden. Man braucht mindestens zwei Leinen.

Das Pflanzholz dient zum Umpflanzen. Zur Herstellung verwendet man einen abgebrochenen Spaten- oder Gabelstiel, der auf 30 cm Länge geschnitten und unten angespitzt wird.

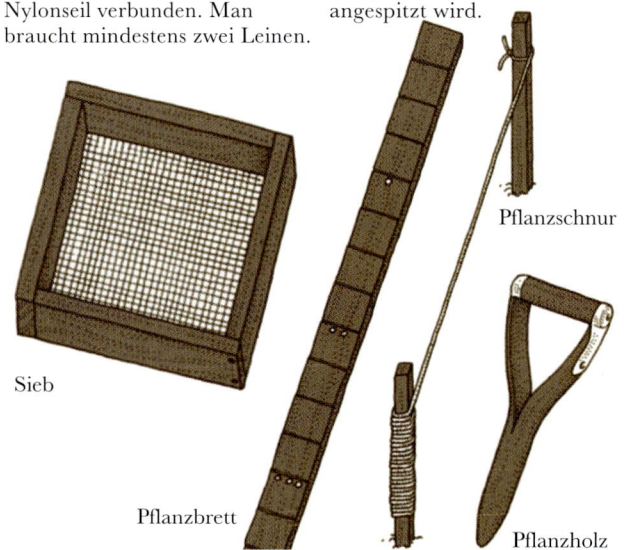

Sieb

Pflanzbrett

Pflanzschnur

Pflanzholz

SELBST GEMACHTES WERKZEUG (Fortsetzung)

Werkzeugreiniger
Schneiden Sie ein Stück Holz als Spatenreiniger zurecht und schaben Sie während des Grabens festsitzende Erdpartikel regelmäßig vom Spatenblatt. So wird das Umgraben bei schweren Böden erleichtert. Auch alle übrigen Geräte kann man so reinigen.

Ein Andrückbrett ist etwa 1 cm dick und ein wenig schmaler als die Saatkisten. Es hat auf einer Seite einen Handgriff. Man benutzt es beim Füllen der Saatschalen zum Einebnen der Erde und zum Andrücken vor der Saat. Sie brauchen natürlich für jede Schalengröße ein passendes Andrückbrett.

Werkzeugreiniger

Andrückbrett

BEHÄLTER

Eimer Kaufen Sie Plastikeimer statt Metalleimer. Sie sind leichter und halten länger. Alle Maßangaben »eimervoll« dieses Buchs basieren auf einem 10-Liter-Eimer.

Schubkarre Am besten ist eine Maurerkarre, die man oft billiger in einem Baumarkt als in einem Gartengeschäft bekommt. Vorteilhaft ist Luftbereifung, da dann das Schieben vollbeladen über raue Oberflächen weniger Mühe macht. Wird die Karre für Betonarbeiten benutzt, ist es wichtig, sie anschließend gut zu säubern.

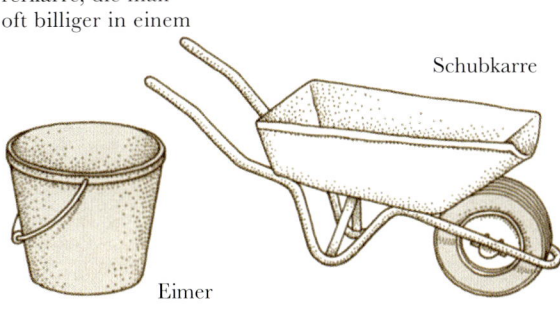

Schubkarre

Eimer

Verschiedene Gartenmaschinen

Motorgetriebene Geräte können für einen Gärtner eine große Hilfe sein, denn sie ersparen viele Stunden eintöniger, ermüdender Arbeit. Sie sind teilweise jedoch recht teuer. Daher sollte man vor der Auswahl den Nutzen gut abwägen. Gerechtfertigt ist die Anschaffung von z. B. Rasenmäher oder Heckenschere, die häufig benutzt werden. Geräte, die man nur gelegentlich einsetzt, wie die Motorhacke, leiht man sich am besten aus, es sei denn, man hat einen sehr großen Garten. Achten Sie dann darauf, dass das Gerät mit Betriebsanleitung und allen Sicherheitsausrüstungen versehen ist und dass es gut funktioniert.

Mäher Handmäher sind wieder gefragt, denn warum ins Fitness-Studio, wenn man auch zu Hause sein Sportprogramm absolvieren kann. Da kommt das Schieben des guten alten Rasenmähers gerade richtig.

Es gibt Zylinder- oder Spindelmäher und Sichelmäher. Mit Zylindermähern erhält man eine bessere Oberfläche. Wählen Sie ein Fabrikat mit möglichst vielen Messern. Sichelmäher eignen sich besonders für etwas höheres Gras, doch man bekommt keine ganz so gleichmäßig glatte Rasendecke.

Neben Handbetrieb können die Mäher auch mit Benzin- oder Elektromotor angetrieben sein. Elektrische Mäher sind billig und einfach im Gebrauch, doch man zieht ständig das Kabel hinter sich her, was in einem großen Garten sehr lästig sein kann.

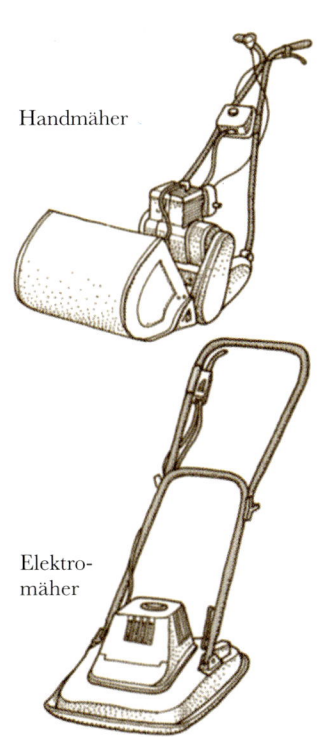

Handmäher

Elektromäher

Fräse Eine Fräse oder Motorhacke ist in einem großen Garten unbezahlbar. Ein feines Saatbett ist doppelt so schnell hergerichtet wie mit der Hand, und auch das Einarbeiten von Stallmist, Gründüngung, Kompost u. a. geht sehr viel einfacher vonstatten. Allerdings muss ein Teil des Gartens jedes Jahr von Hand umgegraben werden, weil der Boden sich bei ständiger maschineller Bearbeitung verdichtet und teilweise undurchlässig wird.

Am einfachsten in der Handhabung sind Motorhacken, die die Messer auf der Rückseite haben und durch Räder vorwärtsbewegt werden. Wesentlich preiswerter sind die durch Rotormesser angetriebenen Fräsen. Sie sind allerdings auch schwieriger zu führen und haben die Tendenz, vor allem am Hang, sich mit Ihnen selbstständig zu machen.

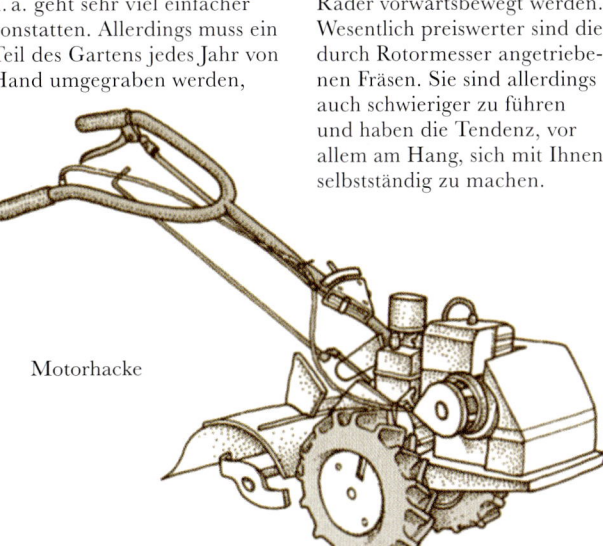

Motorhacke

Wenn Sie aber einmal gelernt haben, den hinteren Sporn in den Boden zu drücken, statt zu versuchen, das Gerät an den Griffen zu kontrollieren, sobald es beschleunigt, werden Sie viel Spaß mit dem nützlichen Gerät haben.

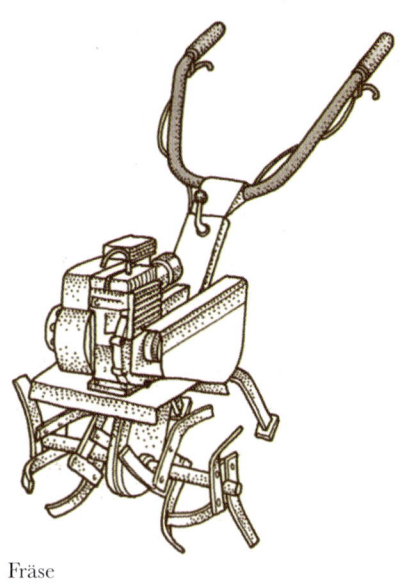

Fräse

Rasentrimmer

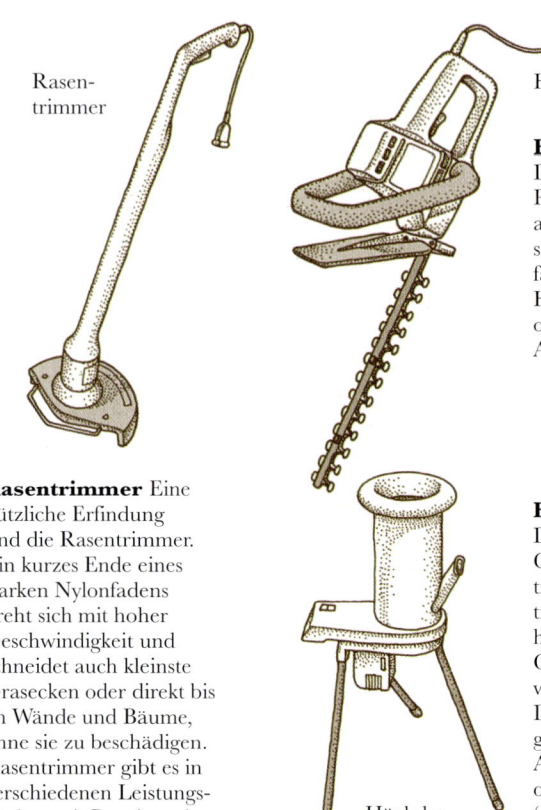

Heckenschere

Elektrische Heckenschere
Diese Scheren sind nützlich zur Pflege ausgedehnter Hecken-anlagen. Mit einiger Übung schneiden Sie so Ihre Hecke fast genauso gut wie mit der Handschere. Es gibt elektrisch oder mit Benzin angetriebene Ausführungen.

Rasentrimmer Eine nützliche Erfindung sind die Rasentrimmer. Ein kurzes Ende eines starken Nylonfadens dreht sich mit hoher Geschwindigkeit und schneidet auch kleinste Grasecken oder direkt bis an Wände und Bäume, ohne sie zu beschädigen. Rasentrimmer gibt es in verschiedenen Leistungs-stärken mit Benzin- oder Elektromotor.

Häcksler
Dieses teure, aber nützliche Gerät wird durch einen Elek-tro- oder Benzinmotor ange-trieben. Es kann das gesamte holzige Material aus dem Garten, das sonst oft verbrannt wird, extrem fein zerkleinern. Die erzeugten Schnitzel sind gut zum Mulchen und eine Alternative zu gehäckselter oder kompostierter Rinde (s. S. 59).

Häcksler

Methoden der Bodenbearbeitung

Wer in einem neuen Garten mit Schrecken feststellt, dass das Wasser nach Regenfällen nicht richtig abläuft, oder wer auf dem jetzigen Grundstück problematische Böden aufgrund schlechter Entwässerung hat, kann einiges dagegen tun. Der Boden lässt sich durch die richtigen Anbaumethoden wesentlich verbessern, ebenso durch das Einbringen von reichlich organischer Substanz und wasser- und luftdurchlässigem Material (s. S. 15–17).

Bessere Entwässerung

Schlecht durchlässige Böden mit geringem Wasserablauf können Probleme bereiten, doch durch Umgraben und Einarbeiten von organischer Substanz und Kies kann man die Entwässerung oft schon entscheidend verbessern. In einigen Gebieten ist auch der Einbau eines Entwässe-rungssystems möglich. Es ist allerdings nutzlos, Entwässe-rungsrohre in den Boden zu bringen, wenn sie nicht an ein Ablaufsystem anzuschließen sind. Manchmal wird empfoh-len, in einer Gartenecke eine Sickergrube anzulegen, ein Loch, das mit grobem Kies oder anderem durchlässigen Material gefüllt wird. Theoretisch sollte die Grube alles überschüssige Wasser aus dem Boden aufnehmen, doch in der Praxis ist sie bald voll, und man muss eine neue graben.

Am erfolgreichsten ist ein Entwässerungssystem dann, wenn man das Glück hat, in Gartennähe einen Graben zu finden, in den sich das Wasser ableiten lässt. Manch-mal geben die örtlichen Behörden auch die Erlaubnis, die Dränagerohre an das öffentliche Kanalsystem anzuschlie-ßen, doch sollten Sie diese Erlaubnis in jedem Fall einholen bevor Sie mit dem Einbau der Rohre beginnen.

DER EINBAU EINES ENTWÄSSERUNGSSYSTEMS
Bei vorhandenem Wasserablauf ist ein Abflusssystem nach Fischgrätmuster ideal (s. S. 263). Der Abstand zwischen den Seitenarmen variiert je nach Bodenart. Ständig nasser Boden erfordert engere Abstände als ein nur gelegentlich nasser Standort. Im Durchschnitt beträgt der Abstand der Arme 2,50–3 m.

Füllen Sie die Seitenarme mit Zweigmaterial, oder besser noch, legen Sie Ton- oder gelochte Plastikrohre aus, die im Landwirtschaftshandel erhältlich sind. Dann alles mit Erde abdecken. Plastikrohre sind zwar nicht billiger als Tonrohre, aber leichter zu verlegen. Sie brauchen nur ausgerollt zu werden. Der ganze Aufwand lohnt sich allerdings nur bei sehr nassen Böden. Andernfalls sind derartig weitgehende Anstrengungen kaum der Mühe wert.

VERDICHTETE UND SCHWERE BÖDEN
Der Hauptgrund für schlechte Entwässerung ist häufig eine undurchlässig verdichtete Bodenschicht unter der Oberfläche. Dieses Problem wird oft beim Hausbau verursacht, denn unmittelbar nach der Fertigstellung

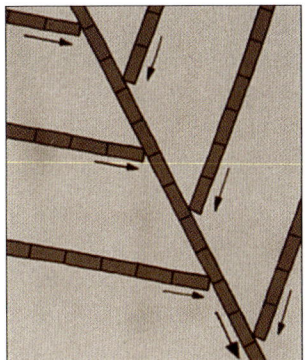

Für ein Entwässerungssystem *im Fischgrätmuster mehrere, etwa 45 cm tiefe Gräben ausheben, die in Abflussrichtung langsam abfallen. Eine ca. 15 cm dicke Schicht Steine oder Zweigmaterial einbringen und die restlichen 30 cm mit Erde auffüllen. Noch besser wären im Kies eingebettete Rohrstücke, die mit einem kleinen Zwischenraum aneinandergereiht werden. Die Rohre mit 10 cm Kies abdecken und den Graben mit Erde zuschütten. Das Wasser sickert durch die verbliebenen Zwischenräume in die Rohre hinein.*

schüttet der Bauleiter auf den verdichteten Boden noch zusätzlich Erde, oft Unterboden, was mit Sicherheit zu Staunässe führt. Allgemein kann man durch Umgraben die verdichtete Schicht aufbrechen. Manchmal wird die undurchlässige Schicht durch häufiges Pflügen auf gleicher Tiefe geschaffen. Wer daher auf ehemaligem Ackerland baut, sollte den Untergrund tief aufgraben, um mögliche Verdichtungen festzustellen. Wenn das Problem allein schwerer Boden ist, lässt es sich auch ohne kompliziertes Entwässerungssystem einfach durch sorgfältige Anbaumethoden lösen. Dazu wird tief umgegraben und Kies sowie reichlich organisches Material untergemischt, um die spätere Kulturfläche anzuheben. Genaue Mischungsangaben sind schwierig, weil jeder Boden unterschiedliche Mengen braucht. Allgemein geht man von je 1–2 Eimern Kies und organischem Material pro m² aus. Verbesserungen stellen sich erst mit der Zeit ein, doch schon der Anbau von Pflanzen auf schweren Böden lockert das Erdreich und trägt so zur besseren Entwässerung bei *(s. S. 15–16).*

Werden im Ziergarten die Blumenbeete angehoben, besteht die Gefahr, dass der Rasen ständig feucht ist. Dem lässt sich entgegenwirken durch eine 15 cm dicke Asche- oder Kiesschicht, die man unter dem Oberboden ausbringt, bevor der neue Rasen angelegt wird.

Umgraben

Das Umgraben von Hand ist das A und O der Bodenbearbeitung. Dadurch wird verdichteter Boden aufgebrochen und durchlässig für Luft und Pflanzenwurzeln gemacht, auch der Wasserablauf wird verbessert. Gleichzeitig können Sie organisches Material in die unteren Bodenschichten einbringen und so den Mutterboden vertiefen. Bereiten Sie neuen Boden stets durch zweischichtiges Umgraben vor und graben Sie schweren Boden jeden Herbst und leichten Boden jedes Frühjahr einschichtig um *(s. S. 264).*

DAS UMGRABEN SCHWERER BÖDEN

Es ist sinnvoll, schwere Böden umzugraben, bevor der Winter eine Bearbeitung erschwert. Wählen Sie den

Zeitpunkt sorgfältig. Der Boden sollte weder zu hart und trocken noch zu nass und klebrig sein. Eventuell empfiehlt es sich, ein Stück mit Folie abzudecken, um es trocken zu halten.

Der Boden bleibt den Winter über grobschollig liegen. So wird ein Maximum an Oberfläche den trockenen Winden und dem Frost ausgesetzt, und bis zum Frühling ist die Bodenfläche so feinkrümelig, dass man sie vor der Aussaat nur glatt zu harken braucht. Außerdem können Regen und Frost durch die groben Schollen Unkräuter und Ungeziefer abtöten, bzw. sie für Vögel und andere Räuber leichter zugänglich machen.

DAS UMGRABEN LEICHTER BÖDEN

Sandige und kalkhaltige Böden zerkrümeln viel eher zu einer feinen Gare als schwere. Das Problem besteht hier darin, dass das Wasser schnell abläuft und damit die Nährstoffe leicht ausgewaschen werden. So läuft mancher Dünger, der in guter Absicht zugegeben wurde, im Eilverfahren durch den Boden und kann von den Pflanzen nicht verwertet werden. Dass er vielfach ins Grundwasser ausgespült wird, ist ein gefährlicher Nebeneffekt, der oft nicht bedacht wird. Daher sollte man den Boden im Winter durch Gründüngungspflanzen bedeckt halten, die im Herbst eingesät und kurz vor der Frühjahrsbestellung eingearbeitet werden.

GRUNDREGELN ZUM UMGRABEN

Graben kann Rückenschmerzen verursachen oder eine gesunde und vergnügliche Übung sein, – je nachdem, wie Sie Ihren gesunden Menschenverstand einsetzen.

• Niemals umgraben, wenn der Boden so feucht ist, dass er an den Schuhen klebt. So wird leicht die Bodenstruktur zerstört.

• Spaten oder Grabgabel in der richtigen Größe verwenden. Zu große Geräte bringen keinen Vorteil, denn sie machen schnell müde und verlangsamen die Arbeit.

• Den Spaten nie zu voll laden. Nehmen sie lieber kleinere Portionen, die Sie nicht anstrengen. So können Sie mehr und länger graben.

• Lassen Sie sich Zeit: Es gibt keinen Grund zur Eile. Arbeiten Sie rhythmisch und methodisch, und vermeiden Sie Stress. Sobald Sie meinen, es wäre genug, oder wenn Ihnen das Aufrichten schwerfällt – unverzüglich aufhören. Weitermachen schadet dann nur. Graben Sie niemals alles auf einmal um. Auch Rom wurde nicht an einem Tag erbaut. Fangen Sie früh genug an, sodass Sie in Abschnitten arbeiten können.

• Die Geräte stets sauber und in Ordnung halten, anhaftende Erde regelmäßig mit einem Kratzer, den Sie bei sich tragen sollten, entfernen. Nach der Arbeit alles sorgfältig reinigen und einölen, um Rost zu vermeiden.

ZWEISCHICHTIGES UND EINFACHES UMGRABEN

Alle neuen Zierbeete sollten vor dem Pflanzen zweischichtig umgegraben werden, um organisches Material in die tieferen Bodenschichten zu bringen. Gleiches gilt für das Gemüseland, das auch später, je nach Bodenart, alle fünf Jahre doppelschichtig bearbeitet wird. Dazu gräbt man am besten jährlich ein Fünf-tel der Fläche rotationsmäßig um. Beim einfachen Umgraben wird nur 1 Spatenstich tief gegraben und eine Schicht Stallmist eingebracht. Die Abschnitte braucht man nicht so sorgfältig zu markieren wie für das zweischichtige Graben.

Zweischichtiges Graben

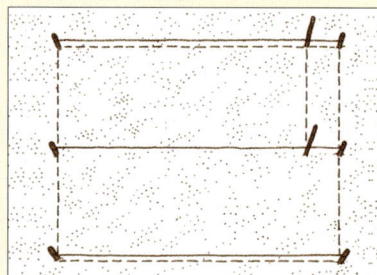

1 *Die umzugrabende Parzelle auf jeder Seite mit Seilen markieren, große Parzellen in der Mitte teilen. Zum Abmessen der Breite zwei 60 cm lange Stöckchen schneiden. Alle Abschnitte sollten gleich groß sein, damit jeder genau die Erdmenge bekommt, die herausgenommen wurde.*

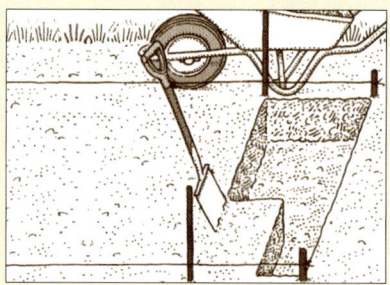

2 *Den ersten 60 cm breiten Graben mit den Stöckchen abstecken. Die gesamte Erde bis auf Spatentiefe ausheben, in eine Schubkarre werfen und an das andere Ende der Parzelle fahren, wo sie zum Füllen des letzten Grabens dient. Bei großen zweigeteilten Parzellen den Boden an den Anfang der zweiten Hälfte bringen.*

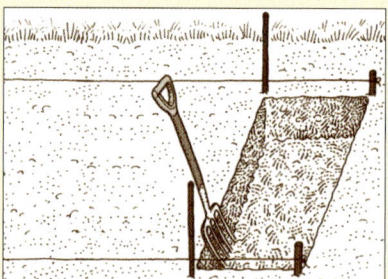

3 *Alle Erdreste vom Grabenboden entfernen. Den freigelegten Unterboden bis auf Grabgabeltiefe »durchgabeln«. Diese Schicht soll nicht umgedreht, sondern einfach nur gelockert und so zurückgeworfen werden, wie sie herauskommt.*

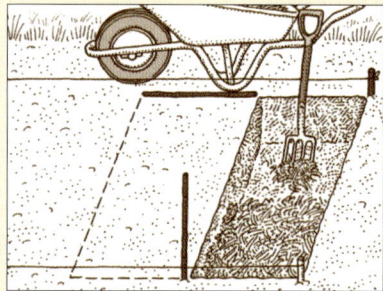

4 *Eine 5–8 cm dicke Schicht organischen Materials auf die Grabensohle bringen. Den einen Markierungsstock in einer Ecke des Grabens stecken lassen und mit dem anderen den zweiten Graben in gleicher Größe abmessen.*

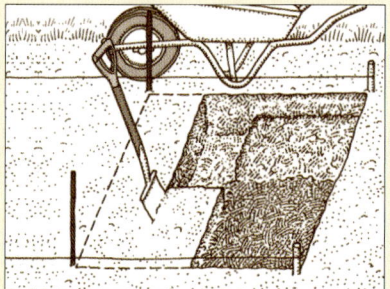

5 *Den neuen Graben in gleicher Tiefe ausheben und mit der Erde das organische Material im ersten Graben abdecken. Eine weitere Schicht organischen Materials im ersten Graben verteilen und mit dem restlichen Boden des zweiten Grabens zudecken. Dadurch wird das Beet höher.*

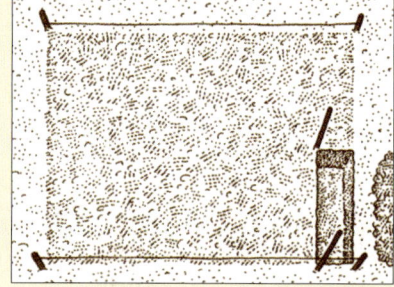

6 *Bis zum Ende der Parzelle so fortfahren. Den letzten Graben mit dem Boden aus dem ersten auffüllen. Dann die gesamte Fläche mit einer Schicht organischen Materials bedecken. Sie wird durch den Regen bald in das Erdreich hineingewaschen.*

Einfachgraben

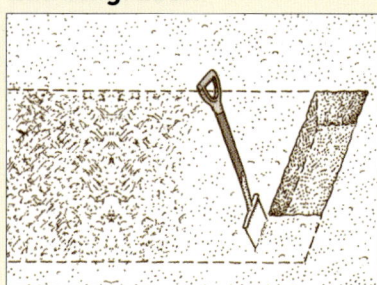

1 *Den ersten Graben 1 Spatenstich tief ausheben; nicht mehr als 10 cm große Stücke auf einmal nehmen. Den Boden nach hinten werfen und dabei mehr oder weniger gleichmäßig auf der Beetfläche verteilen.*

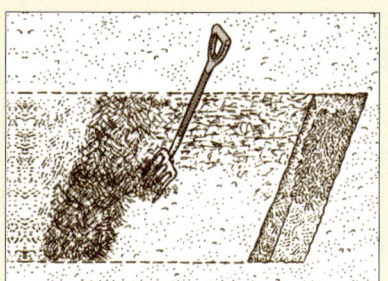

2 *Eine Lage Stallmist etwa 1 m nach hinten auf dem Boden ausbreiten. Es sollte genug dasein, um drei Gräben mit einer 5–8 cm dicken Düngerschicht zu füllen. Etwas Stallmist nach vorne in den ersten Graben schieben.*

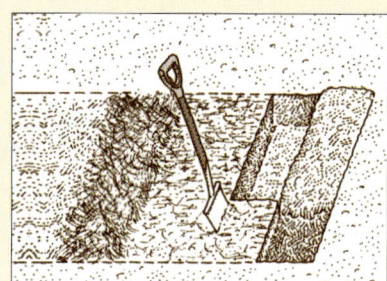

3 *Einen zweiten Graben ausheben und die Erde auf das organische Material im ersten werfen. Fortfahren, bis alles Material eingearbeitet ist. Dann weiter unten auf dem Beet eine neue Schicht Mist ausbringen und weiterarbeiten.*

UNKRÄUTER ENTFERNEN

Bei jedem Umgraben sollten Sie ausdauernde Unkräuter entfernen, in einem Eimer sammeln und anschließend verbrennen oder wegwerfen. Einjährige Kräuter kommen auf den Grabenboden und tragen so zur Vergrößerung der organischen Substanz bei. Gelegentlich wird vorgeschlagen, einjährige Unkräuter vor dem Umgraben mit einem Spaten von der Bodenoberfläche abzukratzen. Aus Erfahrung weiß ich aber, dass immer ein paar ausdauernde Exemplare dazwischen sind und man diese ohne ihre Blätter kaum erkennen kann. Daher ist es am besten, sie beim Graben von Hand zu entfernen.

Sauzahn statt Spaten

Viele biologische Gärtner empfehlen statt des einschichtigen Umgrabens eine Bodenbearbeitung mit dem Sauzahn. Der Sauzahn wird in parallelen Bahnen mit etwas Druck, damit er tief genug kommt, durch das Beet gezogen. Man kann ein zweites Mal, jetzt rechtwinklig zu den ersten Bahnen, durchgehen. Beim Umgraben wird die Erde ja bekanntlich gewendet. Der Sauzahn dagegen lockert den Boden, aber jede Bodenlage bleibt an ihrem angestammten Platz – und genau das ist der Vorteil. Die Bodenorganismen haben nämlich alle ganz spezielle Ansprüche an ihre Umgebung. Beim Umgraben bringt man dieses ausgeklügelte System durcheinander, die Bodenorganismen sterben zum Teil ab und müssen sich nach den veränderten Bedingungen neu formieren. Der Sauzahn stört das Gleichgewicht in weitaus geringerem Maße. In schweren, lehmig-tonigen Böden ist die Arbeit mit ihm allerdings mühsam und oft wirkungslos. Hier sollte man umgraben.

Rechen

Vor der Aussaat muss der Boden glatt gerecht werden, eine Arbeit, für die ein paar Grundregeln wichtig sind. Wählen Sie einen Rechen passend zu Ihrer Körpergröße. Versuchen Sie zweitens nicht, sich mit dem Rechen zu weit nach vorne zu beugen und Erde heranzuholen. Dadurch entsteht eine unebene Oberfläche. Stattdessen rechen Sie nicht mehr als 30 cm vorwärts und halten Sie den Rechen parallel zur Bodenoberfläche. Treten Sie schließlich gelegentlich zurück, bücken Sie sich und kontrollieren Sie die Bodenoberfläche auf Erhebungen und Vertiefungen.

Hacken

Hacken ist die wichtigste Methode zur Unkrautbekämpfung, der Bio-Gärtner braucht keine Chemikalien, um seinen Garten unkrautfrei zu halten. Die Triebe ausdauernder Unkräuter müssen unterhalb der Erdoberfläche abgehackt werden, noch bevor sie ans Licht gelangen. Einjährige Unkräuter bereiten weniger Sorgen. Man entfernt sie möglichst klein. Sie dürfen nicht zum Blühen oder Samenansatz kommen.

Wählen Sie zum Hacken einen sonnigen, heißen Tag. Die Wurzeln der auf dem Boden liegenden Unkräuter trocknen dann schnell aus und sterben ab und können als organische Substanz wieder eingearbeitet werden. Sind sonnige Tage selten, versuchen Sie möglichst viele Unkräuter abzuharken. Bringen Sie die Wurzeln mit einer Schuffel an die Oberfläche. Dabei rückwärts gehen, damit die ausgehackten Teile nicht wieder festgetreten und verschleppt werden (s. S. 57).

Mulchen

Mulchen bedeutet Abdecken der Erdoberfläche, entweder mit organischem Material zur Bodenverbesserung oder mit Plastikfolie bzw. Papier zur Unkrautbekämpfung. Das Mulchen mit gut verrottetem Mist oder Kompost im Frühjahr ist wichtiger als viele Leute denken. In einem organisch bewirtschafteten Garten ist die regelmäßige Zufuhr organischer Substanz entscheidend. Eine 5–7 cm dicke Schicht verringert die Verdunstung und speichert Feuchtigkeit im Boden, und sie hilft außerdem gegen Unkräuter. Kompost und Stallmist enthalten Nährstoffe, die der Boden mit der Zeit aufnimmt. Außerdem verhindert die Mulchdecke eine Verkrustung der Bodenoberfläche, sodass ausreichend Regen eindringen kann und für gute Belüftung gesorgt ist.

MULCHEN MIT ORGANISCHEM MATERIAL

Man kann jegliche organische Substanz verwenden. Ideal ist Stallmist, der aber, um junge Triebe nicht zu verbrennen, gut verrottet sein muss. Und selbst dann sollte er mit den Blättern nicht direkt in Berührung kommen. Kompost verursacht keine Schädigungen und wird verrottet oder sogar grün verwendet. Grasschnitt ist sehr bequem, jedoch weniger ansehnlich. Er darf nie zu dick aufgebracht werden, denn dann verfault er leicht zu einer glitschigen Masse. Rinde ist, wenn auch ohne Nährstoffe, ein guter Bodenverbesserer, allerdings ziemlich teuer. Noch kostspieliger ist kompostierte Rinde, die durch ihre säuernde Wirkung ausgezeichnet Unkräuter unterdrückt. Torf wurde oft benutzt, er sollte allerdings nicht die erste Wahl des Bio-Gärtners sein, weil die Torfentnahme die Umwelt schädigt. Es gibt hervorragenden Ersatz, z. B. Kokosfasern oder -matten. Alle organischen Mulchschichten außer Rinde verbessern die Bedingungen für Schnecken und andere Bodenschädlinge, deshalb rechtzeitig vorbeugen (s. S. 49–50).

MULCHEN MIT FOLIE, PAPIER ODER KIES

Das Mulchen mit Folie bringt dem Boden keine Nährstoffe und auch bei Papier ist die Zufuhr gering. Beide Materialien wirken jedoch gegen Unkraut und vermindern die Wasserverdunstung. Außerdem schützen sie niedrige Pflanzen vor Verschmutzung.

Sie legen das Material entweder zwischen den Pflanzen aus und beschweren die Ränder mit Steinen bzw. Erde, oder Sie decken den Boden vollständig ab und graben die Seiten flach ein. Die Pflanzen dann durch eingeritzte Schlitze einsetzen. Bei Flächen mit mehr als 1,20 m Breite legen Sie vor dem Ausbringen der Folie einen Sickerschlauch zum Bewässern aus. Im Ziergarten ist eine Mulchschicht aus Kies zu erwägen. Kies hält Wasser zurück, verhindert Unkrautwuchs und sieht hübsch aus. Er ist jedoch nicht ratsam, wo regelmäßiges Düngen nötig ist.

Gießen

Richtiges Gießen ist eine Kunst, die gewisses Fingerspitzengefühl erfordert. Gießen bedeutet nicht einfach, Wasser auf den Boden zu schütten, denn falsches Gießen kann schaden.

Gießen Sie nie zu zaghaft: Das Wasser muss bis in den Wurzelbereich kommen, wo es aufgenommen wird. Anderenfalls wachsen die Wurzeln auf der Suche nach Wasser nach oben und werden durch Hitze und Mangel an Feuchtigkeit eher geschädigt.

Gießen Sie vorsichtig: Wasser in Form großer Tropfen oder unter hohem Druck ausgebracht, zerstört die Krümelstruktur des Bodens und verursacht eine verkrustete Oberfläche. Dadurch kann weiteres Wasser nicht mehr in den Boden eindringen, der Luftaustausch wird unterbunden, sehr zum Nachteil der wachsenden Pflänzchen. Im Saatbeet kann die Kruste sogar verhindern, dass die jungen empfindlichen Sämlinge die Oberfläche durchbrechen. Deshalb sollte man zum Wässern stets einen Sprinkler mit feinsten Tröpfchen verwenden. Für Saatkästen benutzt man eine Kanne mit einer feinen Brause. Begonnen wird auf einer Seite des Kastens oder Topfs. Mit der Brause ständig im gleichen Winkel geht man über den Sämling hinweg zur anderen Seite. Heben Sie die Kanne erst hinter dem Kasten oder Topf wieder hoch.

Bei einem grasbedeckten Boden ist die Tropfengröße nicht so wichtig und Rasensprenger sind nicht unbedingt für feine Tropfen gebaut. Wer daher nur einen einzigen Sprinkler kaufen will, sollte auf kleine Tropfengrößen achten. Er ist dann für Rasen und Saatbeet brauchbar.

WANN GIESST MAN?

Man braucht die Pflanzen nicht ständig feucht zu halten. Gegossen wird dann, wenn der Boden trocken ist, aber ehe die Pflanzen welken. Mit einem feintröpfigen Sprinkler kann zu jeder Tageszeit bewässert werden. Dagegen ist der genaue Zeitpunkt während der verlaufenden Pflanzenentwicklung außerordentlich wichtig. Wassergaben während des Früchtewachstums erhöhen das Fruchtgewicht, zusätzliches Wasser bei der Reife, besonders ab Beginn der Färbung, kann Pilzbefall, speziell durch Botrytis, hervorrufen (s. S. 52).

WIE VIEL WASSER GIBT MAN?

Wie überall, ist auch hier zu viel des Guten ungesund. Gerade Topfpflanzen werden von übereifrigen Liebhabern leicht übergossen. Dabei richtet sich die Notwendigkeit für das köstliche Nass ganz entscheidend nach den gerade vorherrschenden Temperaturen. Pflanzen in einem kühlen Raum brauchen viel seltener Wasser als ihre Verwandten in der warm geheizten Wohnstube. Diese Tatsache wird oft übersehen. Wichtig ist auch, gute Belüftung mit ausreichender Feuchtigkeit in Einklang zu bringen und dafür die optimale Wassermenge zu finden. Kalte, nasse Erde ohne Durchlüftung ist für das Pflanzenwachstum alles andere als günstig. Wenn Sie einen Zier- oder Gemüsegarten bewässern, lassen Sie den Sprinkler mindestens eine Stunde lang regnen.

ANGIESSEN NEUER PFLANZEN

Neu eingesetzte Pflanzen müssen angeregt werden, selbst nach Wasser zu suchen, damit sich ihr Wurzelsystem vergrößert. Wässern Sie den Boden nach dem Auspflanzen gründlich, dann überlassen Sie die Pflanzen eine Weile sich selbst. Kontrollieren Sie die Pflanzstelle bei trockenem Wetter aber täglich. Lassen Sie den Boden fast austrocknen, bevor Sie erneut gießen.

Stützen

Ohne Stütze geht es oft nicht und ein Gärtner kommt wohl kaum umhin, sich darüber Gedanken zu machen. Die Gründe können vielfältig sein. Frisch gepflanzte Bäume und Sträucher müssen ihre Wurzeln fest im Boden verankert haben, damit sie sich nicht bewegen und die jungen Wurzeln abbrechen. Spalierobst muss regelmäßig angebunden werden und braucht daher ein Gerüst zum Befestigen. Einige Kletterpflanzen benötigen künstlichen Halt, können aber auch an Bäumen und Sträuchern ranken, während kletternde Gemüsearten immer eine Stütze erfordern. Hochwüchsige Blumen und Stauden müssen durch eine Abstützung oft auch vor dem Umfallen bewahrt werden.

BAUMPFÄHLE

Neu gepflanzte junge Bäume müssen mit einem Pfahl abgestützt werden. Dieser sollte nicht länger als ein Drittel der Höhe des Baumstamms sein. Bei Bäumen ohne Wurzelballen reicht ein einziger Pfahl, der vor dem Pflanzen in das Pflanzloch eingeschlagen wird. Er sollte dicker als der Baumstamm sein und mindestens 45 cm tief in den Boden gehen, damit ein fester Halt gewährleistet ist. Containerbäume brauchen einen Pfahl mit Querverankerung auf jeder Seite des Wurzelballens. Eine Anleitung zum Aufbau einer solchen Konstruktion finden sie auf den Seiten 82–83.

Da Pfähle nicht ewig stehen, brauchen sie nicht imprägniert zu sein. Sie bleiben im Boden, bis sie abfaulen. Die Bäume werden mit Plastik-Baumband festgebunden, das man zum Schutz vor Abrutschen am Pfahl annagelt.

ABSTÜTZEN VON SPALIEROBST

Spalierobstbäume und -sträucher wie Kordons, Fächer und andere Spalierformen brauchen ihr Leben lang eine Stütze. Man sollte daher dauerhaftes Material wie imprägniertes Holz oder Metallpfosten verwenden. Empfehlenswert sind 2,50 m lange Pfosten mit 7,50 cm Durchmesser oder 5 cm starke Winkeleisen. Sie werden im Abstand von 3 m mindestens 45 cm tief in den Boden geschlagen. Die Endpfähle müssen in der unteren Hälfte schräg abgestützt werden. Dann wird horizontal in Abständen verzinkter Draht gespannt, die Abstände sind abhängig von der jeweiligen Erziehungsform (*siehe S. 206–209*).

Spannen Sie den obersten Draht zuerst und arbeiten Sie sich dann nach unten vor, weil am oberen Pfahlende mehr Hebelkraft wirkt. Umgekehrt würden die bereits gezogenen Drähte locker. Haben Sie viele Drähte vor sich, lohnt es sich, einen Drahtspanner auszuleihen. Befestigen Sie den Draht mit Krampen oder winden Sie ihn einfach um den Pfahl herum. Bäume sollten nie direkt an den Draht gebunden werden, weil er die Rinde leicht aufscheuert. Stattdessen befestigt man Stöcke am Draht und bindet daran die Pflanzen fest. Man kann Obstbäume als Spalier auch an Wänden oder Zäunen entlangziehen (*s. S. 206*).

STÜTZEN VON STAUDEN

Viele Stauden, wie z. B. Mohn, haben einen weichen Stiel und müssen abgestützt werden. Am besten stellt man ein waagerechtes Gitter auf, ehe die Pflanzen zu hoch sind und lässt sie durchwachsen. Dafür gibt es spezielle Drahtrahmen, doch auch weiter Maschendraht oder dünne Zweige können verwendet werden. Hochwüchsige Pflanzen wie Rittersporn und Dahlien stützt man mit einem Stock oder Pfosten. Sie werden während des Wachstums regelmäßig mit einem weichen Band festgebunden.

Kletterpflanzen können auch an einem Bogengestell, einer Pergola oder einem Pfeiler aus imprägniertem Holz abgestützt und hochgezogen werden. Die Verankerung muss mindestens 45 cm in den Boden reichen, daher ist auf ausreichende Länge zu achten. Binden Sie die Pflanzen mit einem weichen Band locker fest (*siehe S. 114*).

STÜTZEN VON GEMÜSE

Im Gemüsegarten werden hauptsächlich Stangen, Stricke und Netze als Stütze verwendet. Für Bohnen nimmt man zum Beispiel 2,50 m lange Bambusrohre, die etwa 30 cm tief in den Boden kommen. Sie werden als Doppelreihe mit 60 cm Abstand zwischen den Reihen und 30 cm in der Reihe gesteckt. Beide Reihen oben zusammenbinden und mit einer Querstange verstärken. Eine noch billigere Methode wäre das Einschlagen von zwei 5 × 5 cm starken, etwa 2,50 m hohen Pfosten, 45 cm tief, an jedem Reihenende. Zwischen beiden wird ein Draht oder starker Kunstfaserfaden oben und ein zweiter 30 cm über dem Boden gezogen. Schließlich spannt man noch Fäden alle 30 cm von oben nach unten. Gurken, Bohnen und Melonen lassen sich ebenfalls gut an Zeltgestellen ziehen (*s. S. 159*). Dazu braucht man 2,50 m lange Stangen, die zu einem 90 cm Quadrat in den Boden gesteckt und oben zusammengebunden werden. Man pflanzt am Fuß der Stangen und bindet Gurken und Melonen regelmäßig hoch. Bohnen winden sich von selbst empor.

ABSTÜTZEN DER PFLANZEN AN WÄNDEN

Kletterpflanzen können als Dekoration oder Abdeckung an einem Holz- oder Plastikspalier gezogen werden, das an der Mauer an Holzlatten befestigt ist. Achten Sie für das Festbinden auf genügenden Abstand zwischen Wand und Spalier. Alternativ kann man auch verzinkten Draht nehmen, der horizontal durch Mauerhaken mit ca. 30 cm Abstand gezogen wird. Für windende Kletterer wie Clematis (*Clematis sp.*) oder Geißblatt (*Lonicera sp.*) spannt man zusätzlich mit 30 cm Abstand senkrechte Drähte, sodass ein Maschenmuster entsteht. Für Spalierobst befestigt man an den errichteten Drähten Stäbe, um ein Aufscheuern der Bäumchen zu verhindern.

Ein Holz- oder Plastikspalier *kann an Holzlatten geschraubt werden, die an der Wand befestigt sind. Wichtig ist zum Festbinden entsprechender Abstand zur Wand. Ein Spalier ist dekorativer als Drähte.*

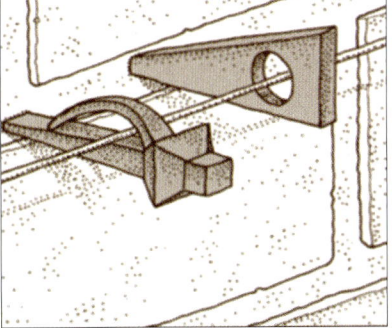

Mit Mauerhaken *befestigt man Draht an Ziegel- oder Steinwänden. Auf genügenden Abstand zwischen Wand und Draht achten. Augenschrauben sind flache, schmale Stahlstifte mit einer Öffnung. Wandhaken sind Führungsstifte mit einer Öse an einem Ende. Beide sind leicht in die Wand zu schlagen und beschädigen den Mörtel nicht. Wenn der Mörtel krümelig ist, Messingstifte verwenden.*

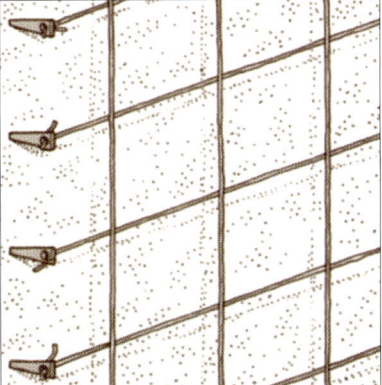

Für Kletterpflanzen *sind horizontale Drähte empfehlenswert, die Sie alle 30 cm an der Wand befestigen. Die wachsenden Triebe müssen angebunden werden. Schlingpflanzen benötigen zusätzlich ein paar senkrechte Drähte, die im gleichen Abstand angebracht werden.*

VERMEHRUNGS-METHODEN

Der moderne Trend der letzten Jahre geht zum bequemen Gärtnern hin, ein ganzer Industriezweig ist in diese Marktlücke vorgestoßen. So braucht man beispielsweise Samen und Stecklinge nicht mehr selbst zu ziehen, sondern kann Jungpflanzen in Gärtnereien oder Baumschulen bereits vorgezogen kaufen, und es bleibt nichts mehr zu tun, als die Pflänzchen an ihren endgültigen Platz zu setzen.

Für den Bio-Gärtner sprechen wichtige Gründe gegen diese Bequemlichkeit. Zum einen: Wenn Sie engagiert genug sind, biologisch zu gärtnern, mögen Sie dann wahrscheinlich auch das große Ganze selbst im Auge behalten, von Anfang bis Ende. Und die Freude, wenn das sorgsam gehütete Samenkorn zu sprießen beginnt und sich die ersten Blättchen entfalten, lässt sich durch nichts ersetzen. Zum anderen: Meist ist es schwierig, in Geschäften oder auch in Gartenbaubetrieben biologisch gezogene Pflanzen zu finden. Nur wenige kommerzielle Anbauer können garantieren, dass ihre Pflanzen hundertprozentig ohne jeglichen Zusatz von Chemikalien gewachsen sind. So hat der Bio-Gärtner oft gar keine echte Alternative, als die Pflanzen selbst zu ziehen. Ohne etwas Aufwand geht es natürlich nicht, doch wenn Sie einige einfache Regeln und Vorsichtsmaßnahmen beachten, ist die Erfolgsrate der eigenen Anzucht auch bei minimaler Ausstattung zufriedenstellend. Für die Vermehrung stehen Ihnen eine Reihe verschiedener Methoden zur Auswahl, wie Teilung, Stecklingsgewinnung, Absenken und Veredeln. So können Sie kontinuierlich preiswerten Nachschub biologisch gezogener Pflanzen für den gesamten Garten produzieren.

Anzucht aus Samen

Um sicherzugehen, dass die Pflanzen im Garten wirklich biologischen Ursprungs sind, zieht man am besten so viele wie möglich aus Samen, die entweder direkt an Ort und Stelle in den Garten gesät oder schon frühzeitig im Gewächshaus vorgezogen und später ausgepflanzt werden. Freilandbeete am besten sehr gründlich vorbereiten, bei Aussaaten in Behälter sollte man ein gutes Substrat verwenden (*s. S. 252*).

Aussaat im Freiland

Die billigste Anzucht, die schnell und ohne Aufwand zu recht guten Ergebnissen führt, ist die Direktaussaat in den vorbereiteten Boden im Freiland. Diese Methode eignet sich für die meisten Gemüse, für unempfindliche Einjährige und viele krautige Stauden. Auch einige Bäume lassen sich so aufziehen, doch da hier meist nur Einzelexemplare gebraucht werden, sät man besser in Töpfe oder Kisten und pflanzt später aus.

SO WIRD DER BODEN VORBEREITET

Die üblichen biologischen Methoden der Bodenvorbereitung liefern eine gute Arbeitsgrundlage. Rechen Sie den Boden glatt und verteilen Sie auf die Oberfläche Dünger in der vorgeschriebenen Menge. Ist der Boden erst kürzlich bearbeitet worden, sollte man, das Gewicht auf die Hacken verlagert, die Oberfläche vorsichtig festtreten. Danach den Boden feinkrümelig harken. Er darf dazu nicht so nass sein, dass er an den Schuhen klebt, denn dann kann die gesamte Bodenstruktur zerstört werden.

Auf Tiefbeeten ist ein Befestigen des Bodens unnötig, im Gegenteil, Sie sollten diesen Boden möglichst nie betreten. Stattdessen lassen Sie ihn nach dem Umgraben drei bis vier Wochen liegen, damit er sich absetzen kann.

WANN SÄT MAN?

Der richtige Aussaatzeitpunkt ist zunächst je nach Pflanzenart unterschiedlich und gewöhnlich auf der Rückseite des Samentütchens angegeben. In diesem Buch finden Sie Aussaatzeiten dort, wo der genaue Zeitpunkt eine Rolle spielt. Generell darf auf keinen Fall zu früh gesät werden. Erfahrungswerte zeigen, dass zum Keimen eine Bodentemperatur von mindestens 7 °C erforderlich ist. Im April ausgebrachte Samen keimen meist gleichzeitig mit den früheren, bei kaltem, feuchtem Wetter gesäten, und manchmal sind sie sogar noch schneller. Natürlich hat auch diese Regel Ausnahmen. So brauchen z. B. einige Alpengewächse und manche Bäume eine Kälteperiode, damit sie keimen können. Das Mikroklima Ihrer Region, speziell Ihres Gartens spielt ebenfalls eine Rolle.

Mithilfe von Folien kann eine erfolgreiche Aussaat im Freiland bereits im zeitigen Frühjahr beginnen. Legen Sie die Folie bereits etwa zwei Wochen vor der Aussaat an ihren Platz, sodass der Boden sich etwas erwärmt.

WIE MAN DIE KEIMUNG FÖRDERT

Einige Samen haben sehr harte Schalen. Sie keimen schneller, wenn man sie über Nacht in Wasser einweicht. Besonders harte Samen kann man vorher sogar vorsichtig mit einer Nagelfeile bearbeiten, damit sie leichter Wasser aufnehmen. Manche Samen wie Rote Bete enthalten in der Samenschale einen natürlichen Wachstumshemmstoff, der eine Keimung verhindert. Durch Abwaschen der Samen oder Einweichen in Wasser über Nacht wird der Hemmstoff entfernt und die Keimung beschleunigt.

AUSSAATMETHODEN

Versuchen Sie stets, möglichst dünn auszusäen. Die meisten Samenarten keimen zu 60 bis 90 %. Bei zu dichtem Auflaufen entsteht leicht eine Konkurrenz um das vorhandene Licht, die Sämlinge werden dünn und brüchig. Einige Gärtner säen direkt aus der Tüte. Ich selbst halte es jedoch für genauer, die Samen auf den Handteller zu schütten und dann immer nur einige gleichzeitig zu streuen.

ABSTÄNDE UND AUSSAATTIEFE

Die Hauptursache für mangelndes Keimen besteht darin, dass die Samen zu tief gesät werden. Samen verfügen über eine Nährstoffreserve, durch die der Trieb bis an die Oberfläche wachsen kann, wo das Licht neue Energie liefert. Sind die Reserven verbraucht, bevor die Triebspitze das Licht erreicht, können keine neuen Nährstoffe produziert werden und der Sämling kommt nie zum Vorschein. Natürlich sind Anweisungen wie etwa 6 mm Saattiefe oder weniger unsinnig, denn es ist unmöglich, so genau zu arbeiten. Ziehen Sie die Rillen einfach so flach wie möglich.

Wichtig ist außerdem, den richtigen Saatabstand zu wählen, um ein Gedränge zu vermeiden. Einige Samen lassen sich ausdünnen und umpflanzen, doch andere, wie z.B. die Wurzelgemüse, gabeln sich beim Verpflanzen. Aussaat-

DAS VORGEREINIGTE SAATBEET

Ist der Boden so gut vorbereitet, dass die Samen keimen können, werden mit Sicherheit auch die ruhenden Unkrautsamen zum Leben erweckt. Als »Einheimische« keimen sie sogar eher und wachsen schneller als die meisten Kulturpflanzen. Daher ist es wichtig, diese Konkurrenten noch vor der Aussaat zu beseitigen.

Die einfache, jedoch wirkungsvolle Gegenmaßnahme besteht darin, das Saatbeet bereits einige Wochen vor der Nutzung vorzubereiten. Man lässt die ruhenden Unkrautsamen keimen und hackt sie kurz vor der eigentlichen Saat aus. So gibt es Probleme nur noch mit später erscheinenden Unkräutern, die nicht nur in geringerer Anzahl auftreten, sondern auch im Wuchs den Kulturpflanzen nachstehen und daher einfach zu erkennen sind.

abstände werden an entsprechender Stelle, wo nötig, angegeben, sind aber auch auf den Samenpäckchen aufgeführt.

Größere Samen sät man im Allgemeinen einzeln oder platziert in Abständen jeweils 2–3 Samen. Falls mehr als eine Sprossspitze zum Vorschein kommt, lassen Sie den kräftigsten Trieb stehen und dünnen den Rest aus. Bei Tiefbeeten sollte man die Aussaat in Blöcken bevorzugen (s. S. 136).

Aussaat in trockenem Boden Bei sehr trockenem Boden sollte man die Saatrillen entgegen sonstiger Regeln ausnahmsweise vor dem Aussäen wässern. Sie werden mit einer Gießkanne mehr oder weniger vollgefüllt. Nachdem das Wasser versickert ist, sät man wie angegeben. Säen Sie niemals mit einem anschließenden Guss, denn dadurch verkrustet die Bodenoberfläche, sodass das Wasser nur schlecht eindringen kann, und die Sämlinge haben Schwierigkeiten die Kruste zu durchbrechen.

SAATREIHEN ZIEHEN

Es gibt zwei verschiedenen Methoden, Saatreihen zu ziehen: in schmale Rillen oder in breite Bänder. Beide Methoden sollten so flach wie möglich und gleichmäßig tief durchgeführt werden.

Die Aussaat in schmale Rillen *ist die häufigste Methode. Dazu wird eine Ecke der Hacke vorsichtig flach durch den Boden gezogen. Manchem Gärtner fällt es leichter, diese Arbeit mit einem kurzen Stock durchzuführen.*

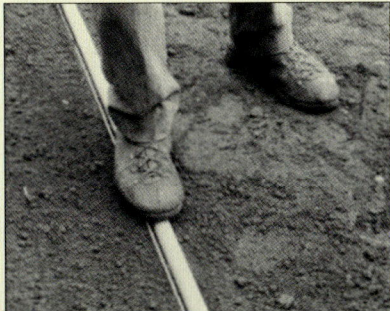

Wer Schwierigkeiten hat, *Saatreihen frei zu ziehen, benutzt einen Besen- oder Harkenstiel. Man legt ihn am Pflanzseil entlang auf den Boden und drückt ihn mit dem Fuß etwas in die Erde hinein. So entsteht eine gleichmäßige, gerade Rille.*

Für die Breitbandsaat *zieht man Furchen mit der gesamten Hackenbreite. Wichtig ist, dass eine Furche gleichmäßig tief wird. Man verwendet sie bei der Kultivierung von Gemüse im Tiefbeet, wenn die Keimlinge später selektiv ausgedünnt werden.*

Abdeckung nach der Saat Zum Abdecken der Samen ziehen Sie die Rückseite Ihres Rechens die Reihen entlang und klopfen den Boden leicht fest, um sicherzustellen, dass die Samen guten Kontakt mit dem Boden haben.

Kennzeichnung der Saatreihen Markieren Sie jede Saatreihe mit einem regenfesten Schild, auf dem Pflanzenname und Aussaattermin vermerkt sind. Es reicht nicht, das Saatpäckchen einfach auf einen Stock zu spießen, denn meist weht es weg oder wird nach starken Regengüssen unleserlich.

Vorkeimen Manchmal ist es vorteilhaft, Samen im Haus vorzukeimen und erst dann ins Freie zu bringen. Pflanzen, die davon profitieren, sind z. B. die Pastinake, die im zeitigen Frühjahr so lange zum Keimen braucht, dass sie oft im Boden verfault, sowie der Kopfsalat, der bei einer Bodentemperatur über 20 °C nicht mehr keimt, einer Temperatur, die im Sommer auch in kühlen Gegenden oft erreicht wird.

Keimen Sie die Samen auf einem feuchten Küchenpapier in einem Plastikbehälter vor. Arten, die zur Keimung Wärme brauchen, kommen an einen warmen Platz, bis die ersten Würzelchen erscheinen. Dann werden sie möglichst bald ausgesät. Die Wurzeln sollten nicht länger als etwa 3 mm sein. Können Sie nicht sofort säen, stellen Sie den Behälter in den Kühlschrank, wo sich die Samen einige Tage halten. Bei der Aussaat dürfen die empfindlichen Würzelchen nicht beschädigt werden. Das ist bei größeren Samen problemlos, da man sie einzeln mit einer Pinzette aufnehmen kann. Für kleinere Samen empfiehlt sich dagegen die Flüssigsaat. Dabei werden die Samen mit einem speziellen Gel oder Tapetenkleister vermischt und so in die Saatreihen gedrückt (s. S. 140). Bei trockenem Boden muss man die normale Regel brechen und sofort nach der Saat gießen. Ansonsten verhärtet sich das Gel und unterbindet die Samenentwicklung.

ALPENGEWÄCHSE UND BÄUME SÄEN

Die Samen vieler Alpengewächse und Bäume brauchen eine Kälteperiode, bevor sie keimen. Sie müssen ins Freie. Da diese Samen oft sehr klein sind und in geringer Menge benötigt werden, empfiehlt es sich, sie in Töpfe zu säen. Die Samen werden dünn auf der Substratoberfläche – Torfersatz, Kompost und Kies – verteilt und dann mit Kies abgedeckt. Bäume brauchen nur wenig Kompost.

Zum Wässern sollten Sie keine Gießkanne verwenden, es ist empfehlenswerter, den Topf bis zum obersten Rand in eine Wasserschüssel zu stellen. Dort bleibt er so lange, bis sich die Bodenmischung oben leicht verdunkelt. Durch diese Methode werden die Samen etwas in das Substrat hineingezogen. Die Töpfe kommen anschließend ins Freie an einen schattigen Platz, wo sie sich ungestört entwickeln können. Mit Maschengeflecht abdecken.

Aussaat im Haus

Zieht man Samen in Kisten oder Töpfen im Warmen vor, kann man den Pflanz- und Erntezyklus zeitiger im Jahr beginnen. Gemüse wird dann bereits im Januar gesät und im März unter Folie ausgepflanzt. So ist die erste Ernte schon im Mai. Ein Gewächshaus ist für diesen Zweck ideal, weil man den Samen dort mit kontrollierten Umweltbedingungen einen optimalen Start geben kann, doch auch die Fensterbank ist nützlich. Wer es einmal ausprobiert hat, wird erstaunt sein, wie problemlos man im Haus ohne größeren Aufwand Samen heranziehen kann. Achten Sie allerdings darauf, dass die empfohlene Keimtemperatur genau eingehalten wird, sonst kann es doch Enttäuschungen geben. Verwenden Sie dafür in Ihrem Gewächshaus eine beheizte Keimbox oder im Haus einen Platz in Heizungsnähe.

Füllen Sie einen Topf oder eine Kiste mit einem feuchten Erdsubstrat (s. S. 252), das leicht angedrückt wird. Nur ganz vorsichtig mit den Fingern andrücken. Die Oberfläche des Substrats wird bei Saatkisten mit einem Andrückbrett geglättet und leicht gefestigt (s. S. 261), ansonsten mit dem Boden eines anderen Topfs.

Bei Aussaat in Gefäßen ist es wichtig, das Substrat vor der Saat gut zu durchfeuchten. Verteilen Sie etwas Substrat auf Ihrem Arbeitstisch, machen Sie in der Mitte eine Vertiefung und schütten Sie Wasser hinein, das Sie durch Zerreiben des Substrats mit den Fingern langsam unterarbeiten. Nach dem Einfüllen in den Behälter nochmals gründlich wässern und überschüssiges Wasser einige Minuten lang ablaufen lassen. Wassergaben nach der Saat sind ungünstig, denn die Samen werden dann sehr leicht an eine Stelle oder sogar ganz aus dem Topf heraus geschwemmt.

Decken Sie bis auf kleine Samen, wie die von Begonien oder Lobelien, alle dünn mit grobem Sand ab. Dann den Topf oder die Kiste mit einer undurchsichtigen Folie bedecken und an einen warmen Platz stellen. Vorher sollte man überprüfen, ob die notwendige Temperatur gewährleistet ist. Werfen Sie jeden Tag einen Blick auf die Samen, sobald die ersten keimen und an der Oberfläche erscheinen, kommt der ganze Behälter an einen hellen Platz, jedoch nicht ins direkte Sonnenlicht. Falls die Gefahr der Schädigung durch Sonne besteht, mit etwas Zeitungspapier abdecken.

Bei Anzucht der Samen auf der Fensterbank kommt das Licht immer aus einer Richtung, was dazu führen kann, dass die Sämlinge lang und dünn werden. Dieser Effekt lässt sich mithilfe einer »Lichtbox« auf ein Minimum reduzieren. Dazu kleidet man einen Pappkarton mit Alufolie aus, sodass das Licht rund um die Pflanzen herum reflektiert wird. Verwendet man die Lichtbox im Winter, sollte man sie nachts in die wärmere Zimmermitte bringen und mit Folie abdecken. Vergessen Sie aber nicht, die Folie morgens zu entfernen, da sie den Lichteinfall stark herabsetzt.

TÖPFE UND ANDERE BEHÄLTER

Holz und Ton sind die traditionellen Materialien zur Pflanzenanzucht und Kultivierung. Die auch verfügbaren Behälter aus Plastik und Styropor sind jedoch preiswerter und liefern in mancher Hinsicht bessere Ergebnisse. Neben den handelsüblichen Kisten und Töpfen (*siehe unten*) kann man zum Säen jeden flachen Behälter verwenden, von Schälchen aus Styropor bis hin zu Margarinebechern oder Plastikschalen vom Schnellimbiss. Für größere Samen und Stecklinge sind Joghurtbecher, Plastikkaffeetassen und abgeschnittene Plastikflaschen ideal. Wichtig ist, dass solche Behälter vor Gebrauch gründlich gesäubert werden und dass ihr Boden entsprechende Abzugslöcher hat.

Töpfe Es gibt Töpfe aus Ton oder Plastik. Tontöpfe besitzen zwei große Vorteile. Sie sind porös und haben daher eine gute Luftzirkulation im Wurzelbereich, wodurch das Risiko einer Überwässerung vermindert wird. Natürlich trocknet der Boden dadurch auch leichter aus und muss öfter gegossen werden. Zweitens sind Tontöpfe schwerer als Plastikgefäße, was günstig bei großen, stark belaubten Pflanzen ist, die leicht Übergewicht bekommen. Nachteilig bei Tontöpfen ist, dass sie durch ihre Porosität eher Krankheiten beherbergen, schwerer zu säubern und zu sterilisieren sind und dass sie teurer sind als Plastik.

In Plastiktöpfen braucht man Pflanzen seltener zu gießen. Das ist besonders bei einem Substrat auf Kompostbasis von Vorteil, welches schneller trocknet als ein erdbetontes Substrat.

Ich selbst empfehle Tontöpfe und eine Erdmischung für Alpengewächse, die gute Dränage brauchen. Plastiktöpfe und ein Substrat auf Torfbasis sind für die meisten anderen Pflanzen geeignet.

Saatkisten Diese flachen Kisten gibt es in verschiedenen Größen meist aus Plastik oder Styropor. Ältere Saatkisten bestehen aus dünnem Holz, das durch seine Porosität schwer zu säubern ist und Krankheiten beherbergen kann. Plastikkisten kann man dagegen mit kochendem Wasser leicht sterilisieren, und sie sind sehr viel preiswerter.

Styroporbehälter Obwohl anfällig für Beschädigung, ist Styropor, da es Wärme speichert, besonders vorteilhaft zur Anzucht von Samen und Stecklingen. Man kann Styroporkästen kaufen, die in eine Reihe von Einzelzellen unterteilt sind. Passend dazu gibt es spezielle Pressplatten. Styroporkästen sind vor allem für die Vielkornsaat geeignet (*siehe S. 139*).

Saatschalen-Module Sehr praktisch für die Aussaat sind Saatschalen-Module, in deren einzelnen Kammern man die Samen platziert. Plastikschalen sind billiger als Styropor, Letzteres speichert allerdings Wärme besser. Speziell auf die Bedürfnisse junger Pflanzen abgestimmt, ist eine ausgewogene Nährstoffmischung in manchen Modulen bereits beigegeben. Wenn die Pflänzchen groß genug sind, werden sie gleich mit dem Substratballen ausgepflanzt. Da die Wurzeln so nicht gestört werden, unterbleibt auch die Wachstumsstockung, die sonst oft nach dem Umpflanzen eintritt. Die Aussaat erfolgt direkt in die Modul-Kammern und das ganze Töpfchen wird ausgepflanzt, bevor die Wurzelentwicklung zu stark ist. Man kann die Blöcke durch Pressen in einem Spezialgefäß auch selbst herstellen, doch ist diese Arbeit schwierig und zeitraubend.

AUSSAAT IN SAATSCHALEN

Durch die Aussaat von Samen in Schalen unter Glas kann man eine Reihe von Blumen und Gemüse bereits zeitig im Jahr anziehen. Ungeeignet für Schalen sind lange Wurzelgemüse. Sie werden zu einem späteren Zeitpunkt direkt ins Freiland gesät, wo sie sich ohne Störung entwickeln können.

1 *Schale mit angefeuchteter Aussaaterde füllen. Zum Entfernen überflüssiger Erde mit der Kante des Andrückbretts über die Oberfläche streichen.*

2 *Die Erde mit den Fingern an den Schalenrändern herunterdrücken. Dann die Oberfläche mit dem Andrückbrett leicht festpressen.*

3 *Samen in die Handfläche schütten und diese zu einer Rinne formen. Mit der anderen Hand auf den Ballen klopfen, um die Samen in Bewegung zu setzen. Zuerst um den Rand herum, dann nach innen streuen.*

4 *Die Samen mit einer dünnen Schicht Erde oder feinem Sand abdecken. Erde streut man zum gleichmäßigen Verteilen am einfachsten mithilfe eines feinen Siebs.*

Die beste Saatmethode

Aussaat sehr kleiner Samen *Etwas Silbersand als Füllmasse in das Samenpäckchen geben und gut durchmischen. Die Mischung in die Hand schütten und, wie oben gezeigt, aussäen. Diese Samen brauchen keine zusätzliche Abdeckung.*

Aussaat größerer Samen *Große Samen wie von Bohnen oder Gurken sät man paarweise in einen Topf. Mit einem kleinen Stock Löcher in die Erde machen und die Samen seitlich hineinlegen. Sollten beide Samen keimen, wird der schwächere Sämling vorsichtig entfernt.*

Ausdünnen der Sämlinge

Sobald die gekeimten Samen groß genug zum Handhaben sind, müssen sie ausgedünnt werden, damit sie nicht zu dicht stehen. Da ist Fingerspitzengefühl gefragt. Manche Keimlinge nehmen es sehr übel, wenn sie auch nur minimale Verletzungen davontragen. Am besten zieht man den Sämling an den Blättchen aus der Erde. Bei Freilandsämlingen findet das Ausdünnen und Umpflanzen gleichzeitig statt. Man kann allerdings nicht alle Sämlinge verpflanzen, Wurzelgemüse z. B. neigen beim Umpflanzen zum Gabeln. Zierpflanzen und Blattgemüse sind dagegen problemlos.

SÄMLINGE IM FREILAND

Vor dem Ausdünnen oder Umpflanzen werden die Reihen gut gewässert. Beim Ausdünnen zieht man unerwünschte Sämlinge heraus, sodass die restlichen Pflänzchen den gewünschten Abstand haben. Die überschüssigen Pflanzen kommen auf den Kompost. Lässt man sie länger auf dem Beet liegen, können sie Schädlinge anlocken. Will man die aufgedünnten Sämlinge neu einpflanzen, muss man sie beim Herausnehmen sorgsam behandeln. Sie werden im entsprechenden Abstand wieder in neue Reihen gesetzt.

SÄMLINGE IN BEHÄLTERN

Sämlinge in Behältern müssen bei entsprechender Größe ausgedünnt und in eine größere Schale oder einen Topf umgepflanzt werden. Vor dem Pflanzen gilt es, die empfindlichen Gewächshauszöglinge langsam abzuhärten. Dazu setzt man sie in einen geschlossenen, unbeheizten Frühbeetkasten, der allmählich zuerst tagsüber, dann auch nachts geöffnet wird, bis er schließlich völlig offen steht. (s. S. 246–257).

SO WIRD VEREINZELT UND UMGEPFLANZT

Egal ob im Freiland oder im Gewächshaus in Saatschalen gezogen: Sämlinge dürfen nicht zu dicht stehen und müssen vereinzelt werden. Will man die herausgenommenen Pflänzchen wieder einsetzen, sollte man sie nur an den Blättern anfassen, da die Stängel leicht beschädigt werden, was zu Pilzbefall führen kann. Das Umsetzen von einer Schale oder einem Topf in einen anderen Behälter nennt man »pikieren«.

Umpflanzen im Freiland

  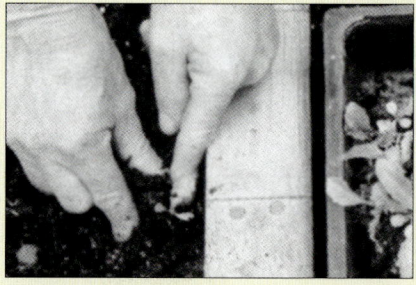

1 Die Sämlinge einen Tag vor dem Umpflanzen gründlich wässern. Die Erde um die verbleibenden Pflanzen herum gut befestigen. Material für den nächsten Tag bereitstellen.

2 Die übrigen Sämlinge entweder mit den Fingern oder mit einer Handschaufel lockern und vorsichtig herausheben. Darauf achten, dass möglichst viele Wurzeln an der Pflanze bleiben. Pflänzchen in eine bereitgestellte Schale legen.

3 Die Sämlinge in neuen Reihen zusammensetzen. Für richtige Abstände ist es empfehlenswert, ein Pflanzbrett zu Hilfe zu nehmen. Die eingepflanzten Sämlinge sollten mit eine feinen Brause vorsichtig gewässert werden.

Pikieren

 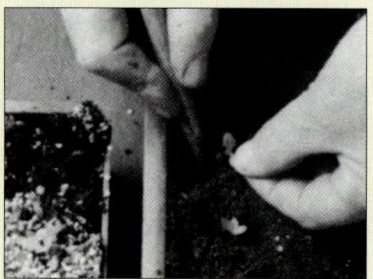

Ausdünnen von Topfsämlingen

1 Eine größere Pflanzschale mit Substrat füllen. Die Sämlinge gut wässern und vorsichtig herausnehmen. Dazu ein kleines Pflanzholz unter die Wurzeln schieben und die Pflänzchen nur an den Blättern anfassen. Nie die Stängel berühren.

2 Mit dem kleinen Pflanzholz Löcher in die neue Erde machen. Die Sämlinge hineinsetzen und die Erde festdrücken. Die fertig bepflanzte Schale gut wässern und an einen hellen Platz, aber nicht ins direkte Sonnenlicht stellen.

Haben in einem Topf mit zwei großen Samen beide gekeimt, so muss man den schwächeren Sämling entfernen, sobald einer 5–7 cm groß ist. Beim Herausziehen die Erde um das verbleibende Pflänzchen herum festdrücken.

Saatgut ist teilweise recht teuer, es lohnt sich, übrig gebliebene Samen für das nächste Jahr aufzubewahren. Die Samenpäckchen stets an einem trockenen Platz öffnen und nur so viele herausnehmen, wie Sie brauchen. Dann werden die Päckchen verschlossen in einem trockenen, luftdichten Behälter an einem kühlen, frostfreien Platz aufbewahrt. Die meisten bleiben bis zum folgenden Jahr keimfähig. Von vielen Gemüsen und Zierpflanzen kann man auch selber Samen ernten. Hybrid-Sorten sind allerdings ungeeignet.

Lassen Sie die Samen auf der Pflanze reifen und entfernen Sie die Samenkapseln oder -schoten kurz vor dem Ausfallen der Samen. Sie müssen den richtigen Zeitpunkt genau abpassen, was aber mit etwas Übung nicht schwerfällt. Haben Sie trotzdem Schwierigkeiten, dann stülpen Sie kurz vor der Reife eine Papiertüte über die Samenstände, sodass die Samen aufgefangen werden. Alternativ können Sie den ganzen Fruchtzweig abschneiden und an einem luftigen Platz umgekehrt über einem Tuch oder einer Schüssel aufhängen.

Vermehrung ohne Samen

Die Vermehrung durch Samen ist zwar die gebräuchlichste Methode, aber keinesfalls die einzige. Einige Pflanzen produzieren aus Samen keine identischen Nachkommen, und oft sind die Blütenfarben, manchmal sogar die Formen unterschiedlich. In diesen Fällen greift man zu vegetativen Vermehrungstechniken. Am einfachsten ist die Teilung; für Pflanzen, die sich nicht teilen lassen, kommen Absenken, Veredelung und Stecklingsgewinnung infrage. Alle Methoden stellen sicher, dass »der Apfel nicht weit vom Stamm fällt«.

Teilung

Durch Teilung werden vorwiegend Stauden vermehrt. Diese einfache, sehr wirksame Methode liefert in kürzester Zeit weitere identische Pflanzen von annehmbarer Größe. Außerdem profitieren viele Stauden davon, wenn sie nach einigen Jahren aus dem Boden genommen und geteilt werden, da sonst ihre Wuchskraft nachlässt. Die günstigste Jahreszeit zum Teilen ist der Herbst. Alte Blütenstängel werden abgeschnitten, der Ballen wird aus der Erde gehoben. Halbieren Sie ihn und trennen Sie außen die jungen Triebe ab. Der ältere Innenteil hat kaum noch Wuchskraft und kann weggeworfen werden.

TEILUNG VON PFLANZEN MIT FLEISCHIGEN WURZELN

Einige Pflanzen wie die Funkien (*Hosta sp.*) haben fleischige Wurzeln. Sie werden zur Teilung ausnahmsweise im Frühjahr aus dem Boden genommen, kurz bevor das Wachstum beginnt. Dann sind die neuen Knospen erkennbar und man weiß besser, wo man schneiden muss, um auch wirklich entwicklungsfähige Ableger zu bekommen. Jedes neue Stück muss mindestens eine gute Knospe haben. Schneiden Sie die Wurzel mit einem scharfen Spaten oder einem Messer durch und pflanzen Sie die Einzelteile möglichst bald ein.

TEILUNG VON STAUDEN

Stauden, die sich ausbreiten, sollte man nach ein paar Jahren teilen, damit sie verjüngt werden und nicht zu dicht stehen. Kleine Ballen teilt man von Hand oder mit einer Handschaufel, bei größeren nimmt man eine Forke zu Hilfe. Achten Sie darauf, dass junge Triebe und Knospen nicht verletzt werden.

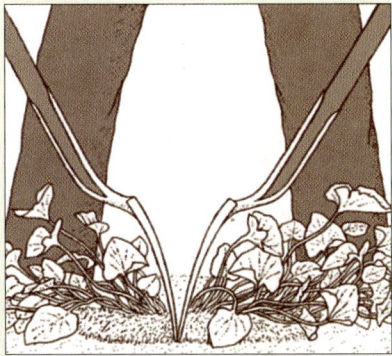

1 *Die ganze Pflanze aus dem Boden nehmen und halbieren. Ist ein verzweigtes Wurzelwerk vorhanden, zwei Forken Rücken an Rücken in die Mitte des Ballens stecken und ihn auseinanderdrücken.*

2 *Die jungen Triebe an der Außenseite des Ballens entfernen: Sie können sie entweder vorsichtig ausbrechen oder anschneiden.*

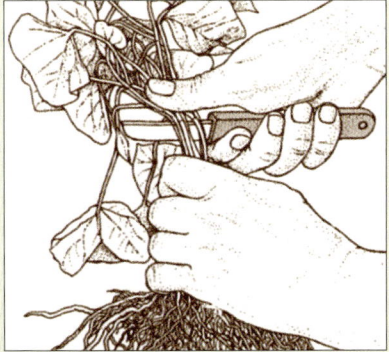

3 *Alle Blätter auf 2,5 cm über den Wurzeln zurückschneiden. Sofort wieder auspflanzen bzw. vorübergehend in Erde eintopfen und an einen schattigen Platz stellen, bis gepflanzt werden kann.*

Stecklingsvermehrung

Die meisten Pflanzen lassen sich problemlos durch Stecklinge vermehren. Oft werden für verschiedene Pflanzen
unterschiedliche Stecklingsarten empfohlen. Für gute
Ergebnisse sind sie jedoch nicht unbedingt notwendig. Ich
selbst nehme nur verholzte Stecklinge von ausgereiftem

Holz im Herbst und weiche, krautige Stecklinge von den
austreibenden Spitzen im Frühjahr. Der Arbeitsaufwand
dafür ist minimal und meistens führt eine dieser einfachen
Methoden zur Bewurzelung. Nur bei bedingt winterharten
Stauden ist die Technik etwas abweichend.

KRAUTIGE STECKLINGE ZIEHEN

Nehmen Sie als Stecklinge zarte junge Triebe, die
gesund und ca. 10 cm lang sind. Diese Methode ist für
die meisten Sträucher geeignet, ebenso für Nadelge-

hölze. Allerdings müssen hier erst die unteren Blätter
entfernt werden, da die Stängel nur Wurzeln treiben,
wenn sie vorher gequetscht wurden.

1 *Eine Schale mit gutem, lockerem
Kompost füllen. Den Steckling unterhalb
eines Blattknotens um die Hälfte einkürzen.*

2 *Alle unteren Seitenblättchen mit einem
scharfen Messer vorsichtig lösen. Den
Steckling in eine Kupfer-Lösung tauchen.*

Stecklinge von Clematis

*Einen 30 cm langen Steckling schneiden. Zwei
Schnitte vornehmen, den ersten direkt über
einem Blattpaar (siehe oben) und den zweiten ca. 4 cm unterhalb (siehe unten). Den
Stängel in Kupfer-Fungizid-Lösung tauchen,
bis zu den Blättern ins Substrat stecken.*

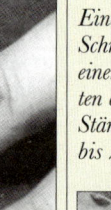

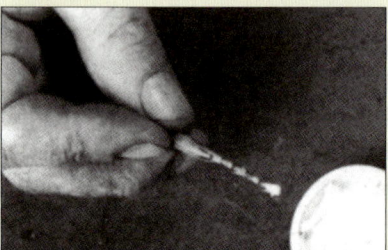

3 *Wer pflanzliches Hormonpulver verwendet, taucht das Stecklingsende ins
Pulver und schüttelt den Überschuss ab.
Dann Stecklinge in Saatschale setzen,
mit 2,5 cm Abstand nach allen Seiten.*

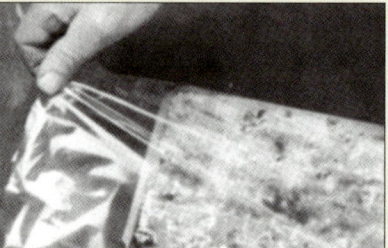

4 *Mit Kupfer-Fungizid-Lösung gießen.
Schale mit leichter Folie so umhüllen,
dass sie die Spitze der Stecklinge berührt.
Folienrand am Schalenboden festdrücken.
Schale in einen Stecklingskasten stellen.*

STECKLINGE VON BEDINGT WINTERHARTEN STAUDEN ZIEHEN

Diese Stecklinge schneidet man im Spätsommer oder
zeitigen Frühjahr, wenn die Knollen neu austreiben. Sie

bewurzeln sich schneller als Stecklinge von Sträuchern,
brauchen aber im Wurzelbereich 13–15 °C Wärme.

1 *Einen Steckling auswählen,
der mindestens 3 kräftige
gesunde Blätter und eine neue
Triebspitze hat. Alle unteren
Blätter vorsichtig entfernen.*

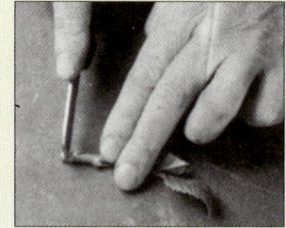

2 *Den Stängel des Stecklings
direkt unter dem untersten
Blattpaar abschneiden, in ein
Hormonpulver zur Bewur-
zelung tauchen. Überreste
abschütteln.*

3 *Topf mit Substrat füllen
und mit einem kleinen
Pflanzholz ein Loch machen.
Den Steckling einsetzen und
das Substrat festdrücken,
indem Sie das Pflanzholz im
Substrat seitlich zum Steckling hin drücken.*

4 *Einen zum Bogen geformten Draht an den Rändern
in den Topf stecken und eine
durchsichtige Plastiktüte dar-
überstülpen. Oder den Topf
in eine durchsichtige Tüte
stellen, die Tüte mit Luft
aufblasen und oben zubinden.*

Bau eines Kastens *für krautige Stecklinge: Zwei hölzerne Rahmen von etwa 15 cm Höhe in gleicher Größe anfertigen. Den ersten Rahmen abdecken (Pappe oder Plastik) und zur Beschattung einen Sack darüberlegen. Zum Befestigen ein Gummiband an einer Seite annageln und an einem Nagel mit der anderen Seite festhaken. Wenn die Pflänzchen gewachsen sind, den Deckel abnehmen, den zweiten Rahmen aufsetzen. Nur noch mit einem Sack beschatten, der an einer Seite angenagelt und an der anderen mit einer Leiste beschwert wird.*

KRAUTIGE STECKLINGE

Sind Pflanzen zur Teilung nicht geeignet, kann man es mit der Stecklingsgewinnung versuchen. Diese Vermehrungsmethode erfordert wenig Aufwand und Kosten und ist für alle Sträucher möglich. Man kann damit auch probieren, besonders schöne Einzelexemplare zu vervielfältigen. Die Stecklinge lassen sich den ganzen Sommer über schneiden, am günstigsten ist jedoch ein möglichst zeitiger Termin. Die Erfolgsrate liegt bei etwa 80 %.

Einige Gärtner benutzen pflanzliche Hormone, um die Bewurzelung der Stecklinge zu beschleunigen. Vielfach wird eingewendet, dass dieser Weg nicht biologisch sei, da die Hormone einen künstlichen Eingriff darstellen. Tatsächlich erfolgt die Synthese jedoch auf biologischer Basis und ebenso wie in der Pflanze, und so ist Bewurzelungspulver auch im Bio-Garten in Ordnung, vorausgesetzt es enthält keine chemischen Zusätze. Sind die Stecklinge eingetopft im Frühbeet oder Stecklingskasten *(siehe oben)*, ist es wichtig, für die richtige Lichtmenge zu sorgen. Da die Stecklinge durch ihre Blätter ernährt werden, brauchen sie eine gewisse Menge Sonnenlicht, doch ein Zuviel würde sofort zum Welken führen. Ich verwende daher zur Beschattung alte Zwiebelnetze, aber ein anderes lichtdurchlässiges Netz ist ebenso geeignet. An sehr sonnigen Tagen sollte der Stecklings-Kasten zweifach schattiert sein. Bei etwas Sonne reicht eine einfache Lage, bei trübem Wetter wird die Schattierung ganz entfernt. Diese Anpassung an die Lichtverhältnisse entscheidet weitgehend über Erfolg oder Misserfolg der Stecklingsanzucht.

VERHOLZENDE STECKLINGE

Nach dieser Methode vermehrt man im Herbst Obststräucher wie Schwarze Johannisbeeren sowie zahlreiche Ziersträucher wie Hartriegelgewächse (*Cornus sp.*) und Kerrien-Arten (*Kerria sp.*). Man sollte es einmal probieren, denn diese Vermehrung ist einfach und billig, und die Pflanzen werden durch den geringen Schnitt nicht geschädigt.

VERHOLZENDE STECKLINGE ZIEHEN

Stecklinge von ausgereiftem Holz schneidet man im Herbst direkt nach dem Laubfall, gelegentlich, wie z. B. bei Stachelbeeren, auch früher. Diese Stecklinge brauchen zum Anwachsen eine längere Zeit, doch die Mühe lohnt sich, wenn man ein besonders schönes oder wertvolles Gehölz selbst vermehren möchte.

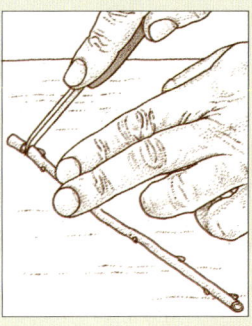

1 *Mit Messer ein 20–23 cm langes Stück Stammholz abschneiden. Unterhalb der untersten Knospe glatt schneiden und den weichen oberen Austrieb oberhalb einer Knospe einkürzen.*

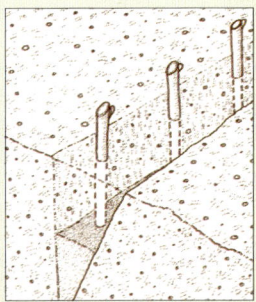

2 *Eine schmale Furche ausheben und unten groben Sand einfüllen. Die Stecklinge in die Furche setzen, oben 7,5 cm herausragen lassen. Die Furche wieder zuschütten, die Stecklinge festdrücken und ein Jahr wachsen lassen.*

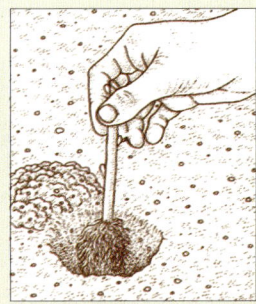

3 *Die inzwischen bewurzelten Stecklinge im darauf folgenden Winter mit 15–23 cm Abstand in einer Gartenecke pflanzen. Ein weiteres Jahr wachsen lassen, dann können Sie sie an ihrem endgültigen Platz im Garten setzen.*

Vermehrung durch Absenken

Ein Trieb der Pflanze wird in den Boden abgesenkt, bleibt aber so lange mit der Mutterpflanze verbunden, bis er ein kräftiges eigenes Wurzelsystem entwickelt hat. Es gibt drei Möglichkeiten: Spitzen-Absenken, Normales Absenken und Mehrfaches Absenken.

SPITZEN ABSENKEN

Diese Absenker zieht man hauptsächlich von Pflanzen, die sich leicht bewurzeln, vor allem von Rankenfrüchten wie Brombeeren, Loganbeeren und anderen. Im Spätsommer biegt man die gewünschten Triebe nach unten und verankert die Spitzen in der Erde. Dazu macht man im Boden ein Loch, klemmt die Spitze mit einem gegabelten Stöckchen fest und füllt wieder mit Erde auf. Alles wird so belassen, bis die Blätter der Elternpflanze fallen. Dann wird der Ableger abgetrennt, aus dem Boden genommen und an den endgültigen Platz gepflanzt.

NORMALES ABSENKEN

Bei dieser Methode gräbt man einen Teil des Triebs zum Bewurzeln ein, die Triebspitze bleibt draußen. Gewöhnlich nimmt man das Absenken bei Sträuchern im zeitigen Frühjahr vor, bei Kletterpflanzen im zeitigen Sommer. Es eignet sich für Pflanzen, die sich weniger leicht bewurzeln, wie Rhododendron, Clematis, Schneeball, Magnolien, Zaubernuss, Kamelien und Azaleen. Bei einigen Arten kann man den Ableger schon im folgenden Herbst von der Elternpflanze trennen; andere, wie z. B. Rhododendron, brauchen zur Bewurzelung zwei oder sogar drei Jahre. Wenn der Ableger sich bewurzelt hat, bekommt er ein kräftigeres Aussehen.

MEHRFACHES ABSENKEN

Diese Bewurzelungsmethode empfiehlt sich bei bestimmten Kletterpflanzen wie Clematis. Man geht dabei ebenso vor wie beim normalen Absenken (*siehe unten*), gräbt aber den Stängel wellenförmig mehrfach ein und lässt dazwischen Abschnitte frei. So erhält man mehrere Ableger pro Pflanze. Ritzen Sie den Stängel zur besseren Bewurzelung in Abständen unten an, und graben Sie diese Stellen ein.

Achten Sie darauf, dass zwischen den einzelnen Ablegern mindestens eine Knospe ist, die den neuen Trieb hervorbringen kann. Sobald die Triebe anfangen zu wachsen, trennt man den gesamten Absenker von der Elternpflanze und teilt die einzelnen Pflänzchen ab.

Pfropfen und Okulieren

Diese beiden einander ähnlichen Veredlungstechniken kommen vor allem bei Obstbäumen und bestimmten Zierpflanzen zum Einsatz. Man kann dadurch Sorten verändern, Edelsorten auf Wildunterlagen setzen oder eine zweite Sorte auf einen Obstbaum bringen, um einen Pollenspender zu bekommen.

Gepfropft wird gewöhnlich, wenn eine Apfel- oder Birnensorte völlig geändert werden soll oder wenn man für einen vorhandenen Baum einen Pollenspender wünscht. Bei Letzterem ist es wichtig, dass die neue Sorte und der ursprüngliche Baum die gleiche Wuchskraft haben, ansonsten wird der kräftigere Partner dominieren.

Das Spaltpfropfen dient dazu, eine neue Sorte auf einen bestehenden Baum zu bringen. Will man eine

NORMALES ABSENKEN

Um neue Pflanzen zu ziehen, kann man einen Teil eines Triebs zum Bewurzeln in die Erde stecken.

1 *Ein Loch mit einer geraden Seitenwand machen, indem Sie einen Spaten in den Boden stecken und die Erde zu sich hin ziehen.*

2 *Das Ende des Triebes in das Loch legen, sodass die Triebspitze etwa 15 cm herausragt. Darauf achten, dass der Stängel nicht knickt.*

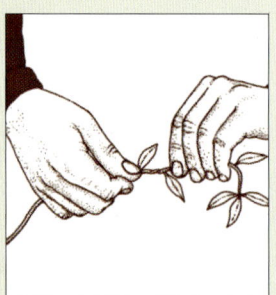

3 *Den Trieb mit einem gegabelten Stöckchen oder einer Haarnadel im Boden feststecken, mit Erde bedecken und einen Stein darüberlegen. Dadurch bleibt der Absenker in der Erde, Feuchtigkeit wird gespeichert.*

4 *Oft reichen diese Maßnahmen völlig aus, doch manchmal ist es vorteilhaft, den Stängel zum besseren Bewurzeln leicht anzukratzen. Dazu kann man ihn entweder etwas verdrehen oder unten einritzen.*

SPALTPFROPFEN

Mit dieser Methode veredelt man im Februar/März eine neue Sorte auf einen bestehenden Baum.

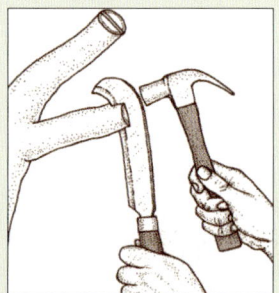

1 *Im Januar den Ast dort vorbereiten, wo die Pfropfstelle sein soll. Dazu müssen Sie 2 Äste oberhalb einer Gabelung abschneiden.*

2 *Im Frühjahr, wenn der Baum neu treibt, jedes abgeschnittene Ende mit Hakenmesser spalten, das man vorsichtig mit einem Hammer einschlägt.*

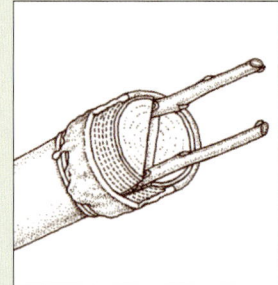

3 *Von der gewünschten Sorte Holzstücke vorbereiten, die man als Edelreiser bezeichnet. Jedes sollte 10–15 cm lang und vom einjährigen Holz sein. Es wird unten keilförmig angeschnitten.*

4 *Die Reiser in jedes eingeschnittene Ende schieben. Darauf achten, dass die Kambiumschichten (direkt unter der Rinde) aneinanderpassen. Die Reiser mit Bast festbinden, die Wunden mit Baumwachs verstreichen.*

Sorte auf eine Wurzelunterlage veredeln, empfiehlt sich als Pfropftechnik das Kopulieren mit Gegenschnitt, auch Gegenzunge genannt. Es bewährt sich auch beim Veredeln von den Zierpflanzen, bei denen Okulieren erfolglos ist.

Gepfropft wird im späten Winter oder zeitigen Frühjahr, gerade bei Neuaustrieb. Der vorgesehene Ast ist aber bereits in der Wintermitte vorzubereiten.

Das Okulieren ist eine abgewandelte Form des Pfropfens und etwas leichter durchzuführen. Meist werden damit neue Sorten auf Wurzelunterlagen veredelt. Man macht Schnitte in die Baumrinde oder Wurzelunterlage und fügt dort eine oder mehrere Knospen einer anderen Sorte ein. Die beste Zeit dafür ist im Juni/Juli, wenn der Pflanzensaft gut strömt und die Rinde sich leicht löst. Gewöhnlich kann man Wurzelunterlagen in jeder Baumschule erwerben, wo selber okuliert wird. Da die Unterlagen ohne Ballen sind, pflanzt man sie in dem Winter, bevor man sie braucht.

KOPULIEREN MIT GEGENSCHNITT

Mithilfe dieser Pfropfmethode, auch Gegenzunge genannt, veredelt man eine gewünschte Sorte auf eine Wurzelunterlage.

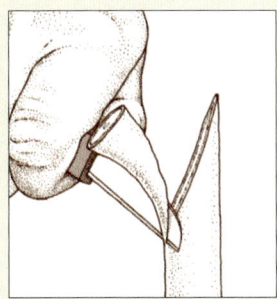

1 Die Unterlage zurückschneiden und das obere Stammende mit einem scharfen Messer schräg zu einem langen, glatten Keil zuschneiden.

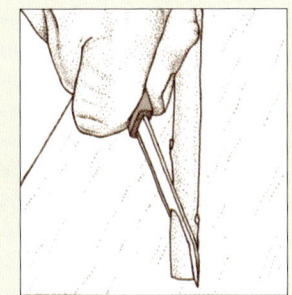

2 Das Ende eines einjährigen Pfropfreises so zurechtschneiden, dass ein passender zweiter Keil entsteht.

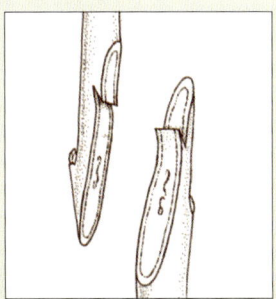

3 Zwei weitere Schnitte, einen nach oben in die Unterlage, den anderen nach unten in das Reis, sodass zwei ineinanderpassende »Zungen« entstehen.

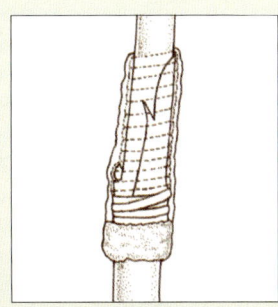

4 Reis und Unterlage zusammenfügen, auf passende Kambiumschichten achten. Pfropfstelle mit Bast verbinden und sorgfältig mit Baumwachs verstreichen.

OKULIEREN AUF EINE UNTERLAGE

Das Okulieren ist eine verhältnismäßig einfache Methode, mit der es gelingt, eine neue Sorte auf eine Unterlage zu veredeln.

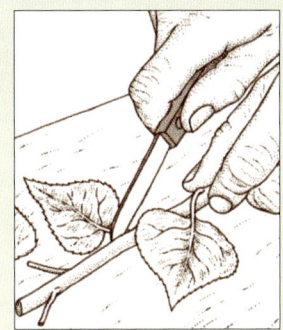

1 Im Sommer einen Trieb von der zum Okulieren gewünschten Sorte schneiden. Alle Blätter entfernen, Blattstiele stehen lassen. Bei Rosen zuerst die Dornen entfernen. Den ganzen Trieb bis zum Gebrauch in eine Schüssel mit Wasser legen.

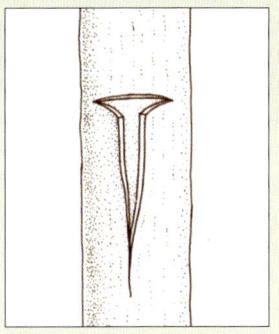

2 Mit einem scharfen Okuliermesser einen T-Schnitt in die Rinde der Unterlage machen und die Rinde vorsichtig herauslösen.

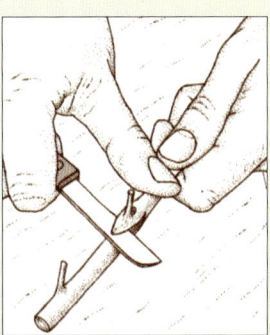

3 Vom vorbereiteten Trieb ein Auge entnehmen. Dazu die Knospe mit einem scharfen Messer flach ausschneiden und herauslösen.

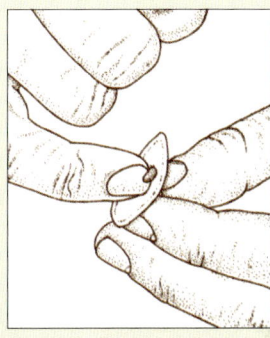

4 Die Unterseite der Knospe sorgfältig untersuchen. Dabei findet man im Zentrum einen Holzsplitter, der mit dem Fingernagel entfernt werden kann.

5 Die Knospe am Blattstiel festhalten und genau in den T-Schlitz einpassen. Überflüssige Rinde muss entfernt werden, um einen perfekten Sitz zu gewährleisten. Anschließend das Auge mit Bast oder einem Spezialband fest umwickeln.

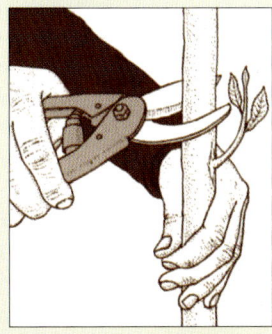

6 Ist das Auge angewachsen, den Bast entfernen. Das Spezialband verrottet von selbst. Im Herbst den Wuchs der Unterlage oberhalb des Neuaustriebs entfernen und den Trieb am Stumpf festbinden.

DAS GARTENJAHR

GÄRTNERN IST weit davon entfernt, eine exakte Wissenschaft zu sein, und ein Gärtner, der Regeln aufstellt und sich immer strikt an sie hält, wird wenig Erfolg haben. Unterschiedliche klimatische Gegebenheiten, Bodenarten, Landschaften und jahreszeitliche Schwankungen haben Einfluss auf das Pflanzenwachstum und damit auf die Zeiteinteilung der gärtnerischen Arbeiten. In einem nicht riesigen Land wie Deutschland gibt es doch schon große Unterschiede. In den nördlichen Landesteilen wird das Wetter durch die Nähe zur See bestimmt, in Berlin herrscht kontinentales Klima und die Voralpenregion im Süden hat wieder ganz andere Bedingungen als die Rheinebene.

Als Anfänger braucht man zur Planung des Gartenjahres jedoch einige Richtlinien, obwohl man natürlich vieles von anderen Gärtnern übernehmen kann. In diesem Kapitel finden Sie daher einen Zeitplan für die Erledigung der wichtigsten Arbeiten. Die Erfahrungen basieren auf Durchschnittswerten aus der Landesmitte. Die Jahreszeiten sind zu monatlichen Gruppen zusammengefasst. So reicht der Frühling von März bis Ende Mai, der Sommer dauert von Juni bis Ende August, der Herbst von September bis Ende November und der Winter von Dezember bis Februar. Gebietsweise kann der Winter etwas länger dauern, und ebenso wird es in manchen Gegenden möglich sein, früher mit den Arbeiten zu beginnen. Dabei spielt natürlich auch die Höhenlage eine Rolle, und es ist wichtig, ob der Garten frei oder geschützt liegt. Wertvolle Ratschläge können sicher erfahrene Gärtner aus der Nachbarschaft liefern, doch im Übrigen gilt: Probieren geht über Studieren. Letztendlich macht nur Erfahrung klug.

In den vergangenen Jahren ist die Betroffenheit über die Auswirkungen der Erderwärmung gewachsen. Als eines der Ergebnisse werden wir deutliche Wetterveränderungen feststellen, mit grundsätzlich höheren Temperaturen, aber auch unberechenbaren Phasen. Das wird selbstverständlich unser Umgehen mit der Natur und dem naturnahen Gärtnern verändern.

DIE BEDEUTUNG VON FROST

Wer sehr zeitige Ernten erzielen möchte, nimmt immer ein Risiko auf sich. Normalerweise haben die Jahreszeiten zwar jedes Jahr etwa die gleiche Länge, doch sind Verschiebungen möglich, manchmal kann es sogar nach den Eisheiligen noch recht kalt sein. Die Schafskälte Anfang Juni kann sich durch kühle Temperaturen bemerkbar machen. Wichtige Daten im Kalender sind der Beginn der Wachstumssaison, wenn die Frostgefahr gewöhnlich vorbei ist und frostempfindliche Pflanzen ins Freie können, sowie das Ende der Saison, wenn das Winterwetter beginnt und empfindliche Pflanzen heraus aus dem Boden und hinein ins (Gewächs-)Haus müssen.

Frühling

DAS GANZE FRÜHJAHR:
• **Schwere Böden** Vor der Aussaat harken.
• **Leichte Böden** Überwinterte Gründüngung zeitig genug untergraben, sodass der Boden sich vor der Saat gut und gründlich setzen kann.
• Von jetzt an regelmäßig hacken.
• Zur Unkrautbekämpfung und besseren Wasserspeicherung zwischen den Pflanzen mulchen.
• Bei Trockenheit regelmäßig gießen, besonders bei Neupflanzungen.
• Die Regenwurmkiste überprüfen. War sie über den Winter drin, nach draußen stellen; war sie draußen und sind die Würmer erfroren, neue einsetzen und erneut auffüllen.
• Wo nötig, mit Insektiziden oder Fungiziden spritzen, aber nie in offene Blüten.
• Veredelungen durchführen.

	Frühlingsbeginn (März/April)	Frühlingsmitte (April/Mai)	Spätfrühling (ab Mitte Mai)
DER ZIERGARTEN **Das ganze Frühjahr** • Zwischen den Zierpflanzen hacken. • Zur Aussaat der Einjahrsblumen den Boden leicht harken. • Leere Flächen mit organischem Material mulchen.	• Den Rasen mit einem Rechen abharken. • Wenn das Gras gut wächst, mit dem Rasenmähen beginnen. • Neue Rasenflächen einsäen und Teile ausbessern. • Rollrasen auslegen. • Rasen und Beete mit Horn-Blut-Knochenmehl düngen. • Stauden aus dem Boden nehmen und teilen. • Schneeglöckchen herausnehmen, teilen und neu pflanzen. • Buschrosen schneiden, alle frostgeschädigten Teile entfernen. • Das Pflanzen der Laubbäume, Sträucher und Hecken ohne Ballen abschließen. • Beginn der Aussaat robuster Einjähriger, einiger Sträucher und Kletterpflanzen ins Freiland. • Im Sommer blühende Knollen und Stauden pflanzen, wenn der Boden nicht gefroren ist und keine Staunässe hat. • Krautige Stecklinge von Heidekraut und flachen Sträuchern schneiden.	• Immergrüne Gehölze, Sträucher und Hecken ohne Ballen pflanzen. • Sträucher, die am einjährigen Holz blühen, sofort nach der Blüte schneiden. • Sträucher schneiden, die am diesjährigen Holz blühen. • Winter-Heidekraut nach dem Blühen schneiden. • Alle Pflanzen im und um den Teich herum einsetzen (außer Tiefwasserpflanzen). • Weiterhin Stauden pflanzen, herausnehmen und teilen. • Weiterhin Kräuter säen und die im März gesäten ausdünnen. • Stecklinge von bedingt winterharten Stauden schneiden, die im (Gewächs-)Haus überwintert haben. • Von Sternrußtau befallene Rosen spritzen. • Nach einem milden Winter kann man das erste Mal mähen.	• Das Pflanzen immergrüner Gehölze ohne Ballen abschließen. • Hohe Stauden stützen. • Sich ausbreitende Alpengewächse nach der Blüte schneiden. • Nach der Frostgefahr empfindliche Einjahrsblumen und Stauden pflanzen. • Wenn Einjahrsblumen in Saatschalen gelb werden, flüssigen Algendünger geben. • Wenn Platz gebraucht wird, Frühjahrsknollen herausnehmen und einschlagen. • Anfangen, schnell wachsende Hecken zu schneiden. • Früh blühende Kletterpflanzen schneiden. • Kletterpflanzen festbinden. • Pflanzen der Tiefwasserzone einsetzen. • Robuste Stauden und Zweijahrsblumen ins Saatbeet säen. • Weiterhin Kräuter säen. • Mit dem Schneiden der krautigen Stecklinge beginnen. • Ausschau halten nach Raupen auf Zierpflanzen. • Läuse bekämpfen.
DER GEMÜSEGARTEN **Das ganze Frühjahr** • Auftauchende Kartoffeltriebe bei Frostgefahr mit Gartenvlies abdecken. • Im März/April mit den Folgesaaten beginnen.	• Frühweißkohl mit Blut- oder Algenmehl düngen. • Erbsen und Rote Bete draußen unter Folie ins Freie säen, Buschbohnen unter Folie oder ins Gewächshaus. • Lauch, Rosenkohl und Kopfsalat in ein vorgereinigtes Saatbeet säen. • Schnittmangold ins Freie säen. • Meerkohl, Schalotten, Knoblauch, Zwiebeln, Kartoffeln und Topinambur pflanzen. • Erbsen und frühen Spinat, die im Februar im Gewächshaus gesät wurden, auspflanzen.	• Spargel pflanzen. • Zuckermais unter Folie ins Freie säen und im Gewächshaus in Töpfe. • Gemüsefenchel, Erbsen, Okra, Speiserüben, Kohlrabi, Schwarzwurzeln, Haferwurz, Möhren, Rote Bete, Herbst- und Winterkohl, Wirsing, Stielmangold und Lauch ins Freie säen. • Artischocken, Buschbohnen und Zwiebeln, die drin gesät sind, auspflanzen und das Kartoffelpflanzen beenden. • Stöcke für Stangenbohnen aufstellen. • Auberginen und Paprika unter Folie auspflanzen.	• Das Auspflanzen der Fruchtgemüse unter Folie abschließen. • Kartoffeln anhäufeln. • Lauch auspflanzen. • Wenn Boden und Wetter es erlauben, Ende Mai Stauden-Sellerie, Zuckermais, Bohnen, Fruchtgemüse und Knollensellerie umpflanzen. • Bei Befall von Schwarzen Läusen Spitzen bei Dicken Bohnen entfernen. • Zum Schutz gegen Kohlfliegen Teppichstücke als »Kohlkragen« um junge Kohlpflänzchen legen. • Zum Schutz gegen Möhrenfliegen die Möhren mit einer Folienbarriere umranden.
DER OBSTGARTEN **Das ganze Frühjahr** • Früh blühende Obstbäume zum Schutz vor Frost mit Gartenvlies abdecken. • Winterschnitt und Pflanzen der Obstbäume abschließen. • Bei Frostfreiheit Fächerspaliere von Kirschen und Pflaumen schneiden. • Die Triebe des Rankenobsts erziehen. • Obstbäume und -sträucher düngen und mulchen. • Falls Apfel- und Birnenschorf oder Stachelbeermehltau auftreten, in zweiwöchigen Abständen spritzen.	• Rote und Weiße Johannisbeeren mit Pottasche düngen und Schwarze Johannisbeeren mit Horn-Blut-Knochenmehl. • Die Netze über den Obststräuchern prüfen. • Äpfel, Birnen und Pflaumen veredeln. • Abgedeckte Blüten von Hand bestäuben.	• Tagsüber Folie von den Erdbeeren entfernen, um den bestäubenden Insekten Zugang zu verschaffen. • Weiterhin von Hand bestäuben, wo nötig. • Wenn Feigen über Winter geschützt wurden, Stroh und Sackleinen entfernen, die Triebe losbinden und in Form bringen.	• Obstbäume und -sträucher gießen. • Unter den Erdbeeren mit Stroh mulchen, die Pflanzen zum Schutz vor Vögeln mit Netzen abdecken. • Obstspaliere an Wänden festbinden und zurechtschneiden. • Unerwünschte Himbeertriebe, die zum Weg hin wachsen, entfernen. • Stachelbeeren ausdünnen, um große Früchte zu erzielen; ausgedünnte Beeren als Kompost verwerten. • Apfelwicklerfallen aufstellen. • Blüten tagsüber aufdecken, um Insektenbestäubung zu ermöglichen.
IM GEWÄCHSHAUS **Das ganze Frühjahr** • An sonnigen Tagen lüften, aber nachts geschlossen halten. • Die Luft ziemlich trocken halten.	• Die letzten empfindlichen Einjahrsblumen auspflanzen. • Mit der Kräuteraussaat beginnen. • Stecklinge von überwinterten frostempfindlichen Sträuchern schneiden. • Aussaat von Paprika, Auberginen und Gurken zur Anzucht im »kalten« Gewächshaus und von Tomaten zum Auspflanzen unter Folie. • Okra und Lauch aussäen. • Weinreben, die im Winter heruntergenommen wurden, hochbinden. • Um Pfirsichbäume herum mulchen.	• Wenn nötig, beschatten und die Lüftung erhöhen. • Aussaat von Gurken zur Pflanzung unter Folie. • Aussaat von Lauch, Bohnen, Okra, Fruchtgemüse und Knollensellerie zum Pflanzen ins Freie. • Tomaten in ein unbeheiztes Haus pflanzen, entweder in Substratsäcke oder in die vorbereiteten Seitenbeete. • Auberginen- und Paprikasämlinge in ein unbeheiztes Haus pflanzen.	• Mit dem Sommerschnitt bei Rebstöcken beginnen. • Tomaten düngen und Seitentriebe entfernen. • An sehr sonnigen Tagen schattieren und die Belüftung erhöhen.

Sommer

DEN GANZEN SOMMER:
- Bei Trockenheit den Garten wässern.
- Wichtig ist fortgesetztes Hacken, denn viele Unkräuter setzen jetzt Samen an. Mehrjährige Unkräuter in Gartenumgebung abschneiden.
- Weiterhin mulchen.

- Einen neuen Kompostbehälter beginnen, wenn der erste voll, aber noch nicht zu gebrauchen ist.
- Brachliegenden Boden mit Kompost abdecken, sobald dieser verfügbar wird.
- Leere Flächen mit Senf oder Phacelie als Gründüngung einsäen.
- Ständig auf der Hut sein vor Schädlingen und Krankheiten und sofort behandeln.

- Die Regenwurmkiste regelmäßig nachfüllen, da die Würmer jetzt sehr schnell arbeiten; wenn nötig, wässern.
- Dies ist die beste Jahreszeit für krautige Stecklinge und zum Okulieren.
- Mit dem Absenken beginnen.

	Frühsommer (Juni)	Hochsommer (Juli)	Spätsommer (August)
DER ZIERGARTEN **Den ganzen Sommer** • Regelmäßig den Rasen mähen, aber nicht bei Trockenheit, rosettenblättrige Unkräuter entfernen. • Bei Trockenheit den Teich auffüllen und den Sumpfgarten bewässern. • Verwelkte Blüten von Stauden, Sträuchern und Rosen entfernen, um die Blütezeit zu verlängern. • Hochwachsende Stauden festbinden. • Kletterpflanzen festbinden. • Die Samen der Frühjahrsblüher zum Gebrauch im nächsten Jahr sammeln.	• Rosenschösslinge entfernen. • Früh blühende Stauden zurückschneiden. • Weiterhin Frühjahrszwiebeln herausnehmen und einschlagen. • In kalten Gegenden empfindliche Stauden und Einjahrsblumen auspflanzen. • Teichpflanzen der Tiefwasserzone einsetzen. • Im März gesäte Sämlinge von Stauden und Zweijahrsblumen in Reihen umsetzen. • Weiterhin Zweijahrsblumen aussäen. • Weiterhin Kletterpflanzen durch Absenker vermehren.	• Schnell wachsende Hecken regelmäßig schneiden. • Krautige Pflanzen nach der Blüte zurückschneiden, einige zur Samengewinnung für das nächste Jahr stehen lassen. Holzige Stängel vor dem Kompostieren zerkleinern. • Sämlinge von Zweijahrsblumen und Stauden in Reihen umsetzen. • Im Herbst blühende Knollen pflanzen. • Kräuter zum Trocknen ernten, bevor sie voll blühen.	• Nadelgehölze leicht beschneiden. • Ausgeblühte Sträucher schneiden. • Verwelkte Blüten von Einjahrsblumen entfernen. • Gladiolen zurückschneiden; einige Blätter lassen, damit Nährstoffreserven für die Zwiebeln im nächsten Jahr gebildet werden können. • Weiterhin Stauden und Zweijahrsblumen verpflanzen. • Frühlingsblüher einsetzen. • Reifende Staudensamen sammeln. • Rhododendron-Absenker ziehen. • Stecklinge von bedingt winterharten Stauden nehmen. • Einige Zwiebeln zum Blühen im Haus eintopfen; noch draußen lassen. • Getrocknete Kräuter aufbewahren und Samen sammeln. • Ohrwurmfallen aufstellen; bei stärkerem Befall leichtes Fett unter die befallenen Blüten schmieren. • Krautige Stecklinge von Alpengewächsen, Heidekraut und mehrjährigen Kräutern wie Salbei und Rosmarin nehmen.
DER GEMÜSEGARTEN **Den ganzen Sommer** • Alle Gemüsenetze überprüfen. • Folgesaaten bis in den Spätsommer hinein fortsetzen.	• In kalten Gegenden empfindliche Gemüse wie Zuckermais, Tomaten, Bohnen und Zucchini auspflanzen. • Herbst- und Winterkohlsorten pflanzen und die Pflänzchen vor Kohlfliegen schützen. • Die letzten im (Gewächs-)Haus oder im Saatbeet ausgesäten Lauchsämlinge auspflanzen. • In freien Lagen Spargel mit Stöcken abstützen. • Schalotten ernten und lagern. • Gurken festbinden, wenn sie an Gestellen wachsen. • Bei Mais unter Folie Schlitze einritzen, damit die Blätter durchwachsen können. • Im Gewächshaus angezogenen Mais ins Freie bringen. • Chicorée ins Freie säen. • Kartoffeln anhäufeln. • Frühkartoffeln ernten.	• Unter Buschtomaten Stroh auslegen, um die Früchte sauber zu halten und ein Faulen zu vermeiden. • Letzte Freilandsaaten von Speiserüben und Möhren. • Stielmangold säen. • Zum schnelleren Reifen Erde von den Zwiebeln entfernen. • Kartoffeln nochmals anhäufeln. • Kartoffeln von jetzt bis zur Ernte alle zwei Wochen gegen Knollenfäule behandeln.	• Frühweißkohl in ein vorgereinigtes Saatbeet säen. • Zur späten Ernte schnell reifende Salatsorten säen. • Einige Dicke Bohnen für die Aussaat im nächsten Jahr aufbewahren. • Zucchini ernten; einige weiterwachsen lassen, zum besseren Reifen auf Steine legen. • Zwiebeln herausnehmen und lagern.
DER OBSTGARTEN **Den ganzen Sommer** • Alle Obstnetze überprüfen. • Rankenfrüchte und Spalierobst festbinden. • Wenn nötig, Läuse mit Spiritus-Schmierseifen-Brühe spritzen. • Auf Blattwespenlarven bei Stachelbeeren achten. Bei Befall sofort mit geeigneten Nematoden behandeln. • Sind Apfel-/Birnenschorf oder Mehltau aufgetreten, weiterhin alle zwei Wochen mit Kupferfungizid spritzen.	• Kirschen vor Vögeln schützen und reife Früchte ernten. • Sommerschnitt bei Beerenobst durchführen, um Bildung von Fruchttrieben zu fördern. • Wandspaliere weiterhin festbinden und unerwünschte Spitzen entfernen. • Wenn nötig, Schwarze Johannisbeeren düngen. • Erdbeerausläufer entweder zum Treiben absenken oder abschneiden.	• Nach dem natürlichen Juni-Fruchtfall zu dicht stehende Früchte ausdünnen. • Schwarze Johannisbeeren schneiden und ernten. • Himbeeren ernten. Abgeerntete Ruten und schwache Triebe ausschneiden. Neue Ruten festbinden. • Erdbeeren ernten und alte Blätter abschneiden. Nach der Ernte Blätter und Stroh kompostieren. Unerwünschte Ausläufer entfernen. • Sommerschnitt bei Beerenobst und Spalierbirnen beginnen. • Schwere, fruchtbeladene Äste abstützen. • Zum Monatsende hin Rankenfrüchte durch Spitzenabsenker vermehren.	• Sommerschnitt bei allen erzogenen Apfel- und Birnenbäumen. • Noch nicht geschnittene Schwarze Johannisbeeren schneiden. • Bogenbäume in Form bringen. • Pflaumen- und Zwetschgenbäume schneiden. • Augstäpfel zum Sofortverzehr pflücken. • Sommerschnitt bei Beerensträuchern fortrühren. • Rankenfrüchte ernten und alte Fruchttriebe ausschneiden. • Bewurzelte Erdbeerausläufer eintopfen und im Freien lassen. • Neue Erdbeerbeete anlegen. • Weiterhin gegen Apfel-/Birnenschorf und Mehltau spritzen.
IM GEWÄCHSHAUS **Den ganzen Sommer** • Alle Fruchtgemüse unter Glas wöchentlich düngen. • Zur Erhöhung der Luftfeuchte regelmäßig sprühen.	• Schattierungsfarbe auftragen oder für den Sommer Jalousien herunterlassen und die Belüftung erhöhen. • Fruchtgemüse ausdünnen, erziehen und düngen. • Seitentriebe von Tomaten entfernen. • Sommerschnitt bei Rebstöcken.	• Gewächshaus überholen, wo nötig, Glas ausbessern und Rahmen anstreichen. • Tomaten und Gurken weiterhin düngen und Seitentriebe entfernen; mit der Ernte beginnen.	• Stecklinge von Fuchsien und Geranien nehmen und Alpenveilchen aussäen. • Wintersalat in Saatschalen säen. • Ständig während des Tags und auch nachts lüften.

Herbst

DEN GANZEN HERBST:
• **Schwere Böden** Mit dem Umgraben beginnen und Mist oder Kompost einarbeiten, sobald der Boden frei wird. Nassen Boden nicht betreten; ein Stück mit Folie abdecken, das dann bearbeitet wird, wenn der Rest feucht ist.
• **Leichte Böden** Gründüngung einsäen, um den Boden über Winter zu bedecken.
• Im Frühjahr gesäte Gründüngung einarbeiten.

• Um diese Zeit ist viel Kompost verfügbar. Einen Teil zum Flächenkompostieren verwenden.
• Blätter sammeln und getrennt oder mit zerkleinertem Holzschnitt kompostieren.
• Flächen unter den Hecken säubern.
• Haben Sie Bäume und Sträucher ohne Ballen bestellt, ein Stück Boden zum Schutz vor Frost mit Folie abdecken. Dort können die Pflanzen auch bei Frost vorübergehend eingesetzt werden.
• Den Rasenmäher überprüfen.

SPÄTHERBST
• Alle Baumbänder und Pfähle überprüfen, evtl. ausbessern oder erneuern.
• Um Bäume und Sträucher herum mulchen.
• Kompostbehälter müssen abgedeckt sein.
• Alle überflüssigen Stöcke einsammeln, säubern und für das nächste Jahr aufbewahren.
• Alle Wasserschläuche von draußen hereinholen.
• Eventuelle Umgestaltungsarbeiten durchführen, wenn der Boden nicht gefroren ist.

	Frühherbst (September)	Vollherbst (Oktober)	Spätherbst (November)
DER ZIERGARTEN **Den ganzen Herbst** • Bei größerer Trockenheit den Rasensprenger auf Beeten und Wiese längere Zeit laufen lassen. • Gartenkataloge besorgen und Pflanzen bestellen. • Freie Flächen für die Herbstbestellung vorbereiten. • Leere Stellen in den Beeten leicht harken und mit Kompost oder Mist mulchen.	• Bei größerer Trockenheit den Rasen nicht mähen. • Den Boden für Rasenneuaussaaten vorbereiten und jetzt säen. • Das Auspflanzen der Frühlingsblüher-Zwiebeln außer Tulpen abschließen. • Hohe, im Herbst blühende Stauden weiterhin festbinden. • Rosen schneiden. • Gräben für Heckenneuanpflanzungen vorbereiten. • Nadelgehölze und Hecken weiterhin zurückschneiden. • Bedingt winterharte Stauden und Knollen herausnehmen und lagern. • Lilien pflanzen.	• Mit dem Rasenmähen aufhören. • Rollrasen legen. • Ältere, zu dichte oder im Weg stehende Stauden herausnehmen, teilen und neu pflanzen. • Gladiolen herausnehmen, alte Zwiebeln entfernen und neue lagern. • Kübel und Hängeampeln für Winter/Frühjahr neu bepflanzen. • Einjahrsblumen herausnehmen und kompostieren; durch zweijährige ersetzen. • Immergrüne Bäume, Sträucher und Hecken ohne Ballen pflanzen. • Stecken von Tulpenzwiebeln beenden. • Winterharte Stauden, Alpengewächse und Heidekraut pflanzen. • Erbsen ins Frühbeet säen. • Verholzende Stecklinge schneiden. • Minzenwurzeln eintopfen. • Frostempfindliche Kübelpflanzen wie Lorbeer ins Gewächshaus stellen, im Freien vor Frost schützend abdecken.	• Laubbäume, -sträucher und -hecken ohne Ballen pflanzen und weiterhin Nadelgehölze setzen. Ist der Boden staunass oder gefroren, die Pflanzen vorübergehend einschlagen. • Einige Stauden wie Primeln und Christrosen (*Helleborus niger*) zum Treiben im Gewächshaus aus dem Boden nehmen. • Heruntergefallenes Laub aus dem Steingarten entfernen und filzblättrige Alpengewächse mit Glas abdecken. • Weiterhin Stauden pflanzen, wenn der Boden nicht gefroren oder staunass ist. • Weiterhin verholzende Stecklinge schneiden, wenn kein Frost ist. • Beschädigten Rasen mit Grassoden ausbessern. • Teich mit Netz abdecken.
DER GEMÜSEGARTEN **Den ganzen Herbst** • Blätter und Gemüseabfälle entfernen, um die Verbreitung von Krankheiten zu verhindern.	• Wurzelgemüse herausnehmen und lagern, außer denen, die für besseren Geschmack Frost brauchen. • Zum Monatsende hin Fruchtgemüse mit Folie abdecken. • Bleich- und Knollensellerie sowie Lauch anhäufeln. • Frühweißkohl umpflanzen. • Zwiebeln herausnehmen und lagern. • Kartoffeln herausnehmen und lagern; bei Anzeichen von Krautfäule das Laub verbrennen. • Bohnen abschneiden und kompostieren. Einige Samen aufbewahren. • Kohlpflanzen kontrollieren, nötigenfalls Raupen entfernen.	• Wintersalat auspflanzen. • Frühweißkohl umpflanzen. • Erbsen und Bohnen abschneiden; Wurzeln im Boden lassen. • Sellerie sowie Lauch anhäufeln. • Chicorée ernten und die Wurzeln lagern. •Wurzelgemüse ernten, außer denen, die Frost brauchen. • Chicorée im Haus treiben und Meerkohl und Rhabarber im Freien. • Kohlstrünke nach der Ernte entfernen. • Topinambur abschneiden. • Endivien bleichen. • Spargelkraut abschneiden, Beet mulchen. • Rhabarber mulchen.	• Netze als Vogelschutz über Kohl anbringen. • Dicke Bohnen ins Freie säen. • Weiterhin Pflanzen an einem warmen Platz treiben. • Blumenkohl durch Umbiegen der Hüllblätter vor Frost schützen. • Die Stängel von hohen Kohlgewächsen stützen, damit sie nicht kippen. • Gelb werdende Kohlblätter entfernen und kompostieren. • Alle Stöcke herausnehmen, säubern und für das nächste Jahr aufbewahren. • Das Anhäufeln bei Bleichsellerie beenden. • Einige Pastinaken und Wurzelpetersilien ernten und lagern, falls der Boden gefriert.
DER OBSTGARTEN **Den ganzen Herbst** • Weiterhin neue Triebe von Rankenfrüchten festbinden. • Alle Baumbänder und Pfähle überprüfen; wenn nötig erneuern. • Beschädigtes oder krankes Holz ausschneiden. • Gartenkataloge anfordern; Pflanzen bestellen.	• Sommerschnitt für alle in Form gezogenen Bäume abschließen. • Herbsterdbeeren mit Stroh mulchen und mit Netzen gegen Vögel abdecken. Zum Monatsende hin mit Folie schützen. • Heidelbeeren pflücken und abgeerntete Triebe zurückschneiden. • Verholzende Stecklinge von Johannisbeeren und Stachelbeeren schneiden. • Von Mehltau befallene Zweigspitzen abschneiden und verbrennen. • Äpfel-, Birnen- und Quittenbäume auf Obstbaumkrebs untersuchen.	• Pflanzstellen für den folgenden Monat vorbereiten. • Leimbänder um Äpfel- und Kirschbäume binden. • Äpfel, Birnen und Quitten ernten und lagern. • Winterschnitt bei Johannisbeeren und Stachelbeeren nach dem Laubfall durchführen. • Nach der Ernte der Herbsterdbeeren Laub abschneiden und Strohmulch entfernen; alles kompostieren.	• Bäume, Sträucher und Unterlagen für das Okulieren im nächsten Frühjahr pflanzen. • Ist der Boden bei Eintreffen der Bäume gefroren, die Wurzeln in Rinde oder Torfersatz und Sackleinen einhüllen oder die Bäume einschlagen. • Mit dem Winterschnitt bei Hoch- und Niederstämmen beginnen und mit dem Formschnitt bei erzogenen Bäumen, sofern kein Frost besteht. • Obststräucher mit Vogelnetzen bedecken. • Das letzte Obst einlagern. • Gelagerte Früchte überprüfen und alle mit Fehlern entfernen. • Obstkäfig überprüfen und die Netze, wenn nötig, ausbessern.
IM GEWÄCHSHAUS **Den ganzen Herbst** • Lüftung und Absprühen darf jetzt seltener werden.	• Weiterhin Wintersalat säen. • Heizung überprüfen.	• Alle Pflanzen überprüfen; mit Pilzkrankheiten befallene Blätter oder Triebe entfernen. • Frühbeet und Gewächshaus nachts allmählich schließen; bei Bedarf heizen.	• Rebstöcke, Pfirsiche und Nektarinen pflanzen. • Ist das Gewächshaus beheizt und groß genug, die Regenwurmkiste hineinstellen; die Würmer bleiben dann auch im Winter aktiv.

Winter

DEN GANZEN WINTER
- **Schwere Böden** Bei Frostfreiheit weiterhin graben. Den Boden möglichst wenig, bei Nässe nie betreten, wenn nötig, von Brettern aus arbeiten.
- Bei guter Witterung neue Tiefbeete anlegen und die bestehenden mit Mist düngen.
- **Leichte Böden** Mist oder Kompost auf Flächen verteilen, die keine Gründüngung haben.

- Gefrorenen Boden möglichst nicht betreten, besonders nicht den Rasen.
- Falls noch nicht geschehen, alle Baumbänder und Pfähle überprüfen; wenn nötig, ausbessern oder erneuern.
- Wurzelballen von Pflanzen in Containern durch Einhüllen des Behälters in Sackleinen schützen.
- Kataloge für Samen und Zwiebeln besorgen und die Pflanzung des nächsten Jahres planen.
- Werkzeug und Geräte reparieren.
- Neues Werkzeug anfertigen.

- Holzteile wie Zäune und Tore neu streichen. In Pflanzennähe nie Kreosot verwenden.
- Töpfe und Saatschalen für die Aussaat im Februar in kochendem Wasser sterilisieren.
- Veredelungen (Spaltpfropfen, Kopulieren mit Gegenschnitt) beginnen.

Zu unserer Tabelle: Alle Angaben, die Pflanzen betreffen, setzen milde Witterung voraus.

	Frühwinter (Dezember)	Mittelwinter (Januar)	Spätwinter (Februar)
DER ZIERGARTEN **Den ganzen Winter** • Zwischen den Pflanzen in den Beeten mulchen. • Bei mildem Wetter Winterschnitt bei Bäumen durchführen. • Bei geeigneten Bodenverhältnissen Bäume und Sträucher ohne Ballen pflanzen. • Ist Frost gewesen, bei allen neu gepflanzten Gewächsen prüfen, ob sie locker sind. Wenn ja, wieder sicher im Boden festdrücken. • Gelagerte Dahlienknollen prüfen; geschrumpelte in warmes Wasser tauchen; eventuelle Fäulnisstellen ausschneiden und Knollen mit Schwefel bestäuben. • Frühbeet schließen, um Sämlinge vor Kälte oder Feuchtigkeit zu schützen.	• Rollrasen auslegen, wenn der Boden nicht gefroren ist. • Winterschnitt bei Bäumen und Sträuchern beginnen. • Heidekraut nach der Blüte zurückschneiden. • Alpengewächse und Bäume, deren Samen Frost brauchen, aussäen und im Freien lassen. • Eingetopfte Zwiebeln von draußen ins Haus bringen, sobald die Triebe etwa 5 cm hoch sind.	• Aussaat der Alpengewächse und Bäume abschließen.	• Schlecht durchlässige Rasenflächen mit einem Vertikutierer belüften und Torfersatz oder Kies in die Löcher streuen. • Im Februar/März anfangen, Beete und Rasen zu düngen. • Anfangen, spät blühende Kletterpflanzen zu schneiden. • Minze herausnehmen, teilen und durch Ausläufer weitervermehren.
DER GEMÜSEGARTEN **Den ganzen Winter** • Chicoréewurzeln und Meerkohl alle drei bis vier Wochen an einem warmen Platz treiben. • PH-Wert des Bodens prüfen und bei Bedarf Kalk zugeben. • Bei Frostfreiheit weiterhin umgraben und Mist einarbeiten. • Gelagertes Gemüse prüfen: alle beschädigten Teile entfernen.	• Rhabarber herausnehmen und neu pflanzen.	• Weiterhin Dicke Bohnen säen. • Ein Stück Boden mit Folie abdecken, um es für die Aussaat einige Wochen später zu erwärmen. • Kartoffelknollen keimen lassen, wenn unter Folie gepflanzt werden soll.	• Frühweißkohl mit Blut- oder Algenmehl düngen. • Frühgemüse unter Folie aussäen und unempfindliche Sorten ins Freie. • Frühkartoffeln unter Folie pflanzen. • Mehr Kartoffeln zum Keimen bringen. • Topinambur, Schalotten und Knoblauch pflanzen. • Frühsaaten aus dem Gewächshaus unter Folie auspflanzen. • Rhabarber pflanzen, wenn der Boden nicht staunass oder gefroren ist. Vorhandene Pflanzen für zeitigen Austrieb abdecken.
DER OBSTGARTEN **Den ganzen Winter** • Äpfel-, Birnen- und Quittenbäume schneiden; alle Anzeichen von Obstbaumkrebs herausschneiden und verbrennen. • Bei guter Witterung Bäume und Sträucher ohne Ballen pflanzen. • Gelagerte Früchte prüfen, alle beschädigten aussortieren. • Neu gepflanzte Bäume und Sträucher schneiden.	• Bei Frostfreiheit Äste für das Veredeln im Frühjahr zurückschneiden.		• Obstbäume und Sträucher düngen und mulchen. • Früh blühendes Spalierobst zum Schutz vor Frost abdecken; Blüten von Hand bestäuben. • Neue Triebe von Rankenfrüchten erziehen. • Im Herbst fruchtende Himbeeren schneiden. • Eingetopfte Erdbeerausläufer zum Treiben ins Gewächshaus stellen oder einige Pflanzen mit Folie abdecken. • Ist bereits früher Pfirsichkräuselkrankheit aufgetreten, jetzt anfangen zu spritzen.
IM GEWÄCHSHAUS **Den ganzen Winter** • An sonnigen Tagen möglichst oft lüften. • Die Luft trocken halten. • Das Maximum-/Minimum-Thermometer regelmäßig kontrollieren und die Heizung entsprechend einstellen.	• Reben im Gewächshaus losbinden und auf die Beete legen. • Das Gewächshaus gründlich säubern.	• Für Frühaussaaten jetzt anfangen zu heizen. • Im Januar/Februar ins beheizte Gewächshaus Artischocken, Paprika, Gurken, Zwiebeln, Radieschen, Möhren, Speiserüben, Sommerkohl und Spinat säen.	• Anfangen, blühende Topfpflanzen auszusäen. • Im Februar/März bedingt winterharte Einjahrsblumen aussäen. • Bleichsellerie, Tomaten, Auberginen, Melonen, Erbsen, Zuckermais und frühen Spinat aussäen. • Tomaten zum Anbau unter Glas aussäen. • Die im Dezember heruntergenommenen Rebstöcke wieder hochbinden, sobald sie neu austreiben.

NÜTZLICHE ADRESSEN

DEUTSCHLAND

Baumschule Alte Obstsorten
Waldweg 2
24966 Sörup
+49 (0)4635 27 45
www.alte-obstsorten.de

Jörn Meyer Gemüsebau
Kremper Rhin 6
25348 Blomesche Wildnis
+49 (0)4124 60 37 70
www.tomatenmitgeschmack.de

Schwerdtfeger Obstbaumschule
Ziegeleiweg 1
25560 Warringholz
+49 (0)4892 52 78
www.alte-obstsorten-online.de

Schneckenprofi
Itzehoer Str. 10
25581 Hennstedt
+49 (0)1805 724 632
www.schneckenprofi.de

Samenshop 24
Kirchdorfer Str. 177
26605 Aurich
+49 (0)4941 97 25 46
www.samenshop24.de

Bioland Hof Jeebel
Jeebel 17
29410 Salzwedel OT Jeebel
+49 (0)39037 781
www.biogartenversand.de

Bioland Bauernhof Karsten Ellenberg
Ebstorfer Str. 1
29576 Barum
+49 (0)5806 304
www.kartoffelvielfalt.de

Gärtnerei Naturwuchs
Bardenhorst 15
33739 Bielefeld
+49 (0)521 98 81 778
www.naturwuchs.de

Dreschflegel (Bestellshop)
Postfach 1213
37202 Witzenhausen
www.dreschflegel-saatgut.de

Dreschflegel (Schaugarten)
Petra Hesse
Dorfstr. 12
37318 Schönhagen
www.dreschflegel-saatgut.de

Obsthof Krumbein
Ludwigsteinstr. 25
37214 Witzenhausen
+49 (0)5542 82 68
www.obsthof-krumbein.de

Bioland Baumschule Aloys Pöhler
Flachsmoor 1
49685 Höltinghausen
+49 (0)4473 13 35
www.bioland-baumschule.de

Bio-Saatgut Gaby Krautkrämer
Eulengasse 2
55288 Armsheim
+49 (0)6734 91 55 80
www.bio-saatgut.de

Bingenheimer Saatgut AG
Kronstr. 24
61209 Echzell-Bingenheim
+49 (0)6035 18 99 0
www.bingenheimersaatgut.de

Baldur-Garten-GmbH
Albert-Einstein-Allee 4-6
64624 Bensheim
+49 (0)1805 10 35 55
www.baldur-garten.de

Pflanzenversand Gaissmayer
Jungviehweide 3
89257 Ilertissen
+49 (0)7303 72 58
www.pflanzenversand-gaissmayer.de

Magic Garden Seeds
Regerstr. 3
93053 Regensburg
+49 (0)941 56 95 54 38
www.magicgardenseeds.de

ÖSTERREICH

Praskac Pflanzenland GmbH
Praskacstr. 101-108
3430 Tulln
+43 (0)2272 62 460
222.praskac.at

Arche Noah
Obere Str. 40
3553 Schloss Schiltern
+43 (0)2734 86 26
www.shop.arche-noah.at

Reinsaat
Am Hornerwald 69
3572 St. Leonhard
+43 (0)2987 23 47
www.reinsaat.at

SCHWEIZ

Mercato Verde
Gürtelstr. 41
7000 Chur
+41 (0)81 284 88 83
www.mercato-verde.ch

Botanik Pflanzen & Sämereien
Aemtlerstr. 48
8003 Zürich
+41 (0)43 960 19 67
www.saemereien.ch

Lubera Gartenversand
Lagerstr.
9470 Buchs
+41 (0)81 756 30 33
www.lubera.ch

REGISTER

Fett formatierte Seitenzahlen beziehen sich auf Abbildungen.

Dank

Dank des Autors Das Material in diesem Buch ist das Ergebnis von einem Jahrzehnt voller Experimente und Beobachtungen, also einer ganzen Menge Arbeit mit dem Ziehen von Pflanzen und dem Aufzeichnen, Sortieren und Analysieren von Daten. Mein Dank gebührt meinen Kollegen, die einen Großteil dieser Arbeit mit Geschick, Geduld und Engagement ausgeführt haben. Carol Woods, Sue Jeal und Rod Biggs, den übrigen drei Vierteln des Pflanzteams in Barnsdale, bin ich zu großer Dankbarkeit verpflichtet.

Dank gebührt auch den vielen Herstellern, Züchtern und Händlern der britischen Gartenbranche für ihre unermüdliche Unterstützung durch die Bereitstellung von Material und Informationen.

Der Fotograf Dave King war gezwungen, mit einer lebenslangen Angewohnheit zu brechen und schon im Morgengrauen zu meinem abgelegenen Haus loszuziehen, um die Fotos vor Ort aufzunehmen. Die Qualität seiner Arbeit hat mein Lob nicht nötig, sie spricht für sich selbst.

Das Lektorats- und Gestaltungsteam mit Jemima Dunne, Neville Graham, Sophie Mitchell, Tim Hammond, Derek Coombes und Joanna Martin verdient nicht nur meinen ehrlichen Dank, sondern auch eine Medaille für Standhaftigkeit und Diplomatie. Sie alle haben strapaziöse Stunden wie auch meine Ungeduld und schlechte Laune mit lobenswerter Geduld und guter Laune ertragen.

Mein erkenntlicher Dank an ein Team von wahren Profis.

Geoff Hamilton, Barnsdale, 1987

Dorling Kindersley dankt: Vic Chambers und Tony Wallace, ohne die wir das Buch niemals fertig gestellt hätten; Henrietta Winthrop für die Herstellung; James Allen und Jonathan Hilton für ihre Mitarbeit beim Lektorat; Tina Vaughan und Philip Lord für die Unterstützung bei der Gestaltung; Fred und Cathy Gill für das Korrektorat; Richard und Hilary Bird für das Register; Chris Cope für die Schwarz-Weiß-Drucke; Elizabeth Robinson für das Sammeln des Seetangs; Mr. Grant von Whitkirk Produce Co. für die Reißwolle; Mr. Don von Young's Brewery für den Hopfentreber; Fulham Palace Road Garden Centre für Pflanzen und Bodenverbesserer; Mrs Tree für Referenzaufnahmen; Susan Watt für die Maulbeeren; Mary Daniell und David Burnie fürs Kräutersammeln; Jim Keesing von den Royal Botanical Gardens, Kew; Dr. Loveland von der Rothamsted Experimental Station; Mrs Bench von der Herb Nursery, Thistleton; Avon Bulbs; Hilliers of Winchester; Blooms of Bressingham; Hyam and Cockertons; sowie allen in Barnsdale.

Illustratoren
David Ashby
Vanessa Luff
Andrew Macdonald
John Woodcock
Brian Sayers

Fotografie
Andreas Einsiedel – *Still-life photography*
Dave King – *Step-by-step photography*

Abkürzungen:
o = oben   r = rechts   gr = ganz rechts
u = unten l = links   gl = ganz links
m = Mitte

S. 6 (l) Andrew Butler; *S. 7* Karl Buhler/Elizabeth Whiting and Associates; *S. 37 (l)* Clive Boursnell/DK Images, *(m)* Peter Anderson/DK Images, *(r)* Alan Briere/DK images; *S. 45 (u)* Heather Angel; *S. 70* Alamy Images/Red Cover; *S. 71 (l)* Photolibrary/Clay Perry, *S. 76 (r)* Marianne Majerus Garden Images/Marianne Majerus, Chestnut Farm; *S. 80 (o)* Stephen Hamilton; *S. 84 (ml)* Alamy Images/Arco Images GmbH, *(mr)* Garden World Images/Jenny Lilly, *(ur)* Natural Visions/Heather Angel; *S. 91 (o)* Alamy Images/Dave Zubraski; *S. 127 (or)* Getty Images/GAP Photos; *S. 130 (um)* Mark Winwood/DK Images; *S. 133 (o)* Andrew Butler; *S. 141 (u)* Peter Anderson/DK Images; *S. 176* Andrew Butler; *S. 237 (l)* Photolibrary/David Sellman.

Coverfotos:
Vorn: Corbis: Lawton/SoFood (om), Mascarucci (ogl), Dorling Kindersley: Airedale Publishing (ugr), Alan Buckingham (ugl), GAP Photos: Zara Napier (ur), Getty Images: Maxine Adcock (ol), Michael Rosenfeld (or)
Hinten: Dorling Kindersley: Alan Buckingham (or), GAP Fotos: Elke Borkowski (ogl), John Glover (ogr), Zara Napier (ol)
Buchrücken: Getty Images: Michael Rosenfeld

Alle anderen Fotos © DK Images.

Für weitere Informationen siehe:
www.dkimages.com